U0895639

邵 雍 等著

历史传承与启示

合肥工業大學出版社

图书在版编目(CIP)数据

历史传承与启示/邵雍等著.—合肥:合肥工业大学出版社,2019.12
ISBN 978-7-5650-4807-4

Ⅰ.①历… Ⅱ.①邵… Ⅲ.①中国历史—近现代—文集 Ⅳ.①K250.7-53

中国版本图书馆 CIP 数据核字(2019)第 299912 号

历史传承与启示

邵 雍 等著　　责任编辑 朱移山

出 版	合肥工业大学出版社	版 次	2019 年 12 月第 1 版
地 址	合肥市屯溪路 193 号	印 次	2019 年 12 月第 1 次印刷
邮 编	230009	开 本	710 毫米×1000 毫米 1/16
电 话	人文编辑部:0551-62903310	印 张	37.75
	市场营销部:0551-62903198	字 数	713 千字
网 址	www.hfutpress.com.cn	印 刷	安徽昶颉包装印务有限责任公司
E-mail	hfutpress@163.com	发 行	全国新华书店

ISBN 978-7-5650-4807-4　　定价:68.00 元

目　录

历史研究

学术传承

学科建设与流动站工作

教学质量评估与科研项目评价

学位论文评语

师生交流

学术书简

学术推介

主要科研成果及评价

历史研究

魏建猷、程应镠与春季班本科生合影

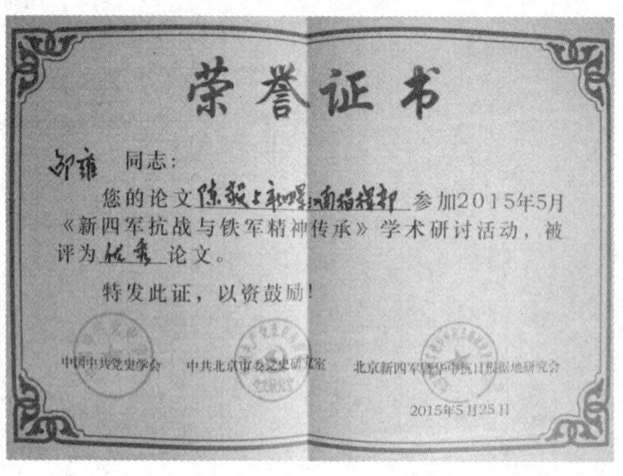

荣誉证书

邵雍 同志：

您的论文陈毅与新四军江南指挥部参加2015年5月《新四军抗战与铁军精神传承》学术研讨活动，被评为优秀论文。

特发此证，以资鼓励！

中国中共党史学会　中共北京市委党史研究室　北京新四军暨华中抗日根据地研究会

2015年5月25日

优秀论文证书（一）

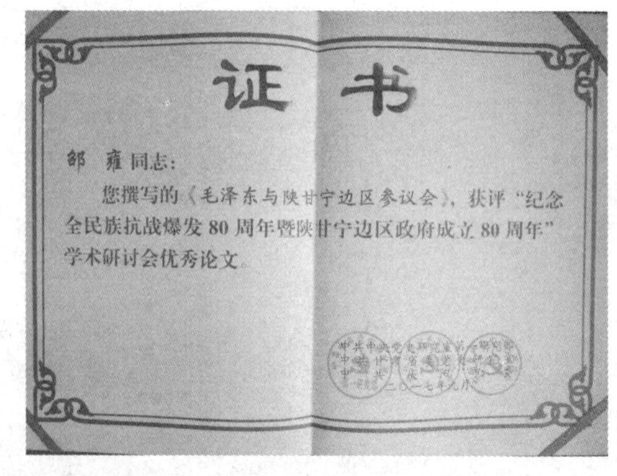

证书

邵　雍同志：

您撰写的《毛泽东与陕甘宁边区参议会》，获评“纪念全民族抗战爆发80周年暨陕甘宁边区政府成立80周年”学术研讨会优秀论文。

二〇一七年九月

优秀论文证书（二）

中国近代史上的革命与改良①

革命与改良是近代中国长期面临的两大选择，不同的阶级从本阶级的利益出发纷纷做出自己的选择，提出自己的主张。无论是清末还是民国时期，革命还是改良二者之间的论战一直在继续。人们在回顾历史时也在总结经验教训的基础上探寻如何在二者之间选择一条正确的能够使中国独立富强的道路。1949 年后，革命和改良依旧是中国近代史研究探讨的重点。20 世纪 90 年代末出现的推崇改良否定革命的思潮再次使革命与改良探讨成为学术热点。那么革命和改良的关系到底如何？如何正确看待革命和改良？这正是本文要探讨的问题。

一

“革命”一词，最早见于《周易·革卦》中“汤武革命，顺乎天而应乎人”。革即变革，命即天命，革命即变革天命，此时对革命含义的解释是站在神权政治观下作出的。“革命”一词的现代用法是从日本来的舶来品。原有的传统意义加上现代意义使得这个词从一开始就包含了两个层面：一是正义，二是暴力。不过，要全面科学地理解“革命”一词，就必须了解马克思主义在这方面的三个主要观点：革命是一个阶级推翻另一个阶级的暴力行动；革命是阶级矛盾和社会矛盾激化的产物；革命是政治的最高行动。

在中国近代历史上革命一词屡见不鲜，辛亥革命、国民革命、新民主主义革命等几次革命浪潮更是逐步把中国推向了独立自主的胜利，因此探讨革命、研究革命是学术界的热门。到了上世纪末，以反思“革命史范”为背景，学术界逐渐兴起了一股否定中国近代史上的革命并推崇改良的论调，即所谓的“告别革命”。

“告别革命”论者把历史建立在“如果”上，憧憬着“中国当时如果选择康、梁的改良主义道路会好很多”，认为“其实在当时情况下，渐进的改良并非完全不可能走通”。这种理论既无学术之严谨，也绝非经得住推敲。首先，历史是不能假设的；其次，在保留阻碍中国前进步伐的封建清王朝统治这一前提下，真的能够完成中国的现代化进程吗？这就不可避免地再次回到辛亥革命前后革命派和改良派的论战。在当年激烈的论战中，革命派赢得了多数人的拥护，力证革命是让中国摆脱民族危机的唯一正确选择，这是当时多数中国有识之士的共识。如孙中山描述的那样“当初次之失败也，举国舆论莫不目予辈为乱臣贼子大逆不道，咒诅谩骂之声不绝于耳……惟庚子失败之后，鲜闻一般人之恶声相加，而有识之士，且多为吾人扼腕叹

① 本文与博士生罗艳君合作，原载《历史教学问题》2015 年第 1 期。

惜,恨其事之成矣”。之所以呈现出这样的结果,是因为经过洋务运动、戊戌变法、清末新政等一系列失败的不彻底的改良运动,目睹甲午中日战争、八国联军侵华等多次中国失败后,许多知识分子逐渐意识到清朝统治者并无决心也不热心改变国家的命运,他们只想保留自己腐朽且落后的统治。先进的中国人失望中为了寻求新的解决道路,自然而然的会把目光投向另一种选择上。因此放弃改良转向革命是历史必然的选择。

“告别革命”论者又在假设“中国选择改良”这一基础上再进一步,认为以当时中国的情况,维持半殖民地甚至殖民地地位一长段时间后,中国将早已成为现代化国家,会发展得比如今社会更好。显而易见这种假设是荒谬的。该理论的成立是建立在中国依附于西方殖民国家、默认西方国家对中国的改良是持友好帮助并乐见其成的态度上的。然而历史告诉我们,当时的西方国家用武力打开中国的大门并非要帮助中国走向世界进入现代化,而是企图分享中国庞大的资源,只希望中国成为它们的商品和资本的输出地以及廉价劳动力和原料的产地。入侵中国的各国都是从自己的利益出发想把中国由一个完整的主权国家瓜分成一个一个完全属于自己的殖民地。为了达到这一目的,西方国家相互之间的牵制和制约并不是对中国的友善,如三国干涉还辽,就是为了自己的利益所进行的政治角力。一个独立、自主,甚至富强的中国显然是不符合它们对中国地位的要求,因此寄希望于西方的同情甚至帮助是不现实的。“告别革命”论者设想的这一未来从当时国内国际形势等历史条件来看完全不可能成立。

另一方面,“告别革命”论者在突出改良优势的同时也刻意强调革命的破坏面、负面影响,认为革命只是一种破坏性的力量,“杀人流血”,“破坏一切”,认为辛亥革命开启了一种不利于中国稳定发展的先河,自此革命被滥用,连年混战,因此军阀混战就是辛亥革命带来的结果。而且革命不仅破坏了原有的政治框架,在破坏后也没有提供新的政治框架加以弥补。这种论调不符合历史真相。首先,辛亥革命直接覆灭了清王朝的统治,结束了中国两千多年来的君主专制,这正是辛亥革命对中国最主要的贡献之一,它把民主自由的思想广泛传播,使更广大的中国人认识到自由民主才是中国的未来;其次,民国初年的军阀混战是袁世凯复辟帝制、破坏共和以及各路军阀造成的结果,是西方帝国主义各自寻找自己在中国的代言人,企图保存并扩张自己侵略势力从而激烈争夺下的产物,而非辛亥革命带来的后果。最后,更为重要的是这一观点忽略革命的真正目的在于建设和发展,正如孙中山所说“革命之有破坏,与革命之有建设,固相因而至,相辅而行者也”,近代中国的革命的最终目的始终是为了建设一个更好的中国。固然改良所造成的破坏远远小于革命,可是从当时中国社会的现实来看,短期暴力的革命对中国实现独立民主国家的作用比长期温和的改良更大。在革命条件不成熟的情况下,改良是帮助中国摆脱民族苦难的必要手段,而人们也偏向选择温和的改良而非暴力的革命。而一旦革命条件成熟,符合历史潮流,人民也应该选择革命,此时再坚持改良则是逆流而行。在当时中国的社会形势下,不用暴力打破原有的统治秩序难以实现国家的民主独立,因此辛亥革命应运而生。

认为革命破坏一切的同时还不能给出新的政治框架来建设新的国家新的社会这一观点显然也是错误的。一场符合历史潮流、受到人民拥护的革命必然会提出自己的政治理念和治国框架。以辛亥革命为例,早在同盟会创立时以孙中山为代表的资产阶级革命派就提出了"驱除鞑虏,恢复中华,创立民国,平均地权"的政治纲领,三民主义作为指导思想也逐步成熟完善。推翻清王朝统治后革命党人组建资产阶级共和国,实行三权分立制度,但由于国内外势力的干涉,以及资产阶级革命派自身的软弱,这一政治理想没有实现。20世纪二三十年代后中共领导新民主主义革命时也提出了自己的政治、经济等框架。中共以马克思列宁主义结合中国实际情况,政治上要求人民民主,建立苏维埃共和国,经济上提出了土地革命,解决农村土地问题。中共又在长期的革命实践中总结经验教训,逐步完善自己的理论,产生了毛泽东思想。中华人民共和国成立建立人民民主专政国家后依然继续前进,确立了以中国共产党为领导的多党合作和政治协商制度。因此,认为革命没有提供新的政治框架,只会一味破坏的论断是没有历史依据的。

二

所谓改良,大体是指以一种循序渐进的非暴力方式从旧时代转变成为新时代的发展道路。革命和改良的目的都在于让旧世界变成新世界,它们都是社会变革的一种形式,它们之间的区别主要在于达到这一转变的手段不同:革命主张暴力,而改良则提倡温和渐进。

1949年后一段时间,在阶级革命理论的大一统下,历史研究与现实政治需求挂钩,革命史范成为中国学术界的统一语境……在革命被放置在至高无上的圣坛上的同时,代表资产阶级、地主阶级的改良沦为消极、落后的代名词,被冠以"反革命"的贬义头衔。如洋务运动因为其主导者李鸿章、曾国藩等人是镇压太平天国农民运动的主要代表被贴上反动标志,戊戌变法则由于是资产阶级改良派所倡导的而学术界在承认其有略微进步意义的同时断定它归根结底也是反动的。诚如陈旭麓所说,造成这一现象的原因之一是当时包括史学界在内的学术界对"改良和改良主义不加区别"①的后果。由于改良一词和马克思主义者所反对的改良主义混淆在一起,导致改良长期没有得到很好的研究和应有的客观评价。

从历史上看,在19世纪末期,改良主张曾经在中国社会占据主流地位,并相当大程度上推动着历史前进发展。中国人开眼看世界,有识人士意识到民主自由的可贵,开始为解救民族苦难寻找出路都是由洋务运动等一系列早期的改良运动所激发的。辛亥革命后近代中国改良的呼声并没有随着历史选择了革命道路而终止,在相当长的一段时间内,它和革命是相辅相成同时存在的。

近代中国的改良大多以学习西方为主体,并在发展中逐步加深对学习西方的认识和程度。从洋务运动单纯的学习西方的器物,即"中学为体,西学为用",到戊戌变法时在军事制度、教育制度、经济制度等多个领域学习西方先进制度和形式,

① 陈旭麓:《中国近代史上的革命与改良》,《历史研究》1980年第6期。

值得一提的是康有为等改良派虽然主张在政治上实行君主立宪制，但在实际的改良操作中却没有得到光绪帝的支持。清末新政时搞的预备立宪等又更进一步的学习西方的君主立宪制度、建立新军，在更多领域中学习西方。清末民初的实业救国在经济上希望向西方的经济制度、投资生产、机械设备等看齐，加快国内资本主义的发展，进而巩固中国的经济，奠定中国走上独立富强的基础。民国中后期人们又把目光投向了此前被长久忽视的农村问题，借鉴国外的农村发展方式来挽救濒临崩溃的农村经济，努力营造乡村建设的声势。

清末的洋务运动、百日维新和清末新政都是自上而下推行改良的方式。上层有识分子从呼吁开明专制到君主立宪，希望以清王朝统治者为首厉行改良，改变中国落后的现状。但由于封建统治者的愚昧落后，政府的腐败无能使得每次改良都遇到重重阻力终告失败。在一次次失败中，资产阶级逐渐意识到依靠清朝统治者来励精图治，扫除弊政，实现国家富强独立是行不通的，只有暴力推翻这一阻碍着中国发展的愚昧落后政府，才能够实现中华振兴。这也是为什么"告别革命"所宣扬的依靠清朝统治者推行改良从而带领中国走向现代化的论断是错误的。

近代中国之所以没有选择改良，除了革命是大势所趋外，也有相当一部分在于很大程度上强调学习西方的改良并没有找到适合中国自己道路的改良方法。当时的西方国家代表着先进，经过自身的几百年发展，其政治、经济、文化等各个领域都相对稳定下来，为落后的中国提供了很好的参照物。但以中国内外矛盾尖锐的现状，无论是仅仅学习西方先进的一小部分还是照搬多个领域都对实现中国的近代化乃至现代化没有强有力的帮助。其一，当时中国虽然产生且在一定程度上发展了资本主义，但资本主义没有得到充分良好的发展，它在外国资本主义和国内自然经济等因素的压制下艰难生存。其二，国内外环境也与当初西方建立资本主义国家的情况不同。空前的民族危机和统治阶级的腐败落后等都是改良的阻碍。当时改良成功的立宪制日本在改良之前所面临的情况也与中国有着很大差别。仅就大环境而言，即使是辛亥革命后的中国也始终没有建立一个真正独立自主的国家扫清外部干涉障碍，内部也长期军阀混战，没有一个相对稳定、安定的环境让改良深入下去。正因为如此，加之改良主张没有在学习西方的同时很好地结合中国实际情况，抓住中国落后、民族危亡的关键所在，所以近代的改良或流于表面或不彻底或过于空想，往往以失败告终。

虽然用改良的手段并不能使中国走上民族独立国家富强的道路，但并非近代时期有识之士所进行的改良运动就没有任何现实价值。相反，近代历史上符合时代前进发展的改良尝试都有其积极作用。如乡村建设兴盛时期，社会各界对农村开展的社会调查和研究，农村社会性质论战都不仅促进了民众对中国农村社会的认识，让民众了解到解决农村问题的迫在眉睫，也对当时中共形成自己的关于农村问题的理论有很大的帮助。19 世纪末 20 世纪初的实业救国浪潮促进了中国民族资本主义的发展，壮大了中小资产阶级的队伍，促进了中国的工业、手工业的发展，也为中国经济的近代化现代化做出了一定贡献。

历史证明，任何有助于中国民族独立、经济发展、人民富强的改良运动，无论它是由哪个阶级领导、代表着哪一种阶级的观点，都有其积极意义、进步价值，都应该在历史上占有一席之地并得到应有的尊重。

三

20世纪上半叶是一个需要革命而又充满革命的年代。之所以如此，是因为当时的中国充满了民族的苦难。因此，作为符合历史前进步伐的革命成为解救民族苦难的关键。辛亥革命、第一次国共合作下的国民革命以及中共领导的新民主主义革命都是这一时代趋势下的产物。

革命的发生总有其固然的理由，革命绝非"制造"出来，而是历史的选择。革命的发生发展乃至成败并不以个人乃至某一政党或团体的意志而转移。革命的兴起除了领导、呼吁革命的阶级的主观意识之外，更重要的是必须具备引发革命的客观条件，包括社会需求、社会形势、国际环境、自然条件、民众心理等等因素。

辛亥革命前，在中国近代民族危亡之下已经不容国家进行慢节奏的改良来完成独立、民主、复兴的道路。西方列强迫近，中国作为一个完整国家的形态岌岌可危，到了危急存亡的关头。在这种列强瓜分中国企图膨胀，期盼由清朝统治者领导的改良即将失去施展舞台的大背景下，依赖需要长时间实践的改良来振兴中国是不现实的，革命的需求由此孕育。

1898年的戊戌变法，这场由维新派主张的自上而下的改良虽然得到光绪皇帝的支持，以合法的方式进行包括经济、教育、军事、政治等方面的大改革，受到海内外瞩目，但维持了仅仅百余天便告失败。百日维新的一个意义在于它更加广泛地开启了民主意识，推广了改良这一理念，同时也向人们证明在当时的内部环境下进行改良是有重重阻力的。其后的甲午中日战争、义和团运动、辛丑条约接踵而来，民族危机加深加重，中华民族与帝国主义之间的矛盾以及人民大众与封建主义之间的矛盾更加尖锐，为了维护自己的统治清政府被迫准备推行新政。新政可谓是清朝统治者在避免自身退出历史舞台前的最后一次企图改良的挣扎。但当时历史发展已经是革命潮流逐步占据主流，各地民变频发。在看透清朝统治者本质后对新政失去信心，加上保路运动这一导火索，使得更多的人加入支持革命的行列中来。当时以孙中山为首的革命派正是在这种对改良救国无望的情况下转而顺应历史潮流，走向革命的道路，正如孙中山所言革命派革命的理由是"原欲以和平之手段要求立宪政体之创行而已，迨至和平无效，始不得不出于强力"。革命派期待以一场暴力革命扫清建设新中国的一切阻碍，让中国成为独立民主的资本主义国家。

辛亥革命乃至南京国民政府成立后，中国内部的各种矛盾并没有因为组建了资产阶级的共和政体而消弭。相反，由于长期的军阀混战、连年天灾、西方经济政治侵略势头不减等种种原因而继续存在，部分地区甚至愈发尖锐。此时，中共所领导的新民主主义革命便顺应潮流逐步发展壮大起来，最终完成了建立独立民主国家这一历史使命。

关于中共革命兴起发展的原因，台湾学者陈永发所提出的"制造革命"说在西方极为盛行，认为尤其是20世纪30年代后的革命都是中共制造的结果，是中共早期党组织和地方精英良好合作的产物。但历史证明中共革命如同辛亥革命一样，也是历史选择的结果。

1927年第一次国共合作破裂后，中国共产党开始走上独立反抗国民党统治的道路。究其原因，国民党对共产党的血腥镇压是一方面，更为关键的在于1927年成立的南京国民政府背离了孙中山所创立的三民主义，它在施政过程中没有提出和实践真正能够解决民族苦难的主张。在国民党政府的统治下，对外没有彻底解决西方列强的侵略，对内也没有很好地解决人民所迫切期待解决的问题。三民主义中的民生主义涉及人民切身根本利益，其中土地问题是重中之重。但国民政府并没有重视农村经济，随着土地分配不平衡现象日益严重，土地问题不但没有解决反而愈发严重，农民生活贫苦，苛捐杂税日增，农村经济被破坏殆尽。一些知识分子和有识的地方当权者提出、展开的乡村建设这一改良措施，可他们的具体操作方案始终没能触及问题的根本所在。乡村建设在一段时间内引发各界热烈讨论，社会舆论呼吁国民党政府实行民生主义，重视农村问题，挽救农村经济。不过国民党政府始终没有执行当初在国共合作时期孙中山所提出的"平均地权"，也没有提出新的解决土地问题的方案。与此同时中国共产党的各项政策主张尤其是其开展的土地革命很好地填补了南京国民政府这一施政盲区，受到农民的欢迎，这也是中共在苏区能够得到民众支持的重要原因所在。在那个呼唤革命而革命条件具备的年代，中共提出了包括土地革命在内的解决人民疾苦、争取国家民主自由的主张，领导新民主主义革命，得到人民的支持是必然的。

当然，从另一方面来说，革命是暴力的，随着革命的推进必然带来流血、牺牲及相当程度上对社会的破坏。以往的研究中我们常常忽略这些革命遗留问题，过分强调革命的积极正确面，推崇革命，没有做到客观的全面的探讨研究。虽然历史选择了革命，革命也一步一步带领着近代中国走向独立民主，但这些问题也值得好好研究总结。

四

在唯物史观下，恩格斯提出了历史"合力论"。他认为虽然经济因素在历史发展中起到决定性作用，但历史合力才是社会发展的终极原因。历史合力即是说历史是所有主客观因素在一定的社会历史条件下共同参与、相互作用的结果，是其作为一个整体的产物。这些因素既包含了政治制度、经济制度、社会意识、文化思想等上层建筑中多种因素相互作用所产生的影响，也包含影响历史进程的各个主体之间不同意识相互角力的作用，正是它们形成一种合力共同推动历史的发展。

中国近代的发展也正是在革命、改良等诸多推力下合力完成的。洋务运动、百日维新促使中国人接触到西方先进思想，吸收西方的资本主义民主自由理念，也让中国人逐渐意识到必须推翻清王朝统治才能建立一个民主国家。随之而来的辛亥革命，资产阶级民主共和国成立，在中国国内各种矛盾激化百业待兴的情况下，一股改良浪潮又席卷而来，中国的知识分子和有识官员提出了各种各样的改良主张，较为有名的实业救国、工业救国、乡村建设就是其中显著的代表。只是这些改良主张虽然在一定程度上弥补了国民党政府的施政弱点，也具有其促进中国经济发展的作用，但它们始终并没有完成促进发展、振兴中国的最终目标，也没有起到真正缓和社会矛盾的作用。此时结合中国实情提出指导思想并逐步发展完善各项政治经济等领域主张的中共又顺应潮流领导革命，最终建立了人民民主专政的国家。就此而言，虽然革命与改良的论争从19世纪末就不绝于耳，革命派和改良派却并不是截然对立，互相敌视。纵观近代史，各种改良和革命交错并存，共同组成了中国走向独立自由民主国家的进程。

因此，革命和改良都是历史的一部分，都是中国近代有识之士等先进的中国人为了民族独立、国家富强和人民民主进行的努力和尝试，缺一不可。“告别革命”固然有违历史真相，忽视改良作用和影响的论调和过分夸大革命的论调也过于片面。革命和改良都是推动社会变革的一种方式，无论从哪一方面分析革命和改良的兴起原因，评价革命和改良的作用、影响和意义，都应该站在历史真实的角度上，从当时的社会形态、社会环境、国内外形势、经济现状、政治现状等基本国情出发加以研究，而不是脱离历史现实，靠某种假设或猜想，抑或是主观片面的生搬硬套。

一言以蔽之，革命是当时社会的大趋势，由改良步入革命也是时代潮流。与此同时选择革命并不意味着排斥改良，两者不是截然不同、相互对立的关系。从本质而言，改良也是革命的一种形式。它们的最终目的都是促成社会乃至国家前进。纵观近代中国，改良往往起到促进革命发生的作用，而革命后也依旧离不开改良来建设国家。因此，在研究革命和改良问题上，需要全面的有针对的以唯物史观的观点来进行探讨，真实地呈现二者各自包含的内容和意义。

冯子材的军事生涯[①]

冯子材是中国近代史上的一个重要人物,其最重要的历史功绩就是在中法战争期间坚决抵抗法国侵略军,为保卫祖国南疆作出了突出贡献。因此学术界关于冯子材的研究多集中在中法战争这一时间段。代表性的论著有廖宗麟的《冯子材与其麾下的抗法萃军》,《钦州学院学报》2009 年第 5 期、蒋金晖的《晚清政府处置粤西海疆危机及对南海维权的历史意义——以中法战争后冯子材的军政建树为中心》,《广西师范大学学报》2013 年第 4 期、《近代边疆危机视域下冯子材的历史地位述论》,《湖南科技大学学报》2015 年第 5 期、廖宗麟的《中法战争史》(天津古籍出版社 2002 年版)等。虽有这些较新的成果,但还是有些问题没有展开充分的讨论,从长时段看似有进一步讨论之必要。

一、据守江南试身手

冯子材,字南干,号萃亭,广东钦州(今广西钦县)人[②],生于嘉庆二十三年(1818)。少年时父母早丧,生活窘困。长大后曾当保镖,流荡江湖。冯子材二十多岁时学得一身好武艺,据说一百多人也打不过他,从此以保镖为生,护送牛商赶耕牛到廉州(今合浦县)去卖。[③]

道光三十年(1850)冯子材在广西博白聚众反清,次年加入广东天地会起义军。不久接受清政府的“招安”,从向荣镇压太平军,随军跟至南京,以“征剿有功”先后被擢升为千总、副将,赏给色尔固榜巴图鲁名号。咸丰六年(1856)夏,太平军一破江南大营,向荣死后,冯子材改隶张国梁。咸丰十年(1860)闰三月,太平军二破江南大营,张国梁被击毙,冯子材代领其残部,驻守江南根本重地镇江;九月间联合巴栋阿击退了太平军的进攻,保至总兵,加提督衔,办理镇江军务。[④] 同治元年(1862)

---

① 原载《钦州学院学报》2018 年第 11 期。

② 但据钦州县城冯子材之孙冯承珍口述:“祖父原籍广东南海县大沙头,做红单船为业。当他十多岁的时候,和哥哥冯子清驶船来到钦州定居。兄弟俩在钦州城内沙尾街开了一间木铺,做了一段时间生意,因为亏本,连铺子也卖了。不久,子清因病去世,祖父无人依靠,到处流浪。”见《中法战争调查资料实录》,广西人民出版社 1982 年版,第 191 页。录以备考。

③ 参见钦州县城冯承珍口述,《中法战争调查资料实录》,广西人民出版社 1982 年版,第 191 页。

④ 参见《曾国藩年谱》,岳麓书社 1986 年版,第 124 页、第 143 页。据冯子材孙子说,那时清朝大势已去,太平军与冯都是广东人,有人运动冯军起义。冯子材说:“还要看一下,不管反不反,也得要维持万多军士的生活。”于是派人回广东催饷。这时士兵因无饷无粮闹得很厉害。冯子材就和焦山和尚议定,将仅有的四千两银子埋在东、南、西、北四方,然后叫士兵去问神。和尚说东山有银,士兵去挖,真挖出一千两银。吃了几天,再去问,又根据提示在南山挖出一千两,再吃几天。这样拖下去,一直等到广东的饷银赶到,才安定了军心(钦州县城冯承珍口述,《中法战争调查资料实录》,第 192-193 页)。

九月，冯子材再破太平军于汤冈。① 次年清军夺占金陵雨花台，长江北岸江浦、浦口，九洑洲，南岸之下关、七里洲也先后克复。冯子材等人于五月二十四日上奏，认为“金陵合围之后，势必号召援贼亟图一逞，正宜因利乘便，相机进剿”占据丹阳的太平军，以为牵制。“且逆情既蹙，难保不铤而走险，为围魏救赵之计，尤应节节扫荡，得寸则寸，……核计在防兵勇万人，留守进攻稍形单薄，近复天时郁热，疾疫流行，军中多有染患。连日周历各营，简阅精壮，挑选得力马步”，分为三拨，“轮流出击，由马陵一带步步进逼，设法攻捣沿途贼垒，以次规取丹阳”②。同治三年（1864）四月，为了策应围攻天京，冯子材率军攻占苏常门户丹阳，被赐予骑都尉世职，赏穿黄马褂。

太平天国天京沦陷后，冯子材面禀督臣曾国藩，以“地方既已解严，兵民不宜杂处，留守无关轻重，饷需未免虚糜”为由，主动将所部在防官弁兵勇七千余人全行裁撤。③

冯子材镇压太平军自然是应该否定的，但他的军事才干在与太平军的多年对抗中得到了初步积累与提升。在江南腹地镇江独当一面的冯子材并没有满足于株守一地，而是认真研究战守机宜，在确保镇江无虞的前提下能够择机主动出击，配合全局，这是他的与众不同之处。这一特点后来在中法战争中得到了彰显。

二、出入越南平忧患

此后冯子材出任广西提督，率兵镇压广东的反清斗争、贵州苗民起事和广西天地会吴亚忠部。同治三年十二月戊子（1865 年 1 月 18 日）清政府发布上谕称：“贼谋甚狡，伺隙即逞，……如不得逞志于闽，必将全力趋粤。冯子材前经请假回籍修墓，曾令其假满后赴广西提督本任。该员久历戎行，深明韬略，广东形势岌岌，自应保卫桑梓。冯子材着暂留广东，督办东江军务，并毋庸俟假满，即驰赴大埔饶平之交，择要驻扎，堵剿漳州大股踞逆。李福泰俟冯子材到防后，再行回省。”④这一上谕说明，最高当局对冯子材的军事才干已有所了解。“久历戎行，深明韬略”的评价是恰如其分的。正因为如此，冯子材才成为清政府镇压各地反清斗争不可多得的一员干将。不出所料，不到半年，冯子材就在广东罗定等处“歼擒巨匪”，获得朝廷优叙。⑤ 同治四年六月，冯子材赴广西本任，清政府下令“俟冯子材到后，即着张凯嵩将南宁一军，交该提督总统，以一事权”⑥。

同治七年（1868）吴亚忠率余部转入越南北部后，同治帝于十月发布上谕：“逆匪吴亚终窜越南木马，谕苏凤文、冯子材会筹速剿。”⑦这是冯子材首次奉旨入越，“助越剿匪”。次年，吴亚忠“由归顺州窜出，逃亡越南，提督冯子材亲自出关，督追

① 《曾国藩年谱》，第 161 页。
② 《清政府镇压太平天国档案史料》第二十五册，社会科学文献出版社 2001 年版，第 241-242 页。
③ 《清政府镇压太平天国档案史料》第二十六册，社会科学文献出版社 2001 年版，第 60 页。
④ 《清实录》卷 125，页 743。
⑤ 《清实录》卷 139，页 294。
⑥ 《清实录》卷 146，页 434。
⑦ 《东华录》同治七年十月丙午。

千里”,于同治十年十月“灭之于安边、河阳”。[①] 光绪元年(1875)冯子材调贵州提督。至光绪五年(1879)他第三次入越,因剿办有功,赏一等云骑尉世职,调回广西,办理边防。冯子材南下越南追剿广西天地会起义军余部自然是奉命行事,从政治上而论同样是站在民众反抗斗争的对立面,是反动的。但从军事而论,当初坚守镇江打的主要是阵地战,入越追剿主要是运动战。将在外君命有所不受,主将的自由裁量权更大,挑战与应对同在,风险与机遇共存。正因为冯子材有这样的出境机会,才得以熟悉与绵亘千里隘卡甚多的广西西南边境接壤的越南北部地区,为日后在那一带抗击法国侵略提前做了军事地理方面的准备。这段经历与这一优势是其他清军将领所不具备的。

自光绪六年(1880)起,法国加紧侵略越南,图谋进犯中国。冯子材力主援越抗法,“固圉保藩”,但清廷主张避战求和。光绪九年(1883),冯子材以广西提督名义授刘永福军功蓝翎四品顶戴和木质关防,以示对刘的支持。然而是年四月十八日,却遭到翰林院侍讲学士张佩纶的奏劾,冯子材被迫告病开缺回籍。十一月,法军在北越山西城向清军防地发动进攻,清军虽受命坚守阵地,但由于将领的昏庸怯懦,各军互不协调,遂使法军步步北进,进逼中国。

光绪十年二月十一日(1884 年 3 月 8 日)法军进攻位于北宁南面的扶良,冯子材部管带陈得贵力战半日,扼守失利,退回北宁。唐景崧《请缨日记》卷四载:“守扶良不只止得贵一营,而得贵独苦战半日,他营则壁上观也。得贵为提督冯萃亭旧部,冯曾劾徐(延旭),得贵实结怨于徐。及徐擢巡抚,遂撤萃亭之犹子兆金带左路营者,并撤得贵。……黄军门(北宁主将黄桂兰——引者注)保留前敌。扶良败,徐劾得贵首失炮台,得旨与党敏宣俱正法。”[②]二月十五日(3 月 12 日)法军分五路大举进犯北宁,清军崩溃,桂军败撤谅山,提督黄桂兰服毒自尽。清政府为了掩饰败绩,将广西巡抚徐延旭、云南巡抚唐炯革职拿问,任命淮系将领潘鼎新为广西巡抚,并改组军机处。

在这边关吃紧的关头,户科掌印给事中邓承修于二月十九日(3 月 16 日)奏请起用冯子材协助两广总督张树声统率淮军进驻南宁一带,督办广西后路。奏折称:“前广西提督冯子材莅粤西十余年,功勋宿著,熟悉边情,徒与徐延旭龃龉,遂甘废弃。可否饬令该员招募旧部,随同张树声协理后路防务。该员志行侃直,必能竭忠尽虑,无负厚恩。”[③]十天以后清政府明发上谕,命张树声转饬冯子材出关接统黄桂兰各营:“据李鸿章电报,法已攻取太原,兵勇死伤甚众,又有拟索兵费之说,……冯子材边情较熟,著传知该提督速赴关外,接统黄桂兰所部,毋稍迟延。”[④]但冯子材托病推辞。

四月二十八日,清政府撤张树声职,命张之洞署理两广总督,主持对法军事。

---

① 《刘长佑年谱》,《湘军人物年谱》(一),岳麓书社 1987 年版,第 413 页。

② 中国近代史资料丛刊《中法战争》第 2 册,上海人民出版社 1957 年版,第 115 页。

③ 转引自廖宗麟:《中法战争史》,天津古籍出版社 2002 年版,第 683-684 页。

④ 中国近代史资料丛刊续编《中法战争》第 3 册,中华书局 1999 年版,第 87 页;参见第 1 册,中华书局 1996 年版,第 878 页。

张之洞就任后，果断起用冯子材募军援桂。先是，冯子材受命出任高、雷、廉、琼四府廿五州县团练督办，数月内即在九个州县办起团练，作为随时增援前线的后路之师。六月十一日，张之洞函询冯子材能否率部出征。信中说："钦州民团自得宏才指麾，谅已日形精整。鄙意拟请阁下速将团练密加部勒，营哨官分别派定，一遇事机紧迫，即将精练勇酌带二三营，配给军火，取径疾趋，袭彼广安、海防，广张声势，多设疑兵，以为牵制之计。"①七月十三日，冯子材复函张之洞，表示愿意率军出征，同时沥陈苦衷说："自奉派起团以来，迄今虽已数月，无如各该州县有催罔应。现计禀报成团尚未挑练者虽有九州县，而此九州县内又仅有钦州一团，经子材督挑五百名，近已练有成效，然亦仅可守备本境。其余十六州县均尚未据禀报前来。子材以告病在籍人员，思欲亲身往催，奈经费别无所出，不过具备文行而已。"他认为"与其暗袭牵制，侥幸于目前，何如挞伐大张，以杜欲壑于日后"，并自告奋勇，请缨出征："子材所患之疾已愈八九，如蒙我大公祖垂爱，任以军旅之事，即请奏明，将现在关外尚未遣散之粤勇一并调至谅山、海阳交界之宣安州，并由子材就近募勇，连关外粤军共足一万五千人，均交子材统带调遣"，迅速进剿，"既可以寒贼胆，又足以固藩封，且使法夷不敢再窥两粤、滇南边境，一劳永逸，似为全策"。② 这封回信清楚表明了冯子材集结重兵出疆征讨的积极主战态度。十月初七张之洞函复冯子材，首先赞誉其请缨出征，"公忠体国，以灭寇恢疆为己任"，然后提出"拟请麾下以十营出关，取道龙州，直指那阳，进规广安。……务祈速募精选，于文到二十日内即行部署启程，以操胜算。饷械即到，必不逾期"③，并送去饷银5万两。

十月十一日，办理广东防务的钦差彭玉麟与张之洞联名致电清政府："今由广东出军两枝赴越协剿，派在籍前广西提督冯子材募十营，由钦赴龙出关，攻广安一路，以图海防"；另外一路是广西右江镇总兵王孝祺统粤省防军八营（称勤军），由梧赴龙出关，攻船头一路。"两军均须出镇南关，再分所向，分敕速进"。④ 冯子材接令后不顾年近古稀，毅然带病出山。他首先发布告示，号召民众投军报国，仅用半个月时间，就在钦州以当地团练为基础，组建萃军十营。十一月初一（1884年12月17日），冯子材在钦州誓师出征。部队抵达上思时，又奉命增募八个营，总共十八营。此次增募是冯子材提出来的。彭玉麟等人后来在奏折中说明道："前广西提督冯子材，现在钦廉本籍，奏办团练。该提督老诚宿将，久官粤西，曾征越匪，威望在人，罢兵未久，旧部尚众，派令募勇十营。继因该提督力陈出疆征讨，兵力须厚，又准续募八营。计冯子材共统十八营，由钦州、上思州出边入越。"⑤

十一月十八日（1885年1月3日），萃军行抵上思。据《战胜法兰西始末记》记载，萃军"祭旗起程，行抵广西上思州。……每逢拔队之先，派员预往途中熬煮粥饭，以待大队士兵打尖，得以充饥，故于沿途买卖均无纠纷，每日宿营，先经管带勘

① 《军牍集要》，中国近代史资料丛刊《中法战争》第3册，上海人民出版社1957年版，第90页。
② 《军牍集要》，中国近代史资料丛刊《中法战争》第3册，第88-90页。
③ 中国近代史资料丛刊《中法战争》第4册，上海人民出版社1957年版，第521页。
④ 中国近代资料丛刊《中法战争》第6册，上海人民出版社1957年版，第154页。
⑤ 中国近代资料丛刊《中法战争》第6册，上海人民出版社1957年版，第290页。

踏地势，规定距离，各哨官长方依规定地方督率各兵伕，一面向外开挖水沟，一面向内筑土墙，撑搭帐篷，然后造饭食宿。翌日五更饱餐后折收帐篷，列队点名始起程。

十二月初五日（1月20日）全军驰抵龙州。”①在龙州，萃军出有安民告示：“各路大军，露营住宿，禁入民村，禁住民房，全体官兵，严禁夜出，白天入街，须持手令，如违令者，军法不赦，一律严处，斩首示众。”②在萃军开往镇南关途中，沿途绿林好汉纷纷写红帖来要求参加抗法，因为名额限制，不能一一收容。冯子材好言劝慰他们：“等一等，在后方维持地方安静，如果我打败了，再请你们帮忙。”③

萃军每到一地，冯子材都严申军纪，“如违令者，军法不赦，一律严处，斩首示众。”④来到镇南关后，冯子材又出安民告示：“拦路抢劫者斩，强奸妇女者斩，偷牛偷猪者斩，拐带人口者斩。”⑤由于他执法严明，众人无不心悦诚服，秋毫无犯。十二月二十五日（2月9日）张之洞命冯子材以八营赴援谅山。三天后再次严令催促，均因密电未能译出而耽搁，⑥这当然不是冯子材的责任。

潘鼎新就任广西巡抚负责关外军事后，对外消极避战，对内排斥异己，致使将帅不和，军心涣散。十二月二十八日（1885年2月12日）夜，潘鼎新不敌法军主力的进攻，“弃谅入镇南关。次日，诸军皆溃入关，粮饷、器械丧失殆尽”⑦，谅山落入法军之手。边境局势十分危急。

光绪十一年正月初三日（1885年2月17日），清政府任命冯子材“帮办广西关外军务”⑧。当天萃军赶到镇南关，竟被潘鼎新以“守关无须萃军”为由，遣回东路。其实，“广西西南边境接壤越南，绵亘千里，隘卡甚多，镇南关系出入大道”⑨，是兵家必争之要地，潘鼎新掉以轻心，后来付出了沉重的代价。正月初九日（2月23日），法军攻占镇南关，两天后毁关南撤至关外三十里地的文渊城（今同登）。

受命于危难之际的冯子材能不能挽狂澜于既倒，不负众望，代表中国人民的意志，击退法国侵略军的猖狂进攻，对此仁者见仁、智者见智，众说纷纭，莫衷一是。其实清政府的一些高官并不真正看好冯子材，也大大低估了萃军的战斗力。光绪九年四月十八日，翰林院侍讲学士张佩伦上奏，提出“请易广西文武官员”，认为“提督冯子材老病骄满，不戢其军，虽有前功，宜令退位”⑩。光绪十年三月初二李鸿章在给潘鼎新的信中说：“廷旨起用冯萃骞，年已七旬，前在镇江仅能守，往越南剿土匪有声，然非法人敌也。”⑪三月初五张树声也致电李鸿章通报：“奉旨起冯萃亭接统

---

① 转引自《中法战争调查资料实录》第133页。
② 《中法战争调查资料实录》第134页。
③ 《中法战争调查资料实录》第138页。
④ 《中法战争调查资料实录》第134页。
⑤ 《中法战争调查资料实录》第135页。
⑥ 中国近代史资料丛刊《中法战争》第4册，上海人民出版社1957年版，第464页。
⑦ 《克复谅山大略》，中国近代史资料丛刊《中法战争》第3册，第77页。
⑧ 中国近代史资料丛刊《中法战争》第6册，上海人民出版社1957年版，第295页。
⑨ 《刘长佑年谱》，《湘军人物年谱》（一），第413页。
⑩ 中国近代史资料丛刊续编《中法战争》第1册，中华书局1995年版，第368页。
⑪ 《李文忠公全集》电稿，卷二，第5页。

其(指黄桂兰——引者注)军,昨致总署函,言冯未必出,出亦无益。”李鸿章当天复电赞同:“鄙见亦谓冯不胜任。”[①]张佩伦此时接连致函李鸿章,要李出面阻挠冯子材复出:“冯萃亭乃铁香所荐,鄙不谓然,此应由公荐淮将助之。用东人为抚而将为淮,用淮人为抚而将为粤,不但兵杂而将亦杂矣。内已气馁,无求逞之理。”“粤西提督急须出群之材,若公书缓至,属之大树(指冯子材——引者注),文武不和,又蹈徐、黄覆辙矣。”[②]即便是顶头上司张之洞在光绪十年十一月廿九日向清政府电奏时对冯军评价也不高,认为:“王(孝祺——引者注)军老营,械足,举动素稳;冯军新集,械缺,剽悍轻敌。大约王军宜锐进,冯军宜缓发”[③]。但冯子材后来在镇南关前线的出色表现令人刮目相看,也使不可一世的法国侵略者为之惊愕。

三、镇南关前显威风

谅山、镇南关的溃败,影响遍及全广西。淮军在溃逃中“大掠龙州,商民迁徙一空,……游勇水陆肆掠,难民、逃军蔽江而下。关内大震,沿江自南宁、逃军州、浔州达于桂林省,无不惊扰,纷纷告急请兵,南宁戒严。”[④]

为了推诿镇南关战败责任,潘鼎新竟谎报军情,指责冯子材和湘军将领王德榜“飞催不至”[⑤]。为此冯、王等人遭到清政府严旨申斥。冯子材正月十九日致电张之洞如实汇报称:“材初一率中军左营由龙赴关,初三至,琴帅以守关无须萃军,面饬仍顾东路,时八营已抵宁明界,复同各营初十乃至派站。十一关警,则十二兼程赴援,十五抵凭祥。闻琴帅恐关受攻,初五先退幕府二十里,初九又退凭祥二十里,复宵遁海村六十里。征调已属纷更,退回更滋摇惑,谅在鉴中。”[⑥]这封电报尖锐指出战败乃潘鼎新调度无方指挥不力所致,萃军当时正驻防他路,回援不及。张之洞接电后,立即电奏朝廷为冯、王申辩,特别指出;“冯子材老成得军民心,(广西按察使李)秉衡电及桂、越公论同”,认为潘鼎新“此时宜责己恕人”,不要使“老将寒心”[⑦]。

潘鼎新自镇南关败挫后,对未来战事没有把握,措置失宜。冯子材的军队来到前,清军在广西前线的布防情况是:潘鼎新直属部队——淮军鼎字五营、桂军龙字五营共守谅山,加上其他部队总计军队五十余营,二万多人。[⑧] 潘鼎新弃军逃跑后,前敌指挥机关陷于瘫痪。正月中旬,冯子材奉命进抵镇南关后,自告奋勇,亲率萃、勤两军充当前敌,扼扎关前隘;同时团结友军,振作士气,积极准备反攻。他连日深入前沿,勘察地形,认为镇南关关前狭窄,不宜歼敌,提出“于关内十里之关前隘,跨

---

① 中国近代史资料丛刊《中法战争》第4册,上海人民出版社1957年版,第143页。
② 中国近代史资料丛刊《中法战争》第4册,第371页。
③ 中国近代史资料丛刊《中法战争》第6册,上海人民出版社1957年版,第236页。
④ 中国近代史资料丛刊《中法战争》第3册,第78页。
⑤ 中国近代史资料丛刊《中法战争》第4册,第233页,又见第6册,第327页。
⑥ 《冯帮办来电》,《张之洞全集》第七册,河北人民出版社1998年版,第4966页。
⑦ 中国近代史资料丛刊《中法战争》第6册,第327页。
⑧ 《克复谅山大略》,中国近代史资料丛刊《中法战争》第3册,上海人民出版社1957年版,第77页。

东西岭间，督所部筑长墙三里余，外掘深堑为扼守计”[①]，同时从各军挑选强壮，精心组训大刀队，又把湘军、粤军和淮军分别编为左、中、右三路，与亲率的萃军构成犄角之势，互为策应。冯子材还请苏元春率军至艽葑，阻止法军侧翼偷袭，并派萃军五营控制扣波。正月二十八日（3 月 14 日），法军进犯艽葑，遭苏元春部迎头痛击，败逃至扣波，又遭到萃军的突袭，大败而逃。二月初三（3 月 19 日），法军反扑扣波，再遭萃军痛击，丢盔弃甲遁去。初五日（3 月 21 日）夜，冯子材命王孝祺部出关袭击文渊敌营，王德榜自油隘合击，激战至翌日中午，“破其二垒，毙贼甚多”[②]。

二月初七日（3 月 23 日），法军旅长尼格里（Negley）率部，在大炮掩护下分三路攻打关前隘。东岭赶修的五座炮台很快被攻陷三座，法军利用占领的炮台，居高临下，俯击长墙前的萃军阵地。冯子材在阵前向将士们疾呼：“法再入关，有何面目见粤民？何以生为！”[③]在主帅的激励下，清军诸将士奋不顾身冲出长墙死战，伤亡甚多。这时王孝祺率一股人马从小路绕至敌后，向敌猛攻，敌稍却。下午苏元春率部登上东岭，进入尚未被法军攻占的炮台，向法军开炮轰击。双方一直激战至晚。深夜驻守油隘的王德榜，按冯子材事先部署分兵为二：一路为正兵，遥作声援，一路为奇兵，从甫谷抄出，围攻文渊，直捣敌巢，将法军囤积的军火全部缴获，切断了法军的后勤补给线。次日尼格里为了扭转颓势，指挥法军发动了更猛烈的进攻。冯子材告诫诸将，凡有退者，“无论何将遇何军，皆诛之”[④]。在正面阵地行将突破的紧急关头，年逾古稀的冯子材短衣草履，持矛大呼，率二子相荣、相华跃出长墙搏战。众将士士气大振，奋勇冲入敌阵，法军伤亡惨重。激战至夜，王孝祺已打败西路法军，王德榜督军从后夹击，踏平敌营三座。各军紧密配合，杀得法军惊恐万状。

关外游勇客民闻冯子材亲自上阵，纷纷前来助战，随处狙击法军。彭玉麟后来奏称：“冯子材三次出关，讨平越乱，恩威并著。此次统军赴龙，桂、越军民闻其至，若得慈母，称为‘冯青天’。其军纪律最好，凡关外越人受法匪游勇之害者，关内民人受各军骚扰之害者，咸来赴诉；冯子材亦视若子弟，恻然矜闵，为之抚恤示禁，告诫诸军。越官、越民争为耳目，敌人举动悉来报知，近自北宁，远至西贡，皆通消息。其军出关后，扶老携幼，箪食壶浆，来相犒问，愿供办军米，响导先驱，助官军剿除法人，长为天朝赤子。”[⑤]可见冯子材率领的是正义之师，仁义之师，抗法援越，师出有名，得道多助。法军鏖战两日，“弹码已尽，而后队军火被截，惶惧无措，顷刻间炮声顿息，遂大溃。”[⑥]“法人自谓入中国以来，从未受此大创。”[⑦]

与镇南关大捷同时，二月初八（3 月 24 日）清政府根据彭玉麟、张之洞的联名电

---

① 中国近代史资料丛刊《中法战争》第 6 册，第 454 页，上海人民出版社 1957 年版。
② 中国近代史资料丛刊《中法战争》第 6 册，第 455 页。
③ 中国近代史资料丛刊《中法战争》第 6 册，第 455 页。
④ 中国近代史资料丛刊《中法战争》第 6 册，第 455 页。
⑤ 中国近代史资料丛刊《中法战争》第 6 册，第 459 页。
⑥ 中国近代史资料丛刊《中法战争》第 6 册，第 456 页。
⑦ 中国近代史资料丛刊《中法战争》第 4 册，第 240 页。

奏,决定将潘鼎新革职,改由苏元春督办广西军务,广西巡抚由广西按察使李秉衡暂行护理。[①]《清史稿》王孝祺列传记载说,新任广西巡抚"李秉衡集诸将举前敌主帅,孝祺曰:'今无论湘、粤、淮军,宜受冯公节度。'秉衡称善"[②],不确。前此,冯子材奉命出关时"本未令归苏元春调度"[③],但这并不等于他可以在朝廷明令苏元春作为督办广西军务后指挥苏元春。前线军民对冯的拥戴不可能否决清政府的成命,苏元春在潘鼎新革职后名正言顺地行使在前线指挥全军的权力。后来论功行赏,苏的排名在冯之前也与军事指挥权大小直接相关。

初十日(3月26日),法军向谅山方向狼狈奔逃。冯子材在咨文中说:南关"山头各贼垒均已退入文渊街,一夜数惊……敝帮办以该法逆等畏威震惧,有机可乘,当即知会王镇孝祺统率勤军随同进剿;并知会王藩司德榜派拨楚勇,由小路抄截而来。敝帮办随拔萃字中军左营并中军右营左哨及前军前、中、左、右四营,右军前、中、左、右四营将弁、勇丁及随营员弁,即于初十日午刻径出南关,追剿法匪。该逆大股闻我兵到,倾巢齐出,奋力拒战。我兵见法教各匪人数不少,因分路四面环攻,枪炮雨密。……前军左营弁勇挥刀直进,阵斩教匪一名,同时红衣红裤贼酋又被乱枪击中,扑跌马下。逆党恐其尸身为我所得,立即扛抬退去,余匪不支,纷纷返顾,觅路潜逃。未刻,敝帮办指挥大队,直前涌入文渊街,立将该州克复,王镇勤军、苏军门、楚军先后继至。敝帮办仍派弁兵分路追击,十一日攻至界牌"[④],歼灭法军一千多人,包围谅山。当天冯子材决定"以正兵明攻驱驴,出奇兵暗取谅山"[⑤]。次日,清军分三路攻打谅山。黎明王德榜部进攻地处谅山前哨的驱驴圩,士卒多伤。及至午后,"诸军至,王德榜与王孝祺两军战尤力,伤亦多。"[⑥]在激战中法军将领尼格里身负重伤,法军连夜撤出谅山。十三日(3月29日)冯子材会诸军收复谅山。"冯部首先登城,擒斩获械极多,法遁北宁"[⑦]。各路清军接着连克谷松、屯梅,法军败退郎甲、船头,萃军又逼攻郎甲,[⑧]准备收复北宁。越南北宁总督黄廷经纠集义民立忠、孝、仁、义、礼五大团,二万余人,"请建萃军旗号助剿"[⑨]。

就镇南关—谅山战役而论,前者似乎是镇江守卫战的重演,后者好像是入越追剿战的再现,但无论在守卫还是在进攻方面冯子材率领的部队均有超水平的发挥。这是因为巨大的民族危机刺激了中国军人的血性,老将的身先士卒鼓舞了普通士兵的战斗意志。虽说红花还要绿叶扶,好汉还要大家帮,镇南关—谅山战役的战功

---

① 《光绪朝东华录》二,中华书局1959年版,第1905页。廖宗麟:《中法战争史》,天津古籍出版社2002年版,第793页作"二月初六",误。

② 《清史稿》王孝祺列传,第246页。

③ 转引自《张之洞全集》第七册,第5031页。

④ 中国近代史资料丛刊《中法战争》第3册,上海人民出版社1957年版,第94页。

⑤ 中国近代史资料丛刊《中法战争》第3册,第95页。

⑥ 中国近代史资料丛刊《中法战争》第6册,第456页。

⑦ 《致总署》,《张之洞全集》第三册,河北人民出版社1998年版,第1917页。原标点有误,作"法遁,北宁分军追剿。"

⑧ 参见《冯帮办来电》,《张之洞全集》第七册,第5000页、第5004页。

⑨ 《冯帮办来电》,《张之洞全集》第七册,第5012页,参见中国近代史资料丛刊《中法战争》第3册,第80页。

自然不是也不可能是冯子材一个人的，其中全体广西边军的浴血奋战得来的，也有李秉衡、潘鼎新、苏元春等将帅和士卒的功劳，但平心而论，他的功绩是最突出的。

三月十九日（5月3日）张之洞致电李秉衡，强调"自南关失守，内地动摇，大局将坏。恃冯萃亭一人，安根本、镇游勇、扼关前、散贼党，首倡出关击贼，身先陷阵，转败为功。阁下屡电盛称冯之功不容于口，关外各员探禀电报亦无不推冯为首功。乃此次覆奏不曰冯、苏而曰苏、冯何也？且于冯并不专下一语，愿示其故。"①五天以后李秉衡、苏元春等上奏说："冯子材熟悉边情，素有威望，……迨至二月中，关前隘、文渊州、谅山省历次大捷，复城捣穴，冯子材、王德榜尤为卓著战功。"②当天李秉恒还单独上《奏克复谅山冯子材厥功最伟片》，指出冯子材"当谅山既陷，关门迭警，敌焰方张，军心不固，内地岌岌可危，独能愤激誓师，先发制敌。……保关克谅，大振国威，厥功最伟"③。彭玉麟等总结战胜原因时也说："在前敌亲见战事者，佥言法二次犯关，非有生力大军难遽言战；非冯子材创筑长墙与王孝祺合军死守，则诸军无所依倚，更无战守之法，当初六、七广军苦战两日之后，非苏元春军往援，陈嘉、蒋宗汉力拒东岭，则冯军亦将不支；非王孝祺军迭次肉搏陷阵，横冲敌坚，则冯、苏诸军亦不能取胜；非王德榜截其后路，断其军火，关内外夹攻，则亦不能如此大溃；然非冯子材之素得人心，忠勇奋发，镇边安民，戢掠收溃，设险倡战，料敌情，散贼党，广援应，则法亦不至如此摧破瓦解，惶骇远遁；故诸将皆有功，而尤以该帮办为功首。"④可见，冯子材的首功是毋庸置疑的。他在战略上不畏强敌，敢于抗击法国侵略军，固圉保藩；在战术上讲究用兵之道，善于部署正兵、奇兵两路人马，擅长包抄战术，克敌制胜。

二月下旬，黑旗军和滇军也收复广威府和不拔县，并在临洮等地大败法军，全线转入反攻。

五月十五日（6月27日）清政府有旨奖赏镇南关作战尤为出力人员："苏元春著加恩由骑都尉世职改为三等轻车都尉世职，再赏给额尔德蒙额巴图鲁名号；冯子材著赏加太子少保衔，并由骑都尉世职改为三等轻车都尉世职；王孝祺著赏给云骑尉世职，并交部从优议叙；王德榜著开复原官原衔翎支勇号"⑤。当天慈禧下懿旨："苏元春所部各军尤出力兵勇，著共赏内帑银五千两；冯子材、王孝祺、王德榜所部各军尤为出力兵勇，著共赏内帑银五千两。由苏元春、李秉衡分别发给，以示鼓励。"⑥

镇南关—谅山大捷从根本上扭转了中法战局，迫使茹费里内阁立即垮台。但清政府此时却"乘胜即收"，与法使议和。张之洞接到停战撤兵命令后，于二月二十二日立即致电清廷说："冯军刻必进攻北宁，大胜后，方可言和。"⑦当天冯子材致电

① 《张之洞全集》第七册，第5025页；中国近代史资料丛刊《中法战争》第4册，上海人民出版社1957年版，第497–498页。

② 中国近代史资料丛刊《中法战争》第6册，第446页。

③ 《李秉恒集》上，中华书局2013年版，第19页。

④ 中国近代史资料丛刊《中法战争》第6册，第458页。

⑤ 《光绪朝东华录》二，中华书局1959年版，第1957页。

⑥ 中国近代史资料丛刊续编《中法战争》第2册，中华书局1995年版，第698页。

⑦ 《致总署》，《张之洞全集》第三册，河北人民出版社1998年版，第1917页。

张之洞,提出"稳守莫若速战。近接鲍军信前队不久可到龙州,材拟二十九率兵进,先取郎甲,后规宁、太。傥可得该两省,鲍军到时地利不熟,即请分队代为固守,材率全部直捣海阳,铸造炮位严防,道大河以北全行恢复,相机再剿。法匪虽到,亦不足虑,时不可失,守不足恃,非贪功浪进也。"①三月初一,冯子材在中法议和饬停战,进攻北宁计划已成画饼时致电张之洞称:"查我胜法败,乘势可平宁、河两省,材已布置,不久可复。西贡内应四十万已约定,若以饷绌,再一年谅无虑,材一事权,年左右可得手,勿堕奸谋失此机会。去岁上谕议和者诛,请上折诛议和之人,士气可奋,法可除,越可复,后患可免。祈早图之。"②后来他又称,"如再被欺,材实不甘,当帅三军与之从事"③,结果反遭朝廷申斥。总理衙门特意通过李鸿章给张之洞转达上谕:强调"冯、王若不乘胜即收,不惟全局败坏,且孤军深入,战事益无把握。……著该督遵旨,亟电各营,如电信不到之处,即发急递飞达,如期停战撤兵;倘有违误,惟该督是问!"④

冯子材率部打出了国威军威后,一帮大员不得不对他刮目相看,反过来又怕他高歌猛进,于是连忙下令急刹车。冯子材不得不含恨撤兵,退回广西。

尽管如此,萃军凯旋龙州时,"军民欢迎,香灯爆竹数十里"⑤,充分反映了民心所向。张秉玲有诗《贺冯萃师凯旋》为证:

连霄苦战不闻金,枕藉尸填巨港平。
群酋存者戴头走,前军笳吹报收城。
南人鼓舞咸嗟叹,数十年来无此战。
献果焚香夹道迎,痛饮黄龙何足算。⑥

三月二十五日清政府决定将冯子材的萃军调回钦廉,称:"冯子材一军先经彭玉麟等请调钦、廉办防,本未令归苏元春调度。冯子材威望素孚,即著督办钦、廉一带防务。"⑦这一方案最初是三月十八日冯子材向张之洞提出的,⑧最终被清政府采纳,主要原因还是考虑到萃军的赫赫战功。四月二十七日《中法会订越南条约》正式签订。次日广西护抚李秉衡等奏复,"连日冯子材与臣秉衡晤面,据称钦、廉防务紧要,因将善后事宜互商其概;旋准备咨到营,定于初三日由龙州拔队启行,赴钦、廉防所;并准咨臣元春派营填扎,以免空虚。"⑨这说明冯子材有全局观念,即便在奉命离开驻地时也念念不忘防务交接等善后事宜,不给敌人以任何可乘之机。

---

① 《冯帮办来电》,《张之洞全集》第七册,第5001页。
② 《冯帮办来电》,《张之洞全集》第七册,第5005–5006页。
③ 中国近代史资料丛刊《中法战争》第6册,第422页。
④ 中国近代史资料丛刊《中法战争》第6册,第385–386页。
⑤ 《致龙州冯帮办》,《张之洞全集》第七册,第5031页。
⑥ 阿英:《中法战争文学集》,中华书局1957年版,第196页。
⑦ 转引自《张之洞全集》第七册,第5031页。
⑧ 参见《冯帮办来电》,《张之洞全集》第七册,第5025页。
⑨ 中国近代史资料丛刊续编《中法战争》第2册,第680页。

四、老将万古留英名

冯子材受命督办钦、廉一带防务后，晋太子少保衔，改三等轻车都尉世职。① 在此期间他较好地处理了海南岛的黎民起事。② 光绪十三年(1887)，调任云南提督，称疾暂留。二十年(1894)，加尚书衔。同年冬，奉命统军北援，办理江南防务，行至江苏镇江待调发，中日《马关条约》订立后还原防。二十二年(1896)，两广总督谭钟麟阿媚洋人，见冯子材不顺其意，遂奏请朝廷将冯调任云南提督。③

二十六年(1900)，八国联军侵华。七月十九日云南提督冯子材上奏，"请改防为战，可救北京之急，并能化弱为强，恳求专于主战，勿为和议所摇，……求乾纲独振，专于主战，以雪数十年中华臣民受欺之耻。若虑无将可用，奴才虽则年老庸阇，尚能耐劳，且久悉洋情，见惯不畏；如蒙委用，愿得自募二万人，便宜行事，分道进取缅甸、越南，为釜底抽薪之法，使英、法之兵回救缅、越，则北京之急不救自解。如畏或有颠蹶，事愈难为，则奴才敢保必胜。盖奴才三次出关，越南之民颇相信服。现在越民久遭法鬼戮辱，水深火热，常望圣朝之拯救，若令奴才带兵往剿，必有起篇内应者。此越南传檄可定也。"④八月二十五日冯子材"为北事日急，銮与西幸"，再次上奏，重提他的围魏救赵釜底抽薪之战略设想，除"拟请迅募劲旅二万人，先行入卫"外，坚称"此次英、法附和诸国，肆意要挟，全队北上，缅、越实已空虚。前拟釜底抽薪，亟取缅、越，坚其回顾，北路自然解围，即是此意。兹闻群酋大集，自应先其所急，而后图其边防。奴才一介武夫，受恩深重，今虽年逾八十，壮心未已，差幸鬼蜮伎俩见惯不惊。"他认为"势处今日，欲和款则无款可筹，欲剖地则民心不愿，此时急务，只求圣意安定，再作计较。窃料群丑虽集北方，各不相下，必皆首鼠两端，不足顾虑。"⑤只是朝廷自顾不暇，拼命西逃，遑论在西南地区另辟战场自卫反击，老将冯子材也只有一声叹息而已。冯老将军的此番言论当然不是故意作秀，唱高调，沽名钓誉，他在中法战争中与法军交过手，若能获准在越南等地新辟战场，避实击虚，再次运用迂回包抄战术，牵制部分侵华法军、英军回援，也不是完全不可能的。但另一方面考虑，就算冯子材旗开得胜，在缅、越大败英、法，英、法会不会置唾手可得的中国首都于不顾，南下千里迢迢回救其殖民地还是个问题。退一万步来讲，即便

---

① 传说中法战争后冯子材名震中外，张之洞有意运动他做广西巡抚，但要冯自己出十万两银去运动朝廷六部。冯子材说没有钱，但其部下都愿意捐献，希望将来能够升官，冯子材就是不答应，说："我不能由武转文，更不能买官当。"参见钦州县城冯承珍口述，《中法战争调查资料实录》，第193页。

② 海南岛的黎民造反时，朝廷调他渡海剿办。冯子材打下五指山后，只将黎人捉来剃头，又开通了一条大路通往五指山，请先生去教黎人读书，开化他们。参见钦州县城冯承珍口述，《中法战争调查资料实录》同，第193页。

③ 冯子材就任云南都督后，有一次出街，差兵打锣开路，有个英国教士骑马直冲过来，差官报知，冯子材叫打，差兵一拥上去将教士打死了。冯子材责备说："我叫你们打，没有叫你们打死呀。"事发之后英国领事连夜跑出昆明，云贵总督对冯子材说："你打死了教士，引起国际交涉，怎得了！"冯子材说："有事我担当。"总督说："如果英国从缅甸开兵来呢？"冯子材说："我就和他打。"于是云贵总督电奏清朝，要将冯子材调离边省，不要和外人闹事。参见钦州县城冯承珍口述，《中法战争调查资料实录》，第193页。

④ 《义和团档案史料》上册，中华书局1959年版，第479页。

⑤ 《义和团档案史料》上册，第606-607页。

英、法军队全数南下，剩下六国军队对北京来说仍是一个不可小视的军事威胁。对缅、越没有直接利害关系的德、日等国仍是中国之大患，他们绝不可能在缅、越问题上“必皆首鼠两端”。老将军冯子材烈士暮年壮心未已，勇气可嘉，但与先前的一些激进人士一样，把列强看得太简单了。

光绪二十七年(1901)冯子材调贵州，次年(1902)因病免职。当时广西天地会起义风起云涌，聚众数十万，两广总督岑春煊束手无策，只得请冯子材会办广西军务，于是冯子材又在钦州恢复了萃军十八营，开进广西。二十九年(1903)七月，冯子材病死在军中，临终前口授遗折，念念不忘巩固边防，抵御外侮。七月二十九日(9月20日)在南宁逝世，终年86岁。清廷从优议恤，谥“勇毅”，并准在原籍及立功省分建立专祠。棺柩从南宁运回钦州，葬在钦州城东二十里的平艮渡地方。①

结　语

冯子材的军事生涯基本与晚清同步，历经太平天国、中法战争、义和团运动等重大历史时期。除了太平天国时期，他站在民众的对立面参与镇压外，在中法战争、义和团运动中则一贯站在中国人民、中华民族这一边，旗帜鲜明地与外来侵略者进行坚决的抗争。作为一名清军将领，冯子材没有受过任何军事院校的教育，其军事才干、战斗经验完全是在血与火的战争实践中逐渐积累起来的。他擅长阵地战，也长于运动战，攻守俱佳，而且具有主动出击的积极防御思想。作为一名职业军人，他有勇有谋，身先士卒，把保家卫国视为己任，坚决抵抗外来侵略，竭忠荩虑保卫南疆。作为一名高级军官，他治军有方，部下用命，军纪严明，善于搞好军民关系，在情报、后勤等方面多有得益。尤其难能可贵的是他胸有全局，运筹帷幄，敢于提出与上司相左的战役方案，哪怕年事已高、身体欠佳、不在其位或说话没人听，而绝不顾及自己进退荣辱、荣华富贵。可惜的是他生不逢时，由于晚清政治腐败各种势力集团的倾轧内斗，其军政才能既被大大低估，也未能充分得以发挥；不少正确的见解、合理的方案未被当权者采纳，反而时常遭来无端的弹劾、申饬乃至诬陷，杀敌报国志难酬，长使英雄泪满襟。

① 参见钦州县城冯承珍口述，《中法战争调查资料实录》，第194页。

中法战争期间的刘铭传与台湾

刘铭传部是淮军的主力。中法战争爆发后，要求刘铭传出山的建议纷至沓来，不绝于耳。

光绪九年(1886)四月十八日署北洋大臣李鸿章奉密谕："提督刘铭传系李鸿章旧部宿将，声望夙著，如令其调募数营，统带前赴粤西，作为后路援军，于事能否有济？著李鸿章悉心酌度，据实复陈等因，钦此。"五月十二日李鸿章奏复："窃查刘铭传智略勇于度越诸将，从前剿办粤捻各逆，战功最著。平日究心史事时务，见机敏决，才识过人，若令独当一面，寄以边防重任，于操纵控驭机宜，必能措置裕如，其威望亦可使远人慑服。现扎津郡刘盛休，分防江阴、吴淞之唐定奎、吴宏洛各营，皆系该提督募练而成，久经大敌，素称劲旅，兵将一心，尤易踊跃用命。臣奉旨后即函招该提督来沪面商能否酌调旧部统带赴粤，该提督感激恩知，亟思及时图报。惟以旧患目疾，现值肝阳上冲，目蒙愈甚，若冒暑远役，诚恐办事掣肘，病更加剧，而于事仍无所裨助，昨已回籍就医。嗣后如蒙圣恩驱策之处，应请饬下安徽抚臣就近转行遵照。"①从这往来的文件中可知，朝廷准备起用刘铭传为广西抗法后路援军统帅，还不是出任一线的统帅，李鸿章则以刘身体欠佳为由予以婉拒。

光绪十年闰五月初四，清廷经过再三考虑发布上谕："前直隶提督刘铭传，著赏给巡抚衔，督办台湾事务。所有台湾镇道以下各官，均归节制。"②按照当时的建制，台湾还只是福建省的一个府，清政府在命刘督办台湾事务时"赏给巡抚衔"是有意笼络，也说明刘铭传最后奉朝廷之命去台湾主持防务是众望所归、水到渠成。

刘铭传受命于危难之际。他赴台后果断调整了布防，堵塞了一些漏洞，为抗击法军侵略打下了较结实的基础。

刘铭传赴台履任前，台湾道刘璈曾在光绪十年二月密禀南洋大臣左宗棠，承认自己"所得调度者仅一客军，此外分路各军自皆不得擅行调度；……台军不由统调，台事不由专办，是阳加责成之虚名，阴埋掣肘之实祸"。他认为"盖台事掣肘，端由除弊，除弊自营务始。吴镇光亮贪鄙险诈，原充统领，不知纪律，只知要钱，适为舞弊之尤、台营之蠹"。还有"粤人成党，实为台地隐忧，粤官既多不驯，粤勇毫无纪律，勇借官势，生事扰民，嫖赌洋烟，是其惯习，忽勇忽盗，查办綦难，无事尚可将就，勉来和衷；有事内外勾连，惧难制伏"。最后他强调，"窃恐事权杂出，贻误要疆，万一台湾竟为彼族所袭，地大物博，取多用宏，凡我所欲为不得者，彼皆为所得为，南

① 中国近代史资料丛刊续编《中法战争》第1册，中华书局1996年版，第400页。
② 中国近代史资料丛刊续编《中法战争》第2册，中华书局1995年版，第70页。

北洋防将无安枕之日,是误台即误国矣"。①

刘铭传赴台后,坚决拒绝法国军舰"费勒斯"在基隆上岸联系购煤的要求,同时下令军队加强戒备,粉碎了6月15日法舰对基隆的突袭。首战以后,刘铭传派令部下增筑沪尾炮台,配备了大炮,同时用石头填塞沪尾港口门户,布设水雷。

对于分守沪尾、基隆的霆军大将孙开华、曹志忠,刘铭传折节下士,竭力笼络。他在六月初四所上奏折中称赞孙开华"精明强干,久著霆军,饱经战阵"。刘铭传还将自己带来的毛瑟枪中调拨了500杆给孙开华的三个营改善装备,提高战斗力。刘、孙勉力合作,后来取得了沪尾大捷。

刘铭传还命人招募土勇一营助防沪尾,该营首领张李成,台湾内山土著,后来率部在沪尾保卫战中建立殊勋,从布衣白丁破格提拔为都司衔守备。张之洞派人实地考察后报称,台北"土勇甚好,人人思战,不畏法虏"②。

8月5日法国海军炮轰基隆炮台,强行登陆。刘铭传率部撤至山后二重桥一带坚守,最后将法军击退。光绪十年六月二十日,朝廷电寄福州将军穆图善,称基隆炮台被占,"刘铭传电夙娴兵事,是否到台未久,布置尚疏,抑系另有出奇制胜之策?如何接仗失事?电内执舭是否基隆?著穆图善等探明详细情形电奏。一面设法传旨,令刘铭传督军竭力攻复,以挫凶锋。"③八月十二日(9月30日)上谕还在给刘铭传出主意:"有人奏:台湾孤悬海外,援守悉难,拟请开小河,钉梅花桩,诱夷接战;于要隘处筑炮台,塞木排以攻敌;开矿烧山,取木利以济饷;联渔团保甲,以顺舆情;购洋枪,造火药,募泗人以备急需;并抚番开荒各事宜,次第行之等语。台湾地势险要,物产富饶,刻下防务戒严;如能就地取材,加意筹备,以保严疆,自系上策。所奏各节,著刘铭传详度情形,妥筹办理。"④

需要指出的是法国侵略者对基隆觊觎已久,早在1884年4月中旬法国海军"伏尔达"号就在基隆停泊,军官上岸侦察,在东门遭到中国士兵阻拦。舰长福禄诺为此专门写信要求中国军事指挥官就此事道歉,同时福禄诺还就中国商人拒绝向该舰出售60吨煤致信基隆军政当局,不惜以战争相威胁。⑤ 最后中国官员让步了,海军少将利士比在致海军及殖民部的密电中报告说,"伏尔达"号已获得优质煤。基隆"那里辽阔的矿区均属于政府,……该地很富饶,……占领将不会有困难。"这封密报后来又由海军及殖民部长上报给总理茹费理。密电上原注:"基隆是台湾北部的一座城市,拥有煤矿,战时我们可以在那里得到煤的供应。"⑥

10月初,法军对基隆与淡水发起攻击,刘铭传决定主动放弃基隆,扼守淡水。法军对淡水的进攻被击退后,宣布封锁台湾海峡。在法军意图不甚明了的情况下,刘铭传作出弃守基隆这一决策事出有因,有失有得,无可厚非,并非简单的"不战而

① 中国近代史资料丛刊续编《中法战争》第1册,第869-870页。
② 中国近代史资料丛刊《中法战争》第6册,上海人民出版社1957年版,第236页。
③ 中国近代史资料丛刊续编《中法战争》第2册,第137页。
④ 中国近代史资料丛刊续编《中法战争》第2册,第306-307页。
⑤ 参见中国近代史资料丛刊续编《中法战争》第5册,中华书局2006年版,第903-906页。
⑥ 中国近代史资料丛刊续编《中法战争》第5册,第917页。

退”①,但总体上是为力保台北重镇的目标服务的,这一决策体现出作为一线指挥员的果敢与胆识。他曾经对台北士民解释说:“前因沪尾紧要,距府过近,台北万一有失,所关尤重,不得不移师赶回,以顾沪口之防。兵力单薄,不敷分布,而外人何得而知?”他宣称“本爵军门用兵有年,非万不得已,岂肯轻弃要隘!”②

基隆弃守后,朝廷有些焦急,上谕的语气也严厉一些了。八月二十四日(10月12日)上谕:“基隆要地,断不容法兵久据。迭饬李鸿章等援济,恐海道梗阻,势难速达,惟有就地设法。台湾银米尚不缺,且多富户豪民,亟应收为我用。洋兵最患夜战,若以团勇助兵,分作十余起,日夜扰敌,零其困乏,并力击之,当可取胜。台北林姓曾集团助战,尤应切实激励;如绅民中有能纠义逐法者,朝廷破格施恩,不惜爵赏。刘铭传向有谋略,著即随机应变,迅速筹办。捐饷者从优给奖,成功后奏请蠲粮,均即遍行晓谕。总期兵民合一,力复要区,以纾廑系。此旨著李鸿章转电刘铭传遵照。”③

刘铭传接上谕后当然要有一个说法。九月初三他经由厦门转电汇报军情:“初二日,法又到船六只,在台北者不下二十只。二十八日,法四船扰台南,澎湖存亡无信,富绅多举家逃走。土勇已募五千余,无器械,不受约束,不能御敌,徒索饷闹事。土匪四起,军士疫疠不止,日有死亡,能战者不足三千人。敌势甚大,日内必有恶战。如十日内无电到北不保,传同将士惟拼命死守,保一日是一日。现在洋火药已缺;食盐无来,百姓扰乱,饷路亦阻。台局不堪设想,可为痛哭。”总而言之,台北告急,遑论基隆?李鸿章阅电后“亦为痛哭流涕。奉电旨令南北洋选拔得力快碰铁胁等船,多带兵勇器械,连樯并进,另由他口登岸,等因。鸿等岂忍坐视不救?惟查北洋仅有快碰船二只,驻防旅顺海口,南洋亦仅有快船三只,铁壳五分厚,断不足当铁舰之巨炮,且船小无隙地可载兵械。若另雇商轮装兵械,照公法,敌既封海,各国轮船虽重价不肯雇装,非以前情形可比。闻法人另派大兵船数号梭巡台洋,刘提督托人赍奏折信件均被搜劫,岂有兵械能入他口之理?鸿等若不问能否,冒昧行事,再将此数快船被敌劫夺,损威仍无济,徒为闽厂之续,后悔何及!仍求枢廷另设他法解此危困。”奏上,朝廷于九月初八发表上谕:“法人专注台湾,刘铭传谋勇素优,务当力筹胜算,迅图恢复,渥膺懋赏。虽事机棘手,惟当慎重图维,不可徒然焦灼,轻于一掷。据李鸿章称,难以拨船往援,现在另筹办法。该提督一面竭力设法,不得观望待援,致长敌焰。台湾孤悬海外,富绅产业在彼,欲去何之?仍当剀切晓谕,使知大义,联络民团,共图逐法之策。左宗棠请募生熟番万人,以资守御,是否可行,著刘铭传与刘璈办。”④在这份上喻中,朝廷对刘铭传的口气软了下来,称赞他“谋勇素优”,由于援台一时没有确切把握,所以只好给刘指出了笼统的大致的解决方案。

又过去了将近两个月,朝廷见收复基隆没有下文,再次严令刘铭传“迅图克复”,否则将“严参治罪”。十一月初六日上谕电寄刘铭传:“法人逼民修营,为久占

① 中国社会科学院近代史研究所:《中国近代史稿》第二册,人民出版社 1984 年版,第 244 页。
② 中国近代史资料丛刊《中法战争》第 5 册,第 570 页。
③ 中国近代史资料丛刊续编《中法战争》第 2 册,第 334 页。
④ 中国近代史资料丛刊续编《中法战争》第 2 册,第 384 页。

基隆之计。刘铭传务当鼓励将士,迅图克复。前据李鸿章汇台银十五万,闽省又筹备银二十万汇台,昨复令广东拨勇,曾国荃解云者士枪弹,朝廷筹济台防,不遗余力。该抚一面进攻,一面将收到饷械电闻,并饬刘璈速筹协济,如再漠视,即行严参治罪。”①

另一方面,刘铭传坚守沪尾、台北是抓住了关键,抓住了要害。沪尾大捷不仅奠定了台湾抗法战事的胜利基础,而且改变了整个中法战争的态势,迫使法军自行撤出基隆。光绪十年八月二十日,刘铭传率部英勇抗击法军,取得了沪尾大捷。在沪尾大战中刘铭传判断准确,指挥得当,他告诫部下“待敌薄我而后战”②。在战斗最激烈时,他亲自上阵督战,手刃逃兵,稳住阵脚。法方统计,法军死 17 人,伤 49 人,清军死 80 人,伤 200 人。③ 但伤亡人数对比还不是最主要的,沪尾之战的关键是在台湾援绝饷拙的情况下,粉碎了法军扩大战果的图谋,在军事上完全抵消了法国占据基隆的胜利,三个月后法军自知已经不可能据基隆为“抵押品”勒索中国,只好考虑自行撤出。因此,沪尾大捷实际上标志了法军侵台战事的失败。沪尾大捷对中法战争的走向发生了重大影响,使清政府在对法的外交谈判中居于有利地位,粉碎了法国侵略者的讹诈与勒索。正是由于刘铭传在台湾建立的赫赫战功,九月十一日(9 月 29 日)清政府“有旨将刘铭传补授福建巡抚,仍驻台湾督办防务”④。后来决定台湾建省时,清廷又任命他为首任台湾巡抚。

刘铭传在台湾的成功有多方面的原因。一是有强烈的爱国心与报国意识;第二,与顶头上司李鸿章的支持密不可分;第三,具有丰富的实战经验,敢打敢拼;第四,在处置与湘军的关系方面没有大错。

---

① 中国近代史资料丛刊续编《中法战争》第 2 册,第 476 页。

② 中国近代史资料丛刊《中法战争》第 3 册,第 152 页。

③ 中国近代史资料丛刊《中法战争》第 3 册,第 571 页。

④ 中国近代史资料丛刊《中法战争》第 6 册,第 10 页。

卫汝贵与甲午平壤溃败[①]

卫汝贵是淮军重要将领,1894年(甲午年)他在朝鲜平壤之战中的大溃败震动朝野,对整个甲午战争陆路战场产生了重大的负面影响。平壤溃败,朝廷追责,使淮军集团首领李鸿章十分被动难堪。卫汝贵在平壤战场中暴露出来的问题不只是他一个人的问题,从某种意义来说,在淮军集团中具有一定的代表性,而其中一些深层次的问题导致了以李鸿章为首的淮军集团走向没落与衰亡。

一

卫汝贵出身行伍,出生入死,是淮军的干将之一。他与李鸿章是同乡,安徽合肥人,生于道光十六年(1836)。早年从淮军将领刘铭传镇压捻军。因作战出力,迁升至副将,后晋总兵。捻军被镇压后,授河州镇总兵。卫汝贵的表现受到了淮军统帅李鸿章的赏识,经李的推荐,卫得以留统北洋防军。光绪十七年二月李鸿章上奏折称:"该军马步十余营,拱卫畿疆,为北洋海防大支劲旅,精操利器,名冠诸军。"[②]

光绪二十年(1894),中日甲午战争爆发。清政府为形势所迫,不得不派遣马玉昆的毅军、左宝贵的奉军、卫汝贵的盛军及丰盛阿的练军盛字营等计二十九营,一万四千余人,先后开赴朝鲜平壤,支援已经在当地的清朝驻军。卫汝贵的盛军先至牙山,后退成欢,光绪二十年八月初四日(1894年9月2日)抵达平壤,与诸军会合,与丰盛阿的练军盛字营守江南江岸。

盛军共有马步十三营、六千余人,是进入朝鲜四大军中人数最多的一支。李鸿章对此给予厚望,临行时曾要求卫汝贵屏私见,严军纪。然而这支军队在小站屯兵多年,训练疏忽,积弊甚多,加上主官卫汝贵"平时威德不行",治军不严,以致统军途经牛庄一带时,"地方不胜骚扰"。[③] 进入朝鲜战场后更是"遇贼即溃,遇物即掳,毫无顾忌"[④]。因此,卫汝贵出发不久即有人上书弹劾,说他"恇怯无能,性情卑鄙"[⑤]。朝廷接报后传谕李鸿章"严加察查,据实复陈,不准稍加回护"[⑥]。

卫汝贵在朝鲜战场的恶劣表现与其家庭也有一定的关系。他治淮军久,援朝时年已六十,官至统帅。似乎该得的都已经拿到了,因而往日的拼搏进取精神已经

① 原载《御侮与抗争 甲午陆战中的淮军学术研讨会论文集》,安徽教育出版社2017年版。
② 《李鸿章全集》第五册,时代文艺出版社1998年版,第2639-2640页。
③ 中国近代史资料丛刊《中日战争》第3册,新知识出版社1956年版,第84页。
④ 中国近代史资料丛刊《中日战争》第3册,第187页。
⑤ 中国近代史资料丛刊《中日战争》第3册,第84页。
⑥ 中国近代史资料丛刊《中日战争》第3册,第84页。

不复存在。其妻写信嘱其"君起家戎行,位统帅,家赀既盈衍,宜自颐养,且春秋高,望善自计,勿当前敌"①。

起先朝鲜士民对清军驻守平壤争献酒浆,为清军带路,协助刺探军情。然而部分清军漫无纪律约束,掠夺奸淫之事屡有发生,其中特别以汝贵军尤甚,所部"士卒亦皆占据民房,奸淫抢劫,无所不至"②,还杀义定百姓,致使"韩民怨谤"③。卫汝贵又贪赎自肥,对应发之饷故意延宕,导致军队"兵勇不服,惊闹数次,连夕自乱,互相践踏"。李鸿章闻讯即电告卫汝贵:"敌氛逼近,若酿成大乱,汝身家性命即不能保,吾颜面声名何在?"④并要他"设法安抚军心,顾全大局"⑤。卫汝贵接电后复电盛宣怀百般自我辩解:"贵带兵三十年,虽不敢自谓知兵,尚不至庸劣如是。前此由义来平,沿途居民早已迁徙殆尽,韩地瘠苦,旅店、饭店俱无,兵勇之寻柴觅水亦事之常。且四军同路,陆续而来,丰军亦名盛军,敝军又较他军稍大,以致众恶皆归。……必有开罪于人,以致众口铄金。"⑥在这一电文中,卫汝贵一点都没有体悟到顶头上司李鸿章的良苦用心,强调前线物资条件的不足,甚至把水搅混,企图嫁祸栽赃由侍卫丰盛阿统带的奉天练军盛字营,转移视线,规避责任。

二

朝鲜旧都平壤地势险要,大同江自城东至西南流过,是朝鲜北方水陆交通孔道,兵家必争之地。1894 年 7 月 28 日卫汝贵部盛字军奉命到达义州,比总兵马玉昆指挥的毅字军晚到两天。8 月 4 日卫汝贵部与马玉昆部同时抵达平壤。因此这段时期,卫汝贵部的动作还算迅速,态度也比较积极。稍后,记名提督总兵左宝贵部奉军、侍卫丰盛阿统带的奉天练军盛字营分别于 8 月 6 日与 9 日也来到平壤。四路清军会守平壤,叶志超为统帅居城中,卫汝贵所部盛军据守平壤城南和西南面,与把守城东南的毅字军相互呼应。但所有在平壤的清军各部在李鸿章"先定守局,再图进取"的消极避战方针指引下,没有抓住有利的前出先机,即不"分道争利,又不择险分屯,互为策应,而以二十九营万四千余人聚平壤,置酒高会"⑦,坐失战机。在这方面,李鸿章作为总指挥要负主要责任,卫汝贵作为执行军令的部将负次要责任。

八月十二日(9 月 11 日),日军第五师团及第三师团一部,共约一万五千人向平壤发起进攻。马玉昆与渡大同江来犯的日军展开血战,卫汝贵"浮舟往援,敌稍却"⑧。八月十六日(9 月 15 日)黎明,日军发起总攻。一路日军直扑城东南毅字军

---

① 金天翮:《卫汝贵传》,《皖志列传稿》卷七,中国近代史资料丛刊续编《中日战争》第 12 册,中华书局 1993 年版,第 433 页。

② 中国近代史资料丛刊续编《中日战争》第 1 册,第 333–334 页。

③ 《光绪朝东华录》第三册,中华书局 1959 年版,总第 3530 页。

④ 中国近代史资料丛刊《中日战争》第 4 册,第 274 页。

⑤ 中国近代史资料丛刊《中日战争》第 4 册,第 274 页

⑥ 《甲午中日战争——盛宣怀档案资料选辑之三》,上海人民出版社 1982 年版,第 189 页。

⑦ 姚锡光:《东方兵事纪略》,中国近代史资料丛刊《中日战争》第 1 册,第 19–20 页。

⑧ 《清史稿·卫汝贵传》。

营垒,马玉昆率部奋力抵抗,自清晨一直激战至午后,终将日军击退。另一路日军从北面进攻平壤城,左宝贵抱定与平壤城共存亡的决心,登玄武门亲自指挥抗敌,"取黄马褂顶翎服之"。"忽一弹飞至,中其咽喉"①,壮烈牺牲。卫汝贵在城西南打得还不错,遏制了日军的进犯。然而总统叶志超接到左宝贵牺牲、玄武门失守的消息后,决定弃城北撤。当晚卫汝贵在率部冒雨撤退时遭到日军突击,溃不成军,人马自相践踏,导致丰升阿部与马玉昆部阵脚大乱,损失惨重。平壤城失守后卫汝贵、叶志超狂奔五百里,逃回国内。平心而论,平壤之战中左宝贵表现最优,奋不顾身,英勇杀敌,为国捐躯;卫汝贵先有支援马玉昆部退敌的小功,继而在大同江北战场阻击日军,守住了阵地。不过四路总统叶志超的撤退令是符合卫的心思的,在撤退途中,卫汝贵贪生怕死,率先溃逃,指挥失当,没有也不可能考虑他的上司李鸿章的"颜面声名"。

十月下旬,卫汝贵随宋庆防守鸭绿江下游安东,不久安东、凤凰城、岫岩先后失守,卫汝贵一路退至奉天。总体而论,退回国内后,卫汝贵战绩平平,失去了将功补过的机会。倒是他的新上司宋庆顾念旧情,在朝廷下令严查时还百般维护,企图为其解脱,虽然最后未能如愿,也算尽了一份心力。

三

平壤之战是中日甲午战争正式爆发后的首战,也是两国陆军第一次大规模的短兵相接,对于整个战局关系甚大。正因为如此清军平壤溃败后朝野震惊,舆论哗然,朝议汹汹,交章纠其罪者大有其人。光绪二十年九月十一日(1894 年 10 月 9 日)御史安维峻率先发难,上奏折揭露李鸿章之子李经迈曾向卫汝贵索银三万两,许以总统盛军,"卫汝贵如数致送,不数日即委总统,因而克扣兵饷,士卒久已离心,……如卫汝贵之大干军法,应请旨立正典刑,以昭炯戒。"②还有人提出:"倭人来攻,卫汝贵先逃,其军亦即纷然鸟散,器械军装全行撇弃。似此大干军法,应请立正典刑。"③在此大背景下,卫汝贵被革职,听候节制赴奉各军的淮军将领宋查办。宋庆经多日"逐细访查"后复奏朝廷,对卫汝贵多方回护:"查卫汝贵向来打仗尚属忠勇……前在平壤,恣意冶游,尚无其事,……当贼来扑营时,卫汝贵持刀于枪弹如雨中,往来督战",至于是否弃城逃跑,因战事紧急,无法弄清事实。④ 光绪帝对此甚为不满,严催李鸿章、宋庆等人把卫汝贵"械送来京",解送刑部。

卫汝贵在刑部受审时为了保全性命竭力推卸平壤溃败等罪责,"反委咎于叶志超"⑤。实事求是讲,卫汝贵的说法也不是全无道理,作为下级他必须服从上级的军令,这是问题的一方面。但对于自己在率部北撤时的指挥失当,部众溃败的责任避

① 中国近代史资料丛刊《中日战争》第 1 册,第 109 页。
② 中国近代史资料丛刊续编《中日战争》第 1 册,第 333-334 页。
③ 中国近代史资料丛刊《中日战争》第 3 册,第 143 页。
④ 中国近代史资料丛刊《中日战争》第 3 册,第 256-257 页。
⑤ 《光绪朝东华录》第三册,总第 3530-3531 页。

而不谈,又是问题的另一方面。刑部复核后,治卫汝贵"失误军机与失陷城寨二罪"①,拟斩首。光绪帝于光绪二十年十二月二十一日(1895 年 1 月 16 日)降旨:"已革总兵卫汝贵……罪状甚重,若不从严惩办,何以肃军律而儆效尤,卫汝贵著依律论斩。"②当时有意回护卫汝贵的慈禧太后问大臣们"可以宽否?"并宣称"刑部既引律,又加重,不得不慎"。不料大臣们均以"不杀不足以申军律"对。③ 卫汝贵临刑前泣号,称"我实秉节相命无战,彼犹巍然据方面,罪乃独及我。"④可见卫汝贵临死之前还不了解他只是"巍然据方面"的"节相"手中的一枚弃卒,为了保全爱将叶志超,当然也为了保全李鸿章自己,卫汝贵就只好充当平壤溃败的替罪羊,至于他愿不愿意就由不得他做主了。据说卫汝贵弃市之时,人心大快,观者拥塞。这样,平壤战败的事情在舆论面前算是交代过去了,卫汝贵的死代叶志超、代李鸿章、代朝廷一时平息了民愤。这也是光绪帝、李鸿章所要求的效果。

甲午战争时期卫汝贵的所作所为,在某种意义上是淮军进入对外战争新阶段的一个缩影。他的命运可悲可叹,有其主观的因素,也有客观的因素。不管怎样,他的死是李鸿章淮军集团总悲剧的预演,启动了淮系集团在中国近代军政舞台的谢幕。

① 《光绪朝东华录》第三册,总第 3530-3531 页。

② 《光绪朝东华录》第三册,总第 3530-3531 页。

③ 《翁文恭公日记》第三十三册,光绪二十年十二月二十一日。

④ 金天翮:《卫汝贵传》,《皖志列传稿》卷七,中国近代史资料丛刊续编《中日战争》第 12 册,第 434 页。

四川勇将徐邦道

一

徐邦道，字见农，四川涪州人，生年待考。咸丰五年（1855）由武童投效楚军，参与镇压太平军，由士兵累升至参将。同治元年（1862）三月，太平军将领石达开进川围攻涪州时，徐邦道带练勇首先陷阵，力解城围，论功晋升为副将。次年奉檄驰援陕西汉中，旋因汉中失守褫职。同治六年（1867）随淮军将领刘铭传镇压东捻军，开复原官。同治七年（1868）大败张宗禹部捻军于沧州减河桥口。十三年（1874）署徐州镇总兵。光绪四年（1878）擢提督。六年（1880）调驻天津军粮城，补授正定镇总兵，训练操防，拱卫京畿。光绪二十一年（1895）二月徐邦道在给师母善庆夫人的信中提及自己这段经历："门生前蒙夫子大人栽培日久，获益不少，受恩甚多。历年在军粮城带领兵勇，嗣补正定镇总兵，皆由我夫子大人培植之力也。自思报答无由，常深抱歉。"①关于拱卫营，徐邦道后来自我解释说，该营是善庆当年命名的，取"拱卫京师之意。且原议驻扎军粮城，作为神机营前敌，顾名思义，理宜入关保护口京"。自己任此重任，"或者寸长可展，万一将来遇有缓急，必当拼死以图报效，卫朝廷"，"报国恩"。②

二

光绪二十年（1894）七月爆发的中日甲午战争给了徐邦道一个拼死报效朝廷，以报国恩的机会。

由于防堵日军的需要，原旅顺守将宋庆奉命赴防九连城，守卫鸭绿江防线。李鸿章令毅军分统姜桂题守卫旅顺，檄徐邦道协助。九月二十六日（10月24日）日军在辽东半岛花园口登陆，十月初向金州（今金县）大举进犯。徐邦道闻警建议诸将："金州失，则旅顺不可守，请速分兵逆之，顾旅顺后路。"③但诸将对此不作响应，徐邦道只得自率拱卫军三营和马队二营，开赴金州御敌。到金州后，徐邦道一再要求大连湾守将赵怀益派兵增援，赵只派营官周鼎臣率步队两哨前往应付。徐邦道于是命驻金州的练兵一营在金州东路设防；自己督率部下在貔子窝至金川大道的两旁山顶赶修工事、炮台，凭险布防。十月八日（11月5日）日军两个大队向徐邦道拱卫军阵地发起攻击，徐邦道指挥将士据垒固守，进行反击，两次打退敌人的进攻，击伤

① 《清季名人禀牍奏稿函札》，江苏人民出版社2006年版，第45页。
② 《清季名人禀牍奏稿函札》，第45页。
③ 姚锡光：《东方兵事纪略·金旅篇》。

日军将士多人。次日凌晨,日军占领距拱卫军阵地前一千米的高地,猛攻拱卫军两侧山顶堡垒。徐邦道率部和日军激战两小时,清军伤亡甚多,但仍保住阵地。这时又有一路日军由后路抄袭,致使徐军腹背受敌。徐邦道在此形势下被迫放弃东路阵地,率军退入城内固守。逼近金州的日军用排炮猛轰金州城内,又派工兵将北门炸开,不久东门也被攻破,徐邦道率部与敌人展开激烈巷战,"毙贼甚多。身受数枪,衣皆穿透,幸未著体,因无援应不能支持"①,终率队从西门和南门撤出,退往旅顺。金州之战,徐邦道长于谋划战备,修筑工事,并率部与日军激战,最后终因"孤军苦战,死六百余人败退"②。

十月十日(11 月 7 日)日军轻取大连湾,十天后开始进犯旅顺。驻屯元宝房的徐邦道闻讯,不顾金州新败,军士饥疲,主动率拱卫军在距旅顺北二十里的土城子一带进行阻击。十八日(11 月 15 日)拱卫军在土城子以南将日军骑兵搜索队击退。傍晚,由于后勤方面的原因,饥疲不堪的徐军只好放弃险要阵地,退回旅顺就食。二十日(11 月 17 日)徐邦道会同姜桂题、记名提督衔总兵程允和③等部共马、步五千余人再往土城子迎击日军。次日在土城子附近包围前来进犯的日军骑兵搜索队和步兵第二旅团第三联队第三中队等部,"邦道奋击截倭人马队为数段,俄有倭兵来援,邦道亦麾兵围之,倭大窘急。未几,复有其马队来援,邦道分兵往击之。"④日军"诸队陷于悲惨苦境"⑤,最后向营城子方向狼狈溃逃,清军一直追击到双台沟。土城子反击战是甲午中日战争中清军的一次重大胜利,徐邦道在此战役中的功绩是最主要的,他主动出击的勃发精神风貌也是值得钦佩的。

十月初十日会办北洋沿海水陆营务处龚照玙在旅顺"仓皇与诸将画战守策,咸莫知所措。徐邦道任进战,责诸将援应,皆相顾不发一言。""二十二日倭东路兵与金州倭兵合,约一千余人来犯。我军三路迎击于水师营北十二里,徐军战最勇,各军继之,杀倭数十人,献首二十余级,夺马六匹,枪二十余杆,追至十余里外,亥初始收兵。"二十四日(11 月 21 日)日军进攻旅顺,徐邦道率部负责守卫鸡冠山堡垒。在上午日军的猛烈进攻面前,他指挥部下顽强抵抗了一个小时,击毙日军第十四联队第一大队长陆军少佐花冈正贞等多人。然而"倭自西绕行攻程允和⑥营,程允和凭垒发炮不得力,倭夺炮台入其营。"至中午日军已经攻破了椅子山、二龙山的清军防线,各炮台守军相继溃败。徐邦道孤军难守,只好退回城区。午后日军攻入市区,徐邦道率部与敌军巷战至深夜,伤亡惨重,"死伤枕藉。倭又以千余人自太阳沟抄我军后路"⑦,徐邦道率部杀出重围后,旅顺于翌晨陷落。

当月幕友在《记述旅顺失守情形文》中评论说,是役"我军万余人,倭止三千余

① 光绪二十年十一月初四日宋庆电奏,中国近代史资料丛刊续编《中日战争》第 1 册,中华书局 1989 年版,第 640 页。

② 宫中电报档,中国近代史资料丛刊续编《中日战争》第 1 册,第 624-625 页。

③ 程当时募和字新兵四营驻守旅顺。

④ 姚锡光:《东方兵事纪略·金旅篇》。

⑤ 日本参谋本部:《明治廿七八年日清战史》第 19 章,第 103 页。

⑥ 时任记名提督衔总兵,募和字新兵四营驻旅顺。

⑦ 幕友记述旅顺失守情形文,中国近代史资料丛刊续编《中日战争》第 1 册,第 624 页。

人,弃险不守,战又不力,……方倭之攻金河也,徐军苦战三日,乞赵怀业援应,赵阳许之,而不出一兵。……徐邦道面责其不赴援,至厉声唾骂,赵甘受之而卒不出战。……徐邦道欲进兵扼南关岭,进规大连湾,姜[①]、程[②]皆曰帅令守旅顺,它非所知。张光前[③]守西岸炮台,止分兵助战,而不自出督兵。此三人者,皆不得诏无罪矣。"[④]翁同龢认为如果金州前线诸将"尽徐某,则金州可保"[⑤]。以上的评论应该说是客观公允的,比较下来,徐邦道在金州之战中的表现还是比较突出,值得肯定的。

三

旅顺失陷后,徐邦道率部至金州地界依附四川提督宋庆。十一月初四日(1894年11月30日)宋庆电奏说:"旅顺冲出各官,惟徐邦道前在金州连战两昼夜,毙贼甚多。身受数枪,衣皆穿透,幸未著体,因无援应不能支持。今见其精神勃发,胆识俱优。庆到金界,据百姓同声赞叹,谓均如徐军,城不致失等语。现饬其收集原队,并赵怀业、卫汝成两军溃勇,除原部马步五营,再成十营,即就赵、卫原饷自成一枝,定能竭力报效。"宋庆向朝廷举荐徐邦道"将材难得"[⑥]。尽管宋庆在甲午战争陆地战场上对敌军的动向研判有所失误,指挥也不尽如人意,但对于徐邦道的鉴定倒是恰如其分,而且经受住了战争实践的进一步检验。

十二月(1895年1月),日军突然袭击盖平,宋庆令徐邦道率军驰援,但军未至而盖平已失。关于此事,宋庆向清廷报告说,"章高元等军扼守盖平,亦时有零股窥视,且防南路大股,兵力太单,恐难抵御。……徐邦道新收旅顺溃勇十营,前留盖平与章高元联络,嗣以备攻海城调令前来会剿。二十三之战尚未赶及。"报告同时披露了徐邦道所部在后勤装备方面的诸多困难,称该部"仅有五成枪炮,只可作五营用,且皆衣履不全,庆于恩赏皮棉衣内酌为拨给,亦令就营口取用"[⑦]。十二月廿四日徐邦道致翁宫保信中陈述了驰援盖平的详细经过:"窃任自九月间招成步队四营,即开赴大连湾。抵湾即遇战事,……至由旅冲出金州,总未得空操过一日。迨至盖州招集溃勇,并蒙皇上天恩,将怀字等营并归统带,新旧撞成马步十一营。正值军务紧急,时奉调遣,忽而防海,忽而援盖,东西奔驰,日无宁晷,即怀字数营亦未得空操过一日。各营枪械止有五成,且锈坏甚多。前次盖州告警,奉调即往援应,及至奔到距盖八里之海山寨,已十四日一更以后。勇队尚未及饱餐,当闻西海山寨已有贼二千余、马百余匹来抄我军后路山口,不得不分拨卑军三营往御。一面飞饬卑军胡分统带领三营赶赴盖州东南,帮同驻盖张统领光前抵敌,△分带数营在后接应。天甫微明,驻盖章统领高元等军正在南关与贼接仗,贼已分股由东关进城。

① 指姜桂题。
② 指程允和。
③ 张时任记名提督衔总兵,率亲庆均三营驻守旅顺。
④ 宫中电报档,中国近代史资料丛刊续编《中日战争》第1册,第624-625页。
⑤ 《翁文恭公日记》第三十三册,第121页。
⑥ 宫中电报档,中国近代史资料丛刊续编《中日战争》第1册,第640页。
⑦ 宫中电报档,中国近代史资料丛刊续编《中日战争》第2册,第57-58页。

章、张等军退败下来，直冲到卑军之后。其时卑军各营分在东西各路，相隔二十余里，且见大队一齐溃退，卑军势孤，亦因之抵敌不住，一面飞饬卑军胡分统督带三营赶赴前敌，△分带数营在后接应。其时天尚未明，胡分统三营甫经走到，驻盖章、张两军已与贼接仗。卑军赶上帮同接战。奈贼众多，四面分扑，大队抵挡不住，贼已由东门进城。大队溃败，见有直冲卑军而退者，卑军亦因之跟同退下。△见此情形，五内焦急，当自带马队等毅然冲上，拼此一死，以报朝廷。惜△左右不知大义，将△硬行拽回。查点卑军勇队伤毙七十余名，自行放炸钢炮一尊。至今追思，悚愧无地。"①这封长信婉转地批评了宋庆指挥失当，调遣无方，令其东西奔驰，疲于奔命，结果还是未能及时赶到指定地点，反被日军抢占了先机。在日军已经突进盖平东关，清军溃败的危急关头，徐邦道急国家所急，抱着拼死抗敌的决心，亲率马队等"毅然冲上"，这种大无畏的拼搏精神充分体现了这位川籍将领的爱国情怀，可惜在当年的辽东战场上，像徐邦道这样的将领是不多的。

盖平失陷后不久，徐邦道以"赴援迟缓"被褫职留任。② 光绪二十年十二月二十二日(1895 年 1 月 17 日)内阁奉上谕："兵部奏，遵旨严议处分一折。此次盖平被陷，山东登州镇总兵章高元，接仗未能得力，直隶正定镇总兵徐邦道赴援迟缓，经该部分别议以革职，均属咎有应得。惟念该总兵等迭次与贼交战，尚能奋勉，著加恩改为革职留任，仍责令戴罪图功，以观后效。宋庆著照降二级留任。"③两天以后，光绪二十年十二月廿四日徐邦道致信翁宫保说："昨奉电旨严议，咎有应得，罪无可辞。现复奉调驻防牛庄，自当竭力整顿。惟查该处距海城四十里，路宽贼众，……仅有李道光久湘军数营帮守，自当协力会商，加紧扼防。如能邀天之福〈在牛庄静驻一月，加紧〉，卑军得有训练一月之功，再得快枪四千杆一律换齐，倘遇战事，较有把握，庶可稍赎前愆，并报天恩于万一。"信中还报告金旅失守，拱卫军"营哨官弁等阵亡十数员，勇丁伤亡更不计其数"。徐邦道认为"此番军务几于无战不败，……竟任该夷横行无忌，良由兵勇虽多，惜无操练之实，统将不少，尤须调遣之方。刘铭传曾与法夷战过，颇着威声，若为统帅，必有战绩可观。拟恳世叔裁酌，可否将刘〇〇再行奏调，请旨严饬其出山，以纾国难。再，现署湖北宜昌镇刘鹤龄，素称奋勇，并请奏调前来，亦必于军务有益。"④

在提议请调老上司刘铭传及宜昌镇总兵刘鹤龄上前线，力挽危局，共纾国难外，徐邦道还与章高元合力反攻盖平，未能奏效。

四

在 1895 年的几次海城反击战中徐邦道也起了比较重要的作用。

光绪二十一年二月徐邦道禀善庆夫人信中说："自去年十月金州、旅顺之役，血

---

① 《清季名人禀牍奏稿函札》，第 17–18 页。
② 中国近代史资料丛刊续编《中日战争》第 2 册，第 183 页。
③ 谕旨汇奏六〇二卷，中国近代史资料丛刊续编《中日战争》第 2 册，第 183 页。
④ 《清季名人禀牍奏稿函札》，第 18–19 页。

战数昼夜,率队冲出重围。蒙宋帅奏拨成、怀等营悉归统领,后经李傅相裁并六营,共只十一营。腊月底驻防牛庄后,经各帅调赴前敌,合规海城。驻兵东、西柳公屯,直捣唐王、亮(晾)甲两山大股锐贼。"①

正月十一日徐邦道部"同湘军出队,在四台子一带〈十二日〉接一小仗,毙贼十数名,获首级三颗,洋冠、洋刀之类。冠系红缎,刀柄镂以金龙。……闻该逆分股由岗[缸]瓦寨来窜,因商同李道暂行退保牛庄。一俟凤军来莅,兵力稍厚,再禀商,已于十二日拨一千余人,由缸瓦寨、高坎前往盖州矣。现时海城之贼大约无多,拟俟吴军(五营)一到,兵力稍厚,即行禀商宪台,与依将军联络一气,约期攻剿。""十四夜奉宋帅来谕,言有贼三千余人,由海城赴大石桥等处,距营口四十余里。探闻欲于十六七日,由二道沟及缸瓦寨、高坎分股来犯,已分派各军严防。饬卑军勤发确探,一闻有警,即拔队往缸瓦寨、高坎一带,寻踪进剿,抄彼之后各等因。昨据姜镇②来信,又据该酋笔谈,谓海城、盖州、析木城各出三千余人,通计一万有奇之说,刻已拨队出扎缸瓦寨及三家子(在东牛庄东南十数里)等处,随时密探。如遇该贼出探,即飞速进兵,抄其后路,两面夹攻,以期歼惩"③。与此同时,黑龙江将军依克唐阿、吉林将军长顺"拟商徐邦道、李光久共攻海城,并请旨饬吴大澂直捣岫岩,宋庆进规盖平,唐仁廉、聂士成合攻凤凰。约期并举,贼势既分,攻剿当易得手,则营口、沈不守自固"④。

二月徐邦道在禀师母的信中说:"正月廿二、廿七,二月初三、四、五、六等日,与贼大战,先后毙贼千余名,我军只伤亡数十人。贼死守不出,其势已虚,海城计日可克。讵援贼七八千人由盖州绕过海城,将窜辽阳,从东北抄截牛庄。老湘军、威武(武威)军力战竟日,死伤甚多。该逆虽亦伤亡二千余人,抵死不退,复以另股由西入庄放火,官军腹背受敌,遂各退至双台子、石山站一带。维时门生尚在约会各军,为克复海城之谋,闻后路牛庄不守,则军火、粮饷皆已断绝,遂即率队冲出梁[亮]子沟、西高坎,一路驻扎,再行相机攻剿。"⑤

信中所说的正月二十七日(1895 年 2 月 21 日),正是清军第四次反攻海城之时。当时宋庆调徐邦道拱卫军进攻太平山,徐与马玉崑合力击退日军,不久,清军仍失利。之后,徐邦道又协助湘军宿将李光久与湖南巡抚、帮办东征事务吴大澂部第五次进攻海城,仍未果。

五

二月初,日军发动辽河下游战役,拱卫军统领徐邦道率军在牛庄、田庄台等地继续抵抗。二月初四日徐邦道禀报进攻唐王山、晾甲山情形说:"窃昨初三日与各军会剿龙台堡各处援贼,获胜情形已由帮办军务大臣吴营务处宴主,○○会禀在

① 《清季名人禀牍奏稿函札》,第 45 页。
② 即姜桂题。
③ 徐邦道禀长顺将军(光绪二十一年正月十六日),《清季名人禀牍奏稿函札》,第 31 页。
④ 依克唐阿、长顺电稿(光绪二十一年正月十六日),《清季名人禀牍奏稿函札》,第 31 页。
⑤ 《清季名人禀牍奏稿函札》,第 45 页。

案。总兵于初三日夜四更接奉依帅函,称是夜已将笔架山攻克,因大得机势,未肯收队,令卑军进攻唐王、亮[晾]甲两山,以期共复城池。故今初四日黎明,复派营务处罗前道〇〇会办、〇〇〇前记名提督李〇〇督率中〇〇〇〇五营,以二营冲锋,三营接应,由大道八里河一路扫荡而下。沿途村堡,该逆处处挖濠设伏,施放枪炮,弁勇颇有伤亡。我军乃设法由后撩入,外面枪炮齐进,两面夹击。该逆势不能支,始纷纷夺路逃去。各营擒斩数十百名不等,夺获洋衣、洋鞋、洋锅等物无数。直上唐王山,奈雪花如掌,咫尺不可见人。适分统胡副将、蒋参将等由龙台堡一路,节节剿洗,将盖家屯等处之贼搜剿尽净,会军唐王山。因遂收队而还,清点我军伤亡,亦二十余人。"①

不过,徐邦道也清醒地看到此战的小胜无法扭转全国战局的急转直下。他在二月写的一封信中承认:"事机不顺,军务毫无起色。近闻山东之威海、烟台诸处相继失守。开冻后,不独营口不保,即天津、辽沈亦属处处可虞。每念大局,令人寝食难安。……但今事权不属,远在海城,徒抱忠愤之心,进退不能由己。"②

三月上、中旬,徐邦道在复陈桂生信中再次表示了自己抗敌到底的决心:"弟关外从公,惭无建树。现奉刘、宋两帅奏调援辽,刻已开抵新民屯,即可到辽。因奉行知,现在停战期内,令即就新民屯一带驻扎、操练,不得前进等因。并闻电报李傅相渡海,于三月初五左颊中枪,幸未伤眼。倭奴贪毒,为心实堪愤恨。其议和一节,恐亦难成。如再决裂,凡诸统将皆不能协同力心,各拼死战,未卜将来大局何如耳。弟无他志,既在行间,亦惟有各尽其职,仰报天恩而已。"③作为一员战将,自然要服从朝廷的命令,但徐邦道也不是一个毫无政治头脑的一介武夫,他对于日本侵略者保持高度的警惕,思想上做好了再打的准备,这比某些积极避战,指望早日求和的将领不知道要高明多少倍。求战报国心切的徐邦道强烈要求破格扩军,具体打算是"再添步队七千、马队五营,与原带之队共成三十营之数,再多拨快利枪炮,使可独当一面,以免牵掣,则战胜攻取,庶可稍有把握。弟并非自命为能战者,且明知此系破格之请,然既在前敌,自当竭力报效。若再不知变计,不但师久无功,且何以仰对朝廷?筹思再四,必得如此,方足以申天讨而快人心。倘再不能取胜,自甘军法亦无憾焉"④。如此立下军令状,要与外国侵略者放开手脚、拼死一搏的将领在当时即使不是绝无仅有,也是凤毛麟角。

与此同时,徐邦道通过战时的实地较量,清醒地看到了敌我两军的实际差距,这同盲目主战者有很大的不同。徐邦道在具体研究敌我两军战术后对清军的改辕易辙提出了一些建设性的意见,除了前已提及的兵士平时缺乏操练、诸将战时不能协力同心,反而互相牵掣等弊病外,师多令杂、赏罚不公的问题也必须解决。他指出:"凡倭取一地一城,必用大股,或数千兵及万余不等,四面兜击,使我首尾不能相

---

① 《清季名人禀牍奏稿函札》,第43页。
② 《清季名人禀牍奏稿函札》,第45页。
③ 《清季名人禀牍奏稿函札》,第57页。
④ 《清季名人禀牍奏稿函札》,第57-58页。

顾,所以取胜。我军虽多而心不一,此劳彼逸,此进彼退,非徒无益,且受其害,往往如此,实为寒心。若仍照前章,每一统领或带三五营至十余营而止,万难抵御。且师多令杂,无所适从,虽百万军恐亦无从制胜,鄙意实为之不平。各该统将能战者并无多人,如不能战者徒糜饷糈,虽一营一卒亦不令其多带。勇营胜则优奖,败则严罚,改辕易辙,或有转机。”①甲午陆战的事实证明,兵员多寡固然重要,但统将能战更为重要。有了统将能战者,在数量上处于劣势的一方可以用正确的战术打败数量上据优势的一方,海城的五次攻防战再三说明了这一点。其次赏罚分明至关重要,否则无以激励士气,鼓动士兵,形成正能量。暂且不谈朝鲜战场,即使在辽东战场,临阵避战、打仗逃跑的战将不乏其人,但因为有李鸿章的庇护,多数是没有受到及时的应有的追究与惩处,如会办北洋沿海水陆营务处龚照玙、大连湾守将赵怀益(绰号“赵不打”)等人就是如此。最高当局赏罚不明,令人寒心,其恶劣的负面影响自不待言。

作为一个爱国将领,徐邦道对战后的部署也有自己的想法:“倘使和局若成,固当裁减勇营,以图撙节,势所必然。而敝军系能战之师,奉省情形现已熟习,务求费神格外成全,常留关外,备教练之数,则感荷云情,实无既矣。”②光绪二十二年(1896)二月,徐邦道带着无穷的遗憾、无尽的忧虑病逝,离开了这个世界。

日月如梭,甲午战争过去已经120年了,然而人们是不会忘记出生在长江边上的这位爱国将领的。历史证明,徐邦道确实是一位难得的将才,有“忠愤之心”,“精神勃发,胆识俱优”;他统带的拱卫军确实是一支“竭力报效”的“能战之师”;他那敢于与外来侵略者血战到底的英雄气概更是永远值得后人崇敬与纪念。

① 《清季名人禀牍奏稿函札》,第57页。
② 《清季名人禀牍奏稿函札》,第58页。

郑观应与轮船招商局①

郑观应是中国近代早期维新派的代表人物之一,而轮船招商局则是当时中国航运业的翘楚。本文主要揭示郑观应在轮船招商局任职期间对于外资企业、外国管理与技术的态度与对策。

一

郑观应在进轮船招商局之前,就已经从外资企业那里积累了不少相关企业管理与商战的经验。

1859 年,郑观应通过他的姻亲曾寄圃和世交徐钰亭、徐润等人的关系,被介绍到当时第一流大洋行——上海宝顺洋行工作。1873 年太古洋行创办轮船公司,原宝顺的“气拉波”号轮船主麦奎因当上了该公司的总船主,于是他力请郑观应到太古总理一切。次年 2 月,郑观应与太古轮船公司签订了 3 年的雇佣合同,受聘为太古的总理兼管账房、栈房等,相当于总买办的地位。② 由于郑氏在太古经营得法,在 3 年雇佣合同期满时,又续订了 5 年合同。

1881 年,郑观应被盛宣怀委派为上海电报分局总办。1882 年 2 月太古合同期满时,由于种种原因他决定不再续订。原因之一就是他为太古揽载吃亏甚重,太古却不肯弥补他的损失。另一方面,因其精通船务,北洋大臣李鸿章于 1882 年邀请郑氏会办轮船招商局局务,3 月 30 日郑接受了李鸿章的委托就任招商局帮办,不久提出了局务改革方案,同时将上海电报分局总办一职交给经元善接任。1883 年郑观应被提升为招商局总办。

二

郑观应在轮船招商局任职期间,时常以外资企业特别是太古轮船公司作为比照、学习的对象。

首先是人事制度方面:1881 年他就在给时任天津海关道的近亲郑藻如(玉轩)的信中写道:“所虑官督商办之局,权操在上,不若太古知我之真,有合同可恃,无意外之虑。窃闻宦海变幻无常,万一傅相不在北洋,而后任听信谗言,视创办者如鹰犬。弟素性愚憨,只知尽心办事,不识避忌钻营,更易为人排挤矣!”③他告诉郑藻

---

① 原载《岭南文史》2017 年第 3 期;《招商局历史与创新发展》,科学文献出版社 2018 年版。

② 《徐愚斋自叙年谱》,江西人民出版社 2012 年版,第 6 页。

③ 《复津海关道郑玉轩观察书》,《郑观应集》下,上海人民出版社 1988 年版,第 779 页。

如:“洋人所以能事无不举者,以立法必行、毫无假借也。”①

其次是企业经营方面:1880年代初期,招商局船在各口耽搁的问题十分严重。郑观应向总办唐廷枢指出:“查来往天津之船尚属耽搁不久,惟在各口耽搁必须两天,汕头耽搁必须三四天,各家无不私议,太古洋行晏尔吉常引为笑谈。弟询诸同事,平心而论,佥称较太古船每次多停半天,在汕头多停一天,然连汕头多停之时,每次船概多停半天,即计每月四次,每年每船已多停二十四天,计少走两次,约虚耗五千金。统通局之船而计,所耗不下十万余金。”②郑氏因此力主:“轮船开放不可迟留也。凡船在各埠,宜查其开行之日,电报关照以便预揽客货上栈。船到即装,不致停久。”③1892年后,他指出:“迩来官场各友亦来说,我局坐舱招呼不及怡和轮船买办周挚,即饭菜一项大半不能入口。果如所言,生意难期起色。”④

第三在企业管理方面:1880年代初期,用煤是招商局主要成本之一。若能在这方面减省损耗,招商局必能提高利润。因此郑观应力主买煤宜认真稽核:“经手买煤者,如不投票以价低者得,恐有弊窦徇情,且载来之煤或湿或夹石,总管车亦迁就,或略减了事,岁计吃亏甚巨。纵每吨扣还经手费多少,亦加在价内,掩耳盗铃,以文其奸。宜仿照太古洋行,先备试煤机炉,凡船煤到,饬总管车到煤船先取舱内之煤数吨,督率送至试煤机炉,验其烧后气力足否,或免作弊。”⑤他计算:“每船一昼夜节省一吨煤,每月约行十五天,每年可一百八十吨,统计三十船每年可省五千四百吨,每吨四两,合计可多银二万一千余两。”⑥

第四在资产更新方面:郑氏曾对盛宣怀指出:“有股东云,‘我局公积之款甚巨,应如太古公司岁添二千数百吨之船,不应移款兼营别业’等语,官应亦曾早与我督办谈及,承示本局宗旨,宜用敛字诀,拟开银行为我局将来转输地步。虽是挽回利权之策,然擅拨局款兼办银行,不会商股东,只求直督批准,于商律不合。盖商律凡公司欲营业,必须开股东会,从多数取决方可施行。若使大权操自直隶,无庸商诸股东,日后直隶换人,所委总办假公济私者流,害不堪设想。”⑦1892年后,郑观应又向盛氏重提上述建议:“年来各公司船日多,本局船日少。且老船不如新船,故太古尝将其旧船沽与日本,得其船价足以抵新造之船费。前经迭陈,亟宜筹款添船,如虑无款,即将所存局股及各种股票无用之尽出售,又将华栈等地可照前议招股改为公栈,得此巨款,可以忝船数只,不宜再迟,恐将来工料价增,其中吃亏不浅。”⑧

第五在经济核算方面:1909年,郑观应揭发招商局弊窦,找出了一系列问题:新造轮船不及怡和、太古,但造价却很高。1911年9月4日(宣统三年七月十二日)他又从上海出发,乘船西上到重庆,直到1912年1月12日才回到上海。在这四个多

① 《致津海关道郑玉轩观察书》,《郑观应集》下,第783页。
② 《郑观应集》下,第792页。
③ 《郑观应集》下,第786页。
④ 《郑观应集》下,第866页。
⑤ 《郑观应集》下,第787页。
⑥ 《郑观应集》下,第787页。
⑦ 《郑观应集》下,第818页。
⑧ 《郑观应集》下,第862页。

月里,他及时提出了不少主要改进意见。其中有一条,招商各分局负责人须仿照太古公司月造三公司船出口货比较表,以便知己知彼,采取有效的对策。

上述五方面的差距是明显存在的。1885 年马良奉李鸿章命调查招商局在唐廷枢等人经理下的情弊。其报告书也指出:"用人之弊,失之太滥。各局船栈,人浮于事,视太、怡行不啻三倍,……洋人言,该处司董以局船为己有,专装私货,无怪公局之亏折也。南洋船主亦言,每船到埠,不准早开,以局董私货未及配载,有停至五六天者,为费不赀。"①这些都证实了郑观应的看法并非夸大其词,故作惊人之语。

三

难能可贵的是做过太古买办的郑观应清醒地看到外资企业也不是十全十美,同样是有缺点与不足的。

他曾向招商局总办唐廷枢报告说:"近闻本局有船私走米麦千余包之多,非独吞匿客脚。虽各船主、大副未必是徇私之辈,然在洋行之船,其买办尚属如是,况本局之坐舱船主安肯破除情面?受贿亦佯作不知。又有报关者与下货人作弊,以多报少,通同分肥。"②他曾"嘱总船主将各船所载重数、吨数列",以便验货之用。"如其不符,非小工堆放之不齐,即坐舱者走私,或报关者作弊,借可稽查"③。

郑观应对招商局总船主蔚霞的徇私和舞弊尤为不满,指出:"因本局定造之船无论在英、在沪,非总船主蔚霞经手不成。盖因所购船中用物,材料均有好佣钱故也。"④他密告盛宣怀:"查总船主蔚霞胞兄在英开有造船厂,凡本局所造之船,所买轮船材料、机器、锅炉等物,无不购自其兄之厂,从无照顾别家,或所用材料其兄厂所无者,由其兄转购,所开价值其价虽昂,从无一驳,何怪洋商视蔚霞如招商局督办。观前托祥生厂造之船,蔚霞事事留难,别家寄来出售之船图,多方挑剔,其心可知矣。"⑤

英国人蔚霞本系旧局总大车,也有一定的本领的。轮船招商局督办盛宣怀当年派蔚霞为总大车兼署总船主时,作过规定:"以后调换船主及大修,须商督办,调换船主以下及小修,与驻局会办商定。"⑥但这些制度性的规定并没有使蔚霞安分守己,循规蹈矩,正如郑观应所说,此人在轮船招商局里确实干过不少与自己身份不相符的事情。

在郑观应看来,外国人中也不只是蔚霞有问题。郑氏向盛宣怀指出洋人也"因姻亲之故","互相庇护"。他揭露说:"又查用记列文监工修船亦讲交情,凡有交情者,均可粉饰了事。总船主为本局所造之新船多系老样,即如前将'固陵'船机器更

① 马良:《改革招商局建议》,中国近代史资料丛刊《洋务运动》第 6 册,上海人民出版社、上海书店出版社 2000 年版,第 125 页。

② 《郑观应集》下,第 793 页。

③ 《郑观应集》下,第 787 页。

④ 《郑观应集》下,第 827 页。

⑤ 《郑观应集》下,第 816 页。

⑥ 盛宣怀:《致李鸿章电》,光绪十三年六月十五日申刻到,《李鸿章未刊电稿》一,上海人民出版社 1987 年版,第 843 页。

换，靡费多金，不独弄巧反拙，反使船厂得‘固陵’之机器，为怡和装一往来汉口、宜昌之船，较（固陵）快而装货多，能与本公司争利。以马眉叔（建忠）观察之精明尚为彼蒙蔽，实因局内护佐有人，又善于说词故也。”①

四

郑观应的志向是努力与外资企业竞争，为中国航运企业争一席之地。

1892 年 12 月 6 日（光绪十八年十月十八日），郑观应从广东到达上海，即到招商局接事。郑观应一进局即会同陈猷等人与怡和、太古洽谈，很快签了第三次齐价合同，股票价格很快回升到一百数十两。齐价合同有着重要的意义，它的签订本身就是对怡和、太古等外资航运企业的胜利。齐价合同原是资本主义航运业的惯例，因航运有固定航线，只要大户联合定价，便可取得垄断利润。以上海到汉口的长江货运为例，在 1862 年以前是由宝顺洋行的船只垄断，每吨运价高达 25 两。1867 年，宝顺、怡和退出长江，旗昌垄断，一直维持在 5 两水平。1872 年，太古成立，长江运价一度又降至 2 两。招商商局成立后，外商激烈跌价竞争，其长江运价一直维持在 2 两水平。1877 年太古收买旗昌后，再减为每斤 1 钱，已无大幅度可降了。1878 年，招商局遂与太古、怡和订齐价合同。

1892 年轮船招商局与太古、怡和的第三次齐价合同规定：“以船吨位多少共分水脚，招商局着多数。”②亲自参与订约的郑观应对这次合同的评价说：“商局本华商公司，倘财力雄厚能与洋舶独力抗衡，此策之上者也。且闻欧美各轮船往来中国之公司，有联合会，共分权利，入会者十居其八，惟小公司未即许其入会耳。故本局仿照办理，与怡和、太古调和联合，以免受商战之倾轧，此迫于时势，为营业计不得不然也。”③第三次齐价合同的长江航线合同第十三条又明确规定，“倘有别家争衡生意者，必须彼此联络跌价以驱逐之。”这里的所谓“别家”主要指外国洋行企业的轮船，如美最时之“宝华”轮，麦边洋行之“萃利”“华利”两船，华昌行之“益利”“长安”“德兴”“宝华”四船，马立师行之“金陵”轮，和兴公司之“飞鲸”“飞龙”“飞马”三轮等等。一言以蔽之，第三次齐价合同本身是轮船招商局实力的展示，对该局的发展是有利的。

郑观应在与外商企业打交道时心思缜密，善于发现问题，提出解决问题的对策。

1893 年 3 月 30 日（光绪十九年二月十三日），郑观应开始了他西巡长江各轮船招商分局之行，5 月 6 日抵达重庆。他把沿途了解的营业利弊，与怡和、太古的斗争情形及采取对策等见解，著成《长江日记》。《长江日记》分析了招商局竞争不过怡和、太古的原因，认为主要是对方加强客货的揽载和水脚打折扣，广为招徕生意。对此他明确提出改变货船挂洋旗免厘金争揽客货的现象，以增加招商局的客货；在

---

① 《郑观应集》下，第 860 页。

② 庄箓：《西行日记序》，《郑观应集》上，第 1013 页。

③ 《郑观应集》下，第 950 页。

用人方面表示了对总船主艇蔚霞的不信任;并提出把招商局积累的资本用于扩大再生产和发展四川省的经济。

由于招商局要引进和利用外国先进的科技,因此需要付出高昂工资来吸引洋人为该局服务。郑观应一开始虽也主张借才异地,但后来他已注意到洋人薪水极昂①,职员受贿及徇私,致使该局之薪酬成本比日本和其他外商轮船公司为高,经营成本日增,因而削弱其竞争能力。在这种情况下,郑观应建议"拟设招商局驾驶管轮练船章程"及厘订学堂教学合同式样②,设立驾驶学堂来训练该局华人员工,学习船务技艺,使中国人能廉价而且大量吸收先进的西方科技。

五

在晚清历史条件下,郑观应学习西方,提倡"商战",与西方竞争的努力并不受招商局内同人的待见与认可。郑观应回顾说,1892年"复任后仍不避嫌怨,整顿修船、投标,船上堆工、江船客票银水等事,约共岁有十万两。同事颇嫌多事,而反对者百般恐吓,或声言饱以老拳,或暗以炸弹相对,曾贿报馆记者捏词毁谤,望官应长驻汉阳不回上海而后快"③。这里,我们既可以看到郑观应企业经营管理思想的超前性,也可以看到在半殖民地半封建社会中中国企业家的艰难境地。

---

① 参见《郑观应集》下,第787页。
② 《郑观应集》下,第836-839页。
③ 《郑观应集》下,第859页。

张謇与晚清上海[①]

上海与张謇一生的事业有着千丝万缕的联系，本文旨在讨论晚清时期张謇与上海的关系。

张謇是江苏南通海门人士，近代著名的实业家、教育家。从1876年3月16日他23岁第一次踏上上海这方热土起，数十次来过上海，有的是路过中转（如1903年去日本考察），有的只是做短暂停留，进行些人际交往应酬，也有专程前来办理大事、要事的。而这些大事、要事对于张謇事业的开展有着重要的意义。

一

上海自1843年开埠后，发展迅速，成为我国最大的工商业城市。人口密集，人才荟萃，资金聚集，充满商机。1892年6月14日张謇到上海，16日离开时赋诗一首《吴淞口望月》，"廿二廿三月，初生似落时。云连沧海暗，潮带野星移。近晦光无好，含羞缺未知。独堪终夜对，群睡正迷离。"[②]这可能是他咏唱上海的最早诗作。1910年1月16日张謇再到上海时，又写下了《海上杂感》，其中写道"云头万雨丝，随风任飘洒，……风也谁之爱，云无憎与爱。"[③]上海医疗条件好，1900年4月张謇让夫人徐氏往上海就医。上海物价高，1900年5月张謇侄子在上海办婚事，"开支繁费十倍于海门"[④]。上海慈善事业发达，张謇成名后，曾经在1907年12月在新育婴堂经费短缺的情况下，"鬻字以济"[⑤]。1910年1月又为新育婴堂募捐。1911年10月31日被当时最大的救济团体华洋义赈会选举为理事。

二

作为晚清状元，张謇高度重视教育事业，是我国近代教育事业的当之无愧的先驱之一。1898年冬，他在上海议商建设女子学堂，1905年在上海撰写了《请设工科大学公呈》，1906年元旦又写了《留学生归国兴学说略》，理念前卫，关注面广，有气度，有远见。

1905年12月12日江苏学务总会成立，张謇向120名代表宣布立会宗旨，次日

---

① 原载《张謇研究》2016年第2期。

② 《张謇全集》第七卷，上海辞书出版社2012年版，第89-90页。

③ 《张謇全集》第七卷，第145页。

④ 《张謇全集》第八卷，上海辞书出版社2012年版，第481页。

⑤ 《张謇全集》第八卷，第275页。庄安正：《张謇先生年谱》（晚清篇），吉林人民出版社2002年版，第275页作光绪三十三年十二月二十八日，误。

被推举为该会会长。第二年江苏学务总会改名为江苏教育总会。1911 年 4 至 5 月，张謇等人以江苏教育会为基础，发起全国教育联合会。

就实际参与建校办校来说，1905 年 3 月张謇就担任上海震旦学院院董，震旦学院学生退学后，张謇等人资助原创办人马良另觅校址，筹建新校。此外 1906 年 2 月他参与创办中国公学，1910 年 7 月 28 日到上海访问中国公学董事会诸君。①

1906 年 4 月张謇上书商务部，请求"拨给吴淞官地，建设商船学校"。同月吴淞商船学校开工筹建，年内建成，"非特为养成驾驶人才，可以备恢复海军之用，亦即使人知航业必求发达，航路必应扩张。"②1907 年 7 月 17 日《申报》刊出张謇致端方函，内容涉及为吴淞商船学校筹款，强调："中国创办商轮局已数十年，而管驾、管机悉委权于异族，非特利权损失，且无以造就本国人才。际此商战竞存之世，欲借以保主权而辅海军，非创设商船学校不可。"

文教不分家，张謇在热心开展教育事业的同时对图书公司也很感兴趣。图书是知识的载体，文化的媒介，与教育事业有着较高的关联度。1906 年 4 月张謇顺应大办学堂的大趋势，提议在上海建立图书公司。4 月 25 日与其他著名人士联名在《申报》《时报》刊登《中国图书有限公司缘起》并附有招股章程，宣告公司成立。1906 年 9 月下旬他与曾铸前往上海小南门小教场现场查看公司的建筑地基，并与徐吉云商议解决小教场的地权问题。③ 10 月下旬他在上海参加中国图书公司的股东会。1907 年 10 月 22 日曾铸因病辞去公司总理职务后，由张謇继任。1909 年 11 月他力辞职务未果，继续被举为总理。中国图书公司是张謇当时在上海掌控的少数几个企业单位之一，1908 年 2 月该公司总发行部在上海开业。6 月 26 日张謇在上海参加了公司的会议，商议应对"外人破坏公司事"④。1909 年，先前由通州师范学校印行的《张殿撰教育手牒》改由中国图书公司印刷兼发行。1911 年他的《张季子说盐》由中国图书公司发行，并译成英文介绍到国外。如此看来，中国图书公司与张謇学术成果的推广是相得益彰，相辅相成的，两者之间有着良好的互动。

三

纵观晚清时期张謇在上海办的文教事业基本上是成功的，但在创办事业方面却在上海遇到了不少的阻力。首先是关于大生纱厂的集股，屡遭挫折，进展维艰。1896 年有些上海的股东退股。1897 年 10 月 29 日张謇为大生纱厂集股事来上海，次日访盛宣怀，议商集股事，不得要领，毫无结果。1898 年 12 月张謇在上海公共租界福州路广丰洋行内设黎大生纱厂事务所，为纱厂采办物料、安排往来人员食宿、融资、开盘批售纺织品等业务。该事务所先后迁往上海小东门与紫来街日升里，改称通州大生纱厂沪账房，1901 年在天主堂街外马路购房设所。这是张謇在上海设

---

① 《张謇全集》第八卷，第 704 页。
② 《张謇全集》第一卷，上海辞书出版社 2012 年版，第 129 页。
③ 《张謇全集》第八卷，第 634 页。
④ 《张謇全集》第八卷，第 664 页。

立的首个企业的事务所。[1] 1898年11月26日张謇为该厂筹股事抵达上海,至12月10日虽连日多方奔走,但还是功亏一篑。次年3月底4月初,他再来上海,在官商各界奔走,但筹备股份之事仍无进展。纱厂资金短缺,运行艰难,张謇"留沪两月,百计俱穷",只好"忍气待时,坚志赴事"[2]。

1905年3月大生厂与上海棉花认捐公所发生冲突,起因是公所勒索大生厂在吴淞口的船只,"将全船货物起岸充公","价值二万余金"。张謇不甘示弱,通过公共租界的印度巡捕突击检查该公所财务档案,"查其账簿记载,勒索枉法之资为数甚巨",最后该公所后被江苏巡抚罚银。[3] 1909年4月张謇在上海参加大生厂董事会。他也多次来上海查阅该厂的账目,了解运营情况。

除了大生在沪进展屡遭挫折外,张謇的大生轮船公司在上海也遇到麻烦。1902年7月23日,大生轮船公司在上海成立,不久南通与上海的股东发生矛盾,8月4日改通沪合办为专归通办。"沪并于通时,沪股二万,照时值七折作银一万四千元,由通如数集足",一次性解决。[4]

1904年7月张謇开始筹设上海大达轮步公司,他在《请设上海大达轮步公司公呈》中说,黄浦江畔,北自外虹口,南抵十六铺,"每见汽船、帆舶往来如织,而本国徽帜反寥落可数,用为愤叹",准备"先就十六铺迻南老太平码头左右,购定基地,建筑船步,并造栈房,以立根据而固基础";"以商界保国界,以商权张国权"[5]。同年底上海大达轮步公司在天生港建了三座码头,购买了"大新"等轮,在天生港与上海之间航行。1905年12月该公司正式成立。1907年10月1日大达轮步公司与上海浚浦局、总工程局筹备商量建造公司码头,这当然是经营有方,业务扩张的标志。

1905年6月张謇曾经就大达内河轮船公司小轮船牌问题请示周馥:"凡造自上海者,已就近向沪道领牌行驶","然江阴以下外江,虽属沪道,而内地则系常镇道所辖"。究竟是"向沪道领用,抑分为外江用沪,里河用镇?"[6]7月23日因常镇关道无理阻挠,人为设限,他再次询问周馥"应用何处船牌"?[7] 其实张謇内心是希望上海的船牌能够畅行内地里河的,两相比较,上海官方比常镇关道要好一些。此外,1909年4月张謇还与窦价人筹建中国商业银行。

四

与文教、实业方面的建树相比,张謇在上海的政治活动更加突出,毫不扩张地说,上海是张謇展示政治抱负,实行政治主张的最佳舞台。晚清时期,张謇在上海的政治活动主要可以归结为以下几个方面:

其一,积极支持1905年首先在上海兴起的反美爱国运动。这年5月10日,为

---

① 庄安正:《张謇先生年谱》(晚清篇)第151页。
② 《张謇全集》第八卷,第1014-1015页。
③ 庄安正:《张謇先生年谱》(晚清篇)第236页。
④ 《张謇全集》第四卷,上海辞书出版社2012年版,第68页。
⑤ 《张謇全集》第一卷,第72-73页。
⑥ 《张謇全集》第一卷,第84页。
⑦ 《张謇全集》第七卷,第87页。

了抗议美国官方压迫、歧视华侨,上海商务总会曾铸领衔致电天津、汉口等21个城市商会,要求采取一致行动,抵制美货。张謇"曾于其时以商会代表电致海上,赞成其事"。但"吾通州尚寂寂无闻,无人议及,可耻也！吾通在实业界占优胜之名誉,煜耀于各埠,若此次不用美货之实行甘落人后,岂非憾事"[①]。7月他专程来沪声援。7月9日至8月8日张謇在上海月余,代表通州商界"布警告""发传单",发表"抵制禁约实行不用美货"之演说。[②] 8月6日,参加沪学会集会,与马良、曾铸、穆湘瑶等发表演说,提出各地"各店铺偶有积存美货,为六月十八日(7月20日——引者注)以前所运进者,亦可折价速售。售罄之后,大家立誓不再进美货,以为公义。"[③]张謇还要求与会代表在禁止美货倡议书上签名,声援上海商界。9月2日张謇对沪上各界表示,对美货"疏通即是团结,此一语相反而实相成。经权并用,诚不刊之论也"[④]。

其二,积极引领预备立宪。预备立宪是清政府为了消弭革命、应付舆论的被动之举,就内心而言,是很不情愿,能拖则拖的。但张謇等人为了维护民族资产阶级的利益,则接过预备立宪的旗帜,千方百计向清政府施压,强烈要求假戏真做。1905年8月张謇在上海致函袁世凯,在吁请官方支持反美爱国运动的同时,再次呼吁袁为倡导立宪"执牛耳一呼,各省殆无不答应者,安上全下,不朽盛业,公独无意乎"?[⑤] 1906年7月他在上海与先后从国外考察政治回来的载泽、端方、戴鸿慈等人谈论宪政问题[⑥],10月就与郑孝胥等人创办宪政研究公会,12月16日该公会召开成立大会。1907年12月他又发起筹备成立国会期成会。1908年12月张謇参加预备立宪公会年会,当选为董事。毫不夸张地说,张謇在上海扮演了预备立宪急先锋的重要角色,紧锣密鼓,节奏相当快。

第三,积极参加保路运动。1906年5月,商办苏省铁路公司在上海成立,租屋与大马路(南京路)五福弄对门,[⑦]张謇就任该公司协理。1908年7月提出辞去协理职务,"专任北线规画"[⑧]。1909年1月18日他到上海与人商议江苏铁路北线工程事宜。1911年2月16日张謇在上海参加商办苏省铁路公司临时股东大会,发表演说,抨击邮传部"束缚商人间接借款,商办之局已破","今款项已竭,智尽能索,又处处受邮部挟制,实欲逼人于山穷水尽之地。鄙人等身入重围,不能不为全局计,今日当现存一死战之志,以筹进止方法"[⑨]。同年6月他在《申报》发表《咨议局联合会请饬阁臣宣布借债策呈都察院代奏稿》,指出举借外债"必政府与国民均有用债之能力,而后可利用之,以为救时之药。否则饮鸩自毙,势必不救"。"中国幅员

---

① 《张謇全集》第四卷,第97-98页。
② 庄安正:《张謇先生年谱》(晚清篇)第240页。
③ 《张謇全集》第四卷,第98页。
④ 《申报》1905年9月2日。
⑤ 《张謇全集》第二卷,上海辞书出版社2012年版,第142页。
⑥ 庄安正:《张謇先生年谱》(晚清篇)第258页。
⑦ 《张謇全集》第八卷,第630页。
⑧ 《张謇全集》第八卷,第1023页。
⑨ 《申报》1911年2月17日。

之广，铁路何以必须国有？铁路何以摈斥民款，而纯借外债以收回之？……非有成算在胸，安敢毅然取消累年之成案，夺商民已得之权利"①。对清政府悍然宣布"铁路国有"，大肆举借外债兴修铁路表示强烈不满与坚决反对。

第四，武昌起义后与革命党的合作。1911 年 10 月 10 日武昌起义爆发，敲响了清政府的丧钟。张謇作为末代状元，却能审时度势，顺应时代潮流而动。上海光复后，张謇于 1911 年 11 月上旬主动与沪军都督府联系，请前狼山镇总兵许宏恩率部前往光复通州。11 月中旬，张謇等人组织江苏临时参议会在上海两度开会，"拟联合（沪军）都督府，组成临时政府"②。12 月 17 日张謇抵达上海后，"每星期总有一天或两天"去南洋路 10 号赵凤昌寓所惜阴堂，与革命党人汪兆铭、陈其美等就当时正在公开进行的南北议和的具体内容私下交换意见。③ 12 月中旬，张謇等人为防止群雄并起，闹成无政府状态，决意发起共和统一会。他们在《共和统一会意见书》中称："居今日之世界，尚不能为无政府"，"设共和政治进行时代有力之枢机，而即成一巩固健全之大共和国家者，此本会唯一之天职也。"④该会后与国民共进会、政治谈话会合组统一共和党。1911 年底 1912 年初，张謇还在上海与赵凤昌、章太炎等人发起建立中华民国联合会，"以联合全国、扶助完全共和政府之成立为宗旨。"⑤ 1912 年 3 月该会改成统一党。统一共和党也好、统一党也好，他们与孙中山的同盟会——国民党既联合又斗争，在民国初年的政党谱系中占有重要的地位，反映出以张謇为代表的立宪派人士比较善于审时度势，抢占政治高地，深度介入共和革命的进程，以达到自己的目的。但不管怎样，他们赞成共和的大方向是毋庸置疑的。

五

晚清时期张謇在上海常来常往。1905 年他在复商部大臣函中称，"通海及崇，里几二百，江宁、沪上，时须亲赴。"⑥他在上海的事业主要有三：文教、实业与政治。无论在哪个方面，上海（只要是上海租界）均提供了便利的交通、丰富的信息、自由的媒体。在文教方面，张謇进展颇为顺利，这与他晚清状元的身份地位有关，办起事来得心应手，顺理成章。但在实业方面却是另外一幅景象：举步维艰，困难重重，这与他初入行、资本少，尚未建立信誉，经济人脉奇缺等因素有关。在上海这个地方，出资者当然要求有经济回报，而且是愈快愈好，越多越好。在张謇创业的起步阶段，什么都缺，既无经验，也无担保，无法确保做到这一点。出资者为了规避风险，追求利润最大划，游移不定，反复无常，甚至反悔撤资也在情理之中。这一现象说明上海是个商战大舞台，同行之间的竞争相当激烈，有外人破坏，实属正常。在政治方面，张謇积极参与 1905 年的反美爱国运动、预备立宪运动与辛亥革命运动，

---

① 《申报》1911 年 6 月 19 日、20 日、23 日。
② 庄安正：《张謇先生年谱》（晚清篇）第 331 页。
③ 庄安正：《张謇先生年谱》（晚清篇）第 335 页。
④ 《张謇全集》第一卷，第 232 页、第 236 页。
⑤ 《中华民国联合会章程》，《辛亥革命在上海史料选辑》，上海人民出版社 1981 年版，第 770 页。
⑥ 《张謇全集》第二卷，上海辞书出版社 2012 年版，第 161 页。

他作为一个立宪代表人物走向全国是以上海为起点的。之所以顺利，原因有二，首先，站在民族主义的立场上抵制美货，既在道义上与全国民众站在一起，也在经济上符合自己所属的民族资产阶级的利益；其次，由于清政府将主要精力用来镇压孙中山为首的革命派，因此对持有不同政见的立宪派不得不稍加宽容，网开一面，留有余地。从本质上讲，要求真立宪、早立宪，也是民族资本家保护自身利益的举动，他们不赞成革命派激烈的武装暴动，唯恐造成天下大乱，因而寄希望于清政府的自我革新。不料清政府当政者无意真正搞“预备立宪”，而且越行越远，使张謇们伤心、灰心。最后武昌起义爆发后，又是“驱除鞑虏，恢复中华”的汉民族主义成了立宪派与革命派最大公约数，它是以张謇为代表的立宪派人士转而与革命党的接触、在一定程度上实行合作的思想基础。总体而论，张謇在晚清上海是与时俱进，在文教、实业与政治诸领域中不断开拓前行的。从某种意义上讲，是上海成就了张謇；张謇也为上海这座城市增添了光彩。晚清时期张謇在上海进行的各种活动奠定了进入民国以后他在上海乃至全国持续发展的坚实基础。

论黄兴与张謇的交往[①]

辛亥革命时期，黄兴是革命派中第二号人物，主要精力是主持同盟会的庶务，指导有时还直接参加各地的武装起义。张謇则是江浙咨议局系统的立宪派代表人物，同时经营着自己的大生公司。直到上海光复之前两人没有任何交集。

一

上海光复后，江浙地区的革命形势迅速发展。1911 年 12 月 1 日黄兴由武汉前线抵达上海，次日下午出席沪军都督府在张园召开的筹饷大会，在张园召开的筹饷会议，并发表演说。“黄兴中途出席时，‘全场一致起立’，‘一时拍手掷帽之声如雷而起，且有跃起大呼，以示欢迎者，良久始止。’”[②]包括张謇在内的一千余人出席了这次会议，这是黄兴与张謇首次交集。

12 月 4 日黄兴被各省代表会议留沪代表公举为大元帅。当时黄兴一派的老同盟会员陈陶遗与张謇等人关系甚密，是他们联络黄兴的中介人。胡汉民回忆说：“克强以三月廿九之役及汉阳督师，声名洋溢于党内外；顾性素谨厚，而乏远大之识，又未尝治经济、政治之学，骤与立宪派人遇，即歉然自以为不如。还视同党，尤觉暴烈者之只堪破坏，难与建设，其为进步欤？抑退步欤？克强不自知也。既引进张、汤为收缙绅之望，……而克强之政见，亦日以右倾。”[③]

但事实上当时革命党人对国内政治并不十分熟悉，胡汉民自己也承认在广东光复后的两个月中，“余辈以革命书生，经验殊少，反动分子即伺隙为祟，精神稍懈，几于根本动摇。党人本多浪漫，又侈言平等自由；纪律服从，非所重视，只求大节不逾，不容一一规以绳墨。其甚者乃予智自雄，以讦为直。”[④]在这种情况下黄兴以革命派首脑的身份经常参加惜阴堂的密谈，向张謇等立宪派头面人物请教也在情理之中。惜阴堂是上海南阳路 10 号赵凤昌的住所，而张謇此时与惜阴堂主人赵凤昌关系甚密，这样一来，惜阴堂就成了革命党、立宪派重要人物会商聚议的地方。不光是黄兴，陈其美、汪精卫、章太炎也是这里的常客，可以说这是 20 世纪初中国最早的政治协商。在黄兴的思想中“政治本无绝对之美观，政见即有商量余地”，只要有利于国家。[⑤] 要说主动，是张謇等立宪派主动。“上海光复以后，当地名流如张謇、

① 原载《张謇研究》2017 年第 3 期。

② 《辛亥革命在上海史料选辑》，上海人民出版社 1981 年版，第 1256 页。

③ 《胡汉民自传》，中华书局 2016 年版，第 99 页。

④ 《胡汉民自传》，第 86 页。

⑤ 上海《民立报》1912 年 9 月 24 日。

汤寿潜、赵凤昌等推庄蕴宽来鄂,为组织统一革命机构事向黄先生和黎元洪征询意见",并请黄兴去上海负起领导全国革命的重任。① 要说影响,是黄兴为代表的革命派与以张謇为首的立宪派互相影响,单方面指责黄兴接受立宪派影响是不正确的。

黄兴与张謇思想上的一个重大契合点就是都把袁世凯当作推翻清王朝,迅速结束南北战事的不二人选。武昌起义后任中华民国军政府战时总司令的黄兴曾致书袁世凯说:"明公之才能,高出兴等万万,以拿破仑、华盛顿之资格,出而建拿破仑、华盛顿之事功,直捣黄龙,灭此虏而朝食,非但湘、鄂人民戴明公为拿破仑、华盛顿,即南北各省当亦无有不拱手听命者。苍生霖雨,群仰明公,千载一时,祈毋坐失。"②张謇也有类似表述,南北议和时,他致电袁世凯,担保"甲日满退,乙日拥公;东南诸方,一切通过"③。

二

南京临时政府组建时,黄兴推荐张謇或熊希龄长财政,遭到孙中山否决。孙中山认为"财政不能授他派人",于是任命陈锦涛为财政部长,张謇任实业部长。但张謇仅一度就职参列各部会议,即出住上海租界。④

南京临时政府是革命时代草创之政府,万事开头难,财政问题一直是制约该政府有效运行的一大因素。黄兴在筹建临时政府时,未雨绸缪,以个人名义向日本三井洋行借银元30万元,由与该洋行向有往来的大生公司负责人张謇作保,实际上拿厂做保证抵押。保证书如下:

> 兹因黄君克强为中华民国组织临时政府之费用,向贵行借用上海通行银元三十万元。约定自交款日起一个月归还,并无抵押物。如还期不如约,惟保证人是问。除息率及汇水由黄君另订条件外,特具此书。三井洋行鉴存。
>
> 张謇　黄帝纪元四千六百有九年十一月。⑤

时间为1911年12月22日,"据三井公司职员谈称:该公司已同意向黄兴提供贷款三十万两,……昨日,张謇在本地表示愿出面担保,日内将在上海签订合同。"⑥

南京临时政府成立后经济十分困难,黄兴"只是求助于上海的资本家张謇等暂时应付急需"⑦。而1911年12月被公推为江苏两淮盐政总理的张謇,在南京设立总务部任事后总共为临时政府筹集了200万元款项。根据当代学者卫春回研究,张

---

① 李书城:《辛亥前后黄克强先生的革命活动》,《辛亥革命回忆录》一,中华书局1961年版,第190页。

② 《黄兴集》,中华书局1981年版,第82页。

③ 《致袁世凯电》,《张謇全集》第二册,上海辞书出版社2012年版,第309页。

④ 《胡汉民自传》,第98页。

⑤ 《南通张季直先生传记》,中国近代史资料丛刊《辛亥革命》第8册,上海人民出版社1957年版,第51页。

⑥ 上海《民立报》1911年12月23日。

⑦ 李书城:《辛亥前后黄克强先生的革命活动》,《辛亥革命回忆录》一,第198页。

謇穿梭于宁、沪、通三地，至 1 月 31 日已“筹款五十万”①。有学者认为对临时政府言，这些款项仍是杯水车薪，按照张謇自己的初步估算要纾解财政危机至少需一万万两银以上。②

1912 年 1 月 14 日张謇致函黄兴，告以需更借债百万，并附和章太炎“销去党名”说。信中说：“早车专人奉白李君云云，为公应付李君之备也。李君面说之言不止此，其言欲径卖盐而径要鄙人之承诺，……‘今陆军部止允北伐饷五万，仅来一万余，其在宁之三营及总司令部，开支无着，请于总统，总统委之陆军部，部又不能应。军队乏饷即溃，到那时只好自由行动，莫怪对不住地方云云’。鄙人答以‘此言非我所能答复，君应以此告总统及陆军部’。……然问陈英士，言曾接济其十余万，苏亦有之，且所收吴淞之杂款亦不少。究竟李……有若干兵，用若干饷，无从而知。”盐事收入，尚不可知，“约略各处所要求及公所汲汲待用，非于所筹偿还三十万借项外，更借一百万不可，……此不得不告公者。总之，军事非亟统一不可，而统一最要之前提，则章太炎所主张销去党名为第一，此须公与中山先生密计之，由孙先生与公正式宣布。一则可融章太炎之见，一则可示天下以公诚，一则可免陆军行政上无数之障碍。愿公熟思之！此为民国前途计，绝无他意也。”③与此同时张謇又写信给孙中山，请通电各省军政府，勿以嫌疑影响轻于拘人击人。

面对张謇以维系大局、调和各派为名施加的压力，三天以后黄兴回复说：“示悉。援滦兵可即日出发，惟苦于无饷无械，不能多派。接济滦饷亦不可少，当力筹之，并望公有以助我。目下财政部初立，陈公（指陈锦涛——引者注）虽去上海，恐外款非即日可能到手也。遣军舰去烟台与援滦同一事，以海军以烟台为根据地也。派人去天津之说，亦是要事，刻惟苦无款耳。”黄兴承认“如何措置之处，尚未得善法”④。

不料张謇于同一天致函黄兴，要求辞去两淮盐政总理职务，信中说：“盐事由旧，则蹈九幽之黯；改新，则当八面之冲。非兵力不足以维持，非财力不足以提挈。……謇虽有此志，而惧左右是事者不足与并进。徒发一端，无益大计。且旧政府本以是属财政，陈君（指陈锦涛——引者注）年富力强，当可兼任。谨申昨说，乞与总统计之。謇愿以让于陈君。”⑤

张謇这一辞职信的背景是出于对孙中山、黄兴借外债的强烈不满。原来，临时政府成立后，鉴于山穷水尽无法维持的财政状况，曾以招商局和沪宁铁路作抵押，向外国借债，也曾被迫拟将汉冶萍公司中日合办，集股三千万元，中日各半，由公司转借五百万元给政府，以济燃眉之急。2 月 2 日孙中山和黄兴亲自签署了承认日商三井洋行代汉冶萍公司备款 250 万日元借给临时政府的合同，规定以大冶铁矿作抵，财政总长陈锦涛并未参与。时任临时政府实业总长的张謇在上海获悉后于 2 月

① 《蔷翁自订年谱》，《张謇全集》第八册，上海辞书出版社 2012 年版，第 1030 页。
② 卫春回：《张謇评传》，南京大学出版社 2001 年版，第 121 页。
③ 《致黄克强函》，《张謇全集》第二册，上海辞书出版社 2012 年版，第 306-307 页。
④ 《黄兴集》，中华书局 1981 年版，第 99-100 页。标注时间 1912 年 1 月 6 日，误。
⑤ 《致黄兴函》，《张謇全集》第二册，第 307 页。

7 日致函孙黄加以劝阻。他认为日本对汉冶萍公司觊觎已久，一直未能如愿，而盛宣怀借机提出此种筹款办法实不信，于国防外交均有严重后患：

前以借款及盐事，羁留沪上。……乃今日闻集股三千万元，中日各半，由公司转借五百万与政府等语。此事详情，两公必预知之。顷有急电，请出以慎重，想蒙察览。汉冶萍之历史，鄙人知之最详。综要言之，凡他商业皆可与外人合资，惟铁厂则不可；铁厂容或可与他国合资，惟日人则万不可。……今盛宣怀因内地产业为民军所占，又乘民国初立，军需孔亟，巧出其平日老猾手段以相尝试，吾政府不加深察，一受其饵，则于国防、于外交，皆为大失败。民国政府建立伊始，纵不能有善良政策，为国民所讴歌，亦何至因区区数百万之借款，贻他日无穷之累，为万国所欢笑？比来上海各西报对于吾政府时有微词，愿两公宏此远谟，勿存见小欲速之见，致堕宵小奸慝之谋。……总之，盛于汉冶萍，累十余年之经营以有今日。民国政府对于该公司当始终扶助，不能因其为盛所经营，而稍加摧抑。即盛宣怀之私产，亦当通饬保全，以昭大公。至中日合办之说，则万不可行，未可因其以借款之故，稍予通融。此则区区之愚，愿两公熟思而深虑之者。謇忝任实业，于此事负完全责任，既有所知，不敢不告。①

孙中山对此马上做出了回应：

来教敬悉，铁矿合办诚有如所示之利害。惟度支困极，而民军待哺，日有哗溃之虞，譬犹寒天解衣裘付质库，急不能择也。此事克强兄提议，伊欲奉教于先生，故曾屡次请驾返宁，……而该件急迫，已有成议，今追正无及。……今日所见为独占无二者，他日当使竞争而并进。于众多矿中，分一矿利与日人，未见大害。否则以一大资本家如盛氏者专之，其为弊亦大。舆论于此，未必深察。先生一言，重于九鼎，匡救维持，使国人纵目光于远大，为将来计；而亦今政府迫于救患之苦衷，权宜之政策，免为众矢之的。不胜厚望。②

总统府秘书长胡汉民也给张謇一封私函，帮忙解释：

来教奉读，并受孙先生嘱意敬复。此事弟未审其详，但于成议之后，略知其概。自一月以来，见克强兄以空拳支拄多军之饷食，……寝食俱废，至于吐血，度其急不择荫，亦非不知。今已成事，惟祈先生曲谅。……顾界于生死存亡之际，所谓临时政府，不过一革命稍大之机关。……惟在察彼所为，是否私利。……其事非常，其咎或可恕耳。③

张謇在自己的劝告与建议未被采纳的情况下，于 2 月 12 日通电辞职进行抗议，其部分理由是事前既不知情，事后更无能为力：

汉冶萍事，曾一再渎陈，未蒙采纳，在大总统自有为难，惟謇身任实业部长，事

---

① 《致孙中山黄兴函》，《张謇全集》第二册，上海辞书出版社 2012 年版，第 316-317 页。
② 《孙中山全集》第二卷，中华书局 1982 年版，第 142-143 页。
③ 张孝若：《南通张季直先生传记》，张謇研究中心 2014 年重印本，第 165 页。

前不能参预，事后不能补救，实属尸位溺职，大负委任。民国成立，岂容有溺职之人，滥竽国务？谨自劾辞职，本日即归乡里。特此驰陈。①

平心而论，黄兴、孙中山此次向日借款风险极大，不啻饥不择食，饮鸩止渴。对于张謇的劝告不想听，不要听。直到废除合办案已成定局的3月16日孙中山还在南京与三井物产的森恪密谈。日本驻南京领事铃木向外务大臣内田报告说："孙、黄对本件的直意，可以查知他们内心认为公司合办较为得策，且欲使其实现；但由于参议院及其他士民之激烈反对，知道在目前其信念难于贯彻。"②张謇出于公心，极力劝阻，不惜辞职，并无过错。后来由于临时参议院和湖北当局的反对，这项与日方合约最后还是被取消了。

在人事安排方面，还在清帝逊位前，张謇便对未来袁世凯政府的主要人事安排提出过建议："陆军宜段（祺瑞）正而黄（黄兴）副；……南方现已疏通。"③

1912年9月黄兴在去北京之前曾经向赵凤昌表示："北来宗旨，注重集权统一，力顾大局。"这一讲究合作的政治表态很快由赵凤昌经过北京总统府秘书处转交给了张謇。9月11日黄兴抵京，早几天张謇已先行到京。9月17日张謇所在的共和党借农事试验场畅观楼开游园会，欢宴黄兴、陈其美等国民党人。黄兴发表演说称：

贵党与敝党本无嫌隙，而两党党纲渐相接近，将来携手同行，共谋福利，彼此均以国家为前提，尚有何事不可商榷。盖讨论政见与党派毫无关系，即同党人亦往往有因政见之不同而生差异者。且党员意见不贵苟同。政治本无绝对之美观，政见即有商量余地。如贵党以为是、敝党以为非者，一经平心讨论，贵党所主张果属可行，则敝党必牺牲党见而赞同之；……彼此均以国家为前提，只求真理。④

张謇在致词中不无诚意地马上呼应说：

孙、黄两先生先后到京，某亦适于此时北行，得相见一堂，甚为幸事。今中山先生以实业倡导，克强先生亦复注重实业，某从事实业三十年，一意孤行，未见大效。今得两伟人竭力提倡，当有一日千里之进步。今社会凋敝已极，第一须恢复元气。恢复之道，舍振兴实业其道无由。此某所以对孙、黄两先生亟欲掬示同情者也。至于政党，本为求利于国起见，以党德为枢纽，自是天经地义。今共和党与国民党政纲甚为接近，而彼此情谊不遽融洽者，容有不明党德之界说。尚望黄先生大力主持，俾朝夕有握手之机会，庶为不虚今日之聚会，并不负黄先生提倡党德之初心。⑤

这一致词的要点有二，一是鼓吹实业救国，二是提倡党德，加强共和党与国民党的联系。

---

① 《辞实业部长电》，《张謇全集》第二册，第317页。
② 《旧中国汉冶萍公司与日本关系史料选辑》，上海人民出版社1985年版，第350页。
③ 《致袁内阁电》，《张謇全集》第二册，第309页。
④ 上海《民立报》1912年9月24日。
⑤ 《共和党招待会致词》，《张謇全集》第四册，上海辞书出版社2012年版，第234页。

三

1913 年袁世凯一手制造的刺宋案发生后,国内政局迅速恶化,国民党内就如何对付袁世凯众说纷纭,孙中山力主武力讨袁,黄兴则主张法律解决,双方争执不下,徒耗时日。

刺宋案发后,张謇很关心国民党动向,对黄兴提出的法律解决甚表赞同,提出对国民党人士应区别对待,黄兴就可以积极争取。他在致原安徽都督、时任临时参议院议员孙少侯(毓筠)和归附革命的旧官僚王铁珊(芝祥)的信中说:"昨承惠电,读之愀然不安者累日。感兹明论,不能无言。自宋案发生,闻者骇愕,走适在沪,黄君为语应(桂馨)室所得种种证据,皆涉政府,意不胜愤。……而南北分裂之谣,则报又喧传不已,走于此不能无惑于为是言者矣。报谓是言,原于黄君;国民党人亦逢人昌言,原于黄君。然走在沪时,两晤黄君,论及宋案,而愤恨则有之,实未尝几微有南北分裂之见端。窃疑国民党人,或者假以为帜耳,黄君未必有是言。"张謇认为"假使听党众恣睢之谭,行草莽不义之事,则是授人以伐暴之名,而自处于无侔之地;图人不成,适以自戕,智者不为也。黄君非不智,何至出此?然则必彼党之野心家为之。"张謇写道,国民党人欲自利者尽可"自居其名,啸呼而起,何必假黄君之名,或又假孙君者?以为二君之名,足为天下信仰乎?"在他看来,今日中外人情对于孙黄二君,"比之二年以前、一年以前、半年以前,等级何如?应易辙而改弦矣,而犹猛进不已,鼓奏不已,岂所以爱二君乎?……走甚不愿所谓志士、所谓伟人者,以天与人归始,以天怒人怨终也。区区之愚,倘荷鉴许,乞即转致黄君,……使天下之人亦与有旦暮衣食之安,中国之事或尚有补苴罅漏之暇。"①

在这封信中,人们可以看出,刺宋案发生后,黄兴仍与张謇保持着个人交往,而张謇又处处为黄兴辟谣,并希望黄兴不要走极端的激进路线,如此才能保持"志士""伟人"的令名。不过由于资料所限,孙少侯、王铁珊是否将张謇此意及时转告了黄兴,不得而知。可以确知的是 6 月 9 日张謇致函袁世凯,信中透露了他与黄兴的私人交往:"与国民党有学识之人言,必劝其转导党员归向平正,共为有国之民,勿成非民之国。今国民党有学识人,益韪謇言。即黄君克强亦以'冒托者方面极杂,无可如何'见答。"张謇认为,如果"国民党而向于平正也,于政府有从容监督之益,于国家有进求治理之益,举国人民之生命、财产、事业,庶有生而无死. 此所谓有可望者。"②可见当时出于迅速结束南北对峙的考虑,张謇完全站在袁世凯政府一方,不再对孙、黄"掬示同情"了。他通过老同盟会员陈陶遗等竭力影响黄兴进入袁世凯预设的政治轨道。

不久,张謇又致函袁世凯,汇报说:"私心以为统一与调和抵触,且难保此调和而彼又发生绝不和之事,……弟于答王、孙书稍示旁观人之意。日来汪、蔡同时回国,开喻其党甚力。昨十一号陈君陶怡、刘君厚生来通,仍以调人见属",被謇谢绝。

① 《复王瑚孙少毓筠函》,《张謇全集》第二册,第 372-374 页。

② 《致袁世凯函》,《张謇全集》第二册,第 377 页。

电报提出“惟为公计，为政府计，犹有当尽之忠告：一、宋案既可不传赵，周案亦可不传黄。以案理论，宋根证据，周类告密，本有异点。而总统即可借示宽大，或令黄遣代表辩诉了之”。[①] 就事论事，刺宋案人赃俱获，证据确凿，而周案子虚乌有，纯属捏造，因此按法律程序传宋案嫌疑人、时任国务总理的赵秉钧理所应当，传周案中被诬告的国民党要人黄兴纯属荒唐，张謇此电貌似公正，不偏不倚，其实是大有利于袁、大不利于黄的。

三天后，意犹未尽的张謇再发一电给袁世凯，在一定程度上为黄兴说了好话：

> 謇在宁时闻雪老言，制造局案克强于事前预行警告，雪亦据电中央。南昌亦于五号电报柳人寰踪迹，随时缉解江宁。即此类推，外间所传种种乱谣，悉由假托。……长江上下，会匪遍地，乘隙思逞，实繁有徒。非将此层揭破，一有爆发，彼此相疑，非大局之福。根本解决，拟请总统发诚恳剀切之命令，禁止谣传。并为孙、黄声明，决不为此破坏民国大局之事。如有假托，即是匪类。謇亦当忠告孙、黄，自行声明，并属其对于正式选举，及其他要政为正当之宣告。[②]

不料，执意扩大事态，蓄意挑衅的袁世凯一点都不领情，他在 6 月 16 日给张謇的复电中咄咄逼人：“种种奇闻，现于沪上，调人络绎，名曰维持，而暴烈分子仍不住手，无非甘心鄙人，破坏民国：即不为一身计，宁不为一国计？为公为私，退无余地，唯有行吾心所安而已。倘伟人果真肯真心息兵，我又何求不得，如佯谋下台，实则猛进，人非至愚，谁肯受此？”张謇接到这封充满火药味的电报后，致函赵凤昌，认为黄兴、孙中山与袁世凯之间中的误会是没有及时将“孙黄正当之宣布”即不搞武装起义之意转告袁世凯，致使其“不能放心处甚多”，而今“非将孙黄必有正当之宣布告之不可，但不知日内孙、黄之观念又何如也？”[③]此信表明，至 6 月 17 日张謇对自己能否影响黄兴已经没有确切把握。

6 月 22 日，张謇在袁世凯公然撤换江西和广东两省的国民党都督李烈钧、胡汉民后复电袁世凯，通报了来自赵凤昌的情报：孙中山黄兴正在酝酿讨袁，汪精卫已赴粤劝解，两约蔡元培、胡瑛过谈，俱云定可无虑，此间不以赣粤改辙。赵凤昌已致电汪精卫“回沪妥议孙、黄表示其党人之办法”[④]。

当时“黄派党员”陈陶遗常与张謇、赵凤昌两人商讨机密问题，然后再依他们的意图去劝说黄兴。从欧洲匆匆赶回的蔡元培、汪精卫也与张謇等接上关系，一致奔走调停，力主和平解决。然而事与愿违，不管国民党如何退让，也不管张謇等人如何费心斡旋，袁世凯还是一意孤行，执意清除政敌。同年 7 月，“二次革命”爆发，不到两个月被袁世凯彻底镇压。

---

① 《致袁世凯函》，《张謇全集》第二册，第 380–381 页。

② 《致袁世凯函》，《张謇全集》第二册，第 379 页。

③ 《致赵凤昌函》，《张謇全集》第二册，第 382 页。

④ 《致袁世凯电》，《张謇全集》第二册，第 283 页。

四

“二次革命”失败以后，黄兴逃亡日本，后去美国。在国内各界人士纷起反对卖国的二十一条时，他“立即向国人表示，为了举国一致反对日本无理要求起见，即时停止反袁活动，以便袁世凯专心对外，维护国权。”①不过在1915年5月21日袁世凯将与日本签订二十一条前，黄兴即与陈炯明、李烈钧、柏文蔚、钮永建等联名通电，斥责袁世凯丧权辱国：“当此举国听命、内讧尽熄之时，政府膺四亿同胞付托之重，一味屈让，罔识其他，条约既成，国命以绝。……今兹结果，实由吾国自始无死拒之心，而当局尤有不能死拒之势。”②而直到同年6月在美国的孙中山派林森等人还从纽约联名向孙中山发电请示对日意见，“建议是否暂停国内的革命运动，实行举国一致的御侮行动。”③

1915年袁世凯悍然称帝后，黄兴劝说各种反袁力量合作，从海外多次写信向张謇等人说明自己的主张。

这年12月21日黄兴致函张謇、汤寿潜、唐绍仪、赵凤昌、伍廷芳、庄蕴宽，揭露袁世凯称帝必败，重申讨袁决心。函云：“违教以来，瞬经两载，不意国事变乱至此，良可慨叹！弟自惟孤陋浅躁，贻误滋多，一身失败，殊不足惜。去国以还，苟安缄默，不欲有言。今兹共和废绝，国脉将危，泣血椎心，哀何能已！先生等负国人之重望，往时缔造共和，殚尽心力，中复维持国体，委曲求全。今岂能掉心任运，委视而不一顾乎？彼袁逆自谓权谋诡诈，可以欺盖一世，殊不知怨毒所积，终有勃发之一日。……今袁逆……败亡可翘足待。”弟“所以哀恳于诸先生等之前者，亦不外世乱思君子之意。贤者不出，大难终不可平，国之存亡，系于今日。海天西望，涕泪随倾，激切之情，不能自禁，诸希谅察为幸”④。

此信保存者庄蕴宽题跋云：“此民国四年十二月克强亡命美洲以报纸作书寄沪者”，1916年3月洪宪潮流最亟时赵凤昌“甫由海上转邮到来”。另一收信者李书城也题跋云：“克公作此书时，正避居美洲黄府之迷的亚村。当时作书十余通，此其一也。……时在外闻同盟故友赞成袁氏称帝，极愤恚，然谓予曰：‘季直（张謇）、思缄（庄蕴宽）诸先生，海内人望，必不附逆，故当以书励之。’”⑤

心有灵犀一点通，在反对袁世凯称帝复辟，维护民国体制方面，张謇与黄兴确实是有共同语言的。1915年8月16日张謇曾面见袁世凯，劝其放弃帝制，“陈是非，说利害，反复更端至二小时之久，而蓄簸未竟。”⑥1916年4月13日张謇在回复徐世昌信中强调：“自帝制告成，而洹上之信用落；帝制取消，而洹上之威望坠。无威无信，凭何自立？”袁若仍想依靠手中军队“延长战祸，使民生糜烂而无遗，外交危

① 李书城：《辛亥前后黄克强先生的革命活动》，《辛亥革命回忆录》一，第213-214页。
② 《申报》1915年5月30日。
③ 参见林友华编：《林森年谱》，中国文史出版社2012年版，第77页。
④ 《黄兴集》，第414-415页。
⑤ 《黄兴信函并题跋》，《近代史资料》1983年第3期。
⑥ 《致徐世昌函》，《张謇全集》第二册，第579页。

迫而更酷,此则益非下走所敢知"①。可见在既要反袁又要防止局势失控这一点上,黄兴与张謇又有了新的共同语言。

1916年6月15日张謇致函黄兴,立即敦促他回国来帮忙尽早结束护国战争。信中说:"前由竹君(赵凤昌)见示两次手翰,爱国之诚,进德之猛,回环展诵,无任钦迟。袁氏失德,亡也忽焉。彼其罪过,已随生命俱尽。所留与吾人以最真确之发明者,则权术不可以为国,专欲必至于亡身。……先生去国稍久,志行弥坚。前此苦心已白于世。今时局粗定,各方意见,未尽消融。傥能翩然归来,力持正义,动以积诚,虽有纠纷,无难即解。"信中张謇还通报了自己自1915年秋后回乡,于"西南义举,曾不能为毫末之助。惟藉教育、慈善诸事以自遣"②。

6月下旬唐绍仪、钮永建、张继等也联名致电黄兴,敦促归国。等到黄兴7月6日经日本回到上海时,袁世凯已经死去整整一个月了。黄兴这时与各方人士洽谈会商,重点是在"国会恢复后国民党的国会议员如何在国会被进行斗争的策略问题"③。同年10月31日黄兴在上海不幸积劳成疾,因病逝世。

11月10日,张謇在得悉黄兴去世的噩耗后,即写下了挽联"中年遽折雄姿,呕血不挠翁叔节;大勇无如悔过,本心犹见秣陵书"④,向这位朋友表示沉痛的哀悼与最后的敬意。其中"秣陵书"大概是指1913年7月底8月初南京讨袁事败时黄兴所作的七律二首中的黑体部分。诗云:"东南半壁锁吴中,顿失咽喉罪在躬。不道兵粮资敌国,直将斧钻假奸雄。党人此后无完卵,民贼从兹益恣凶。正义未伸输一死,江流石转恨无穷。""诛奸未竟耻为俘,卷土重来共守孤。岂意天心非战罪,奈何兵败见城屠。妖氛煽焰怜焦土,小丑跳梁拥独夫。自古金陵多浩劫,雨花台上好头颅。"⑤纵观上述的七律二首悲愤交加,失意与仇恨并存,检讨与斗志同在,某种意义上也可以说是黄兴对自己战斗一生的内心独白。可是张謇出于自己的立场,对此作了较为片面、消极的解读,这是令人遗憾的。当然对于这一切,黄兴是无法知道的。

五

清末民初黄兴与张謇的交往分为三个阶段。第一阶段在上海,双方初次见面后,很快就推翻清朝,建立民国后的总统人选进行磋商并达成共识,这实际上也是当时的大势所趋。第二阶段主要在南京,这两位临时政府的正部级官员主要讨论的是如何筹措政府的财源。第三阶段,双方代表着不同的政党,但就党德问题取得共识。其中虽对二次革命有不同看法,但当袁世凯后来称帝改制时,均能不约而同奋起反对,守卫共同的政治底线。总之,黄兴与张謇的交往的大方向是谋求国家的统一、人民的福祉与社会的进步,绝无个人利益的输送或交换。在此大前提下,他

① 《致徐世昌函》,《张謇全集》第二册,第580页、第582页。

② 《致黄兴函》,《张謇全集》第二册,第579页。

③ 李书城:《辛亥前后黄克强先生的革命活动》,《辛亥革命回忆录》一,第215页。

④ 《挽黄克强》,《张謇全集》第七册,上海辞书出版社2012年版,第517页。

⑤ 《民国》杂志第1卷第6号。

们都主张尽可能地减少革命带来的社会动荡,采取较为缓和的策略与进路,从今天来看也无大错。毋庸讳言,他们对于袁世凯均存在着一定的认识误区。张謇在南京临时政府财政紧张之际,要求革命党销账,对革命是有害的,在此问题上黄兴的态度似乎不很清楚。

另外还应看到,清末民初黄兴与张謇作为革命党与立宪派的政治代表,坐下来平心静气地共商国是,进行近代中国最初的政治协商是好事而不是坏事。即以向日本三井公司借款一事而论,革命党的考虑确有欠妥之处,立宪派的主张不无合理的成分。兼听则明,择善而从,是当政的革命党应有的胸襟与气度。总体而论,黄张交往给中国革命带来了正能量。历史已经表明,革命队伍不是越单纯越好,革命策略不是越激进越好,政治表态也不是越强硬越好,一切都要看当时当地的具体情况而定。然而由于种种原因,这种正常的交往模式后来并没有成为中国政治的常态,也不被激进的人们(包括历史学家)所认可,这是令人遗憾的。

辛亥革命期间的沪杭联动①

1911年11月3日与5日，作为首批响应武昌起义的城市，上海与杭州的革命党人先后发动起义，拉开了武昌起义后东南省份起义的号角。而在反清起义及其后的革命军政府的政治军事活动中，上海与杭州之间是存在有千丝万缕的联系的。本文旨在通过考察两座城市之间在革命期间的联系，揭示出上海、浙江两地的革命党人在革命过程中的合作与分歧，以及同盟会与光复会在革命进行过程中的合作与分歧。

一、光复前的筹备工作中上海与杭州的联动

1. 光复前上海的革命领导团体

1911年7月11日，陈其美、宋教仁等人在上海北四川路湖北小学召开中国同盟会中部总会成立大会，会议决定在上海设立总机关，各地设分机关。推举陈其美为庶务，宋教仁为文事，谭人凤为交通，杨谱生为会计，发表了《中国同盟会中部总会成立宣言》，制订了《中国同盟会中部总会章程》。② 中国同盟会中部总会，统一负责协调同盟会在长江流域的革命活动，是同盟会在反清革命中走向成熟非常重要的一步。同盟会之所以成立中部总会，是充分吸取了之前革命活动中，缺乏统一配合的弊病，特别是1911年的"三二九起义"，由于同盟会员内部缺乏统筹和沟通，以及温生才擅自刺杀广州将军孚琦等事件，导致这次经过精密筹划的起义最终功败垂成。对于同盟会内部存在的各自为战，指挥不统一问题，黄兴可谓是痛心疾首，他在1911年10月6日给陈其美的信中说：

> 又广州之败，半在统筹部组织之不善，纯慕文明参议体质，所以有二十七忽而解散，二十八忽而集合之活剧。不知发难之事，非专断不可，一容异议于其间，立可见其破败……吾党发难时之组织，不可不以军律行之，补救其偏，在多设参谋。凡事先重计划，由参谋做成计划之一定，只有命令，不得违抗，如此庶可收指臂之效。若欲缩短革命时期，以速其成功，即军政府初成立时，亦当如是。③

黄兴在信中说明了在革命发生时建立统一的规范统筹组织的重要性。而中部分会在成立宣言中也申明自己建立的目的是为了解决革命中"有共同之宗旨，无共

---

① 本文与硕士生万飞合作，原载《杭州师范大学学报》2011年第5期。

② 杨谱生：《中国同盟会中部总会史料》，《辛亥革命在上海史料选辑》，上海人民出版社1981年版，第6-15页。

③ 黄兴：《黄兴致陈英士等函》，《辛亥革命在上海史料选辑》，第19-20页。

同之计划;有切实之人才,无切实之组织"[①]的弊病。而总部设于上海更是"取交通便利,可以联络诸省,统筹办法也"。借此树立了同盟会在从此解决了同盟会在长江流域各自为战的问题,保证了革命活动的顺利进行,相互配合。

而辛亥革命期间,长江流域的另一重要的革命团体光复会,于 1911 年 7 月下旬,陶成章回到上海后,与尹锐志、尹维俊姐妹等人在上海法租界平济利路良善里组织锐进学社作为光复会对外通讯联络和侦查工作的总机关。[②] 成为光复会联络苏、浙、皖、赣、闽五省及南洋和海外光复会会员的总机关。[③] 会务由总干事李燮和负责。[④] 锐进学社恢复了徐锡麟、秋瑾事件后遭到严重破坏的光复会组织,为日后的革命活动中,沪、宁、杭光复打下了坚实的基础。

由于 1911 年同盟会与光复会先后在上海成立了总机关,有效地指挥了后来长江流域的革命工作,当然也为日后的杭州、上海的光复奠定了坚实的组织基础。并成为了革命党人发动上海起义、光复杭州、攻克南京、挥师北伐的大本营。

2. 杭州、上海光复前的起义筹划工作

1911 年 10 月 10 日,在武昌爆发了新军起义,很快武汉三镇全部光复。武昌起义的成功,极大地鼓舞了革命党人的热情,黄花岗起义后遍布革命党之中的失败主义情绪一扫而空,"风声所播,遐迩腾欢。长江上游各省纷起响应……"[⑤]在这种前所未有的革命形势之下,上海、杭州的同盟会与光复会成员也开始积极筹备起义,来进一步响应长江上游的革命党人。

武昌起义后,随着袁世凯派冯国璋率领北洋军沿京汉路南下连克汉阳、汉口,以及清政府海军在萨镇冰的率领下溯长江而上,武汉的革命军政府形势极端困难,黄兴于 1911 年 11 月 2 日致电中部总会潘训初:

> 我军退守汉阳,尽力防御,惟兵卒多系新招,不能久占,今已疲乏……亟盼宁皖响应,绝彼海军后援,则易驱除也。[⑥]

为了减轻两湖一带革命军的压力,支援两湖地区的革命军,陈其美等革命党人开始积极筹划光复江浙地区,响应武昌起义。

为了保证起义的成功进行,同盟会与光复会进行了周密的筹划工作。首先,同盟会与光复会之间为了革命暂时取消了门户之见,共同策划革命。其实在 1911 年 4 月份的黄花岗起义中,就有许多光复会员从中积极参与,包括李燮和、赵声等都是光复会的成员。[⑦] 武昌起义后,同盟会与光复会在上海的机关之间开始积极串联,制定革命策略。早在辛亥革命之前,1911 年 9 月 26 日,陈其美、宋教仁、居正、谭人

---

① 《中国同盟会中部总会成立宣言》,《辛亥革命在上海史料选辑》,第 7 页。
② 魏兰:《陶焕卿先生行述》,《浙江辛亥革命史料选辑》,浙江人民出版社 1981 年版,第 339 页。
③ 谢一彪:《光复会史稿》,人民出版社 2009 年版,第 336 页。
④ 杨震毅述,杨福祥记:《光复会与光复军》,《浙江辛亥革命回忆录》,第 238 页。
⑤ 伍特公:《上海商团光复上海实录》,《辛亥革命在上海史料选辑》,第 146 页。
⑥ 《黄兴致潘训初等函》,《辛亥革命在上海史料选辑》,第 21-22 页。
⑦ 谢一彪:《光复会史稿》第 328 页。

凤等人在商讨起义计划时，商定南京、上海同时发动。① 10月7日，又派谭人凤乘火车赴宁，约南京革命党起事。② 但是武昌起义后，情况发生了改变，革命党人开始改变战略。光复杭州被提上了议事日程。

浙江为光复会的根本之地，所以光复会在浙江尤其是在新军中做了大量的策反工作。1905年，秋瑾与徐锡麟前往杭州运动新军，吸收项燃、吕濬凯、魏斌、魏励劲、赵荣三、叶焕华、朱瑞、叶颂清、周学濂、奚骏声、方涛、何旦、许耀、陈鈍、蒋价等人入盟。后来，俞炜复又成功反正清政府浙江巡抚行辕卫队中邵子超、陈某等入盟。③同时，同盟会孙中山也派黄郛、赵正平、吴思豫前往浙江运动新军，吸收新军中军官顾乃斌、冯炽中、葛敬恩等入同盟会。设立同盟会浙江支部，推举夏超、顾乃斌为正副会长。同时，革命党人蒋尊簋从东京回到杭州任浙江新军第二标标统，开办弁目学校，自任校长，在新军中发展革命势力。此后，浙江的革命党势力不断壮大，并扩大到学校、法警商防营各界，"警法学各界因是入会迭踵相接"④。1911年，浙江发生了保路运动。浙江的革命党人认为起义的时机已到开始积极筹备起义，一方面开始广泛联络各方面的革命党或者倾向于革命的志士，另一方面运动下级官兵，购买了大量的《民立》《天铎》《时报》等倾向于革命的报纸，广大官兵中分发，推动基层官兵的革命思想。⑤ 到起义前，革命党人基本已经控制了驻杭州的新军。驻在杭州的浙江新军第二十一镇第四十一协下辖的八十一标、八十二标及新军直属队已被革命党人完全渗透。革命条件基本具备。

武昌起义之后，由于革命党人在杭州新军中实力的强大，陈其美开始考虑在苏杭先发动起义来支援光复上海。武昌起义胜利后，1911年10月12日，同盟会中部分会负责人陈其美前往杭州，召集光复会与同盟会在杭州的组织，先在杭州警察局中的革命党人雷家驹的住所，后在驾涛仙馆开会。⑥ 根据黄元秀的回忆，会议上陈其美与杭州的革命党人商定："决定杭在先，待杭举义完成，抽拨一部分军队，火车输送到申，占领上海全市，继续前进，或在沪待宁消息再做决定。"⑦而另一位当事人顾乃斌的回忆于此大体相似，"拟先占杭州为根据地，再由专车派兵夺上海制造局，进取苏州，直达南京。"⑧同时，在杭州新军中的革命党人派遣陈国杰、俞炜二人前往上海、苏州等地，"测量制造局附近地图，侦探吴淞炮台，并往苏州查看情形"⑨，为光复杭州成功后，浙军的进一步进军做准备。同时，同盟会在奉化试馆设立交通机关，招待往来沪杭间的革命党人。⑩ 陈其美回到上海后，派遣黄郛、蒋志清（介石）、

① 莫永明，范然：《陈英士纪年》，南京大学出版社1991年版，第52页。
② 莫永明，范然：《陈英士纪年》，第53页。
③ 邹鲁：《浙江光复》，中国近代史资料丛刊《辛亥革命》第7册，上海人民出版社1957年版，第128页。
④ 邹鲁：《浙江光复》，中国近代史资料丛刊《辛亥革命》第7册，第129页。
⑤ 邹鲁：《浙江光复》，中国近代史资料丛刊《辛亥革命》第7册，第129页。
⑥ 莫永明，范然：《陈英士纪年》，第54页。
⑦ 黄元秀：《辛亥浙江光复回忆录》，《辛亥革命浙江史料选辑》，第516页。
⑧ 顾乃斌：《浙江革命记》，《辛亥革命浙江史料选辑》，第502页。
⑨ 邹鲁：《浙江光复》，中国近代史资料丛刊《辛亥革命》第7册，第130页。
⑩ 邹鲁：《浙江光复》，中国近代史资料丛刊《辛亥革命》第7册，第130页。

蒋著卿、陈泉卿等人前往杭州负责联络。[①] 黄郛、蒋介石等人到达杭州后，立即于顾乃斌家开会，确定起义计划，约定起义日期为旧历九月十三日至十七日之间（公历为11月3日至7日）[②]。同时，顾乃斌提出新军中弹药的不足。在武昌起义后，清政府吸收了武昌起义的教训，严格控制非北洋系的新军，特别是在武器弹药方面，尤为严格。例如，当时驻在南京秣陵关的新军第九镇徐绍桢部，全镇子弹"不过三四万，平均持枪兵士，每人不过五发，炮兵并空包而无之"[③]。而杭州方面督练公所总参议袁思永（巽初）在革命前下令：

将新军所有炮械一律移至巡抚衙署及军械局，而已亲信卫队看守，……每一名新军，只准佩带枪子三粒，其余多余子弹，一律查明专员起出，另行存放。[④]

出于此种原因，顾乃斌向上海同盟会中部总会派来的黄郛、蒋介石等人要求从上海调拨"炸弹五十枚，七里米九子弹三万颗，手枪五十枝，洋四千元，并告示、旗子，以及炸弹队若干人"。黄郛与蒋介石会后立即返回上海向陈其美汇报，陈其美首先筹款四千元，交给庄之盘，令其汇往杭州，以备军需及建设机关之用。稍后，陈其美又请青帮大字辈的李征五等人筹划经费，陈泉卿、周日宣等人筹办军械，江镜青等人筹办告示、印信、旗帜。完备后，一并由同盟会中部总会上海分会（新民会社）交给庄之盘等送往杭州。[⑤] 另外派蒋介石、王金发等人率领敢死队一百余人于11月2日前往杭州，准备起义。同时，新军八十一标代理标统，光复会员朱瑞也找到顾乃斌，商量子弹问题。顾乃斌派遣斯良前往上海，购办枪弹，并且运动沪浙铁路各车站人员担任交通并妥善保护从上海运往杭州的武器弹药。[⑥]

同盟会在杭州积极运动时，光复会也正在积极谋划江浙地区的光复。为了加强光复会在杭州地区的领导力量，光复会在上海地区的总负责人李燮和派王文庆带领募集来的义勇军千余人前往杭州，准备协助杭州新军起义。同时，命令尹维俊来往于沪杭之间，进行联络。同时派遣屈映光、周文介、周佩璜、张伯岐等前往杭州，参加起义。[⑦] 同时，为了确定起义计划，在杭州的光复会员在庄之盘、姚勇忱、王文庆的召集下分别于10月13日、14日、15日连续召开三次会议，商讨起义问题，但均无结果。20日，李燮和、吕公望秘密前往杭州召开第四次会议，说服新军中的光复会员参加起义，后来又经吕公望等人与同盟会黄郛、蒋介石等人协商，确定了起

---

① 另据邹鲁《浙江光复》记载当时陈其美派往杭州负责联络的同盟会员中并无蒋介石，但据《蒋介石年谱初稿》和《民国十五年以前之蒋介石先生》记载："（蒋介石）于（旧历）九月九日（从日本）抵沪。其美令主持浙事，即赴杭运动新军。"另据顾乃斌和黄元秀的回忆，都有蒋介石参与对杭州联络的记载，故我认为邹鲁的回忆有误。另外对于蒋介石参与运动杭州新军考证，可以参考耿易先生的论文《蒋介石在辛亥革命时期的功与罪》（《杭州师范学院学报》1989年第3期）以及陈梅龙先生的论文《蒋介石与辛亥革命》（《宁波师范学院学报》1994年第1期）。

② 顾乃斌：《浙江革命记》，《辛亥革命浙江史料选辑》，第503页。

③ 郭孝成：《江苏光复记事》，中国近代史资料丛刊《辛亥革命》第7册，第12页。

④ 钟丰玉：《光复杭州回忆录》，《近代史资料》，1954年第1期。

⑤ 顾乃斌：《浙江革命记》，《辛亥革命浙江史料选辑》，第503页。

⑥ 顾乃斌：《浙江革命记》，《辛亥革命浙江史料选辑》，第503页。

⑦ 魏兰：《陶焕卿先生行述》，《辛亥革命浙江史料选辑》，第345页。

义的时间以及起义的方案。① 同时,李燮和成功反正吴淞巡官黄汉湘、上海闸北巡逻队陈汉钦等人,使之参加光复会,而这一部分人就是日后光复军的班底。李燮和并计划在吴淞、杭州同时发动起义,完成沪杭地区的光复。

3. 光复过程中上海与杭州之间的联动

正在同盟会、光复会积极筹划杭州光复的时候,上海由于突发事件不得不提前发动起义,从而拉开了江浙一带光复的序幕。当时,清海军的五艘军舰停泊在吴淞口外,计划将江南制造总局内的一大批武器装备运往武汉,支援冯国璋部北洋军。同时,武汉方面,革命军战况不断恶化,由于双方实力的巨大差距以及前方指挥不利,10 月 30 日,汉口失守,革命军损失惨重,另一重镇汉阳也岌岌可危。② 另外,同盟会长期运动的新军第九镇奉命退出南京城外,南京短期内难以攻克。在这种情况之下,11 月 1 日夜,陈其美召开会议,决定改变原先制定的先苏、杭,后上海的策略,改为"上海先动,苏杭应之"③。11 月 2 日,陈其美与光复会李燮和在《民声》报社开会,将当时的危急情况告知李燮和后,李燮和同意立即在上海发动起义,并将起义的时间定为 11 月 3 日。④ 11 月 3 日上午,起义爆发,至 5 日,上海全境光复。

上海的光复极大地鼓励了杭州的革命党人。13 日,蒋介石等人从上海率领敢死队携带起义使用的印信、旗帜、手枪、炸弹等到达杭州后,告知了在杭州的革命党人上海已经发动起义的消息,"浙军同志闻讯后非常兴奋,遂决定旧历九月十四日夜两点钟(即 11 月 5 日凌晨 2 时)起义"⑤,响应上海起义。

虽然之前顾乃斌向上海同盟会中部总会申请了一篇武器弹药,并通过购买和向袁化商团李仲坚处征借等方式得到了一批枪支弹药⑥,但仍是不足。据吕公望回忆,"新兵(军)仅仅在数目上可以(与城内巡防营和旗兵)相抵,而子弹每人十粒,恐难持久"⑦。但是 11 月 4 日凌晨,在上海的革命军攻克了清政府在上海重要的据点江南制造总局,起获了大量的武器弹药,计有"长枪若干,与浙军所用长枪腔口相合之子弹十五万粒"⑧,攻克制造局当天,新成立的沪军都督府下令,立即将子弹六万发,手枪三十只,炸弹三百枚由沈缦云、李平书负责运往杭州,支援即将起义的杭州新军。⑨ 运送弹药的列车于 11 月 5 日晨抵达杭州,是时,光复杭州的战斗激战正酣,起义部队的弹药已经消耗殆尽了,据当时押运这批弹药的钟丰玉回忆,起义之前每名士兵所携带的弹药"最多者亦只有九粒",经过一夜的战斗,"子弹已苦不济",而清军方面每人携带弹药均在五十发上下,要不是事起突然,另加起义军指挥得力,恐怕新军已经崩溃。而杭州新军在得到上海这批紧急支援的弹药后,火力得

---

① 吕公望:《辛亥革命浙江光复纪实》,《浙江辛亥革命回忆录》,第 163 页。
② 李新主编:《中华民国史》第一编(下),中华书局 1982 年版,第 299 页。
③ 伍特公:《上海商团光复上海实录》,《辛亥革命在上海史料选辑》,第 148 页。
④ 龚翼星:《光复军志 · 上海下篇》,《辛亥革命在上海史料选辑》,第 203 页。
⑤ 黄元秀:《辛亥浙江光复回忆录》,《辛亥革命浙江史料选辑》,第 516 页。
⑥ 顾乃斌:《浙江革命记》,《辛亥革命浙江史料选辑》,第 503 页。
⑦ 吕公望:《辛亥革命浙江光复纪实》,《浙江辛亥革命回忆录》,第 163 页。
⑧ 钟丰玉:《光复杭州回忆录》,《近代史资料》1954 年第 1 期。
⑨ 钟丰玉:《光复杭州回忆录》,《近代史资料》1954 年第 1 期。

到了极大的加强,很快击溃了清军。[①] 1911 年 11 月 5 日,杭州光复。杭州光复后不久,浙江的其他地区也迅速闻风光复,随着稍后程德全在苏州宣布独立,至此,江浙地区除南京周边外,全境光复。

在浙沪光复的过程中,上海与杭州两地之间的关系是相辅相成的。首先,上海作为光复会与同盟会在长江流域总机关的所在地,积极地领导与支援了杭州地区的革命活动,为杭州的光复提供了极其有利的条件和坚强的后盾。同时,杭州的光复也极大地支援了刚刚光复的上海。杭州光复后,11 月 8 日,由于上海革命军力量单薄,由俞炜率领步兵一标三营为第二支队,前赴上海制造局保护,以防不测。[②] 围绕杭州与上海,革命党人展开了积极的互动,保证了江浙地区革命的成功,加快了清王朝政权的崩溃。

二、浙沪光复后上海与杭州的相互支持

1. 南京光复及北伐中沪、杭两地的联动

浙沪光复后,南京的光复被革命党人提上了议事日程。1911 年 11 月 8 日,徐绍桢部新军第九镇仓促在秣陵关发动起义,由于准备不足,以及双方力量差距过大,再加上指挥失误,徐绍桢在雨花台被张勋击败,被迫退守镇江,固守待援。[③] 得知徐绍桢失利后,陈其美认为单靠一省一地的兵力难以攻克南京,要实现江苏全省的光复,减轻武昌方面的压力,必须联合江、浙革命军一致行动。[④] 于是 11 月 11 日,陈其美致电江苏都督程德全,浙江都督汤寿潜等人,组织江浙联军并推荐徐绍桢任联军总司令。[⑤] 接到陈其美的电报之前,按照革命前制定的计划,11 月 7 日浙江省临时参议会召开第四次会议,决定组织攻宁浙军支队,并责成起草计划。不久,攻宁支队组成,浙军攻宁支队基本包括了浙军在杭州的全部兵力,浙军支队下辖八十一标全部,八十二标(欠一个营[⑥]),反正的巡防队一个营,炮兵、工兵、辎重兵、宪兵各一个连,支队长朱瑞,参谋长吕公望,总兵力三千余人。[⑦] 11 月 12 日,浙军支队誓师,开赴镇江。浙军支队出发之前,浙军支队参谋长吕公望带领前进指挥部先期前往上海,与制造局交涉装备补给问题,制造局当即补充给浙军支队"最新

---

① 关于钟丰玉的回忆,实际上是存在争议的,据斯道卿的回忆(斯道卿:《辛亥革命杭州光复别记》,《近代史资料》1956 年第 1 期),当时钟丰玉实际并未在杭州,并未向杭州运送军火。虽然,这个史实虽然存在疑问,但是依然能够从一个侧面印证上海在杭州光复中对于杭州重要的支援作用。

② 顾乃斌:《浙江革命记》,《辛亥革命浙江史料选辑》,第 511 页。

③ 徐森、谌秉直:《第九镇秣陵起义和江浙联军光复南京亲历记》,《辛亥革命回忆录》四,文史资料出版社 1981 年版,第 242 页。另有杨啸天:《参加第九镇南京起义》,中国近代史资料丛刊《辛亥革命》第 7 册,第 78 页。

④ 莫永明,范然:《陈英士纪年》,第 88 页,南京大学出版社 1991 年版。

⑤ 陈其美:《致徐绍桢及苏、浙都督电,推举徐绍桢为攻宁总司令》,《申报》1911 年 11 月 13 日。

⑥ 八十二标第三营已由顾乃斌率领,组成第一支队,前往嘉湖一代,支援当地革命。另有一个营在俞炜的率领下组成第二支队,于 11 月 8 日先期前往上海,保卫制造局。参见顾乃斌《浙江革命记》,《辛亥革命浙江史料选辑》,第 511 页。

⑦ 吕公望:《辛亥革命浙军攻克南京纪实》,《浙江辛亥革命回忆录续辑》,浙江人民出版社 1984 年版,第 111 页。另参见项雄霄《辛亥革命在浙江》,《浙江辛亥革命回忆录》,第 172 页。

退过(管)山炮四尊”,以加强浙军火力。[①] 与此同时浙军支队派遣屈映光在上海组织兵站部,全力保障浙军支队的后勤补给。在进攻南京的整个期间,上海军政府给予了浙军大力的支持和补给,极大地提高了浙军支队的战斗力。陈其美曾下令:“所有各处派来之援宁兵士,均暂调至闸北驻扎,再行照拨枪支子弹,排成队伍……”可见浙军支队在上海可能同样也领取了大量的武器弹药。据吕仲澧的回忆,攻宁浙军支队中,由曾参加光复杭州之役的张伯岐手下敢死队为骨干组建的先锋团亦在被调之列,在途经上海时,遇到了曾一起指挥敢死队,杭州光复后,回到上海担任沪军团长的蒋介石,曾发生这样一个事件:张部到达上海后,遇到蒋,“蒋询张领了几个月的饷粮?张答以只领了少数伙食费。蒋说:南京地势险要,易守难攻,非旦夕可下,正当用兵之时,粮饷至关重要,至少应备足三个月军饷,以免影响军事。并表示可代商请陈其美就近垫发。张对蒋的关怀,表示感谢。次日蒋来,告以垫款事,已得陈的许可,张随即办妥借款手续,托蒋带领。讵蒋杳如黄鹤,张久候不至,经多方查询,始知蒋于领款后,已远涉重洋,赴东瀛游学去矣。张于懊丧之余,率部向南京进发,迨军次金陵,金陵已告光复,徒劳跋涉,乃率部返杭。”[②]

虽然张伯岐在上海所遭遇蒋介石的“诈骗案”的真实性有待考察[③],但是从一个侧面反映了上海方面对于杭州派出的浙军支队的大力支持。另外又据时任浙军支队参谋处参谋葛敬恩的回忆:

> 沪军都督府和浙江的上海兵站对我们的供应实在好,军用品、食品都源源得到补充。我们的炮是老式的,所备炮弹极少,作战来是很困难的。黄郛得知此事,立刻叫高昌庙制造局查明还存有那些炮弹堪以拨用。据报合于我军这种炮的炮弹已经没有了,倒有新式的管退山炮十二门,还是根据买来的外国样品仿造的,业经试放,成绩很好,炮弹亦不少。……黄立即将十二门新炮全部拨给浙军,交发兵站运镇。[④]

由此可见,上海方面对于杭州方面开来的浙军支队的大力支持。

与此同时,陈其美组织沪军千余人,由同盟会员洪承典指挥,开往镇江集结。

---

① 吕公望:《辛亥革命浙军攻克南京纪实》,《浙江辛亥革命回忆录续辑》,第155页。

② 吕仲澧:《辛亥革命前后的张伯岐》,《浙江辛亥革命回忆录》。

③ 我们认为,张伯岐在上海与蒋介石在军饷问题上的事件存在若干疑点。首先,浙军支队的序列之中并无张伯岐所谓先锋团,在参加北伐的吕公望等人的回忆以及《光复军志》中均无关于张伯岐的所谓先锋团的记载,故我认为张伯岐可能并未参加浙军支队,或者说并未率军参加浙军支队。其次,浙军支队誓师北上在1911年11月12日,主力当日即抵达上海,而蒋介石辞去沪军第二师团长,前往日本则在1912年1月底2月初的事情,这期间大约有四个月的时间,而这期间蒋一直在上海,若真有此事,四个月间,张伯岐又如何找不到蒋,催问军饷之事。第三,浙军支队为了方便从上海方面接受补给,在上海设立兵站部,由屈映光负责,张伯岐向上海方面申请军饷却不经过上海兵站,于理不合。第四,浙军支队在攻克南京前,兵力仅为三千人,后加上黎天才率领的光复军,总兵力不过四千人,兵力严重不足,张伯岐的先锋团兵力达八个队约千人,滞留上海近四个月,浙军支队与浙江军政府却并未过问,于理不合。综合以上分析,本人窃以为,蒋介石贪污张伯岐军饷事件可能并不存在,很有可能是作者为了政治上的需要所伪造。

④ 葛敬恩:《辛亥革命在浙江》,《辛亥革命回忆录》四,第108页。

另有黎天才率领的淞军六百人(由原所部济军改编而成)也前往镇江,划归浙军支队指挥。[①] 另加驻在镇江的第九镇原有的林述庆部三千人,徐宝山部扬军二千人,柏文蔚部淮军二千人,刘之洁部苏军三千人,江浙联军总兵力达到了一万四千人。1911 年 11 月 22 日,江浙联军离开镇江,开始向南京进军,23 日战斗打响。由于其他各路或保存实力,或进展甚微,由浙军、淞军、沪军以及镇军一部组成的中路军成为革命军进攻南京战役的主力军。中路军总兵力大约在四千到五千人之间,实力为三路军中最强,战斗中浙军与淞军勇敢顽强,首战幕府山,次战马群,三战天保城,中路军击溃了在南京清军的主力,驻守南京的清军张勋部兵无战志,见大势已去,被迫退往徐州,12 月 2 日,江浙联军光复南京。[②]

江浙联军光复南京的胜利可以说是上海与杭州方面革命军积极配合的结果。由杭州方面派出的浙军支队负责进攻,上海方面负责后勤保障与派兵协助,保证了江浙联军旺盛的战斗力,为南京的光复奠定了基础。

2. 在与武昌黎元洪争夺革命领导权问题上沪杭之间的积极互动

武昌起义后,革命风潮迅速席卷中国,截至 1911 年 12 月 1 日,中国已经有 15 个省宣布独立,特别是长江以南全部光复,革命党的势力已经可以与清政府分庭抗礼。在这样大好的革命形势下,建立全国范围内的统一政权,成为革命党人不得不考虑的问题。

1911 年 11 月 7 日、9 日,武昌方面湖北都督黎元洪发表通电,向各省军政府发电,要求各省代表立即派代表前往武昌,召开筹组临时政府。与此同时,1911 年 11 月 11 日,江苏都督程德全、浙江都督汤寿潜联名致电陈其美要求立刻在上海召开会议,汤寿潜、程德全在电报中指出:

> 吾国上海一埠,为中外耳目所寄,又为交通便利、不受兵祸之地,急宜仿照美国第一次会议方法,于上海设立临时会议机关,磋商对内、对外妥善之方法,以期保疆土之统一,复人道之和平。[③]

在通电之中,汤寿潜、程德全将矛头直对武昌方面,从侧面指出武昌方面战局不稳,形势不利,试图将组织中央政府的领导权收到上海方面。对此,陈其美心领神会,11 月 4 日,陈其美发表通电要求各军都督立即"公举代表,定期迅赴上海,公开大会,议建临时政府,总持一切,以立国基,而定大局",并且特地强调指出"今接湖北黎都督及镇江林都督两处专电,意谓上海交通较便,组织机关,用(应)为开会之地。"[④]在这里陈其美极力强调两点:首先,上海是中国同盟会中部总会总机关的所在地,在这里开会是理所应当的;其次,湖北方面黎元洪也同意了在上海方面开会。这样一来自然在上海召开各省都督府代表联合会的合法性也就毋庸置疑,已经独立的诸省份也就没有理由不前往上海参加会议。11 月 16 日,各省都督府代表

---

① 莫永明:《陈其美传》,第 74 页。

② 吕公望:《辛亥革命浙军攻克南京纪实》,《浙江辛亥革命回忆录续辑》,第 112-117 页。

③ 《程德全、汤寿潜致陈其美电》,《辛亥革命在上海史料选辑》,第 752 页。

④ 《沪军都督陈通电各省都督文》,《辛亥革命在上海史料选辑》,第 312 页。

联合会在上海召开，会址定在上海西门外江苏教育总会，[①]浙江、江苏省代表已先期赴沪，山东、广东、福建、镇江四地也派出代表前往上海，吉林、直隶二省虽未独立也由该省谘议局派出代表前往上海赴会，而湖北、湖南、江西、广西、云南、四川、山西、陕西等省却并未派出代表。[②] 11 月 22 日，在上海开会的各省代表再次发出致电武昌，要求黎元洪、黄兴派代表前往上海参加会议。[③] 而黎元洪出于在新政府中占据领导地位的考虑，虽然同意按照美国在独立战争时召开大陆会议的方式召开各省都督府代表联合会，但是对开会地点表示反对，其认为湖北方面的通电在先，而且有的代表已经到达武汉；而且鄂军都督府被认为是中央军政府，那么代表会议理应在武昌召开；最后黎元洪的理由很充分，"府会地隔数千里，办事实多迟滞，非常时期，恐失机宜"[④]，充分利用了武昌九省通衢的地理位置，以及在之前代表会议中推举湖北军政府为中央军政府的政治地位。在这种情况下，为了大局的考虑，上海方面同意了将各省都督府代表会议改在武昌召开的提议，但是，处于限制武昌方面的需要，陈其美、汤寿潜等要求在沪上仍留通信机关，为将来确保将临时政府牢牢控制在革命党手中奠定了基础。[⑤]

12 月 2 日，江浙联军攻克南京，4 日驻沪各省都督府代表联合会召开会议，陈其美、汤寿潜等出席会议，以湖北"军务适紧"推翻了之前在武昌会议中拟定的以武昌为临时政府的决议，重新决定将临时政府暂设南京，并且要求在武昌开会的代表前往南京，给黎元洪一个空头的大元帅之职，将全国革命，以及临时政府的实际领导权，牢牢抓在了革命党的手中。

正是由于杭州与上海二地军政府的精诚合作，破坏了以黎元洪为首的旧军官篡夺革命胜利果实的企图，为日后中华民国临时政府的建立，奠定了基础。

三、结语

在革命中上海杭州两地的互动是多方位的合作，具体来讲可以概括为以下几个方面。首先，在组织上，上海与杭州二地之间是领导与被领导的关系。上海作为中国同盟会中部总会和光复会总机关锐进学社的所在地，直接领导了上海与杭州两地的反清革命运动，正是在同盟会与光复会上海总机关的领导与协调之下，保证了上海与杭州两地革命的顺利进行，为江浙光复拉开了序幕。其次，在军事上，上海与杭州之间在革命中起到了相互支持的作用。起义的原计划中，革命党人希望利用杭州方面革命基础好的有利条件，首先在杭州发动起义，起义成功后，再调浙军沿沪浙线北上，占领制造局，协助在上海的革命党人光复上海。[⑥] 而在革命的实际操作中，由于上海发生特殊情况率先发动了起义，提早控制了江南制造总局，为

① 《各省都督府代表联合会广告》，《辛亥革命在上海史料选辑》，第 752 页。
② 《各省都督府代表联合会缘起并连日开会纪要》，《辛亥革命在上海史料选辑》，第 753 页。
③ 《浙苏鲁闽湘沪都督府代表致黎元洪、黄兴电》，《辛亥革命在上海史料选辑》，第 754 页。
④ 张难先：《中华民国政府成立》，中国近代史资料丛刊《辛亥革命》第 8 册，第 12 页。
⑤ 《各省都督府代表赴武昌举行会议》，《辛亥革命在上海史料选辑》，第 755 页。
⑥ 顾乃斌：《浙江革命记》，《辛亥革命浙江史料选辑》，第 502 页。

缺少弹药的杭州新军光复杭州提供了急需的弹药,有力地保证了杭州光复之役的胜利①。同时,杭州方面之所以提前发动起义也是在得到蒋介石等人由上海带回的上海已提前起义的消息,受到鼓舞,毅然决定发动起义。而杭州在光复后立即派兵分批北上,前往上海,巩固了上海光复的胜利,为革命的进一步胜利奠定了基础。上海与杭州派出的革命军在接下来光复南京的战斗中,浙军、沪军以及由光复会组成的淞军精诚团结,协同战斗,为南京的光复立下了汗马功劳。特别是由光复军派出的黎天才部淞军,在光复南京的战斗中,与浙军支队合编为一军,协同合作,连战连捷,以弱克强,共同成为南京光复之役中的主力军。第三,在后勤保障上,上海方面在光复前与光复后为杭州方面提供了大量的财政与武器装备方面的援助。在革命发生之前,上海方面为杭州筹集了大量的军费与弹药。而在革命后,浙军北上光复南京以及北伐的过程中,上海又成为由杭州出发的浙军的后勤保障基地,为浙军提供了大量的武器、弹药、经费等,为浙军的顺利进军提供了保障。这种相互之间的联动,实际上是上海、杭州两地之间革命党之间所具有资源的一种整合。如果单独一地进行革命,成功的可能性就会变得很小,这是这种有效的、即时的联动使得革命的成功由可能性变成了必然性,两地之间合则两利,分则两害。这一点也在今后的革命活动中不断地被印证。

上海与杭州二者之间的联动实际上并不是偶然。近代以来随着政治、经济交往两地之间形成了越来越密切的联系。政治上,杭州籍的大多数政要多是居住于上海,特别是革命后担任浙江军政府都督的汤寿潜,长期担任浙江铁路总办,长期往返于上海与杭州之间,而在革命前更是居住于上海。11 月 15 日杭州光复后,在杭州的革命党人立即派遣褚辅成、陈时夏等人前往上海迎汤前往杭州就任浙江都督,②这也充分体现出了杭州与上海之间在政治上的密切联系。交通上,1906 年沪杭铁路开始动工建设,1909 年 9 月全程建成通车,沪杭铁路全长 189.2 公里,③有效地密切了上海到杭州之间的联系。革命党在铁路建成伊始就充分认识到了沪杭铁路对于革命的重要性,积极运动铁路方面。到革命前,沪杭铁路职员基本同情革命,这一有利因素为后来革命过程中由上海运往杭州的军械与资金提供了极其有利的条件,有力地支持了沪杭之间革命党人的相互配合,可以说沪杭铁路对于革命的胜利,居功至伟。在新闻方面,上海出版的报纸对杭州影响很大。革命之前,据《浙江潮》的统计,1903 年前后,在杭州所销售的报纸中,由上海出版的《中外日报》《苏报》《新闻报》《申报》四报杭州的销售量极大,每日共计约达 1800 份左右,占总数的 60% 强,而杭州本地的报纸《杭州白话报》的每日销售量约为 700—800 份左右,仅占总数的 25% 左右。④ 后来革命党人俞炜为了动员杭州新军,也在新军中贱价出售《民立》《天铎》《神州》《时报》等在上海出版的报纸,作为间接运动的手段,

---

① 钟丰玉:《光复杭州回忆录》,《近代史资料》1954 年第 1 期。

② 褚辅成:《浙江辛亥革命纪实》,中国近代史资料丛刊《辛亥革命》第 7 册,第 157 页。

③ 王开济、马里千、陆逸志编著:《中国铁路建筑编年简史(1881—1981)》,中国铁道出版社 1988 年版,第 19 页、第 25 页。

④ 《杭城报纸销数表》,《浙江潮》第三期。

也取得了很好的效果。① 可见,在杭州广泛流传的来自上海的报纸在极大地丰富了杭州地区人民生活的同时,更重要的作用则是传播了革命的思想,为浙江光复提供了思想上的条件。

辛亥革命期间,上海与杭州之间的联动极大地保证了江浙一带资产阶级民主革命的胜利,减轻了湖北方面清军的压力,支援了已光复各省的革命活动,同时也推动了辛亥革命在全国范围内如火如荼展开。同盟会与光复会之前的经验教训,使得沪杭两地的革命党放弃了仅仅依靠一座城市、一支军队就可以夺取革命全国胜利的幻想,摆脱了盲动主义的革命倾向,开始进行地区间的统筹规划,做长期的、艰苦的周密计划与准备工作。这一点是革命党人在长期的反清斗争中得出的宝贵经验,很值得后人研究。

① 顾乃斌:《浙江光复综述》,《浙江辛亥革命史料选辑》,第501页。

辛亥革命后杭州的社会变迁[①]

辛亥革命对于中国近代社会风俗的变迁产生了深刻的影响,为社会风俗的演变提供了条件,并提出了新的要求,即批判旧习俗,建设新生活。武昌起义爆发后得到了全国人民的热烈响应,杭州的革命党人和广大人民群众也立即紧张行动起来。1911 年 11 月 5 日,革命党人一举摧毁了清政府在杭州的统治,成立了军政府,使古老的杭州在政治、经济、文化诸方面有了新的变化,加速了近代化的历程。

一、政治局势的变动

清初,统治者在杭州城西沿西湖一带建造“旗营”,俗称“满城”。城墙周围十里,南至今开元路,北靠法院路,东临中山中路附近,西面包括湖滨公园,并辟有六座城门,总占地 1436 亩,成为杭州的“城中城”(民国初年拆除)。[②] 在光绪二十一年(1895 年),清政府在中日战争中失败,被迫签订《马关条约》,杭州开为日本通商商埠,拱宸桥辟为日本租界。

杭州光复后,革命党人一举摧毁了清王朝的统治,革命党人仿照湖北筹建浙江省军政府,以取代清王朝的统治。革命党人推选在上海闲居的汤寿潜来杭州担任浙江军政府都督,1911 年 11 月 8 日正式就任。9 日,汤寿潜发布从本月起全省免征钱粮、厘金一年等命令,这些措施得到了地主、富商们的热烈拥护,但是,新政权却陷入了严重的财政危机。尽管新政权没有给广大劳动人民带来多少实际利益,但由于杭州人民早已十分痛恨清王朝的反动统治,所以还是深切同情和支持革命的。中华民国元年(1912),废杭州府,合并钱塘、仁和两县为杭县,仍为省会所在地。民国三年(1914)设道制,置钱塘道,道尹驻杭县。原杭州府所辖各县归钱塘道管辖。民国十六年(1927)废道制,析出杭县城区设杭州市,直属浙江省;旧属诸县直属于省。从此,杭州确立为市的建制。行政区域日趋合理化更有利于政治的稳定和经济的交流发展。

二、经济发展的黄金时期

20 世纪初年,在八国联军侵华造成的巨大民族危机的压迫下,整个中国出现了一股变革的潮流,清朝从中央到地方政府的经济政策都明显地开始转变。杭州地区也兴起了发展实业的浪潮。1910 年(宣统二年),浙江巡抚增韫以“教育不施,实

① 本文与硕士生王月昀合作,原载《浙江师范大学学报》2011 年第 5 期。

② http://zhidao. baidu. com/question/25770353. html.

业无由发达”，在省城报国寺设立杭州中等工业学堂。① 时人回忆：该学堂对清末民初杭州工业发展“起了一定的推进作用。如机械科毕业生，在杭州组织了几所前所未有的铁工厂，仿制了提花机及各种机械配件……杭州各机织手工业工厂之发展，可说均属在杭工（即杭州中等工业学堂）学生任管理员之下取得的。主力军则是机织传习生”②。虽然杭州地区资本主义经济发展的政治环境有所改善，但从当时的整个政治、经济、文化形势来看，一些枝枝节节的政策、措施，不可能解决民族资本主义发展所遇到的根本性的阻碍——半殖民地半封建的社会制度。

杭州光复后，成立了以汤寿潜为都督的军政府。军政府发布了一系列减轻赋税和发展经济的措施，对民族资本主义经济特别是民族工业的发展起了推动作用，使得振兴实业的呼声日益高涨。1912 年 6 月，省城工商界率先组织起来成立新的杭州总商会。接着劝业会、农事试验场、织业试验场、商品陈列所等实业团体和场所等纷纷设立。③ 实业团体的发展促进了实业教育的兴起，各种工业学校、农业学校及习艺所等纷纷举办，这些都推动了杭州经济的发展。另外，民主革命的先行者孙中山亲临杭州考察，并发表了演说，他在演说中强调民生主义，指出“要建设一个富强的民国，首先要实现民生主义，实现民生主义的四大纲领是：节制资本，平均地权，铁路国有，教育普及。这是改革社会，提高人民生活的主要途径”④。孙中山在杭州期间的演说，阐释了他的三民主义，特别是民生主义，就杭州兴办实业、修筑道路、发展教育等问题提出了一系列见解，对随后杭州经济的发展具有重要影响。

三、文教事业的新发展

19 世纪中叶，由于社会危机日益深化，社会矛盾日益尖锐，传统的以儒学为中心内容、以科举考试为主要目标的封建教育越来越表现出空疏和腐败的弊端。清末一些有识之士已经认识到这种弊端。从 1885 年陈虬创办瑞安利济学堂开始，杭州地区也兴办了不少新式学堂。

1885—1899 年杭州新式学堂表⑤

创办时间	学堂名称	创办人
1896 年 4 月	浙江武备学堂	廖寿丰
1897 年 5 月	浙江求是学院	林启、廖寿丰
1898 年 4 月	杭州蚕学馆	林启
1899 年	杭州养正书塾	林启

这些新式学堂在杭州教育史上占有重要地位，但总体上说仍没有突破“中学为

① 《浙江官报》宣统三年第一期，奏折类，抚部院增奏。

② 许炳堃：《浙江省立中等工业学堂创办经过及影响》，《浙江文史资料选辑》第一辑，第 123 页。

③ 汪林茂等著：《浙江通史》第十一卷，民国上，浙江人民出版社 2005 年版，第 80 页。

④ 孙中山在杭州的演说，《孙中山与浙江》，浙江人民出版社 1986 年版，第 1 页。

⑤ 汪林茂等著：《浙江通史》第十卷，清代下，浙江人民出版社 2005 年版，第 229 页。

体"(仍以旧的教育体制为主体,以传统的经学教学为中心)、"西学为用"(新兴学堂和新教育内容仍处于服从甚至是补充封建教育的地位)的范围。辛亥革命之前,杭州虽然出现了捐款办学的事迹,如著名的杭州安定中学,便是有杭州士绅胡乃麟捐款7000元创办的。[①] 这些新学堂还带有旧式书院的痕迹,都没有严格的分级、分班制度,如养正书塾,只是"初小二三年级到高小的混合体",程度高的已经"会做满篇的文章",低的只会背书。[②] 总的来说,辛亥革命之前杭州的文化教育已经开始走向近代化。

辛亥革命后,省城杭州出现了不少专门的学校和高等院校。其中,1912年8月,朱瑞、吕公望等发起创办浙江体育专门学校(校址在杭州东街路普安街),这是杭州发展体育教育、创办专门学校的开端;1912年12月,朱瑞整编军队后,为加强马队素质,在杭州吴山西麓小螺蛳山开办了兽医养成所,这是杭州第一所畜牧兽医学校。[③] 这些新式学校的创办,使杭州在近代历史的发展中发挥着重要作用。

四、社会风俗的变迁

我国经历了漫长的封建社会,形成了各种风俗习惯,其中部分风俗反映着封建伦理道德观念和宗教迷信思想,不可避免地带着浓厚的封建性和落后性,成为阻滞历史前进的绊脚石。尤其是近代,外国资本主义入侵给中国带来了严重的民族危机和社会危机,一些有识之士认识到了这些恶风陋俗阻碍了中国近代社会的发展。

鸦片战争前的杭州,社会生活基本上处于自然经济状态下。"敦尚礼义,耻于浮邪,子孝臣忠,卑幼者能恭敬长上,……重于利人而轻于利己,男女昧爽,具衣冠问父母舅姑安。奉膳惟谨,男子不衣冠、女子不顶冠长衣不见客。其小儿皆有礼度,谨奉尊长。市肆晨开午闭,余时击鼓吹箫为乐,村民适城市者异事。"[④]呈现出一副静谧的图画,但另一方面则是迷信、早婚、散漫、奴性、不讲究卫生,以及所导致的贫穷、落后、闭塞等。这些现象不仅在慈溪,在整个浙江乃至全国都普遍存在。落后的风俗习惯、封建迷信阻碍了资本主义的发展。

社会存在决定社会意识,在物质条件发生变化时,人们的风俗习惯作为一种意识形态,也要求相应的发生变化。杭州辛亥革命爆发后,革命党人推翻了清王朝在杭州的统治,建立了军政府,社会制度和经济形态开始发生变化。诚如西汉经学家刘向在《说苑》中所言:"世异则事变,事变则时移。"

马克思告诉我们:"随着每一次社会制度的巨大变革,人们的观点和观念也会发生变革。"[⑤]辛亥革命后社会制度和经济形态的变化引起了人们生活观念的突变,在日常风俗习惯中出现了较大的变化。杭州光复后,浙江临时省议会把移风易俗放在相当重要的位置上,采取了一系列改革措施,如禁鸦片、放女足、剪发辫、禁止、

---

① 民国《杭州府志》卷十七,学校。

② 马叙伦:《我在六十岁以前》,读书·生活·新知三联书店1983年版,第3页。

③ 汪林茂等著:《浙江通史》第十一卷,民国上,浙江人民出版社2005年版,第353页。

④ (清)光绪《慈溪县志》卷五五,风俗。

⑤ 《马克思恩格斯全集》第七卷,人民出版社1959年版,第240页。

贩卖人口等，这对杭州清末已开始的风俗改良运动起到了推波助澜的作用。民国时期杭州社会风俗习俗的嬗变给杭州市民社会生活带来了新生机，从衣食住行到婚姻、家庭、文化娱乐，都出现了一些前所未有的新气象。

1. 剪辫运动

辫发、缠足、八股文并称中国传统社会的三大陋习。在清代，此三者曾为西方国家视为野蛮和落后的标志。拖着一条长辫子，行礼不便于脱帽，健身不便于锻炼，做工不便于开机器，练兵不便于操练，且每天还得花时间去梳头发、编辫子，清洗更是费时间。辫子给人们的日常生产生活带来极大的不便，因此，越来越多的人在辛亥革命后选择把自己的辫子剪掉。

剪辫运动首先在留日学生中开始的。而留日学生归国后，则将此种风气传播到了国内。1903年时，杭州青年学生剪辫者已不乏其人，且官方并不严禁。早在1911年11月10日，浙江军政府就在致各属电中要求军民“一律剪辫”①。接着，都督府又出示晓谕，限令人民在一个月内一律剪除发辫，否则剥夺其公民权。② 杭州湖墅镇等地62家商号遂联合禀请军政府宽限剪辫日期，军政府鉴于实际情况，准予宽限至1912年2月17日一律剪辫，“如有逾期不剪者，即将其公民权剥夺，并严加惩治”③。剪辫革除之后，各种发型逐渐流行起来，讲究发式发型的理发店应运而生，迅速取代了传统的剃头店。男子剪掉了长长的辫子，不再像以前那样，每天还得花时间去梳头发、编辫子。城镇男子初为光头，继为平顶、圆顶，后通行三七分西发。乡村男子多为光头，男孩多“瓦爿头”。有人还在报纸上呼吁设立女子理发店：“男子剪辫子后已有理发店，女子反无整容之所，诚为女界之一大缺点。况现行时代新髻及背面斜鬓松辫等妆非请人代梳不可。故宜速于各省通都闹市之中开设女子理发店。”④此后，男女理发便在杭州兴起。

因辫子吃过苦头的鲁迅曾说：他之所以爱护共和制的民国，“焦唇敝舌恐其衰微，大半正是为了使我们得有剪辫的自由”⑤。剪辫断发运动在近代形成一股风潮，成为中国人改变其外在审美形象的重要举动。

2. 衣冠服饰的改良

服饰反映了一个时代或某个人的精神面貌和内心世界。我国古代的服饰等级观念很强，上至王公大臣下到黎民百姓，各阶层有不同的着装要求，古板单一，庄重有余。辛亥革命打破了这种格局，出现了百花齐放的自由局面。

清末，男性不论长衫短袄，内衬外罩，一般都是大襟；女性为大襟喇叭式，齐膝短衫和长裤，男女裤子均无门襟。民国初年打破了满街长袍马褂的格局，西服广为流行。《申报》在描写那时青年人的着装时称：“男子装饰像女，女子装饰像男”，“中

---

① 《杭州新政汇志》，《申报》1911年11月11日。

② 《杭州光复后之进行·勒令剪发》，《申报》1916年11月16日。

③ 《申报》1912年2月8日。

④ 《女子理发店》，《申报》1912年3月11日。

⑤ 鲁迅：《因太炎先生而想起的二三事》，《鲁迅全集》第六卷，人民文学出版社1973年版，第555页。

国人外国装，外国人中国装"，"妓女效女学生，女学生似妓女"[①]。这样的描述虽是夸大之词，但从另一个方面显示了民国初年特有的个性追求，也反映了那时宽松自由的社会环境。

西服得到了政府的认可，并被定为礼服。尽管在辛亥革命前，杭州穿西服的人已不是凤毛麟角，但更多的人把西服视为假洋鬼子的表征。革命后，这种情况发生了根本的变化，西服已经被杭州人普遍接受。当时，奉帮裁缝制作的西服饮誉杭城。他们靠工艺精湛著称，又以"罗派"为主，即俄国式西服，讲究"做出乃胸、肩头平服，束腰得体"，具有壮美之外感，与日式、欧美式的西服讲究潇洒和针脚细密等工艺稍有不同。[②] 不过，穿西服风气导致了洋货呢绒供不应求，诚如孙中山所指明的："去辫之后，亟于易服，又急切不能得一适当之服式以需用之，于是争购呢绒，竞从西制，致使外货畅销，内货阻滞。"[③]针对这种情况，上海、杭州等城市有一些人发起组织"剪发不易服会"，倡导使用国货。由孙中山创制的中山装就是这个时候开始流行的。中山装是孙中山为促进服饰的改革，经过多年观察比较，结合中西装的优点创制出来的，它融合了中西服装文化的特点。与传统的服装不同，中山装保留了西服贴身、精干的风格，同时又融入了中国的格调，强调对称，且价格明显低于西服，因此比西服更合乎中国人的口味。到20世纪20年代末，国民政府修订的《民国服制条例》，便把中山装确定为礼服之一。[④] 此后数十年，中山装逐渐成为杭州男子普遍喜爱的时装。[⑤]

3. 女子的解放

在封建社会等级制度下，妇女不仅同样受到帝国主义、封建主义的压迫，而且还要遭受"夫为妻纲""男尊女卑""三从四德"等纲常伦理的压制，社会地位更为低下，蒙受更多的屈辱和痛苦。

近代以后，随着社会和思想文化的进步，妇女解放问题开始成为有识之士们的一个重要议题。许多进步思想家提出了提高妇女的社会地位、实行男女平等的主张。尤其是20世纪初，妇女们开始自我觉醒。其中最杰出的是的女革命家秋瑾。1904年后，她写了许多文章和诗、词、歌曲作品，宣传妇女解放。她曾写道："扫尽胡氛安社稷，由来男女要平权。天赋人权应无别，男女还需一例担。"指出："欲脱男子之范围，非自立不可。"[⑥]号召妇女们摆脱奴隶地位。

在封建社会，妇女基本上没有受教育的权利。到20世纪初年，宋恕、陈虬等思想家提出的"设女学"主张开始得以实现，女学堂开始在浙江各地创建。[⑦] 如杭州城的高女士"纠合同志"，集款创办女学堂。[⑧] 杭州光复后，妇女地位的提高还表现在

---

① 《改良》，《申报》1912年3月20日。

② 徐清祥：《杭州往事谈》，新华出版社1994年版，第125页。

③ 《孙中山全集》第二卷，中华书局1982年版，第61-62页。

④ 王心喜：《中山装由来考》，《知识窗》1999年第4期

⑤ 夏树国主编：《金字招牌——杭州名店》，上海科技出版社1990年版，第77页。

⑥ 秋瑾：《致湖南第一女学堂书》，上海古籍出版社1979年版，《秋瑾集》，第32页。

⑦ 汪林茂等著：《浙江通史》第十卷，清代下，第409页。

⑧ 《各省教育汇志》，《东方杂志》第一年第1期。

不缠足运动的开展,这不仅是妇女们肉体上的解放,更是人格上的解放。迄今所知,在全国最早的妇女自办的不缠足组织是杭州高金氏创办的放足会。杭州士绅高仲翰的夫人金氏,有感于"世变日亟","每念国事,辄唏嘘欲绝",遂联络同城妇女孙淑仪、顾啸梅、胡畹畦等组织放足。1903 年 2 月 16 日(光绪二十九年正月十九)在西湖畔之张勤果祠召开成立大会,到会妇女有 80 多人。高氏发表演说,指出缠足不仅"害尽千万柔弱女子,无故受罪",而且妨碍"强种卫生"。认为"我辈女子之责任,不在男子之下",要争取"自立"和"男女平等",就要"彻底断绝缠足的病根","幼年的女子不去缠足"。[①] 妇女们开始勇敢地向传统挑战。

杭州等一些城市"民国以来,男女重恋爱自由,已不复如往昔惟媒妁之言、父母之命是从者矣,大多由双方相恋,取得父母同意而订婚。普通所谓新式婚礼,仅有订婚和结婚两仪式。始于民初,流行迄今"[②]。这一明显的变化反映了辛亥革命后,社会逐渐开放、活跃,传统的婚姻观念开始发生变化。而开风气之先的是那些受到近代教育的知识分子。女革命家秋瑾,因不满于婚姻选择了离家出走的道路,这是人们所熟知的。

4. 文化娱乐的社会化

在清末,杭州已经有不少娱乐场和游艺设施了,如拱宸桥一带的"阳春茶园""天仙茶园""丽春茶园",羊坝头的"振兴国货商场戏院",福缘巷的"城站大戏院"等。但是除了灯节、西湖竞渡、迎神赛会外,并无公共娱乐设施。当时的娱乐多局限于家庭范围。辛亥革命以后,杭州的戏剧演出曾一度出现繁荣景象。于是有些商人便筹资修建新的演出场所,杭州城一时娱乐场和游艺设施遍布,其中规模较大、名气较大的有:杭州第一舞台、西湖共舞台、盖世界游艺场等等。电影也是在辛亥革命之后介绍到杭州的。1902 年初,在杭州拱宸桥一幢 5 层楼的第 4 层楼内,用"曾历游欧洲大国及香港"的机器,放映电影。为放映电影,楼房的主人还不惜重金在英国名厂聘光影戏名师。[③]

随着物质生活条件的改善,西方文化的传播,人们思想观念的转变,杭州人的精神生活也开始发生变化。上述辛亥革命后,杭州地区戏剧、娱乐场所的繁盛有力体现了人们精神生活的提高。

五、社会变迁的效应

杭州光复,推翻了清王朝在杭州的统治,建立了军政府,为杭州赢得较为轻松的社会政治环境,有利于人们的思想解放,封建等级制及其观念渐渐淡化。辛亥革命冲击了封建势力,在一定程度上提高了民族资产阶级的政治地位和社会地位,使杭州的民族工业有了较快的发展。革命后,报纸的创办、教育制度和内容的近代化改革、图书馆的创办等等反映了文杭州化教育事业也有了新发展。在政治、经济变

① 汪林茂等著:《浙江通史》第十卷,清代下,第 411 页。
② 浙江通志馆:《重修浙江通志稿》第十七册"民族",第 5 页。
③ 汪林茂等著:《浙江通史》第十一卷,民国上,第 341 页。

迁的影响下,社会风俗也开始逐步打破封建体制的束缚。上海《时报》1912年3月5日发表了一篇评论文章名《新陈代谢》,十分形象地概述了这种具有革新意义的新旧交替。文章讲:

共和政体成,专制政体灭;中华民国成,清朝灭;总统成,皇帝灭;新内阁成,旧内阁灭;新官制成,旧官制灭;新教育兴,旧教育灭;枪炮兴,公矢灭;新礼服兴,翎顶礼服灭;剪发兴,辫子灭;盘云髻兴,堕马髻灭;爱国帽兴,瓜皮帽灭;阳历兴,阴历灭;鞠躬礼兴,拜跪礼灭;卡片兴,大名刺灭;马路兴,城垣卷栅灭;律师兴,讼师灭;枪毙兴,斩绞灭;舞台名词兴,茶园名词灭;旅馆名词兴,客栈名词灭。

上述文字较真实地反映了民国初年万物更新的社会现象,其中占有重要成分的则是社会风俗的更新。上文所记录的实为杭州社会风俗变迁总体风貌的一个缩影。社会生态环境的变迁,特别是社会制度和经济形态的变化,往往引起生活观念的突变和社会风俗习惯的带有本质意义的飞跃。①

辛亥革命之后,杭州地区社会生活的内容和方式较以前有比较显著的变化,这些变化带来的影响是双重性的。一方面,接触到西方的审美观,社会上出现了一时的剪辫、穿西服热潮,女子解放运动也取得了可观的成效;但另一方面,长袍马褂等传统服饰依然盛行,男子蓄发、女子缠足两大陋习依然存在。

事物是运动变化发展的,我们要用发展的眼光看问题。杭州光复,加快了杭州地区近代化进程。光复后,商品经济得到了新发展,文化教育事业也取得了新突破,尤其是近代报刊和图书馆的建立以及文化娱乐设施的建设,使得杭州市民的物质、精神生活水平得以显著提高。但是,杭州地区在现代化的转型中新旧并存,显示出近代中国半殖民地半封建社会形态的扭曲变态性格,体现出旧事物顽强阻滞新事物成长的沉重历史惰性,以及新事物艰难生长的历史阵痛。

① 李喜所:《民国初年生活观念和习俗的变迁》,刘志琴主编:《近代中国社会生活与观念变迁》,中国社会科学出版社2001年版,第147页。

近代碑刻与山西教化①

山西为唐虞故都，开化较早，历史悠久，人杰地灵。长期以来，通过各种方式传承下来的儒家文化起了很大的作用，从留存至今散布在三晋大地的近代碑刻人们也可以清晰地看到地方精英是如何重视教化，风范乡里的。本文所用的“教化”一词是晚清时期的通常用语，主要指儒家所提倡的政教风化，当然同治以后的碑刻中也有开始用“文教”的。一般而言，教化比文教的外延更加广泛，其场域包含学校、家庭与社会。本文所用史料全部采自张正明、科大卫主编的《明清山西碑刻资料选》（山西人民出版社2005年版）与张正明、科大卫主编的《明清山西碑刻资料选》（续一）（山西古籍出版社2007年版），绝大多数文本的时间起自道光二十年（1840）截至宣统三年（1911）。

一

晚清山西碑刻中的教育理念首先是强调重学轻商的价值观。立于光绪年间的《许鸿宇墓志铭》称赞乾隆年间的国子监大学生许鸿宇，葬父毕，“就县治近地，经营生理，早起迟眠，不遑偃息，虽处城市嚣尘之地，曾不肯以酒食游戏，自荒本业，初犹共人伙计，既乃独立门户，效白圭之术，时弃时取，运心计之巧，有乾无没，以此积少成多，富累万金，田连阡陌，于津铮铮有声，余因之有感矣。津邑背山面河，地狭民稠，非经商无以资生，其因商致富者，是不一家，然或有席祖父之成业而后兴者矣，或有借弟子之拓充而后大者矣，即或家无立锥，及身崛起，而跋涉山川，经历秦楚，蛮烟朔雨，东走西奔，必艰苦备尝，而始获蝇头之利，求如公之街里不出，而富累万金，尺土不阶，而田连阡陌，盖亦难之，可不为人杰矣哉！”②以上只是就商论商，称颂了许鸿宇出色的经商本领，没有涉及商学两者重要性的评判。同样是光绪年间《乔致庸墓表》则对此发表议论说：“吾晋善贾之名久重于世，而贾而富，富而骄，骄而偾者比比矣。公特以忠实无妄者自持，意契论语之好礼。”③

其次明确读书的目的是明礼义，进德修业。光绪三十年九月陵川县夏壁立的《重修玉皇宫记》强调：“读书以明礼义，力田以给公上，而又处乎山陬僻壤，无纷华市侩之习以诱其心。自当孝弟睦姻，恭敬信让，争竞不作，乡里无怨。”④道光二十四

---

① 原载《晋阳学刊》2018年第2期；《社会科学文摘》2018年第7期。

② 《明清山西碑刻资料选》（续一），山西古籍出版社2007年版，第379页。

③ 《明清山西碑刻资料选》（续一），第382页。

④ 《明清山西碑刻资料选》，山西人民出版社2005年版，第599页。

年刻的《西河书院学规记》则记载芮城县事刘叙对诸生说:“吾儒读书以通经制行,本书院之设,所以进德修业,非以角艺较能也。争一日之短长,计名次之后先,失本旨矣。”①

第三,一些地方上的饱学之士志向高远,读书并非全为功名。同治年间《罗周典先生德教碑》说罗周典“其为文也,必先正理法,瘦小精悍。于诗尤工,有盛唐风力。一切忧时戚事,愤慨不平之意,皆寄于诗。常语人曰:锐意功名者,必无真气节”②。光绪年间的《王寅亭墓志铭》提供了一个读书不为功名的实例:“光绪元年,恩诏各直省府州县厅举孝廉方正。县尊杜筱亭、广文梁炳南以君名应,蒙中丞湘涛张公③奏准,吏部著册,行将召用矣,而君以老不就职,未及入都应试,论惜之。汉武元光初,命郡国察举孝廉,有不数岁而济公卿者,以君孝友之笃,行谊之纯,文章经术之深且厚,有体有用,无施而不可,又况邀兹盛典,建勋业于彤廷,垂功名于青史,安必今果异古所云耶?而竟日手一编,静与古文晤对,名满当时,而世罕见其面,于富贵功名未尝动怀,得非学益邃、道益尊、合穷达为一途,视出处无二理?”④

在山西晚清碑刻中文庙、书院、义学自然是传播儒家文化的教化场所,学生身居其中,自然受到其教育感化以及环境的影响。

(1)文庙是祭祀古代教育家孔子的祠庙建筑,在中国封建时代具有官方认定的合法性与神圣性。由于孔子倡导的儒家思想对于维护社会统治安定所起到的重要作用,历代封建王朝对孔子尊崇备至,把他称为万世师表。到了明、清时期,全国每一州、府、县治所所在都建有文庙,规制高,建筑精,山西也不例外。道光二十四年八月《平遥县重修文庙董事人题名记》开宗明义:“文庙之设所以崇圣学也。夫圣学固不在诵读记问之间、章句帖括之末也,惟实有志于为善。凡可以维名教正人心,罔弗黾勉以赴,使其为有裨于家国,其为学也乃大矣。……夫尊师则重道,重道则必不为不道以自辱其身心矣。况民生于三,师道与君亲并重,而义亦相通。其能致敬于师者,即其入而可以孝于亲,出而可以忠于君者也。诸贤因是而勉之,则所以裨于家国者,由此其造矣。”⑤在这里,文庙的职能、功用已经讲得十分清楚了。

光绪十八年秋刻于陵川县南召村的《重修文庙记》谓:“庙宇之立,所以尊神圣,以维风化,贵整齐,而不宜摧残也。”“予观淫祀日盛,且有非所崇而崇之者。矧大圣人祖尧舜,宪章文武。先圣人而圣者,非圣人以明;后圣人而圣者,非圣人无以法。所谓仪范百王,师表万世者也。于以捐资重修,共襄盛事,使春秋之祈赛常新,宗社之规为公设,庶几有慰圣灵”⑥,修文庙法圣人维风化的指导思想十分明确。

(2)书院是始于宋代的地方教育组织,由富户、文人自行筹资,在山林僻静之处建造学舍进行讲学。同治十年五月《创修遗爱堂记》记载,浙江嘉善县人钟汪杰主

① 《明清山西碑刻资料选》,第645页。
② 《明清山西碑刻资料选》,第649-650页。
③ 张公即时任山西巡抚的张之洞,号香涛,“湘涛”误。
④ 《明清山西碑刻资料选》,第205页。
⑤ 《明清山西碑刻资料选》,第467页。
⑥ 《明清山西碑刻资料选》,第588页。

政山西寿阳时,“以振兴文教为务。邑旧有书院,而废弛已久。公至,则扩而新之,益以考棚,延师课,又亲为诸生讲论。生平于书无不读,凡所指授皆勉以博古通今。寿之士始知殖学,而不敢诩免册。至今科第连绵,皆公之力也。”①

(3)义学亦称“义塾”,封建社会靠官款、地方公款或地租设立的蒙学。多招贫寒子弟免费入学。清代《李少参德政碑》称颂襄平人李毓杜为官“崇礼让,以兴教化;立义学,以迪颛蒙;课艺文,以宏薪槱。其维风造士可志也”②。光绪十四年四月立的《重修东浮化山娲皇庙记》(现平定县郭家脑村娲皇庙)记载:“今人一举念而众僧辞去,吾意必非其本愿,想亦神之使然之,示人以崇儒之意未可知也。但既有是举,可知僧人不复留矣。盖已往者,将来之鉴,而积财又滋事之缘。是山既有芝田二三顷,茅屋八九间,倘若拨顷田以立义学,使四方之贫乏无资者咸得就学于此,此不特为神之赐,亦都人之赐;且使人知慕义,咸能维持庙宇于不敝焉,岂不美哉?”③至少在郭家脑村人看来,建立义学要比众僧继续赖在庙宇中有意义得多。

有了一定的教育场所,还要有配套的教育条规。没有规矩不成方圆。道光二十四年冬芮城县事刘叙撰《西河书院学规记》称:“西河书院几废而复兴,盖前令王福严、符蓉湖两君之力也。规模定矣,而条约未明,适余承乏斯邑,邑诸生屡以请余,余试行年余而稍效”,乃宣布其制定的相关事宜十四条,其中规定“在院肄业生童,于启馆之日,分早午晚夜立定功课单,粘诸座右,每日照单用功,不可间断。”“书院房屋甚多,无论内外附课,但有空房均可安砚,第来去须禀明监院,不得任意自便。”“每岁启馆时,由本县发帖,敦请儒学两老师监院,并延四斋长帮同督察。”“延请山长,四斋长,博访品学兼优者二三人,禀明监院,本县与监院熟商议定礼聘,惟不得延请本邑人,以杜口舌。”“课生童凡三次列优等,附课升外课,外课升内课,如本系内课则给予奖赏,其三次列劣等者,亦以次递降,其有官师课,叠连三次无故不应者扣除,其一次不应课者,扣半月膏火”④等等。该学规在学习时间、地点、考试、奖惩诸方面均考虑周全,稳妥可行,用心良苦。

从晚清山西碑刻,人们可以窥见当时的教化文本还是以中国传统文化典籍中经史为主。前引《西河书院学规记》中明确规定:“生童功课以温经为主,史鉴及儒行之本。《朱子大全》《近思录》宜置案头,时时循省,制艺则以钦定文为主。”⑤

光绪年间的《王寅亭墓志铭》赞扬王寅亭“必诚必信,口守朱子家礼、温公家范勿违也”。称其“生平好学不倦,帖括诗赋外,精研性理诸书,虽兼理农桑,而静辟书斋,披吟不问寒暑。博通载籍,于《十三经注疏》《二十一史》口之能举其要窾,犹日临帖抄书不下五六百字,即后生少年不及也。”⑥光绪年间《乔致庸墓表》则追记墓主“幼嗜读书,思以儒术昌门阀。又恶乎文士之舍本也,遂笃志为忠实无妄之诣。

① 《明清山西碑刻资料选》,第580-581页。
② 《明清山西碑刻资料选》,第201页。
③ 《明清山西碑刻资料选》,第585页。
④ 《明清山西碑刻资料选》,第646页。
⑤ 《明清山西碑刻资料选》,第646页。
⑥ 《明清山西碑刻资料选》,第204-205页。

……公亦孜孜矻矻，广购图书。所居泊然，卷轴外无它玩好，冠服质朴如老儒生。……起居之恒，读书之挚，数十年如一日。闲窥案头，史鉴而外，四子书、尚书、左氏传，似数十百遍之熟，优者丹铅点斠，终卷釐然”①。

由此可见，晚清山西的教育文本以经为主，书目中有十三经；以史为鉴，书目中有左传、二十一史；在历代大儒中尤其崇尚宋代的朱熹，书目中除了四书之外，就是朱子大全、朱子家礼了。

为了达到教化的目的，山西各文人雅士在传授儒家文化时用心费力，或谆谆教诲或互相切磋，各显神通。己酉科拔贡候选教谕侍读生王丕厘在光绪七年撰写的《国栋墓志铭》说，国栋先生，乡进士，“余总角时，即稔先生教泽。偶遇先生评改课卷文，浑灏流传，落落大方。每叹为邑中名士，心窃向往久矣。……其教人也，一以沉重实为训示。诸生有佻达者，先生置若罔知。久之，其人亦悔悟就范。以故桃李常盈门，游泮宫擢巍科者，接踵兴起，一时称极盛焉！”②光绪九年湖北学政翰林院编修加三级稷山王文在撰写的《寻管香墓志铭》记载，墓主“世居山西荣河县刘村。……丙寅忧归，主讲河津文清书院，日取先儒语录，名家帖括，与诸生琢磨砥砺，士风为之一振。”③至少在上述两《墓志铭》的作者看来，墓主们教育方法是行之有效，值得勒石肯定的。

有了教学得法的鸿儒名师不等于解决了所有问题，古往今来任何事业均需要一定的经费予以保障，否则无以为继。在各种事业中，教育肯定不是立竿见影，能收速效的，因此教育经费的维持与扩大有赖于官员、绅士们的见识。

同治元年九月初九日，大成社董事人公建平遥县文庙，赐进士出身资政大夫前福建巡抚太仆寺少卿翰林院编修讲超山书院徐继畬撰的《靳公廷钰署平遥邀集绅士议》碑云：“郭宪章刘充玉等劝修文庙，首创捐银三百两。诸绅士后募修□□文庙，工竣只用银七千两有奇，尚余银九千两有奇。诸绅士众议以平遥书院有其地而无其费，徒存虚名兮。庙所余文项为数不少，何以此为书院费！于是□重事各捐资银之凑成万金之数呈请县尊发合县当商以六厘半生息，每年得息银六百五十两。……山长束脩由□□□事按季致送。生童膏火由值年学长散给。一切经费，概由值年经理董事经理立法，详妥无弊，可垂永久。”④光绪八年春《以里书银抵公堂礼记》记载，新任闻喜知县朱光绶初步决定改变旧章，将里书揽办过割银“饬归书院，栽培士子，尚未核定作何支用”。刑部员外郎杨深秀等本地绅士旋即上书朱光绶：“查书院经费，业蒙案下另行筹款，发商生息，添补膏火，似可无须再动前项。”⑤

光绪二十八年《李少初墓志铭》则透露，晋中榆次人李少初壬辰（1892）夏莅任安徽凤台县知县时，当地“书院经费款绌，素无山长。君于每月官课外多增一课，亲

① 《明清山西碑刻资料选》（续一），第381-382页。
② 《明清山西碑刻资料选》，第650页。
③ 《明清山西碑刻资料选》（续一），第295页。
④ 《明清山西碑刻资料选》，第648页。
⑤ 《明清山西碑刻资料选》，第648页。

为点窜,移焦湖麦租,增膏火资。以故士子得蒸蒸日上。”[1]由此可见,晚清各地的书院经费并不宽裕,有的只是徒存虚名。但在山西,有识之士共同努力,利用一切机会找寻经费来源,设法挹注,并通过发商生息使之源源不断。

上述《以里书银抵公堂礼记》还记载当年刑部员外郎杨深秀等给知县朱光绶的上书:“窃查历科新生应出‘公堂礼’,原以津贴学宪按临,分派供给之需,不知始于何年,在有力者尚可措办,无力者倍形竭蹶,或奉票催完,或传案追缴,求荣反辱,人何以堪。……入泮者,每有幸不幸之叹。欣逢案下,调治斯邑,垂念灾寝遗黎,砚田久荒,文风未振,筹款栽培,殚厥心力,并悉前项流弊无穷,捐廉抵补,拟议豁除,所以惠爱士民,实在无微不至。特时贤良父母两袖清风,逢考之年,赔垫过巨,深恐力不从心,后难为继,德政所施未能垂诸久远,不无可惜。深秀等再四思维,必须设法挹注,上可无掣肘之虞,下可免摊派之扰,庶于公事有裨,士心稍安。因查每年里书揽办过割,向由局写,通年收银多则不过一百四五十两之谱,……深秀等不揣冒昧,拟请改为抵补新生应出‘公堂礼’,永使寒士锐志上进,无所顾虑,……三年之中各里书揽写得银约有四百余两,寄存局中,随时报查。每逢各仁宪轮办岁试之时,支用三停之二,科试支用三停之一,专为津贴、供给之需。所有‘公堂礼’名目,应请永远革处。”[2]这一合理化建议很快获得知县朱光绶、直隶绛州正堂李以及河东道江的逐级批准,于是“将以里书银抵补‘公堂礼’禀批俱照誊碑阴,并将所议勒之于石”[3]。毫无疑问,维新志士杨深秀对促成这一德政贡献甚大。

写于光绪二年十二月的《赵静山墓志铭》还记录了“世居解州龙居村”的原江苏巡抚赵德辙在任时同,“政绩卓著,……不次之迁。泽及梓里,学额增添。双亲垂暮,解组归田。优游林下,十有余年。书出而达,士林仰瞻。”[4]学额即清代童子试(院试)录取的府州县生员(俗称“秀才”)的名额。由于清代“科举必由学校”,因此对学额控制十分严格,要想增添绝非易事。实质上,学额的分配与增加是中央政府控制地方社会的有效手段之一。正因为如此,前人赵德辙好不容易争来的学额属于宝贵的稀缺资源,受其恩惠的家乡后人怎能不感恩戴德,在其墓志铭上慎重记上一笔呢。

二

现存三晋大地的晚清碑刻在教化方面,除了有学校教育的宝贵资料外,还有关于家庭教育、社会教育方面的记载,同样值得注意。

家庭教育简称家教,是子女在家庭中接受的初始化影响和教育,对于一个人性格、志向的养成有至关重要的影响。国人向来注重家教,传下不少古代学人的故事、箴言与家训,所幸在近代山西的碑刻中也有这方面的宝贵记载。

立于道光年间的沁水县《柳氏家训碑》称:“家道之衰旺,惟视一家之人为何如

---

① 《明清山西碑刻资料选》(续一),第298页。
② 《明清山西碑刻资料选》,第654页。
③ 《明清山西碑刻资料选》,第656页。
④ 《明清山西碑刻资料选》,(续一),第294页。

耳。未有和乐而祯祥不来者,亦未有乖戾而祸殃不应者。此事有必至,理有固然也。吾家数年以来,疏于料理,日费益繁,又兼生意赔累,银票赔数,以致浮记长支,家中使用尽属本金,通盘计算,已将阳、沁四典本金,耗至十无二三,言念及此,甚为寒心。想吾父兄数十年备尝辛苦,留此基业,若不能保守,不惟生无以对亲友,即殛死有何颜面见先人于地下!且吾父兄言犹在耳,教子孙世世同居,生意、房产永不许瓜分。今吾为尔等指拨,不孝不悌,罪莫大焉!尔等未能勤俭持家,和顺聚处,亦是我无家训,而咎又何辞!……尔等果能义气不衰,自然家道昌隆;若戾气不解,必有殃随。……不遵家规即为不孝,戒之勉之。能不负先祖一场苦心,乃可为承先启后之人也已。"①光绪年间祁县《乔致庸墓表》则追记墓主乔致庸"私淑燕山窦氏风,欲诸子以文学显,督饬严无少懈。……甲午后,公五、四、六、次诸子先后逝,诸孙衰绖相继,公不引为大戚。督诸孙读书如曩者,无宽假。……于礼法则斤斤焉,不稍借。"②前者是家长对于不肖子孙的劝勉之词,大有恨铁不成钢之意,但尚未彻底丧失信心与期望;后者望子成龙,督责甚严,在连续遭遇四个儿子不幸去世的逆境下,不忘初心,将未来的期望倾注在孙辈们的身上,其志可嘉。果然皇天不负有心人,乔致庸的孙婿常赞春壬寅恩正并科举人丁酉科拔贡生、敕授文林郎中书科中书舍人加一级,最终写就八百余字的《乔致庸墓表》,墓主乔致庸若地下有知定会含笑九泉的。

乡规社约是中国基层社会组织中社会成员共同制订的一种社会行为规范。清朝在地方上正式推行乡规社约,多用以维护封建统治秩序,对法规的实施起着辅助作用。但这种民间约定也有反映了民众共同利益和传统社会美德的合理内核,而这又是社会教育的重要载体,是社会教化的一个重要方面。

道光十八年正月府城三社绅士、社首公具的《禁赌碑》(现存晋城市玉皇庙)明确表示:"村中禁赌,旧有条规。近缘去年冬月水官令敬神演戏,有他村数人来庙,公然赌博,经乡约社首禀官究处,蒙太爷堂讯,将聚赌之人锁链示众。自此合村公议,勒石永远禁止赌博,违者仍复送官究处不贷,特此谨白。"③咸丰九年十一月初六日立的《娘娘庙村规碑》(现存芮城县岭底乡东峪村娘娘庙)也有"招惹赌博并入场院盗人财物者,任首人、失主,送官重究"④的条文。

在光绪二十五年的《禁赌碑记》(存原平市金沟村)中,相关规定更为详细:"今将禁约内议定诸规开列于后,一、捉获有赌具者赏钱一千文。一、乡地送城者每人给工钱二百文。一、公中无存钱赏捉获者众纠首公佃赏给。一、遇不法之徒不遵罚规者,纠首合村按粮起钱公送。一、幼子十五以下与妇女误犯罚规者罚家长夫主。"该碑碑阴的铭文是:"当思世间匪类惟赌博之诱人,为最易而害人也最深。一入其局轻则误事失业,重则倾家荡产,然而尤不止此。余村自近年以来或因逼于逃走

---

① 《明清山西碑刻资料选》第644-645页。

② 《明清山西碑刻资料选》(续一),第381-382页。

③ 《明清山西碑刻资料选》,第688页。

④ 《明清山西碑刻资料选》,第691页。

者，或因之于非命者，各皆有之。令人目睹而心伤，父母不忍坐视安忍，缄口无言乎！于是公议皆欲禀请出示晓谕严禁。遂于光绪戊戌夏以窝赌聚赌例綦严等情具禀。县主党天案下蒙批准禀，随即出示禁睹实贴，村中纠首等遵示议设村规，立有禁约，日后如有犯者，不论本村、外村之人，在村聚赌窝赌者，每人罚钱六千文入公费用。倘有不遵村规者，禀官究治！又恐禁约年远失落，兹欲勒石以志不忘，惟愿而今，而后人人不习赌博，户户不窝赌扬庶，可称为仁里人，可称为良民，岂非一方之安然，千古之乐事也欤。”①

另外，道光二十九年十月由甲长、公直、牌头同立的《公议村规碑》（现存城县岭底乡东峪村行宫正殿）上载明：“合村公议村规开列于后：一禁经犯贼盗。一禁收留匪类。一禁开场窝赌。一禁宰杀耕牛。以上如有犯者，合村严处。经犯贼盗，议定逐出，永不许复归。倘有不测事并田野微贼，公所议办，如有不遵者，勿论至亲厚友，合村送官重究，决不容情。若官人徇情挟私，惟官人是究。”②同治十一年四月初十日立的《三王会碑》（现临汾市魏村）强硬表示：“四外村中不要停留贼匪，损人利己；如若强留者，六社③公议，定要将窝主贼人立送死地，以除其害，决不食言！”④

以上这些禁赌防盗的乡规社约简明扼要，切实具体，文字浅显，通俗易懂。通过《禁赌碑记》的文字我们还可以了解到，它是通过自下而上与自上而下相结合的方式制定的，一定程度上代表着多数民意。山西晚清碑刻中的乡规社约有奖有罚，赏罚分明，重在教育引导，是民众自我教育、社会教育的一种行之有效的形式。

三

山西晚清碑刻除了保持传统文化的理念、特色外，还及时记录了近代出现的新问题。

光绪二年十二月立《赵静墓志铭》记载了解州人赵德彻 1854 年任上海道的事迹。该墓志铭称，“甲寅放常镇通海道，天子知公贤，谓上海善后事宜，非公不可。奉旨著上海道，……上海为名胜之区，商贾辐辏，赋税所入，国帑恃为巨款。自经兵燹，商贩裹足不前。公除积弊，立章程，出示招商，不数月，圜匮相望，懋迁且过昔时，皆公力也。”⑤除去其中的溢美成分，1855 年 4 月至 1856 年 11 月赵德彻主政上海时在这一新兴的通商口岸流通外币繁荣贸易也是事实。⑥

发生在光绪年间的旱灾一直是山西人心中的惨痛记忆，这在晚清碑刻中也多有体现，但以《光绪五年十八堰村灾情碑文》最有价值。该碑文首先描述了大灾的惨状：“至光绪三年，不幸旱魃为虐，乃以本年无秋，四年无麦，每石粮价三十余两，

---

① 《明清山西碑刻资料选》（续一），第 719 页。

② 《明清山西碑刻资料选》，第 688 页。

③ 指魏村、羊舍村、西郭村、车辐山底村、和村、孙曲村。

④ 《明清山西碑刻资料选》，第 619 页。

⑤ 《明清山西碑刻资料选》（续一），第 293 页。

⑥ 赵德彻上任不久，同意外国人在沪通用墨西哥鹰洋，参见《近代上海大事记》，上海辞书出版社 1989 年版，第 95 页。

秋二十有奇,粒粒如珠。寻蒺藜以充饥饿,剥树皮以延性命。而蒺藜能几何!遂使老羸辗转,尸骸狼藉,或死于道,或毙于室,伤心惨目,痛不堪言若秋收后计存户仅十七家,人五十五口。道说者谓:饥馑残生,天实为之,予辈窃谓不然。”作者接着敏锐地指出:“夫天灾流行,何地蔑有,所赖以补救者人耳。古人耕三余一,耕九余三,岂畏岁凶哉!余庄数年以来或吸食洋烟,或贪好奢靡,以至十室九空,毫无蓄积,一遇岁凶,束手待毙而已;……予辈幸延残喘,亲见其事,惟恐后人乐生而忘死也,爰弁数言以示,并改十八堰为富村,庶几痛惩前非,垂戒将来,由此户皆封①,人尽宿饱,相生相养,以至户口繁而教化复行也。”②这通碑刻的作者敢于直面现实问题,指出外国资本主义列强带来洋烟祸害是症结所在,其眼光、胆量是超乎常人的。

光绪三十四年四月勒石的《太谷重修大观楼碑》则带有清新的近代风格,是晚清山西碑刻中的佼佼者。作者赐进士出身兵部职方司主事李华炳(武乡人)纵步登太谷大观楼,见“河山百里,烟火万家,如掌上罗纹,历历可指”,于是由此及彼,浮想联翩,欣然命笔:“彼夫文学彬彬,胚胎欧化者,雅典之大观也;厂肆栉比,工商云集者,伦敦之大观也;学校林立,农业称盛者,柏灵之大观也。之数大观者,岂仅以其地哉,亦其人为之耳。晋地为唐虞故都,开化最早。民俗纯良,为中夏最。然古首虽存,而新机未启,表里山河,拘墟自囿。唯是邦以交通之便,得风气为独先,而所得于观感者亦较易。此吾所以推演大观之义,而欲为都人士正告者也。今夫天下之事,有所观感则易于兴起。迩者,中外交通,文明浸灌,执柯伐柯,取则不远。故观于声光电化诸学术,则为士者可以兴矣;观于商埠租界各公司,则为商者可以兴矣;观于肥料土宜之精审,机械器用之便捷,则为农工者可以兴矣。江海诸省所为,智慧渐开,文化日进者,职此之由。晋人才力聪明岂遽出他人下,不于此时急起直追,将何以立于天演之界耶。矧我国家锐意图治,百度维新,提倡董劝,汲汲不遑于观民设教之方,固已曲尽。而吾侪乃足已自封,未知观化,毋乃囿于闻见,而无著先鞭者,以树之风声与。是邦宅三晋之中,沃饶而近省,诚使观我观人,是则是效。取彼艺能盖我道德,为一邑开智识,即为三晋树观瞻,使闻风向慕者咸获,相观而善,而推为文化之中枢,庶有以极天下之大观而无憾矣。”③此文的思想倾向积极向上,与时俱进,承认差距,指出了近代化进程中人的作用,有后来居上的勇气与信心,无怨天尤人之牢骚怪话,可惜在现存碑刻中极为罕见。

现存于三晋大地的晚清碑刻不可避免也存在着历史的局限性。在家教部分,前引道光年间《柳氏家训碑》称:“家道之衰旺,惟视一家之人为何如耳。……总不要信妻子之言,即结为死怨,将一本之爱,遽视为市井交易之人,是所切诫焉。嗟乎!男子之刚肠,能不为妇人所惑者有几人?”④这种女人是祸水的偏见在传统中国社会中根深蒂固,在山西碑刻中再次顽强表现出来是不难理解的。光绪二十五年

① 疑为“比户皆封”之误。

② 《明清山西碑刻资料选》,(续一),第687-688页。

③ 《明清山西碑刻资料选》,(续一),第645-646页。

④ 《明清山西碑刻资料选》,第644-645页。

的《禁赌碑记》则宣称,"幼子十五以下与妇女误犯罚规者罚家长夫主。"①这一规定的逻辑前提是妇女没有独立的人格,万事均应由其丈夫负责。在中国长期的封建社会中,夫妻双方的地位是不平等的,丈夫就是夫主,对妻子享有夫权,上述碑刻再次肯定了这一点。

由此可见,晚清山西碑刻既含有传统文化的精华一面,是我们今天文化自信的根据之一,同时也有传统文化的糟粕部分,必须加以批判地继承。

① 《明清山西碑刻资料选》(续一),第719页。

五四时期社会文化思潮考察

——以湖湘文化为例[①]

一、批判奴隶根性

五四时期的中国是所谓“主义”的时代，各种思潮和学说对中国传统社会产生了前所未有的冲击和影响。为此，论者经常谓五四的钟声一响，各种新的思潮、学说便席卷了三湘大地。[②] 争取人格独立，提倡个性解放是五四时期新文化运动的主旋律。1919 年夏，刚成立不久的健学会即通过两次演讲对人在自然、社会中的地位问题作了系统的阐释。在第一次演讲时，周南女校校长朱剑凡在《我国人“生的观念”与“死的观念”根本误谬》的演讲中指出了当时盛行的生死观念的五点谬误。[③] 从朱剑凡先生的演讲我们不难看出，五四时期大多数的国人还处在神灵、死人、迷信等思想的奴役之下，他们的意志与心灵完全被非我的自然物所束缚，根本毫无自我与个性而言，所以朱剑凡先生在“健学会”的第一次演讲中才迫不及待地强烈呼吁国人反对这种流传已久的奴隶根性，倡导个性自由与解放。

在健学学会第二次演说中，张效敏以《做“人”》为题阐述了当时国人被自然、社会所奴役的情状。他的演说开篇指出，中国空无一“人”，那四万万的数目不算是“人”。因为在那数目里面不外乎两样东西：一曰奴隶。二曰鬼怪。他说，言这四万万的数目里有一部分是奴隶，这是因为：从政治方面而言，中国徒有“共和”之虚名而无其实。从社会方面而言，国人只知盲从古，“复辟”“复古”“尊孔”“忠孝”“贞节”“古文”“国粹”等种种闹剧闹个不休。言这四万万数目里有一部分是鬼怪，系是因为国人迷信“扶乩”“卜卦”“算命”“炼丹”“符篆”等，而这些都是“鬼事”。《做“人”》显然受到了西方近代以来个性自由思想的影响。张效敏在演说中多次引用亚里士多德、尼采、杜威等西方哲学家的话语，并以西方社会作参照物来对比中国。这种对“人格”“自由”的推崇，实际上就是对传统伦理纲常泯灭个人独立主体意识，塑造奴隶根性的批判。张效敏尖锐地批驳了法家的“弱民”说和儒家的“爱民”说，

① 本文与博士生刘永生合作，原载《求索》2009 年第 3 期。

② 见郑炎：《湖南新文化运动时期主要社会思潮述论》，《湖南师范大学学报》1995 年第 3 期；汪小蕾：《“五四”新文化运动在湖南的传播》，《长沙大学学报》2001 年第 3 期等。上述关于五四时期湖南新思潮的研究除有类似于郑文的弊端之外，都存在着一个明显的不足，那就是都是围绕新思想是怎样的传播、为何者所传播以及有何影响而展开的意识形态层面的正面宣传，而对于这个时期的湘省对所谓新的社会思潮的实际认同程度缺乏全面的客观考察。

③ 《我国人“生的观念”与“死的观念”之根本误谬》，湖南《大公报》1919 年 6 月 24 日–30 日。

言它们皆含有否定、蔑视人格的思想，都属于彻底扫除之列。否则，中国人就永远不会具有真正独立的人格，中国也就永远不会成为兴旺发达的国家。《做“人”》一方面可称得上是湖南新文化运动中的一篇个性解放宣言，其中不仅阐述了中国空无一“人”的严酷现实，还提出了三点补救办法。另一方面，从该演说也可看出当时的所谓新思潮对湖南社会（按张效敏意，也含整个中国社会）还根本上没有产生什么影响，湘省对新思想新学说还根本没有付之于实践。否则，又怎会连一个“人”都没有呢？张效敏谓四万万人中空无一“人”，虽然有夸大、言过其实之嫌，但至少亦可得出新思潮对当时的湖南社会影响还很有限的结论。

毛泽东当时的相关论述也佐证了这一论点。1919 年 7 月 14 日，毛泽东在《湘江评论》的创刊号中曾写道，“至于湘江，乃地球上东半球东方的一条江，他的水很清，他的流很长，住在这江上和他邻近的民族，浑浑噩噩，世界上事情，很少懂得，他们没有组织的社会，……，咳！湘江，湘江！你真枉存在于地球上。”[①]毛泽东的这篇文章不仅描绘出了五四时期湖南多数人守旧、毫无革新意识的情状，还言简意赅地分析了其原因。这对于当时湖南及整个中国的思想界而言，就像投水之石激起了一圈一圈的涟漪。其实，早在维新时期，湖南的一部分进步人士就曾表现过对独立人格的向往与追求，但当时的形式与概念都是含糊不清的。湖南新文化运动中，以上述人物为代表的进步人士则站在民主主义立场上，对人的本体意义、人与自然、人与社会的关系、人的生存目的等系列问题从理论上做了详尽阐发，并对中国传统伦理纲常及国人所存在的奴隶根性加以彻底批判，其进步性是显而易见的。

二、倡导教育，开启民智

五四前后的国际国内环境不仅为湖南孕育了一批像蔡和森、毛泽东、何叔衡这样的马克思主义者，也为湖南孕育了一批像周剑凡、罗教铎、周方这样的深受西方新教育思潮影响的教育救国的忠实信徒。前者崇信暴力革命，后者则认为普及民众教育、开启民智才是救治中国的一剂良方。学界从意识形态宣传的角度对前者的研究不可谓不多，而对于后者的论述大多却是轻描淡写，一笔带过。这与后者在湖南乃至整个中国近代社会变迁上的重大影响显得极不相称。这里不拟对上述信奉教育救国者的思想主张进行详细分析，而是对影响其思想主张的新的教育思潮略作介绍。

新文化运动时期，涌入湖南的新教育思潮很多。仅 1919 年 11 月创刊的《湖南教育月刊》第一期就刊登了《桑戴柯的教育学说》《日本教育杂谈》《世界教育》《欧洲和会之教育问题》等文章，系统地介绍了各种新教育观点与国外新教育状况。随着新思想的传播，许多教育界人士认识到，“此次全国学生之爱国运动（即五四学生运动）其目的虽仅在御外辱除国贼，然其影响之所及，实有以举国教育界一切之旧思想恶习惯幡然一变，而在教育史上辟一新纪元也。不佞尝叹吾国教育之一切精

① 湖南省博物馆、湖南历史考古研究所筹备处：《湖南现代革命史料汇集》第一册，1957 年内部出版。

神与形式，莫不染有旧时专制及科举之余毒。”①因此，他们猛烈地抨击中国的旧教育为贵族的、束缚的、因袭的、虚伪的、功利的教育，并强烈主张将其变为平民的、创造的、真实的教育。

1919年2月29日的湖南《大公报》上发表了《学校改制问题》的文章。② 文章说，教育的目的就是在于使人民明知处世求生之道，明知一切事物与人类生存之关系，而有以适合其生存，且能顺应世界之进化。因此，文章认为传统的学校体制至少有四个弊端：一是使学校成为与游离于社会之外的组织。二是使学校成为一纯消费之单位，没有生存之自力。三是使学校与教职工只发生契约上之关系。四是使得学生脱离学校入身社会后无再受学校教育之希望。故认为传统的学校制度不可能达到振兴教育的目的，而要达此目的则必须变革传统的教育体制：首先，要使学校真正成为社会的组织。文章说，学校主体即社会主体，学校事业即社会事业，学校进行即社会之活动，则学校社会各生相互之影响，互相促进。其次，学校须与生产相结合。学校生活是社会生活的一部分，学校组织存在于社会组合之内，社会全体皆为学校之学生，学生亦同时为社会上生产之人。因此不能将学校与生产割裂开来。作者关于教育制度改革的主张的进步性自不待言，其思想显然是受到了当时社会发展潮流的影响。文章说，“现在大战终结，世界状况多已变迁，学校组织亦必有所更改，思想教育家必当注意及此，而有伟大之计划也。”③另外，文章对当时盛行一时的杜威一派学者教育思想也极为推崇，可知西方近代新教育思潮对作者关于学校改制思想的提出产生了重要的催生作用。

湖南新文化运动中，不仅教育改革的主张纷纭众多，多种形式的社会教育也相继推开，其中影响最大的是平民教育。新文化运动以前，湖南教育界已有人主张提倡平民教育以提高国民素质，他们认为教育不平等是中国社会政治、经济不平等的根源。1919年和1920年，美国的哲学家、教育家杜威和英国的教育家、哲学家罗素应邀先后到湖南演讲，宣传一点一滴的改良，最好的方法就是普遍实行平民教育。他们认为，从平民教育入手，把人民知识提高，到那个时候才能实行社会主义。杜威及罗素的演讲极大地推动了湖南平民教育运动的发展，湖南的平民教育运动由此前的舆论宣传阶段进入了具体实施阶段。

这个时期湖南平民教育的具体实行方法，按照施教对象侧重点的不同，大致可分为两大派别。一派主要以乡村农民为教育对象，称之为乡村派；另一派则主要以城市贫民为教育对象，称之为城市派。蒋岩石在1920年6月29日的湖南《大公报》上发表《怎样增进农人知识》，从中我们可以知晓乡村派关于实施平民教育的一般主张：一是在农村设立义务夜学校；二是组织农村通俗演讲团，把新思想灌输给乡村农民，启发他们的思想；三是利用并改良农村旧有的茶馆。农闲时节，茶馆里往往会聚集不少喝茶闲谈的农民。他们有了什么口舌的争执，一时解决不了的，也会到此辩论，还有什么要看征集公意的事情也常要到茶馆里去会议。城市派平民教

① 《吾国教育界之一新纪元》，湖南《大公报》1919年7月10日。

② 《学校改制问题》，湖南《大公报》1919年2月29–30日。

③ 《学校改制问题》，湖南《大公报》1919年2月29–30日

育者则重视对城市平民及平民家庭失学子女进行普遍的义务教育。他们在长沙城区各中小学附设平民学校，推行“识字教育”。与此同时，长沙基督教青年会在市内各小学和寺庙也附设了200余所平民学校，课程既宣传宗教，也传播一些科学知识。1924年，罗教铎、曹典球、周方等又联合成立了“湖南模范平民学校”，发行《平民周刊》，出版《公民常识》等读本和多种通俗唱本，还在各县广泛成立平民教育促进会。城市派平民教育者实施平民教育的方法和途径对日后的共产党和共青团组织在城市开展工人运动也起了很好的示范作用。

三、白话文成为时代号角

与全国一样，反对文言文，提倡白话文也是五四时期文化改革的主要内容之一。它和教育体制改革及平民教育的宗旨基本一致，都是为了普及文化，宣传科学知识，消除旧文化，旧思想对人们的束缚，提高国民的素质实现国家的振兴与富强。这个时期湖南的新文化人士猛烈地抨击文言文的主要特点就是“莫名其妙”，认为只有那些陈腐、顽固、守旧的老先生们才觉得受用不尽。而这种受用，对整个社会来说实在谈不上有什么得益。1919年12月，湖南《大公报》刊登了《我对于学校教授白话文和文言文的意见》一文，作者任先详细地对比了文言文与白话文两者的优劣。但由于湖南历史上形成的传统保守势力的强大，当时主张白话文的呼声也没有得到湖南社会的广泛响应。据相关资料记载，五四前后湖南教育界及文化界人士关于各级学校使用白话文或文言文方面的主张大致分为三派：①

甲派主张从国民学校起，至高等或专门学校一律改用白话文；乙派主张国民学校全用白话文，高小学校文言文白话文参半，中学以上学校，均用文言文；丙派主张国民学校一、二年级全用白话文，三、四年级文言白话参半，高小以上学校均用文言文。

由上可知，甲派主张彻底地改用白话文，乙派和丙派都不同程度地主张文言文与白话文兼用（三派中又是以丙派的人居多数），②故在当时的湖南教育界主张白话文者并未占优势。就这个时期湖南全省而论，到底有多少学校依旧对白话文说“不”，我们虽然不能从数量上做出精确统计，但有一点应该是很清楚的，那就是五四前后在湖南的各级各类学校里依旧使用文言文讲授国文的当不在少数。一些教会学校的国文教员还想出各种办法来反对学生使用白话文，他们声称，“凡做白话文章的一概不改。”③

一般来说，新旧文化的并存以及新学与旧学的斗争，是贯穿近代中国文化发展的一大特征。但是，在近代湖湘文化中，新旧两种文化因素各自表现出那样顽强的生命力，他们之间展开那样激烈的斗争却是其他地区中不多见的。因此，五四时期湖南白话文的信奉者与文言文的信奉者之间的口诛笔伐的激烈程度也是当时大多

---

① 《我对于学校教授白话文和文言文的意见》，湖南《大公报》1919年12月25日。
② 《我对于学校教授白话文和文言文的意见》，湖南《大公报》1919年12月25日。
③ 《国粹派何太顽固》，湖南《大公报》1919年11月29日。

数省份所不能比拟的。检索这个时期的湖南的相关文献资料，我们发现湖南白话文运动的兴起不仅比北京、上海等中心城市至少要晚五年左右，且“旧派”的力量长期都处在“新派”之上，而这又必然使得影响五四时期湖南社会的变迁的逆力大为增加。

四、批判传统礼教，提倡妇女解放

上世纪20年代初，日本牧师清水安三曾说：五四运动以来“中国猛增者有二，一曰杂志，一曰游行”①。而杂志和游行其中有很多又是与反对传统礼教，提倡妇女解放相关联的。如1919年11月14日，长沙城发生一件新娘为反对父母包办的婚姻在花轿中用剃刀刎颈自杀的惨事后，第二天，长沙的报纸上就刊登了这一旧礼教吃人的惨剧。有的报纸为此事发表了评论，说死者是“改革婚姻制度的牺牲者”。年轻的毛泽东认为这是一件大事，从第三天起，在十多天内一连写了七篇文章在《大公报》上刊出。在毛泽东的推动下，湖南新文化运动中的反封建斗争出现了前所未有的高潮，仅《大公报》所收到这方面稿件就多达几十篇。② 以往学者对这个事件关注不可谓不多，常谓新思潮对湖南的冲击是如何之大，影响又是如何之深远，但对“反对传统礼教，提倡妇女解放”这一社会思潮究竟在何种程度上为当时的湖南社会所接受缺乏客观分析。但是毛泽东认为，赵五贞是被当时的环境所逼死的，更是被湖南的社会环境逼死的。③ 当时有人责备赵五贞没有选择积极的反抗——出走，毛泽东在文章中也给予了积极回应：这条路是行不通的。他说“她（指赵五贞）的家乡有一个姓茅的妇女因不满意父母包办选定的丈夫，便和她的情人逃走了，不到两天，就被人围着报信她家捉了回来，并赏她一场极大的毒打，锁入重门，仍旧对着她的蠢夫，完成那‘极正当’的夫妇关系。而湖南的社会舆论却是：这东西打得好，她走脚，她不要脸。这不打还待何时，人家出了这种女子，真是丑死了一族人。”从毛泽东的这段论述可知，“妇女解放”的思潮虽然已传入湘境，但其时“传统礼教”在湖南社会仍占有绝大部分的市场，“妇女解放”这一思潮并未为社会所广泛接受。我们以为一般论者所言的“很快深入人心”的说法的真实性很是值得怀疑。不过，仍需指出的是，湖南社会这个时期对“传统礼教”的尊崇却与部分新文化人士对“妇女解放”的极力倡导并不相悖，这是一个问题的两个方面。

1920年11月20日，湖南《大公报》刊登的一篇名为《女子教育》的文章，作者认为女子解放的第一步就在于男女教育平等，而男女教育平等，不但是小学教育平等，还要使女子和男子一样有求高深学问的机会，即要使女子和男子一样有享受高等教育的权力。要达到此目的，就非重视做入大学预备工夫的女子中学不可。否则，女子之于求高深学问只不过是“望梅止渴”。④ 稍后，一个署名叫筱笙的作者在

---

① ［日］石川祯浩著，袁广泉译：《中国共产党成立史》，中国社会科学出版社2006年版，第4页。

② 湖南省哲学社会科学研究所理论史研究室：《五四时期湖南人民革命斗争史料选编》，湖南人民出版社1979年出版，第380页。

③ 毛泽东：《对于赵女士自杀的批评》，湖南《大公报》1919年11月16日。

④ 悖元：《女子教育》，湖南《大公报》1920年11月20日。

湖南《大公报》上撰文还阐述了自己关于妇女解放问题的主张:均财产、扩张工商业、教育平等、家政平衡、法律平等。该文的作者,认为只有从这五个方面多管齐下才能保证女子在政治、经济、社会地位等各个方面享有同男子同等的权利,并指出这也是妇女解放之根本解决方法。①

上述论者关于妇女解放问题的主张,促使人们重新思考到底怎么样才能使妇女获得根本上的解放,为稍后的湖南妇女参与各种政治、社会活动奠定了初步的思想基础。显然,这在当时具有非常重要的积极意义。

五、余论

五四时期,流行于湖南的社会思潮,除了上述的几项外,影响较大者还有工学互助主义、合作主义、新村主义,我们这里不一一而论。我们以为这个时期湖南社会,与全国大多数地区一样,是处在一个百花齐放的多元的状态,绝不是像某些论者所言的那样,代表所谓历史前进方向的新文化很快就确立了它的指导性地位。一言以蔽之,五四时期的湖南新旧文化的最显著特点可谓之为"旧者仍盛,新者初显"。我们以为这种情形是湖南社会存在已久的一股"潜流"——相对封闭的文化生态(这里主要指文化生态中的自然地理环境、社会经济、政治环境等方面)与保守的历史传统共同孕育的结果。如果忽视对湖南社会长期存在的"潜流"与保守的历史传承所形成的逆力进行客观分析,简单地认为五四运动和十月革命这内外政治事件的爆发就使马克思主义为代表的新文化很快就在湖南获得了多数席位,这与湖南近代历史的实况相差甚远。

① 筱笙:湖南《我们女子的希望》,1920年12月13日

中国共产党首部党章研究[①]

1922年7月在上海召开的中共二大通过了党成立后的第一部党章，对于推动中国共产党的建设、推动中国革命的发展都有重大的意义。然而由于种种原因，学术界关于首部党章的相关研究似乎并不多见。笔者拟从文本分析入手，解读其谋篇布局的内在逻辑关系以及各章的要义，指出其列宁主义的思想导向，充分肯定它对党的建设的制度性贡献。

一

二大党章结构严谨，层次分明，语言精练，共分党员、组织、会议、纪律、经费及附则等六章。其中含有严密的内在逻辑性。

一个政党当然要有党员，反过来，凡是党员必须加入一个具体的党的组织。因此首部党章将“党员”作为开篇的第一章是题中应有之义。第一章共有三条，分别明确规定了党员的入党条件、入党手续以及直接资格认定：“第一条　本党党员无国籍性别之分，凡承认本党宣言及章程并愿忠实为本党服务者，均得为本党党员。”“第二条　党员入党时，须有党员一人介绍于地方执行委员会，经地方执行委员会之许可，由地方执行委员会报告区执行委员会，由区执行委员会报告中央执行委员会，经区及中央执行委员会次第审查通过，始得为正式党员；但工人只须地方执行委员会承认报告区及中央执行委员会即为党员。”“第三条　凡经中央执行委员会直接承认者，或已经加入第三国际所承认之各国共产党者，均得为本党党员。”本章中涉及第三国际的内容，与二大通过确认中国共产党是共产国际的一个支部的决议案直接相关，该决议案宣布“正式加入第三国际，完全承认第三国际所决议的加入条件二十一条，中国共产党为国际共产党之中国支部。”[②]根据革命导师列宁的设计，共产国际就是世界共产党总部，各国共产党都是她的支部，既然如此，在第三国际存在期间，各国共产党的党籍是互相承认，组织关系是可以互转的。在入党手续上特别优待工人，是因为二大通过的《关于“工会运动与共产党”的决议案》阐明了“共产党是所有阶级觉悟的无产阶级分子的组合，是无产阶级的先锋军”[③]，而当时工人党员数量又太少。

---

① 原载《理论经纬2016》，上海三联书店2018年版。

② 《中国共产党第二次全国代表大会(增订本)》，中共党史出版社2010年版，第37页。

③ 《中国共产党第二次全国代表大会(增订本)》，第47页。

二

革命导师列宁认为“党应该是组织的总和”,他希望“使作为阶级的先进部队的党成为尽量有组织的”①。前已经述及,首部党章规定,除工人外一般人入党必须经过党的地方、区、中央三级执行委员会,而支部是党的基层组织。有了一定数量的党员就要编入党的各级组织。党章第二章“组织”的第四条规定,“各农村各工厂各铁路各矿山各兵营各学校等机关及附近,凡有党员三人至五人均得成立一组,每组公推一人为组长,隶属地方支部。……各组组织,为本党组织系统,训练党员及党员活动之基本单位,凡党员皆必须加入。”凡是党员必须加入一个具体的党的组织,是当年列宁在俄国社会民主工党内部与孟什维克进行斗争时坚持的一个原则问题。列宁提出的党章之所以如此严格规定是考虑到德国社会民主党的严重教训。由于该党党章没有要求党员属于党的一个组织,只是泛泛规定“凡是承认党纲原则并按力量支持党的人都可以入党”,这样就给各种投机分子、野心家以可乘之机,听任他们自由出入德国社会民主党。

中共首部党章的这一条款坚持了列宁主义的建党原则,在“党员”与“组织”两章间起到了很好的承上启下的过渡作用。与一大通过的党的第一个纲领相比,原来的委员会、地方委员会、地方委员会执行委员会、中央执行委员会②改为了党小组、地方支部、地方执行委员会、区执行委员会与中央执行委员会,这主要是党员人数有所增加的缘故。

该章第五条又规定,“一地方有两个干【支】部以上,经中央执行委员会之许可,区执行委员会得派员至该地方召集全体党员大会或代表会,该会推举三人组织该地方执行委员会,并推举候补委员三人——如委员因事离职时,得以候补委员代理之。未有区执行委员会之地方,则由中央执行委员会直接派员召集组织该地方执行委员会,直接隶属中央。区执行委员会所在地方得以区执行委员会代行该地方执行委员会之职权。”从这条来看,当初的设计还是非常高效的,区执行委员会所在地方由区执行委员会代行该地方执行委员会之职权,有利于精简机关,尽可能地减少专职党务干部,这种兼职也有利于上级机关以点带面,指导面上的工作。第六、第七条规定了区执行委员会与中央执行委员会的产生办法,同样有候补委员的内容,只是与地方执行委员会 3∶3 的完全等额设计不同,在上面两级的执行委员会中委员与候补委员的比例定为 5∶3。这大概是考虑到地方执行委员会数量较多,容易遭到敌人破坏、产生各种变故的原因。

二大本身就根据党章规定的委员人数,选出陈独秀、张国焘、蔡和森、高君宇、

---

① 列宁:《进一步,退两步》,《列宁选集》第一卷,人民出版社 1995 年版,第 471 页。

② 中国共产党第一个党纲规定,“凡有党员五人以上的地方,应成立委员会。……凡是党员不超过十人的地方委员会,应设书记一人;超过十人的应设财务委员、组织委员和宣传委员各一人;超过三十人的,应从委员会的委员中选出一个执行委员会。”“在党员人数超过五百,或已成立五个以上地方执行委员会时,应选择一适当地点成立由全国代表会议选出之十名委员组成之中央执行委员会。”参见《中国共产党历次党章汇编(1921—2012)》,中国方正出版社 2012 年版,第 50-51 页。

邓中夏五名委员和三名候补委员组成的中央执行委员会。中央执行委员会又根据党章第九条,推选陈独秀为委员长,"总理党务及会计;其余委员协同委员长分掌政治,劳动,青年,妇女等运动。"按照党章规定,下属的各级执行委员会也要互推委员长一人,总理相当层级的党务及会计。

三

会议是党的各级组织的经常性的活动。第三章"会议"有党员大会、执行委员会会议和全国代表大会等规定。该章不仅规定了在常态下各级党组织开会的次数与时间间隔,如"第十一条　各组,每星期由组长召集会议一次;各干部,每月召集全体党员或组长会议一次;各地方由执行委员会每月召集各干部会议一次;每半年召集本地方全体党员或组长会议一次;各区,每半年由执行委员会定期召集本区代表大会一次;全国代表大会每年由中央执行委员会定期召集一次。"而且还预见到在非常时期,即"必要时"开临时会议,相关规定共有5条:"第十二条　中央执行委员会认为必要时,得召集全国代表临时会议;有过半数区之请求,中央执行委员会亦必须召集临时会议。第十三条　全国代表大会或临时会议之人数,由中央执行委员会临时定之。第十四条　凡一问题发生,上级执行委员会得临时命令下级执行委员会召集各种形式的临时会议。第十五条　中央执行委员会得随时派员到各处召集各种形式的临时会议,此项会议应以中央特派员为主席。十六条　中央及区与地方执行委员会,均由委员长随时召集会议。"以上这些内容与19世纪中叶产生的《共产主义者同盟章程》和1919年、1922年俄共(布)两次大会通过的章程相对照,可以发现是中国共产党当时所独有的。

四

无论是党员个人、党的各级组织,还是党的各级会议均应有各自的行为准则,这就是铁的纪律。革命导师列宁在1920年说过,"要使无产阶级能够正确地、有效地、胜利地发挥自己的组织作用,无产阶级政党的内部就必须实行极严格的集中和极严格的纪律。"①在首部党章第四章"纪律"中的第十七条就明确规定:"全国代表大会为本党最高机关;在全国大会闭会期间,中央执行委员会为最高机关。"这条规定一直沿用至今。实际上"纪律"这一章已经蕴含了"个人服从组织,下级服从上级,少数服从多数,全党服从中央"的精神,只是尚无如此简洁明确的文字表述。

个人服从组织:见第十八条"全国大会及中央执行委员会之议决,本党党员皆须绝对服从之。"党章第二十二条、二十三条、二十五条给党员开出了明确的负面清单:"若不经中央执行委员会之特许,不得加入一切政治的党派。前已隶属一切政治的党派者,加入本党时,若不经特许,应正式宣告脱离";"不经中央执行委员会之

① 列宁:《共产主义运动中的"左派"幼稚病》,《列宁选集》第四卷,人民出版社1995年版,第154页。

特许,不得为任何资本阶级的国家之政务官"①;"凡党员有犯下列各项之一者,该地方执行委员会必须开除之:(一)言论行动有违背本党宣言章程及大会各执行委员会之议决案;(二)无故联续二次不到会;(三)欠缴党费三个月;(四)无故联续四个星期不为本党服务;(五)经中央执行委员会命令其停止出席留党察看期满而不改悟;(六)泄漏本党秘密。"此外二大通过的《关于共产党的组织章程决议案》根据党章对个人服从组织进行了详细的阐发,要求"个个党员都要在行动上受党中军队式的训练"。"个个党员须牺牲个人的感情意见及利益关系以拥护党的一致"。"无论何时何地个个党员的言论,必须是党的言论,个个党员的活动,必须是党的活动;不可有离党的个人的或地方的意味"。②

下级服从上级:见第十九条"下级机关须完全执行上级机关之命令;不执行时,上级机关得取消或改组之。"

少数服从多数:在二大党章中的原始表述是"少数绝对服从多数",见第二十四条:"本党一切会议均取决多数,少数绝对服从多数。"

全党服从中央:见第十七条"全国代表大会为本党最高机关;在全国大会闭会期间,中央执行委员会为最高机关。"与之相配套的,党章第十一条规定,"全国代表大会每年由中央执行委员会定期召集一次。"第八条"中央执行委员会任期一年"的规定也就是这样来的。第九条又规定中央执行委员会的基本职责就是执行全国代表大会的各种决议,"审议及决定本党政策及一切进行方法。"也就是说中央执行委员会的权力来自党的全国代表大会,大会闭会期间行使最高权力,而"执行大会的各种决议"放在首位,其次才是"审议及决定本党政策及一切进行方法。"党中央的权威源自全国代表大会,代表着全党的意志。党章第二十一条规定,"区或地方执行委员会及各组均须执行及宣传中央执行委员会所定政策,不得自定政策,凡有关系全国之重大政治问题发生,中央执行委员会未发表意见时,区或地方执行委员会,均不得单独发表意见,区或地方执行委员会所发表一切言论倘与本党宣言章程及中央执行委员会之议决案及所定政策有抵触时,中央执行委员会得令其改组之。"

列宁十分看重党章中有关党的纪律的规定。他认为党内团结和组织统一,"如果没有正式规定的党章,没有少数服从多数,没有部分服从整体,那是不可想象的。"③

另一方面,共产党实行的是民主集中制,在党内纪律与民主是有机的辩证的统一。首部党章第二十条规定:"各地方党员半数以上对于执行委员会之命令有抗议时,得提出上级执行委员会判决;地方执行委员会对于区执行委员会之命令有抗议时,得提出中央执行委员会判决;对于中央执行委员会有抗议时,得提出全国大会或临时大会判决;但在未判决期间均仍须执行上级机关之命令。"这一条文彰显了

---

① 关于这一条,中共一大通过的党的第一个纲领曾经规定,"党员除非迫于法律,不经党的特许,不得担任政府官员或国会议员"。不过当时对此条文就有激烈争论,最后决定留至二大再作决定。

② 《中国共产党第二次全国代表大会(增订本)》,第55页。

③ 列宁:《进一步,退两步》,《列宁选集》第一卷,第499页。

党的民主集中制的基本原则,体现了民主与纪律的双向互动,有利于发扬党内民主。

五

经费是保持一个政党正常运作的基本条件之一。建党初期,共产国际在资金上给了中共以很大的支持,但是从长远来看,中共的经费还是应当立足于自筹。从一大通过的党的第一个纲领规定,凡是党员超过十人的地方委员会,除应设书记外,还"应设财务委员、组织委员和宣传委员各一人"①;以及二大党章中多次将"总理党务及会计"并列为各级委员长的基本职责均可看出,财政②问题当时是除了党务之外的最重要问题。在此背景之下,二大党章将"经费"列为第五章,分成党费、党内派捐与党外协助三部分。也许是考虑到后二者实际操作有一定难度,不宜列为常规选项,因此党章中就只有"党内派捐""党外协助"八个字,再无下文。但对常规选项——党费的收缴,根据不同党员的不同收入做了详细的实事求是的规定。第二十六条规定"党员月薪在五十元以内者,月缴党费一元;在五十元以外者,月缴党费按月薪十分之一计算;无月薪者及月薪不满二十元之工人,每月缴费二角;失业工人及在狱党员均免缴党费。"

第六章"附则"是关于首部党章的解释性说明。第二十九条说明了首部党章产生的程序:经过一九二二年七月十六日一十三日中共二大的议决,一致通过后,由二大选出的中央执行委员会公布后发生效力。第二十八条则规定了"本章程修改之权,属全国代表大会,解释之权属中央执行委员会。"因此以后历次党代会总会根据当时的形势与任务,对党章进行若干修改。而为何修改、准备修改哪些,一般也会有人在大会上作专题发言,进行解释。

六

当然,由于各种原因,二大通过的中国共产党的首部党章也不是完美无缺的。首先是没有将要求党员承认的"本党宣言"的要点写进党章。而二大通过的《关于"工会运动与共产党"的决议案》还明确提及共产党"有一定的党纲,是一个以打倒资产阶级和资本主义为目的的无产阶级的政党"③,不知何故,当时没有把党的最高纲领与最低纲领写进党章,这是一大缺憾。一直到党的七大通过的党章才在新设的总纲部分明确写明党的最终目的"是在中国实现共产主义制度。"④其次,首部党章也没有提及党的指导思想,直到七大通过的党章才在总纲部分写明"中国共产党,以马克思列宁主义的理论与中国革命的实践之统一的思想——毛泽东思想,作

---

① 《中国共产党第二次全国代表大会(增订本)》,第82页。

② 这是中共六大通过的党章的提法,参见《中国共产党历次党章汇编(1921—2012)》,第93页。六大党章,为了监督各级党部的财政、会计及各机关工作,新规定要选举各级审查委员会。

③ 《中国共产党历次党章汇编(1921—2012)》,第47页。

④ 《中国共产党历次党章汇编(1921—2012)》,第95页。

为自己一切工作的指针”[1]。第三，可能是急于发展党的组织，首部党章取消了我党第一个纲领中关于新党员候补期的条文[2]，而新党员没有接受一定时限的组织考察，难免会使一些入党动机不纯乃至于投机分子混入党内。所幸中国共产党很快发现了问题，在一年后三大通过的《中国共产党第一次修正章程》中及时补上了关于新党员候补期的条文，为保持党的纯洁性设立了前置性的关卡。第四，首部党章虽然提到了党要领导青年运动，但对党与青年团的关系没有明文规定，直到 1927 年 6 月 1 日中央政治局通过的《中国共产党第三次修正章程决案》才添加了“与青年团的关系”这一章。[3]

党章是党的根本大法，是指导党的工作、党内活动、党的建设的根本依据，也是全党同志必须遵守的根本行为规范和总规矩。首部党章的诞生与党的前途命运息息相关，因此制定并通过首部党章是党的二大的一大功劳。关于这一点，二大通过的《关于共产党的组织章程决议案》就有表述。《决议案》首先将中国共产党自我定位为一个“为无产群众奋斗的政党”，“一个做革命运动的并且一个大的群众党”，接着指出要“成功一个能够实行无产阶级革命大的群众党，不是少数人空想的革命团体，我们的组织与训练必须是很严密的集权的有纪律的，我们的活动必须是不离开群众的。”[4]而党的章程就为此作了很好的规范。有了它，中国共产党就加速发展壮大。首部党章也是以后相继召开的党的三大、四大、五大修改党章的底本与基础，从 1923 年起到 1928 年六大以前，历次党章的名称就叫作《中国共产党第一次修正章程》《中国共产党第二次修正章程》与《中国共产党第三次修正章程决案》。历史已经表明，首部党章具有不容置疑的权威性、全局性和稳定性，其本身就是党在 1922 年战斗力、凝聚力与创造力的具体体现。

---

① 《中国共产党历次党章汇编(1921—2012)》，第 95 页。

② 第一个党纲规定，“接收新党员的手续如下：候补党员必须接受其所在地的委员会的考察，考察期限至少为两个月。考察期满后，经多数党员同意，始得被接收入党。”见《中国共产党历次党章汇编(1921—2012)》第 50 页。

③ 参见《中国共产党历次党章汇编(1921—2012)》，第 81 页。

④ 《中国共产党第二次全国代表大会(增订本)》，中共党史出版社 2010 年版，第 54-55 页。

上海外国语学社述略[①]

上海外国语学社在中国共产党建党初期起了很重要的作用,中共中央党史研究室著《中国共产党历史》第一卷(中共党史出版社 2002 年版)对此有明文记载,但限于篇幅,只讲了两句话(详后)。至于学术界关于它本身的研究还是很不够的,最新的相关成果是张秋实、汪洪:《中共创建与中共留俄干部教育之开启》[②]。该文仅有一小节提及该学社选派第一批留俄培训干部到莫斯科东方大学学习,还不是研究上海外国语学社的专论。

一

1920 年 8 月上旬中国共产党早期组织在上海法租界环龙路渔阳里二号《新青年》编辑部(即陈独秀寓所,今南昌路 100 弄 2 号)成立。发起人有陈独秀、李汉俊、俞秀松、施存统(在日本)、陈望道、沈玄庐、杨明斋、李达,陈独秀任书记。它实际上是中国共产党的发起组织,是各地共产主义进行建党活动的联络中心。8 月 22 日在中国共产党早期组织领导下,上海社会主义青年团成立。俞秀松、施存统、叶天底、袁振英、金家凤等为发起人,书记俞秀松。团址设在上海霞飞路新渔阳里六号(后改为新铭德里六号,今淮海中路 576 弄 6 号)。也就在 8 月底,上海外国语学社的牌子就挂在新渔阳里六号的乌黑大门上了。

新渔阳里六号的房子原来是戴季陶承租的,后来由杨明斋出面续租。1954 年 3 月包惠僧回忆说,1920 年春杨明斋同吴廷康到上海找陈独秀商量建党之初,即租定这个房子。是哪一个月起租不详。是杨明斋经手租的,华俄通讯社就在这里发稿。接着办了一个"外国语学社"。社会主义青年团即在此处。[③]

杨明斋(1882—1938),山东平度人。1901 年去符拉迪沃斯托克谋生,1908 年到西伯利亚矿区做工。十月革命前加入俄共(布),动员华工参加红军。1920 年 4 月随吴廷康(即维经斯基)来华,推动和帮助各地共产主义组织的建立。同年夏,主持成立华俄通信社。他未赶上出席共产国际第三次代表大会,在伊尔库茨克滞留至 1921 年 9 月中旬,之后返回中国,主要从事理论宣传工作。1922 年 7 月参加中共二大。

---

① 原载《中共创建史研究》第 3 辑,上海人民出版社 2018 年版。

② 《中共创建史研究》第 2 辑,上海人民出版社 2017 年版,第 23-29 页。

③ 《觉悟渔阳里　上海社会主义青年团创建史料选辑》下册,上海人民出版社 2017 年版,第 1348 页。

经过共产国际批准来华活动的吴廷康是俄共远东局代表,杨明斋时任其翻译兼秘书,随行的还有马马耶夫和吴廷康的夫人库兹涅佐娃。据说列宁给吴廷康三大任务:一、同中国社会主义团体联系,组织正式的中国共产党及青年团;二、指导中国工人运动,成立各种工会;三、物色一些中国的进步青年至莫斯科东方大学学习。[①] 根据彭述之回忆,当陈独秀从吴廷康那里得知苏俄、共产国际将创办东方大学的决定后,"他立即委托杨明斋在渔阳里6号筹办中国共产主义中央小组外国语学社,并以最紧急的方式当面或者写信给杭州最有声望的共产主义者陈望道、任职芜湖国立中学校长的朋友高语罕、长沙共产主义者召集人贺民范、北京共产主义者领导人李大钊,可能还有其他若干他认识的、多少受其影响的接近马克思主义者,要求他们以最快的速度让尽可能多的社会主义青年团员们停止一切工作到上海来,为留学莫斯科做准备。"[②]从现有资料来看,推荐、介绍学员最多的是湖南船山学社贺民范(中共湖南党组织的发起人之一)、社会主义青年团负责人俞秀松以及安庆社会主义青年团负责人蔡晓舟。陈独秀本人亲自推荐时在上海湖南青年罗亦农、袁达时、李启汉等进学社学习。[③]

另一方面,当时上海法租界当局"对革命党的行动极为注意,上海的流氓暗探等也常常有勒诈的行为。便由张继和柏文蔚二人出头,与法界有关系的出为相助,即以戴季陶住宅为团址,并筹办一个外国语学校,挂起一个招牌,以避法帝和中国反动政府的耳目"[④]。还有人提供了关于牌子的细节:"六号的大门口挂着一块'外国语学社'的木牌子,有三尺来长,一尺光景阔。写的北魏字体,漆成黑底白字。"[⑤]

因此,1954年3月包惠僧回忆早期青年团在上海新渔阳里6号活动情况时说外国语学社"因为没有立案,也没挂招牌,为我党初期的联络接洽与一些半公开活动的机关"[⑥],恐有误。

二

"外国语学社是上海党组织创办的一所培养干部的学校"[⑦],旨在选派青年赴俄学习,造就革命人才。1920年9月28日至10月2日《民国日报》第一版连续刊载了《外国语学社招生广告》,称"本学社拟分设英、法、德、俄、日本语各班,现已成立英、俄、日本语三班。除星期日外每班每日授课一小时,文法读本由华人教授,读音

① 参见《维经斯基在中国的有关资料》,中国社会科学出版社1982年版,第460页注释4。

② 《觉悟渔阳里　上海社会主义青年团创建史料选辑》下册,上海人民出版社2017年版,第1397页。

③ 参见《中共创建史研究》第2辑,上海人民出版社2017年版,第26页。

④ 《觉悟渔阳里　上海社会主义青年团创建史料选辑》下册,上海人民出版社2017年版,第1334页。

⑤ 《觉悟渔阳里　上海社会主义青年团创建史料选辑》下册,上海人民出版社2017年版,第1361页。

⑥ 《觉悟渔阳里　上海社会主义青年团创建史料选辑》下册,上海人民出版社2017年版,第1348页。

⑦ 《中国共产党历史》第一卷,中共党史出版社2002年版,第83页。

会话由外国人教授,除英文外,各班皆从初步教起。每人选习一班者月纳学费银二元。日内即行开课,名额无多,有志学习外国语者请速向法界霞飞路新渔阳里六号本社报名”。

关于该学社最初的开办经费,金家凤 1956 年 10 月 14 日有段回忆说,1919 年他接连被交通大学、南洋路矿学校开除学籍后即迁入霞飞路铭德里(新渔阳里 6 号)居住,其时仍准备去法国。陈独秀至沪后,金与上海学生会欢迎他,并参与筹备上海外国语专门学校。“陈独秀筹组马克思主义研究会及社会主义青年团,我也参加。见到陈独秀生活无着,贫苦之至,连活动费、招待费都没有。各地来人渐多(各省通缉的学生,尤其湖南人)。我捐出准备留法的费用 6000 银元,作为基本费用。”[①]如果金的回忆无误,那么至少上海外国语学社的早期启动、运作经费主要来自这笔捐款。因此据学员回忆,在新渔阳里六号,“家具都是租来用的,所以也相当考究,并不很坏的,但没有沙发。”“许多传单印刷品也都在这里印,所以当时有两三架油印机,写蜡纸用的铜板等等都齐全的,不过都是日本掘井誊写堂的货色。”[②]该校还有一个图书室,“书本很少,开办时还是靠沈雁冰捐了八十元的稿费才成立的”。到后来经费无着,连兼职图书管理员的六元钱的生活费也发不出了。[③]

学社内教员分工如下:库兹涅佐娃、王元龄讲授俄文,李达教日文、李汉俊教法文,袁振英教英文。学员许之桢回忆:“当时教的也不止俄文一种,英、法、日文都教,李达教日文,李汉俊教法文,袁震英教英文。”[④]本来新渔阳里六号楼下厢房是教俄文的,也有教法文的。“法文是由李汉俊教。后来因发展了,楼下客堂也做了教室,请王元玲教俄文。”[⑤]《维经斯基在中国的有关资料》(中国社会科学出版社 1982 年版)第 463 页说,“李震瀛教英文”,是错将袁振英当作李震瀛了。

库兹涅佐娃是俄国人,她虽然上课的时间不多,但她通过与学员们的交谈和会话,迅速地提高了学员听说俄语的能力。担任俄语主要教学任务的王元龄回忆外国语学社的情况时说:“我是 1920 年夏季从哈尔滨毕业的,7 月份回上海。冬天杨明斋同志到我的地方来接洽,过了阴历年约二月份初春,我到这里来教书,未到大热天约阴历五月份就结束。我来上课的时间是下午,吃过饭后。结束后,起初据说到法国去,后来知道他们是到苏联去……我在这里教书时,教室在楼下客堂,黑板挂在中间,黑板面朝东。学生约有 50 人,课桌放得很挤,中间有两条走道,里面课桌紧靠 6 扇平门,平门是关着的。教师前面不另放桌椅。我站的地方空位不多,我的

---

① 《觉悟渔阳里　上海社会主义青年团创建史料选辑》下册,上海人民出版社 2017 年版,第 1339 页。

② 《觉悟渔阳里　上海社会主义青年团创建史料选辑》下册,上海人民出版社 2017 年版,第 1361 页。

③ 《觉悟渔阳里　上海社会主义青年团创建史料选辑》下册,上海人民出版社 2017 年版,第 1390 页。

④ 《觉悟渔阳里　上海社会主义青年团创建史料选辑》下册,上海人民出版社 2017 年版,第 1360 页。

⑤ 《觉悟渔阳里　上海社会主义青年团创建史料选辑》下册,上海人民出版社 2017 年版,第 1363 页。

书就放在前一排学生的课桌上。"[①]学员萧劲光回忆:"杨明斋不具体教学,教我们俄文的是一个王小姐,俄文说得也非常好,……王小姐和杨明斋很熟,每天下了课,杨明斋总要将王小姐送出学社门。"[②]有些记载讲,王元龄是陈独秀请来教书的,不确。

当然外国语学社负责人杨明斋也会讲流利的俄语,他有时也给学员上俄语课和辅导学员学习。[③]《刘少奇传》说,"学员主要学习俄文,由杨明斋和维经斯基的夫人库兹涅佐娃主讲"[④],也是不确切的。

关于英语教学,1932 年 11 月 21 日袁振英致信《社会新闻》编辑部说:"民国九年我由日本返国过沪,外国语学校找我教过几点钟英文。"[⑤]他回忆说:在外国语学社"我担任英文一科,我又与施存统、叶天低、俞秀松、金家凤主持团务,总务由杨明斋担任"[⑥]。

三

外国语学社的入学方式主要是组织推荐介绍,免试入学。它吸收了湖南、浙江、安徽、江西、上海等地的青年入学,学习外语和马克思主义基本知识,同时参加一些革命活动。先后在该社学习的有:刘少奇、罗亦农、任弼时、萧劲光、汪寿华、柯庆施、蒋光慈、曹靖华等近六十人。[⑦]

上海社会主义青年团成立后,"建团工作首先在外国语学社的学生中开展"[⑧]。二十多名学员被吸收为第一批团员,其中包括刘少奇、罗觉(亦农)、任弼时、萧劲光、任作民、王一飞、许之桢、傅大庆、周昭秋、柯庆施、梁柏台、卜士奇、袁达时、彭述之、廖划平等。这么多的优秀团员集聚在社会主义青年团团址所在地,因此说外国语学社是社会主义青年团的大本营毫不为过。

学员中来自湖南的最多。他们大多是与毛泽东一道参与筹建湖南俄罗斯研究会的船山学社负责人贺民范介绍的,其中有罗亦农、刘少奇、任弼时、萧劲光、任岳、周昭秋、胡士廉和陈启沃等。任弼时在上海外国语学社期间与萧劲光等住法租界贝勒路(今黄陂路)一亭子间,吃包饭,睡地铺,所有费用由学社提供。也就是说,他们六人进社学习是完全免费的。从安徽来上海外国语学社学习的曹靖华也享受同样待遇,他回忆说:"我在这个外国语学社学习,既没交学费,也没交饭费和宿费,全

---

① 《觉悟渔阳里　上海社会主义青年团创建史料选辑》下册,上海人民出版社 2017 年版,第 1407 页。

② 《觉悟渔阳里　上海社会主义青年团创建史料选辑》下册,上海人民出版社 2017 年版,第 1355 页。

③ 黄峥:《刘少奇全传》,中共党史出版社 1998 年版,第 61 页。

④ 《刘少奇传》上,中央文献出版社 1998 年版,第 27 页。

⑤ 《觉悟渔阳里　上海社会主义青年团创建史料选辑》下册,上海人民出版社 2017 年版,第 1558 页。

⑥ 《觉悟渔阳里　上海社会主义青年团创建史料选辑》下册,上海人民出版社 2017 年版,第 1334 页。

⑦ 《现代上海大事记》上海辞书出版社 1996 年版,第 74 页。

⑧ 《中国共产党历史》第一卷,中共党史出版社 2002 年版,第 83 页。

是S. Y. 包了。"[①]但也有付学费上学的。1921年3月9日廖化平在上海发出的信中透露,在上海学习俄语和世界语,"俄语是杨明斋教授,每月学费一元,讲义费八角。世界语是一个俄国新闻记者教授,不收学费"[②]。廖化平所说学俄语的费用十分具体,每月学费加讲义费共一元八角,与招生广告中开列的学费二元相差不多。

萧劲光回忆:当时在外国语学社一起学习的大约有二三十人,"除了我们一起来的6个人外,还有刘少奇、罗觉(即罗亦农)、卜士奇等同志,他们比我们到上海早一些。任作民同志也比我们早到,他是任弼时同志的叔伯兄弟,在上海的一个纺织厂做工,从工厂来外国语学社的。还有吴芳、谢文锦同志,都是江苏人。记得和我们先后到这来学习的还有彭述之、廖化平、许之桢、傅大庆、马念一、曹靖华、韦素园、蒋光慈等。在外国语学社,我和弼时同志一起参加了工读互助团。工读互助团实际上是社会主义青年团的前身,它的机关就在我们俄文班的楼上,刘少奇同志是我们这个组织的负责人。"[③]

刘少奇当初来上海外国语学社学习时也持有贺民范给上海外国语学社负责人杨明斋的推荐信。与刘少奇一道从长沙来上海的共7人,其中有彭述之、吴先瑞、刘汉芝(后两个人都为革命牺牲了),还有个周庠,因为新娶了漂亮妻子,难以割舍,半路落荒而去。在外国语学社,刘少奇等人与任弼时、王一飞、萧劲光、蒋光慈、曹靖华等人为同一个班,编为三个小组。[④]

学员许之桢回忆:他和刘少奇、柯庆施同志住在外国语学社楼上厢房里,"楼下不住人。那时这里还是自办伙食的,但也没有一定,有时在外边买些粢饭油条吃吃也就算了。通常吃饭时在楼下厢房里的。"[⑤]但黄峥著《刘少奇全传》(中共党史出版社1998年版)第60页称,"少奇和其他同学一起每月吃5元钱的包饭,但是他们往往5个人合伙包4个人的饭,每个月各人节省1元钱买书报和做其他费用。"

1920年10月湖南隆回县人彭述之经贺民范介绍进上海外国语学社学习,并加入上海社会主义青年团。他回忆说:"外国语学社的首届学生迟至1920年10月中才入学。截至1920年11月初,全部学生包括晚报到者共达29至30人之多,其成员来源如下:湖南16人,浙江7—8人,安徽4人,江西1人,上海1人。来自湖南的年轻人虽经贺民范逐个选出,但仍是一个不很一致的大家庭。这个大家庭包括两个小家庭:'老战士'家庭,由罗亦农、卜士奇、袁达时、吴芳4人(八九个月前到上海)和李启汉、陈为人2人(五六个月前到上海)组成;'新战士'家庭,由黎冰若、彭述之、江XX(五六个星期前到上海)和刘少奇、任弼时、任作民、萧劲光、彭礼何、彭

---

① 《觉悟渔阳里　上海社会主义青年团创建史料选辑》下册,上海人民出版社2017年版,第1366页。

② 《觉悟渔阳里　上海社会主义青年团创建史料选辑》下册,上海人民出版社2017年版,第1403页。

③ 《觉悟渔阳里　上海社会主义青年团创建史料选辑》下册,上海人民出版社2017年版,第1356页。

④ 王光美:《少奇青少年时代生活片断摘录》,《觉悟渔阳里　上海社会主义青年团创建史料选辑》下册,上海人民出版社2017年版,第1352页。

⑤ 《觉悟渔阳里　上海社会主义青年团创建史料选辑》下册,上海人民出版社2017年版,第1361页。

XX、吴XX(两三天前到上海)组成。来自上海本地的青年名叫抱朴,和罗亦农及其他三同志一样,是上海工读互助团的老成员,自然是个'老战士'了,但他并没能(也永远没有)摆脱无政府主义。江西的青年人是傅大庆;来自安徽的4个青年是韦素园、曹靖华、蒋光慈和一个我现已记不起姓名的小伙子;来自浙江的7到8个青年是王一飞、韩百华、文锦、华林①、天底等人,几乎都是像黎冰若、我和刘少奇一样的新手,没有任何政治经验的活动分子,到上海还不到两个月,因此自然都是'新战士'了。……星期一到星期六,整个白天都用于接受杨明斋和友人浦克不断灌输给我们的语言和意识形态入门课程。"②仔细说来,彭述之的上述回忆有点问题,如刘少奇是先于任弼时等6人进学社的,与任弼时等并非一批,但总体而言还是可信的,即经推荐介绍进外国语学社学习的学员是分期分批来上海的。最早的1920年3月,最晚的1920年11月初到达上海,时间相差8个月,真可谓好事多磨。

浙江人周伯棣回忆,"到渔阳里6号外国语学社学习是在1920年11月20日至1921年5月份,是俞秀松介绍的"。周伯棣回忆说:"以前我和俞秀松是同学。我在杭州,因为父亲失业了,家中经济发生困难,俞秀松写信给我,叫我到上海半工半读,我就从杭州到上海,进了外国语学社学习俄文,记得我当时就和俞秀松两人住在亭子间里,俞秀松叫我管图书,每月有陆元工资。听说这笔钱是沈雁冰等同志的稿费,用这笔钱买了许多书,多余的就给我作工资。我就一面管图书,一面学俄文,准备到苏联去学习。当时……大部分是住在外面的,只有一小部分住在6号,大约有七八个人,多数是湖南人。"③

还有比周伯棣入学更晚的。浙江人华林回忆:"1920年12月左右,俞秀松来找我,谈起青年团,望我参加,并且希望我不要读英文,改读俄文,我答应了。第二天,他就同叶天底(后来牺牲)来帮我搬行李盖到渔阳里6号。……我们在渔阳里没有什么活动,主要是学习俄文。当时在一起学习的有:刘少奇,还有柯怪君。从照片来看很像柯庆施,……当时住在渔阳里的有十多人,我记得的有周伯棣、柯怪君。"④

从安徽来上海外国语学社的曹靖华回忆,"1920年我又到安徽大通的小学教书,时间很短。这时,安徽的蔡晓舟(他是安徽进步青年的头头,来往于芜湖、上海之间,经常在安庆,所有安徽要求进步的青年,都由他来调动)写信给我说,你不要教书了,到上海来,我介绍你进S.Y.读书。这样,我就于一九二〇年底,来到上海

① 华林,又名华挺生,1920年冬至1921年春曾在外国语学社学习,参加社会主义青年团,以后赴苏联莫斯科学习。

② 《觉悟渔阳里 上海社会主义青年团创建史料选辑》下册,上海人民出版社2017年版,第1397页。

③ 《觉悟渔阳里 上海社会主义青年团创建史料选辑》下册,上海人民出版社2017年版,第1388页。

④ 《觉悟渔阳里 上海社会主义青年团创建史料选辑》下册,上海人民出版社2017年版,第1394页。柯庆施后来谈起社会主义青年团早期的情况时说:"1920年下半年我们到上海时,住在渔阳里六号,当时的组织就叫社会主义青年团,对外的名义是外语学校,社会主义青年团的工作由俞秀松负责。在那里呆过的有少奇、萧劲光,现在总工会工作的许之谨(?),另外还有马俊民(现在湖北),彭湃(湖南人,现在北京)。"见《觉悟渔阳里 上海社会主义青年团创建史料选辑》下册,上海人民出版社2017年版,第1358页。

霞飞路渔阳里六号,外面挂个牌子是'外国语学社'。我在这里学俄文,教员是杨明斋。……我们这个班,上课时在渔阳里六号,下课就各自回到三个省的同学住宿处。我在S. Y. 读书时,只我一人是河南人,因我是从安徽来的,所以我就住在安徽同学的住处。我记得好像是在法租界南成都路附近一间大房间,没有家具,没有床铺,就睡在地板上。"①

学员生活虽然艰苦,但毕竟是衣食无忧,心无旁骛。是中共早期组织克服了种种困难,为他们创造了一个可以集中时间精力学习外语和马克思主义基本知识的良好环境。

四

外国语学社的学员们每日上午学习俄文,下午除学习外,参加工读互助团的学员,"有时刻钢板、印传单,有时还要到工厂联络,上街散发传单。遇有纪念日,就参加游行"②。每当游行时走在前边举旗杆的经常是这些人。

每星期天则是安排政治课讲座,学社请上海复旦大学教授陈望道给学员们讲解《共产党宣言》,请作家沈雁冰和《民国日报》的邵力子讲授社会科学知识。萧劲光回忆:"我们在这里除了学习俄文,还听讲马列主义的课。我读的第一本马列的书就是外国语学社发的《共产党宣言》,书的封面上有一个大胡子的马克思像。对《共产党宣言》我们读起来很费解,尽管字都认得,但好些术语不明白。书是由陈望道翻译的,马列主义课也由他主讲,每个星期日讲一课。"③

学员课外阅读资料有《新青年》《星期评论》《劳动界》《时事新报》副刊《学灯》《民国日报》副刊《觉悟》等报刊。杨明斋利用学员们懂俄语的有利条件,组织大家利用课余时间,为《劳动界》杂志编辑部、"华俄通讯社"和新青年出版社做翻译、缮写、校对、印刷等方面的具体工作,既宣传了革命,又锻炼了俄文表达的能力,还有一点报酬作为零用。④

有时候,学社还让学员到工厂和贫民区去散发传单。学员周伯棣回忆,"一九二一年的五一节前夕,法租界的捕房似已注意我们的学校,对我们已很不客气。有一次,法国的包打探就盛气凌人地来到我们学校。五一那天,我们分组去街上发传单。我和另一个同学到威海路散发,恰遇印度巡捕来巡逻,几被捕去。"王光美评论说:刘少奇"他们学俄文似乎不大用心,学习时间自己看《共产党宣言》《新青年》,有时还跑到街上散传单。所以有不少人启程去莫斯科时,俄文单词还没有记住多

① 《觉悟渔阳里　上海社会主义青年团创建史料选辑》下册,上海人民出版社 2017 年版,第 1366 页。

② 《觉悟渔阳里　上海社会主义青年团创建史料选辑》下册,上海人民出版社 2017 年版,第 1356 页。

③ 《觉悟渔阳里　上海社会主义青年团创建史料选辑》下册,上海人民出版社 2017 年版,第 1355-1356 页。

④ 参见黄峥:《刘少奇全传》,中共党史出版社 1998 年版,第 63 页。

少”①。

外国语学社是全日制非学历培训班，学员进学社学习的主要目的不是混个文凭好找工作，而是去苏俄留学。但具体去得成去不成，什么时候可以去，就是杨明斋心中也没有底。他曾经对学员廖化平等人说：“学习俄语六个月后，究竟能否过去还未定，因不晓得我政府的回信怎样。”教授世界语的俄国人则说能介绍学员过去，“因为俄政府很欢迎学生，所防的是中国政府的侦探”。1920 年 3 月廖化平在给友人信中写道，“此次我们过去是由他介绍，有无其他问题，现在还不能预定。”②

1921 年 2 月上海外国语学社开始分批输送青年赴俄学习，先后赴苏的有 30 人。③ 当事人回忆，去苏俄需要自己报名④，而“在俄的一切交涉，在国内时都已弄妥了的”。⑤ 2 月 13 日秦慧僧又名秦抱朴等一行 10 人首先搭乘货船去苏俄。⑥ 3 月 9 日廖化平等人从上海乘船取道大连、长春、哈尔滨去苏俄。⑦ 4 月 11 日张学琅等人从上海出发，经海参崴、伯利，7 月 9 日到达莫斯科。⑧ 5 月中旬刘少奇、任弼时经中国共产党早期组织介绍，乘日本邮轮从上海取道日本长崎到海参崴赴苏俄留学，同一批赴俄的还有萧劲光、任岳、周昭秋、胡士廉、陈启沃、彭述之、罗亦农（罗觉）、卜士奇、吴芳、谢文锦、蒋光慈等。

《维经斯基在中国的有关资料》（中国社会科学出版社 1982 年版）第 463 页说，“因学生分批去苏学习，1921 年 5 月中旬，外国语学社结束”，此说恐怕不确切。当时上海社会主义青年团确因团员成分复杂，思想分歧，缺少领导骨干，大部分团员又赴俄学习，从 5 月起暂停活动，同年 11 月才恢复。⑨ 但这不等于讲，外国语学社就因此结束了。

5 月 20 日至 7 月 15 日《民国日报》《觉悟》副刊连续刊载了《外国语学添招新班》的广告，内称：“本社添招英文、俄文、法文、日文学生各一班。有志向学者，请即至法界霞飞路渔阳里六号报名，每班报名者满念名以上即行开课。报名费一元；学费每月二元。”如果学社打算关门，就没有必要再在报纸上连续刊发新的招生广

① 王光美：《少奇青少年时代生活片断摘录》，《觉悟渔阳里　上海社会主义青年团创建史料选辑》下册，上海人民出版社 2017 年版，第 1352 页。

② 《觉悟渔阳里　上海社会主义青年团创建史料选辑》下册，上海人民出版社 2017 年版，第 1403 页。

③ 《觉悟渔阳里　上海社会主义青年团创建史料选辑》下册，上海人民出版社 2017 年版，第 1405 页。

④ 《觉悟渔阳里　上海社会主义青年团创建史料选辑》下册，上海人民出版社 2017 年版，第 1394 页。

⑤ 《觉悟渔阳里　上海社会主义青年团创建史料选辑》下册，上海人民出版社 2017 年版，第 1405 页。

⑥ 《觉悟渔阳里　上海社会主义青年团创建史料选辑》下册，上海人民出版社 2017 年版，第 1402 页、第 1400 页。

⑦ 《觉悟渔阳里　上海社会主义青年团创建史料选辑》下册，上海人民出版社 2017 年版，第 1404 页、第 1403 页。

⑧ 《觉悟渔阳里　上海社会主义青年团创建史料选辑》下册，上海人民出版社 2017 年版，第 1405 页。

⑨ 参见《现代上海大事记》，上海辞书出版社 1996 年版，第 92 页、第 110 页。

告了。

《现代上海大事记》第74页说，“学社于1921年冬结束”，较为可信。当事人魏以新1980年回忆说：“1920年时团中央办公处是上海霞飞路渔阳北里6号，……1922年时把房子退掉。”[①]校舍退掉了，学校自然停办了。

综上所述，上海外国语学社是中国共产党早期组织创建的，同时也是社会主义青年团的大本营。它办学时间并不长，但收效十分明显，在近60名学员中有30人顺利到达苏俄首都莫斯科继续深造，从而为党培养了一批重要的领导干部。从这个意义上说，上海外国语学社是空前绝后不可复制的，它在中国共产党的创建史上具有重要的地位。

① 《觉悟渔阳里　上海社会主义青年团创建史料选辑》下册，上海人民出版社2017年版，第1384页。

《建国方略》中的食住行设想[①]

孙中山先生是中国近代为数极少的兼具思想家与行动家的伟人,对于他的著作的研究具有时代性与对话性。他一生从事革命运动,创立三民主义的理论,其中仅民生主义的内容就十分丰富,《建国方略》关于百姓食住行方面的论述就表明了这一点。

一

民以食为天,吃饭问题自然是十分重要的。《建国方略》提出了中国南北方民众主粮的机器加工问题,称“吾意扬子江及南部中国诸大城镇以米为主食者,当设许多磨米房;扬子江以北以小麦、燕麦及米以外之他谷类为主食者,其诸大城镇当设许多磨麦机房”[②]等等。孙中山认为收获下来的稻子、小麦只有以机器方式加工,才能及时存储,以备后需。

与此相关的是粮食的贮积。对此孙中山提出“每一县余出之谷类,送至近城贮藏,每一城镇须有一年食物之贮积。经理部当按人数依实价售主要食物于其民,更有所余,乃以售之于外国需此宗食物且可得最高价者。……输出所得巨资,以之偿还外债本息,固有余也。”对于“前此禁止输出法之下,食物多所废坏”[③]的情况,孙中山是非常不满与痛心的。他还力主黄豆出口。他说,“以黄豆代肉类,是中国人之发明。中国人、日本人用为主要食料,既历数千年。现今食肉诸国,大患肉类缺乏,是必须有解决方法。故吾意国际发展计划中,当以黄豆所制之肉乳油酪输入欧美,于诸国大城市设立黄豆制品工场,以较廉之蛋白质食料供给西方人民。又于中国设立新式工场,以代手工生产之古法,而其结果可使价值较廉,出品亦较佳矣。”[④]如此设想,真是一个双赢的方案。

鉴于当时中国与西方强国在食品加工方面的巨大差距,孙中山采取现实主义的态度。在《建国方略》中他说:“吾前此论捕鱼海港之建设及捕鱼船舶之构造,已涉及海水食物”,就是“陆地食物生产之事”亦“须国际扶助”[⑤]。理由是“欧美二洲之工业发达早于中国百年,……无论如何,必须用机器以辅助中国巨大之人工,以

---

① 原载《团结报》2017年4月20日,《历史与社会(文摘)》2017年第2期摘要。

② 孙中山:《建国方略》,中华书局2011年版,第214页。

③ 孙中山:《建国方略》,第215页。

④ 孙中山:《建国方略》,第213页。

⑤ 孙中山:《建国方略》,第215页。

发达中国无限之富源也。”[①]

二

安居乐业，这是每一个国家当政者心知肚明的道理。孙中山在《方略》中也讲到了住房问题，在他看来“旧中国之居室，殆无一为人类之安适及方便计者。”“中国一切居室将于五十年内依近世安适方便新式改造，是予所能预言者”。[②] 孙中山根据自己长期在海外居住的生活体验，认为在“在城市中所建屋……每家有四房间至六房间”[③]。按照他设想的单独建设的一家之居室最少要有8房间。事实上孙中山的预言过于乐观，就中国大陆而言，大规模的商品房建设只是到了改革开放以后才逐步展开。商品房的设计强调了舒适性、私密性，成套性，不再是72家房客拥挤在一道，共用厨房、厕所，互相间可以随意走动，哪家有个人来客往，有个来信来电（传呼电话），众邻居知道得一清二楚。目前的商品房一般都有客厅、餐厅（有的是两厅合一的）、厨房、卫生间及主卧，这样就有5至6间了。如果加上次卧、次卫、书房、储存室，那就有10间左右了。诚如孙中山所言，最少要有8房间的居室才能满足3口之家核心家庭的日常居住需要。

与住房相关的配套问题一是自来水。孙中山说当时中国“除通商口岸之外，中国诸城市中无自来水，即通商口岸亦多不具此者。许多大城市所食水为河水，而污水皆流至河中，故中国大城市中所食水皆不合卫生。今须于一切大城市中设供给自来水之工场，以应急需。”[④]城市住房通自来水，不仅仅是方便居民生活的问题，实际上还涉及对水污染的警觉与治理问题。

与住房相关的配套问题二是供电供热。孙中山说“中国一切大城市供给灯光，设立制造机器发光工场”，要“设立电工场、煤气工场、蒸气工场，以供给暖热。”机器发光工厂就是发电厂，从节约成本考虑，孙中山认为以集中供热为好。孙中山还论及厨用燃料问题，其实这也是与吃饭问题联系在一起的。既要吃饭，肯定要用烧饭；既然要烧饭，当然需要厨用燃料。但20世纪20年代的中国，“最贫乡村之人，每费年工十分之一以采集柴薪。城市之人，买柴薪之费占其生活费十分之二。”孙中山认为“柴薪问题，为国民最大耗费。今当使乡村中以煤炭代木草，城市用煤气或电力。”[⑤]从另一角度来说，孙中山的这一替代方案又有助于保护树木，减少水十流失与空气污染。

三是住宅电话问题。人是需要交往的，做生意，搞学问更是需要灵通的信息。因此孙中山提出，“无论城乡各家，皆宜有电话。”[⑥]由于各种原因，实现这一目标的过程相当十分缓慢。直到20世纪90年代初，在中国最大的城市上海，普通居民要

① 孙中山：《建国方略》，第212页。
② 孙中山：《建国方略》，第218页。
③ 孙中山：《建国方略》，第219页。
④ 孙中山：《建国方略》，第220页。
⑤ 孙中山：《建国方略》，第220页。
⑥ 孙中山：《建国方略》，第220页。

装一门家用电话还是有一定难度的，首先要交高达4000元的初装费，别的城市更是可想而知了。当然今非昔比，目前全国上下手机空前普及，一人拥有两只手机的也不在少数。以上均说明了孙中山设想的超前预见性。孙中山还提出，“欲用煤炭、煤气、电力等，皆须有特别设备，即由国际发展机关设制造煤气、电力火炉诸工场”，他认为包括电话机工厂均“当于中国设立，以使其价甚廉”①，使中国百姓买得起，用得上，而不是只有少数人才能享用，这也是他“天下为公”“博爱”思想的具体体现。

三

众所周知，孙中山对于建设铁路是十分重视的，有过很多论述，在此不赘。其实除了铁路建设之外，孙中山还高度重视门对门运输的公路建设。他对于公路的建设也提出了远大的规划，并把它和中国的发展速度直接联系起来：“中国欲得近时文明，必须行动。个人之行动为国民之重要部分，每人必须随时随地行动，甚易甚速。惟中国现在尚无法使个人行动容易，因古时大道既已废毁，内地尚不识自动车即摩托为何物。自动车为近时所发明，乃急速行动所必要。吾侪欲行动敏捷，作工较多，必须以自动车为行具。但欲用自动车，必先建造大路。吾于国际发展计划，提前一部已提议造大路一百万英里。是须按每县人口之比率，以定造路之里数。中国本部十八省约有县二千，若中国全国设县制，将共有四千县，每县平均造路二百五十英里。惟县内人民多少不同，若以大路一百万英里除四万万人数，则四百人乃得大路一英里。以四百人造一英里之大路，决非难事。若用予计划，以造路为允许地方自治条件，则一百万英里之大路将于至短时期内制成矣。”②早在20世纪60年代，中国已经是世界上的自行车大国了。改革开放以后，包括高速公路在内的高等级的公路不断兴建、延伸，目前已经达到了县县通公路的目标。在重庆等自行车无法上下陡坡的山地城市，摩托车大行其道。还有每年春节前后，可以看到农民工们驾驶者成千上万辆摩托车奔驰在往返家乡的途中。无论是对于个人还是对于地方来说，要致富先修路已经成为当今中国的共识。由此可见，孙中山公路建设计划即是超前的也是合理的。

综上所述，《建国方略》不仅仅是一个强国方略，而且也是一个便民惠民富民方略。《建国方略》表明孙中山对当前社会情况方面的注意研究，体现出他全心全意改造中国的雄心壮志。但是在当时的条件下，孙中山“用外国资本及专门家发达工业以图全国民之福利”的美好愿望并没有实现。虽然说《建国方略》发表后，也获得了一些欧美人士的赞扬与喝彩，但是光打雷不下雨，口惠而实不至，所有的帝国主义国家都对孙中山关上了大门，唯利是图的外国资本家全不看好孙中山，遑论投资赞助？要实现振兴中华的伟大抱负，为实施《建国方略》扫清道路，孙中山只有转向苏俄，寻求苏俄及中国共产党的帮助。如今的中国，《方略》中关于食住行的设想很多已经实现，而且远远超出。根据近期公布的数字，1978年至2015年，中国城镇人

① 孙中山：《建国方略》，第220页。
② 孙中山：《建国方略》，第221页。

均住宅建筑面积由6.7平方米增长到33平方米以上,农村人均房面积由8.1平方米增长到37平方米以上。人民出行条件极大改善。1978年至2015年,公路通车里程由89万公里增长到457.7万公里,建制村通客车率达94.28%。民用轿车保有量9508万辆,其中私人轿车8793万辆。2015年,全国高速公路通车里程12.35万公里,高速铁路营运里程1.9万公里,至2015年年底,全国电话用户总数达到153673万户,其中移动电话户130574万户,普及率为95.5部/百人。① 历史证明中国共产党人是孙中山先生革命事业的继承者。

① 中华人民共和国国务院新闻办公室:《发展权:中国的理念、实践与贡献》,《光明日报》2016年12月2日。

孙中山1924年整顿军纪初探①

孙中山在广东三次建立革命政权时，由于自身的军事实力不足，只好与西南地方实力派军阀妥协。这种被迫的有限的合作，在一定程度上成就了广东革命政府，反过来也给广东革命政府带来了诸多的负面影响，某些军队军纪败坏就是其中之一。

1922年6月陈炯明兵变后，孙中山命杨希闵为中央军直辖滇军总司令，刘震寰为直辖桂军第二路总司令，会同中央军直辖桂军第一路总司令沈鸿英等部会攻陈炯明。1923年1月陈炯明残部退据东江，杨希闵、刘震寰的滇、桂部队进入广州市区。刘、杨率部进入广州后生活迅速腐化。杨希闵将总部设在广州市八旗会馆内。他们抢占了市内的繁华地区，委官设卡，很快掌握了税收大权。孙中山大元帅府成立8个月，财政收入328万元，而滇军的税收却高达319万元，桂军190万元。滇、桂两军更以“黄、赌、毒”为业，仅“烟赌税”每月可得8万余元。1925年6月14日，廖仲恺与蒋介石颁发的陆军军官学校讨逆布告称：“杨希闵、刘震寰二逆，依附本党，阳为服从政府，阴实包藏祸心。迩年来把持政局，鱼肉粤民，苛征暴敛，霸占财权，朋比为奸，贼民贼党，早为良知者所痛恨。”②

上梁不正下梁歪。在广东外县乃至省城广州，一些军人军纪全无，为所欲为，无法无天，简直是一群穿军装的土匪。刘、杨所部士兵军纪废弛，搜括民财，抢劫事件时有发生，以致省城治安失控，“盗匪充斥，杀人越货时有所闻”③。1923年6月15日夜9时许，四名军人借名搜烟，强行闯入广州仰忠街西便三十一号搜查，掠去藤镶金钩一对、金约指一只、毫银21元。警察接报后，分途查缉未获。时任广东省长的廖仲恺接广州市公安局长吴铁城报告后，于27日下令南海、番禺两县，分饬军警“一体协缉本案赃盗，务获究办”④。

1924年春节过后，由于各路军队勒收保护费导致运费太重，广州及汕头两市出现柴荒，柴价日益飞涨。《广州民国日报》曾刊出经营西江木杉生理之义利、原兴等14家商号的公开信，痛陈军队设卡、拦河苛抽保护费是造成广州柴价昂贵之原因：“省河近患柴荒，由于西江军队沿江驻军拦江收，……以致(所缴)军费重于柴本。

---

① 本文与博士生赵宇合作，原载《近代中国》第26辑，上海社会科学院出版社2017年版。

② 廖仲恺：《与蒋介石颁发的陆军军官学校讨逆布告》，《双清文集》上卷，人民出版社1985年版，第761页。

③ 《包惠僧回忆录》，人民出版社1983年版，第139页。

④ 廖仲恺：《命南海及番禺县县长查缉劫匪令》，《双清文集》上卷，第449页。

虽薪如桂贵，而柴商仍多裹足者，诚以供给频繁而亏折迭遭故也”[①]。北江情况也是如此，各军队云集江口者，“一遇小北江货到——无论出入口货，纷纷勒收费用；至同一部分而有暗派多人分途抽收者，有公然勒抽至再至三者。稍与之理论，非受痛击，即被将货抢夺，他不具论。”某独立旅旅部兵士，“竟藉口军用紧急，复在连江口车站张贴布告、设厂派员，硬将小北江出入口货物，每值百勒抽军费五元。商民以其例外苛抽、变本加厉，纷纷集众议决停办停运。”[②]省河附近沿岸河口港湾，均有军队向往来载售大小船只抽收行水，阳假护商之名，阴行强盗之实。“计由花地至黄沙河面，货物船艇须缴纳四段保护费，始能通过，以此物益贵而民益困。”[③]广州各商埠柴行、竹行致电大元帅孙中山电称：“军队、土匪设卡抽费，民不堪命，乞令取销等情。”[④]

以力救柴荒为契机，孙中山开始对军队进行整顿，以便为即将到来的北伐做好准备。众所周知，1924 年国共合作出现了新局面。但当时孙中山所领导的大元帅府所掌控的军队中大多为原军阀的部队[⑤]，因此孙中山要对其进行改造，要“变反动的兵力为革命的兵力”[⑥]。在对这些原军阀部队的改造过程中，除重新整编、往部分部队派遣革命军官以及向其宣传革命思想外，整顿纪律是其中一个重要的环节。前人对此没有太多的研究，因此本文试做一初探。

一、禁止军人抽捐或收保护费

禁止军人抽捐或收保护费是孙中山整顿军纪工作的一个重要的内容。

民国北京政府时期，军队庞大，军阀派系林立。连年战争致使国家经济萧条，因此许多军队主要靠掠夺人民来弥补军费开支的不足。而抽捐或收保护费是军阀部队掠夺人民的主要方式之一。[⑦] 当时孙中山领导的大元帅大本营（大元帅府）虽为革命的政府，但由于财政紧张，因此其统辖的原军阀部队依旧向当地人民抽捐或收取保护费。[⑧]

收取保护费主要是由某些军队及其私自设立的机关参与，主要的方式是在广

---

① 《西江柴船又苦苛抽》，《广州民国日报》1924 年 3 月 21 日（第三版）。本文所引《广州民国日报》标注版面的均转引自周兴樑：《孙中山关心民瘼力救 1924 年的广州柴荒》，2016 年第四届粤沪台三地“纪念孙中山”学术研讨会论文；未标注版面的均转引自汤锐祥编注：《护法时期孙中山轶文集》海洋出版社 2011 年版，特此致谢！

② 《小北江民请撤销货捐》，《广州民国日报》1924 年 3 月 25 日（第三版）。

③ 《应严禁河面强索保捐户费》，《广州民国日报》1924 年 3 月 15 日（第三版）。

④ 《帅令禁抽柴捐》，《广州民国日报》1924 年 4 月 8 日（第七版）。

⑤ 1924 年初，孙中山所领导的大元帅府掌控的部队除中央直辖第一军、第二军、第三军、第七军外，还有杨希闵的滇军、谭延闿的湘军、樊锺秀的豫军、刘震寰的桂军、许崇智的粤军，参见《给杨希闵的训令》（一九二四年一月二十六日），《孙中山全集》第九卷，中华书局 2011 年版（本文所引《孙中山全集》各卷均为此版本，不再一一注明），第 147 页。即便到了 1924 年年底，以黄埔军校学生为骨干编成的教导团也仅有两个，参见张宪文等著：《中华民国史》，南京大学出版社 2013 年版，第 516 页。

⑥ 《决议案》，《中国国民党历次代表大会及中央全会资料》，光明日报出版社 1985 年版，第 41 页。

⑦ 黄修荣：《国民革命史》，重庆出版社 1992 年版，第 5 页。

⑧ 大元帅府自成立以来便面临财政上的困难，即便大元帅府非常重视的黄埔军校，在其开办时也是资金困难，武器奇缺。参见黄修荣著《国民革命史》，第 92、100 页。

东地区星罗棋布的河道上设卡拦截往来商船,以保护商人为名收取费用。[①] 有时,收费的名目除保护费外,还有所谓的"领旗费",无论保护费还是领旗费,其金额少至几元,多至几十元不等。[②] 抽捐主要是由成建制的部队参与,主要的方式是在其所控制的水陆要冲及其他重要地点设卡,对商旅及住户的商品及其它部分物品按照其价值抽收一定比例的费用。[③] 参与抽捐的除成建制的部队外,还有部分商人或主动或被动勾结军人承担抽捐任务,从中渔利。[④] 抽捐的名目很多,有粪捐、筵席捐、盐斤捐、鸡鸭蛋捐等[⑤]。抽收的费用较高,如当时有军队在连江车站设厂,"对于小北江出、入口按值百抽五,勒收军费"。如果有商民不从,则其货物会被扣留。需要强调的是,有些抽捐行为固然是基层官兵隐瞒长官,对民众谎称得到长官授权,[⑥] 有些居然得到了一些高级军官的批准。[⑦]

抽捐及收取保护费危害巨大。它在严重损害商民利益的同时也紊乱了大元帅府的财政税收,[⑧]间接地影响了大元帅府其他活动的开展。需要说明的是,在一些地点的关卡本是大元帅府为保护商民的需要而设立,本应不收取任何费用,有些军队乘机收取保护费则违背了大元帅府保护商人的初衷。[⑨] 因此,禁止军人抽捐或收取保护费成为孙中山这年整顿军纪的一个重要环节。

为了打击抽捐及收取保护费,孙中山及其领导的大元帅府采取积极行动,以便切实做到体恤商艰,维护财政统一。首先,无论何时接到汇报得知抽捐或收取保护费时都会立即做出反应,并表明态度。

2 月下旬孙中山在大本营严厉批评滇军截取税收:"吾年前回粤系徇滇军之请,彼滇军当时曾表示服从吾命令,余方决然返粤。今财政之糟,弄至如此田地,吾彼辈将征收机关交还,竟置命令于不顾,成何事体?彼辈取之尽锱铢,用之如泥沙,而余则为丛怨之府,吾当有以处之。"[⑩]

3 月 5 日大元帅孙中山发出《着各军不得擅征杂捐令》谓:"军兴以来,饷需浩繁。政府为讨除国贼计,不得不借资民力;端赖稽核有方,庶免诛求无艺。刻正力谋财政统一,以后各军长官,不得擅自征收各种杂捐,紊乱纲纪。有敢犯者,军官免

---

① 如有军队于 1924 年初在广东小北江一带设立机关,沿河道设卡,以保护商人为名收取保护费。参见《给广东善后委员会的指令》(一九二四年四月十八日),《孙中山全集》第十卷,第 93 页。

② 时任两广盐运使的赵士觐于 1924 年 3 月向孙中山汇报东江商运局向往来商船勒收保护费三五十元不等,广州《民国日报》1924 年 3 月 17 日报道的沙基、涌口之江防司令、北江护商对每船经过勒收领旗费 2 元。参见《给王棠的训令》(一九二四年三月十一日)与《饬解散勒收机关令》(一九二四年三月十七日),《孙中山全集》第九卷,第 583 页、第 610 页。

③ 《给广东地方善后委员会的指令》(一九二四年四月十一日),《孙中山全集》第十卷,第 58 页。

④ 《给叶恭绰的训令》(一九二四年四月一日),《孙中山全集》第十卷,第 4 页。

⑤ 《给杨希闵的训令》(一九二四年三月十三日),《孙中山全集》第九卷,第 594 页,以及《给财政委员会的指令》(一九二四年四月二十五日)、《给财政委员会的指令》(一九二四年四月二十六日)《给财政委员会的指令》(一九二四年五月二十二日),《孙中山全集》第十卷,第 120、126、209 页。

⑥ 《给杨希闵等的训令》(一九二四年三月十四日),《孙中山全集》第九卷,第 601 页。

⑦ 《给杨庶堪的命令》(一九二四年三月十三日),《孙中山全集》第九卷,第 594 页。

⑧ 《给广东地方善后委员会的指令》(一九二四年四月一日),《孙中山全集》第十卷,第 6 页。

⑨ 《给王棠的训令》(一九二四年三月十一日),《孙中山全集》第九卷,第 583 页。

⑩ 《粤省将以武力统一财政》,《申报》1924 年 2 月 22 日。

职治罪;奸商承办者,没收产业、严重治罪。以儆贪顽而肃法纪,决不宽贷。”①

3月11日,他在接到两广盐运使赵士觐的有关东江商运局兵舰在黄埔河面附近勒收保护费的汇报后,孙中山立即命令东江商运局局长王棠采取行动禁止勒收。②

3月13日得知广州市市长孙科的有关滇军部分部队在其所辖境内勒收粪捐后,孙中山立即命令滇军总司令杨希闵采取行动制止。③

3月14日孙中山又训令大本营军政部长程潜、财政部长叶恭绰、广东省长杨庶堪,及各军总司令与各军长杨希闵、刘震寰、李福林、李明扬和广州市公安局长吴铁城、虎门要塞司令廖湘云等谓:“为令饬事:近闻各军人员有假托长官命令,在河面到处设立机关,征收往来船只各种捐费,巧立名目,借端苛索,非法扰民,莫此为甚。着各军总司令暨各统兵官长严行禁止,并着公安局长饬水上警察严密查办。自接到命令三日后,所有省河属河面(机关)……一律勒令取消,如敢违纪,军法从事。仰该省长、总司令、部长、司令、军长、局长迅饬所部,一体遵办,仍将办理情形呈复查考。并由省长公署录令出示晓谕,俾众周知:其余省城内外各独立军队,由军政部通行遵照。此令。”④

3月15日孙中山果断下令派出“江汉、江固、宝安、新安四艘军舰,会同大元帅府特派军队扫清河道,无论何军,如有勒收保护费情事,一律拘捕严办”⑤。

3月中旬孙中山连日收到木柴行商的呈文,内称:“商等贩卖木柴供给民用,本少利微,经营困难。自军事发生后,军事机关随地设卡,任意抽税。计自黎洞运柴至省,船运者每船须缴费三百余元;火车自英德运省,每车又须缴费五十余元。由黎洞运往三水,每船亦须缴费三百余元。横征暴敛、商民何堪?特贴单据吁恳撤销。”孙中山披阅后马上派员核查,据报属实,并查获各种旗帜收单。3月20日孙中山在报上公布了《着各军不得擅征柴捐令》,指出:“查木柴为民生必须之品,柴商系小额资本之商,自受军队勒索,柴价飞腾,每元仅购得三十余斤,几与从前米价相等,若不从速撤销,贻害何底?况财政统一早经三令五申,似此无厌征求,不独妨碍商民,抑且藐玩政令。着各军立即转饬所部,限文到之日将后开各费一律撤销。倘敢违抗,除派队毁销机关,准将收税人就地正法外,并将各该主管长官惩戒,以肃纪纲,而重政令。特此令达,仰即遵照。并着军政部布告周知,申令禁止。此令。”⑥

3月26日孙中山在大本营之军政会上,训饬参会各高级将领谓:“自今日始,其[宜]各以身率属,整饬军纪;其应行匡救制止诸务,亟须恪遵勿替。倘敢因循敷衍,纵兵殃民,则国法俱在,定不容情。”他还当场宣布了“整饬军纪”的八条命令,其中就有“实行禁止勒收保护费,解散护商队”和“实行查禁承办苛细杂税”两条。⑦

---

① 《大元帅厉行财政统一》,上海《民国日报》1924年3月11日,(第二版)。

② 《给王棠的训令》(一九二四年三月十一日),《孙中山全集》第九卷,第583页。

③ 《给杨希闵的训令》(一九二四年三月十三日),《孙中山全集》第九卷,第594页。

④ 《孙中山全集》第九卷,第601页。

⑤ 《给冯肇铭的命令》(一九二四年三月十五日),《孙中山全集》第九卷,第604页。

⑥ 《大元帅禁擅抽柴捐》,《广州民国日报》1924年3月20日。

⑦ 《孙中山训饬联军将领》,长沙《大公报》1924年4月8日。

3月下旬大元帅府财政委员会呈复孙中山明令禁止军队、土匪设卡抽费。为此孙中山专门训令军政部长程潜称，财政委员会的呈复"应予照准。合行令仰该部长查照，通令各军一律禁止，以苏民困"①。

总之，无论何时接到举报，孙中山的态度都很明确，那就是立即采取行动，制止抽捐或收取保护费，解散相关机关，严格追究相关人员，以整肃军纪。为了能够更好解决问题，孙中山曾先后委托多个部门共同完成此事，参与的部门包括财政部、广东地方善后委员会、各军队、军政部。3月下旬军政部长程潜奉前述大元帅令后，马上向所辖各军发出命令：查自军兴以来，不法之徒"于河面藉端巧索、重扰吾民，亟应严加禁止，以肃军纪而纾商困。除通行外，合行严令布告，仰本部所属暨各独立军队，一律凛遵"。② 4月中上旬，杨希闵也不得不发出训令："案查各属河面私设立之护商机关，及勒收之各种捐费，前奉大元帅明令通行拿禁，并限三日内一律全取消，如敢违纪军法从事等因，当经先后录令咨行遵照办理、暨布告在案。现据广州各商埠柴杉行代表何德、霍亦衡，暨增城商船代表林德华、林兴等分别具呈：'以沿河军队遍设护商机关，重重抽剥，兼以匪盗分立堂行水，扰害不堪，势将停业。恳请撤销解散、严行查办等各情'前来，是各江面私设立之机关，现尚依然存在，仍未撤销，殊属有害商民、弁髦命令。据呈前情，除分别咨饬拿禁外，……请烦（官长）查明，严饬所部迅遵帅令，立即将各私设护商机关，即日解散撤销；仍再违抗，即将主要人拿解惩办。"③

同时，为了能够快速处理此类事件，孙中山告知各相关部门，如遇类似情况，自行处理。对于一些请求批准抽捐的部门，孙中山也明确告知筹饷由筹饷局全权处理，各军无权处理。④

二、规范军人乘车用船

对军人乘车用船的规范是孙中山1924年整顿军纪工作的又一个重要的内容。当时在大元帅府的辖区内有时会出现军人不按照规定擅自搭乘列车或随意征用列车与船舶的现象。

军人不按规定擅自搭乘列车主要有三种情况：第一种是军人无票乘车；第二种是有的军人其所属部队已经解散，但仍持用原军票搭车；第三种是一军人搭车包揽搭客多人，这种情况通常为搭车军人"挟持军票，任意填写人数、等级"⑤。更有甚者，有的军人还借机包揽商客并从中渔利。而且，据当时管理粤汉铁路事务的陈兴汉对孙中山的汇报，到1924年1月中旬前，军人无票乘车以及包揽商客的现象比之前出现的更加频繁了。⑥ 军人随意征用列车在当时也被称为滥开专车，主要是指有

---

① 《帅令禁抽柴捐》，《广州民国日报》1924年4月8日（第七版）。

② 《严禁勒收保护费》，《广州民国日报》1924年3月26日（第九版）。

③ 《杨希闵饬属解散护商机关》，《广州民国日报》1924年4月21日（第十版）。

④ 《给杨庶堪的训令》（一九二四年三月十九日），《孙中山全集》第九卷，第625页。

⑤ 《给程潜的训令》（一九二四年一月九日），《孙中山全集》第九卷，第36页。

⑥ 《给程潜的训令》（一九二四年一月十五日），《孙中山全集》第九卷，第67页。

些军队未经允许强令铁路部门为其提供专用列车，有的军人甚至伺机擅自封用列车，如中央直辖讨贼第三军第一路游击第三梯团司令副官梁少贤，“手持该部公函并封条四张，到路声称有军柴多辆已到连江口站，须速封车派赴运省”①。在水面上，有些军队为了运输军械被迫向商民借用船只，不过事毕后依旧霸占，久久不能归还。②

军人不按照规定擅自搭乘列车或随意征用列车与船舶造成了严重的危害。首先，致使铁路部门的收入严重下降，甚至有时入不敷出。据当时管理粤汉铁路事务的陈兴汉向孙中山的汇报，“开用专车一次，约耗费五百元”，外加“军人无票乘车，包揽客商，借端渔利”，以致铁路部门“收入车利日益短绌”。而当时该路每日收入“平均仅得八千元，连附加军费在内，计支出之款，先后案奉帅令解缴，统计每日支出约共一万一千余元，即以是日收入全数支付，尚不敷三千元”，而且该路还“积欠煤及材料各价共三十余万元”，“现在职路员役薪水积欠数月尚未发给”③。同时，有的军人“挟持军票，用铅笔任意填写人数、等级，踞坐头、二等客位，致令搭客买票反无坐位者”，有的军队霸占民船不归还，这些行为严重侵害了民众的利益。

为了规范军人乘车用船，力争杜绝军人不按规定擅自搭乘列车或随意征用列车与船舶的现象再度发生，孙中山及其领导的大元帅府采取了积极的行动。首先，制定相关法令，并责成各军队切实奉行。早先孙中山及其领导的大元帅府制定了《军人搭车办法》，孙中山于1924年1月9日指令时任新宁铁路总理陈宜禧责成驻防军队，“务须切实奉行《军人搭车办法》”④。6天后，在1月15日，孙令程潜拟定《军人乘车章程》，并将其转饬各军一体遵照。⑤ 其次，当得知类似事件发生后，孙中山及其领导的大元帅府会立即采取行动，查明并追究相关责任人。如1924年1月19日在得知梁绍贤借口运输军柴封用车辆后，立即责令大元帅府军政部长程潜派出相关人员查明此事并追究相关人员。⑥ 第三，撤走在沿路车站的官兵。1924年4月25日，孙中山通令各军将“在沿路车站各官兵一概撤退，并严禁各官兵，不得干涉行车事宜”⑦。第四，责令各军将未能及时返还的民船立即返还。⑧

军人无视政府主管部门，随意乘车用船，说到底是军人与政纪的问题。更有甚者，大本营统帅的部队居然还有请求加委县长的，对这种军人干预地方民政的行径，大元帅孙中山明令禁革。为防杜恶劣风气起见，1924年12月10日孙中山特再谕令政务厅长陈树人发布严禁军队干预民政令：“无论何军队请求加委县长，概不得核准，以杜干政，而维法纪。此令。”⑨

---

① 《给程潜的训令》（一九二四年一月十九日），《孙中山全集》第九卷，第91页。
② 《给程潜的训令》（一九二四年六月十九日），《孙中山全集》第十卷，第312页。
③ 《给程潜的训令》（一九二四年一月十五日），《孙中山全集》第九卷，第67页。
④ 《给陈宜禧的指令》（一九二四年一月九日），《孙中山全集》第九卷，第38页。
⑤ 《给程潜的训令》（一九二四年一月十五日），《孙中山全集》第九卷，第67页。
⑥ 《给程潜的训令》（一九二四年一月十九日），《孙中山全集》第九卷，第91页。
⑦ 《委派周自得职务令》（一九二四年四月二十五日），《孙中山全集》第十卷，第118页。
⑧ 《给程潜的训令》（一九二四年六月十九日），《孙中山全集》第十卷，第312页。
⑨ 《帅令严禁军队干政》，《广州民国日报》1923年12月11日。

三、打击逃跑或叛逃的军人

在当时的大元帅府所掌控的军队中,有时会出现军人逃跑或叛逃到军阀部队的现象。

军人逃跑主要包括三种情况。第一种是军官私吞公款并携款逃跑,如原中央直辖滇军第二军的杨少甫在担任江防司令部军需以及兼任第二军第三师军需处长期间,侵吞公款一百余万元,并于1923年11月间趁军事吃紧之际携款逃跑。再如中央直辖滇军第二军第六旅旅长朱泽民于1923年末临阵脱逃,"潜回省垣,将该旅第七八两月薪饷及九十两月伙食共十余万元,航政局、烟酒公卖局收入七万余元,统计二十余万元席卷潜逃。"第二种是临阵借故脱逃的,如中央直辖滇军第二军第十团团长季树萱于1923年底在部队出发时,"临阵借病潜回省垣,私开杂赌,得规约二十余万元,复敢蛊惑队伍,图谋叛乱"①。第三种为带兵集体逃跑。如1924年9月18日夜,中央直辖福建军第五师第十八团第一营第三连连长蔡荣初诱逼该连官兵携械潜逃。② 军人叛逃至军阀部队主要包括两种情况。第一种是军官独自叛逃到军阀的部队,如1924年5月,中央直辖滇军第三军第七师第二十七团团长欧阳洪烈临阵卷款潜逃,"降附北敌"③。第二种是军队带所部叛逃至军阀的部队。如中央直辖滇军第四师师长王汝为于1924年2月间"已率部降敌"④。军人逃跑及叛逃到军阀部队的现象给大元帅府及其掌控的军队带来了极大的恶劣影响。首先,由于大元帅府在财政上已经非常拮据了,因此军官携款潜逃的行为直接带来了难以估量的后果,如在杨少甫携款潜逃后,中央直辖滇军第二军第三师师长杨廷培甚至感到"愧对袍泽,投河毕命"⑤。另外,军人逃跑,甚至是高级军官叛逃至军阀的部队,严重扰乱了军心,甚至有的叛逃将领还在军阀的授意下回来诱导别的军官叛逃,原在东路讨贼军总司令许崇智手下担任中层军官的余立奎在叛逃到军阀的部队并被任命为团长后,公然回来煽动其他官兵叛逃,到1924年2月16日前,有部分官兵被其煽动叛逃至军阀的部队。⑥

因此,孙中山及其领导的大元帅府对逃跑及叛逃的军人采取果断而严厉的措施加以打击。首先,事发后迅速做出反应,对相关军人进行撤职查办,并迅速通缉。在得知杨少甫携款潜逃后,孙中山于1924年1月26日并命令杨希闵等将领迅速缉拿杨少甫。⑦ 欧阳洪烈团长临阵卷款潜逃被撤职后,大元帅府也"令饬军政部通行各军一律严缉,务获究办"⑧。其次,有时会根据及时掌握的情报,提前采取行动,如在查明原中央直辖滇军第三军参谋长禄国藩、第四师参谋长吴震"均有私通北敌情

---

① 《给杨希闵等的训令》(一九二四年一月二十六日),《孙中山全集》第九卷,第147页。
② 《给各军长官的训令》(一九二四年十月二十二日),《孙中山全集》第十一卷,第228页。
③ 《给蒋光亮的指令》(一九二四年五月十二日),《孙中山全集》第十卷,第188页。
④ 《着缉办王汝为令》(一九二四年二月六日),《孙中山全集》第九卷,第435页。
⑤ 《给杨希闵等的训令》(一九二四年一月二十六日),《孙中山全集》第九卷,第147页。
⑥ 《给程潜的训令》(一九二四年二十十三日至十六日间),《孙中山全集》第九卷,第467页。
⑦ 《给杨希闵等的训练》(一九二四年一月二十六日),《孙中山全集》第九卷,第147页。
⑧ 《通缉叛逆团长之明令》,《广州民国日报》1924年5月15日。

事后”,孙中山于1924年1月3日下令免去二人所有职务,并立即查办二人。① 第三,命令各部协同缉捕在逃官兵。② 第四,向各将领阐述赏罚分明的态度,告诫各将领要一意报国,杀敌立功。③ 当然,如果要是查明有人被误认为是逃兵时,也会立即还此人以清白。如当时担任东路讨贼军第八旅第十团第二营营长的葛昆山,曾被误认为差内带枪逃跑,后经查明此事为子虚乌有,孙中山及其领导的大元帅府立即还其清白,并让其官复原职。④

四、其他整顿军纪的措施

除上述行动外,孙中山领导的大元帅府对军队中存在的贪污、私卖军产与军械、包庇赌博等现象也给予了严厉的打击。

除前面提到的杨少甫等人侵吞公款事件外,周伯甘挪用公款也是较为严重的贪污事件。周伯甘原担任中央直辖滇军第三军警卫团团长,并兼任广三铁路局坐办。其在1924年8月9日离职后,并未将其任内收支各款正式列张移交,且后查明其曾挪用公款。对此,孙中山命令第三军军长胡思舜迅速将其交由军事法庭处理。⑤

虎门为军事要冲,但自民国以来,虎门要塞所属产业,包括房屋、田亩、荒山、空地等被历任司令长官变卖,同时也有部分被民众主动侵占,其军产“几至荡然无存”。对此,孙中山于1924年9月2日命令许崇智,“彻查点验官兵,彻查产业,追回所有军产”⑥。同时,针对某些官兵为谋求一己私利贩卖枪械这一情况,孙中山于1924年3月21日命令各军高级长官,如发现此类事件定要“严行究办,以肃军纪”⑦。

当时在军队中,有私设赌局的现象,有些长官对其进行包庇。对此,孙中山下令严查此事,并于1924年5月8日命令广东筹饷总局督办范石生、会办韦冠英通令各军“严格约束所部,不得包庇开设”⑧。

五、裁汰冗兵,调整驻地,点验军队

如果说上述四个方面还只是从面上整顿军纪,属于治标层次,那么裁汰冗兵,调整驻地,点验军队则属于治本之策,对于制止军队乱象具有釜底抽薪之功效。

1924年2月12日孙中山发出整饬军队的大元帅训令称:“自军兴以来,各兵[部队]自行扩充兵额之事所在多有,如游击别动、挺进、梯团支队以及各路司令之类,名目繁多。核其人数、枪枝,皆俱不足,其原因虽由各军因战事紧急,为一时权

① 《免禄国藩吴震东职务令》(一九二四年一月三日),《孙中山全集》第九卷,第7页。
② 《给何成睿的指令》(一九二四年十月二十二日),《孙中山全集》第十一卷,第231页。
③ 《给杨希闵蒋光亮的训令》(一九二四年一月五日),《孙中山全集》第九卷,第20页。
④ 《给张开儒的指令》(一九二四年二月八日),《孙中山全集》第九卷,第449页。
⑤ 《给胡思舜的指令》(一九二四年九月二十六日),《孙中山全集》第十一卷,第112页。
⑥ 《给许崇智的训令》(一九二四年九月二日),《孙中山全集》第十一卷,第6页。
⑦ 《给各军高级长官的命令》(一九二四年三月二十一日),《孙中山全集》第九卷,第634页。
⑧ 《给范石生韦冠英的指令》(一九二四年五月八日),《孙中山全集》第十卷,第179页。

宜之计，然实与国家预算及军政统一有重大之妨碍。现值统一财政进行时期，凡未奉核准前列各种名目之部队统着一并裁汰，照枪枝数目归并正式编制军队，以资整饬。又在统一财政进行时期内，无论何军不得扩充军队，仰各军一体知照，切切此令。"①

5月初，孙中山鉴于前此广州市内劫车频仍，其中间有不肖军人藉端扰累，当经通令各军队机关严加取缔。5月4日长沙《大公报》《快信摘要》报道："孙文下令各军，限十日内迁出[至]郊外。"次日该报又连续报道，"孙再下令，限各军日内尽离广州市。"一个多月后市内各军虽间有迁移，而玩视法令、横行如故者仍复不少。为此孙中山于6月下旬再下饬令，指出："似此弁髦法令，何以肃纪纲而保安宁，合亟重申前令，并规定各军迁驻或解散办法随令附达，限到十日内会同军政部、各军总司令、卫戍司令、公安局分别妥慎办理。倘再玩延，即着分别缴械解散，决不再事宽容。当知整军卫民之旨，该总司令有维持治安之责，并宜随时认真查禁，期保公安。特再令达，仰即遵照迅速办理、具报。"②

7月21日大元帅府又在报上公布军队点验条例令："第一条，凡大本营所辖之军队须遵照本令受军政部呈请派定之委员施行严格认真之点验，即以点得枪码实数为编制该部之基础。第二条，凡军队遵照本令实行点验，经大元帅核定编制饷额者按月发给饷项，按季给与戎装。第三条，点验日期由大元帅明令定之。……第十九条，各点验委员有徇情虚冒行为致枪炮数目不实在时，治以溺职之罪。第二十条，本令由公布日施行。"③如此严密的规定，扎紧了军队建设的制度笼子，某些军官再要瞒上欺下贪赃枉法就不那么容易了。

五、结论

军队是孙中山打倒军阀取得国民革命最后胜利的重要支柱。早在民国初创时孙中山就注意到了这个问题，1916年7月他给侄子孙昌写信，信中说"闻汝举兵于乡，多有扰及闾里，致父老责有怨言，"今袁世凯已死，"汝当洗戟归田，勿久为乡里之累，……见信之日，务要既将所部遣散，并将所征发于各乡之枪械器物交还原主，……汝宜思之慎之，毋违叔命。"④可见即便是自己的亲属孙中山也是严加训诫，进行纪律约束的。

如前所述，在1924年年初，孙中山所领导的大元帅府掌控的基本上都是原军阀的部队。即便到了1924年年底，"以黄埔军校学生为骨干，以青年工人、农民为基础"编成的教导团也仅有两个，⑤这在大元帅府所掌控的数万正规部队中所占比例是非常小的。1926年国民革命军到出师北伐时已经有了八个军：第一军源自黄埔军校教导团，第二军由湘军第三与第六两个混成旅编成，第三军由滇军一部发展而

① 《帅令整理军队》，《广州民国日报》1924年2月21日。
② 《中山严令各军移驻郊外》，《大公报》1924年6月22日。
③ 《大元帅公布军队点验令》，《广州民国日报》1924年7月21日。
④ 《孙中山集外集》，第376页。
⑤ 张宪文等著：《中华民国史》，南京大学出版社2013年版，第516页。

成，第四军与第五军分别由粤军一部发展而成，第六军由原广州国民政府警卫军发展而成，第七军是由原桂军发展而成，第八军由原湖南陆军第四师改编而成。[①] 由此可见，即便到此时，军阀的部队在整个国民革命军中也占据了较大的比重。因此对军阀部队的改造是至关重要的。

不过，改造原军阀的部队绝非易事。首先，这些原军阀的部队其兵员素质非常差。孙中山于1924年6月16日在陆军军官学校开学典礼的演说中指出，这些所谓要来革命的原军阀部队"内部的分子过于复杂，没有经过革命的训练"，许多军人因为"生计困难，受了家室之累"才来当兵甚至"投身革命的"，"到了后来稍为得志，便将所服从的什么革命主义都置之九霄云外，一概不理了。"[②]而陈独秀对当时军人的描述更加形象地说明了当时军阀部队士兵的状况。陈独秀指出当时中国的士兵由无业游民及土匪构成，其当兵目的是吃粮，其素质差，成为当时中国的一大祸患。[③]其次，军费短缺也影响了对军阀部队的改造。如前所述，当时大元帅府的财政状况无法满足军费开支的需求，由于军费问题无法得到彻底解决，许多命令在执行时也就大打折扣。第三，大元帅府所控制区域内政局依旧不稳定，而且在这一年中还爆发了大规模的商团叛乱；广东北部的湖南为直系军阀盘踞的地区，退至广东东江地区的陈炯明又随时准备反扑。[④] 上述因素致使前面所提及的各类违反军纪的现象频繁发生。因此，这年改造原军阀的部队的难度非常大。

但是，即便面对再困难的环境也无法动摇孙中山在这一年改造原军阀部队的决心。如前所述，早在国民党"一大"时，孙中山便提出要将反动的兵力改变为革命的兵力。此后在历次处理各类违反军纪的事件时，孙中山的态度都非常明确，皆为严厉惩罚、以儆效尤。

孙中山整饬军纪的决心是坚定的，措施是得当的。1924年7月下旬滇军总司令杨希闵、桂军总司令刘震寰、湘军总司令谭延闿联名上呈《劝捐简章》，征取及于客航、渔船，范围达于内江、外海。孙中山阅后认为此议"事涉烦苛，必多窒碍。且从前沿江军队抽收各项捐费业经通令一律止，今复更张，在政府既为反汗，在人民未必乐从，若操切行之，于劝本旨已属乖违，财政前途更滋纷扰，著而害已形，……此次所请备案之处碍难准行"[⑤]，坚持与维护了前此的废除军队抽捐的决定。但有时从全局考虑，他也不得不做了某些让步。1923年6月东路讨贼军第三军军长李福林呈大本营军政部，为前在香山县勒索饷械的军官曾高升求情。李福林以"此人义勇可嘉，数年以来效忠党务，不无微劳，又核其招募健儿，亲随刘总司令震寰，转战惠博之间，刘总司令爱其勇敢，曾助以子弹五千颗为明证。倘任彼远方待罪，恐

① 戚厚杰等：《国民革命军沿革实录》，河北人民出版社2001年版，第15-23页。

② 《在陆军军官学校开学典礼的演说》（一九二四年六月十六日），《孙中山全集》第十卷，第292页。

③ 《中国之大患——职业兵与职业议员》，《陈独秀著作选编》第三卷，上海人民出版社2011年版，第18页。

④ 黄修荣：《国民革命史》，第92页。

⑤ 《粤省之战事军需捐》，《申报》1924年7月30日。

该犯员所属之部队无人主理，散处惠州，不仅流为匪徒，且恐资为敌用，未免可惜"为由，请求取消通缉，"俾该犯员得悔过自新，并且幡然来归，统回旧部，实为恩便。"大本营军政部的意见是："查曾高升即曾高陛，前因在香山县有勒索饷械情事，经朱卓文电奉大元帅批令通缉，交部通行遵照在案，兹据该军长呈称各情，自系为时局起见，正核办间，适奉大元帅令着军政部将曾高升通缉令取销。此令。等因奉此，除分行外，希即查照，将通缉曾高升一案取销，并转饬所属，一体遵照。"①

随着国共合作的开展，孙中山逐步得到了共产党以及苏联方面的支持，加上1924年夏成立的黄埔军校以及这年年底成立的以黄埔军校学生为骨干的两个教导团，这些都逐步成为孙中山及其领导的大元帅府的坚强后盾。而且在这一年7月，中国国民党设立了中央委员会，孙中山任主席，"该会是国民党最高政治机关，代表国民党中央指导政府处理工作"。在孙中山逝世前，该会向孙中山负责，有关内政外交的一切决策须由孙中山审批才能办理。② 可见孙逐步获得了广东革命政府绝对的权力。在这些有利条件的支持下，孙中山整顿军纪的工作逐步开展。

孙中山及其领导的大元帅府在1924年开展的整顿军纪的工作其意义是非常大的。首先，这些措施的施行有利于维护广东当地民众的利益，也就等于向民众昭示其体恤民情的决心，这就有利于取得民众的支持。1924年6月29日孙中山在广州军警团授旗礼上演说时指出："现欲国基巩固，民生乐利，使全国得享革命成功后之幸福，固须由全国人民奋起协助，但仍要穿军服者本其本领与人民合作，方能迅速收其效果。"③这就从战略全局上说明了整顿军纪与民生乐利之间的关系。其次，包括规范军人乘车用船等在内的一些措施有利于维护广东革命政府的利益，也维护了地方政府的权威；第三，一些整顿军纪措施如9月6日孙中山下令，北伐"各军出发，不得任意拉夫"④，在孙中山离开广东后由其他革命政府的领导人继续实施，这对此后整顿军纪，争取民心也起到了示范的作用。

综上所述，整饬军纪，保卫人民，稳定广东的革命秩序，推进革命事业是孙中山的执政理念与奋斗目标。军纪的整饬有力地维护了广东革命根据地的秩序和安宁，为日后广东成为北伐战争的策源地创造了必要的条件。

---

① 转引自廖仲恺：《为取消曾高升通缉令致广州市公安局及各县县长令》，《双清文集》上卷，第444-445页。

② 黄修荣：《国民革命史》，第92页。

③ 《大元帅检阅军警团并举行授旗礼式》，《广州民国日报》1924年6月30日。

④ 《孙中山亦已准备北伐》，长沙《大公报》1924年9月15日。

林森对孙中山思想的宣传与实践[①]

1925年孙中山逝世后，林森在多种场合热心宣传孙中山生前的思想，对孙中山的遗教多有阐发并身体力行。孙中山的思想体系十分庞杂包罗万象，林森能够根据当时的形势与任务在其中精心选择，联系现实，使宣讲更具有针对性。笔者通读林友华编《林森年谱》（中国文史出版社2012年版）后发现，在孙中山的思想体系中林森讲得最多的是以下三个方面：

一、大道之行，天下为公

大道之行是孙中山的世界观，天下为公则则是他为之奋斗的理想境界。从源头上看，大道之行天下为公在孙中山三民主义的理论体系中属于民生主义。

1932年1月4日，林森在国民政府纪念周演讲“天下为公”：

总理认这个公字的意义，非常广大，差不多把人类一切思想言行，都包括在内，我觉得现在一般人，这几年来所最缺乏的，就是对“公”字不能认识清楚，如什么叫做“公”，“公”字应该怎样去行？都置之不问；以致造成国家社会惶惶不安的状态。现在要补救这弊病，最重要的，就是把总理遗教天下为公的公字，纳于一般人民的思想言行中，使大家认识其广大意义的所在。……从今日起，我们每人每日都要猛省一下，就是时刻不要忘记公字，如怎样做，才可算公，怎样行才可不背于公，这是我们今后处世行事的最低限度，应该时时省察，照古人所说，己所不欲勿施于人的嘉言，身体力行。人人如此，则天下为公的目的，必不难做到。……今天是二十一年的第一次纪念周，本席特地拿总理天下为公的遗教讲读一下。愿与大家共同猛省，共同接受，并且一致去体认力行，永矢勿替。[②]

1936年3月16日，林森在中央党部纪念周演讲《革命先要革心》：

总理告诉我们什么叫做革命，革命是为民众谋幸福，是为国家求自由平等。且总理常引古书说：“大道之行也，天下为公。”我们要达到这一种的目的，首先要把民众各个人的心理改变过来。近年来许多青年因心不正，不是为公，而是为私利所驱使，有了私心，无论做何事，总不能成功的。……总理在北平弥留时说：“余致力国民革命凡四十年，其目的在求中国之自由平等。”但我们应如何做起，才能达到中国之自由平等，当然也要从我们自己改变种种不良的心理做起，我们革命，在严重时

---

① 原载《中山社会科学》2019年第2期。

② 林友华编：《林森年谱》，中国文史出版社2012年版，第212页。

期中，更应要努力前进，今后尤须努力改革不良的心理，以完成我们革命的使命。①

1936年4月6日，林森在国府纪念周演讲《天下为公》：

“天下为公”这四个字，是总理生前最喜欢写的，自从总理死后，本党同志更把这天下为公四个字做纪念总理最重要的遗训，天下为公，究竟是怎么解释呢？我们应当体认一下。考天下为公这四个字，最早是见于《礼记·礼运篇》，他的原文是：“大道之行也，天下为公，选贤与能，讲信修睦。故人不独亲其亲，不独子其子，使老有所终，壮有所用，幼有所长，矜寡孤独废疾者，皆有所养。男有分，女有归。货恶其弃于地，不必藏于己。力恶其不出于身也，不必为己。是故谋闭而不兴，盗窃乱贼而不作。故外户而不闭，是谓大同。”可见这天下为公的最后目的，便是达到大同之治。总理因为看到大道之行，天下为公，所以在生前最喜欢写天下为公四字，不过总理所称的天下为公，除了《礼运篇》所说的精义以外，还含有时代的意义，所以总理所说的大道之行，是有更具体的内容、更具体的方法。这个大道究竟是什么呢？便是三民主义，三民主义是总理昭后人的大道，是根据了天下为公的最高原则而制定的一个最完备的方案，所以就现在的时代说，我们可以断定，要世界大同，必须先天下为公，要天下为公，必须实行三民主义……②

1938年11月12日，林森出席孙中山诞辰纪念会，演讲《总理伟大人格和精神》：

总理一生是抱定“天下为公”思想。他的人生哲学是以服务为目的，而不以夺取为目的。是注重做大事，不注重做大官。当他在民国元年被选为第一任大总统的时候，因为要促进南北的统一起见，不惜敝屣尊荣，辞去总统不做。这种大公无私、不慕权势的伟大精神，在中外历史上是不容易见到的。……我们在这抗战建国的工作十二分紧张的时候，我们要特别效法总理的这种大公无私，不慕权势的人格和精神，抱定“国家至上”“民族至上”的大原则，以国家民族的利益为前提，不计个人私利，为国服务。尤其是公务员，要做到廉洁自矢，公尔(而)忘私，不计权利，只尽义务的地步，才能担负得这种重大艰巨的责任。③

在这段讲话中“注重做大事，不注重做大官”的出典还是孙中山说过的话。关于这点，林森1933年5月5日在国府演讲《追想总理革命精神，挽救当前国难》时就已经讲清楚了。他说：“在我们记得总理遗教中有几句话说为人立志要做大事，不要做大官。这个大事是什么大事呢？简单说，就是国民革命，就是要求中国之独立自由平等。”④

在实践上，林森是做了些大事后被国民党安排做大官，但他不置私产，妻子死后没有再娶，又把仅有一个过继来的儿子送上抗日的战场，最终为国捐躯。

---

① 林友华编：《林森年谱》，中国文史出版社2012年版，第313页。

② 林友华编：《林森年谱》，中国文史出版社2012年版，第319-320页。

③ 林友华编：《林森年谱》，中国文史出版社2012年版，第511页。

④ 林友华编：《林森年谱》，中国文史出版社2012年版，第236页。

二、贡献能力，以服务为目的

贡献能力，以服务为目的反映了孙中山的人生观与价值观，在三民主义的理论体系中属于民权主义。

1935年11月12日，林森在国民党第五次全国代表大会上作为会议主席致开会辞时说：

我们想到第一次代表大会时，总理所谆谆告诫党员的遗训。总理当时会说："我们国民党要有一种精神结合，第一牺牲自由，第二要贡献能力。"并且还申说了必须个人能牺牲自由，然后全党才能得自由；个人能贡献能力，然后全党才能有能力。党有了自由和能力，才能担负革命的大事业，来改造国家。总理说一番话，远在十余年以前。但我们观察这十几年以来许多新兴国家由困苦危亡中奋斗成功的途径，实在不外牺牲自由与贡献能力两句话。……我们要以党内牺牲自由的精神，来感动全国国民都为国家来牺牲自由；我们又必须加倍刻苦贡献能力，才可以团结全国同胞，人人贡献能力，为国家效命。①

1935年6月10日，林森在国民政府纪念周演讲《为民众服务》：

"现在文明进化的人类觉悟起来，发生一种新道德，这种新道德，就是有聪明能力的人，应该要替众人来服务，这种替众人来服务的新道德，就是世界上道德的新潮流。"这几句遗教，是民国十三年总理在广东岭南大学黄花岗纪念会演说词。今天我们把这几句话来寻绎，觉得意义至为重要。……就是把国家社会的事项，当作个人的事项，国家社会的利害，视同切身的利害，这就是替众人来服务，有聪明能力的人，应该替众人来服务，这种道理，我们先哲亦有很好的模范……②

1936年1月13日，林森在国府纪念周演讲《尽力服务》：

总理民权主义第三讲："聪明才力愈大的人，当尽其力而服万人之务，造千万人之福；聪明才力愈小的人，当尽其力以服十百人之务，造十百人之福。"……总理以复兴民族拯救世界为己任，毕生尽瘁，百折不回，大勇大仁，为吾党模范；我们想到现在国家多难，环境困难，我们有遵照遗教，以服务造福，增加我们的责任心，培养我们的恬淡心，我们个人的能力尽到，我们政府的能力必定增加了。③

1936年3月23日，林森在国民政府纪念周演讲《劳动服务的重要性》：

总理在民权主义④第三讲内曾说："人人应当以服务为目的。"又说："聪明才力愈大者，当尽其能力以服千万人之务，造千万人之福。聪明才力略小者，当尽其能

---

① 《中央日报》1935年11月13日、林友华编：《林森年谱》，中国文史出版社2012年版，第288-289页。

② 林友华编：《林森年谱》，中国文史出版社2012年版，第281页。

③ 林友华编：《林森年谱》，中国文史出版社2012年版，第297-298页。

④ 林友华编：《林森年谱》，中国文史出版社2012年版，第315页，作"民族主义"，误，下引孙中山的一段话可参见孙中山：《三民主义　民权主义》，《孙中山全集》第九卷，中华书局1986年版，第299页。

力以服十百人之务,造十百人之福。就是全无聪明才力者,亦当尽一己之能力,以服一人之务,造一人之福。照这样做去,虽天生之聪明才力有不平等,而人之服务道德日发达,必可使之平等。”这一段话,就是说明人人应当“各尽天职”,尽量为社会服务,有能就尽其能、有力就尽其力,能与力俱全,更要为人类多劳动、多服务,像这样才可由互助的过程,达到人类的平等,与世界的大同。……夺取只是满足欲望的一种方法,一旦全人群的生活发生恐慌的时候,夺取者势必无所施其伎俩,终究要同归于尽。所以总理说:“人生应该以服务为目的,不当以夺取为目的。”这两句话实有很深的意义存在,人们应当永远奉为圭臬,不可忘记。所以只有互助合作——就是人人为社会服务,事事以大众福利为前提——方能增进社会的生活,方能享受真正的幸福。我们再看总理对潮州各界欢迎会的演说:“人人对国家社会,当视为我个人与他人组织而成,凡国家社会之事,我分内事,凡有益于国家社会之事,即牺牲一己之利益为之而不惜,然后国家社会乃能日臻进步。”足见为国家为社会劳动服务,实是人民应尽之天职。去年本党曾制定党员劳动服务团工作办法,现在各地都有青年劳动服务社之组织,这一种运动,是要振起衰颓,使青年扫除感伤颓废的性情。养成成刻苦耐劳的习惯,扫除自私自利的观念,养成大公无我的精神……①

1936年6月8日,林森在国府纪念周演讲《亲爱精诚释义》:

人类的最高道德是为社会服务,总理说:“人人当以服务为目的,不以夺取为目的。”所谓服务就是本乎亲爱的道德,所以扩大点说,人类没有亲爱的道德,一切伦理、法律、政治、文化以及社会国家组织,都只存形体没有意义。大都抱着自私争夺仇杀的念头,结果同归于尽,不但人生失去了存在的价值,而且人类势必有灭种之忧。②

1936年10月5日,林森在国府纪念周演讲《和平统一与国家复兴》:

总理在民权主义第三讲里说:“人人当以服务为目的……聪明才力愈大者,当尽其能力以服千万人之务,造千万人之福;聪明才力略小者,当尽其能力以服十百人之务,造十百人之福……至于全无聪明才力者,亦当尽一己的能力,以服一人之务,造一人福”,也就是这个意思。总之,大家必须各尽所能,脚踏实地,为社会、为国家去做一番工作,这才算尽了我们做国民的天职。③

在实践层次,林森接受孙中山做人民公仆的理念,历任中华民国参议院议长、福建省省长(1922年11月8日④至1923年3月初)、特别是在国民政府主席位置上连续工作了12年,努力为民众服务,为国家贡献了自己的力量。

---

① 林友华编:《林森年谱》,中国文史出版社2012年版,第315-316页。

② 林友华编:《林森年谱》,中国文史出版社2012年版,第343页。

③ 林友华编:《林森年谱》,中国文史出版社2012年版,第369页。

④ 林友华编:《林森年谱》,中国文史出版社2012年版,第132页。《中华民国史》第四卷,中华书局2011年版,第47页,称“1922年11月7日,由孙中山任命的福建省长林森宣告就职”,时间有误。

三、和平奋斗救中国

和平奋斗救中国是孙中山的临终遗言和最后嘱托,在三民主义体系中属于民族主义。

1932年3月12日,林森在国府孙中山逝世七周年纪念会上演讲《和平奋斗救中国》:

今天是总理逝世七周忌辰纪念,总理之身,虽已与世长辞,总理的精神永远存在,永远不死。当七年前总理在北平病笃弥留的时候,最后有几句话告诉我们,就是和平奋斗救中国,这和平本是中华民族的特性,古圣所谓温良恭俭,就是这种特性的表现,总理认定此种特性就是我们民族的精神,所以先把这两字提出教训我们;并且中国是一个地大物博的国家,自有历史以来,对世界一切与国,无不胞与为怀,以礼相接,从无侵略夺取的意思与行动,所以中国自来讲王道,而耻为霸道。因为讲王道,所以自古以来,由个人以至国家,都服膺以德服人的主义,而不以力服人,总理虽然把这两个字提醒我们,但因和平只是人类生存道德的标准,非生于竞争世界绝对条件,所以在和平二字之后,接着又说奋斗二字,必须能奋斗,才可以救中国。总理此项遗教,一面要我们本着中华民族的特性,以德服人;一面又要我们奋斗图存,求国家民族的独立自由平等。换言之,必须我们和平不忘奋斗,奋斗不忘和平,然后可拯救国家转弱为强,此在今日国难危急之秋,尤值得我们体认力行,永矢勿忘。总理临终最后之遗教,即挽救宗邦至善之药石,望上下公务人员,以至全国人民,一致猛省,牢记在心,振衰起弱,救亡图存,全在于此。①

1935年6月3日,林森在国府演讲《和平之意义》:

民族主义第六讲:“中国更有一种极好的道德是爱和平。”又说:“这种特别的道德便是我们民族的精神。”试述其义。……所以和平的态度,是忍耐,是沉着;和平的用意,是自救,是审时,决不是得过且过,偷安旦夕的。总理的抱负是以和平的道德救世界人类,所以说中国如果强盛,还要济弱扶倾。现在我们国力未充,暂时不谈高远,我们还是守着总理最后留给我们“和平奋斗救中国”的七个字,埋头干去,恢复我们民族的地位,必定可能的。②

1936年2月17日,林森在国府纪念周演讲《和平奋斗救中国》:

“和平”“奋斗”“救中国”,这是总理最末一次的遗教,是我们每个同志所不能忘记的。……今天我们就把这“和平”“奋斗”“救中国”这句话,来加以研究。……总之,我们要想过着和平的日子,享受和平的幸福,必须先要奋斗。奋斗的工作,就是救中国。但中国是四万万人的中国,要救中国,必须团结四万万人的力量,才会发生效力,所以遗嘱上告诉我们,“和平”!“奋斗”!“救中国”!现距总理逝世已

① 林友华编:《林森年谱》,中国文史出版社2012年版,第218页。
② 林友华编:《林森年谱》,中国文史出版社2012年版,第279-280页。

十二年，正值国家多难，所以想起总理最后弥留时的遗言，与大家互相勉励，希望大家时时刻刻不忘和平、时时刻刻不忘奋斗，以达到真正救中国的目的。①

1937 年 1 月 4 日，林森在国府纪念周演讲《民族主义的真义》：

所谓民族主义的真义，大概包含两点意思：第一点民族主义是求国家自由平等的主义，第二点民族主义是以和平奋斗为基础的；归纳起来，就是用和平奋斗的方法，以求实现中国之自由平等。……是所谓和平，是具有两方面的意义：一方面是不愿意他人侵害我们，一方面是自己不肯侵害他人。因为不愿受人侵害，听以我们要讲充实了，当然可以避免他人的侵害。故自卫就是达到和平的手段。总理临终以“和平奋斗救中国”相嘱，足见和平的意义是积极的，不是消极的，要以奋斗的方法，才能够实现和平的愿望。②

1940 年 11 月 12 日，林森在孙中山诞辰纪念会上演讲《纪念国父诞辰的意义》时对歪曲孙中山“大亚洲主义”本意的那些汉奸谬论进行了严厉的驳斥：

不料后来竟有少数无耻奸徒……误解国父所主张的大亚细亚主义和和平奋斗救中国的话，牵强附会当作护符，甘愿出卖祖国，做人家的牛马。他们不知道国父所主张的大亚细亚主义是平面的，不是立体的，凡是亚洲各国，一律平等相待，互相尊重，决不是仰人鼻息，甘作附庸的卑劣思想可比。至于和平奋斗救中国，乃是和平不忘奋斗的意思，也只有在奋斗中求到的和平，才是独立自由平等的和平。汉奸们忘却奋斗，只求和平，这样自己不用力量得来的和平，一定是屈辱的和平，奴隶的和平，哪里是真正的和平。现在敌人因为武力侵华，打了三年多战，还丝毫没有办法，便异想天开，假造种种和平谣言，来动摇我们人心。那里知道我们国策早经决定，敌人的造谣手段，没有不被我们铁一般的事实击破的。这是我们今天纪念国父诞辰应当提起大家注意的第三点。……确认对日抗战，是国父倡导国民革命的一环，是我们今日要求独立生存的唯一国策，应当举国上下，一致拥护，坚持抗战到底，争取最后胜利，以慰国父在天之灵……③

在抗日战争中，林森站在中华民族的立场上坚持抵抗。1932 年一·二八上海淞沪抗战时，国民政府主席林森和行政院长汪精卫 2 月 8 日就电告十九路军，已饬令财政部拨款五万元慰劳前线将士。④ 1936 年历时 5 个月的绥远抗战，收复了百灵庙等战略要点，粉碎了日军西进图谋。绥远抗战得到了全国人民的声援与支持，国民政府主席林森也在南京参加了绥远抗战的捐款活动。1937 年 8 月 7 日晚国民党召开国防党政联席会议，决定主战。⑤ 林森在会上发言说：“从前说抵抗，此须进一

① 林友华编：《林森年谱》，中国文史出版社 2012 年版，第 306–308 页。
② 林友华编：《林森年谱》，中国文史出版社 2012 年版，第 399–400 页。
③ 《林子超遗集》，第 431–432 页、林友华编：《林森年谱》，中国文史出版社 2012 年版，第 629 页。
④ 《中华民国史》第八卷，上，中华书局版，第 47 页。
⑤ 参见《蒋介石日记》1937 年 8 月 7 日，转引自《中华民国史》第九卷，上，中华书局版，第 23 页。

步说应战，来则应之，应否宣战或断绝国交，视对方情形而定。”①汪精卫投敌后，林森于1940年3月29日晚在重庆向全国发表广播演说，怒斥汪精卫：“当我们抗战进展到这样重要时期，不幸出了汪兆铭等少数汉奸，给敌国军阀利用，拿屈辱和平的论调，做叛逆行为的掩护，冒用中国国民党组织下一切原有名称，举行叛党叛国会议，并且有组织伪政权的阴谋，企图盗窃名器，妄称继承法统，混淆观听。敌人如此利用汉奸，以及汉奸如此给敌人摆弄，只不过拿汉奸做个临时工具，以便敌人换一个方式来侵略。”②1941年2月9日下午7点，国民政府林森主席发表宣战文告：“日本军阀夙以征服亚洲，并独霸太平洋为其国策，数年以来，中国不顾一切牺牲，继续抗战，其目的不仅所以保卫中国之独立生存，实欲打破日本之侵略野心，维护国际公法、正义及人类福利与世界和平，此中国政府屡经声明者。中国为酷爱和平之民族，过去四年余神圣抗战，原期侵略者之日本于遭受实际之惩创后，终能反省。在此时期，各友邦亦极端忍耐，冀其悔祸，俾全太平洋之和平，得以维持。不料残暴成性之日本，执迷不悟，且更悍然向我英、美诸友邦开衅，扩大其战争侵略行动，甘为破坏全人类和平与正义之戎首，逞其侵略无厌之野心，举凡尊重信义之国家，咸属忍无可忍。兹特正式对日宣战，昭告中外，所有一切条约、协定、合同，有涉及中、日间之关系者，一律废止，特此公告。”③林森逝世后，中共中央主席毛泽东发来唁电称赞“国府主席林公领导抗战，功在国家”④，而这又是与他恪守孙中山相关遗训有很大的关系。

四、林森宣教的历史价值

如上所述，本文选择的林森阐发宣传孙中山思想的言论从1932年1月开始至1940年11月，都在他的国民政府主席的任期之内。林森所依据的大多是孙中山那些耳熟能详通俗易懂已经公开发表的文本，如在国民党一大上的讲话、民权主义第三讲、民族主义第六讲、总理遗嘱等，而不是那些鲜为人知的秘闻逸事、猎奇传闻，这也与林森的身份、地位和预设的宣讲目的相适应。

经初步统计，林森阐发宣传孙中山思想的场合绝大多数是在法定的国民政府纪念周，偶尔是在中央党部纪念周。这与他当时担任的公职有关，他是国民政府主席，并非国民党的党魁，当然这并不妨碍他在参加国民党各种会议（从全国代表大会到国防党政联席会议）时根据孙中山的遗教发表自己的意见。其次，他也没有放过孙中山诞辰纪念会、孙中山逝世纪念会这样听众人数更多，传播范围更广的宣教场合。

林森如此不遗余力地宣传孙中山思想有其必然性。首先强化自己是孙中山事业接班人的政治合法性与权威性。在技术层次上，林森也很注重这一点，在他的宣讲中大凡提及孙中山的语录总会说明出处，以示慎重，也方便有兴趣的读者查核原

---

① 《张嘉璈日记》，1937年8月7日，转引自《中华民国史》第九卷，上，中华书局版，第24页。
② 《中华民国史事纪要（初稿）》（1940年1至6月），台北“国史馆”1993年版，第389页。
③ 《中国近代对外关系史资料选编》下卷第二分册，上海人民出版社1977年版，第162-163页。
④ 《毛泽东年谱（1893—1949）》中卷，人民出版社1993年版，第461页。

文。他在照本宣科后试述其义时常常联系时政，进行演绎与发挥，着重阐发孙中山遗教的现实意义，希望国人能猛省接受。其次根据相关法律文件约定，林森担任的那个国民政府主席是个虚职，位高权不重，实际工作少，因此做些孙中山思想的阐发宣传工作是有时间保证的。最后，作为资格老出道早的党国元老、现任国民政府主席在外敌入侵国难深重民族危亡之际，高举国父的旗帜，大力宣传孙中山的遗教，在客观上起到了振奋民族精神、凝聚民族力量，进行民族自卫的积极作用。毫无疑问，在中华民族最危险的时候，孙中山的思想是全中国人民、中华民族最大的公约数，它对于整合全民族抗战无疑是最有效的，而这也就是林森一系列宣讲的价值所在。

钮永建与上海工人三次武装起义①

一、钮永建派往上海的背景

钮永建，字惕生，1870 年出生于江苏省上海县。1898 年从湖北武备学堂毕业后赴日本士官学校留学，1903 年因参加拒俄运动遭清政府缉捕而返。1905 年入同盟会，去广西筹设讲武堂与陆军小学堂。1911 年上海光复时任松江军政分府都督，次年南京临时政府成立时任参谋次长。1917 年任广州大元帅府参谋次长兼兵工厂厂长。1926 年 3 月中旬国民党二届三中全会改选并组成了新的党、政领导机构，28 个国民政府委员中有钮永建。②

同年 6 月 4 日，国民党中央政治委员会及国民政府任命蒋介石为国民革命军总司令。蒋介石着手组建总司令部时，以钮永建为参事局长。③

9 月 4 日，国民党中央根据吴稚晖、钮永建、叶楚伧三人的建议，决定成立江苏特务委员会，以侯绍裘、吴稚晖、何成濬、朱季恂、张静江、叶楚伧、钮永建 7 人为委员，④在上海策应北伐军，由钮永建主其事。钮永建同时兼国民政府驻沪代表。其后钮永建即到上海工作，他到沪后主要联络帮会，拉起一支号称千余人的队伍；另外商请驻沪全浙公会负责人褚辅成等协助，策动浙江省长夏超反正，试图在东南地区打开局面，截断孙传芳五省联军的后路。

夏超一向主张“浙人治浙”，对孙传芳委派的浙江总司令卢香亭极为不满。1926 年春，孙传芳拟将夏超调至江苏，此事又加深了双方的矛盾，促使夏超向国民党方面找寻出路。夏超一面通过其驻北京代表和国民党北京政治分会洽谈，一面派人赴广州联系，要求派军事干部来杭。后经广州方面张静江同意，委任夏超为国民革命军第十八军军长，兼理民政事宜。

10 月初，国民党北京政治分会派出的马叙伦、许宝驹由广州返浙，途经上海，和钮永建会商，决定由夏超提供 10 万元，作为上海起义经费。钮永建与夏约定，待孙传芳在江西兵败，夏就宣布浙江独立，并派兵向上海进军，届时钮永建在上海组织

① 原载《民国研究》2016 年春季号，总 59 期，收入本书有删节。

② 杨天石主编：《中华民国史》第二编第五卷《北伐战争与北洋军阀的覆灭》，中华书局 1996 年版，第 155 页。

③ 杨天石主编：《中华民国史》第二编第五卷《北伐战争与北洋军阀的覆灭》，第 19 页。

④ 《中国国民党中央常务委员会第五十四次会议记录》1926 年 9 月 4 日，《中国国民党第一、二次全国代表大会会议史料》，江苏古籍出版社 1986 年版，第 658 页。《现代上海大事记》（上海辞书出版社 1996 年版）第 290 页说，钮永建为国民党驻沪军事特派员，不完全准确。

暴动,与其配合,夺取上海。

中国共产党对夏超独立也表示支持,计划在起义胜利后,由沈钧儒出面组织浙江省政府,沈雁冰为秘书长。① 于是中共决定与钮永建共同进行。

钮永建与国民党中央监察委员会委员、江苏特务专员吴稚晖到上海秘密指挥,把上海工作重心放在暴动上。他们在法租界环龙路志丰里五号设立办事机关,并通过黄金荣得到法捕房巡捕的保护。钮永建当时的公开身份是中西女塾国文教员。根据原共产党人郑超麟的回忆,"杜月笙保护钮永建安全,我们同钮永建合作时,也就和杜月笙发生了关系"②。在 9 月 4 日成立的地下的国民党江苏党务委员会中,张静江、何成濬、钮永建、叶楚伧四人都是杜月笙的常客,彼此关系非同一般。钮永建提出要组织地下军队,杜月笙立即与黄金荣一道召集徒众,编制训练,听候调用。

10 月 11 日钮永建派代表与中共上海区委汪寿华等商谈国共合作组织上海暴动事宜。次日,中共上海区委积极联络钮永建的武装以及虞洽卿的上海保卫团,准备共同发动武装起义。③

上海国民党当局对领导权和政权观念十分明确,"主张由国民党取得政权"。在上海并没有多大实力的钮永建一面承认起义的"根本势力在工人、学生",一面仍"要工人帮助他,听他的号令动作",特别强调起义"须受党部指挥",同时表示事成后,国民政府"当然保护工人"。国民党驻沪特派员吴稚晖则不赞成上海区委提出的自治口号,主张用"上海和平维持会"的名义掌握政权。当时中共上海区委对领导权和政权观念十分模糊,只要求少数工人、学生加入和平维持会即可。④ 在这种情况下,代表国民党一方的钮永建与共产党的合作还算顺利。国共双方对钮均表示认可。

二、钮永建与上海工人第一次武装起义

10 月 13 日北伐军攻下南昌,夏超即于 16 日宣布浙江独立,就任国民革命军第十八军军长,并派一团人向上海进发。孙传芳事先得到情报,调驻苏州及吴淞的军队赴沪,嘉兴一战,夏超兵败,退回杭州,准备再逃上海时被抓住处死。当 24 日上海方面决定暴动时,夏超已兵败身死,自然不会有来自浙江反戈一击的配合。

台湾学者陈永发在《中国七十年近代史》中说:"1926 年 10 月,国民党人钮永建组织暴动,中共预备投入 100 多名武装以及 1000 多名无武装工人参加,但是因为收不到暴动开始的信号,实际上毫无行动。"⑤10 月 24 日,上海工人在南市、闸北、沪西三处同时举行第一次武装起义,凌晨只有康悌路(今建国东路靠近西门的地方)六七十名待命的工人出动与巡警发生了一点小冲突。钮永建按约率部同时配合,由

① 茅盾:《我走过的道路》上,人民文学出版社 1981 年版,第 318 页。
② 《郑超麟回忆录》,东方出版社 2004 年版,第 233 页。
③ 《现代上海大事记》,上海辞书出版社 1996 年版,第 291 页。
④ 上海市档案馆编:《上海工人三次武装起义》,上海人民出版社 1983 年版,第 112 页。
⑤ 陈永发:《中国七十年近代史》,台湾联经出版事业公司 2010 版,第 178 页。

法租界康悌路(今建国东路)进攻徐家汇警察署的人马全都是杜月笙与黄金荣的手下。[①] 这支队伍在徐家汇整队向高昌庙进发时被警署发觉,立即逃散。[②] 军阀部队破坏了几处准备起义的工人机关,计有21名工人被捕,其中码头工人起义指挥、码头总工会副委员长陶静轩和南市区起义指挥、黄埔军校毕业生奚佐尧被害牺牲。

第一次武装起义失败后,上海区委在总结经验教训时承认,过于看重资产阶级的力量,过于依赖国民党。“初以虞(洽卿)为中心,后以钮(永建)为中心。”认为钮永建没有实力,“买空卖空”[③],实际参加起义的工人有200多人,钮永建的队伍也仅一二百人。[④] 其中帮会势力“表现很高兴,想升官发财,行动很积极。”[⑤]总体来说,钮永建在上海工人第一次武装起义中占了上风,但实际出力并不大。

三、钮永建与上海工人第二次武装起义

1926年11月孙传芳自江西退守浙江,同时向奉系军阀张作霖求援。张作霖旋即派张宗昌率奉鲁军南下援孙,战火向江浙一带蔓延。于是上海地方自治的呼声再次高涨。自清末以来,在上海自治的呼声一直不断。1920年12月11日旅沪各省区自治联合会成立,该会拥有23省区会员,公推黄炎培、钮永建等为干事。[⑥] 1926年11月9日,国民党上海市党部发表告上海民众宣言,宣称“欲避免战祸,与解除痛苦,则惟有合二百万市民之力……以上海市政归诸上海市民,拒绝奉军南下,永远脱离军阀之统治”。14日,国民党安徽省党部、江苏省党部、上海特别市党部、浙江省党部联合发表对苏浙皖三省问题宣言,提出将三省和上海的军民政权交还人民,组织省民、市民会议,拒奉鲁军南下;保障人民言论出版自由,废除一切苛捐杂税;召开国民会议,解决国是。14日,旅沪的江、浙、皖三省名人,以全浙公会、新苏公会及安徽旅沪同乡会三团体为主在上海成立“苏浙皖三省联合会”,主要成员有蔡元培、褚辅成、虞洽卿、沈钧儒、许世英等,旨在划江苏、浙江、安徽三省和上海为民治区域,停止三省境内的军事行动。12月6日,上海特别市市民公会正式成立,宣布以“实现上海市民自治为目标”。组成市民公会的主要团体有上海总工会、商总会、闸北商会、全国学生总会、上海学联以及三省联合会。12月15日,中共上海区委专门就“上海自治运动问题”发了一个宣传大纲,指出自治运动的根本意义在发展民众势力,催促当地军阀之倒台。同时又积极准备民众的暴动,认为非暴动不能达到人民自治的目的,必须采取武装夺取形式。

1927年2月19日上海工人举行了总同盟罢工,次日中共以“中国共产党上海

---

① 许玉芳、卞杏英:《上海工人三次武装起义研究》,知识出版社1987年版,第28页。

② 《上海工人三次武装起义》第34页。1926年底,杜月笙又把有关北洋军驻浙部队的情报转送钮永建,又积极配合钮做淞沪警察厅厅长严春阳、上海防守司令李宝章的策反工作。

③ 《上海工人三次武装起义》,第36页。

④ 《上海工人三次武装起义》,第65页。

⑤ 上海市档案馆藏:《中共上海区委召开活动分子会议记录》(1926年10月26日),《上海工人三次武装起义》,第54页。

⑥ 《当代上海大事记》,第78页。杨天石主编《中华民国史》第二编第五卷《北伐战争与北洋军阀的覆灭》,第77页认为“上海自治运动的酝酿始于1926年9月”,不正确。

市执行委员会”的名义发出告上海市民书，宣布将召集市民代表大会，成立上海市民政府。①

22 日，以中共成员为主联络国民党及工商界人士钮永建、杨杏佛、虞洽卿等成立“上海市民临时革命委员会”，下午 4 时中共上海区委发出紧急通告，宣布“上海市民临时革命委员会今早 12 时正式成立”，并通知 6 时上海暴动。紧急通告如下：

上海市民临时革命委员会今早 12 时正式成立。

委员汪寿华（上总代表）、罗亦农（CP 代表）、钮惕生、杨杏佛、虞洽卿、王晓籁、章郁庵、王承伟、刘荣简、周孝公、张曙时，此委员会即为未来上海市政府。今晚 6 时，全上海动员暴动，在暴动时及暴动后，特别是在暴动后，须热烈地在民众中宣传，拥护此上海市民临时革命政府。谓只有此政府，才能解放上海人民的一切压迫。各地并须自贴标语。此告。②

在 11 人组成的上海市民临时革命委员会中共产党员 4 名，占总数的百分之三十六强。

22 日下午 5 时半，经过中共人士罗亦农、汪寿华的说明，原先指责中共擅自决定、没有合作诚意的钮永建最终还是签署了起义的命令。③ 下午 6 时，经过策动的海军“建康”“建威”两艘军舰向南市方向的兵工厂、车站、督办公署和防守司令部发炮，作为起义的信号，因有炮弹落入法租界，法帝国主义的兵舰出面干涉，起义军舰便停止了发炮。南市、闸北、杨树浦的部分工人纠察队袭击军警，夺取武装，与军警进行小规模的战斗。浦东纠察队与法商电车公司工人因为种种原因都没有动作。国民党党部也没有力量，至于三省联合会的那些知名人士这时已不见踪影。原来期望中的北伐军并未很快抵达上海，工人纠察队的武装与反动军警的力量对比又很悬殊，单枪匹马，孤军作战，不得不在第二天中止了暴动。

1927 年 3 月 4 日，红色工会国际驻中国代表曼达良、共产国际执行委员会国际联络部驻中国代表阿尔布列赫特、青年共产国际驻中国代表纳索诺夫、青年共产国际驻中国代表福京在上海向莫斯科发出了关于第二次上海起义的书面报告。报告提及上海警备司令李宝章“受广州人所取得的决定性胜利的影响发生了动摇。他和钮惕生（即钮永建——引者注）取得联系”。第二次武装起义“发动前夕成立了由九人组成的临时革命政府，有两名共产党员进入政府（一名代表工会，一名代表共产党），这个政府中的主要一派是由虞和德和钮惕生将军组成（与 1926 年 10 月 23 日拟议发动时的人员组成相同）”④。报告批评中共“党的上层的注意力都集中在谈判上和对各种‘上层人物’如虞和德、海军上将钮惕生等人的劝说上。给群众的只是一道空洞的命令。……发动开始时未经‘政府’批准，而‘政府’是听到炮击后

---

① 上海档案馆编：《上海工人三次武装起义》，第 127–129 页。

② 《上海通史》第七卷 · 民国政治，上海人民出版社 1999 年版，第 209 页。

③ 参见《吴稚晖先生全集》第九卷，中国国民党党史史料编纂委员会 1969 年印行，第 878 页。

④ 《共产国际、联共（布）与中国革命档案资料丛书》第四卷，北京图书馆出版社 1998 年版，第 141 页。

才知道发动开始了。在‘政府’会议上钮惕生、虞和德提出抗议,反对共产党人擅自行动。但此后共产党人成功地说服他们签署了给部队和警察的‘忠告’,让它们转到政府一边”。

报告接着说道:“我们曾预料,在国民革命军抵达上海后,在这里必然会形成实际上两个政权的局面。因此我们认为,对我们来说,除了人民代表会议,不提供,至少形式上不提供建立第二政权的机会要有利得多,因此我们建议临时权力委员会纳入那些持反帝斗争立场的有影响的集团或与它们取得联系,并采取一切措施使中央国民政府的代表承认人民代表会议。由这样的组织可以建立一个合法的政权,其结构也能保证共产党和国民党左派掌握领导权。……但是党在建立临时权力委员会的问题上没有采纳我们的建议,结果虞和德和钮惕生派的人在委员会中占了多数。……在‘政府’的九个人中只有两名共产党人(国民党左派在政府中实际上没有代表,小资产阶级也是如此,也就是说大资产阶级的影响在政府中占上风),在大资产阶级在政府中占多数的情况下,共产党人实际上不得不唯大资产阶级之命是从。无产阶级的‘领导权’从组织上通过这个政府为虞和德和钮惕生所控制。”报告认为中共“没有从10月23日‘起义’失败中吸取教训,依然夸大大资产阶级的作用,……这一点在政府中反映得很明显,舰队开始起义后,共产党人还在那里劝说虞和德和钮惕生采取行动,而这时上海无产阶级已经发动三天了。……党除了和钮惕生及一些高级指挥官进行对话外,没有做任何工作去吸引地方部队支持起义或去瓦解这些部队”①。

因此,台湾学者陈永发断言,“1927年2月,中共抛开国民党人,自己组织暴动……在罢工发生后,听任暴动自由发展”②是不正确不全面的。事实是纽永建对上海工人第二次武装起义的爆发并不知情,站在国民党的立场上,他向中共提出抗议,也是可以理解的。不过,在中共的“劝说”与“说服”下,纽永建还是顺应大势,按照中共的要求,签署了相关的文件,至少还是合作的。即使这样,中共方面还是遭到了在上海就地指导、观察武装起义的共产国际代表们的严厉批评与指责,认为对于钮永建等人太客气太迁就了。

四、钮永建与上海工人第三次武装起义

1927年3月5日在酝酿上海工人第三次起义时,钮永建、吴稚晖等国民党人对此已不感兴趣,甚至加以阻挠。台湾学者陈永发认为,“上海的纯粹国民党员拒绝参与”③。钮永建称:“松江已下,这样暴动就无对象”,“不要徒然牺牲”。④ 对市民政府,他们亦认为应由国民政府任命,不应民选。在钮永建等国民党人看来,以蒋介石为总司令的北伐军已经逼近上海,足以拿下上海,此一时彼一时,已经不再需

① 《共产国际、联共(布)与中国革命档案资料丛书》第四卷,第142–143页。

② 陈永发:《中国七十年近代史》,第178页。

③ 陈永发:《中国七十年近代史》,第179页。

④ 《上海工人三次武装起义》,第279页。

要上海左派工人、学生的配合了。而中共坚持发动工人武装起义,目的是抢在北伐军到达之前成立民选的政府,造成既成事实,抵制已经与武汉国民政府分庭抗礼的蒋介石为首的右翼集团完全操控上海,或至少对蒋进行某种约束。

当天,中共上海区委召开各党团书记会议,针对国民党钮永建反对民选市政府的态度,指出"与国民党争斗已开始","根本出路在谁有群众"。① 3月6日,在上海已经有22条马路的领袖赞成民选市政府的情况下,经过协商,国民党方面已经表示赞同将来市政府的形式,由民众选出,经国民政府任命。3月12日下午,上海市民代表会议开成立大会。到各界代表三百余人,选举钮永建、虞洽卿、罗亦农、汪寿华、王晓籁、丁晓先等三十一人为执行委员。发表宣言称:"本会之责任,即在执行全市公民之意志,接收上海政权,建设民选市政府,而对于军阀之走狗官僚、土豪劣绅之流,当依国民政府颁布的条例行之,为民除害,决不宽容。"②在要不要成立民选市政府的问题上,国民党上海政治分会主席钮永建在蒋介石和武汉国民政府之间摇摆。针对这一情况,3月16日中共中央组织部秘书兼中央军委委员、中共上海区委军事委员会书记周恩来在特别委员会会议上指出,上海政治分会应增加左派分子。③ 鉴于钮永建不赞成工人罢工,周恩来后来还提出可去联络即将来沪的白崇禧,使之不与钮十分接近。④

3月18日,驻守上海直鲁军第八军军长毕庶澄向钮永建提出两项投降条件。一种报告说:(一)继续控制上海及无锡到松江地区;(二)暂时灰色的投降,不悬党旗。另一种报告说:(一)投蒋不投国民政府;(二)除任军长外还要加司令或指挥的职衔。⑤ 随便那一种都是不识时务,要价太高,不可能被胜券在握的上海国民党方面所接受,共产党方面自然也不会理会。

3月21日晨,中共上海区委发出举行起义的指令。12时,上海总工会颁布总同盟罢工命令后,全市80万工人举行总罢工,上海工人第三次武装起义开始。周恩来担任起义的总指挥,战斗分7个区进行。以3000名工人武装纠察队为骨干组成的起义队伍,与毕庶澄部和其他军警总共5000余人激战两天一夜,于22日下午6时,攻克北火车站。至此,上海工人第三次武装起义取得了完全的胜利,牺牲了300多人。

3月22日,第二次上海市民代表大会在九亩地新舞台召开。到会团体千余,代表4000人。大会决议成立上海特别市临时市政府(简称上海临时市政府),公选白崇禧、钮永建、杨杏佛、王晓籁、虞洽卿、陈光甫、罗亦农、汪寿华、林钧、何洛、丁晓先、侯绍裘、李震瀛、陆文韶、王汉良、郑毓秀、谢福生、顾顺章、王景云等19人为临时市政府委员。并决定先行办公,经国民政府批准后再行就职典礼。

下午2时,西门公共体育场举行上海市民欢迎北伐军大会,有1000余团体,50

---

① 《当代上海大事记》,第306页。
② 《现代上海大事记》,第308页。
③ 《周恩来年谱1898—1949》(修订本),中央文献出版社1998年版,第108页。
④ 《周恩来年谱1898—1949》(修订本),第109页。
⑤ 参见《周恩来年谱1898—1949》(修订本),第109页。

万人到会。大会通过宣言,公推代表赴龙华白崇禧司令部,要求解除闸北直鲁军武装。白崇禧以国民革命军总司令部总参议兼驻沪全权代表钮永建未下进城命令为由,拒派部队进入上海市区。第一师师长薛岳向白崇禧主动表示愿意率部开入上海华界。不过薛岳部到达闸北时,上海工人第三次武装起义战斗已接近尾声。

3月23日上午10时,上海临时市政府委员开始办公。11时召开会议,公推钮永建、白崇禧、杨杏佛、王晓籁、汪寿华为常务委员。议决:重要事务须得常务委员会决定;沪上军事由白崇禧负责;治安问题,除正式军队外,由总工会纠察队暨保安团维持之;凡上海特别市范围内,国民政府总司令部总指挥或国民党中央政治委员会上海分会委任的官吏及机关,应与临时市政府发生统属关系。[①] 同时发布第一道命令:除武装工人纠察队外,24日上午10时全沪工友一律复工。

武汉国民政府也采取了相应的对策。据张国焘回忆,"武汉当局深信蒋氏以南京、上海为据点,展开反武汉的行动,因而决定不让蒋氏有完全支配上海、南京的机会"。24日,武汉国民政府复电批准上海成立市民政府。29日上海市民政府正式成立。武汉政府还作出"应付上海政治情势"的四项决议:其中有一项是派外交、财政、交通三部部长赴沪指导应付策略,并指定吴敬恒、钮永建、杨杏佛、白崇禧、张曙时、侯绍裘、汪寿华等7人,组织国民党中央政治委员会上海分会。[②] 国民政府还任命钮永建为淞沪防卫总司令,邹竞为副司令兼淞沪警察厅厅长。

由此看来,武汉政府对于钮永建时非常重视的,给了他党、军要职,实际上也是对他在上海的地位与作用的一种承认。同样,如果没有共产党方面的认可,钮永建也不会成为上海市民政府19个委员之一、更不会是5个常委之一。

五、事后的表现

1927年3月30日,蒋介石要求武汉国民政府委派钮永建为新编第七军军长。[③] 而这时武汉国民政府对钮永建态度有所变化,任命他为安徽、浙江视察财政专员。[④]

1927年4月上旬,蒋介石连续召集会议,密谋反共清党。8日,国民党上海临时政治委员会正式宣告成立,召开第一次会议,决定即日起正式办公。该会由吴稚晖任主席,钮永建、蔡元培、何应钦、叶楚伧、陈果夫、杨杏佛、吴忠信等为委员,掌握上海市的军政财权。该会系蒋介石在南昌时就预先议定,作为上海最高机关"得以会议形式决定上海市一切军事、政治、财政之权,并指导当地党务"[⑤]。2月21日蒋介石任命吴稚晖为上海临时政治委员会代理主席,初露以吴代钮之意,钮永建对此自然大为不满。

白崇禧的政治部在报纸上刊登大幅标语:"拥护上海临时政治委员会","打倒

① 《现代上海大事记》,第310页。
② 《上海通史》第七卷·民国政治,上海人民出版社1999年版,第217页。
③ 杨天石主编:《中华民国史》第二编第五卷《北伐战争与北洋军阀的覆灭》,第378页。
④ 杨天石主编:《中华民国史》第二编第五卷《北伐战争与北洋军阀的覆灭》,第473页。
⑤ 《时报》1927年4月9日。

在后方制造混乱的破坏分子”,“打倒篡党夺权的阴谋分子”等,露出了凶悍的气焰。[1]

4月9日,以白崇禧、周凤岐为正副司令的淞沪戒严司令部成立。同日,在沪国民党监委邓泽如、张静江、吴稚晖、李石曾、黄绍竑、古应芬、陈果夫等联名发表“护党救国”通电,列举了武汉政府容纳“共产党派负责同志加入国民政府及省政府”等11条“亡党之责”,声称险象如此,不能再安缄默,“望我全体同志,念党国之危机,凛丧亡之无日,披发缨冠,共图匡济,扶危定倾,端视此举”[2]。

十分明显,只是进入4月之后,在蒋介石的强势影响下,钮永建才最终站到武汉国民政府、中国共产党的对立面上去了。不过此时正式负责国民党上海党务的第一把手已经改为吴稚晖了,这也反映出蒋介石对钮的某种不满。当然蒋介石也没有完全否定钮在上海三次工人武装起义中对自己的功劳,4月17日在南京召开的国民党中央政治会议第73次会议决定,以钮永建为国民政府秘书长,[3]算是回报。

此后钮永建坚定站在南京方面,对抗武汉。1927年6月20日夜,钮永建等15人参加徐州会议第一次特别会议,讨论如何对付共产党、继续北伐、武汉政府问题等。7月18日,钮永建与胡汉民、吴稚晖联名复电冯玉祥,要冯转告汪精卫,停止东征,如能“幡然携手尤善”[4]。9月1日,钮永建主导下的江苏省党部、南京市党部召集省市各机关、团体代表联席会议,蒋作宾、王伯群、钮永建等依次演说,声称在南京建立中央是“全国忠实党员和一般良众之公意”,宁汉合作是“忠实同志团结一致”,并非“投降武汉”[5]。会议通过“电促汪精卫彻底觉悟,即日内下野,以谢党国”等九项议案。[6] 接着,浙江政治分会、江苏省党部、南京特别市党部陆续通电应和。总之,钮永建在反革命的宁汉合流中十分积极,起了不小的作用。对于共产党和革命人民来说,这才是钮永建的大过所在。

客观来说,在上海工人三次武装起义中,钮永建是功过兼具,功大于过的。正因为如此,他一直是共产党、武汉国民政府与蒋介石激烈争取的关键人物。只是在起义结束,蒋介石的北伐军进占上海后,他才最终投向蒋介石的。

---

① 参见《上海通史》第七卷·民国政治,第223页。

② 《四一二反革命政变资料选编》,第126–131页,转引自《上海通史》第七卷·民国政治,第223页。

③ 杨天石主编:《中华民国史》第二编第五卷《北伐战争与北洋军阀的覆灭》,第411页。

④ 《宁洛汉互商合作之要电》,《广州民国日报》1927年8月18日。

⑤ 《首都各团体代表大会详记》,上海《民国日报》1927年9月8日。

⑥ 《首都各团体代表大会详记》,上海《民国日报》1927年9月8日。

广州起义中的手车工人①

南昌起义、秋收起义与广州起义是人民军队初创时期的三大起义,在中国革命的史册上彪炳千秋。其中广州起义以苏俄经验为样板,最大限度地发动工人为建立广州苏维埃起义,在中国工人运动史上也占有重要的地位。关于广州起义学术界已经有了众多的学术成果,但是历史研究需要深入与细化。本文依据相关史料,从手车工人参加广州起义入手,对相关问题再作探讨。文中所指的手车即黄包车,文中出现的"手车夫""人力车夫""车夫工人"与"手车工人"是同义语,即拉黄包车的工人。迄今为止,学术界有关人力车夫的研究已有多篇论文②,但涉及参加城市武装起义的,就笔者目力所及尚未发现。

一

1927年蒋介石在上海发动四一二反共事变,大肆杀害共产党员与革命群众。三天以后国民党反动派又在广州发动四一五政变,同样把共产党员与革命群众打入血泊之中,"被杀的工人在四千以上,此外还有一千多被拘禁;此后屡次对于革命民众施行屠杀搜捕的强暴政策。"③

但是中国共产党并没有被反革命的白色恐怖所吓倒,他们很快从地上爬起来,掩埋好同伴的尸首,擦干身上的血迹,又继续战斗了。在广州,自省港罢工发生后,退回广州的罢工工人在中国共产党的领导下一直是工人运动特别是政治斗争的中心。南昌起义失败后,"每次示威运动罢工工人总是占最大多数。成绩最好的是十月十四日和十一月七日两次示威,集在会场的群众约一万余人,其中罢工工人占七八千",手车夫与建筑、钢铁、土布、油业、杂务诸业工人各数百人也参与其中。④ 当时广州的手车工会与汽车工会、码头工会、搬运工会、理发工会、金属业工会等行业工会已经与共产党有了联系,广州工人已在高呼"撕毁白色恐怖的青天白日旗举起

---

① 原载《党史与文献研究》2018年第2期。

② 主要有马凌合:《城市特殊群体社会救助制度的历史考察——以人力车夫为例的研究》,《近代史学刊》第四辑,华中师范大学出版社2007年版;严昌洪:《近代人力车夫群体意识探析》,《华中师范大学学报》2007年第6期。邵雍:《1935年上海法租界人力车夫罢工初探》,《社会科学》2009年第1期。

③ 《广州暴动之意义与教训》,《建党以来重要文献选编》第五册,中央文献出版社2011年版,第5页。

④ 中共中央致广东省委信(一九二八年一月二十五日),《广州起义(资料选辑)》,中共中央党校出版社1982年版,第269页。

革命的红旗"[①],有的还组织起各种形式的秘密武装,如手车工人就有"剑仔队"武装。[②]

国民革命军第二方面军总指挥张发奎率部进驻广州控制广东后,"采取了明显反动的方针,逮捕工人,驱散罢工者。工人强烈不满,情绪激昂。军事形势依旧。"[③]张发奎的压迫也日益加紧,10 月 19 日悍然逮捕大批工人领袖,封闭海员工会,解散省港罢工委员会的纠察队,致使三千熟练的工人纠察队员以及万余久经战斗的工人因此大半不能参加广州暴动。[④] 人力车夫工会被查抄后,被捕的负责人彭世、王世文遭到严刑拷打,彭世的腰骨被打断,王世文的十个手指被插烂,最后全被杀害。[⑤] 张发奎本人后来回忆说:"一九二七年十二月九、十日,汪精卫打来四封电报,要求对共产党员廖尚果等采取行动、查抄广州苏俄领事馆……朱晖日[⑥]查抄了人力车夫工会与印刷工会等,搜出了一批枪械,抓捕了一批人。于是他们提前两天暴动。"[⑦]

在这之前,中共广东省委定出明确的举行暴动的战术计划,"把广州各业工人和失业工人分散的秘密武装团体,改编为统一领导的拥有 7 个联队、2000 队员的工人赤卫队、两连敢死队(省港罢工纠察队一连、海员及手车工人一连),由徐向前同志和原日农讲所军事教官赵自选同志等分任各联队的指挥员。"[⑧]这两连敢死队在"极端秘密有极端严密纪律"的工人赤卫队中是"最可靠最忠实最有训练的"[⑨]。12 月 11 日广东省委在给中央的报告中说:广州暴动"目前估计我们的力量,在工人群众方面,……现在主要如海员、油业、手车夫等是有把握的"[⑩]。国民党新军阀张发奎本人后来也承认,广州起义"其主要成员由部分教导团人员和人力车夫工会、印刷工会会员组成"[⑪]。

苏共中央书记斯大林收到相关汇报后同意进行广州起义,他说:"鉴于群众中存在一定的情绪和当地比较有利的形势,不反对你们的意见,建议行动要有信心要坚决。"[⑫]

---

① 转引自《建党以来重要文献选编》第四册,中央文献出版社 2011 年版,第 669 页。

② 参见时光主编:《星火燎原》,上海人民出版社 1994 年版,第 87 页。

③ 牛曼给联共(布)中央政治局的电报(1927 年 11 月 29 日于广州),《联共(布)、共产国际与中国苏维埃运动》,中央文献出版社 2002 年版,第 140 页。

④ 参见陆定一同志向共青团中央报告广州暴动的经过及广州共产青年团在暴动中的工作,《中共党史资料》第九辑,中共党史资料出版社 1984 年版,第 2 页。

⑤ 参见《广东文史资料精编》下编第一卷,中国文史出版社 2008 年版,第 726 页。

⑥ 时任国民党广州公安总局局长。

⑦ 张发奎:《蒋介石与我　张发奎上将回忆录》,香港星克尔出版有限公司 2009 年版,第 146 页。

⑧ 《广东文史资料精编》下编第一卷,中国文史出版社 2008 年版,第 739 页。

⑨ 《广州暴动之意义与教训》,《建党以来重要文献选编》第五册,第 11 页。

⑩ 《建党以来重要文献选编》第四册,第 764 页。

⑪ 张发奎:《蒋介石与我　张发奎上将回忆录》,第 148 页。

⑫ 关于广州事件的电报(1927 年 12 月 6–17 日于莫斯科),《联共(布)、共产国际与中国苏维埃运动》,第 173 页。

二

12月11日凌晨,广州起义爆发。"农民与工人,苦力与水手,铁路工人与海员,人力车夫与手工业者,共同宣告:他们不能在豪绅地主资本家买办阶级商董及军阀们底政权之下再忍受下去了"[①]。由车夫工人组成工人赤卫队联队配合叶剑英率领教导团第一营,向最反动的公安局保安总队进攻。[②] 4时占领了公安局,起义军缴获的步枪一千多支、机枪十挺,立即发给了工人赤卫队。

根据时任工人赤卫队第二联队第六大队党代表的李沛群回忆,广州工人赤卫队手车夫联队(即第二联队)在1927年11月中旬就已经正式组成。"这个联队以手车(即黄包车)工人为主,还加上酒业、铜铁两个工会的工友,由沈青、庞子谦担任联队长"[③],广州起义爆发后第二联队指挥部设在广大路。

11月下旬,市委秘书长董存汉在手车夫工会党支部召集的骨干分子会议上,宣布了举行武装暴动的消息。手车夫工会党支部支部书记黄益华家住第十甫曾巷,他楼下包租婆的儿子是警察局的警长。这样给敌人造成"灯下黑",反而显得比较安全可靠。12月10日支部会议就在黄益华家进行,联队长沈青分配了起义后的攻击任务。但是当第六大队党代表李沛群与大队长石喜赶到万福路车夫馆集合队伍时夜班工友已经出车走光了。于是他俩立刻奔上街头,由近而远,从惠东路、永汉路开始,在惠爱路、惠福路、一德路、长堤、西濠口这些热闹的地方寻找夜班工友。各工友听到"今晚不要上街,就在馆里等着""马上回去,准备动手"的招呼后,"都翘起嘴角,扬起眉毛,飞快地拉着手车回去了。他们沿路通知其他工友,一块儿回去"[④]。11点参加起义的手车工人集合完毕,奉命于12点前全部转移到禺山市酒楼茶室总工会第四分会的二三楼。"一霎时,这里就被黑脸赤脚、穿牛头短裤的手车夫挤满了。他们有的手拿竹杠,有的捏着木棍,有几个偷了车夫头的烂车轴当作武器,有几个把厨房的菜刀和柴刀也藏在腰里带来了。"中队长冯苏机灵多智,"带几个工友把工会的旗杆拔下来,旗杆头包着铁皮尖,看上去顶像一支威风凛凛的红缨枪"[⑤]。这时大伙群情激奋,在党代表的带领下唱起《工农兵暴动歌》:

工农兵联合起来向前进,万众一心!工农兵联合起来向前进,杀绝敌人!我们前进,我们奋斗,我们暴动,我们胜利!推翻那帝国主义的走狗国民党统治,一切权利归于我们工人农民兵士的![⑥]

---

① 《中国共产党为广州暴动再告全国民众》(一九二七年十二月十七日),《建党以来重要文献选编》第四册,第789页。

② 参见《广州工人代表大会报告》(1928年1月),时光主编:《星火燎原》第96页。其中称车夫工人组成工人赤卫队第一联队,疑为第二联队之误。

③ 李沛群:《忆广州暴动中的手车夫》,《广东文史资料精编》下编第一卷,第725页。

④ 李沛群:《忆广州暴动中的手车夫》,《广东文史资料精编》下编第一卷,第727页。

⑤ 李沛群:《忆广州暴动中的手车夫》,《广东文史资料精编》下编第一卷,第729页。

⑥ 《广东文史资料精编》下编第一卷,第729页。这一歌词与"四一五"前唱的《工农兵大联合歌》差不多,只略为改动了几句。

手车工人暴动前情绪高涨是有原因的。一则分给他们的战斗任务是会合其他队伍,攻打第五区警署。而反动警察平时耀武扬威,仗势欺人,随意罚款扣车,抄身搜查,是手车工人的冤家死对头。工友们一提起警察就咬牙切齿,恨之入骨。起义开始后手车工人发出了“铲平警察局”的怒吼。二则可以“打黑狗报仇”,为死难的彭世、王世文烈士报仇雪恨。

起义打响后,这支队伍根据原定部署,会合其他队伍,冲进第五区警署,缴获了敌人二十多支步枪。许多工友丢下竹杠、木棍,换上步枪。队长陈华感慨地说:“抓车把的手抓枪把,这味道真怪趣致!”中队长冯苏答道:“抓枪把趣致,抓印把才更趣致呢!”这两个队长的豪言壮语反映了手车工人在共产党领导下要“做世界”的雄心壮志。①

紧接着第六大队又去南关攻打税务机关“保商卫旅”团的一连人,将其全部缴械,在缴获的枪支中还有两挺机关枪。接着又到南堤二马路,协助教导团围攻中央银行。“队伍中有几个是南关戏院附近米店的工友,他们飞快回去背来几捆麻袋,”第二联队立即挖起无线电台背后铁塔底下的泥沙装成沙包。“恰好附近路边丢了很多手车,冯苏和石喜灵机一动,拉过两部手车,把沙包放在手车座位上,推过去交给教导团的士兵。”对方接过这无以名之的新奇的“战车”,便伏在车上踏脚的地方,一边凭依着沙包攻击敌人,一边推动车子前进,简直是活动掩体,于是大家纷纷如法炮制,一会儿便给教导团的战士们送过去一百多辆这样的“战车”,大大改变了他们不利的进攻条件。教导团战士们高兴得竖起大拇指直喊:“工人赤卫队顶呱呱!”赤卫队员们也对他们叫道:“教导团好呀!”在交战中,“十多个工友在推车的时候负了伤,还跟着要求和教导团一起攻打银行”②。

不久,第六大队奉命离开南堤挥师向北,12日中午登上观音山,坚守阵地,顽强阻击,多次打退来犯之敌的进攻。面对十多倍于自己、漫山遍野涌来、轮番冲击的敌军,手车工人们毫不畏惧,他们打到枪筒发热发烫直到烧红,最后子弹打光了就用石头烂砖砸,临近了就拿枪托、刺刀,枪托烂了就用拳头揍,受伤倒下了就用牙齿咬。12日傍晚,与敌人白刃拼杀的大队长石喜在右肩、右腿先后负伤的情况下还用枪托一连砸倒两个朝他扑来的敌兵。这时他胸部中弹,又扑向一个敌人,紧紧卡住对方咽喉,一齐滚下山坡。中队长冯苏在一次反击中带头跃出阵地,一气刺中三个敌人,不幸连中数枪,他用尽平生之力,把刺刀连枪插向一个手提驳壳冲上前来的敌人,从前胸直透后背!这才依着一块石壁,安详地垂下眼皮。观音山阻击战一直打到13日凌晨接获总指挥部的撤退命令才撤出战斗。这时第六大队连同后来增援的百余人只剩下几个人了。③

另据杨殷《斗争中的回忆》证实,在保卫起义总指挥部的战斗中也得到了车夫工人的宝贵援助。12月“十二日午后一时,忽来敌军约一团,由观音山下沿第一公

---

① 李沛群:《忆广州暴动中的手车夫》,《广东文史资料精编》下编第一卷,第730页。
② 李沛群:《忆广州暴动中的手车夫》,《广东文史资料精编》下编第一卷,第732页。
③ 李沛群:《忆广州暴动中的手车夫》,《广东文史资料精编》下编第一卷,第735-736页。

园马路分两路向我们总指挥部猛攻,已到第一公园,此时在省长公署(即赤卫总部)的工友有枪者约百余人,便即分两路迎战,并约车夫工人五十余人来助,公安局方面工友士兵亦汹涌杀来,敌卒退去,我们复夺观音山。"①在12月13日的广州东路作战中也有车夫工人英勇作战的身影:"十三日早八时敌人已四面包围,东由中流砥柱过河向东关、广九车站等地进攻,石龙方面敌军约一团,沿广九路石牌站向东门进攻……工友分途应战,东路由同志沈某负责,率同工友二百余人,与敌人一团对抗,伤亡在一百以上,然犹死力支持。车夫、工友某同志已伤足部,犹指挥前进。敌人卒不得不退去。"②

在广州起义中,手车工人与罢工工友及菜栏、酒业、酒楼、茶室、打石、棚厂工友"均勇敢杀敌而牺牲独多"③。在市区,敌军冲进广州车夫工会,"拉了三个手车工友下来。前面的拉,后面的推,一边骂,一边打,打得三个工友头上鲜血淋漓!到了门口,乒乓几枪,打死在人行道上,然后呼啸而去"④。当事人李沛群指出,从12月14至17日,"我们手车夫工人牺牲最多,有些中队的人幸存不多"⑤。

另据张发奎的说法,"邓龙光部团长陈公侠赶到南堤珠光里人力车工会会所时,五百多个人力车夫正好集合出发,每人携带五加仑汽油一桶、火柴一盒、报纸一捆,准备到全市各处放火。陈团长依法逮捕他们,暂押于南关戏院,即向我报告。我……下令将这群灭绝人性的匪徒集体枪决"⑥。

三

手车工人在广州起义中作出了重要的贡献,其中的牺牲者永远值得纪念与缅怀。1928年1月3日中共中央临时政治局会议通过的议决案认为:"中国新兴的无产阶级在广州表现自己真正是革命的领导者。""参加广州暴动的无产阶级不顾生命的牺牲,表现出他们异常英勇的精神;他们在广州建设了苏维埃政权,保持了三天之久,表现出他们伟大的政治军事力量,表示出他们在目前中国社会之中,真正是最富有独立性、最勇敢、最先进的阶级。"⑦而手车工人当之无愧是英雄的广州无产阶级的一部分。

然而党在手车工人乃至广州工人中的工作就广州起义而言还是有经验教训可以总结的。

---

① 《广州起义(资料选辑)》,中共中央党校出版社1982年版,第317页。

② 《广州起义(资料选辑)》,第317-318页。

③ 《广州起义(资料选辑)》,第319页。

④ 李沛群:《忆广州暴动中的手车夫》,《广东文史资料精编》下编第一卷,第735页。

⑤ 《广东文史资料精编》下编第一卷,第763页。

⑥ 张发奎:《蒋介石与我 张发奎上将回忆录》,第151页。关于放火,另有一说。张诗教:《广州公社起义回忆录》中说:"12月13日,敌军已开始向广州市的革命基地进攻,……敌军又配合一些土匪地痞混入市区,乘机焚抢,被火焚烧地区遍及全市,市面秩序更乱"。《广东文史资料精编》下编第一卷,第792页。赖先声:《广州起义经过》称,"13日,敌人在南堤放火焚烧省港罢工工人宿舍,引起附近大火灾,阴谋破坏市区革命秩序,危害人民生命财产。我们为维持人民安宁和革命秩序,复协力发动群众救火,亦影响了我们革命的战斗力量。"《广东文史资料精编》下编第一卷,第761页。

⑦ 《广州暴动之意义与教训》,《建党以来重要文献选编》第五册,第25-26页。

首先,起义工人的组织性纪律性有待提高。特别是手车工人毕竟不是集中在大工厂中的产业工人,他们平时工作时就是分散拉车的,在拉车的对象、行走的路线、作息时间的安排等方面有较大的自主权与自由度。1927 年 12 月聂荣臻《对广州暴动的意见》中说:"在举事前两点钟左右,有一位负赤卫队工作同志的报告,当他去召集赤卫队时,工人——手车工人回答说:'我们的车子还没有拉完!'"聂荣臻认为这是因为"起事前在党内和在工人群众中缺少宣传与煽动工作"①。当年参加广州起义的徐向前也回忆说:"工人赤卫队是我党领导和掌握的一支重要力量。为准备起义,中共广东省委将全市的赤卫队按地区编为联队,分区进行军事训练。"起义爆发后,"一说胜利就认为万事大吉,竟一哄而散,各回各家吃饭去了。……工人们像'散兵游勇'一样,跑来跑去,找不到个组织。"②

其次,共产党组织并没有覆盖到广州全部的工人行业中去。早在 1921 年广州共产党的报告中就指出:"工人与国民党人的联系已有很长的历史,早在十年以前,他们就设法向工人和士兵群众传播他们的思想和影响,……国民党中央委员会设有宣传部,专门做联络工人的工作,特别是做联络五金工人和机械工人的工作。"报告承认在"去年一年之中,工会已增加到一百多个,但是这些工会都受到无政府主义的薰染,或者为国民党所操纵"③。1927 年 11 月上旬中共中央临时政治局扩大会议通过的《职工运动决议案》指出,在白色恐怖下,国民党控制的工会是唯一的公开工会,共产党"必须吸收广大的非党的积极工人群众加入工会,并且使他们参加秘密工会的工作,……尤其要紧的是在大产业中进行从下而上的组织工厂委员会"④。11 月 17 日中共中央临时政治局常委通过的《广东工作计划决议案》要求:"广州市工人应站在阶级的利益上,……捣毁反动工会,杀死反动领袖,直到形成全市的政治的总同盟罢工,以夺取政权。"⑤此外还专门提到要"注重机器工会工作,煽动其群众做经济斗争,反抗其反动领袖"⑥。由于时间急迫,这些任务均没有完成。直到广州起义前,"也有一部分工会被工贼把持,如李德轩等把持机器工会、曾西盛等把持油业工会,除了个别工人觉悟起来参加起义之外,想向反动工会发动是不容易的。"⑦聂荣臻元帅晚年回顾说:"广州的工人是分裂为两派的。我们直接领导的只是印刷工人、汽车工人、手车夫等行业的一些工人,而国民党掌握了大部分机器工人,在这种形势下举行总罢工是不可能的。"⑧他甚至认为"广州工人的主要力量不在我们方面"⑨。事实上,广州起义当天发布的《广州苏维埃宣言》也明确指出:"广东总工会,机器工会和什么国民党自称的革命工人联合会(其实是反革命的工会),

---

① 《广州起义(资料选辑)》,第 166 页。
② 徐向前:《历史的回顾》,解放军出版社 1984 年版,第 51-53 页。
③ 《建党以来重要文献选编》第一册,中央文献出版社 2011 年版,第 18 页。
④ 《建党以来重要文献选编》第四册,第 671 页。
⑤ 《建党以来重要文献选编》第四册,第 691 页。
⑥ 《建党以来重要文献选编》第四册,第 695 页。
⑦ 胡根天:《广州公社起义见闻记》,《广东文史资料精编》下编第一卷,第 795 页。
⑧ 聂荣臻:《广州起义的回忆》,《广东文史资料精编》下编第一卷,第 639 页。
⑨ 《聂荣臻回忆录》上,战士出版社 1983 年版,第 82 页。

应该即刻封闭。他们这三个工会领袖不是工人,而是白色恐怖的走狗,应该扣留起来即刻枪毙,同李济深和张发奎的工会改组委员也应枪毙。"①"广州暴动中机器工会千人,参加反动军队,助军阀反攻"②。起义失败后,工贼李德轩又带领广东机器工会体育队在广州仁济路口码头搜查、逮捕准备登轮撤往香港的起义军余部。③1928 年 1 月 3 日中共中央临时政治局会议通过的议决案说:"反动派在胜利之后,居然能调动一千个武装机器工会会员,来做屠杀工人的刽子手。本党从前的工作之中,实在对于机器工会中的无产阶级分子,没有充分的去宣传吸引他们,使他们脱离那些法西斯蒂的首领。"④另一方面也说明,反动工会旗下的工人们对政治和阶级斗争的理解都是有限的,他们并不了解原来革命的国民党在 1927 年 4 月已经背叛革命,成为反革命了。

因此苏军情报局负责人别尔津认为,会员不超过 5000 人的"广州的机器工会是由李福林和张发奎武装起来的,是摧毁 1927 年 12 月 10 日广州暴动的主要因素之一"⑤。共产国际负责人布哈林则指出:"孙逸仙不是无产阶级的领袖。我们没有使这些机器工人中立。"⑥而"广州的党和团,工作限于罢工工人及已有力量的工会,有几个工会就做几个工会的工作,不谋扩大,不想把工作深入其他工会以及反动工会中去"⑦。

历史表明,如果共产党没有对大城市的工人队伍实现有效的领导,那么企图组织工人同盟总罢工是不可能的,至于进而发动工人武装起义夺取城市更是匪夷所思。工人阶级要在共产党的领导下不断提高自己的阶级觉悟,而共产党作为工人阶级的先锋队,首先要团结全体工人群众,全面掌握工人运动的领导权,才能带领全体人民夺取民主革命的胜利。

---

① 《建党以来重要文献选编》第四册,第 768 页。

② 陆定一同志向共青团中央报告广州暴动的经过及广州共产青年团在暴动中的工作,《中共党史资料》第九辑,中共党史资料出版社 1984 年版,第 2 页。

③ 参见《广东文史资料精编》下编第一卷,第 735 页。

④ 《广州暴动之意义与教训》,《建党以来重要文献选编》第五册,第 21 页。

⑤ 《对中国目前形势的评价》(1928 年 1 月),《联共(布)、共产国际与中国苏维埃运动》,第 266 页。

⑥ 布哈林在共产国际执行委员会讨论中国问题会议上的发言和结束语,(1928 年 1 月 31 日),《联共(布)、共产国际与中国苏维埃运动》,第 239 页。

⑦ 陆定一同志向共青团中央报告广州暴动的经过及广州共产青年团在暴动中的工作,《中共党史资料》第九辑,中共党史资料出版社 1984 年版,第 2 页。

广州起义前后的杨殷[1]

1927年12月的广州起义是我军初创时期的三大起义之一，杨殷是广州起义的领导人之一，张太雷牺牲后，他曾经出任广州苏维埃代理主席。在纪念广州起义九十周年的时候，重新探讨杨殷在广州起义前后的事迹，对于我们不忘初心，继续前进有着重要的意义。

一

1927年以蒋介石为首的国民党反动派在上海发动四一二反革命事变，接着广州发生了四一五反革命事变，大批共产党员与革命群众遭到屠杀，至此大革命已被基本葬送。但是中国共产党人并没有被征服，“他们从地下爬起来，揩干净身上的血迹，掩埋好同伴的尸首，他们又继续战斗了。”[2]杨殷就是这个光荣队伍中的一员。

党的八七会议决定了武装反抗国民党反动派的方针，党中央决定由周恩来等领导南方局。周恩来等未到之前，由张太雷、杨殷、黄平组织临时南方局，负责准备并指导暴动及一切政治军事事宜。[3] 10月16日广东省委向中央报告南方局和省委联席会议经过情形，以及改选后南方局、省委成员名单。南方局由国际代表指定张太雷、周恩来、恽代英、黄平、杨殷、彭湃六人为委员；在南方局下设军事委员会，指定周恩来、张太雷、黄平、赵自选、黄锦辉、杨殷六人负责。杨殷还兼任广东省委委员，负责工委工作。[4]

这年中秋节前，杨殷派秘密交通员李少棠（女）带炸药和炸弹壳坐船去九江，交人翻制炸弹，经过了几次试验，炸弹的威力不错。杨殷听取汇报后大笑地说：“好哇！这是准备广州暴动时送给反动派尝的礼物。”[5]与此同时，杨殷指示从上海辗转回到香港的杨广就地建立地下联络站并负责省委机关刊物《红旗》在澳门与广州间的运送工作，“为确保刊物的安全，由杨殷交往香港澳门轮船上的海员负责接应。”[6] 10月底杨殷还指示从港澳潜回广州的曾伟赞做联络铁路工人的地下工作，并联合印务及理发等工会举行示威，以探听汪精卫对工人的态度，结果葵园示威揭穿了汪精卫、张发奎的反动真面目。

---

① 原载《用生命捍卫信仰》，中共党史出版社2018年版。

② 《毛泽东选集》第三卷，人民出版社1991年版，第1036页。

③ 《“八七”会议情况介绍》，《党史研究》1980年第3期。

④ 参见冯铁东、史莘：《杨殷》，《中共党史人物传》第十九卷，陕西人民出版社1985年版，第13页。

⑤ 李少棠：《杨殷同志参加广州暴动》，《广州起义资料》（下），人民出版社1985年版，第259页。

⑥ 杨广：《从运送〈红旗〉到广州起义》，《广州起义资料》（下），第253页。

11月22日中共广东省委成立了领导起义的总指挥部,杨殷负责总指挥部参谋团的工作,收集情报,在叶挺未到广州之前,协助军事技术的指导和制订起义的行动计划。他还把广州分散的手车、铁路、汽车等各行业的秘密工人武装统一组编为工人赤卫队,自己负责指挥西路起义军。同月,杨殷了解到周文雍被捕后的处所,经过周密安排,通过打入公安局当特别侦缉的黎胜等人将周文雍救了出来,使他能够及时参与广州起义的组织工作。[①]

12月初广东省委机关召开动员会,大家都准备回广州参加暴动。这时,杨殷交杨广带往澳门付印的除了《红旗》之外,还有为广州起义准备的宣言、文告和传单。"约在六七日,杨殷先回广州,临行前他嘱我把《红旗》付印后便回广州去。"[②]12月7日杨殷在禺山市陈少泉杂货店二楼举行的工农兵代表会议上说:"就这样决定,南海农民赤卫军两个团归南海县委书记陈道舟同志领导。广州起义信号发出后,农民赤卫军第一团团长周侠生同志,负责协同广三铁路工人赤卫队进攻路局和芳村、花地警署;得手后,回师拿下大沥,再会合农民二团团长吴勤的队伍,打下佛山,控制广三路,巩固广州外围。"[③]在此之前,杨殷还指示曾伟赞在黄沙将军庙后街仁和里(现在粤汉路广州南站)七号木屐店内建立秘密机关,联络这一带的失业工人。12月10日清晨,杨殷在广州黄沙阶砖巷的一间小屋里主持会议,传达革命军事委员会行动提前在12月11日的绝密指令。会上有人急问道:"我们来得及吗?"杨殷神态安详地回答说来得及,"刀柄还没有给他们抢去哇!麻烦当然麻烦,甚至要准备闯险!准备失败!可是我们要是怕这些还要革命吗!"[④]下午,他在叶挺召开的参谋团军事会议上详细报告了参谋团掌握的情报,称"三个钟头便可以拿下广州"。在谈到何时打河南时,杨殷同意叶挺"打下河北再过去不迟"的意见,并接着说:"我们手里拿着'天九至尊'(注:是'天九'的王牌),难道杀不倒他的'三武鹅五'('三武鹅五'是最小的底牌,指李福林的第五军)?"他还提议:"除了硬打,我们向敌人来个政治攻势如何?把所有的共青团、劳动童子团、青年学生组织起来,仗一打响,即在全市各地高唱《国际歌》和革命歌曲,叫敌人陷入'四面楚歌'之中!"这一提议为会议采纳,于是作为决议交由各战线同志回去执行。[⑤] 当晚,他召开西路起义军会议,进行具体的起义部署,强调"起义队伍要勇敢机智,立即肃清反革命,防止敌人破坏"[⑥]。当晚,杨殷指示曾伟赞监视铁路的反动分子,防止他们破坏铁路,曾伟赞联络了数十名失业工人,配备约十支手枪,执行任务。[⑦]

总之,在广州起义前杨殷做了多方面的准备,情报工作、地下交通、印行党刊、发动工运、联络农军、试制炸弹、营救干部、策划起义、具体部署等等无不亲力亲为,

---

① 参见《广州起义资料》(下),第212-213页。
② 杨广:《从运送〈红旗〉到广州起义》,《广州起义资料》(下),第254页。
③ 梁复然:《攻入普君圩》,《广州起义资料》(下),第232页。
④ 施展:《战火中的巡礼》,《广州起义资料》(下),第167页、第162页。
⑤ 施展:《战火中的巡礼》,《广州起义资料》(下),第163页。
⑥ 冯铁东、史莘:《杨殷》,《中共党史人物传》第十九卷,第15页。
⑦ 《参加广州起义的工人座谈会记录》,《广州起义资料》(下),第201页。

在腥风血雨中脚踏实地,在白色恐怖下埋头苦干,竭尽全力为广州起义的发动创造较好的条件,作出了别人难以替代的贡献。

二

12 月 11 日广州苏维埃政府在广州起义中正式成立时,杨殷担任人民肃清反革命委员。[①] 广州苏维埃政府首次会议讨论并作出决议的事项之一就是“建立革命秩序,严厉镇压反革命”[②]。会后,杨殷下令处决了一批反革命分子,并通知各路起义军加强肃反工作,维持革命秩序,控制交通。“广州苏维埃政府还发布一道命令禁止国民党的存在,……宣布通缉国民党领袖,一般劳动民众得以随处逮捕,就地正法,……并发布命令宣布国民党政府人员的死刑,严加通缉。”[③]

为了镇压反动派的反抗,“肃反委员会便将办事处设于财政厅原址,加紧捉拿反动派,并命令起义队伍,对凡系反对工农民主政府的反革命分子,立即加以逮捕。”[④]杨殷领导的肃清反动委员会,“为歼灭反革命派、工贼、走狗、奸细等的机关。工人表现真正布尔塞维克的精神,努力歼灭并逮捕著名的剥削者、反动派、警察、奸细、走狗、工贼、官僚、反革命派国民党的军官。”[⑤]

被起义军从监房中救出的海员工人黄养回忆说,“我领枪后,在公安局见那些残杀过革命同志的白狗——督察,侦缉、警官,没逃掉的都被押来了。由于我熟悉监仓,便由我带领和指点关押反动分子,……后来大家便推举我当看守。我们是不轻易杀人的,但对那些罪大恶极的坏蛋绝不姑息。由于在伪公安局当杂工和炊事员的人的检举,我们毫不犹疑地当场镇压了一个双手沾满人血的警官。”[⑥]

当天上午九时许,在惠福分局对门站岗放哨的赤卫队员分头截获了两个可疑分子,在他们身上搜出了国民党的文件。于是立即把他们押送到总部。“到了总部大门,有几个从狱中出来同志围了上来,认出这是两个反革命分子,其中一个是双手满共产党员和革命群众鲜血的刽子手。同志们愤怒地扑过去,把他推倒在地,射出了复仇的子弹,讨还了血债。”[⑦]

当事人梁若尘回忆说,在设在公安局的临时苏维埃指挥部内“看见一位担负肃反任务的同志,一手拿着盒子炮,一手抓着捆缚犯人的绳索,往大门出去。犯人走在前,他在后押着。只听见犯人用几乎听不见的低音说:‘我不是士的党,你要问清楚。’那位同志轻蔑地斥责说:‘昨天你不是很威风吗?今天为什么装得那样的善良了。’后来,我走到一条横巷,看见十几个群众在围看一对刚被镇压的中年夫妇。女的已断气,男的伏倒在石板上,看上去还在搐动。群众中有的愤怒地说:‘这就是假

① 《申报》1927 年 12 月 12 日香港电,《广州起义》,第 649 页。

② 《广东文史资料精编》下编第一卷　民国时期政治篇下,中国文史出版社 2008 年版,第672 页。

③ 《广州暴动之意义与教训》,《建党以来重要文献选编》第五册,中央文献出版社 2000 年版,第 17 页。

④ 《广东文史资料精编》下编第一卷　民国时期政治篇下,第 743 页。

⑤ 《广州暴动之意义与教训》,《建党以来重要文献选编》第五册,第 16 页。

⑥ 《参加广州起义的革命老人座谈会记录》,《广州起义资料》(下),第 208 页。

⑦ 《参加广州起义的革命老人座谈会记录》,《广州起义资料》(下),第 212 页。

装斯文的豺狼沈藻修。清党时杀害学生、教师不知多少。'最近阅读文史资料才知道那横巷叫司后街口,被镇压的原来是住在那里的,当时企图偷跑,卒被就地枪决的。"[①]沈藻修时任国民党广州市党部清党委员、法院院长,他们夫妇是12月12日一早在家里被青年赤卫队抓走的,原本要送苏维埃政府处理,途经青年赤卫队队部时被海员赤卫队队员枪毙的。与此同时,青年赤卫队队长带领一部分队员逮捕了中山大学的反革命分子梁展昌、张资江,解送苏维埃政府追查处理。被解送苏维埃政府追查处理的还有《民国日报》的袁总编辑,此人在蒋介石叛变后一直写文章骂共产党,不料在路上被中山大学学生认出逮捕。"当天晚上,苏维埃政府门前贴了一张大布告,枪决了一批反革命分子。"[②]事实上,团市委在黄花岗后面的二望岗召开过二百多名团积极分子骨干会议,会后团员们完成了杨殷交给他们的肃反任务。[③]

广州起义方兴未艾之际,外县土匪袁虾九之流乘机混进市内作案,纵火抢劫永汉南路高第街一带,以冯赞为队长的工人赤卫队"奉命驰往灭火及镇压敌匪,以保护市民生命财产"[④]。

不过,整个广州起义期间肃反镇反的数量并不大。根据一亲历者说:"这一次起义,事后根据各方面的调查和估计,敌人方面,整个过程死者才不过100多人,包括士兵和军官、工贼和所谓清党委员等。另外还有扣押下来听候审讯的敌方人员约200人,但到起义失败时来不及处理,都乘机逃脱,参加了反扑。"[⑤]1927年12月28日李立三给中共中央的报告称:广州暴动"全未执行镇压反革命派的工作,占据广州三日,杀人不到一百,捉了的人,都需经过惩治反动派委员会,审过后才肯杀,因此退走时,还关有七八十个反动派在牢里。失败后,便出来引导军队大杀我们了。在暴动时,一切当时的军事、政治领袖都在东山(除李福林外),可以一网打尽,但是当时指挥机关不肯发兵去东山,以为抓到政权便够了。"[⑥]以上报告基本属实,但他断言"全未执行镇压反革命派的工作"则明显言过其实了。

当时在中共广州市委宣传部的工作赖先声指出:广州起义爆发后不久,总体上是"敌强我弱,敌攻我守,在战略上处于被动地位。而且市区内尚潜伏着许多零散的反动军警和商团武装,一时来不及肃清,他们随时在街坊屋顶上、楼窗中放枪对我们袭击。领导广州起义的张太雷同志就是不提防受这种袭击牺牲的。"[⑦]聂荣臻后来认为,就12月12日中午张太雷去西瓜园出席工农兵大会这件事来说,"对警卫工作没有注意,结果却给敌人冷枪打死了。太雷同志的牺牲,是一个严重的损失。"[⑧]其实那天开会时,会场外围已经有些不三不四的人妄图破坏会场,工人赤卫

---

① 《广东文史资料精编》下编第一卷 民国时期政治篇下,第787页。
② 薛尚实:《广州起义亲历记》,《广州起义资料》(下),第256-266页。
③ 参见《广州起义资料》(下),第245页。
④ 欧新:《参加广州起义的经过及点滴见闻》,《广州起义资料》(下),第187页。
⑤ 《广东文史资料精编》下编第一卷 民国时期政治篇下,第798页。
⑥ 《建党以来重要文献选编》第四册,第825页。
⑦ 《广东文史资料精编》下编第一卷 民国时期政治篇下,第761页。
⑧ 《广东文史资料精编》下编第一卷 民国时期政治篇下,第640页。

队对此虽有发现,也仅仅加以监视而已。[①] 在西濠口太平南一线赤卫队坚守阵地,13 日,"潜伏下来的机器工会体育队和工贼流氓,冒充赤卫队,占据了太平南路嘉南堂八楼",用机枪居高临下扫射,赤卫队上下受敌,只得且战且走,退到西瓜园和惠福路一带。[②] 起义军某部炮连第三排连夜转回观音山途中,也有"潜入和潜伏的反动分子在做破坏活动,各路口、各山坳,时常发出冷枪"[③]。由此可见,肃反镇反不严也是导致广州起义失败的主要因素之一。

当然,肃反是件人命关天的大事,不可不慎重。相对来讲,在军队中革命反革命壁垒森严,政治立场大家看得很清楚。因此,各部队在起义一开始就果断处决了一些反动军官,为士兵起义扫清了障碍。如叶剑英掌握的教导团一开始就处死了参谋长兼代理团长朱勉芳,"并将不久前接任的第一营营长方际平、第三营营长樊少卿等反动军官和暗藏在连队里的'孙文主义学会'分子共 15 人逮捕起来,一并予以关押"[④],旋即枪毙。警卫团也是如此,"团长首先肃清内部一切反动分子[⑤]并解除一些部队的武装后,立即派兵执行党的决议,宣布武装起义。"[⑥]但是对于百姓特别是工人中的反动分子(如工贼李德轩操控的广东机器总工会及其"体育队"的骨干)哪些应该逮捕、哪些应该处决,事先并没有进行仔细的调查,自然更无预案。根据黄平的回忆,"暴动前,革命军事委员会已决定要叶挺领导军事,杨殷领导肃反。他们当时都在香港,革命军事委员会以为他们可以在暴动前几天回广州就可以了,早回来有多点被捕的危险,这是一个极大错误,因为暴动不是一件简单事情,拿上手就能做的,而是需要每个参加者,尤其是负责人,事先详细研究讨论的。……杨殷在肃反工作上也使人感觉他不够积极,这也难怪。肃反是一件需要细准备的工作。他来到广州不到一两日就暴动,哪里有时间来筹备呢?"[⑦]这里黄平的回忆略有出入,根据前文所述,杨殷至迟 12 月 7 日已到广州,此时离广州暴动还有四五天而不是"一两日"。当然对于头绪纷繁、错综复杂、政策性又很强的肃反工作来说,即便有四五天时间也是不够的。问题还在于杨殷没有也不可能把他的所有时间都放在肃反上,他要做的工作实在太多了。

再说,起义不久总体态势是"敌强我弱,敌攻我守,在战略上处于被动地位"[⑧]。起义军一方即使有意也无力肃清潜伏在市区反革命分子,真所谓心有余而力不足。面对这种大势,杨殷把主要精力放在军事斗争上。12 月 11 日公安局被攻占后,杨殷亲自给闻讯而来要求参加战斗的工人群众和出狱的同志编队,把枪交给队长去分发。[⑨] 上午 7 点,杨殷吩咐施展等人巡看各地尚未拿下的据点。[⑩] 他还布置参加

① 参见《广州起义资料》(下),第 252 页。
② 施展:《战火中的巡礼》,《广州起义资料》(下),第 172 页。
③ 《广东文史资料精编》下编第一卷 民国时期政治篇下,第 779 页。
④ 《广东文史资料精编》下编第一卷 民国时期政治篇下,第 665 页。
⑤ 主要是参谋长唐继元等。
⑥ 《广东文史资料精编》下编第一卷 民国时期政治篇下,第 791 页。
⑦ 《广东文史资料精编》下编第一卷 民国时期政治篇下,第 754-755 页。
⑧ 《广东文史资料精编》下编第一卷 民国时期政治篇下,第 761 页。
⑨ 陈功武:《我参加了暴动中的第一联队》,《广州起义资料》(下),第 184 页。
⑩ 参见施展:《战火中的巡礼》,《广州起义资料》(下),第 168 页。

攻打公安局的铁路工人敢死队迅速返回广三、粤汉、广九等路,占领和守住车站,切断敌人运输,阻滞敌军反扑广州,同时调机车接运郊区农军进城,援助起义军。① 中午他在公安局内召见黄平民,要他立刻带三四个同志去贤思分局,指出"那里是真空。不过,要警惕敌人的诡计"。黄走后,杨殷又要黄平民的工作搭档李少棠也去,"叫黄平民注意,检查一下周围的环境,有没有后门和后路,以防万一。"②可以说,杨殷的一些军事布置是必要的周密的,对于扩大和巩固广州起义的胜利成果是有一定作用的。据上海报纸报道:"黄琪翔欲调兵回广州,各铁路均在共党手中,运兵甚难。"③

12 月 13 日在敌军已逼近公安局的情况下,一直坚持指挥赤卫队作战的杨殷才被迫率十几名赤卫队员突围撤出广州,前往海陆丰,与彭湃等人一道继续坚持和扩大海陆丰的武装斗争。

因而事后杨殷在党内刊物《红旗》发表广州起义的回忆时通篇没有提及他在广州苏维埃政府中担任的肃反委员工作,但对敌人重占广州后的暴行多有揭露:"进城时著名土匪的李福林军队及薛岳新编的土匪,乘机放火、抢劫,被难者何止千家,更逞其凶残,逢人便杀,因勒索不遂而被诬为共产党者为数甚众。闻反动区长郑某亦被枪毙。更将工友包围屠杀至三千余人,尤其是红花岗、东教场、观音山三处,每处五六百人,用机关枪扫射。……十六、七、八日仍继续其杀人抢劫的生活,尸骸遍地,血流通渠,用汽车运送至十八日始得完竣。二女子被杀后加以剖心剥腹。"④

广州脱险者卢必孚回忆说,"敌军进城后,对我广州军民大肆洗劫和屠杀,全城搜捕起义人员,凡衣领上有红色痕迹的,无分男女老幼,不分青红皂白,一律杀害,从珠江长堤到执信学校,沿途堆积的尸体如山,血流成渠"⑤。又有人回忆"市民被敌方杀害的人也有二三百人"⑥,"至连穿红衣服的新娘子,也被推到火里烧了。"⑦"反动军警还强迫被捕的革命群众在市内收尸,用大板车运送到马棚岗一带挖深坑掩埋。最后,连挖坑的群众连同革命者的尸身一起,被埋进坑内"⑧。之所以造成这种局面与起义军占领广州后肃反镇反不力也有较大的关系。

总之,在广州苏维埃任职的短短几天内,杨殷参与领导军事斗争是有功劳的,但也确实存在本职工作不够得力的缺点错误。参与领导军事斗争扩大与巩固了广州起义的胜利成果,而肃反镇反不力又在一定程度上抵消了他在军事斗争方面的贡献。

---

① 参见冯铁东、史莘:《杨殷》,《中共党史人物传》第十九卷,第 16 页。

② 李少棠:《随杨殷同志参加广州暴动》,《广州起义资料》(下),第 260 页。

③ 转引自冯铁东、史莘:《杨殷》,《中共党史人物传》第十九卷,第 16 页。

④ 杨殷:《斗争中的回忆》,《红旗》周刊 1928 年第 3 期,《广州起义》,第 396 页,中共党史资料出版社 1988 年版。

⑤ 《广东文史资料精编》下编第一卷　民国时期政治篇下,第 693-694 页。

⑥ 《广东文史资料精编》下编第一卷　民国时期政治篇下,第 798 页。

⑦ 《广东文史资料精编》下编第一卷　民国时期政治篇下,第 718 页。

⑧ 《广东文史资料精编》下编第一卷　民国时期政治篇下,第 748 页。

三

1928年1月初，广东省委在香港召开了全体（扩大）会议，李立三采取惩办主义，他没有给杨殷、周文雍、叶挺、陈郁等同志以充分发表意见的机会，就匆忙作出决定开除黄平、周文雍、陈郁、杨殷、恽代英、吴毅等的省委委员等职务，并给予留党察看三个月或调做下层工作等处分。[①] 其中对杨殷处分的理由是“担任肃清反革命委员会未执行任务”，“调做下层工作，并决定开除省委委员”。

平心而论杨殷担任肃反委员是做过一些工作的，虽有明显的缺点与不足，但尚不至于“未执行任务”。杨殷当时虽不同意这种简单粗暴的处理，但他不计较个人委曲荣辱，任劳任怨全力以赴地处置起义的善后工作。广州起义失败后，杨殷嘱咐李少棠把黄平民接到娘家暂避，全家大小都按李的嘱咐称黄为表亲，没有引起过到家搜捕的敌人的怀疑。黄平民脱险后，出任南路特委书记。[②] 他还积极接待安置到港的同志，安慰他们说广州起义中牺牲的烈士的鲜血不会白流。由于党中央及时纠正了“左”的惩办主义错误，4月13日杨殷在省委扩大会议上又当选为省委委员。同年在莫斯科举行的中共六大上杨殷当选为中央委员，六届一中全会又当选为政治局候补委员、中央政治局常委候补委员，并任中央军事部长。会后杨殷回国，在上海党中央工作，11月增补为中共中央政治局委员、中共中央政治局常务委员会委员。[③] 直到1929年8月因叛徒出卖被捕牺牲。这些党内职务的不断提升，某种程度上也是共产国际、中共中央对杨殷包括广州暴动在内的工作业绩的肯定与褒奖。

“广州起义是中国无产阶级在中国革命过去一个阶段所进行的英勇的后卫战”[④]，连同南昌起义、秋收起义并称人民军队初创时期的三大起义。杨殷在广州起义中有功劳也有错误，但总的来说是功大于过的。周恩来在彭湃、杨殷、颜昌颐、邢士贞四同志牺牲不久写的《彭杨颜邢四同志被敌人捕杀经过》一文指出，彭、杨、颜、邢四烈士是“积了无数次的斗争与战绩，从广大的群众中涌现而锻炼出来的”“革命的领袖”。他们的牺牲“是中国革命、中国党之很大的损失！[⑤]”我们认为，这也是党中央对杨殷个人的最终定论。

---

① 参见《广东文史资料精编》下编第一卷　民国时期政治篇下，第764页。

② 李少棠：《随杨殷同志参加广州暴动》，《广州起义资料》（下），第261页。

③ 中共中央组织部、中共中央党史研究室编：《中国共产党历届中央委员大辞典》，中共党史出版社2004年版第1182页、第1184页。

④ 共产国际第六次代表大会第四十五次会议决议（1928年8月29日），转引自《广州起义》，第17页。

⑤ 《周恩来选集》上卷，人民出版社1980年版，第27页。

《反对本本主义》的当代价值与中国梦的实现[①]

"中国梦",这是对中华民族复兴理想的通俗概括,一方面,揭示了中国近代历史发展的主题线索,另一方面,又表现了全国各族人民的美好愿望和宏伟蓝图。1930 年 5 月,毛泽东撰写了《反对本本主义》,提倡调查研究,坚持实事求是,是体现理论与实践相结合的马克思主义经典文献,也是以毛泽东为核心的中国共产党第一代中央领导集体,总结了建党以来革命实践过程中的成功经验和失败教训,是马克思主义中国化的理论成果,对实现中国梦具有重要的实践价值和理论意义。

马克思主义与实际相结合,与时俱进,才有生命力,以科学态度坚持和发展马克思主义。实践证明,中国革命斗争的胜利,要靠中国同志了解中国情况;建设中国特色社会主义,仍然要靠中国同志了解中国情况。[②] 经典文献的价值不仅在于在特定的历史条件下提出新的理论观点,更在于不断在新的时代条件下给当代人的社会实践以重要启示。[③]《反对本本主义》反映了中国马克思主义者对待马克思主义的科学态度,揭示了马克思主义中国化的实质性内涵,丰富和发展了马克思主义的认识论,初步反映出毛泽东思想的活的灵魂——实事求是、群众路线、独立自主思想的理论雏形。[④] 在新的历史时期,挖掘《反对本本主义》的时代价值,有利于解放思想,走自己的路,探索中国特色社会主义道路;有利于完善党的群众路线理论,发扬党的人本精神,凝聚中国力量;有利于中国人民从社会主义初级阶段的实际出发,认识到中国梦想的现实性,坚定实现中国梦的信念,用实干兴邦的精神踏踏实实地奋斗,探索出实现中国梦的有效路径。

一、实事求是精神是实现中国梦的前提

1930 年 5 月,为了反对当时党内和红军内存在的那种只知形式主义地对待上级决议, 成不变地看待马克思主义理论的"本本主义"即教条主义的错误倾向,毛泽东发表了《反对本本主义》一文,在批评"本本主义"的同时,初步论述了实事求是

① 本文与王伟博士合作,原载《井冈山大学学报》2013 年第 6 期;人大复印资料《中国特色社会主义理论》2014 年第 3 期转载。

② 宋凡金:《践行科学发展观需要大兴调查研究之风——〈反对本本主义〉学习札记》,《毛泽东思想研究》2010 年第 6 期,第 99 页。

③ 金民卿:《中国化马克思主义初步形成的重要标志——〈反对本本主义〉的思想价值及其当代启示》,《马克思主义研究》2010 年第 4 期,第 32 页。

④ 孙建华:《〈反对本本主义〉与马克思主义中国化思想探微》,《当代世界与社会主义》(双月刊),2012 年第 2 期,第 84 页。

的理论原则。该文针对一些人"以为上了书的就是对的",讨论问题"开口闭口'拿本本来'的错误心理和实际表现,指出:"马克思主义的'本本'是要学习的,但是必须同我国的实际情况相结合。我们需要'本本',但是一定要纠正脱离实际情况的本本主义。"[①]如何纠正"本本主义",克服理论脱离实际的偏向,毛泽东指出:"只有向实际情况作调查。"还论证说:"无产阶级要取得胜利,就完全要靠他的政党——共产党的斗争策略的正确和坚决。"而共产党的正确和不动摇的斗争策略,绝不是依靠少数人坐在房子里能够产生的。相反,它只有在群众的斗争过程和实际经验中才能产生。因此,要制定正确的斗争策略,就"需要时时了解社会情况,时时进行实际调查"。于是,他提出"没有调查,没有发言权","中国革命斗争的胜利要靠中国同志了解中国情况",共产党人要有"从斗争中创造新局面的思想路线"的著名论断。[②] 毛泽东指出:"一切结论产生于调查情况的末尾,而不是在它的先头。"[③]在这里,毛泽东实际上是把调查研究作为党的正确思想路线和工作方法的基本口号,作为实现马克思列宁主义普遍原理同中国革命具体实践相结合的中心环节加以提倡的。实事求是,是毛泽东思想的出发点,也是毛泽东思想活的灵魂之一,是党的思想路线的本质内涵。在新民主主义革命时期,中共党人以实事求是的思想路线为指引,指导中国革命从一个胜利走向另一个胜利。改革开放以来,我们要坚持实事求是,继续解放思想,不断与时俱进,科学分析世情、国情、党情的新情况、新变化,认真总结人民群众在改革开放的实践中创造的新鲜经验,深入研究改革开放过程中出现的新情况,有效解决现代化建设的新课题,推动中国梦的早日实现。

当然,要让"中国梦"顺利实现,不是一条平坦的道路。我们今天遇到的问题较多,所面临的挑战也仍然复杂,中国的和平发展所面临的环境仍然复杂。[④] 这需要实事求是,更加清醒地认识国情,从中国的实际出发,清醒地认识中国发展的现实阶段,客观地评估中国发展在全球的相对位置,客观地估计中国发展的现实条件。中国梦既要适合社会主义初级阶段的国情,也要符合广大民众的预期,就需要更为清醒地体察民情,更为深入地认知国情。中国已经有了巨大的发展,但是发展不平衡,中国仍然是发展中国家,人均 GDP 五千多美元,与发达国家相比,中国的发展仍然有相当的距离。"中国梦"是中国人民对于未来的美好期望,在走向梦想的道路上,中国人民既要努力拼搏,也要沉着冷静;既要明白梦想的现实性,也要搞清楚现实的复杂性;既要让梦想照亮未来前进的道路,也要坚持实干兴邦的精神,踏踏实实地奋斗。90 多年来,中国共产党就是靠着实事求是,实现了两次伟大的历史性飞跃,创立了毛泽东思想和中国特色社会主义理论,形成了理论自信。[⑤] 实现中国梦,实事求是精神是支柱,实事求是也是胜利之本。

---

① 《毛泽东选集》第一卷,人民出版社 1991 年版,第 111-112 页。

② 《毛泽东选集》第一卷,人民出版社 1991 年版,第 109-116 页。

③ 《毛泽东选集》第一卷,人民出版社 1991 年版,第 110-112 页。

④ 张颐武:《"中国梦"的实现需要实干精神》,《创造》2013 年第 3 期,第 94 页。

⑤ 陈水林:《中国共产党继承和创造中国现当代精神,使中国精神迸发出巨大力量和绚丽光芒》,《党建》2013 年第 4 期,第 11 页。

二、坚持走群众路线是实现中国梦的核心

马克思科学地论述了人民群众的重要作用。人民群众是历史的创造者,是社会实践的主体。以毛泽东为代表的中国共产党人,在长期的革命实践过程中创造性地运用和发展了这个基本观点,提出了党的群众路线。毛泽东在《反对本本主义》一文中指出:要了解中国社会的实际情况,必须到群众中去进行调查研究,据以"定出正确的斗争策略",并且这种斗争策略还必须在"群众斗争的过程中",经受"实际经验"的检验。[①] 毛泽东着重讲的内容,体现了"依靠人民群众"的马克思主义群众观,反映了"从群众中来、到群众中去"的马克思主义群众路线。他强调调查研究工作需要到群众中去,"迈开你的双脚,到你的工作范围的各部分各地方去走走,学个孔夫子的'每事问'"。我们必须时时了解社会情况,关注群众生活的实际,常常进行实际调查工作。共产党要制定正确的斗争策略,必须了解群众斗争的过程,接受群众实际经验的考验,向群众寻求真理。这样,就初步提出了群众路线的理论原则。在党与群众的关系问题上,毛泽东提出了党的正确而不动摇的斗争策略,是要在群众的斗争中才能产生的,因此,必须到群众中作实际调查的重要思想。在这些论述中,毛泽东结合党的各方面工作,特别是结合党的思想路线,深刻阐述了贯彻群众路线的重要性,并在实际上把群众路线作为党在革命活动中应当普遍实行的工作方式和方法。在土地革命战争的艰苦环境下,经过长期革命实践,党对自己在领导各方面工作中的一般方法问题已经有了初步的认识和总结,已经认识到存在着两种相反的基本工作方法,错误的是命令主义、官僚主义,正确的是群众路线。这就表明,党的群众路线思想已经初步形成。[②]

习近平指出:"实现中国梦必须凝聚中国力量。这就是中国各族人民大团结的力量。中国梦是民族的梦,也是每个中国人的梦。只要我们紧密团结,万众一心,为实现共同梦想而奋斗,实现梦想的力量就无比强大。"[③]实现"中国梦",要深刻把握当今时代发展的脉搏,把握当代中国社会发展的内在要求,发扬党善于做群众工作的优势,最大限度地调动各阶层的积极性、主动性和创造性,要把社会各方面的力量组织起来,为民族复兴而奋斗。实现"中国梦",要把人民利益放在首位,维护好、发展好、实现好人民群众的利益,勇于开拓、善于团结、顾全大局,这正是中国共产党组织建设的目标和要求。[④] 实现中国梦必须凝聚中国力量,需要中国各族人民的大团结。中国特色社会主义是亿万中国人民的事业。中国梦归根到底是人民的梦,必须紧紧依靠人民群众来实现。[⑤] 中国共产党领导人民实现中华民族复兴,需要凝聚共识、鼓舞人心,这是公开的政治承诺,要依靠人民,调动人民群众的积极性。郑必坚认为,现实中国梦,要做到"知"与"行"的统一,不断凝聚力量,把党内外

---

① 《毛泽东选集》第一卷,人民出版社 1991 年版,第 113–116 页。

② 郑德荣:《毛泽东思想概论》,东北师范大学出版社 1994 年版,第 301 页。

③ 习近平:《实现中国梦必须走中国道路》,《党建》2013 年第 4 期,第 4 页。

④ 戴焰军:《实现"中国梦"党建作保证》,《党建》2013 年第 2 期,第 18 页。

⑤ 唐洲雁:《凝心聚力共筑中国梦》,《人民日报》2013 年 3 月 28 日。

一切可以团结的力量更广泛地团结起来，把国内外一切可以调动的积极因素更充分地调动起来，攻坚克难赢得胜利。① 有梦想，就会有机会，就会有奋斗的干劲，能够创造出来一切美好的东西。全国各族人民心往一处想，劲往一处用，用集体的智慧与力量汇集起磅礴力量，攻无不克，战无不胜。在实现中国梦的征程中，始终保持同人民群众的血肉联系，党就一定能够站在时代前列，就能够成为团结带领全国人民实现中国梦的坚强领导核心。

三、独立自主原则是实现中国梦的关键

近代中国属于半殖民地半封建社会，社会性质的特殊性决定了中国革命的特殊性，不能照搬苏联革命的经验与模式，需要从中国的实际出发，坚持独立自主，探索出一条具有中国特色的革命道路。但是，在中国革命初期，中国共产党缺乏实际的斗争经验，把马克思主义教条化，把苏联经验和共产国际的决议神圣化，丧失了自己的独立性，从而使中国革命脱离中国实际，遭受到严重的挫折。在这种情况下，毛泽东发表了《反对本本主义》，明确提出“中国革命斗争的胜利要靠中国同志了解中国情况”②的科学论断。这是独立自主思想的最初表述，也是独立自主原则的雏形形成的标志。当然，在这里，毛泽东还没有对独立自主原则本身作展开讨论。而是把它与实事求是、群众路线的基本思想联系起来加以提出和阐述的。这也正好反映出实事求是、群众路线和独立自主，作为毛泽东思想中具有普遍指导意义的立场、观点和方法，作为毛泽东思想的活的灵魂，其形成和发展的密切关系。毛泽东认为，中国革命斗争的任务是需要从新民主主义转变到社会主义，为了完成这一伟大任务，就要“明了各种阶级的相互关系，得到正确的阶级估量，然后定出我们正确的斗争策略，确定哪些阶级是革命斗争的主力，哪些阶级是我们应当争取的同盟者，哪些阶级是要打倒的”③。这就要求依靠“中国的同志”深入群众的实际生活与工作当中，真正了解社会各阶级的政治、经济、文化状况，搞清楚各阶层对待革命的具体态度。中国共产党人，坚持独立自主，走自己的路，探索出农村包围城市的独特革命道路，突破了苏联的革命道路模式。中国共产党领导中国人民仅用了22年的时间就通过武装斗争推翻了三座大山的黑暗统治，开辟了一条光明的胜利之路。如果不是从实际出发，敢闯新路，就难以取得中国革命的胜利。把马克思主义中国化，从中国的实际情况出发，不照抄照搬，走自己的路，这是对马克思主义的创造性运用与发展。改革开放以后，邓小平主张沿着中国特色社会主义道路前进，创造出新的经济奇迹。独立自主原则在当代中国仍闪耀着光芒，具有不可磨灭的作用。独立自主原则中蕴涵的中国革命道路的独创性启示中国人民选择中国特色社会主义道路，是实现中国梦的重要路径。中国特色社会主义道路是实现“中国

---

① 《“中国梦”必将成为时代强音——访中共中央党校原常务副校长郑必坚》，《解放日报》2012年12月3日。

② 《毛泽东选集》第一卷，人民出版社1991年版，第115页。

③ 《毛泽东选集》第一卷，人民出版社1991年版，第113–114页。

梦”的根本途径,[①]中国特色社会主义道路不仅引领了当代中国经济的迅速发展、促进了社会进步、推动了民族复兴,也为世界文明的发展提供了一种新的选择。实现中华民族的伟大复兴就是中华民族近代最伟大的中国梦。“道路决定命运,这条道路就是中国特色社会主义,必须坚定不移地走下去”[②]。中国道路与中国梦密切相联,中国梦应该是中国道路的题中之义。在探索中国道路的过程中,始终隐藏着对现代化之梦、社会主义之梦、民族复兴之梦的追求。[③]

习近平指出:“实现中国梦必须走中国道路。这就是中国特色社会主义道路。中华民族是具有非凡创造力的民族,我们创造了伟大的中华文明,我们也能够继续拓展和走好适合中国国情的发展道路。全国各族人民一定要增强对中国特色社会主义的理论自信、道路自信、制度自信,坚定不移沿着正确的中国道路奋勇前进。”[④]但是,“中国梦”的实现不可能一帆风顺。在实现梦想的征程中,就有可能会遇到巨大的阻力与压力,改革需要蹚过深水区,经济发展也需要踏过地雷阵。这会让旧的行为模式不再管用,需要我们解放思想,突破制约“中国梦”实现的藩篱,为“中国梦”的实现扫清各种障碍。时代的发展呼吁开拓创新,“中国梦”以开拓创新为支撑。我国依然处在社会主义初级阶段,发展社会主义市场经济,建设现代化,实现大国的和平发展,实现民族复兴等等,都是前所未有的新问题新事物,需要不断探索。这就要求以开拓创新的精神寻找新方法与新路径,用创新实现新梦。“实现中国梦要求我们冲破落后思想、错误观念的障碍、束缚甚至误导,在解放思想中建立真正的道路自信、理论自信、制度自信。”[⑤]围绕如何实现“中国梦”,需要开展新一轮思想大解放,更新观念,创新思路,转变作风,倡导和支持新思路、新理论、新事物,与时俱进,开拓创新。在实现“中国梦”的过程中,坚持走和平发展的道路,推动世界发展,建设和谐世界,在“中国梦”的实现过程中谋求与世界人民共赢。

《反对本本主义》阐述的重要思想原则,初步展现了毛泽东思想活的灵魂即实事求是、群众路线和独立自主的思想雏形。习近平总书记提出的实现中华民族伟大复兴,是中华民族近代以来最伟大的梦想,在我们面前展现出美好的前景。在新的历史条件下,在实现民族伟大复兴的过程中,重温《反对本本主义》这篇重要文献,我们不仅可以从中寻求历史的智慧,加深对毛泽东思想的三大灵魂的理解和把握,而且有助于我们深入地把握中国特色社会主义理论与道路的哲学认识论基础。[⑥] 学习《反对本本主义》,有助于我们把马克思主义基本原理与中国具体实际相结合,坚持走中国特色社会主义道路,开展调查研究,转变工作作

---

① 肖贵清:《思想理论高度引领“中国梦”的实现》,《党建》2013 年第 2 期,第 13 页。

② 郭凤海:《“中国梦”为何选择中国特色社会主义》,《党建》2013 年第 2 期,第 22 页。

③ 陈晋:《从中国道路到中国梦》,《光明日报》2013 年 3 月 19 日。

④ 习近平:《实现中国梦必须走中国道路》,《党建》2013 年第 4 期,第 4 页。

⑤ 朱继东:《实现“中国梦”需要解放思想》,《中国党政干部论坛》2013 年第 4 期,第 42 页。

⑥ 李红军:《〈反对本本主义〉是中国化马克思主义开始形成的主要标志》,《学校党建与思想教育》2011 年第 1 期,第 26 页。

风,开展好群众路线教育实践活动。[①] 学习《反对本本主义》的精髓,对于探索中国梦的有效实现路径,具有重要的现实意义。只要我们胸怀理想,不动摇、不懈怠、不折腾,努力奋斗,全面建成小康社会的目标就一定能实现,建成富强民主文明和谐的社会主义现代化国家的目标就一定能实现,也就是说,中华民族伟大复兴的梦想也一定能实现!

① 吕艳红:《发扬调查研究好作风——学习〈反对本本主义〉》,《党建》2013 年第 3 期,第 56 页。

日本特务在中国东北述略

2015年是中国人民伟大的抗日战争胜利70周年，在纪念来之不易的胜利的同时，重温历史是很有必要的。本文旨在勾勒日本侵略者在东北沦陷14年中的特务活动的轨迹，从一个侧面揭示日本侵华的残暴行径与鬼蜮伎俩，警醒世人，不忘过去，牢记历史。

一

1877年，日本陆军中尉岛弘毅花了200天的时间，徒步踏查了东北三省，掌握了大量第一手的情报，1879年回国后携带上下两卷的《满洲记行》，使日本陆军当局首次得到了关于东北三省的确切情报。

1928年夏，关东军参谋河本大作在策划炸死张作霖的“皇姑屯事件”前，曾经通过日本关东军驻齐齐哈尔特务机关长，将齐齐哈尔一带拥有地盘的马贼头目中野泽平拉了进来，让他先炸毁中东铁路上的铁桥，以试探各方的反应。

1929年7月至1931年6月，板垣征四郎与关东军作战参谋石原莞尔在中国东北境内组织“参谋旅行”，秘密到长春等地搜集有关地形和中国兵力的情报，并秘密制订侵占东北的“以寡制众”的作战方案。

二

1931年9月，关东军别动队特务和田劲与同伙今田新太郎奉命炸毁南满铁路柳条沟一段路轨，为九一八事变的发动制造借口。①

九一八事变第二天，距离延吉40里的日本龙井特务机关的机关长河野就策动驻守延边的吉林省防军第十三旅旅长兼延吉镇守使吉兴叛变，结果吉兴指挥的3个团在9月下旬投降日军，他自己当了伪延吉警备司令部的司令。②

1931年12月中旬，河本大作带了几名关东军特务和十余名满铁社员前往东边道，策反原东边镇守使于芷山，与之进行了初步的接触。河本大作回奉天后又拨款、拨枪给于。原辽宁省主席臧式毅投敌后奉命派人去东边道，于芷山这才到奉天投敌。③

12月中旬代理黑龙江省主席兼东北边防驻黑龙江省副司令，率部在江桥举旗

---

① 逄复主编：《侵华日军间谍特务活动记实》，北京出版社1993年版，第234页。

② 解学诗：《历史的毒瘤——伪满政权兴亡》，广西师范大学出版社1993年版，第9页、第23页。

③ 解学诗：《历史的毒瘤——伪满政权兴亡》，第19-20页。

抗日的马占山(手中掌握2万多军队)经日军哈尔滨特务机关的策动,由海伦到松浦镇与已经投敌的原东北特区(哈尔滨)行政长官张景惠对话。1932年元旦张景惠发出通电,宣布黑龙江省独立,并就任伪省长。1月6日哈尔滨特务机关机关长百武晴吉将马占山召到松浦镇与关东军统治部部长驹井德三见面。1月22日马率军开进齐齐哈尔,就任伪省警备司令。齐齐哈尔特务机关机关长林义秀参加了对马占山进行策反诱降的“北满谋略”活动,以协助日军强占哈尔滨与齐齐哈尔。2月12日日本参谋本部第二部中国课课长兼陆军大学兵学教官板垣征四郎到达哈尔滨,对马占山进行策动,13日板垣纠集新任哈尔滨特务机关长土肥原等人对马进行诱逼。2月16日马占山飞抵奉天,在板垣策划组织下与张景惠、熙洽(原吉林督署参谋长)、臧式毅举行“四巨头会议”,决定建立为“东北行政委员会”①。马占山出任伪满洲国黑龙江省长及军政部长。

日本女谍中岛成子(1927年后与奉天铁路局参议韩景堂结婚)九一八事变后对原洮辽镇守使张海鹏、国民党北京宪兵司令邵文凯进行策反,接连得手。张海鹏后来任伪热河省警备司令官兼伪热河省长。中岛成子还对抗日义勇军女队长李秀兰进行策反,使李成为伪满民政部警务司司长甘粕正彦手下的日本特务。②

1932年2月,被调到关东军参谋部第二课(情报课)工作的川岛芳子秘密前往天津,成功接出溥仪的“皇后”婉容到旅顺。③

1933年1月,川岛芳子经伪满军政部日本顾问多田骏同意,指挥“归顺”的3000多名中国武装人员,名为“安国军”。川岛芳子任少将司令官,旧军阀张宗昌手下一些人也投奔她,当上了这支部队的参谋长、军长等。“安国军”打下热河朝阳后,承德特务机关长田中新一曾经代表关东军犒赏“安国军”。关东军参谋部除颁发嘉奖令外,还拨给川岛芳子20万日元特别工作费,收编中国散兵与当地土匪。④

川岛芳子还亲自到抗日将领苏炳文的根据地,反复进行交涉、劝降。直到1936年调任关东军参谋兼内蒙古特务机关长田中隆吉解除了她的“安国军”司令职务,并勒令其立即离开奉天。川岛芳子后去了天津。

无独有偶,九一八事变后,关东军别动队特务和田劲担任以蒙奸甘珠尔扎布为首的伪“内蒙古独立军”顾问,掌握指挥大权,直到该部队攻占通辽后才调回关东军别动队。⑤

1934年夏末秋初,关东军进行肃清工作(大扫荡)时,佳木斯特务机关与之配合,对抗日武装进行怀柔、收买、分化瓦解工作。到1939年初,对抗联第八军军长谢文东等诱降成功。⑥

---

① 解学诗:《历史的毒瘤——伪满政权兴亡》,第27-28页、第35页。

② 逄复主编:《侵华日军间谍特务活动记实》,第213页。

③ 逄复主编:《侵华日军间谍特务活动记实》,第29页。

④ 逄复主编:《侵华日军间谍特务活动记实》,第30页。

⑤ 逄复主编:《侵华日军间谍特务活动记实》,第234页。

⑥ 逄复主编:《侵华日军间谍特务活动记实》,第60页。

三

1931 年 11 月 20 日,在沈阳伪奉天省政府院内成立省地方自治指导部。其各级头目除于冲汉、于静远两个是汉奸外,全是日本人。下面只有二十几个中国人,200 多个日本人约占总人数的 20%,他们大多是日本派驻东北的间谍特务,头目是关东军别动队特务和田劲。①

同年 12 月,关东军成立统治部,作为伪满政权建立前的代行机关,次年 1 月索性改名特务部。②

1932 年 3 月,伪满洲国建立后,在伪民政部警务司内设有以宪兵少佐海村园次郎为头目的由 200 多名日本特务组成的侦缉室,专门指挥东北各省市县旗的特务科、特工网和密探网。伪满后期的保安局特务系统就是以此为基础建立起来的。③自保安局设立后,东北各省均设立了地方保安局,下设若干特谍班。至 1940 年有地方保安局 18 个,特谍班 190 个,特务人员 800 人。④

1932 年,奉天市警察局特务科侦破中共奉天特委地下组织。1935 年 4 月,奉天省警务厅特务科长筑谷章指挥警特逮捕了中共满洲省委、奉天地委的地下工作人员 78 人。⑤

1938 年 8 月,宋一夫(曾任中共吉东省委书记,是东北党和抗联中职务最高的叛徒)借口巡查步哨,从三江地区携款逃离西征的抗联部队,潜入哈尔滨市买卖街情妇家中,被伪哈尔滨警察厅特务科泉屋利吉发现。在泉屋的威胁利诱下,8 月 26 日到伪哈尔滨警察厅投案自首,声明"归顺",将自己掌握的抗联及共产党地下组织情况,提供给日伪特务机关。其担任警佐后,亲自带领大批特务,使数百名中共党员及爱国群众惨遭迫害和屠戮。⑥

1939 年 3 月,伪满洲国治安部将朝鲜族国境监视队改编为伪军间岛特设队,该队 360 人全部是日本人与朝鲜人,队长染川一男少校,由关东军延吉特务机关长兼间岛地区伪军顾问小越信雄操纵。其任务主要是"讨伐"抗联,镇压中朝共产党人,破坏抗日组织。⑦

同年 7 月,抗联第九军军长李华堂在方正县大罗勒密被日伪军包围被俘虏,在伪满洲国治安部变节,转而在佳木斯经营豆腐房、旅馆和三江公寓,成为三江省日伪特务据点的经理与密探。⑧

1941 年末,抗联叛徒、特务警佐宋一夫接受泉屋的指令,以假党员身份打入哈

---

① 逄复主编:《侵华日军间谍特务活动记实》,第 234 页。

② 解学诗:《历史的毒瘤——伪满政权兴亡》,第 17 页。

③ 解学诗:《历史的毒瘤——伪满政权兴亡》,第 90 页。

④ 朱姝璇、岳思平:《东北抗日联军史》,解放军出版社 2014 年版,第 162 页。

⑤ 逄复主编:《侵华日军间谍特务活动记实》,第 77 页。

⑥ 张正隆:《雪冷血热》下卷,长江文艺出版社 2011 年版,第 153 页、王锦思:《图说抗联》,解放军文艺出版社 2013 年版,第 150 页。

⑦ 解学诗:《历史的毒瘤——伪满政权兴亡》,第 212-213 页。

⑧ 张正隆:《雪冷血热》下卷,第 158 页;王锦思:《图说抗联》第 149 页。

尔滨工业大学、长春工业大学,后与沈阳等地大学地下工作者联系,12月30日以召开党的扩大联席会议为名,把20多名学生骗到哈尔滨,全部逮捕。① 此后还断断续续逮捕多次,前后被捕者达500余人。②

从1942年10月起,伪滨江省警务厅特务科开始对抗日活动活跃的巴彦、木兰、东兴地区实行"彻底的搜查"。1943年宋一夫又接受伪哈尔滨警察厅特务科泉屋利吉的指令,接近中共东兴县委韩某等4人,发现了在巴彦、木兰、东兴成立的抗联第三路军抗日救国会的组织,掌握了巴木东一带抗日斗争的全貌,③从而引发了1943年3月、5月的两次大逮捕,共抓了600多人。④

1942年1月,抗联第三路军第十二支队支队长朴吉松被庆城县特务警察逮捕,后被北安省地方保安局的田崎久三郎杀害。⑤ 1943年2月12日,抗联第三路军政治工作人员周云峰被特务逮捕,在伪滨江省特搜班的刑讯逼供下叛变投敌,供出了第十二支队朴吉松的警卫员李全住在某地,紧接着特务将李全等人逮捕。李全在伪滨江省警务厅肃正工作委员会警佐宋一夫的劝说下叛变,当上了伪警长,以开巴彦兴隆镇"兴滨旅店"为掩护,以"抗联交通员"的名义搜集抗联情报和检举从苏联回来接关系的地下工作人员。⑥

1941年11月,抗联第三军军长赵尚志刚从苏联回来,在鹤立、汤原山腰地带开展活动。鹤立县兴山伪警察署署长田井久二郎警佐、特务主任东城政雄警尉与驻兴山日军开会协商,决定加强"第一线的情报工作",计划对赵尚志小部队"以特务和警备战线上的全部力量和利用一切工作,尽可能在旧历正月之前,将其诱至梧桐河附近,加以逮捕歼灭"⑦。赵回国后发展的3名队员,竟有两个是特务。先是特务张锡蔚化名"张玉清",后是伪梧桐河警务所所长刘德山打入赵尚志的小部队。1942年2月12日赵在刘德山的误导下,在袭击伪三江省鹤立县梧桐河金厂警察所途中被刘暗算牺牲。⑧

四

1936年,中国共产党领导的东北抗日联军成立后,在白山黑水间沉重打击了日本侵略者,引起了日伪当局的极度恐慌。日伪军一面进行军事讨伐,一面加紧搜捕被打散的东北抗日联军人员,劝其归顺,并派遣敌特打入抗联内部,诱降不坚定分子,并规定所有"归顺"人员必须供出抗日反满分子,填写"归顺誓约书"。仅1936年日伪军共逮捕这类人员14630人。⑨

---

① 张正隆:《雪冷血热》下卷,第153页。
② 解学诗:《历史的毒瘤——伪满政权兴亡》,第257页。
③ 张正隆:《雪冷血热》下卷,第153页。
④ 解学诗:《历史的毒瘤——伪满政权兴亡》,第244-245页。
⑤ 逄复主编:《侵华日军间谍特务活动记实》,第74页。
⑥ 王锦思:《图说抗联》,第134页。
⑦ 王锦思:《图说抗联》,第176页。
⑧ 王锦思:《图说抗联》,第177页。
⑨ 朱姝璇、岳思平:《东北抗日联军史》,第160页。

1936 年 4 月,奉天宪兵队长加藤泊治郎命令山城镇宪兵分队组成以长岛玉次郎曹长为首的特别工作班。该组织是个特务机构,以暗杀、刺探、袭击、瓦解、策反为主要手段,取得了许多日军多次重大军事行动都难以得到的战果,给东南满地区中共党政军组织造成极其严重的危害。

长岛先在柳河诱降抗日军司令老长青、赵明恩等 70 余人和后方分队长四海山等 24 人。从 1936 年秋到 1937 年长岛特别工作班诱降了近百名抗日武装人员,集体杀戮了数以百计的被诱降者。这些行径被正式列入 1936 年秋开始的东边道独立"大讨伐"和"特别治安肃正"的"战果"。长岛特别工作班的活动被视为成功的经验,广为推广。① 日本战败后长岛供称,从 1936 至 1944 年间共诱降、策反抗联 400 多人。②

长岛还化装苦力,到中共柳河县委驻地吴家沟的铁路工地探寻县委活动的蛛丝马迹,并于 1937 年 2 月将县委书记冯剑英等人抓获。冯剑英被捕后叛变,县委与所属党组织被破坏,20 多人被捕。冯剑英后留在长岛工作班,名为翻译实为高参。长岛工作班还偷袭南满省委在桓仁县牛毛沟的一个秘密据点,得到了许多文件。几乎与此同时,抗联一军军需部长兼一师政治部主任胡国臣、一军政治部主任兼参谋长安昌勋相继在 1937 年 1 月被收降。胡国臣叛变后任"长岛工作班别动大队"队长,不断向一师官兵发出劝降信。又由胡国臣出主意,抓了抗联一军一师师长程彬的母亲与哥哥,胁迫程彬投降。6 月 29 日程彬枪杀了反对他投降的三团政治委员李茨苏,裹挟 60 人下山投敌。③ 8 月,通化省警务厅警务科长富森熊次郎接任,工作队名称改称富森工作队,主力是程彬大队。④

1938 年 8 月,抗联第五军党委书记关书范率一师余部返回刁翎地区后,日军三道通工作班与之接洽"假投降",关后被抗联处死。⑤

1941 年 8 月抗联三路军以王明贵为首的三支队最后在海拉尔特务机关操纵的以鄂伦春族为主体的由 70 多人组成的特务谋略部队包围下,102 人牺牲于呼玛县苦楚河边。⑥

五

日本特务在中国东北是无孔不入的。无论在日本陆军、日本宪兵还是在伪满警察中均有特务机关,对东北人民的抗日活动竭尽破坏、镇压之能事,一些被捕的爱国人士被日特送至哈尔滨石井细菌部队用于人体活体细菌实验,惨遭杀害。

在日本侵略者掌控的各色特务机关中有汉族人,也有满族、朝鲜族、蒙古族、鄂伦春族人。只要有利用价值,日本侵略者总是广为收罗,不遗余力。

---

① 解学诗:《历史的毒瘤——伪满主权兴亡》,第 121 页。
② 王锦思:《图说抗联》,第 156 页。
③ 张正隆:《雪冷血热》下卷,第 86-91 页。
④ 王锦思:《图说抗联》,第 152-153 页、解学诗:《历史的毒瘤——伪满政权兴亡》,第 246 页。
⑤ 张正隆:《雪冷血热》下卷,第 153 页。
⑥ 解学诗:《历史的毒瘤——伪满政权兴亡》,第 253 页。

1943 年,“关东军大连宪兵队本部外事班员(军曹)”长沼节二将大连市沙河口由日本特务组建的专门售卖毒品宏济善堂的中国事务员发展为密探。1944 年 11 月至 1945 年 8 月津野千代松任哈尔滨“道外中国妓馆组合为主事”期间,利用妓院收集情报。他“以警察局的权利为背景……命令两三家妓馆的主人,七道街的刘某、十六道街的孙某及组合的翻译董某、组合使用人郭某,进行了侦查工作”。津野千代松还自己到妓馆对妓女强调:“如有与抗日军有关系的人投宿时立即向警察或组合报告”,并“以收集情报为目的,叫妓馆明确的记载投宿者名簿”①。

日本侵略者在发动九一八事变之初,对于东北人民的反抗是斩尽杀绝,就是主动投降者也是杀无赦。但是东北人民并没有被日本帝国主义的血腥镇压所吓倒,先是有各地风起云涌的抗日义勇军,后来又有中国共产党直接领导的抗日联军第一到第十一军的相继崛起。于是日本侵略者改变策略,对一些主要的抗日首领采取怀柔态度,只要投降不打不杀,还好吃好喝,安排参观访问,进行软化。他们对待抗联第八军军长谢文东、第九军军长李华堂就是如此。

其次,大量散发动摇军心的图片、传单进行精神瓦解。日军“到处在树上张挂淫秽的画片和妇女的装束,还留酒食和亲恳书”,千方百计诱降抗联。② 男女性交的相片、妇女的内衣被空投散发到抗日部队活动区域,或干脆派年轻美貌的妓女以色相作引诱抗日队伍中的意志不坚定者。③

第三,日本帝国主义的特务机关“时刻企图利用暗藏的汉奸、托派、亲日派、腐化分子、投机分子,装扮积极面目,混入我们的党里来”④。除了已经提及的宋一夫等人外,还有抗联重要干部崔石泉的妻子。这些重要人物的叛变,给抗联带来了巨大的危害。

当然,日本特务的活动不可能决定人心的向背与战争的结局。人们从 1932 年 4 月黑龙江省将领马占山率 8000 人反正重新举起抗日的大旗以及东北抗联教导旅一直坚持到抗战胜利的事例中可以清晰地看到这一点。

---

① 《中央档案馆藏日本侵华战犯笔供选编》,转引自张华滨:《侵华日军特务组织情报活动》,《中国档案》2017 年第 12 期。

② 《东北的抗日游击战争和抗日联军(初稿)》,《周保中文选》,云南人民出版社 1985 年版,第 126 页。

③ 张正隆:《雪冷血热》下卷,第 85 页。

④ 毛泽东:《中国共产党在民族战争中的地位》,《毛泽东选集》第二卷,人民出版社 1991 年版,第 524 页。

抗日战争中的程应镠①

1931年至1945年的抗日战争是中华民族与中国人民刻骨铭心的历史记忆。在日军肆虐、百姓生灵涂炭、民族危亡的年代里，不少热血青年勇敢地挺身而出，用各种方式抗日救国，拼死抗争，在史册上留下了他们的英名。程应镠就是其中的一位。

一

程应镠(1916—1994)，江西新建人，1929年考入江西省立二中，1934年转入南昌私立心远中学，在该校历史老师的影响下，弃理学文。1935年夏考入著名的燕京大学历史系。同年秋天，到了北平入学后不久，就参加了著名的一二·九运动，尤其在1935年12月16日的行动中，走在示威游行的前列。九年后他回忆说：

> 北平的十二月已入隆冬，未名湖上，溜冰开始很久了。八日晚上，学生会召集大会，讨论时局的发展，决定九日来一次示威游行运动。那时，冀东已“独立自治”，“冀察政委会”即将成立，我们的示威游行便是反对这日本卵翼下的“新组织”的。到北平后，眼见强邻压境，爱国情绪非常高。会后，我兴奋得几乎一夜不曾睡着。“一二·九”那天，当我喊着“打倒日本帝国主义”的时候，我的眼泪也流出来了；我已有多少时候把这种情绪压在心底了！我不知道这是快乐的眼泪，还是伤心的眼泪，我只觉得我的心被一个东西压了很久很久，这一下，好像一切责负都卸了。今天，以一千次、一万次地喊“打倒日本帝国主义”，谁还会想到九年前我们第一次喊时的心情呢?②

而在这之前，程应镠在南昌受的是蒋介石倡导的“新生活运动”式教育。到北平后看到的一切使他深切地感受到了环境的压力，心头起了许多疑问，以前对希特勒、墨索里尼乃至蒋介石的崇拜统统幻灭了。

一二·九后，北平全市大中学罢课。国民党当权者对学生的爱国行动继续执行镇压政策。北平市公安局发出布告称：“兹竟有青年学生，妄听流言，聚众游行，散发传单，不听制止等情事，在该学子等心迹或不无可原，而举动实近于骚扰。须知维持秩序是警察天职，妨害秩序则法有明文，本局负有保卫地方安宁之责，自未便放弃职守，除通饬各区队注意查察依法严禁外，合亟布告知悉，务各体念时艰，潜

① 原载《程应镠先生百年诞辰纪念文集》，上海古籍出版社2016年10月版。

② 程应镠：《一二·九回忆》，《流金集　诗文编》，上海师范大学人文学院历史系2001年印行，第261页。

心向学，倘有轻听浮言，逾越常轨，本局惟有依法分别究办，决不姑宽。”①

12月15日晚，在中共地下党的组织下，召开了燕京大学全体学生大会，会上通过了次日游行的议案后，“学生会便征集前锋队员，应征的，当时便在台上集合。”程应镠经过一番犹豫，勇敢地上台报了名。散会后回来，想着第二天，不知道有个什么样的命运降临。他曾想过要写一封遗书，而且真拿起过笔，“但真一拿笔也就不知道写些什么好了。”其实这也反映了当时那种“国家面临大难，人民已到不能对国是表示意见的地步”的高压环境。②

12月16日的游行示威比一个星期前的那一次规模更大。尽管事前保密，可是当天一早城内外学生行动时，反动当局还是得到消息，派军警包围各主要学校，并关闭西直门和阜成门，城内各主要街口也布置了军警。上午10点，在西直门受阻的游行队伍停在同样紧闭的西便门外。前锋队员程应镠回忆道：

城楼上站了十几个警察，带着枪，城楼下便是我们两千多个学生，除燕京、清华的外，还有平大、农学院的。我们直站了一点半钟。大家似乎都在想，“一二・九”那回没有能进城去，这回非进去不可了。西便门虽也是两扇铁门，但只闩上了铁闩子，用力一推，露出了一条缝，望得见城门里面。当我们真等得不耐烦了时，站在门边的同学就试着推那扇铁门了。楼上的警察不时把石子从上面抛下来，像和我们开玩笑似的。推门的人瞧着门也许可以推开了，便大声地招呼后面的人一起上前推，于是人便像浪潮一样涌了上去，接着是一阵阵“菏呀！嗨呀”的吼声。这吼声使站在后面的女同学的眼泪，像潮水一样涌出。门终于被闯开了。进城时的欢呼，留在城外的是一片蓝天，苍凉的山和苍凉的田野……③

以上是当事人的目击记。也有其他的记载称：

示威队伍又到西便门南边火车的铁门，又遭阻拦。这时，学生们的愤怒已达到了极点，两千多学生齐心协力，……把愤怒化为一股巨大的力量，每四十个人组织一队来推城门，这一队精疲力倦了，又另换一支新的生力军来继续努力，居然也毁灭了那铁硬的城门，守门的军警抵抗了一阵，却被群众的力量打退。④

两段材料的共同点是确认西便门是学生用人力推开的。但前者省略了对军警的关照，后者强调抵抗了一阵的守门军警是群众的力量打退的。然而无论是紧闭的铁门还是对抗的军警均无法阻挡12.16学生示威铁流。

程应镠后来说：“一二・九运动中，我是一名小卒。我当时……只知道爱我的国家。在运动中，我完完全全被这种热情所支配，自始至终拥护这个运动的领导者。”他认为一二・九运动“点起了这一个关系民族生死存亡的火”，“是我们民族解放运动的开始”。⑤

---

① 《世界日报》1935年12月13日。
② 程应镠：《一二・九回忆》，《流金集　诗文编》，第262页。
③ 程应镠：《一二・九回忆》，《流金集　诗文编》，第262页。
④ 《北平学生第二次救亡运动追记》，《一二・九运动资料》第一辑，第184页。
⑤ 程应镠：《一二・九回忆》，《流金集　诗文编》，第263页。

二

中国共产党是一二·九运动的领导者。12.16学生示威后，党决定将北平大学生组成南下扩大宣传团，下乡宣传，教农民识字，为工人读报，宣传抗日救亡，并着手建立一个进步的青年组织。当宣传团第三团在高碑店被反动军警察阻拦时，全团曾在保定召开了全团大会，指挥部提出为了保存这一学生力量，应建立一个先进青年学生组织，名称为“中华民族解放先锋队”。① 1936年初，程应镠参加“左联”后又参加了中华民族解放先锋队。

为了使关系民族生死存亡的火长明不灭，他在1936年还参加了当年成立的燕京大学‘一二·九文艺社’，并成为这个社的负责人之一，主持《青年作家》。② 是年年底，傅作义在绥远率部抗日。程应镠参加上海妇孺慰劳团赴绥远慰问前线抗日官兵。1937年1月，他与柯华、周游、李植人、李植青等同学不顾塞外苦寒，去百灵庙慰劳战士，走过蜿蜒的大青山与冰封的哈尔红河。

1937年七七事变时，程应镠还留在北平，一度想去西山找游击队。8月初便同赵荣声等人逃出北平，经天津至秦皇岛，由海道南渡上海。到上海是8月12日，第二天淞沪抗战爆发，他们便由南站乘沪杭车至嘉兴，后在南京住了一个多月，参加平津流亡同学会的工作，接着又在武汉滞留了几个月。

同年冬天，他经著名记者范长江的介绍，去当时山西政治、军事中心的临汾参加八路军115师343旅686团工作。在686团工作时，他使用笔名流金，主要的工作是编印团宣传科发行的一种油印报。1938年夏初他与柯华一同来到革命圣地延安。关于这段经历程应镠1968年6月21日“交代”说：

> 一九三八年四月，柯华从总部来到686团，说打算搞一个火线通讯社，报道八路军战地消息和照片，邀我一同参加。他在团部住了好几天，征得领导同意，我偕同柯华去延安。……领导同意我们去武汉一次，一方面办理通讯社的登记手续，一方面采购通讯工作所需的器材。……从延安去西安的路上，在耀县碰到周游正北上，又邀了周游一道参加通讯社工作，同至武汉。到武汉已是这年的五月。在办事处住下之后，周总理接见过我们一次，柯华、周游和我都在。总理说国民党不会批准通讯社立案的，要我们等延安电示再决定行止。在这期间，我回了江西故乡一次，当我回武汉时，柯华、周游已奉命北返。……在武汉的时候，我写了一些记述八路军抗战的报道、散文、小说，较长的有《汾水的西岸》，短的有《新同志》《夜行》《黑夜的游龙》《姑射山中的风雪》等。

经查，《汾水的西岸》《新同志》《夜行》三文均未找见。关于《夜行》程应镠回忆说：是时任西南联大教师、《今日评论》文艺主编沈从文约稿的，“我送去一篇在山西八路军中随六八六团夜行军的纪事。他精心修改后发表了，后为《大西洋杂志》所

① 参见于学仁：《中国现代学生运动史长编》上，东北师范大学出版社1988年版，第371页。

② 程应镠1968年6月21日交代，《程应镠史学文存》，上海人民出版社2010年版，第638页。

载,英文译名即为《夜行》。”①可见,程应镠笔下的八路军的形象通过《今日评论》《大西洋》等杂志的传播产生了一定的影响。又据程应镠 1969 年 4 月 12 日交代:“当我还在汉口的时候,我写了一本定名为《一个士兵的手记》的小书,是以在八路军的战地生活为题材的。”在现已找到的程应镠的其他相关文章中也有对红军、八路军等共产党领导的人民军队的描写。如他在《杨——群相之六》写道:

在晋西山里,有支不大不小的游击队,人数约为三千左右。这些人来自中国的各部,语音异常复杂。但经过多年的患难与共,各人有如兄弟,彼此不独能相通语言,即内心也极相契合。若为他们写一部生活史,必极神奇动人。……这个镇是晋西一角小小的安宁去处;通城的路由距这小地方六十里去处往南、往北。沿大路的村庄城镇都在炮火的射程内。这地方和大路隔了一条大河,西边要过三座大山才到黄河边。那支三千人的队伍,便留在近大路的山里,阻止敌兵过山来,拱卫着晋陕边界上的黄河的东岸。②

从杜戌村到洛阳,我同那三千人的游击队伍,一同过了六天。作为那三千人的灵魂的人,和我天天夜里在一起。他姓杨,……我……有着一种难言的对他的崇敬之情,这是不能用语言形容的。③

在这篇文章中,对于八路军的评价,不论是群体的还是首长,也不论是历史还是现实作用的都是正面的,积极向上,充分肯定的。

三

前已述及,八路军火线通讯社等延安电示再决定行止期间,程应镠回了江西故乡一次,当他回武汉时,其他人员已奉命北返。这样,他只好在 1938 年 6 月底 7 月初再折回故乡,组织大塘读书会,“大塘读书会成立后,曾演出过短剧《放下你的鞭子》,唱抗日救亡歌曲,写抗日标语,读报讲时事,还举办过农民的识字班。……其后,有些人分别去了延安和新四军。”④二十余天后他经湖南、贵州到昆明入西南联合大学。

同年 8 月,程应镠抵达昆明后住在迤西会馆西南联大工学院宿舍,等待借读联大。9 月他和两位江西同学在树勋巷五号租了两室一厅朝南的房子。进入西南联大重新攻读历史后,程应镠发现“这所大学,有我许多在北平认识的朋友,他们或是一二·九运动中的健将,或为当日青年学生的领袖。学校里充满了民主自由的空气,学术上也真正是百家争鸣。不同的学术观点,可以在讲坛上公开争论。同学之间,政治主张不同,文艺见解不同,在壁报中也展开辩论。我在联大的第一学期,便和王永兴、李宗瀛、徐高阮、丁则良等出过一张叫‘大学论坛’的壁报,论政,论学,论

① 《流金集　诗文编》,第 268 页。
② 《流金集　诗文编》,第 166-171 页。
③ 《流金集　诗文编》,第 168-172 页。
④ 程应镠 1968 年 8 月 28 日交代:《关于大塘读书会的情况》。

文，为另一些同学不满，在壁报中进行笔战。”①

1939 年夏，“赵宗复、陈洁、柯家龙、张韵斐有的来自延安，有的来自山西，都经昆明去香港，在昆明住了一些日子。”程应镠特别强调，赵宗复、陈洁以及本校的徐高阮、王永兴“都是一二·九时代的学生领袖，我和他们也熟。特别是宗复，两过昆明（从香港返山西也在昆明住了一些日子），终成好朋友。”②

在联大的两年中，程应镠“除了学习，便是写小说和散文。其内容都和抗战有关，但充满了对于故乡的留恋。……这些文章，有一部分收在《一年集》中。这个集子是章靳以主编的《烽火丛书》之一，是由联大教授沈从文介绍到那里出版的。”③

1940 年夏程应镠从西南联大历史系毕业，开始了新的战时生活。

西南联大大师云集，学风纯正，尤其是民主气氛浓厚，而所有这些优良因素均与北平有关，与一二·九运动有关。程应镠在这座高等学府的两年中做了三件事：第一，攻读历史学，为后来成为史学大家打下了坚实的基础，未毕业之前，已在该校史地研究室做过一个时期的助教工作；第二，以浓厚的文学兴趣，撰写了并发表一批以抗战为中心的作品，唤起国人的爱国爱乡情结；第三，进一步与当年的一二·九运动健将保持与发展友谊，也就是与中国共产党保持政治上的联系，这也影响到他毕业以后的思想发展走向。

四

程应镠西南联大毕业时，抗日战争已经进入了战略相持、苦撑待变阶段，战场形势不容乐观。所以已经在该校史地研究室任助教的程应镠一接到燕京大学同学、中共地下党员、时任洛阳国民党第一战区长官司令部秘书赵荣声的来信邀请后，依然投笔从戎，决计仍赴抗战前线。

1940 年秋初他经重庆、成都，过剑门，由汉中至宝鸡，再到西安。在西安时突发痢疾，几度昏迷，幸亏同行的国军第四师副师长蔡剑鸣及时将他送入红十字医院救治。④ 因为病倒，所以 10 月初才到达九朝旧都洛阳。当时洛阳是抗日战争的一个军事中心，国军第一战区最高指挥部就设于此。程应镠在第一战区最高指挥部担任秘书（待遇是同上校秘书）⑤，工作十分清闲，天天与他为伴的是从省政府图书室借来的一部四部备要本的《通鉴》。时事与历史，使他感慨万端。这年岁尽，苦旱未雪，程应镠写了四首七律。其中有一首说：“经冬日暖天无雪，来岁年荒鼠且饥。民困应知征调久，边烽频报捷书迟。”1941 年初夏中条山战役期间，洛阳第一战区的最高指挥部宿舍大墙外，停满了两辆三辆一排一辆接一辆望不到边的牛车。某一天夜间，牛铃声彻夜未绝，第一战区的物资、用具全部撤退至豫西洛宁，中条山三十万驻军，全线溃退，但当时河南的报纸上，还在粉饰太平，宣传胜利，说是捷报频传或

---

① 程应镠 1968 年 6 月 21 日交代，《程应镠史学文存》，上海人民出版社 2010 年版，第 631–632 页。
② 《树勋巷五号》，《流金集 诗文编》，第 267–268 页。
③ 程应镠 1968 年 6 月 21 日交代，《程应镠史学文存》，第 641 页。
④ 程应镠 1968 年 7 月 23 日交代。
⑤ 参见《程应镠史学文存》，第 641–642 页。

歼敌若干。程应镠后来赋诗追叙此事说:“潼关东去向东都,万里来投卫公幕;卫公门下三千客,肝胆如同楚与越。……中条大军三十万,一夕曾无片甲回。将军不死战士死,黄河呜咽东流哀。洛中车马今犹昔,侯门歌舞夜仍开”,表达了他对国民党及其军队的极度失望与不满。①

1941 年 6 月至 1942 年 3 月,程应镠以同上校秘书的身份随同第一战区第十三军军长张雪中到过叶县、郑州、登封、密县、新郑,招待过记者。业余时间他继续进行小说、散文、旧诗的创作。其中有的是在洛阳当地的《阵中日报》《北战场》上发表,有的寄到重庆《大公报》发表。②

1943 年程应镠的主要工作是把第一战区政治部所属抗宣演剧一队和原来十三军政工队中的演员合并成立了一个《北京人》剧团,在洛阳演出《北京人》一剧二十天。后来在准备演出《蜕变》时受到政治部主任秘书和《阵中日报》负责人的攻击。他们谣言说程应镠是共产党,企图加害。恰逢赵荣声夫妇正从太湖经过洛阳去成都燕京大学复学,程应镠于同年 4 月偕同他们到成都,然后经重庆去贵阳清华中学教学。③

1940 年 10 月到 1943 年 4 月,程应镠在洛阳从军的短短两年半中,国民党正面战场并无大的起色与转机,抗战前途堪忧,百姓战争负担加重,民生疾苦严重。为此程应镠曾愤而赋诗:“民困应知征调久,边烽频报捷书迟。诸公好画平戎策,莫任苍生靡孑遗!”④因上校秘书这份闲差与程应镠的理想抱负相去甚远,因而他常在诗中里发泄内心的不满:“萧条山市堪沽酒,寥落军书好醉眠”,“何时弃此冷官去,独向湖边赋索居”。⑤

1944 年秋,程应镠在贵阳清华中学教书期间,经过西南联大时的同学丁则良介绍,他和著名民主人士闻一多、吴晗认识,从此与中国民主同盟发生了关系。又经吴晗的介绍,程应镠与丁则良曾在民盟集会的地方唐家花园整理过图书。虽然程应镠当时还不是民盟成员,但参加过民盟邀集的座谈会。《民主周刊》发行后,程写的《一二·九回忆》和《一个十九岁的上等兵》“都是交给闻一多,由他拿去发表的”⑥。

一直到 1945 年 8 月日本无条件投降,程应镠从未放下他那支战斗的笔。

五

综上所述,抗战期间的程应镠既是文人,也是军人。他先是投笔从戎,经过两度变化,最后还是弃甲从教。他坚持扬己之文史专长,克敌之短,即使在军营中同

---

① 程应镠:《寄弟渝州》,《流金集　诗文编》,第 276-277 页。

② 程应镠 1968 年 8 月 3 日交代,《程应镠史学文存》,第 642 页。

③ 程应镠 1968 年 8 月 3 日交代,《程应镠史学文存》,第 643 页。

④ 《洛阳经冬不雪开春后烽警频传因赋长句》,《流金集　诗文编》,第 272 页。

⑤ 参见虞云国等:《晚于青史识苍凉——程应镠传》,《史魂》,上海辞书出版社 2002 年版,第 285 页。

⑥ 程应镠 1968 年 6 月 21 日交代,参见《流金集　诗文编》,第 346 页。

样是拿起笔作刀枪,以各种体裁的文章在文宣战线上与日本侵略者进行坚决的斗争。在国共合作的政治背景下,他投奔八路军于先,参加第一战区十三军于后。这两支军队虽然都是中国抗日的队伍,但宗旨、作风和与民众的关系方面有很大的不同。程应镠先后亲身经历,两相比照,其感受自与他人大不一样。

就政治身份而言,他既不是共产党,也不是国民党。但他参加了共产党领导的一二·九运动以及共产党领导的外围组织——中华民族解放先锋队与"左联"。他实际参加了中国民主同盟的一些工作,但直到抗战胜利尚未加入民盟。① 他在国军的战区司令部工作,但对蒋介石早已不再崇拜,对第一战区司令长官卫立煌也多有微词。不过在私人关系方面,他与中共人士、民盟骨干以至国民党军官(如国军第四师副师长蔡剑鸣)都有着良好的关系。

对程应镠而言,爱国主义是他的精神支柱,也是他参加中华民族解放先锋队的思想依据。他当年大声疾呼"为了祖国我们是不惜一死的"②。他强调,"一二·九"运动中的积极分子都是成绩优异的学生,中国的士大夫和知识分子关心政治,以天下兴亡为己任,和认识是分不开的。③ 他认为"农民对土地的爱,支持了这七年的抗战,但……农民的力量,是分散而各自为战的,只有有和他们那样的爱的知识分子,才能把那种力量领导起来,用之于作民族生死存亡的斗争"④。民主主义是他的政治追求。抗战期间他秉笔直书,公开抨击国民党的专制,认为国民党的"教育,也是训练奴隶的教育,我们的统治者,所需要的也是羊一样的人民。……而我们今日,还在制造奴隶。只有摇尾巴的哈吧狗儿,才被认为是好国民、好部下、好学生"⑤。他指出:"我们国家,到了如此地步,竟没有一个人敢站起来表示他对于国事的意见。……今日,士气是消沉到了极点。我曾多少次向往于一种浪漫杀身,以图警醒久睡的人心。"他强烈主张"政治的改革,一为澄清吏治,二为调整各党派的关系,其中尤要者为国共两党的真诚合作,和国民党即日开放政权"⑥。为了争取民主,夺取抗战的胜利,他敢想敢说,刚直不阿,宁折不弯,体现出一个知识分子的历史担当,抗战胜利不久就参加中国民主同盟的政治诉求也在于此。而自由主义则是程应镠的内心深处的向往,他撰文要求国民党当政者"开放政权,达到政治上的民主,达到思想上的自由"⑦。他坚称"世界上,从来没有一个民族,未经过一度的个人的解放,而能得到解放的",反观抗战中的中国,"今天当我们最需要个人解放的时候,个人主义却受到前所未有的迫害。"在他看来孔孟朱程、英美苏联是好的,"但这种好,不见得适用于我们的今日。""我们今日,既不能皈依孔孟,也不能膜拜苏联,我们自己,自有路在!"⑧此番言论不无过激之嫌,但也有其合理的道路自信的成

---

① 程应镠是1946年4月在云南加入中国民主同盟的。
② 程应镠:《给"一二·九"运动中的朋友们》,《流金集　诗文编》,第265页。
③ 程应镠:《回忆大教联片段》,《上海文史资料专辑》(民盟专辑),2006年印行,第163页。
④ 程应镠:《论民族主义》,《流金集　诗文编》,第203页。
⑤ 程应镠:《政治的改革与人的改造》,《流金集　诗文编》,第203-204页。
⑥ 程应镠:《政治的改革与人的改造》,《流金集　诗文编》,第201-202页。
⑦ 程应镠:《政治的改革与人的改造》,《流金集　诗文编》,第205页。
⑧ 程应镠:《论个人主义》,《流金集　诗文编》,第208页。

分,是值得重视的。直到1971年10月2日程应镠还承认:“我这个人自幼读孔孟之书,后又受到资产阶级民主自由思想的浸润。在洛阳,虽有孤愤,但仍幻想改良。在昆明,忧愤深了一些,改良的幻想也破灭了”,也仍然怅惘失去的朱颜。[①] 这真实地反映了他的思想境界与认识高度。在抗日战争具体的历史情境下,发扬爱国主义、民主主义、自由主义的精神对于争取抗战的最后胜利无疑有着直接的正相关关系。在整个抗战进程中程应镠虽然没有在前线披坚执锐,浴血奋战,但他用自己的笔写出各种不同体裁的文章,多方为民族争独立,为人民争民主自由,同样是有重要贡献的。

① 转引自虞云国:《程应镠事迹诗文编年》,《程应镠史学文存》,第653页。

沪宁、沪杭甬铁路与淞沪会战[①]

铁路关系到国计民生，是人员、物资等要素交流的主要场所。沪宁[②]、沪杭甬铁路是连接上海的两条最重要最快捷的战略通道，直接关系到民国首都南京的安危，在八一三淞沪抗战中起到了非常重要的作用。也正因为如此，这两条铁路以及铁路沿线设施遭到了日本军机的疯狂轰炸，损失惨重。以笔者目力所及，关于这一专题尚未见有专门论文，张铨等人合著的《日军在上海的罪行与统治》(上海人民出版社 2000 年版)第二章有一节“狂轰滥炸再破罪恶记录”对此有一定的描述，但受书名所限没有涉及上海周边。本文在张铨等人研究的基础上，主要依据当时的中外报刊及国军将领的回忆，重建史实，警示国人，以史为鉴，复兴中华。

一

1916 年沪宁铁路与沪杭甬铁路接轨共站，上海沪宁车站改称两路总站，市民俗称之为北火车站。该站在 1932 年一·二八战役中被炸，站台、轨道、机车、大楼严重受损。1932 年 5 月进行修缮并修建了候车室、行包房、底层大厅供旅客候车通行。[③] 1936 年前后利用上海北火车站修屋之机，在底层秘密“构筑重机枪掩体两座，能控制宝山路，抗战时发挥作用”[④]。同年京沪铁路沿线各站专门组织了军运准备演习。1937 年 8 月 13 日第八十八师主力在上海北站及鸿兴路一线[⑤]，副师长冯圣法在北站大楼设立了右指挥联络哨[⑥]。

1937 年 8 月 9 日日本海军一手制造“虹桥机场事件”的当晚，日第三舰队司令长谷川清向国内报告称，要使中国屈服，“最好派遣陆军五个师团控制上海和南京”[⑦]。8 月 12 日第三舰队做好了在陆军派遣部队登陆上海之前“进行先制性的空袭”的准备。[⑧] 八一三战役打响后，日本参谋本部为了侵占上海，使其丧失经济中心的机能，“期待着海军强大空袭取得成果”；军令部认为“实施大规模要地空袭”可在“消磨中国的志气等方面取得重大成效”[⑨]。

---

① 原载《观察与思考》2015 年第 8 期。

② 当时称京沪铁路。

③ 参见《闸北区志》，上海社会科学院出版社 1998 年版。

④ 《八一三淞沪抗战》，中国文史出版社 1987 年版，第 39 页。

⑤ 参见李良志等主编:《全民抗战气壮山河》，上海人民出版社 1995 年版，第 194 页。

⑥ 《八一三淞沪抗战》，中国文史出版社 1987 年版，第 133 页。

⑦ 【日】信夫清三郎:《日本外交史》(下)，商务印书馆 1980 年版，第 622 页。

⑧ 王辅编著:《日军侵华战争(1931—1945)》，辽宁人民出版社 1990 年版，第 884 页。

⑨ 【日】森松俊夫:《日军大本营》，军事科学出版社 1985 年版，第 135 页。

8月18日下午2时许，有日军重轰炸机5架，每架配有4架护卫机，共计25架，由吴淞口外洋面结队飞至闸北上空。约在下午2时30分左右，日机开始滥施投弹轰炸，“先后投掷重量级炸弹三十三枚，均落于新民路、大统路、北火车站及京沪铁路闸北沿线一带。闸北房屋着弹起火者有十余处之多，变成一片浓烟火海，房屋被焚毁者不计其数，无辜市民死伤一百余人。”①这是涉及上海铁路设施受损的最早报道。

9月27日、10月11日、10月13日北火车站及附近一带遭到日本军机的反复轰炸，炸毁房屋七十余间。② 10月15日上午11时35分日机2架，飞至闸北北火车站、宝山路及附近一带上空，分次投掷炸弹十多枚。“其中四枚落在宝山路、虬江路东首；四枚落在中兴路东首；余皆落在商务印书馆印刷所以南沿铁路等处。有三四处房屋着弹起火，五六十间房屋焚毁殆尽，变成一片砖砾。”③

10月19日清晨6时20分左右日机6架飞至闸北广东街及北火车站一带上空，“沿铁路线来回飞行窥察，肆意投弹轰炸，先后投掷炸弹二十余枚，……有四枚落在两铁路管理局大厦，其最高一层着弹起火，霎时间，大火冲天，浓烟滚滚，大厦顶层内所储藏之行李票存根等物，冲天飞出，同烟雾灰烬交织在一起，满天飞扬。大火一直延烧至晚上7时半后始渐熄灭。”该大厦烧成焦黑一片，最高一层东北一部分储藏物全部烧毁。④ 10月20日下午1时零5分，日机3架“飞至北火车站、宝山路商务印书馆上海总厂等处附近上空，盘旋飞行窥察了数分钟后，连续掷下烧夷弹二枚，均落在两铁路管理局大厦屋顶”⑤。

10月23日从早上8时许起至下午1时许止，日机20余架三度飞至闸北一些地区滥施投弹轰炸，先后投掷炸弹21枚。其中“九枚均落于宝山路、宝源路铁路口附近。共炸毁房屋五六十间，庙宇一座。”下午4时半至5时15分，又有日机3架飞临闸北宝山路、宝源路、大统路及附近一带上空，“先后投掷炸弹十八枚，其中，落于宝山路及宝源路铁路口附近九枚；……落于京沪铁路共和新路东边附近者三枚，共炸毁房屋五十余间。”⑥

10月27日8时许，日军占领北站大楼。⑦ 日伪成立华中铁道株式会社后，北火车站改为“上海驿”，一度军用。

二

淞沪抗战时期，京沪铁路与战区最接近的是上海市郊真如、南翔地区。

8月11日，第八十八师和第三十六师由苏州、无锡用火车输送到真如、南翔。⑧

---

① 《日本帝国主义侵略上海罪行史料汇编》上编，上海人民出版社1997年版，第182-183页。
② 参见《日本帝国主义侵略上海罪行史料汇编》上编，第184页、第185-186页。
③ 《日本帝国主义侵略上海罪行史料汇编》上编，第187页。
④ 《日本帝国主义侵略上海罪行史料汇编》上编，第187页。
⑤ 《日本帝国主义侵略上海罪行史料汇编》上编，第188页。
⑥ 《日本帝国主义侵略上海罪行史料汇编》上编，第189页。
⑦ 参见《八一三淞沪抗战》，第153页。
⑧ 参见《八一三淞沪抗战》，第92页。

13日第六十一师钟松旅六五八团在南翔集结。[①] 当晚,驻防西安的第三十六师奉命经陇海铁路转京沪铁路,两天两夜乘车赶到上海前线。[②]

14日下午,第九十八师从南京车运上海,"十五日拂晓前到达南翔车站下车。天明后,敌机四十余架对南翔车站大肆轰炸",由于该师已经提前向四郊疏散,故未受大的损失。[③]

8月底,胡宗南任军长的第一军奉命从徐州用火车输送到上海附近的昆山和南翔一带。九月初担任刘行、杨行的防御作战。[④]

第十军第四十一师某团从湖北荆州坐轮船到南京,又由南京乘火车赶到上海附近的南翔。正值"敌机轰炸刚过,南翔车站弥漫着火光、硝烟,变成了一片废墟"[⑤]。

9月,在湖北当阳整训的第七十七师奉命东开,9月17日深夜在南翔车站下车,到蕰藻浜、罗店接防。[⑥]

9月1日,川军中最早参加抗战的二十军在贵阳集结后取道常德至汉口,乘船东下南京,转乘火车抵达南翔,到上海后"军指挥所设在南翔车站附近一号桥后的一个院子里"[⑦],后在南翔作战五天四夜。

9月18日第八师从陕西凤翔抵达南京,"当晚乘京沪火车赴上海,十九日下午到达南翔车站,随即接蕰藻浜友军之防"[⑧]。

淞沪抗战爆发后,从贵州出发的第四军、第二十军、第三十六军以及第三十九军独立三十四旅等部先后到汉口,乘轮东下。独立三十四旅到镇江后,换乘火车到南翔,下车后挺进浏河口。[⑨]

9月中旬以后,日军掌握了制空权,以致苏沪铁路的陆运输与公路一样,陷于瘫痪状态。9月底,在杭州十九师五十五旅的第110团作为先头部队由沪杭甬铁路经嘉兴改乘苏嘉铁路到苏州转上海。由于"京沪铁路为南京通上海战场主要运兵和补给线,前线后运伤兵很多,车皮缺乏",该团"在苏州车站经一昼夜坐催,始得铁皮车二十辆、客车二辆,……官兵拥挤,……以后几次停车疏散,都要手攀高车帮上下,行动迟缓。"又因为"我空军没有掌握制空权,列车只能晚间开行,如晨四点不能开出,即须停开,人马下车,将车辆分散,以待次日黄昏后组装。"直到第四天晚12时才到南翔。如果令部队沿铁路夜行军,苏州至南翔70公里路两天即可到达。[⑩]

9月15日晚上6时零5分,日机6架,"经闸北飞至南翔镇及附近乡村上空,盘旋飞行窥察半小时之后,即以车站为目标,连续投掷炸弹十余枚,均落在车站内外,

---

① 《全民抗战气壮山河》,第194页。
② 参见《八一三淞沪抗战》,第170页。
③ 《八一三淞沪抗战》,第185页。
④ 参见《八一三淞沪抗战》,第271页。
⑤ 《八一三淞沪抗战》,第275页。
⑥ 参见《八一三淞沪抗战》,第269页。
⑦ 参见《八一三淞沪抗战》,第333-334页、第339页。
⑧ 《八一三淞沪抗战》,第285页。
⑨ 参见《八一三淞沪抗战》,第264页。
⑩ 《八一三淞沪抗战》,第290页。

车站月台被炸毁,车站站房被炸毁一部分。车站附近之无辜民众三十余,因躲避不及,全部罹难。”①

10月27日从上午10时许起至晚上10时许止,日机百架,分作十余队,“数度飞至真如车站、国际无线电台南缘之许家桥及吴家库后横港,以及朱家巷、孟巷、侯家巷等乡村上空,满天飞舞,狂轰滥炸,先后投掷炸弹二百余枚,真如镇及附近乡村一片火海,尤以车站地区为最烈,延烧至翌日凌晨3时许始渐熄灭。……真如镇之房屋几乎全部被焚毁殆尽,所剩数间亦千疮百孔,全镇变成了一片砖砾废墟。无辜民众死伤者不计其数,遍地尸体累累,以老弱妇孺为最多。”②

三

1937年八一三事变爆发后,中日两国军队在上海进行了殊死的较量。日本侵略者为了制服中国军民的抵抗,出动陆、海、空三军全力以赴。其中日本空军仰仗其持有的制空权,横冲直撞,在战区内外,不分青红皂白,不加任何识别,进行狂轰滥炸,造成了上海地区人民生命财产的重大损失。

位于南市的上海南火车站为沪杭甬铁路上海起运站。1933年该站货物发运量65068吨,收运量121128吨,分别占上海地区铁路六个车站总量的25%和63.2%。1916年南站的客运量为111万人次,到1922年就增加到600万人次。周边十分繁荣。③ 1937年8月28日下午“敌机十二架在南站附近共投炸弹八枚,该站站屋(台)、天桥及水塔、车房当被炸毁,同时在站候车离沪难民均罹于难,死伤达六七百人。死者倒卧于地,伤者转侧呼号,残肢头颅,触目皆是,血流成渠,泥土尽赤,景象之惨,无以复加。敌机于轰炸之余,又投掷硫磺弹多枚,南站之外扬旗及郑家桥两处,当即着弹起火,延烧甚烈,直至傍晚始行救熄。”④惨遭日本军机轰炸的是手无寸铁,候车准备回乡的难民。他们在看到直扑南站的上空的日本军机后,“人声沸腾起来。惊惶的怪叫,悲惨的痛哭,疯狂的奔跑,手足无措的呆立不动,千万个难民在这种情形下,除了慌乱,没有别的好办法。轰!轰!轰!数不清的炸弹,吹不散的浓烟,遮没天空,震撼屋宇,好像要把整个地球毁灭似的。于是房屋倒塌声,机枪狂号声,以及人群的惨叫声,混成一片,真是惊心惨目!……车站炸毁了,完全倒塌下来,木料在熊熊的火里燃烧着,黄烟继续向天上冲。……没一刻,救护队来了。受伤的一批批上了车子,救护员们在血地上跑来跑去。……救护车来来去去的十几次,才把伤者完全救护去,但是不少的死者,却依旧横陈在地上”⑤。

30日下午,中国红十字会同市政府当局特邀外国记者二十余人前往前日被日机炸毁的南站。记者们“走进车站看到的是血,是肉,是苍蝇,是被炸得七零八落的车站建筑;闻到的是血腥气味,是货物的燃烧气味。日机是前日下午一时飞来的,

① 《日本帝国主义侵略上海罪行史料汇编》上编,第195页。
② 《日本帝国主义侵略上海罪行史料汇编》上编,第194页。
③ 《南市区志》,上海社会科学院出版社1997年版,第738页。
④ 《日机轰炸南站》,《立报》1937年8月29日。
⑤ 《上海一日》,华美出版公司1939年版,第172页、第174页。

那时车站上正聚集了近千的难民,日机在该处一连投了四个炸弹,结果死了一百多人,伤了好几百人,昨天在路轨上还留着不少剩下的断腿、脚和骨头,打死后的难民留下的后援会遣送组的标带,遍地都是!……南站的栈房、天桥、办公室、水塔、机房都全部炸毁,在倒塌的机房下,还躺着一个压死的工人,身上叮满了蝇子。”据报道:“南站前日殉职员工共有六人。这里应当特别提出的是一位叉道夫张金生,当飞机掷弹时,他正拿了红绿旗站在叉道口执行职务,他眼望着好多人被炸伤和炸死了,可是还不躲避,他知道他责任的沉重,千余人生命的安全都抓在他手里,他要永远忠于他的职务。结果是炸弹落在他身上,他躺下来了,血染了两面红绿旗,死了。”①

《申报》1937年8月29日报道说:28日“午后二时许,敌机四架,突飞往南火车站投弹数枚,……该处旱桥全部炸毁,车站票房亦被炸损,而站东之自来水亭,亦已被炸倾折,水势漂流”②。被炸落之电车电灯各线,“满布街心,严如蛛网,站东之路局储水亭千孔百疮,酷似一座特制之蜂巢。南首货栈屋顶,亦毁去过半。”③遭到日本军机集中不断轰炸的“车站,几成一片瓦砾场,……街上尚有滞留之黄包车十数辆,倒于路旁,车上并有包裹行李,而乘客及车夫,均已炸毙倒地,缺首断臂,有肚肠流出者,惨不忍睹。……受伤之难民及居民三百余人,悉由西区、南区、北区等救护车,及佛教救护队、红卍字会、红十字会、本市童子军等,分批车送仁济、宝隆、广仁等三医院医治,当场炸毙之难民一百余名,则由慈善团、同仁辅元堂掩埋队,将尸运往沪西等地,分批掩埋”,“原定开往杭州之难民车,杭州临时停止”④。敌机轰炸目标“均集中于旱桥附近,共投弹达二十余枚之多,而旱桥与月台近在咫尺,致所有全部待车出发之难民,几悉数罹难”⑤。事发时红卍字会救护队闻讯“即带同担架队前往救出伤民16人,送第一医院救治”⑥。事后月台上“满陈棺柩,累累箱笼,狼藉不堪,残骸断肢,血迹犹新,普善山庄之殓埋队员,工作异常忙碌。据告,当场炸毙者,约在二百五十人以上,伤者倍之。”⑦

8月29日《申报》援引英文《字林西报》的通讯说:“最近有一西人新闻记者,巡行南市各街道时,已证实并未见有一中国兵士在南市。是则敌军宣称,我军集中南市,必须轰炸之谬说,已不攻自破,益彰其暴行之无不用其极耳。”⑧美人在远东所办的重要报纸《大美晚报》在社论中,将日军的暴行斥为“故意杀人”。又据《大公报》1937年9月1日报道说:“自沪战爆发以来,北车站陷于火线中,故仅南车站为遣送

---

① 佚名:《南车站被炸参观记》,《劫后的上海》战时出版社1938年版,转引自《沦陷痛史》,复旦大学出版社1998年版,第292-293页。

② 《昨日下午敌机轰炸南市、南车站空前浩劫》,《申报》1937年8月29日。

③ 《南站被轰炸后视察,棺柩满站台残骸狼藉,电车电灯线满布街心》,《申报》1937年8月29日。

④ 《昨日下午敌机轰炸南市、南车站空前浩劫》,《申报》1937年8月29日。

⑤ 《南站被轰炸后视察,棺柩满站台残骸狼藉,电车电灯线满布街心》,《申报》1937年8月29日。

⑥ 《后方工作简报》,《申报》1937年8月29日。

⑦ 《南站被轰炸后视察,棺柩满站台残骸狼藉,电车电灯线满布街心》,《申报》1937年8月29日。《南市区志》第1047页采用了这一说法,但同书第738页却说:“死200人,伤500余人。”

⑧ 《南站被轰炸后视察,棺柩满站台残骸狼藉,电车电灯线满布街心》,《申报》1937年8月29日。

难民陆路交通之唯一出口,连日由各中外慈善团体救济遣送者,日有数千人。二十午后,在站候车者颇为拥挤,而敌机竟往投弹,当时被炸死二百余人。记者倾向各方调查,其尸体完整者,除由亲属认领自行棺殓不计外,普善山庄收殓者男七十四,女二,同仁辅元堂收殓者男三十九,女五。此外并有残肢无算,至各医院收容之伤者,亦经记者前往查明,并经医院负责人出具证书。"伤员经过各医院统计总数达五百余人。①《立报》记者指出:"南市一带,绝无军事设备,敌机竟横加轰炸,残杀平民,焚烧房屋,此种绝无理性有悖人道举动,实可谓向全人类挑战。"②

9月12日宋美龄在中国国际电台发表《告美国民众》的广播讲话时揭露:"确确实实有千万的中国妇孺,家宅沦亡,无衣无食,除了孑然一身之外,一无所有。当他们想逃出上海这恐怖圈子的时候,请看罢,多么惨痛的飞来横祸,又降临到了他们的身上。数天以前,有几千难民麇集在上海南站,候车离沪,空中忽然飞来了日本的飞机,恣意地丢着炸弹,结果有三百无辜人民,血肉横飞,受伤的也在四百人以上。那车站的附近,并没有兵士,这种惊人的惨杀,绝无理由。《字林西报》是英人在远东所办的领袖报纸,他的主笔对于这种野蛮行为,大声疾呼地说:'是一种肆意戕贼人类的罪恶,超越想象的残酷。'"③

日军对毫无军事目标的人口稠密的南站繁华地区进行"无差别轰炸",意在制造恐怖、挫伤中国人民的抗战意志,迫使国民政府妥协,停止抵抗。宋美龄指出:"死亡与毁灭,每天从各处的天空下降,……凡日本飞机飞翔所及的地方,都遭受猛烈的炸弹的投掷,许多非战斗员和妇孺,被炸得血肉横飞,死伤枕藉。……自不免惊惶震骇,但同时这种暴行只有鼓起我们的勇气,我们谁都绝对没有怨言,焚烧最甚的上海,以及其他为轰炸机所尽量摧残之处,都可以看到这种现象。"④

8月28日上海南站被炸的同时,龙华火车站亦遭到空袭。当天下午2时许,日机4架经浦东、南市飞至龙华火车站及附近一带上空,滥施投弹轰炸,历时20余分钟。"日机先后投掷炸弹八枚,其中五枚落在居民住宅,有四处房屋着弹起火,百余间房屋被焚毁殆尽;一枚落在该处旱桥,旱桥全部被炸毁;二枚落在车站内,车站票房被炸毁大部分。以上落弹三地,共有无辜民众百余死伤。当地红十字会救护队员,将伤者一一包裹伤口送医院急救,死者就地埋葬。"⑤次日即8月29日下午三时许,又有敌机十余架"在龙华漕泾四周盘旋侦察……至四时许复来,在新龙华站后面掷弹六枚",肆意轰炸。⑥

日军占领上海后,拆除沪杭支线至南上海站(即日晖港)之间的3.365公里铁轨,上海南站再未恢复,⑦仅仅留下南车站路、车站前路、车站支路等路名作为历史

① 《沪日军暴行:任意残杀战区外平民,南站死伤人数逾七百》,《大公报》1937年9月1日。
② 《日机轰炸南站》,《立报》1937年8月29日。
③ 《宋美龄自述》,团结出版社2007年版,第75页。
④ 《战争与中国女性》,《宋美龄自述》,第82-83页。
⑤ 《日本帝国主义侵略上海罪行史料汇编》上编,第190页。
⑥ 《敌机四出轰炸肆虐》,《申报》1937年8月30日。
⑦ 《南市区志》,上海社会科学院出版社1997年版,第738页。

的记忆。

四

1932 年一·二八之后,“为了准备运输,协同京沪铁路在有关车站作了便于军队装卸及坦克上下的车站设备;修筑了从苏州经吴江到嘉兴的苏嘉铁路”[①],“名义上为缩短京杭距离,实际上是为战时部队调动方便”[②],淞沪抗战初期苏嘉铁路发挥了作用。8 月 29 日上午,教导总队第二团第十三连(小炮连)第一排在南京下关乘坐开往嘉兴的列车,到嘉兴后转乘汽车赶到奉贤柘林。[③] 11 月初,中央军官学校教导总队奉令开赴上海增援,由南京尧化门上车,“到苏州站后转苏嘉路,再转沪杭线,至莘庄车站下车”[④]。第十六师撤退路线也是由南翔、嘉善,“经沪杭铁路到南昌整补。”[⑤]苏嘉铁路“后被日军拆毁”[⑥]。

京沪线即沪宁线是战略要线,1937 年八一三抗战爆发后,中国各路援军大多是从这条铁路奔赴上海前线的。日军则在该线沿线巡回轰炸,意在阻止中国军队对上海前线的增援。

8 月初,行经永年的第十四师奉命原车南下,开苏州待命。到南京后为了防空,入暮时分才开车赴苏州。[⑦]

第九师从衡阳开赴上海前线,到镇江后改乘火车到无锡。到达无锡的第二天,日机前来轰炸,“车站没炸到,前面的仓库却被炸燃了。”[⑧]

8 月 19 日傍晚,中央军官学校教导总队第二团在南京龙潭车站上车,由于要躲避敌机空袭,列车时开时停,直至次日下午 4 时,才到达昆山车站。接着徒步行军在 21 日拂晓前到达江湾指定位置。[⑨]

8 月 20 日在陕西的第五十一师接到命令,迅速在宝鸡火车站集结,使用列车紧急输送,经西安、徐州,“到达浦口过江转京沪铁路,到达安亭下车,再接受新任务。”[⑩]列车在经浦口渡江到下关时,遭到敌机轰炸。经过苏州火车站补给时又“遭到敌机轰炸,略有伤亡,连苏州车站房屋均被毁掉”[⑪]。24 日晚按计划抵达安亭车站,后投入罗店防御战。

8 月下旬,第二十六师奉命从贵州开赴上海参战。10 月初步行到达长沙,数日后乘火车到武汉,转轮船到南京下关,转乘火车于 10 月 16 日拂晓前赶到昆山。当

---

① 《八一三淞沪抗战》,第 90 页。
② 《八一三淞沪抗战》,第 36 页。
③ 参见《八一三淞沪抗战》,第 206 页。
④ 《八一三淞沪抗战》,第 209 页。
⑤ 《八一三淞沪抗战》,第 325 页。
⑥ 《八一三淞沪抗战》,第 90 页。
⑦ 参见《八一三淞沪抗战》,第 242 页。
⑧ 《八一三淞沪抗战》,第 326 页。
⑨ 参见《八一三淞沪抗战》,第 204 页。
⑩ 《八一三淞沪抗战》,第 255 页。
⑪ 《八一三淞沪抗战》,第 256 页。

晚转乘汽车开赴大场前线。①

日本当局认为,空军"连续、集中之轰炸威力,给中国军队在精神上造成极大的恐怖感"②。

9月18日第十集团军战地参观团由苏州去上海时,"在车站突遭日机临空轰炸。"敌机"投下重磅炸弹十余枚,弹坑如小池……所乘列车因路轨受损停开"③。

9月底驻防江阴的第一〇二师奉调赴上海苏州河南岸,行军至无锡搭乘火车,"由于铁路遭受敌机轰炸,随炸随修,时断时通,部队一时登车,一时步行,走了好几天,于十月初到达虹桥、七宝镇一带机动待命"④。

11月4日7时许,敌6架轰炸机飞临常州火车站上空,"投弹两次,车站被炸,附近民房有的中弹起火。"⑤

11月11日由第十八师及第九集团军组成的中央军弃守青浦后,沿京沪铁路向北撤退。同月中旬,教导总队第一团第九连撤至苏州后,乘上火车回到南京。⑥ 第三十六师撤退回南京也是通过铁路运输。⑦ 二十军在撤退回南京途中,见日机3架轰炸扫射石塘湾车站,"难民死伤十余人"⑧。

沪杭线上同样是充满了战火与硝烟。第六十七师师长黄维回忆说:"在杭州到上海的火车上,遭到日机空袭,走走停停,九月下旬,我才抵达上海前线。"⑨

9月8日日本军机飞临松江轰炸满载难民之火车。当天上午10时10分由上海西站开出客车一列,满载难民向杭州驶去,至12时20分到达松江,停于站内,时有日本机多架,飞翔上空,竟投弹轰炸,"客车五辆全毁,死三百人,其中大部分是妇孺,受伤者更多,没有一个中国兵,上海难民又逢一次浩劫。""轰炸以后,站内的景象至为凄惨,断腿残肢,血腥满地。"⑩"伤者至少四百余人,车站之天桥及水塔亦全部炸毁,车站人员于敌机飞去后,救伤收尸,忙不暇给。"⑪《大公报》评论说:"查沪战发生以来,日本飞机屡次轰炸我国非战斗人员及文化机关,事后均强词饰辩,谓因有军事关系。但昨日被炸之火车,系由沪赴杭,全载难民,极为明显,而浩劫之惨,亦最足令人怵目惊心,日军此种兽行,徒足世人之愤怒与唾弃矣。"⑫

9月12日宋美龄在中国国际电台发表《告美国民众》的广播讲话时说,继上海南站被炸"只隔了几天以后,许多难民,乘车离沪,在距上海若干英里的松江车站,

---

① 《八一三淞沪抗战》,第348页。

② 王辅编著:《日军侵华战争(1931—1945)》,辽宁人民出版社1990年版,第632页。

③ 《八一三淞沪抗战》,第289页。

④ 《八一三淞沪抗战》,第344页。

⑤ 《八一三淞沪抗战》,第208页。

⑥ 参见《八一三淞沪抗战》,第214页。

⑦ 参见《八一三淞沪抗战》,第177页。

⑧ 《八一三淞沪抗战》,第338页。

⑨ 《八一三淞沪抗战》,第233页。

⑩ 《字林西报》1937年9月9日,转引自唐培吉:《上海抗日战争史通论》,上海人民出版社2001年版,第185页。

⑪ 《日机昨飞松江轰炸难民火车,死伤达七百余人》,《大公报》1937年9月9日。

⑫ 《日机昨飞松江轰炸难民火车,死伤达七百余人》,《大公报》1937年9月9日。

也遭到同样的袭击，于是又有三百多人粉身碎骨，同归于尽，另有数百人，身罹重伤，车上连一个兵士都没有。”《大美晚报》抨击：“这种凶恶的行为，在字典中简直找不到一个适当的形容词。”①

10月24日日本重轰炸机3架在松江火车站附近，投掷6弹而去。“至伤亡人数，约共六百余人，已死者二百余人。”②当时驻沪的美国亚洲舰队司令耶乐尔将军指出，日本军机的轰炸“使上海附近的平民陷入绝境，此情此景，实令人不忍卒睹”，“我不知道人类到什么时候才能够领悟飞机的正当用途。战争和其他活动一样，也是有必须加以遵守的规律的。”③

五

综上所述，日本帝国主义在侵华战争中出动军机轰炸中国各地铁路，企图切断后方对上海前线的支援，在一定程度上对向上海开进的中国军队形成了严重的威胁，迫使失去制空权的中国军队日伏夜行，行军速度大为迟缓。日本军机在上海八一三战争中对京沪、沪杭甬铁路实行重点轰炸，其中以上海地区受灾最重，涉及的车站有上海北火车站、南火车站、龙华火车站以及郊区的松江站、南翔站、真如站。车站设施如铁路、电线、月台、天桥、水塔、站房、车房、铁路管理局大厦等严重毁损，给上海人民造成了巨大痛苦与灾难，大量无辜平民惨遭不幸死于非命。如果说上海北火车站、真如站处在火线或邻近火线，日本侵略者的轰炸还有军事上的借口，那么识别标志明显的上海南火车站的候车难民与松江站开出的难民专列仍然遭到日本军机的无情打击，这就不是以什么“军事目标”所能搪塞过去的。当时宣称三个星期解决战事侵占上海的日本侵略者为了迫使中国军民屈服，置国际法于不顾，滥用空中暴力，轰炸英国驻华大使的小轿车、轰炸红十字会救治点及工作人员。出于同样的罪恶目的，日本侵略者对手无寸铁的难民群体痛下杀手更是无所顾忌，为所欲为，在车站、列车里直接因轰炸丧命的难民至少有五百余人，伤员更是超过一千（车站附近中国平民的生命财产损失尚未计算在内）。由于日本军机对上海地区铁路设施的狂轰滥炸致使火车站昔日繁华之交通枢纽景象荡然无存，留下的只是满地瓦砾，满目疮痍。然而日本侵略者这种不分军用设施与民用设施的“无差别轰炸”充分暴露了他们凶狠残暴的法西斯本性，其反人道的战争暴行并没有吓倒中国抗日军民，反而增添了他们对侵略者的无比仇恨，激发了中国人民的抗战精神和殊死抵抗到底的坚强决心。历史是最好的教科书，日本侵略者的空中暴行在世界战争史上留下了可耻的令人唾弃的黑暗一页，属于世界人民不容忘却的共同记忆。

---

① 《宋美龄自述》，第75页。

② 《松江遭敌机轰炸死伤六百余人》，《申报》1937年10月25日。

③ 《字林西报》1937年11月13日，转引自张铨等著：《日本在上海的暴行与统治》，上海人民出版社2000年版，第102-103页。

抗日战争时期上海的乞丐救助①

抗日战争时期上海的乞丐问题是一个重要的社会问题。全面抗战爆发后，热心上海慈善事业的人士认为，对于游民“根本上之救济，厥唯教养”。1938 年，屈文六、李规庸、朱少屏、陈鹤琴、杜达等慈善界领袖及热心人士联合发起成立上海乞丐救济会，并制定了计划，大纲如下：

缘起：乞丐为严重的社会问题，世界各国，无不以适当的方法，予以救济，盖影响所处，不特违反人道，有碍市政观瞻，且与社会安宁，关系至巨。沪市乞丐为数本多。自战事发生以来，难民之流为乞丐者盖众，如加以教养，仍可复为良民，同人等有鉴于斯，拟设一救济会，以收容教养之，惟心长薄，尚有待于明达之匡助焉。

组织：集本市租界当局，各社会团体及热心公益人士，组一有力之救济会，暂名为“上海乞丐救济会”。设理事会总共事，设各股以襄理会务。

收容：为应现实之需要，及经济之限制，拟先收容流浪街头之妇女儿童着手，一俟办理稍具规范，逐渐推行于一般乞丐。

教育与习艺：就各人个性之所近，施以识字及补习教育、灌输各种实用知识，同时提高德行，复察其环境、兴趣、资质、令之习艺，使有技能足以自给（收容期间）教育与轻易工艺之学习。以三个月为期，其繁难者延长其学习期，一俟期满，分别介绍或遣送之。

经费之筹募与支用：拟由各会员分别担任筹集，同时并请当局予以补助。开支之多寡，一以收容之多数为依归。除开办及设备费，及日常管理费外，每一乞丐之衣食，平均每月五元计算。

从屈文六等人制定的计划大纲中可以看出，从组织收容到教育与习艺均有考虑。这样一套较完整的救助方案，在一定程度上能有效地救助乞丐。

据 1940 年 4 月 16 日《申报》的相关报道：1939 年由上海各领袖善团及中外人士于沪战时组织的上海国际救济会，“协助法租界当局，收容街头乞丐，施以感化教育”。“上海国际救济会受法租界公董局委托，在该会西爱咸斯路第二收容所收容街头乞丐，现共收容 1289 人，继已分别调查堕落原因，正积极施以感化教育及生产技术。兹据该会发表乞丐留居所各项统计如下：（一）教育程度统计，文盲 419 人，小学 431 人，中学 54 人，大学 3 人，老弱残废 382 人。（二）职业统计，农 102 人，工 318 人，商 382 人，学 86 人，无业游民 95 人。（三）沾染不良嗜好统计，白粉 37 人，鸦片 222 人，赌博 94 人，其他恶劣嗜好 88 人，无嗜好者 848 人，现已分班予以教育。

① 原载《联合时报》2015 年 1 月 13 日，《团结报》主办“团结网”2015 年 8 月 14 日发布。

计高级班45人,中级班172人,低级班177人,妇女班46人,工徒班39人,临时工人班76人,其余老弱残废者亦予以精神讲话。”

而上海公共租界工部局对救济乞丐问题的处置原则可归纳为:(1)工部局经费不能作救济乞丐之用,只能就与治安、公共卫生有关事项给予有限制的补助金。收容乞丐事也不能由工部局雇佣人员或设立处所办理。(2)救济乞丐的事应由私立及公立慈善机构承担。(3)工部局所拟救济乞丐计划,目的是使所有乞丐在经济方面均有自立的能力,并陆续将其遣送回籍。使收容人数依次减少。

一直到1940年2月,工部局才开始规划收容乞丐;同年11月,工部局决定设乞丐收容所,并择定地址。12月初,乞丐收容所房屋开始动工,半个月后竣工。12月30日乞丐收容所正式成立,次日即开始收容,仅仅一个星期,就收容乞丐逾二百人。3月中旬,乞丐收容所业已满额。

抗日战争时期,在上海的救世军也参与了乞丐的救济工作,并于30年代末成立了乞丐收容所。据《上海泰晤士报》1939年1月31日报道:“250个贫困者在法租界街头被法国巡捕捕获,他们企图结束乞丐对那儿的威胁。他们不是被送入监狱几个星期,而是被送到救世军营地,在那里他们有机会在以后的岁月通过有益劳动自食其力。他们一到达Herve desieves路营地,每人就享受一顿热米饭和汤,洗一个热水澡,种牛痘,最后他们被登记注册……”

收容所的成立虽起到了一定的效果,但随着乞丐收容数量的不断增加,各类问题亦接踵而来。1940年初,救世军旅长B. Morris对此指出:“救世军分发热米饭仅仅是贫穷的姑息剂,事实上加剧了乞丐问题。应建一个难民营,如果政府机关协调一致逮捕当地街头和其他地区的每一个乞丐,将他或她送到那里,那将比预想的花费要少。目前由于有全职工作人员,救世军将不再管理这样的难民营。然而,如果前提是组织一个救世军操作的现存难民营,救世军将会管理它。”

1941年1月,救世军难民营在上海公共租界工部局和扶轮社的协助下正式成立。《大陆报》1941年2月13日报道说:“赫德路和星嘉坡路附近难民营在救世军的指导和扶轮国际地方分社的帮助下,本着人道主义精神,正致力于恢复乞丐正常生活问题,他们已要求捐款开办商店和训练学校,以使社会的包袱变为自食其力、为公众谋福利者。在难民营的1365个居住者中,现有187名儿童,他们青春年少,……行政人员想要让他们去工作和玩耍。……开办一个工作房,设备是必须的,原则上需一台缝皮革的机器,以供有能力的皮匠用,四台缝制丝织品的机器,炭熨斗,剪刀,木匠和其他工具。足智多谋的管理者已从各行各业中找到称职的老师。一个医院已在一维也纳流亡医生的监督下建立。现在难民营有838名男人和537名女人。”

救世军在积极收容乞丐的同时,还千方百计地遣送他们。1941年12月,难民营的G. E. walker将军首次披露,“总计有810名乞丐被遣返回籍,他们的火车票、船票已买好,1941年超过3137名乞丐被收入难民营。另有673名乞丐被亲戚或担保人保释,849名允许离开,难民营中精疲力竭而死的大都是有毒瘾的。整个1941年难民营在清除上海成千乞丐方面做了极好的工作,但是由于条件所限,并没有像以前那样有效,相反,难民营每天接收的乞丐只是一小部分。”

抗日战争时期续范亭与阎锡山的斗争①

阎锡山,1883 年生,山西五台人,自 1911 年辛亥革命以后,长期统治山西,是名副其实的“山西王”。抗日战争时期任国民党政府军事委员会副委员长、第二战区司令。续范亭,1893 年生,山西崞县(今原平市)人。1911 年参加起义军,响应革命,后因起兵反对阎锡山拥袁称帝,失败后遭到多年通缉,有家难回。1935 年 12 月 26 日时任陆军中将的续范亭在南京中山陵剖腹自杀,以抗议蒋介石对日本侵略的不抵抗政策,震惊朝野。② 获救生还后,亲身经历西安事变,坚决支持张学良、杨虎城的爱国主张。西安事变发生后,阎锡山态度暧昧。1937 年 2 月续范亭作为杨虎城的代表前往太原与阎锡山接洽,此为两人第一次正式见面。杨虎城被逼出国后,续范亭留在故乡山西。

由于续范亭在富有革命传统的山西人民中具有很高的威信,这就使得阎锡山不得不在七七事变后委任他为第二战区高级参谋,9 月,随同第二战区司令长官阎锡山前往到长城前线督战。

一

1937 年秋,日军精锐板垣师团迫近平型关,八路军星夜奔赴前线抗击入侵者。当时的作战部署是八路军、晋绥军配合作战。1937 年 9 月下旬,二战区阎司令长官在雁门关指挥作战,副长官杨爱源在平型关指挥作战;高桂滋军在平型关左翼,八路军一一五师在右翼,晋绥军四个师,还有几个旅在正面;兵力总共有六七万人。日军板垣师团进攻平型关时,高桂滋向敌人右侧连日进攻,伤亡近两千人。9 月 25 日八路军一一五师由灵丘南山突袭敌人,经过激烈的战斗,歼敌 1000 人,截断平型关至灵丘的交通,取得了平型关大捷。当时中国军队将日军的大部围困在十余里长的一个山沟里,日军接济断绝,进退不得已经两日两夜,中国军队如能集中全力进攻被困之敌,歼灭敌人可获全胜。这时杨副长官报告,郭宗汾师长作总预备队,违背命令,不肯增援,已经耽误了很好的时机一日一夜了,最好阎司令长官亲来督战云云。阎锡山接报后非常生气,连夜驰往平型关。可是阎锡山听取了郭宗汾“我们要留些余地,保存些实力,不能把力量用尽了”的报告后,居然未置可否,毫无责备。28 日茹越口失守,二〇三旅旅长梁鉴堂阵亡,繁峙告急,阎锡山也就再不说增援平型关的话了,命令十九军军长王靖国退守崞县,据守平型关各部分路退却。阎

① 原载《世纪风采》2015 年第 7 期,原题为《云水襟怀　松柏气节——续范亭山西抗战记》。
② 详情可参见南京《救国日报》1935 年 12 月 29 日。

锡山一行由五台山回到太原。阎锡山后在《勾注撤兵》诗中回顾说:“撤兵令下意凄凉,指挥杂军愧无方;原由平型复南口,孰意茹越陨鉴堂。”[①]他另在《沉痛诗》中自承:“全国杂军集二区,人民苦痛史无前,自愧徒担指挥职,只好遇事自作愚。”[②]

必须指出,阎锡山对于抗战是比较消极的。1936 年春南京国民政府要求阎锡山增援绥远,阎则要求中央增加拨款,以便修建工事。南京国民政府随即拨款 600 万元,一半用以修绥远永久工事,一半增强山西雁门关一带工事,并让已经在山西的汤恩伯部,协助晋军兴修汽车路。但是,阎锡山深知,德王和李守信等伪军的后盾是日本关东军,因此对增兵和出击都顾虑重重,行动迟缓。9 月 13 日,蒋介石日记云:“阎锡山对绥远工事,今始着手,难怪倭寇之轻侮也。然今犹可补救。余应如何使国内犯有阎氏之病者,能及早觉悟耶!”[③]但是用这些款项建设起来的山西阳高盘山一带的工事质量低劣,1938 年 9 月上旬六十一军失守阳高与此有关,在何应钦等的追责下,阎锡山急忙抛出军长李作替罪羊,10 月 3 日以作战不力放弃要地的罪名将其枪毙。[④]

1937 年 9 月 7 日,中共周恩来等人与第二战区司令长官阎锡山商定成立第二战区行营指挥下有八路军代表参加领导的各级战地总动员委员会,以发动民众,组织游击战争。[⑤] 周恩来还亲自提出成立“战地总动员委员会”的条例。9 月 20 日“第二战区民族革命战争战地总动员委员会”(简称“动委会”)在太原成立时公推续范亭为动委会主任委员,共产党员程子华、南汉宸分任人民武装部部长与组织部长。[⑥] 续就任后,借助他在山西的各种社会关系和熟悉当地军事地理的有利条件,尽力争取团结阎锡山抗日,以便于扩大和发展抗战力量。

10 月 8 日日军猛攻原平,11 日姜玉贞旅顽强抵抗,全军覆没,原平失陷。阎锡山《原平战役》记其事云:“全区原平战最烈,三团只还二百人,据守三院十一日,玉贞旅长兼成仁。”[⑦]

此时忻口战役即将开始,太原民气亦颇高涨,在追悼姜玉贞旅长的大会上,高级参谋续范亭报告郭宗汾逃避战争、贻误军机的事实,大会当时提出惩办郭宗汾的口号,并且在太原市上张贴标语,向阎司令长官请愿,要求惩办郭宗汾。后来还是由赵主席把请愿的人安慰了一场就算了,郭宗汾还是留任二战区参谋长。

11 月 2 日,中国军队自忻口阵地后撤,日军进逼太原,4 日阎锡山以太原受敌包围威胁,下令将所属各机关迁移到临汾办公。当时民谣唱道:“十月山西人人忙,富人搬家忙,穷人心惶惶,军官扔部属,小兵扔大枪。”[⑧]11 月 9 日太原失守。阎锡山率部退往临汾。在临汾开会时,他向续范亭表示:“山西省政府的财产尚有两万万,都

---

① 《阎锡山实录》,文山书艺社 1998 年印行,第 590 页。

② 《阎锡山实录》,第 591 页。

③ 《蒋介石日记》,1936 年 9 月 13 日。

④ 《阎锡山在山西》,《近代史资料》总 49 号,第 103 页。

⑤ 《周恩来年谱(1898—1949)》修订本,中央文献出版社 1998 年版,第 388 页。

⑥ 《续范亭》,《解放军将领传》第十二集,解放军出版社 1990 年版,第 473 页。

⑦ 《阎锡山实录》,第 590 页。

⑧ 罗贵波:《革命回忆录》,档案出版社 1997 年版,第 137 页。

要拿出来抗了战。"①阎锡山他还私下对其晋军团长周建祉夸称:"所谓抗日,华北就是我在打哩! 能将真正抗日的只有我阎锡山。"②

太原失守后,以续范亭任主任的"动委会"与牺牲救国同盟会(简称"牺盟会")的工作全面展开。续范亭与中共领导成员程子华、南汉宸、彭雪枫、武新宇等同志一起开展工作,很快发展壮大了抗日武装力量,活动于敌后二十多个县。"牺盟会"是阎锡山在全面抗战爆发前建立的,后经阎锡山同意,中共薄一波等人加入并改组"牺盟会",使之成为共产党领导下的一个民族革命的联盟,薄一波等人还协助阎建立山西抗敌决死队,又称"山西新军"。在中国共产党的实际领导下,山西在几个月内建立归"动委会"指挥的13个游击队,共13000人,还有工人武装自卫队5000余人。1938年1月还建立了以"动委会"人民武装部部长程子华兼司令员的游击第一纵队,拥众6000多人。③ 面对共产党势力的大发展,阎锡山内心十分恼火。他先是限令"动委会"的活动地区只许在岢岚、五寨、神池、河曲、保德等五个山区县活动,缩小给养供应地区,缩编"动委会"发展起来的抗日支队,成立"第二区保安司令部",下辖六个支队,任命续范亭为司令,塞入他的亲信当政治部主任。为了维护抗日统一战线,续范亭接受了中共的劝告,容忍一时,他憋着气调防就任。1938年阎锡山趁第二保安司令部所属支队尚未集结到防区之前,在只有一个营兵力的不利情况下,突然电令续范亭率部攻打工事坚固、驻有大批日伪军的五寨城。阎锡山自己却不动用五寨防线内赵承绶几个军的兵力,企图借刀杀人,借日寇之手消灭这支抗日武装。续范亭看穿了阎的诡计,但若不执行阎签署的命令,就会让他借口诬蔑我们"破坏抗日"。于是他深夜率部出击,在顶条坡一举歼敌数百人。日伪军经此打击后,龟缩五寨城内不敢外出。

二

1938年2月28日临汾失守后,阎锡山率领余部退守吉县。3月19日吉县沦陷,阎锡山渡过黄河,驻节陕西宜川县之秋林镇(后改为克难坡)。当时,日寇诱阎停止抗战,声言如阎停止抗战,积极反共,可发还阎集团资产百分之四十九。1939年3月25日至4月22日阎锡山召集高级干部在秋林会议,图谋投降妥协,加紧独裁,破坏团结,制造分裂,阴谋反共,困死八路军,饿死八路军,取消动委会。阎锡山在会上大讲不左不右走中间道路的"唯中论",夸耀"唯中论"是再妙不能了,如八月十五中天之月,不多一点,不少一点,又中又正,又满又圆。他提出"狡兔三窟"的策略与"无条件存在"的理论,宣称"一切为了存在,存在就是一切"。实际上这种"无条件存在"就是不择手段的存在,即只要能存在不问任何条件都可接受,投降敌人也可以。阎锡山还宣传中日战争的前途将是"中日不议而和,国共不宣而战";因此"一切事情都不要做得太绝对了,抗日要准备联日,联共要准备反共"④。与会的续

① 转引自《续范亭文集》,人民出版社2013年版,第251页。
② 《阎锡山在山西》,《近代史资料》总49号,第102页。
③ 参见王建朗、曾景忠:《中国近代通史》第九卷,抗日战争,江苏人民出版社2007年版,第86页。
④ 转引自《阎锡山实录》,第383-384页。

范亭当面批评了阎锡山的奇谈怪论,他义正词严地说:“只有坚持抗战,中华民族才能存在;不坚决抗战,不抗战到底,根本谈不到存在。”[①]他痛哭流涕地朗诵孙中山遗嘱。当时有人给他作的打油诗中,有“每读遗嘱泪交流”之句。阎锡山十分难堪,会议草草收场。续范亭认为“这个秋林会议,是集反动之大成,投敌叛国之开始实行”[②]。后来,阎锡山在其准备反共的秘密组织“同志会”上说过:“续范亭是背上棺材抗战的,我们不能背上棺材抗战。”[③]

在晋西北,续范亭还与太原陆军小学堂同学赵承绶讲了些只有抗战到底才有出路,动摇就是罪恶的大道理。赵承绶说:“范亭,你说得很对,一切罪恶,都是由私人财产所累。但是阎长官有任何命令,我们还得服从。我们是脱离不了山西这个小圈子的。”[④]以后,由于续范亭主持公理,发扬正气,一次又一次地劝告、指责和揭露阎部狡猾无信地保存实力,怯战观战,破坏联合作战计划,对抗日军队不发武器给养的行径,又反对阎锡山提出的什么“守土抗战”“无条件存在”等媚日妥协的口号,阎锡山便逐渐对续积恨在心。

秋林会议后,阎锡山组织了“突击队”“精神建设委员会”等秘密特务团体,散布谣言,瓦解新军,破坏新军,打击牺盟会,还下令解散“动委会”,撤销第二战区保安司令部,将司令部下辖六个支队所编为暂编第一师(收容了溃退下来的晋绥军第四十四团),任命续范亭为师长。续范亭则在改编军队时,请求八路军派政工干部进行协助,并与八路军一道同阎锡山的分化、破坏行径进行了坚决的抵制与斗争。1939 年 11 月反动军官冀聘之在赵承绶等人策划下,率第四十四团投奔宁武县宁化堡赵承绶防区,续范亭闻讯后于 23 日深夜亲率第三十六、三十七两团人马赶到宁化堡,将四十四团包围,及时截回了该团一营全部、二营一部共五百多人,冀聘之只带了几个亲信逃跑。[⑤] 28 日续范亭以暂编第一师师长名义发表声明,指出“暂一师是相当进步的统一战线武装,分裂或取消暂一师是日寇汉奸的阴谋和愿望,都是根本于我们民族不利的,所以不管这种主张出自有意无意,都是帮助敌人,有形无形地起着汉奸作用。”“我们希望这些人,要觉悟、反省,无论如何不要做一点有利于敌人、不利于抗战的事。如果这些人继续顽固,再要破坏我们,障碍我们抗战,不让我们团结和进步,那我们也只有以加倍的力量来教训这些顽固分子。”[⑥]12 月初阎锡山阴谋改编决死四纵队为“抗日忠勇先锋军”,制作了该军第二军、第五师司令部的关防与图记以及委任状等,事为八路军察觉后及时采取措施予以粉碎。[⑦]

在秋林,阎锡山对周建祉团长声称:“我是要与日寇和共产党周旋到底的,直到我死也不变,我要坚持。”[⑧]其实与中共周旋是真,同日寇周旋到底只是幌子。早在

---

① 转引自《中共党史人物传》第五卷,陕西人民出版社 1982 年版,第 254 页。
② 《续范亭文集》,第 247 页。
③ 转引自《续范亭文集》,第 246 页。
④ 转引自《续范亭文集》,第 250 页。
⑤ 参见罗贵波:《革命回忆录》,第 142–144 页。
⑥ 《续范亭》,《解放军将领传》第十二集,第 480 页。
⑦ 参见罗贵波:《革命回忆录》,第 144–145 页、《续范亭文集》,第 247 页。
⑧ 《阎锡山在山西》,《近代史资料》总 49 号,第 102 页。

全面抗战爆发以前,阎锡山就秘密派遣警察厅长南桂馨、苏体仁、薄以众等得力爪牙常住天津,与日本人接洽捣鬼,这是他多年经营的第一个窟窿,在国民党、共产党、日本人这三个窟窿中,阎锡山主要费力经营还是东面向着日本人的那一个的窟窿。①

1939 年秋,以蒋介石为首的国民党反动集团,消极抗日,积极反共,阎锡山也积极准备进行反共内战。12 月 16 日阎锡山决定在兴县蔡家崖开高级紧急军事会议,通知续范亭参加。续范亭与八路军三五八旅罗贵波政委会商后认为这个军事会议一定是极秘密的,大概要搞更大的鬼名堂。通知续范亭参加,可能想对他施加压力迫其反共,如不从命,就趁此扣押、杀害。为了表示团结抗战的诚意,深入虎穴探明情况,续范亭决定冒险前去赴会。阎锡山自己没有露面,让赵承绶主持这次会议,传达了他的密令,消灭决死二纵队,限期急速出兵消灭八路军一二〇师三五八旅,妄图把共产党和山西的抗日武装一网打尽。续范亭一边听他们议论,一边又极力保持镇静,当会议讨论具体部署兵力,赵承绶等人去观察地图时,急中生智,假借入厕,溜出大门,策马飞驰而去。有意监视续范亭的人发现后,续已走远了,他跑到会场报告,有人提出赶快派人追赶,把续扣押起来。赵承绶故作镇静,装出不介意的样子说:"走就走了吧!没什么关系,续范亭,阎长官了解他。"②在赵承绶眼里看来,续范亭只不过是个中山陵剖腹、"以死谏蒋",秋林会议泣读"总理遗嘱"、以泪谏阎,只知信仰孙中山的"愚忠"之人;眼前双方兵力众寡悬殊,八路军兵力分散,集结都来不及,此战必胜无疑,病歪歪的续范亭又能起多大作用?旧日同窗不如做个顺水人情。

续范亭逃离兴县蔡家崖后,星夜兼程直奔岚县史家庄三五八旅驻地。一路上,他想起 1939 年 5 月"秋林会议"结束后路过延安拜会毛主席的情景,意识到晋西北是保卫中共中央所在地陕甘宁边区的屏障,晋西北的得失,事关重大。在三五八旅旅部,他将蔡家崖会议的密谋告诉了旅政委罗贵波。当时三五八旅旅部只有一个营的兵力,续范亭得知后,迅速将其所属暂一师部署在阎军与八路军的中间地带,首当要冲,以便八路军迅速集中。由于阎军的先头部队是续范亭侄子续靖夫率领的一个师,在发现挡路的是其叔父续范亭部后,很快下令撤走了。由于续范亭的努力,我军在此事件中没有受到任何损失。

接着续范亭将队伍集中在地势险要的赤坚岭,并在那里与赶来的三五八旅七一四团、决死四纵队会师。12 月 28 日晋西北区党委与三五八旅党委在史家庄召开紧急军事会议,罗贵波在会上传达了中共中央、毛泽东 12 月 23 日致彭德怀、彭绍辉、罗贵波电,电文强调势不可免的"武装冲突不应由新军先发动,而应在赵承绶进攻时,新军占有利阵地,取防御姿态反攻而消灭之。"③"新军反攻时的口号应是拥阎

① 参见《续范亭文集》,第 247 页。
② 转引自《续范亭文集》,第 389 页。
③ 《毛泽东年谱 1893—1949》修订本,中卷,中央文献出版社 2013 年版,第 154 页。

讨逆,打倒汉奸。”①续范亭出席了会议。会上成立了“晋西北拥阎抗日讨逆总指挥部”,推选续为总指挥,彭绍辉、罗贵波协助指挥。根据续范亭回忆,当时他还发表过一篇文章,对阎锡山喊话:“只要你们抗战到底,我们叫你们爷爷都可以,但是请你们千万不要捣鬼”②,揭露阴谋,争取社会舆论的同情。

但阎锡山执意孤行,与日军配合,以六十一军和十九军等几个军,突然向韩钧等所领导的决死二纵队包围进攻,经过一个月的苦战,韩部转入晋西北。同时,阎锡山又命令赵承绶、郭宗汾两个军,放弃岢岚、宁武、五寨对敌阵地,撤至兴县、临县、方山之线,包围决死四纵队、暂一师和工卫旅。1940 年元旦决死四纵队、暂一师和工卫旅发起反击,苦战半月,于 1 月 15 日击溃赵承绶、郭宗汾两个军,攻占临县城,赵、郭两军退守离南。在临县城举行的庆祝大会上,晋西北新军总指挥部正式宣告成立,直辖决死二、四纵队、暂一师和工卫旅,续范亭任总指挥,归属八路军晋绥军区战斗序列。③

三

山西此次反顽战斗意义重大。1940 年 1 月 11 日毛泽东致电彭德怀指出:“目前最严重的问题,是阎锡山的反动,他就是目前大资产阶级中最反动的部分,他的阴谋十分恶毒,他已封锁了吕梁山与中条山。我们对策,以贺(龙)、关(向应)力量首先夺取晋西北的全部,至少是大部。”④由于续范亭的重大贡献,2 月 17 日毛泽东、王稼祥致电朱德、彭德怀、贺龙等,指示晋西北须立即建立新政权,“迅速用民选办法推举续范亭为主任,将来再与阎谈判,要求批准。”⑤4 月,中国共产党与阎锡山达成停止武装冲突协议,划分了分界线,规定晋西北、晋东南为新军和八路军活动地区,结束了 2 年来两种军队、两种政权在晋西北共存的局面,阎锡山的反共计划遭到惨重失败。⑥

另一方面,蒋介石乘“十二月事变”之际,指使中央军十万人马夺取了晋东南十几个县的政权,阎锡山处境越发困难。为了争取阎锡山回头,毛泽东、王稼祥早在 1940 年 1 月 27 日就致电朱德、彭德怀、贺龙、关向应等人,指示薄一波、续范亭等人“应继续不断地打电报给阎(锡山)梁(化之)杨(爱源)痛陈王(靖国)陈(长捷)孙(楚)赵(承绶)私人进攻新军破坏牺盟残杀抗日人员的罪恶,并愿意和平解决山西内部问题,免为敌人利用,愿在阎领导下团结抗日决无他求,以示仁至义尽。”⑦1 月 31 日毛泽东、王稼祥再次致电朱德、彭德怀、贺龙、关向应等人,指示“新军领袖应发起一个和平攻势,向阎梁通电,痛切陈词,拥阎抗战”,并愿和平解决冲突,“朱彭贺

① 转引自罗贵波:《革命回忆录》,第 149 页。
② 《续范亭文集》,第 253 页。
③ 参见《贺龙年谱》,人民出版社 1996 年版,第 313 页。
④ 《毛泽东文集》第二卷,人民出版社 1993 年版,第 259 页。
⑤ 《贺龙年谱》,第 316 页。
⑥ 参见《贺龙年谱》,第 321 页。
⑦ 《中共中央文件选集》第 12 册,中共中央党校出版社 1991 年版,第 247 页。

关亦可致电阎先生,……调解新旧冲突","取得政治上有利的地位。"[①]2月12日毛泽东、王稼祥第三次致电朱德、彭德怀、贺龙、关向应等人,指出"阎在中央分化政策下,可能与新军成立妥协,新军亦以在有利条件下仍属阎指挥,恢复合法地位为宜。"新军领袖与阎锡山电报联络时"语气须缓和些,放诚恳些,使阎面子上过得去,方有转弯余地"[②]。3月5日毛泽东、王稼祥又致电彭德怀,明确指示,为了使双方军事斗争告一段落,应该"认真恢复我们与阎锡山的关系,寻找具体办法,建立新旧军的妥协,使新军、牺盟重归阎锡山指挥"[③]。当天中共中央及军委要求朱德、彭德怀等人转告新军各领袖"派人到秋林见阎,恢复往来关系",续范亭等人"均写函件带去,函内措词诚挚恳切,表示坚决拥阎,恢复两军团结"[④]。根据中共中央领导人的一系列电报指示的精神,5月7日续范亭致信阎锡山,分析蒋介石清除异己的作风,指出"蒋先生作法始终是清一色一把抓的作风,这是全国做害怕的。如甘、陕、川、本省士大夫阶层几无立足之地"。[⑤] 信中根据共产党的抗日民族统一战线政策,表示新军将继续拥护他领导抗战,给了阎锡山回头的余地。5月9日周恩来写信给阎锡山,信中肯定了阎锡山在华北苦撑三年的功绩,揭露"有奸人拨弄其间",劝其继续走团结抗战的道路,与共产党"唇齿相依,患难与共"[⑥]。在续范亭、周恩来等人的相继函劝下,阎锡山乘机下台阶,由"十二月事变"引发的山西紧张态势得到缓解,军事斗争暂告一段落。

四

1940年11月7日晋西北军区成立,续范亭任副司令员。[⑦] 在党的领导下,晋西北行政公署主任续范亭积极组织团结晋西北军民进行抗日战争,反击蒋介石、阎锡山反动派的反共阴谋。续范亭曾经揭露说,阎锡山"对于万恶的民族仇敌,暗地勾通,密使往返,签订密约,攻守相助,彼此不分,共同反共,一起害民,适于此时提倡'无条件存在'的谬论,不但是暗示,简直是明告部属,只要能存在,可以不择手段,甚至投敌也是'合法'的。为了个人私利,不惜认贼作父,为虎作伥,从此汉奸降将大批出现"[⑧]。阎锡山在克难坡的时候对手下的军官宣称:"我们现在只有十几个县,军队也垮了不少",之所以还能存在,就是存在于蒋介石、日本人、共产党这三个圆圈的中间点,"这三个圆圈,……要有一个不存在,你们的脑袋和老婆娃娃就都完了。"[⑨]在阎锡山指使下,晋军团长靳福忠投降日军,担任伪长治警备队长;晋军第六

① 《中共中央文件选集》第12册,第257-258页。

② 《中共中央文件选集》第12册,第298-299页。《朱德年谱(1886—1976)》(中),中央文献出版社2006年版,第940页,时间作"2月11日"误。

③ 《毛泽东文集》第二卷,第272页。

④ 《中共中央文件选集》第12册,第316页。

⑤ 《阎锡山实录》,第334页。

⑥ 《周恩来书信选集》,中央文献出版社1988年版,第182-183页。

⑦ 《贺龙年谱》,第329页,人民出版社1996年版。《中共党史人物传》第五卷,第257页称"晋西军区",误。

⑧ 《续范亭文集》,第272页。

⑨ 《阎锡山在山西》,《近代史资料》总49号,第103页。

十一军与暂四十六师与日军清水师团缔结“反共协定”，一度东进，从日军手中接防浮山、安泽。阎锡山私下声称，“在中国会走日本路线的，只有我阎锡山一个人。”[①]他故意混淆黑白，鼓吹“抗战与和平是个政治问题，不能说抗战就对，主张和平就不对”[②]之类似是而非的言论，为日阎妥协大造舆论。1942 年他在日军的允许下，将学校、工厂以及一切器材都搬到河东吉县一带，与日本侵略者和平共居，5 月 6 日还与日方进行“安平会议”，以此要挟重庆政府，增加了好多军费。由于日阎“安平会议”最终没有达成协议，晋军第六十一军与暂四十六师才不得不西撤。[③] 为了保持军事实力，避免遭受日军打击的阎锡山虽“未脱离抗日营垒。第二战区部队仍进行抗敌战斗”[④]，但他对日军态度暧昧，暗中来往，还是引起了他周边一些亲信的不安与不满。国民党山西省主席赵戴文曾警劝阎锡山：“那种下流汉奸滋味，你能受得了吗？”[⑤]直到 1943 年赵戴文病危时还嘱咐前来探望的阎锡山，“以后无论局势如何变化，希望你不要走汪精卫的道路。”[⑥]实际上就是阎锡山的部下也不一定都赞成他的做法，他们不过为军法军令所迫，不敢不服从而已。为此阎锡山在 1941 年夏举办“暑期进步讨论会”即“烘炉训练”时自编《烘炉歌》，企图加强对属下的控制，歌中唱到：“克难烘炉，才是正宗。万能干部，陶冶其中。……组织领导，决议是从。自动彻底，职务唯忠。”[⑦]尽管这样处心积虑，阎锡山还是没有完全如愿，直到抗战胜利后召开的伪国民大会上，山西代表在撤换阎锡山的罪状中公然提出要追究抗战期间阎氏与日本合作的历史问题。

本属身体病弱的续范亭全面抗战爆发后身负重任，身兼要职，既要对付日寇，又要防备阎锡山妥协投降，工作十分繁忙，昼夜开会，还常到各种群众集会演讲。由于经久未能获得良好的治疗而日形羸瘦，1941 年春天他积劳成疾，去延安休养。1942 年 10 月晋西北新军总指挥部撤销，各部队番号改为晋绥军区各军分区部队的番号，指挥部的大部人员与晋绥军区第八军分区合并，暂编第一师改编为晋绥军区第二军分区部队。[⑧] 续范亭在疾病缠绵伏枕咯血时，也没有忘怀国难的深重以及曾朝夕共处的晋西北地区人民的战斗生活。1943 年 7 月他在《解放日报》上发表《警告中国抗战营垒中内的奸细分子》一文，反击蒋介石发动的第二次反共高潮。《解放日报》记者按语说：“我们读了范亭先生的文章和这封信，心里十分感动。……血泪之语，不敢更动一字，以存其真。”[⑨]

1944 年 8 月《西京日报》发表了二战区阎长官 5 月 28 日与中外记者团谈话，谈话中阎只承认 1940 年 5 月临汾日军司令托人传话和 1942 年 5 月太原日军司令官

---

① 《阎锡山在山西》，《近代史资料》总 49 号，第 104 页。
② 《阎锡山统治山西史实》，第 277 页，山西人民出版社 1981 年版。
③ 《阎锡山在山西》，《近代史资料》总 49 号，第 104-105 页。
④ 王建朗、曾景忠：《中国近代通史》第九卷，抗日战争，第 385 页。
⑤ 转引自《续范亭文集》，第 250 页。
⑥ 《阎锡山实录》，第 357 页。
⑦ 《阎锡山实录》，第 343 页。
⑧ 罗贵波：《革命回忆录》，第 156-157 页。
⑨ 《续范亭文集》，第 220 页。

岩松在安平"与我见面一次……不欢而散"[①],并且附有二战区参谋长郭宗汾对记者团的报告。续范亭读后十分气愤,认为这"都是针对着十八集团军及山西新军进攻,造谣污蔑,颠倒是非,信口雌黄,不顾事实,尽是些破坏团结抗战的言论,……尤其郭宗汾是平型关战役逃避战争、贻误军机的大罪魁,对于平型关战役,他应该是没有发言权的,他偏对平型关战役,捏造了许多不符事实的话,欺骗中外记者"[②]。于是续范亭在8月16日延安《解放日报》上发表《三年不言之言》给予回击,以当年随阎司令长官赴平型关,专为郭宗汾临阵逃避而去督战的身份,追述了平型关战役的真相。续范亭指出:"平型关战役,八路军的大捷,其估价不仅在于双方死亡的惨重,而在于打破了皇军不可战胜的神话,提高我们的士气。在敌人方面,从南口战役以来,日寇长驱直入,如入无人之境,在平型关忽然受到惨重的打击与包围被歼,使日寇知道中国大有人在,锐气挫折,不敢如以前那样的长驱直进。忻口战役敌人未敢贸然深入,我军士气高涨,未尝不是平型关歼灭战的影响。""至于他们说新军是叛逆的话,我现在也可以解释一下。今天的世界,是民主与独裁斗争的世界。今天的中国,是民主与独裁斗争的中国。今天的山西,也是民主与独裁斗争的山西,同时又是抗战与投降斗争的山西。所以与日寇和衷共济的独裁者认为凡是主张民主与坚持抗战到底反对妥协投降的人,都是叛逆,因为他是站在叛逆,因为他是站在他个人权利和沟通敌人的立场上说话的。"[③]

根据毛泽东的指示,原山西新军领导人薄一波、韩军率先于14日在《解放日报》上发表对记者的谈话,揭露阎锡山勾结日军的事实。19日续范亭又写了《寄山西土皇帝阎锡山的一封五千言书》。当天毛泽东看过后批示陆定一:"这是一篇奇文,由新华社向全国广播。"[④]三天以后,毛泽东还亲笔致信续范亭,对其讨阎檄文倍加赞许,对其病体表示亲切关怀。8月24日《解放日报》全文发表了这篇重要文章。续范亭在文章一开始就谴责了阎锡山1939年发动12月事变的罪行,并揭露了阎锡山自清末民初以来的政治动向:辛亥革命时期消灭异己,通缉续西峰、续范亭等革命同志,拥护袁世凯搞帝制,出兵攻打冯玉祥部国民军,卷入1930年中原大战等等。认为阎锡山是三十年来在中国军阀混战的时期,投机取巧捣鬼捣得最好的,因此存在到现在。曾有人劝过阎锡山说:"续西峰不但是山西的人才,而且是国家的人才。他在外头进行革命,是于山西不利的,不如把他叫回来。"阎锡山回答说:"我知道续西峰是个千里马,但我们不会骑马,骑上就会掉下来摔死的,所以非把他收拾了不可。"[⑤]1946年12月续范亭致大同楚晴波总指挥的信中说:"阎氏以五台贵族集团奴役三晋人士,供其私欲之贪三十余年矣。直鲁人士在晋做事者,在彼等视之不过雇佣耳,家奴耳。""至于将来队伍之改编,官兵之待遇等等,请就近与贺司令员

① 参见《阎锡山实录》,第362-363页。
② 《续范亭文集》,第240页。
③ 《续范亭文集》,第240-243页。
④ 《续范亭》,《解放军将领传》第十二集,第492页。
⑤ 《续范亭文集》,第247-249页。

接洽。”①

续范亭在《寄山西土皇帝阎锡山的一封五千言书》中说：“或者你给我们加一个罪名，是与八路军合作抗战，同情共产党，拥护共产党的新民主主义，共同建立抗日民主根据地，违犯军法军令，敌后乱打游击。但我们估计，这不是我们的罪案，而是我们对国家民族应该尽的责任，与八路军合作抗战到底，这是中国团结抗战天经地义应该做的事。”“八路军共产党在敌后建立了民主政权，实行了三民主义，发动了八千余万广大群众，予日寇以长期的致命的打击，建立了中华民国复兴的基础，使国家免于危亡的惨祸，使投降妥协的独裁者们有所顾忌，不敢明目张胆的投降敌人。八路军共产党对国家的这种功绩，我们不但同情，而且拥护，不但拥护，而且感激流涕，愿意和他们永久站在一块而为国家民族奋斗到底。”续范亭还指出阎锡山是“山西的土皇帝”，他的“唯中论”“物产证券”“按劳分配”等“学说”都是“投机取巧压榨人民的‘理论’，不值识者一笑”，而阎锡山却自高自大，而自以为他的学说是超过马克思和孙中山的，所以既反对共产主义，同时又背叛三民主义，真是天下第一了！文章最后说：“我所以反对你，是因为你背叛了三民主义，做了山西的土皇帝，勾结日寇，背叛国家，压迫山西的人民。”并希望阎锡山悬崖勒马，停止反共投降活动，在未来的山西民主政府中或仍有一席之地。② 毛泽东看后高度赞扬说；“廉顽立懦，振奋人心，是一篇檄文式的文章”③。

1947 年 1 月 8 日《晋绥日报》发表续范亭的新作《号召山西人民推翻万恶无耻军阀阎锡山》称：“民国以来，封建割据，军阀混战。阎氏为了个人私欲，扩充地盘，独霸华北，不惜连年军阀战争，劳民伤财，几次省银行的倒闭，使山西人民濒于破家荡产，困苦死亡，人民从一粒一粟、一针一线所积下的一点头绳钱、鞋足钱，也被他搜刮干净，迫死人命不知多少！”“抗日民族战争爆发，山西大部土地，沦陷于敌，惨被日寇蹂躏践踏，暗无天日的统治，几达八年之久，山西人民陷于水深火热之中。阎氏为了保持个人权利，图谋投降妥协，加紧独裁，破坏团结，制造分裂，阴谋反共，至一九三九年初的秋林会议以后，组织‘突击队’、‘精建会’等特务团体，反对抗日统一战线，解散民族革命动员委员会，取缔牺盟会，消灭决死队，进攻暂一师新军。对于忠勇为国坚持抗日的八路军，则视友为敌，到处压迫打击，山西进步青年和抗日志士不知牺牲多少！”秋林会议后，阎锡山除了每月发晋军五百万元以维持统治外，又以巨资组织敌工团、突击队、反共团等组织，到处发行五元、十元的山西票子，导致物价飞涨，影响民生，也直接影响到抗日民主根据地的巩固。④ 续范亭又指出，1945 年 8 月，“日本军阀，刚刚投降，抗日官兵的血迹未干，民族烈士的正气犹存，阎锡山竞公开利用日俘、收编伪军、释放汉奸、劫搜敌资，作为反人民反民主的内战资本，又向山西人民重开屠刀了。”蒋介石的奴才阎锡山助纣为虐，实行“兵农合一”的

---

① 《续范亭文集》，第 361 页。

② 《续范亭文集》，第 254-255 页。

③ 《续范亭文集》，第 394 页。此处毛泽东引用了《孟子万章下》的典故，形容续范亭文章感召力之大，足以使顽夫变为廉洁、懦夫能够自立。《中共党史人物传》第五卷，第 260 页，作“廉顽立儒”，误。

④ 参见《朱德年谱(1886—1976)》(中)，第 935 页。

反动政策，使山西阎氏统治区的人民，求生不得，求死不得。①

关于阎锡山利用日军残留山西进行反共战争是铁的事实，连蒋介石都非常恼火。1946 年 1 月 20 日，他在日记中写道："正午军事会报，共匪在各地袭击之行动如故，尤以在山西为甚，而阎则利用日俘，不能遵令解除其武装，乃为匪部藉口，甚不争气也。"②由于阎锡山我行我素，3 月 28 日，蒋介石再次谴责说："阎锡山仍利用日寇编入其部队，一面谎报已完全缴械，近竟为共匪发觉，捕获其队内之日兵，乃向执行组提出抗议，殊为我军最大之污点，阎之卑劣不仅丧失其个人人格，而且丧失我国格矣，可痛。"③同日，他还要时任军令部部长的阎的老部下徐永昌去做阎的工作，称："山西有利用日俘对共作战之事；此种情事实属破坏国家政策，教敌人看不起，无论对内对外使主席不能负责（不但共党宣布，日人亦有正式报告，美方亦不谅解）。"④

1947 年 9 月续范亭不幸病逝，中共中央根据他的生前申请，追认他为中共党员，毛泽东在送的挽联上高度赞扬他"有云水襟怀，有松柏气节"⑤。毫无疑问，抗日战争时期与阎锡山的坚决斗争是续范亭为中华民族和中国人民的解放事业英勇奋斗的一个重要方面，应该为历史所铭记。

① 《续范亭文集》，第 271–272 页。

② 《蒋介石日记》，1946 年 1 月 20 日。

③ 《蒋介石日记》，1946 年 3 月 28 日。

④ 《徐永昌日记》第 8 册，台湾中研院近代史研究所 1991 年出版，第 251 页。

⑤ 转引自《续范亭文集》，第 1 页。

抗日名将张冲[①]

在中国人民艰苦卓绝的抗日战争中涌现出无数中华民族的优秀儿女，来自云南彝族的张冲就是其中的一位。

张冲(1901—1980)，云南泸西人。早年因不堪剥削与压迫，揭竿而起，成为绿林好汉。后为军阀唐继尧招安，历任支队长、团长、师长。全面抗战爆发后，任第六十军184师师长、新三军军长，在著名的台儿庄战役与武汉保卫战中功勋卓著。但长期以来，由于种种原因有关张冲的研究成果不多，主要有谢本书《张冲传》(四川民族出版社1993年版)、黄学昌、彭先和:《张冲将军评传》(云南大学出版社1991年版)和一些介绍性的论文。[②] 这些论著对于张冲的抗日业绩虽有所介绍，但缺乏归纳提炼。笔者有鉴于此，创作本文，以彰显张冲的抗日业绩，肯定他的历史贡献，纪念伟大的中国人民抗日战争胜利70周年。

一

1938年4月8日以后，徐州会战转入了第二阶段。日本大本营决定由华中派遣军与华北方面军分别从南、北两个方向夹击徐州，迅速消灭中国军队主力，使中国尽快丧失抵抗力。而蒋介石也在台儿庄的胜利的鼓舞下，调遣大量精锐部队力图坚守徐州，其中就有卢汉为军长的第60军。根据军部命令，张冲所率184师于4月17日从武胜关开拔，21日抵达前线，师指挥所设在丁家桥。

4月23日，张冲奉命率184师火速增援183师。当晚，战局转入相持状态，敌我双方在犬牙交错状态中对峙了约10天。4月27日，敌军正面突破台儿庄企图受挫后，改变进攻方向，集中全力，重点指向禹王山；企图攻占禹王山，切断陇海铁路，直取徐州。当天张冲奉命驰援182师，他命令1088团团长邱秉常部作预备队，留守台儿庄；命1086团团长杨洪元、1087团团长王开宇、1085团团长曾泽生部先后驰往禹王山，一鼓作气，夺回已被日军控制的禹王山。28日早晨，张冲师“在禹王山与敌发生猛烈奋战，战况空前，肉搏二十余次，歼敌千余，生擒数十名”。“28日敌连日以飞机坦克车由消汪后堡等地向我军攻击，以完成中央突破之迷梦，经我张冲师施展神威，力将窜入之敌四千，诱入山凹，全部消灭。”[③]在坚守禹王山的日子里，544旅旅

① 原载《20世纪中国人物传记与数据库建设研究》第三辑，上海书店出版社2016年版。

② 主要有谢荣培:《饮水思源忆张冲》,《云南档案》2003年第3期；谢本书:《张冲——爱国主义的杰出战士》,《创造》1994年第1期；李桂英:《张冲同志二三事》,《中国民族》2001年7月刊等。

③ 《云南日报》1938年5月5日。

长王秉璋率士兵发起反冲锋,将窜至山顶之敌人大部歼灭,自己胸部为敌弹打穿,负伤坚持战斗。1085团曾泽生部营长何起龙在李家圩激战中英勇牺牲。4月29日,日军集中主力向禹王山大举进犯,我军前仆后继,整天激战,整个东庄被夷为平地。当天,卢汉向李宗仁密电报告称:"由漾(23日)迄感(27日)、除184师一部守备台儿庄外,其余协同182、183两师与敌在耿庄、小庄、五圣堂、肖汪、五窑路、辛庄、戴庄、后堡、杨庄、胡山、锅山等地反复争夺不知凡几,每一阵地失去,官兵均少生还。……截至本日6时止,阵亡旅长一、团长四、代团长一,伤旅长一、团长四、代团长一、团附、营长以下伤亡尤重,182、183两师战斗员均不满千,184师不足四分之三,详数续报。……现在禹王山、大石埠两点争夺最烈中。"①

从4月30日开始,双方激烈战斗三天两夜,敌人损失惨重,到5月3日以后,双方保持对峙局面。当时报纸报道:"滇军忠勇抗敌,奠二次台儿庄胜利基础,我领袖三次特电嘉慰。"②日本报纸也不得不承认:"自'九一八'与华军开战以来,遇到滇军猛烈冲锋,实为罕见。"③

5月上旬,第六十军由台儿庄附近撤退到湖北麻城县的宋埠、歧亭等地整编。当时由军长卢汉亲自整编成一个作战师,即第184师,任命师长张冲,副师长万保邦,参谋长李文彬。该师下辖四个团:第一〇八五团,团长曾泽生;第一〇八六团,团长杨洪元;第一〇八七团,团长余建勋;第一〇八八团,团长邱秉常。每团约计二千人,每一步兵连一百七十余人。团有一个迫击炮连,配法制八一迫击炮四门,重机关枪连三个,配法造哈其开斯重机关枪六挺。步兵连九个。④

张冲的184师在台儿庄、禹王山战斗和徐州突围中凭着勇敢牺牲,生死拼搏光荣完成作战任务。此后张冲在率部进行阳新的排市作战时,将主力顺丘陵地带排列,打击顺丘陵而来的敌军。

8月下旬,第184师约于到达指定地点阳新附近时,第二兵团部命令该师迅速占领阳新县的排市东南一带牛头山、冬心脑、木鱼墩等高地,构筑野战工事,阻止由瑞昌经界首向木石港西进的日军。第一八四师的防御部署如下:

第一〇八五团占领排市富水以南的木鱼墩和石梯寺一带高地,构筑纵深横广的野战据点工事,阻止由瑞昌经木石港向我进攻的敌人。

第一〇八七团占领排市富水蹦南至木石港、箕心脑一带高地,构筑纵深阵地,阻击日军向排市方向前进。

第一〇八八团先在排市东富水南面牛头山高地占领阵地,构筑工事,纵深配置兵力,阻击敌人的前进,掩护师主阵地的构筑和部署。

第一〇八六团位于排市附近,为师的预备队;并于排市西南(富水南)构筑预备阵地。⑤

---

① 中国第二历史档案馆编:《抗日战争正面战场》,江苏古籍出版社1987年版,第629-630页。
② 《云南日报》1938年5月18日。
③ 高蕴华:《六十军鲁南抗日简述》,《云南文史资料选辑》第二辑,第209-210页。
④ 王光纶:《阳新作战概况》,《武汉会战》,中国文史出版社1989年版,第138页。
⑤ 王光纶:《阳新作战概况》,《武汉会战》,第139页。

9月3、4日，日军飞机不断对我阵地进行侦察，并机枪扫射。5日拂晓，日军在飞机掩护下，以步炮协同，开始向我牛头山阵地猛攻，当天阵地已被日军突破一部分，入夜后即重新调整阵地。当时团部就将第一营部队移动到右后方，形成纵深配置。第二营仍守原阵地，继续加强工事阻敌前进。6日，第一〇八五团和第一〇八八团的正面，都展开激战，两团均用逐步抵抗的方法阻止日军前进，战争相持约一星期时间。

11日夜间，日军利用暗夜插入第一〇八五团（木鱼墩）和第一〇八八团（牛头山）两团阵地的空隙处，于次日拂晓猛攻第一〇八七团守备的第二线箕心脑制高点。因当时插入的日军只有几百人，天亮后，没有后续部队增援，我第一〇八七团便集中兵力在师部山炮火力的掩护下，把这几百敌人全部歼灭在箕心脑高地的山腹部。

后几天，日军除不断向我正面攻击外，又用一部兵力向第一〇八八团的右翼（东面）包围进攻排市。当时团长邱秉常奉师部命令派兵阻击该敌。当第一营占领阵地后，即受到敌人的步炮协同进攻。经顽强抵抗，支持了三天后，奉令调整阵地。

日军对主攻重点，每天拂晓就炮火不停，总要攻下一个或两个阵地，才肯停止进攻。否则就会由拂晓一直到夜晚，枪炮很少间断。在这样严重情况下，一八四师利用纵深配置的方法与日军激战达三十余日。

9月28日至10月4日一周内，日军第九师团配属空军、炮兵、化学部队、骑兵及伪军一部，向第一八四师阵地发起全面进攻。28日日军在汤公泉战斗中公然使用窒息及催泪毒气炮弹突袭白门楼。曾团守兵一连，猝不及防，全部壮烈牺牲，白门楼失守。17时，敌又用毒气炮弹攻余团石井明、马鞍山阵地。守兵戴上防毒面具应战，敌未得逞。

29日8时许，敌空军、炮兵，多次集中轰炸马鞍山、足仙老、福林脑及石梯寺阵地，敌步兵千余人迭次进攻，都被滇军打退，入夜形成对峙。30日拂晓，敌千余人在大炮飞机掩护下，续犯曾团石梯寺、福林脑、足仙老阵地。激战终日，连续击退敌人进犯。杨团王尧营伤亡三个连长，其余官兵牺牲过半。同日8时30分，敌千余人在猛烈炮火协助下，大量使用毒气罐、毒气弹及烟幕罐，猛攻曾团和现、袁邹阵地。黄、绿、黑色浓烟弥漫，滇军部分官兵中毒伤亡，或视线不明，阵地被敌突破。滇军主动放弃硖石，入夜排市弃守。

10月1日8时许，敌续攻福林脑、足仙老。战斗进入高潮，滇军工事全毁。敌继用毒气炮弹猛轰，杨鸿元团长与守兵一起，艰苦奋战，牺牲极大，但仍坚守阵地。同时，敌千余人由东北南三面围攻石梯寺及其附近据点，曾泽生团长临阵指挥，在预备队早已用尽的情况下，组织团营连部非战斗兵员，拿起武器参战，多次击退敌人进攻。19时军部同意张师长意见，以杨团掩护石梯寺曾团剩余官兵撤退。当晚，第184师放弃石梯寺、和现、硖石，奉命转移第二线阵地，继续阻击敌人。2日，第一八四师先后转移到仰天堂、栗树尖阵地。3日，仰天堂陷于敌手。杨团以东山为支点，两次组织反攻未克。4日夜，第184师变更阵地，到达箕心脑、木盖头、大五尖之线，继续抗击敌人。6日凌晨2时，敌夜袭木头盖，被杨团击溃。7日整日激战，我守军伤亡虽大，仍英勇作战，使箕心脑阵地屹立未动。入夜，奉令等待友军第五十师前来接防。①

自9月23日至10月7日的15天时间，日军第九师团被阻于排市富水北岸地带，在184师面前展开的全面进攻遭到惨败。张冲曾经向来访者介绍说：有一天在某高地上，我军防守阵地的那个连子弹打光了，手榴弹甩完了，敌人炽烈的掩护炮火，向着我军阵地倾泻。“敌人听不到我们还击的枪声，知道我们的弹药已经用尽，他们昂起头，端起上刺刀的枪，在敌指挥官大刀的指挥下，快速攀援而上。在这个非常紧急关头，我们的连排长和战士，毫不畏怯和动摇，立即‘上刺刀’，准备和敌人决一死战。他们说：‘我们不得上级的命令，绝不后撤，我们应在阵地上和敌人同归于尽’。眼看敌人快要逼近阵地，连长一声令下，将我们构筑阵地时垒起来的成堆巨石，向着敌人蚁上的行列里滚下，敌人料不到我们这一招，吓得敌人瞪了眼，来不及招架躲避，被打得屁滚尿流，伤亡很大。等到我们石头滚完，敌人才镇定下来，收拾残兵败卒，组织再次进攻。此时我们的弹药已经送到，战士们又把编织好的火网、手榴弹，像暴雨般向他们倾盆浇下，敌人遭此重创，不敢再战。我们英雄的阵地，屹立无恙。想不到古时的滚石擂木，在二十世纪现代化战争中，还会发挥令人难以置信的作用。”②

在湖北阳新的辛潭铺以南山地，张冲指挥第184师近两万人利用地形与优势敌人长时间相对抗。有一次，敌人拂晓打到排市师指挥所前时，他一面指挥警卫连阻击敌人，一面亲自调部队阻击和侧击来攻的敌人后方，其他各团仍继续战斗。不久将进攻师指挥所的敌人击退，他才重新调整阵地。③ 据报载，“张(冲)师拒抗约万余人之敌，顽敌以陆空联合，集中主力，猛炸猛攻，该师坚守阵地，前仆后继，岿然不动，独力支撑，给予敌以最大之消耗，先后歼敌七八千人。”④滇军在阳新排市阻击战中再建殊勋，15天来，该军发挥了山地作战特长，在正面约二十公里、纵深八里地区内，抗击绝对优势的敌人，予敌以重创，迫使其不敢越过富水北进。与右翼友军一起粉碎了敌人切断粤汉路企图，对掩护武汉机关部队和物资的安全撤退作出了重要贡献。当时行政院长孔祥熙致卢军长贺电说：“据日本电台广播，‘皇军在长江南岸阳新排市地区，遇到滇军顽强抵抗，致使皇军行动迟滞，不能如期切断粤汉铁路，没有全歼武汉敌人’，云云。”⑤第六十军胜利完成了作战任务，但第184师总计伤亡中下级军官67员，士兵2236人。⑥

---

① 参见余建勋：《阳新、崇阳阻击战》，《武汉会战》，第132页。

② 杨永新：《抗日战争中保卫武汉记张冲》，转引自谢本书：《张冲传》，四川民族出版社1989年版，第173页。

③ 王光纶：《阳新作战概况》，《武汉会战》，第142页。

④ 《云南日报》1938年10月20日。

⑤ 余建勋：《阳新、崇阳阻击战》，《武汉会战》，第132页。

⑥ 附一八四师官兵伤亡统计表(见余建勋：《阳新、崇阳阻击战》，《武汉会战》，第133页)：师直属部队　死官一兵八，伤官0兵十四　第一〇八五团　死官七兵三三七，伤官八兵二六七　第一〇八六团　死官三兵三六八，伤官十兵一七〇　第一〇八七团　死官十二兵四〇五，伤官十七兵五二九　第一〇八八团　死官五兵一四三，伤官五兵一〇九

10月7日,由汉口开来了一个师,接替了第184师所守备的排市、辛潭铺富水以南阵地。第184师连夜渡过辛潭铺富水,沿崇通公路向西行进。8日行抵崇阳时,又奉命在崇阳东南面山地占据要点,阻止日军的西进。

10月,以张冲为军长的新编第三军成立,辖184师(师长万保邦),从五十八军划拨新12师(师长龚顺壁)归其指挥。以孙渡为军长的滇军第五十八军到达湖北通山等地后,与六十军、新编第三军合编成第三十军团。不久,三十军团改编为第一集团军,由卢汉任第一集团军总司令。后因卢汉患急性盲肠炎在长沙治疗,指定参谋长赵锦雯、副参谋长马镆为军团前方司令部指挥所负责人。事实上这两个人对上对下均不敢负责,也不可能指挥这支部队。张冲、孙渡两位军长,又不协作。部队除第184师外全都是新兵。在这种不利情况下,第一集团军奉令在崇阳城东北郊高地崇武公路东西之线构筑防御阵地,阻止日寇南下攻取长沙。

11月4日15时,敌小型战车二辆,沿崇武公路搜索南下。驶抵路口前方,被我第184师一〇八七团特重机枪击中一辆,向北急转逃去。此后第184师阵地附近除有敌机侦察活动外,地面上并无敌人活动。入暮以后,敌一部由第五十八军与新编第三军间隙赵家冲潜入我军右后方柳林进行扰乱活动,到处放枪。新编第三军张冲军长在第五十八军孙渡军长来电询问数小时后查明,新编第十二师的两个团长张华清、杨时彦"昏头昏脑,不会看地图,他们没有找到阵地位置,没有上去"①。孙渡接报后急令新编第十一师派兵到东面占领阵地,严加戒备。5日,新编第三军正面无敌情,但10时许第一八四师左翼第一〇八七团在路口发现第五十八军新编第十一师阵地被敌占领,新编第三军军部据报后,乘夜主动向九宫山方向柳林畈转进。7日行抵港下吴,8日全军及第183师到达九宫山麓白沙岭附近,改编队伍,停止各方面电报联络,宣布将在九宫山区"打游击"。待了3天,11日由白沙移平江长寿街。15日又开浏阳集训。

这一仗失地百里,打得很糟,各方对第一集团军舆论很坏,蒋介石大为震怒,给孙渡以督率不严,记大过处分;张冲指挥失当,撤职留任。崇阳战役的军事判决,是在南岳军事会议之后,蒋介石、卢汉替张冲说情后发表的。接着龙云就将张冲调回云南后不了了之。②

二

抗日战争时期张冲率部抗击日军,功劳远远大于失误。从主观方面讲,张冲取得佳绩有多方面的因素。

首先是有强烈的爱国主义精神。1938年4月27日《云南日报》记者天虚在《台儿庄通讯》中记录了张冲师长落地有声的言论:"我们当军人的人,到了现在还不为国为民,那草芥粪土不如!我们有活的决心,就是要不仅完成军人的任务,还要不

① 余建勋:《阳新、崇阳阻击战》,《武汉会战》,第136页。
② 余建勋:《阳新、崇阳阻击战》,《武汉会战》,第137页。

误国家才是,多活几天,多拼死几个敌人!"[①]5月1日张冲在一封联名电报中表示:作为军人"卫国有责,谨当继续奋斗,扫荡寇氛,以争国家民族生存,不负乡邦父老期望。"[②]在184师部,张冲严肃地对打起背包准备开溜的副师长李文彬说,"我们身为师的领导,一切都要从全师的利益出发,作全师官兵的表率。前线官兵,为民族存亡,浴血奋战,我们集中精力,指挥部队,不嫌心力不够,还有什么时间,考虑个人的得失?……我们的战士,献出自己的生命。丢了行李,冻上几夜,也不过是鸡毛小事,而事实上我们也不会狼狈逃亡,丢盔撂甲,最困难的徐州大突围,我们也不曾丢掉行李。"爱国之心,溢于言表。在禹王山战斗中张冲牺牲了两位家人,一个是他的外甥、1085团的营长何起龙在李家圩激战中牺牲,时年39岁;另一个是他的侄子、特务连班长张镇东。此外,张冲的随身警卫员也牺牲在那里。

其次是注意发扬辛亥革命以来滇军的光荣革命传统和擅长打山地战的特色。在禹王山战况紧张之际,在日军的猛烈进攻面前,少数士兵抵挡不住而后撤,张冲一面指挥特务连督战,一面站在一个高地上高呼:"我们滇军在护国、靖国中声威赫赫,名扬四海,有光荣的传统,如果我们连一个小日本都打不赢,我们滇军的脸就丢尽了。我是师长,如果我往后退,你们就用枪打死我;你们谁要后退,我也用枪打死你们。"[③]于是,稳住了军心,守住了阵地。在排市战斗期间,张冲对前来访问的张致中等人说:"我们滇军,从小生长在崇山峻岭之中,历来就善于打山地战,加上台儿庄和徐州大突围的战斗经验,我们这支队伍,越战越强,越打越有经验,办法越来越多,士气越来越旺。"[④]事实上,在张冲的指挥下,不失时机发起冲锋,夺回被日军占据的阵地的战例不止一个。在对日作战中滇军战士像猴子一样机灵,勇敢地爬上敌人的坦克,往里面扔手榴弹,日军望而生畏称滇军为"南蛮兵""猴子军"。

第三有正确的军事思想,对敌情有准确的预判。张冲较早地认识到抗日战争的长期性。1938年4月12日张冲在部队开拔前在河南鸡公山给在昆明的龙聚云写信,信中认为"抗日战局,非短期间事。……本省此后亦随时有出兵之准备"[⑤]。在1938年4月下旬台儿庄阻击战时,张冲向第六十军军长卢汉建议,"台儿庄只有一道土墙,工事不坚,敌人在此已吃过亏。下一步只有守住禹王山,就能保住台儿庄。禹王山不守,台儿庄也守不住。"[⑥]卢汉认为,张冲这一建议符合当时战况,一度同意184师移住禹王山,构筑工事,与敌进行决定性战斗,然而卢汉后来奉蒋介石之命派一个师加强台儿庄防守而改变了原来的计划。直到4月26日深夜,经李宗仁同意,184师一个团留守台儿庄,主力则转移到禹王山阵地。次日日军为了切断陇海铁路,直取徐州,一度攻占了战略要地禹王山。张冲接到军部命令,驰援182师,并一鼓作气,夺回了禹王山,取得了战斗的主动权。5月4日以后的几天,张冲根据

① 天虚:《台儿庄通信 记某师长》,《云南日报》1938年5月29日。

② 《云南日报》1938年5月6日。

③ 王树昭:《跟随张冲抗日征战的艰苦岁月》,红河州《文史资料选辑》第五辑,第15页。

④ 杨永新:《抗日战争中保卫武汉记张冲》,转引自谢本书:《张冲传》,第173页。

⑤ 转引自谢本书《张冲传》,第137页。

⑥ 谢本书:《张冲传》,第144页。

日军炮火的变化作出估计：一、敌军可能从鲁西向我军实行大迂回、大包围，并截断我军后方供应线；二、准备实行夜战，偷袭我军；三、敌军主力部队转移，用炮火牵制，吸引住我军。为此采取了相应措施：一、命令部队夜间加强戒备，以防日军偷袭——摸夜螺蛳，因为曾有过这样的经验教训；二、组成小股部队，由迫击炮一门、轻机枪一挺、步枪三五支等装备组成。在我军火力接应的范围以内，袭击、骚扰敌人，侦察敌军动向和其他情况。[①] 在研究阳新、排市的兵力部署的第九战区长官部军事会议上，一种意见认为，日军使用重武器较多，为发挥武器威力，从公路来的可能性很大。而以张冲为代表的另一种意见则认为，狡猾的日军会从小路、山路来，我军主力不能放到公路两侧，应放到小路、山路上。张冲坚持将主力顺丘陵地带排列，指挥沿山脚两面挖工事，互为犄角，隐蔽性好。结果，张冲守卫部队待敌人顺丘陵而来的行进中，从屁股后面打，使滇军得以在排市坚持了较长时间。[②]

第四在战略上藐视敌人，在战术上重视敌人。一方面张冲常对官兵讲："打仗只要你不怕敌人，敌人就会怕你的。"[③]1938 年 10 月 8 日张冲与惠国芳在排市的阻击战的前线结婚。早在台儿庄战役之时，张冲就给在昆明的惠国芳写信，请她到前线来，"卖田卖地，都要来"。[④] 结果，惠国芳来到时，前线已经在阳新的排市。战场上结婚显示了张冲藐视敌人的大无畏的英雄气概。面对日军的催泪弹、烧夷弹，张冲从容地表示："对催泪弹，我们有简易的防御办法。至于烧夷弹，只在弹落点上起火，因为现在正是盛夏，不会延烧。看来这些绝招作用不大。我们的战士，已经司空见惯，所以对于敌我双方的攻守，几乎没有什么影响。"另一方面他也要求敢死队"志在必胜，不惜牺牲报国，但勇敢还要机智，利用军事技术，接近敌人，发起冲锋"[⑤]，同时命令用迫击炮炮火掩护，为敢死队夺回禹王山阵地开路。

在防御与进攻问题上，他提出有守有攻以攻为守的积极防御思想。在排市战斗期间，张冲赶到前敌指挥部，向司令长官张发奎面陈己见："从战争性质看，我们是处于内线防御，其目的在于阻滞敌人的进攻，达到消耗敌人的目的。但防御，不能只是消极防御，那就是一味挨打。俗话说，只有挨打之功，没有还手之力，这不是我们应该采取的策略。我们应该采取积极防御的方针，这就是说，在打防御战时，寻找敌人可乘之隙，狠狠地揍他一顿。台儿庄之役，不就是这样干的吗？我说积极防御，就是有守有攻，甚至以攻为守，不能单纯防御。"

第五在战术上有所创新。在抗击日军的实战中张冲受到云南"虚笼"捕鱼方式（鱼进去就出不来）的启发，创造了"反斜面"战术：在敌人进攻的正面，仅按常规部署少量兵力和火力，而将主力隐蔽于阵地背面和谷地两面的山头，在山脚、山腰、死角、夹角做成隐蔽工事，可互为犄角，互相支撑，形成严密的火力网。一旦敌人发起

---

① 谢本书：《张冲传》，第 158-159 页。

② 蒋南生在云南省政协文史委召开座谈会上的发言记录（1991 年 1 月 15 日），转引自谢本书：《张冲传》，第 170-171 页。

③ 王光纶：《阳新作战概况》，《武汉会战》，第 142 页。

④ 《访惠国芳记录稿》，1991 年 8 月 16 日，转引自谢本书：《张冲传》，第 178 页。

⑤ 杨永新：《血战台儿庄前后》，《云南文史资料选辑》第 25 辑，第 43 页。

进攻,我正面阵地只用两三小时的抵抗,即迅速撤到预定阵地上,造成我军阵地被突破的假象,诱使敌人深入谷地。然后我乘机杀出一支奇兵,占领原正面阵地反背的预设阵地,封住谷口,截断敌军的后路;而山谷两侧(斜面)同时开火,使敌陷入三面交叉火网中,力求全歼进攻之敌。①

张冲在实战中根据敌强我弱的力量对比,力主预先设伏,诱敌深入,火力拦截。在排市的战斗激烈进行之际,张冲指着地图对来访的张致中、张子斋说:"这个地形,多少有点扇形,扇柄这一端,是逐渐升高的山地,是我方的阵地。扇叶的顶端,就是敌人集中兵力,向我进攻的地方。顶端的后面就是湖泊沼泽。这个顶端的山、湖之间,有条大路,直通排市。我们对这条路,不派兵防守,只叫远程炮群作炮轰封锁。我们为什么不防呢? 这个地方,背山面湖,军事上叫作绝地,我们就是留下它,诱敌深入。敌攻我守,为了诱惑敌人,我们还要采取逐步升高退却的办法。待至敌人已深入我网。我们应从东西两头,发起攻击,顺山而下,把敌人歼灭在这里。规模虽然不及台儿庄战役,但可以打一个较大的胜仗。我把这个意图向前敌指挥张发奎作了汇报,他很赞赏,并保证届时将抽出兵力支援,让我组成优势力量,完成歼敌计划。"②张冲后来又说:"根据目前侦察情况看,日寇已深入到我们预先设置的山湖之间的绝地,……现在我们就要请求张(发奎)司令官,派给部队,从东西两头出击,把深入之敌,歼灭在山湖之间的绝地,打一次较好的歼灭战。如果张司令官能拨给部队,打这样一次胜仗是很有把握的。"③

对于炮火拦截,张冲介绍说:"等到敌人接近,依稀可辨时,我们事先组织好的火网,一齐击发,一场恶风暴雨似的子弹,在敌群中倾泻,打得敌人翻滚退下,阵地面前,遗弃了不少尸体。"④在禹王山阻击战中,张冲命令炮兵将全部火力集中于禹王山前沿阵地之前和敌人必经之路,俟夜袭敌人到达了测定好的火力地带,即一齐猛射,敌人伤亡惨重。台儿庄战役后,了解了日军作战的一些惯用战法的张冲184师,在辛潭铺以南山地的防御作战时,各团都按当时的地形,采用横广纵深的配备兵力,并力求人员武器隐蔽,以免过早暴露目标,徒遭损失。各种自动火器均利用自然地形的侧面或斜面来构筑掩体,在敌人炮火猛烈射击时,力戒暴露目标,俟敌人步兵接近我有效射程(约四至六百米)时,才以炽盛火力消灭敌人于预定的火网之内。并且注意到自动武器的射击方法——特别着重使用移动点射。所以,在这次作战中,各团伤亡的人数不很大,才能在辛潭铺的富水以南山地,用逐步抵抗的方法,阻止了日军前进达三十余日。⑤

---

① 谢本书:《张冲传》,第170页。

② 杨永新:《抗日战争中保卫武汉记张冲》,转引自谢本书:《张冲传》,第172–173页。

③ 杨永新:《抗日战争中保卫武汉记张冲》,转引自谢本书:《张冲传》,第173–174页。可惜的是,后来张发奎以执行蒋介石命令为由,拒绝了张冲的这一合理化的建议,致使这场很有胜算的歼灭战胎死腹中。

④ 杨永新:《抗日战争中保卫武汉记张冲》,转引自谢本书:《张冲传》,第171–172页。

⑤ 王光纶:《阳新作战概况》,《武汉会战》,第142页。

三

70 多年前,张冲怀着满腔的爱国主义热情,义无反顾地率部踏上了抗日的征途。强烈的爱国主义精神是全国各族人民抗日战争的精神纽带与强大支柱,对于云南彝族将领张冲来说也是如此。在实战中,张冲十分注意发扬辛亥革命以来滇军的光荣革命传统和擅长打山地战的特色,打得日军望而生畏。张冲在台儿庄战役、武汉保卫战中创造了不俗的业绩与他正确的军事思想密不可分,其中对敌情的准确的预判,是杀敌制胜的前提。张冲在战略上藐视敌人,在战术上重视敌人。在抗击日军的实战中他创造了“反斜面”战术,使日军大吃苦头。在防御与进攻问题上,张冲提出在持久战中有守有攻以攻为守的积极防御思想,经常根据敌强我弱的实际力量对比,预先设伏,诱敌深入,火力拦截,克敌制胜。当然,张冲也不是一个百战百胜的将军,他也有失误的地方,但这些失误不全是他个人责任,尚有多方面的原因。然而瑕不掩瑜,与失误相比,他的战功,他的建树是主要的,占主导地位的。抗日战争时期的张冲所代表的决不只是他个人,某种程度上代表着包括彝族在内全体中华民族的意志与力量。从张冲身后,我们可以看到云南人民、中国人民同仇敌忾与日本侵略者血战到底的民族精神。

岁月荏苒,故人不在。但是抗日名将张冲的英雄业绩将永世长存,他的名字将永远镌刻在中国人民抗日战争的壮丽史册中,鼓舞着全国各族人民为中华民族的伟大复兴而奋斗。

邹韬奋与“七君子事件”[①]

邹韬奋是近代伟大的爱国主义者、民主主义者和共产主义者。在他的革命生涯中,20 世纪 30 年代的抗日救亡运动是十分重要的发展阶段。而“七君子”事件则把他与其他六位爱国志士推倒了民族解放斗争的风口浪尖上。

1936 年 11 月 23 日凌晨二时,国民政府上海市公安局会同公共租界、法租界巡捕房逮捕了全国各界救国联合会领袖沈钧儒、章乃器、王造时、邹韬奋、李公朴、沙千里和史良七人。这就是震惊中外的“七君子之狱”。此次七君子事件有远因,也有近因。远因是救国会的联合抗日主张得到中共领袖毛泽东的赞同,近因是救国会对上海日纱厂工人罢工的支持。这两点在国民政府法院对七君子案的审理中再三提及。

一

1931 年九一八事变后,邹韬奋主办的《生活》周刊社热烈主张抗日御侮,坚决反对国民党当局的不抵抗主义,同时支持劳苦大众为争取自身利益的斗争。《生活》周刊社曾发起“援助黑龙江省卫国健儿捐款”,获得《生活》读者与全国人民的热烈响应,不几天,捐款就达十二万九千八百余元。1932 年一·二八淞沪抗战开始后,邹韬奋利用《生活》周刊鼓吹抗日救国,介绍十九路军英勇抗战的事迹,征集各种军用品供应十九路军,还募款设立了生活伤兵医院,专门接待与医疗战斗中负伤的战士。[②]

当时的上海迅速成为在实际上领导全国救亡运动的中心。邹韬奋写道,南京当局对于上海这个“中心”地点,“最注意两个东西:一个是李公朴先生所办的拥有五千爱国青年学生的一个补习学校,还有一个便是被证实了每期有着二十万份销路的《大众生活》周刊。那个补习学校的爱国青年是当时上海民众运动支强有力的生力军,使该校成为民众运动的一个大本营,所处地点虽属上海一隅,而上海的民众运动所发生的影响是要遍及全国的。至于《大众生活》,那更不限于上海一隅,是在海内外不胫而走的。”[③]

1935 年北平爆发一二·九运动后不久,马相伯、邹韬奋等人于 12 月 12 日联名发表上海文化界救国运动宣言称,“华北青年热烈的救国运动,尤其引起我们十二

① 原载《邹韬奋研究》第 6 辑,上海三联书店 2019 年版。
② 参见邱钱牧:《中国民主党派史》,浙江教育出版社 1981 年版,第 60–65 页。
③ 《韬奋文集》第三集,三联书店 1955 年版,第 337–339 页。

万分的同情。因为华北事件的教训,我们应该进一步的觉悟！与其到了敌人刀口放在我们的项颈的时候,再下最大的决心,毋宁早日奋起,更有效的保存民族元气,争取民族解放。四年余的事实告诉我们:敌人对中国的侵略,决不是少数人的盲动和野心,而是帝国主义发展的必然结果——积重难返的经济恐慌和赤字财政造成了他积极侵略的大陆政策。……敌人的压迫愈严重,中国人民对民族解放的要求,亦愈高涨。尽量的组织民众,一心一德的拿铁和血与敌人作殊死战,是中国民族的唯一出路。”①12 月 27 日,上海文化界救国会成立,邹韬奋担任执行委员。

在 1936 年上海各次抗日救亡活动中,邹韬奋总是事先跟沈钧儒、章乃器、王造时、史良、沙千里、李公朴等人周密讨论和细心布置,是组织者与领导者之一。同年 5 月 31 日至 6 月 1 日,在宋庆龄、马相伯、沈钧儒、章乃器等策划下,全国各界救国联合会在上海成立。时在香港忙于《生活日报》事务的邹韬奋被缺席推选为执行委员,他本人是 7 月②到上海后才接到当选通知的。1937 年 6 月 11 日、6 月 25 日邹韬奋在江苏高等法院两次受审时,明确表示完全赞成全救会联合各党各派的抗日救国宣言和“集中全力对日”的政治纲领。

由于当时救国会所提的口号比较激烈,不仅对蒋介石不起作用,也不利于国民党内各派参加抗日。为此,《东方杂志》主编、同时协助邹韬奋共同主编《生活周刊》的共产党员胡愈之受潘汉年之命,为救国会起草了《告全国同胞书》,其精神基本上和《八一宣言》接近。邹韬奋、陶行知率先在该文件上签字,1936 年 7 月 15 日邹韬奋又亲自去上海征求沈钧儒等人意见。③ 沈钧儒同意在文件上签名,但章乃器嫌文件内容“太右”,后经他作了部分修改,以《团结御侮的几个基本条件与最低要求》为题,由沈、章、邹、陶四人联合署名,于 8 月 5 日在《生活知识》半月刊上刊出。

《团结御侮的几个基本条件与最低要求》这个文件分析了自一二 · 九学生救亡运动以来国内政治形势的重大变化,重申救亡阵线的立场是“不躲避,不退却,不放弃立场,不动摇意志,一直到中华民族解放运动达到完全胜利的一天”。他们要求国民党蒋介石马上做到:“第一,停止对西南军事行动;第二,和红军停战议和,共同抗日;第三,开放抗日言论自由和救国运动自由。”该文件热烈赞扬了中国共产党“停止内战,联合各党各派,共同抗日救国”的政治主张,坚信中国共产党的“这一个政策会引起今后中国政治上重大的影响”。同时也希望红军“应该立即停止攻袭中央军,以谋和议进行的便利;在红军占领区域内,对富农、地主、商人,应该采取宽容态度;在各大城市内,应该竭力避免有些足以削弱抗日力量的劳资冲突。”④

这一文件后来被转送到中共中央,已经到达陕北的毛泽东看后十分高兴。8 月 10 日他亲自给章乃器、陶行知、沈钧儒、邹韬奋等 4 人写信,信上说,“不久以前,我们在报纸上读到了章、沈、陶,邹四先生所发表的团结御侮的几个基本条件与最低

---

① 《大众生活》第一卷第 6 期,1935 年 12 月 21 日。

② 邹韬奋在 1937 年 6 月 25 日接受第二次庭审时又说是“八月里在上海接到通知,才知被选为执行委员。”《救国会》,中国社会科学出版社 1981 年版,第 315 页,待考。

③ 《救国会》,第 444 页。

④ 《救国会》,第 121–125 页。

要求和全国救国联合会的宣言和纲领。这些文件引起了我们极大的同情和满意,我们认为这是代表全国大多数不愿意做亡国奴的人们的意见与要求,我代表我们的党、苏维埃政府与红军表示诚恳的敬意,并向你们和全国人民声明:我们同意你们的宣言纲领和要求,诚恳的愿意与你合作,与一切愿意参加这一斗争的政治的组织或个人合作,以便如你们纲领与要求上所提出的一样,来共同进行抗日救国的斗争。"他还说:"我们的党员应当参加各地方的救国组织和各种形式的救国运动。"毛泽东最后表示:"我们希望你们和各地一切救国组织派遣代表来参加苏维埃政府,……我们诚意的愿意在全国联合救国会的纲领上加入签名。"[①]这封公开信不仅在《救国时报》《巴黎时报》公开发表,而且还流传有油印文本,给了全救会以巨大的支持和鼓舞。

9 月 18 日毛泽东再次致函章乃器、陶行知、沈钧儒、邹韬奋,指出"先生们抗日救国的言论和英勇的行动,已经引起全国广大民众的同情,同样使我们全体红军和苏区、人民对先生们发生无限的敬意!"毛泽东对他们说:"我委托潘汉年同志与诸位先生经常交换意见和转达对诸位先生的热烈希望。"信中还一并附上中国共产党 8 月 25 日致国民党书,"请求诸位先生予以审察,并以高见惠示我们"。[②]

11 月 12 日上海各界救国会在静安寺基督教女青年会堂召开纪念孙中山诞辰大会。救国会的领导人批评蒋介石实行"攘外必先安内"的政策,背弃了孙中山的遗教,呼吁各党各派各界民众继承孙中山的遗志,实现国共合作,联合抗日,为中华民族解放而努力。会上,上海沪东区日本纱厂的工人代表控诉了日本资本家对工人的迫害和虐待,介绍了纱厂工人为争取自身利益进行罢工斗争的情况。她说:"这次我们罢工,不是什么人叫什么人罢的,而是我们平常受了东洋赤佬的压迫,吃他们的亏,所以大家服不了这口气,而齐心罢工的!我们鬼子厂子里做工,一天要做十二小时,还要受种种非人待遇,现在东洋兵要把罢工工人打死,放在麻袋里,投入黄浦江里。已经有两个工友失了踪。我们大家是中国人,应该大帮忙。望你们先生们帮助我们这般罢工工人!"[③]当场由大家提议组织了一个日商纱厂罢工后援会,共募捐得四百余元。邹韬奋为了援助工人,捐了一天的薪水。[④]

11 月 15 日上海救国会呼吁全国同胞援助日商纱厂罢工工人,指出:"四万余上海日商纱厂的工人,每天要做十二小时以上的工作,要负担比华商纱厂工人还要加重三四倍的工作;在所谓科学管理之下,忙得连气都喘不过来。然而,他们所得的工钱,最低的每天只有一角八分,连饭都吃不饱。他们继续工作三年之后,身体就糟蹋得不堪设想,一生康健就此牺牲,工作效率自然也就减低了。那时日本厂主便毫不顾惜,加以开除。三年以后工作效率减低,是日本纱厂的统计;而三年以后陆续开除,是日商纱厂的统一政策。这种待遇,真可说是'惨无人道'了!特别自从

---

① 《救国会》,第 128-136 页。
② 《毛泽东书信选集》,人民出版社 1983 年版,第 63-64 页。
③ 《救亡情报》第 26 期,1936 年 11 月 15 日。
④ 《救国会》,第 303 页。

'一·二八'战争以后,……工人的工资就不断的减低,工人的待遇便加倍的残酷,稍不如意,辱骂殴打立至。对于女工的轻薄侮辱,更是常事。此外,如任意开除工人,任意克扣工资,工人都绝对没有申辩的余地。现在,工人们因为不愿再过亡国奴的生活,同盟罢工了。他们提出十一条天公地道的要求:(一)增加工资十分之二;(二)恢复'一·二八'以前的赏工及米贴;(三)不得无故开除工人;(四)不得打骂工人及侮辱工人;(五)饭后休息一小时;(六)女工生产不得开除;(七)各间待遇平等;(八)包工一律取消;(九)反对日兵进厂压迫工人;(十)工作时间不得任意延长;(十一)罢工期间工资照给。……解放大众的压迫,尤其解放大众在日本帝国主义之下的压迫,是救国阵线的基本任务。我们对于抗日罢工的援助,是义不容辞,而且要竭尽心力的,我们除已经举行募捐慰劳的工作之外,并且已经组织了日商纱厂罢工后援会。因为我们感觉到力量还不够,同时认为援助抗日罢工,是每一个不愿做亡国奴同胞的责任,所以,我们号召全国同胞的援助。"①

二

国民党当局对上海乃至全国各界救国联合会恨得要死,怕得要命,想方设法企图将其扼杀在摇篮中。

1936年2月1日,上海各界救国联合会成立不久,国民党中宣部就发表《告国人书》,胡说"前闻共产党密议,欲利用文化团体及知识分子,在救国会的口号掩护之下,作卷土重来计。救国会的宣言,不曰反对中央,即曰颠覆政府"②。对此救国会于2月14日发文严词驳斥,指出受人利用云云都不过是奸人捏造事实,诬陷救国运动。文章声明:"'三军可夺帅,匹夫不可夺志',我们倘使是中宣部一纸诬蔑文告所能够吓得倒的人,我们早就不敢在'救国有罪'的环境之下,公然以救国号召。""我们,既已经以身许国,死生原有所不计。我们所忧惧的,是国是不立,正气不伸的结果"③。

1936年5月31日全国各界救国联合会建立。6月5日国民党上海市市长吴铁城出面发表谈话称,现在有少数野心家,组织了一个什么全国各界救国联合会,这里面不过是二三十个人在那里包办,"这个团体简直是一个反动的东西。"6月14日救国会再次发表文章表示:"对于一切恶意的攻击,我们不需要解释和辩论,我们只有用不可动摇的救国阵线的力量和伟大的献身民族的决心来回答。"④

后来吴铁城通过他的秘书打电话邀请全救会领袖沈钧儒、邹韬奋、李公朴、章乃器到市政府便餐。餐后吴铁城提出:"你们的全国各界救国联合会为非法,命令你们:一,立刻写好通知解散全国各界救国联合会,二,把所有印刷品送到市政府来,以备销毁。否则今天便把你们拘留起来。"他还用嘲笑的口吻说,"瞎,你们要做

① 《救亡情报》援助日厂华工罢工号外,1936年11月15日。

② 《申报》1936年2月12日。

③ 《大众生活》第一卷第15期,1936年2月22日。

④ 《救亡情报》第6期,1936年6月14日。

民族英雄吗？那就让你们尝尝民族英雄的滋味吧！”沈等据理抗争，予以驳斥，并表示：今我们只能保证我们自己一不躲避，二不逃跑。①

1936年11月23日凌晨邹韬奋被捕时，他在美国买的二十六本英文书一并被捕房搜去。这些书都是公开出版的，政治、经济、文化、社会问题等各部门都有。国民党当局深文周纳，指控其中的几本与人民阵线有关，进而认定邹韬奋是专门研究人民阵线的。对此辩护律师孙祖基强调：“因为被告是新闻记者，对各个方面都要涉猎研究并非专门研究人民阵线者，何况那些书本身也是百科丛书，并非人民阵线丛书。再说到一个人家里的书决不至于仅有一种，尤其是文化人，往往什么书都有的。如果认为某人家里有人民阵线的书就认为是人民阵线的信徒，有佛教书就是佛教徒。……那岂非笑话！”②

捕房在邹韬奋家中搜得的托派分子在上海办的《斗争报》表明，邹韬奋等人联合抗日的主张当时还受到来自极左方面的攻击。该报某期同时刊载涉及邹韬奋与章乃器之文各一篇，其中关于韬奋一文指韬奋为资本家。另外一文批评“章乃器是叛卖阶级的史太林派”，并表示“反对章乃器的救国阵线没有政治野心，没有夺取政权的企图，引入爱国一途，减少斗争的力量”③。文章指责章“主张在国民党领导之下救国，在对于中央效忠的一点上，与法西斯理论家的主张一致”。以前从未未知有该报的邹韬奋偶遇友人谈及，并设法购得一份交阅。韬奋阅后一笑置之。不料在上海市公安局向江苏高等法院第三分院请求移提时，该报文章竟被用来作为不利被告的证据，1937年6月7日沈钧儒等7人在答辩状中严肃指出：“检察官欲摘取他人一二无故谩骂之词，以为不利于被告等之证据，则亦显不合法。”④

1937年4月3日江苏高等法院炮制了一份《起诉书》，罗织了十大罪状，对“七君子”等提起公诉。起诉书指控沈钧儒等涉嫌“勾结共产党，组织非法团体，煽动罢工罢课，扰乱地方秩序，图谋颠覆政府”，又谓“七君子”等“对于智识简单之工人，竟不惜多方煽惑，以遂其不法之企图”⑤。

三

1936年12月12日西安事变发生后，关押七君子的苏州看守所的气氛突然紧张起来。邹韬奋等6人（史良因是女性，另外关押）在无所不谈的当中，无意中也谈到枪毙的问题。他们提出“假使来了不测之祸，把我们这几个人绑出枪毙，我们应该怎样？我们的一致的回答是应该一致的从容就义。我们一致主张出去的时候应该高唱《义勇军进行曲》——‘起来！不愿做奴隶的人们！’……临刑时应该一致大呼：打倒日本帝国主义！民族解放万岁！”邹韬奋出狱后回顾说：“救国是一件极艰

---

① 章乃器：《我和救国会》，《中华民国史资料丛稿》第六辑，中华书局1980年版，第31页。
② 《救国会》，第303-304页。
③ 转引自《江苏高等法院检察官起诉书》（1937年4月3日），上海《大公报》1937年4月4日。
④ 《救国会》，第265-266页。
⑤ 上海《大公报》1937年4月4日。

苦而需要长期奋斗的事情。参加救国运动的人当然要下最大牺牲的决心。”①

1937 年 6 月 11 日、6 月 25 日邹韬奋在江苏高等法院两次受审时，机智勇敢，在法庭上进行了有理有据的回答，巧妙地利用这一场合宣传联合抗日的主张。

第一次庭审时法官问道：“对于一党专政有什么意见吗？”邹韬奋回答说：“中山先生也提倡宪政，不主张永远专政的。”②第二次庭审法官又问救国会：“主张联合各党各派是指容共吗？”邹韬奋答：“指一切党派，共产党也在内。但在二十三年国难会议宣言上，在三中全会③宣言等等文件上，都曾说起各党各派团结的话。”④法官还问救国会要“建立统一政权是何意义？”邹韬奋答：“今年三中全会宣言说：‘自去年七月以来，统一政权渐告形成。’由此可见七月以前是不统一的。”⑤在此之前，沈钧儒等 7 人在 6 月 7 日的答辩状中已经指出：“至为何希望共产党参加抗日，则无非因寇入已深，应以全力对外，一点一滴之血，一枪一弹之费，均应留作对外之用。中山先生于民族主义第三讲末段云：‘要提倡民族主义，自己先联合起来。’二十一年四月我国国难会议宣言亦载：‘深愿全国国民不分党派阶级，精诚团结，牺牲一切成见，共图抵抗之方策，……而依据民众武力之原则，打破以往循环内战之局面，实为今后国人努力唯一之途径。’……蒋院长于本年二月间三中全会后，对中央社记者之谈话尤明称：‘事实上对于民国十二年以前之各党各派，早无歧视，更无排斥之意。’是被告等建议全民族不分党派阶级，一致联合抗日，实为我国自中先生垂训以来一贯之政见。起诉书未及博览，遽予被告等以指摘，实非允当。”⑥南京国民政府时期孙中山是国父，国民党是执政党，具有很大的权威性。邹韬奋如此回答，以其人之道还其人之身，滴水不漏，搞得对方哑口无言。

当法官问道：“救国会是公开的还是秘密的？”邹韬奋回答说：“是公开的，上海军政当局都知道，并且吴市长还为此事请我在国际饭店吃过饭，希望救国会与当局合作。上海各界救国联合会代表到南京去请愿的时候，承国民政府正式派员接见。由此可知救国会是完全公开的。不过因外交上的关系，手续上没有正式立案。”⑦据此辩护律师刘崇佑在法庭上追问：“知道当时吴市长看了救国会宣言，有没有今天检察官所说的一样严重？如果有，当时吴市长为什么不说话？为什么不扣留他？这应请审判长秉公调查。”⑧邹韬奋与辩护律师配合默契，搞得审判长狼狈不堪，下不了台。邹韬奋在法庭上大声疾呼：“我们为了完成救国的任务，希望在政府领导之下，全国团结抗日，为最大目的。”⑨

第一次庭审时法官问：“人民阵线与救国阵线有什么区别？”邹韬奋明确回答：

---

① 《韬奋文集》第三集，第 130-133 页。
② 《救国会》，第 302 页。
③ 指国民党五届三中全会。
④ 《救国会》，第 316 页。
⑤ 《救国会》，第 317 页。
⑥ 《救国会》，第 257 页。
⑦ 《救国会》，第 302 页。
⑧ 《救国会》，第 303 页。
⑨ 《救国会》，第 317 页。

“外国的人民阵线含有对内意味，救国阵线是抗日，收回东北四省，复恢华北主权，完全对付日本。”①不料第二次庭审时法官又别有用心地问：“《生活日报》上说人民阵线与人民救国阵线一样的，是不是？”邹韬奋马上回答：“去年七月间，有一读者来信，曾用‘人民阵线’四字，我回信答复说，团结抗日很好，但用‘人民阵线’四字有毛病，以后不可再用，以免误会。起起诉书上反我讲人民阵线，岂非断章取义，故入人罪？”②第二次庭审时法官又以1926年11月全救会请张学良出兵援绥的电报说事，胡说：“救国会电报十一月中发出，西安事变即于十二月中爆发。救国会电报引起西安事变”，意欲嫁祸七君子。邹韬奋在看了审判长递来的全救会致张学良电后说：“此电内容明白说请他出兵抗日，并非叫他举行兵谏；且全救会时有同样电文给国民政府及傅、韩、宋，检察官何以不仔细看看？”并请他说明电报中所谓援绥究竟和西安事变有何因果关系？在邹韬奋的连连逼问下，检察官只好沉默。③

7月31日，在各方压力之下，南京国民政府不得不将沈钧儒等七人释放。

8月1日出狱后的邹韬奋说：“在狱觉得很‘心安意得’，因为始终不是争个人的自由胜利。现在出来是大家的胜利，以后也只求‘心安意得’，不背卖大家。”④

四

邹韬奋在七君子事件中的坚定表现，有着多种因素。

首先是确立“六人一致”的原则。邹韬奋在狱中写的《经历》说：“我们参加救国运动，固然有着一致的主张和行动，那是不消说的。……于六个人的共同事情，应由六个人的共同决议去解决……有需要我们表示什么态度，或公布什么文件，便须经过六个人的会决定。”⑤后来他们要求法官回避，应对杜月笙、钱新之的诱降，直到出狱谈话均是以七人的名义统一对外的。

1937年6月12日沈钧儒等提出声请回避状，指出：“合议庭之推事全体执行职务，显有偏颇之虞，合词声请回避”⑥。从5月25日至6月17日七君子连续四次致信杜月笙、钱新之，严正拒绝了他俩提出的诱降、迫降条件，一致表示誓死不签署任何有失立场与人格的书面文件，坚决不进反省院。5月25日七君子在信中表示：“政府既有意扫除隔阂，何妨再示宽大。……倘仅为谈话方便起见，则钧等本意，不论撤回公诉，或判决无罪，或在苏保释，均拟即日赴京面谈，以期完全谅解。”⑦6月1日七人在信中表示：“钧儒等以和平奋斗之手段，为抗日救亡之呼吁，冤被羁押，迄今已六月，……秉爱国之热忱，竟被处害国之罪刑，闻之深滋悲痛。……而当庭声明不服上诉与抗议送反省院，于理于情于法，均难缄默。……竭诚奉陈，希望先生

① 《救国会》，第302页。
② 《救国会》，第341页。
③ 上海《大公报》1937年9月26日。
④ 《救国会》，第341页。
⑤ 《救国会》，第225页。
⑥ 《申报》1937年6月13日。
⑦ 《救国会》，第241页。

等不吝赐教，另求适当之办法。”[①]6 月 9 日又写信强调：“现开庭之期已迫，深恐法院匆促宣判，我方依法力争，同时进行上诉，不但有损司法尊严，且使本案之解决，愈感困难，故切盼先生等立即设法延迟判决，一面再为筹更妥之解决。”[②]6 月 17 日七人再次写信强调：“于经过反省院一点，钧等认为于国家前途无益，于个人人格有损，万难接受，不得不善严力争，惟有尽其在我，依法应诉而已。”[③]

1937 年 8 月 2 日，出狱后的邹韬奋与沈等发表共同谈话云：“关于时局问题，我等过去主张，只有二个：一为团结，即全民族联合战线；一为抗日，目下全国团结已有坚强基础，抗日亦已为全国一致之要求，深信在中央领导之下，必可展开极伟大之民族解放战争，而且必可取得最后之胜利。我等惟有准备牺牲一切，在民族解放战争中，尽一分人民之天职。”[④]

其次，是有自己所参加的中国民权保障同盟，全国、上海各界救国会的声援。其中宋庆龄发挥了很大的作用。已故的鲁迅也是激励邹韬奋前行的精神榜样。七君子被捕入狱后，宋庆龄与各界知名人士发起“救国入狱运动”，宋庆龄等人亲自前往苏州高等法院投案，请求与爱国领袖一同羁押，向国民党当局施压。

第三，有国民党营垒中李宗仁、张学良等人的支持。11 月 25 日国民党桂系领导人李宗仁、白崇禧、黄旭初联名发出营救电称：“当此日人主使匪伪侵我绥东，全国舆情极端愤慨之时，政府对于爱国运动，似不应予以压迫。况声援抗日战士，立意极为纯洁，纵或对日纱厂罢工工友有同情举动，亦系爱国热情所有之表现，与危害民国实极端相反。且沈钧儒等七人平时主教育，或主言论，其为爱国志士，久为世人所公认，如政府加以迫害，足使全国志士寒心。”[⑤]12 月 12 日，西安事变爆发，张学良、杨虎城两将军发动兵谏，扣留了蒋介石，并将立即释放上海爱国领袖列为八项抗日救国主张之一。

第四，有中共方面的声援与交涉。1936 年 11 月 30 日，延安《红色中华》和巴黎《救国时报》发布了有关消息和评论，抗议国民党的暴行，援救七君子。次年 4 月 12 日中共中央发表《对沈章诸君被起诉宣言》，称赞“诸先生以坦白之襟怀，热烈之情感，光明磊落之态度，提倡全国团结，共赴国难，停止内战，一致抗日，此实为我中华男女之立尽责任与光荣模范，而为中国及全世界人民所敬仰”，要求南京政府释放“七君了”，并彻底修改《危害民国紧危治罪法》。[⑥] 4 月 15 日中共代表周恩来写信给蒋介石，要求国民党当局释放“七君子”，取消对陶行知等人的通缉令，以“一新天下耳目，是则举国民众所引颈仰望者也。”[⑦]

最后，自然是邹韬奋一直秉持的爱国、救国的热心。他以“民族魂”鲁迅为楷

---

① 《救国会》，第 242–243 页。
② 《救国会》，第 270 页。
③ 《救国会》，第 270 页。
④ 《救国会》，第 311 页。
⑤ 《桂林日报》1936 年 11 月 26 日。
⑥ 《解放周刊》创刊号，1937 年 4 月 24 日。
⑦ 《周恩来书信选集》，中央文献出版社 1988 年版，第 131 页。

模，努力学习鲁迅先生战而不屈[1]的积极斗争精神，"为民族解放的伟大而艰苦的工作，努力前进。"[2]他强调"中国的不亡，就是要靠我们积极提倡扩大这'民族魂'，严厉制裁那些不知人世间有羞耻事的'亡国大夫'型的国贼和准国贼！"[3]

疾风知劲草，板荡识忠臣。邹韬奋在日本帝国主义加紧侵略中国的危急关头，与全救会的同志挺身而出，为联合抗日大声疾呼，并在监狱中接受了严峻的考验，与其他六位同志一道交出了一份令中国人民与中华民族满意的答卷。七君子事件客观上扩大了中国共产党提出的抗日民族统一战线的影响，促进了全国范围抗日救亡运动的新高涨，历史将永远铭记这一页。

① 参见《韬奋全集》第六卷，上海人民出版社1995年版，第594页。

② 邹韬奋：《笔谈》，《韬奋全集》第7卷，上海人民出版社1995年版，第69页。

③ 《韬奋全集》第七卷，第69-70页。

鲁迅逝世后的各界悼念与追思①

1936年10月19日凌晨5时20分,无产阶级文学家鲁迅在上海大陆新邨寓所逝世。时任左翼作家联盟党团书记的冯雪峰立即打电话告知宋庆龄,宋得消息后极为悲痛,立即驱车前往鲁迅寓所吊唁。当天前往吊唁的还有胡风、内山完造、胡愈之等。下午三时半,鲁迅遗体移入胶州路二〇七号万国殡仪馆。六时,遗体经馆方施行防腐工作后暂厝于该馆二楼二号房间,神采如生,两颊则瘦削异常,身着深咖啡色绸夹袍,覆以锦被,安置屋之中央,受其亲友之吊唁。四周摆满了生前友好致敬之花圈,吊者七时始散。当晚由黄源先生等十余人陪守。

上海各界救国联合会总干事胡子婴后来回忆说:鲁迅逝世那一天,我正在史良的家里参加妇女救国会的理事会会议。大概是上午九点钟左右,我接到孙夫人宋庆龄的电话。她告诉我:鲁迅已经逝世了,鲁迅的丧事由救国会来办;而且要通过他的丧事来发动民众,搞成一个群众性的运动。我即把孙夫人的意见告诉了在座的几位同志,随后就去召集各界救国会联合会干事会,商量这件事情。经干事会研究,拟定出鲁迅葬礼的初步方案:一、组织群众为鲁迅安葬。鲁迅的遗体安放万国殡仪馆,让各界民众瞻仰遗容三天,这是在过去办丧事从来没有过的;二、发动各界救国会和民众送挽联,这些挽联在出葬时作为仪仗;三、鲁迅的棺木上覆盖一面旗用白缎子作底,上用黑丝绒缀以"民族魂"三个大字,字由沈钧儒书写;四、送葬时唱悼歌,决定采用当时群众比较熟悉的《打回老家去》的曲为悼歌曲,填上悼词;五、安葬时,起灵和下葬,由各界人士包括国外友人来抬棺木。随后,沈钧儒召集各界救国联合会理事会议,说明宋庆龄的意见,会议通过了干事会拟定的方案。

由于当时上海白色恐怖十分严重,中共地下党难以公开出面,所以决定由宋庆龄主持治丧委员会,治丧的一切大事都由宋出面承担。1936年10月21日天津《大公报》报道,昨日下午经鲁迅生前友好经数度商酌,决定由蔡元培、马相伯、宋庆龄、内山完造、A. Smedly. 沈钧儒、茅盾、萧三等八人组织治丧委员会办理一切,并发出讣告云:"鲁迅(周树人)先生,于一九三六年十月十九日上午五时二十五分病卒于上海寓所,享年五十六岁,即日移置万国殡仪馆,由二十日上午十时至下午五时,为各界人士瞻仰遗容的时间。依先生的遗言'不得因为丧事收受任何人的一文钱',除祭奠和表示哀悼的挽词花圈等以外,谢绝一切金钱上的赠送,谨此讣闻。"治丧处则由黄源、胡愈之负责。

① 原载《群言》2018年第11期,标题改为《不朽的风骨　永恒的风范——鲁迅逝世后各界的悼念与追思》。

后来各界瞻仰鲁迅遗容的时间调整为从二十日晨九时起至二十一日午后二时止。二十一日午后三时大殓，二十二日晨十时运万国公墓安葬。为了便于广大群众瞻仰遗容，宋庆龄特意请沈钧儒帮助在虹桥万国公墓购买墓地一块，并亲自陪鲁迅夫人许广平到万国殡仪馆选择了一具上面镶有玻璃的棺木，自己出重金买了下来。

20日，在上海公共租界万国殡仪馆举行了隆重的吊唁仪式，前来吊唁的有宋庆龄、何香凝、苏联驻华大使鲍格莫洛夫及在沪文艺界知名人士共计102个团体，5200人。时任上海培明女中教师的胡乔木得知噩耗后立即动员该校师生前往万国殡仪馆吊唁。培明女中暨附小师生列队从新闸路南园缓缓走到万国殡仪馆，在四周围着鲜花和观叶盆草的鲁迅遗体旁默默地绕行一圈。吊唁活动持续了三天，培明女中许多同学接连参加了三次。

当天宋庆龄为鲁迅逝世答《立报》记者问。她说："鲁迅先生的死，是中国一种重大的损失。至于'身后'问题，鲁迅先生生前既然为中国民族求解放而奋斗不懈，死后我们便得拿他这种精神去宣扬给全国的民众。纪念他的办法，则是把他的那种求中国民族解放的斗争精神，扩大宣传到全世界去，而帮助完成他未完成的事迹和伟业。"①许广平则在殡仪馆内告诉记者：鲁迅"生前并无积蓄，每年只有一些版税可抽，也不过是一千多块钱。遗有一子，名海婴，只有七岁多，在施高塔路大陆小学读书。其胞弟周作人，现在北大教书，周建人在本市商务印书馆任编辑。作人处本日已打电通知。关系身后事宜，多承各方友好协助，今后我将致力整理其遗作，尤其是最近而未完的遗作，打算最近期间暂不离沪。"

21日上午，鲁迅遗体移至该馆楼下礼堂陈列。宋庆龄赴上海万国殡仪馆，参加鲁迅的大殓仪式。举行鲁迅遗体大殓当天，吊唁者仍连连不断。

22日鲁迅的安葬活动如期举行。上海公共租界工部局本来是不允许在租界内组织群众游行集会的。但这次是送葬，租界当局也不好阻止。然而在出葬那一天，他们派出马队在殡仪馆四周巡逻，意欲冲散送葬的群众队伍。全救会未雨绸缪，事先预作安排，将送葬的群众在四周隐藏好，开始出葬时，大家迅速按预定计划排好队伍，青年男女学生、工人、作家都四人一排地列成钢铁一般的队伍，马队也就难于冲散了。

中午，黄源、巴金、黎烈文、胡风等十四个作家将鲁迅的灵柩抬出殡舍的门，灵柩抬上了灵柩车。下午二点，送葬的行列终于启程了。送葬队伍共有五六千人，沿途唱挽歌，呼口号，十分悲壮。

队伍最前面的是一幅"鲁迅先生殡仪"的横额，跟着便是挽联队、花圈队、军乐队、挽歌队、巨幅遗像、灵车、家属、绋者、徒步送殡者，培明女中送葬队伍前导大旗上"鲁迅先生葬仪"六个大字系胡乔木手书。

送葬队伍以"民族魂"大旗作为引导，接着是各界民众的挽联组成的仪仗队。这些挽联做成的旗帜，是上海竹木业的救国会会员亲自做的。乐队是救国会理事

① 上海《立报》1936年10月21日；《宋庆龄选集》上卷，人民出版社1992年版，第152页。

马相伯老先生主办的一个孤儿院的孤儿组成的乐队。还有一位作曲家谱了一首曲子,在落葬队伍中用六弦琴自弹自唱,感人肺腑。

下午两时半灵车启动。以宋庆龄为首的治丧委员会事先选了一条经过公共租界和中国地界的出殡路线。帝国主义和国民党反动派企图破坏葬礼,以“防止扰乱社会秩序”为由,不准按原路线进行。这时宋庆龄挺身而出,与沈钧儒、沈钧儒、章乃器、史良、王造时、胡愈之、邹韬奋、李公朴、沈兹九等紧随灵车,低垂头很肃穆地走在群众队伍的前头,从万国殡仪馆一直步行到万国公墓。参加送葬的还有蔡元培、郑振铎、王统照、夏丏尊、郑君里、郁达夫、蔡楚生,欧阳予倩、袁牧之、陈波儿、赵丹等著名人士以及日本友人内山完造、池田幸子等。

作家田军任这一足足长达两里多队伍的总指挥,巴金等分任纠察,路线是经胶州路,爱文义路,静安寺路,大西路,中山路,折入虹桥路。一路上,秩序井然,大家循着军乐队的乐声,唱起悲壮的挽歌。歌词如下:“你的笔尖是枪尖,刺透了旧中国的脸。你的声音是晨钟,唤醒了奴隶们的迷梦。在民族解放的战斗里,你从不曾退却,擎着光芒的大旗,走在新中国的前头。呵,导师!呵,同志!活在我们的心里!你没有死去!你活在我们的心里!你安息吧!呵,同志!我们会踏着你的路向前。那一天就要到来,我们站在你的墓前,报告你,我们完成了你的志愿。愿你安息,愿你安息,愿你安息,安息在土地里;愿你安息,愿你安息,愿你安息,安息在土地里。”《义勇军进行曲》《打回老家去》等抗战歌曲也在队伍中此起彼伏,广为传唱。

送丧队伍还一阵阵紧迫地喊出“鲁迅先生精神不死!”“纪念鲁迅先生,要打倒日本帝国主义!”“纪念鲁迅先生,要打倒出卖民族利益的汉奸!”“纪念鲁迅先生,要努力民族解放斗争!”“中华民族解放万岁!”等口号。一路上,还沿途分发鲁迅先生的传略。国民政府派出了大批军警、宪兵,帝国主义也派出了大批巡捕上街,荷枪实弹,如临大敌。但是慑于鲁迅的崇高威望,对送葬的队伍还是不敢肆意阻拦。

大队人马到达万国公墓时已经五点。丧仪在礼厅进行,主席蔡元培先生以沉痛的语调首先致辞:“我们要使鲁迅先生的精神永远不死,必须担负起继续发扬他精神的责任来!”“我们要踏着前驱的血迹,建造历史的塔尖!”群众齐声回答“是的!”接着雷霆般的一阵口号声:“鲁迅先生精神不死!”“鲁迅先生不死,中华民族永存!”

沈钧儒接着报告鲁迅生前事略,称赞他是伟大的思想家和文学家,受人民的尊敬。沈钧儒说,“像鲁迅先生这样伟大的思想家和文学家,不但我们人民都对他表示尊敬,就是我们政府也应当敬重他的!他现在虽得不到什么国葬,但今天可说是一个民族的葬仪。这鲁迅先生一定在地下高兴的!他今年只活了五十六岁,假使他多活几年,我们相信他一定可以领导我们,完成民族解放运动的!”

在群众的热烈要求下,宋庆龄发表激昂的讲话:“鲁迅先生是革命的战士,我们要承继他战士的精神,继续他革命的任务!我们要遵循着他的路,继续他打倒帝国主义,消灭一切汉奸,完成民族解放运动!”

章乃器先生在演说中指出:“鲁迅先生所以伟大,是在于他的笔肯为全世界被压迫大众讲话,肯为特别被压迫最厉害的中国民众讲话。纪念鲁迅先生,我们必须发起一种鲁迅运动:第一,没有参加联合战线的人,都觉悟了来参加;第二,应使每个人每天都能做一小时有利于民族解放的工作;第三,每个人应该学鲁迅先生的样,为全世界被压迫者讲话,而且至死不屈!"

之后,日本友人内山完造演说:"鲁迅先生是个大文豪,他给我们日本人的印象,是永远不能磨灭的。"邹韬奋发言说:"今天天色不早,我愿用一句话来纪念鲁迅先生:有的是不战而屈,鲁迅先生是战而不屈。"①田军等人演说之后,由胡愈之读哀词。

最后,沈钧儒将自己亲手书写了"民族魂"三字的黄色绸旗,与章乃器、王造时、李公朴四人将旗帜覆盖在灵柩上。在哀乐声中,由十四个作家抬棺,落入墓穴。这时已经六点多钟。邹韬奋后来回顾说:盖在鲁迅棺材上的"'民族魂'的大旗实含有很深的意义。中国的不亡,就是要靠我们积极提倡扩大这'民族魂',严厉制裁那些不知人世间有羞耻事的'亡国大夫'型的国贼和准国贼!"②

鲁迅先生的葬礼声势浩大,参与者甚众。送葬队伍,浩浩荡荡,既反映了群众对鲁迅的爱戴,也表示了人民的觉醒和意向,它向消极抗日的国民党当局和气焰嚣张的日本侵略者显示了团结抗日、一致救亡的威力。

10 月 25 日,邹韬奋主编的《生活星期刊》出版了图文并茂的《悼鲁迅先生》的专刊,卷首刊登了邹韬奋写的"笔谈",指出鲁迅"他是一位最早反封建的努力革命的老将。无论怎样的穷困,都屈伏不了他;无论怎样的压迫,都屈伏不了他。我以为我们后死的斗争者,应承袭鲁迅先生的积极的斗争精神,为民族解放的伟大而艰苦的工作,努力前进。"③

11 月 1 日下午三时,鲁迅家属及治丧委员会在八仙桥基督教青年会举行招待会,招待此次参加送殡各界代表及治丧事务的人员,宋庆龄等 50 余人出席招待会。会上蔡元培致辞,许广平向各界致谢,胡愈之报告治丧经过,胡风报告经费支出情况。会议决定成立鲁迅纪念委员会,并推宋庆龄、蔡元培、沈钧儒、内山完造、茅盾、许广平、周建人等组成鲁迅纪念委员会筹委会。

11 月 18 日,宋庆龄与茅盾、蔡元培为纪念鲁迅及筹措鲁迅纪念活动的资金在上海联名致函罗曼·罗兰、伐扬·古久里等国际著名进步作家。信中称鲁迅是"中国的高尔基""中国的伏尔泰",指出鲁迅勇敢地、永不止息、毫不妥协地同仍以中世纪的恐怖手段统治中国的封建势力斗争,"已成为争取自由的民族革命斗争中人民大众的一面旗帜。""我们相信你们会尽力帮助我们,使纪念鲁迅的活动在全世界的范围内开展起来。"④

当然,对后世更有影响的对鲁迅的评价,当属 1936 年 10 月 22 日中共中央和中华苏维埃中央政府发出《为追悼鲁迅先生告全国同胞和全世界人士书》以及向鲁迅

---

① 《韬奋全集》第六卷,第 594 页。

② 《韬奋全集》第七卷,第 69-70 页。

③ 《韬奋全集》第七卷,第 69 页。

④ 转引自《"促进鲁迅研究,传播鲁迅道德的真理"——米歇尔·露阿夫人提供的一组新史料》,载《鲁迅研究月刊》1994 年第 5 期。

夫人许广平女士致唁电。唁电说：鲁迅的逝世使“中华民族失去最伟大的文学家，热忱追求光明的导师，献身于抗日救国的非凡的领袖”。《告全国同胞和全世界人士书》强调：“鲁迅先生在无论如何艰苦的环境中，永远与人民大众一起与人民的敌人作战，他永远站在前进的一边，永远站在革命的一边。……他在中国革命运动中立下了超人一等的功绩。”不过，在当时的上海乃至全国，这种权威的政治评价不可能及时广泛地为人所知。

1937年7月18日，鲁迅纪念委员会在静安寺路（今南京西路）华安大厦正式成立，公推宋庆龄为主席。委员会成员有宋庆龄、蔡元培、许寿裳、马相伯、胡愈之、胡风、茅盾，许广平，陈仪、郭沫若、史沫特莱、斯诺、内山完造、秋田雨雀等70余人。10月19日鲁迅逝世一周年忌，鲁迅纪念委员会编辑的《鲁迅先生纪念集》由文化生活出版社出版，内容包括悼念文章、鲁迅自传，许寿裳编的年谱，许广平整理的“译著书目”等。

同日，由郭沫若、巴金发起邀集上海文艺工作者举行座谈会，决定组织文艺界救亡协会。会上提议，由出席者签名请商务印书馆从速出版《鲁迅全集》。次年6月15日，鲁迅纪念委员会编纂的《鲁迅全集》历经艰辛，由复社正式出版发行。精装本于8月1日发行。全集共20巨册，600多万字，这是“孤岛”文化界人士全力协作的灿烂成果，也是鲁迅先生留给人民的永久精神财富。

廖磊主皖与安徽基层行政组织建设[①]

廖磊(1891—1939),字燕农,广西陆川人,陆军上将,新桂系高级将领。[②] 抗战爆发后,蒋桂言和,新桂系军队陆续调往前线作战,廖磊任第二十一集团军总司令,先后参加淞沪会战、徐州会战和武汉会战,建立大别山抗日游击根据地,任鄂豫皖边区游击总司令兼安徽省主席。

大别山位于皖、豫、鄂三省交界处,横亘南北数百里,战略地位十分重要,向东可以截断津浦线,向西可以控制平汉线,向北可以扼住陇海线,向南可以威胁日军的长江运输。鉴于大别山的战略地位,武汉弃守前,国民党军事委员会决定以大别山为依托,建立敌后抗日根据地,由廖磊率军固守,阻止日军西进。大别山抗日根据地的主体在安徽。为使军政一元化,1938 年 10 月,廖磊接替李宗仁担任安徽省政府主席。廖磊初主皖政时,正值武汉即将弃守,省府已迁至立煌,省境大部沦陷,安徽在形势上已孤悬敌后。本文试图探讨在严峻的抗战环境下,廖磊是如何加强安徽基层行政组织建设,建立和巩固大别山抗日根据地的。[③]

一、抗战以前安徽基层行政组织的弊端

基层行政组织是指县以下的地方行政组织。为绥靖地方,巩固统治,1932 年国民政府制订剿“匪”区内《各县区公所组织条例》和《各县编查保甲户口条例》,并严令鄂豫皖三省迅速办理。同年 10 月,安徽各县奉令停办地方自治,将基层行政组织设置由区、乡镇、闾、邻改为区、联保、保、甲。保甲编组按照 10 进制的原则,10 户为甲,10 甲为保。[④] 战前的安徽基层行政组织虽在强化基层社会控制方面发挥了一定作用,但面对抗战时期的新形势,其弊端很快显现出来。

1. 基层组织设置不合理。抗战以前,安徽县以下基层组织有区、联保、保、甲,但在实际运作过程中,其职权不清、效率低下的弊端很快显露出来。区署职权,原以辅助县政府督导政务为主,并非执行政令之机构,但在具体运作中却过多地承担

---

① 本文与博士生何孔蛟合作,原载《安徽史学》2013 年第 5 期。

② 新桂系是指民国时期以李宗仁、白崇禧等为首的广西地方实力派。因民国时期广西先后由陆荣廷、李宗仁等地方实力派掌权,为区别起见,人们习惯于把前者称为旧桂系,后者称为新桂系。

③ 目前,关于抗战时期新桂系治理安徽的研究,成果主要有:申晓云的《抗战时期新桂系治皖》(《抗日战争研究》1998 年第 2 期),童志强的《桂系主皖与安徽省民众总动员委员会》(《抗日战争研究》1994 年第 4 期),武菁的《论抗日战争时期安徽的新桂系》(《安徽史学》1992 年第 4 期),黄昊、武菁的《抗战时期安徽新县制改革研究》(《安徽史学》1912 年第 3 期)以及宋霖等主编《安徽通史》民国卷(下)的部分章节等。但现有研究成果对抗战时期尤其是廖磊主政时期安徽的基层组织建设鲜有涉及。

④ 安徽省地方志编纂委员会编:《安徽省志・民政志》,安徽人民出版社 1993 年版,第 57 页。

了执行政务的职能。“惟过去各县政府，对于政务，多责成区署办理，视为重要执行机构，而区署人员甚少，承转公文，尚感不足，何能事事推行尽善？以致敷衍塞责，反滋延误。”①联保的设置也未能发挥其密切基层组织的功能。“保甲长之上，添一联保主任，名为横的联系，实等于三级式之纵的组织，职权不分明，机构不健全，不免推诿因循。”②联保组织不但未能增进办事效率，这种叠床架屋式的组织设置反而造成基层行政的混乱。

2. 基层保甲人员素质偏低。战前安徽的保甲长为无薪给职，但却承担着繁重的职责和任务。保甲人员，“几为县政府差遣之伕役”，凡征兵、征伕、摊款、筑路、造林等事务，虽为县政工作范围的事务，“莫不由县转区，由区转令保甲长照办，事繁任重，应付维艰”③。待遇过低和职责繁重导致很多人视担任保甲长为畏途。白崇禧在给蒋介石的电文中就指出当时的安徽“保甲长责重事繁，既无薪给，又无地位”，结果社会有志人士都不愿为，以致“地痞流氓及昏庸老朽之流，出而塞责，成事不足，为害有余”④。省政府派往各地的巡视人员普遍反映基层保甲人员素质偏低。凤台县保甲长“有一部分年龄过长，程度太低，于保甲法令及保甲人员职责多欠明了”；霍邱县保甲长“教育程度太低，不明保甲意义”；寿县保甲长“多数程度太低，不能尽保甲长应有之职责”⑤。抗战前期被新桂系延揽至安徽担任财政厅长的章乃器甚至认为，安徽基层的区长、保甲长“贪污土劣恐怕要占其大半”⑥。虽有言过其实之处，但基层保甲人员素质偏低确是不争的事实。

3. 基层摊派舞弊现象严重。基层组织人员的待遇过低和素质不齐导致贪污中饱、非法摊派等现象不时发生。还在李宗仁担任安徽省主席时，就感到安徽“下级公务员如区长、联保主任、保长之类，有些不但不能奉行省政府命令，尽其职责，而且多凭其地位，欺压民众”⑦。民政厅长陈良佐从武汉启程来立煌就任时，根据一路所见，感觉安徽“许多联保主任、保甲长们，政府颁发一件政令，交办一件公务，就是给予他们发财的机会”⑧。白崇禧当时在致蒋介石的电文中更是明确指出：“安徽保甲积弊严重，在抗战期间多未能尽领导、发动民众之职能，反乘战时征兵、征工、募债等机会鱼肉民众，黑幕重重，徒增民众困苦。”⑨省政府派往各县的巡视人员也指

---

① 安徽省政府秘书处编印:《中华民国二十八年度安徽省政府工作报告》,1940 年版,第 12 页。

② 周瀚:《巡视凤怀霍寿各县局施政概况报告》,《安徽政治》报告,1938 年第 1 卷第 10、11 期合刊,第 12 页。

③ 吴文栅:《沦陷区域县政设施之研讨》,《安徽政治》论著,1938 年第 1 卷第 21 期,第 8 页。

④ 白崇禧:《关于安徽省保甲组织剥削和危害民众情形致蒋介石电》,《中华民国史档案资料汇编》第 5 辑第 2 编 · 政治,江苏古籍出版社 1998 年版,第 102 页。

⑤ 周瀚:《巡视凤怀霍寿各县局施政概况报告》,《安徽政治》报告,1938 年第 1 卷第 10、11 期合刊,第 1、5、8 页。

⑥ 章乃器:《总动员的意义与宣传方针》,《安徽省动委会档案史料选编》,安徽人民出版社 1991 年版,第 449 页。

⑦ 李宗仁:《党政军工作人员新精神新生命之创造》,安徽省政府秘书处编:《抗建中之安徽》甲编 · 总论,1940 年版,第 6 页。

⑧ 陈良佐:《军民合作的基本问题》,《安徽政治》专载,1938 年第 1 卷第 25 期,第 12 页。

⑨ 白崇禧:《关于安徽省保甲组织剥削和危害民众情形致蒋介石电》,《中华民国史档案资料汇编》第 5 辑第 2 编 · 政治,江苏古籍出版社 1998 年版,第 102–103 页。

出，"保甲人员程度不齐，政令意旨，每不能深入民间，甚或假藉机会，滥用职权，致保民善政变为虐民"①。

4. 保甲编组情况较为混乱。国民政府将保甲组织作为收复"赤区"后，加强基层社会控制的重要手段。但由于当时保甲编组，并未顾及各地自然、地理等特殊情况，机械实行10进制，加上各地编组经验的不足和地方乡绅的干预，造成保甲编组的不合理。"纵观本省各县保甲，当编组之初，因编组人员，未尽熟谙法令，每为法令所拘束，而不知活用"，"如乙地之户数，本足独立一甲，而东牵西扯，散碎莫可究诘；一村之甲数，本足独立一保，而东拉西添，生吞活剥，强为之割裂。每于召开保甲会议，厉行联保连坐，及处理其他一切保甲事务，窒碍丛生"②。各地联保，"常常不遵守规定，三四保就成立一个联保"，原因在于"地方绅士要维持和划定自己的势力范围，不愿和其他一保合为一联保，别的联保的绅士也要维持势力范围"，最后只有变通处理，乐得各自相安，结果造成联保主任和保长"常常朋比为奸，宰割民众"③。

基层行政组织作为连接政府和民众的纽带，在推行政令、动员民众和征兵征粮等方面发挥着不可替代的作用。安徽保甲组织的不健全和基层政治的不良，对战时民众动员工作产生了不利的影响。抗战爆发后，由于兵员亟待补充，安徽奉令每月需征兵10000名，省政府因各地基层组织尚未健全，无法胜任征兵任务，一再电请减少征兵数额，无奈之下国民政府只得将安徽征兵数额减为每月6000名。④ 白崇禧在前往第五战区视察时路过安徽，对基层保甲人员在征兵过程中的徇私舞弊深有感触，"有钱的人只缴纳60块钱，就可以不去抽签，穷人没有钱，就要去抽签，抽到了不愿去的，只有逃走"，"有些人因逃避兵役，而去做土匪了"⑤。廖磊主皖后也深有同感，"常看见许多地方上的壮丁，被政府派遣警察用绳索捆着带到政府里去，仔细地一问，才知道是征兵"⑥。由于安徽保甲组织的种种弊端，"以致户籍登记、户口调整、奸细检举、盗匪防止等主要工作，竟置不闻问"⑦。加上抗战爆发后，有的地方因战事吃紧，"各保甲人员，或弃职逃匿，或为汉奸，各处保甲悉皆破坏"⑧。在严酷的战争环境下，基层组织的松懈和基层政治的不良，严重影响了安徽抗战动员能力，威胁到大别山抗日根据地的建立和巩固。

---

① 周瀚：《巡视凤怀霍寿各县局施政概况报告》，《安徽政治》"报告"，1938年第1卷第10、11期合刊，第12页。

② 吕师尚：《改进本省保甲之刍议》，《安徽政治》"论著"，1938年第1卷第13期，第1–2页。

③ 《为改编各县区乡镇保甲告全省公务员书》，《安徽政治》"特载"，1939年第1卷第29、30期合刊，第1页。

④ 安徽省政府编：《安徽概览》"役政"，1944年版，第3页。

⑤ 白崇禧：《全民动员争取抗战最后胜利》，《安徽政治》"专载"，1938年第1卷3、4期合刊，第2–7页。

⑥ 廖磊：《动员工作与行政机构密切配合问题》，《安徽政治》"专载"，1938年第1卷25期，第11页。

⑦ 吴文栅：《沦陷区域县政设施之研讨》，《安徽政治》"论著"，1938年第1卷第21期，第8页。

⑧ 白崇禧：《关于安徽省保甲组织剥削和危害民众情形致蒋介石电》，《中华民国史档案资料汇编》第5辑第2编·政治，江苏古籍出版社1998年版，第102页。

二、廖磊加强安徽基层行政组织建设的措施

廖磊来皖主政时，正值武汉弃守前夕，当时安徽沿江、沿淮及交通线附近各县相继沦陷，鄂东、豫南亦相继不守。但随着占领区的扩大，日军兵力日益分散，被迫缩小盘踞地点。廖磊把握时机先扫清大别山外围，次第收复了一些为敌所占县份，经过有力的军事反攻，安徽62县中，能保留完整者36县，县境有敌踪者7县，县城为敌盘踞者仅怀宁、芜湖、合肥等19县而已。[①] 在加强对日军事反攻和抵御的同时，廖磊坚持“抗战与建国”并重，颁布《安徽战时施政纲领》，表示要“调整全省政治，展开政治抗战，完成一面抗战一面建国之任务”[②]。基层组织建设是政权建设的基础。“政治的改革，必须从基层组织健全起。”[③]“有了健全的基层行政，才能够动员民众，运用民众的力量推行政令。”[④]针对基层组织存在的弊端，廖磊采取有力措施，进行了全面的改造和建设。

1. 改区署为督导机关，废除联保设立乡镇

1932年，安徽编组保甲时，县下设区，区公所负责监督区内保甲人员推行政令。1935年，奉国民政府令撤销区公所，设立区署办理户口调查、土地清丈、农村合作等政务。从区公所到区署，区的职权发生了变化，由督导机关演变为行政机构。结果造成上下各级政务均积之于区，而区署组织简单，人手不多，致使政务执行困难重重。抗战爆发后，各项事务更加繁重，而区署难以承担，于是“办理兵役运输，及组训民众各项要务，实际均系联保、保、甲直接办理”，区署不但未能发挥推行政令的作用，反而因为承转公文而延误时机。廖磊在主政安徽后，将区署重新改为督导机关，县政府行文“直达乡镇并分行区署”，区署不再转行公文，其主要职责在于“督导本区以下各级人员办理政务”[⑤]。

抗战以前，区公所下设联保。联保主任“由各保推举充任”，其任务主要是便于各保间的联络，不能构成行政系统上的一级，“实无异一个空洞的临时办公处而已”。联保主任在职权上因不能指挥监督保长，保长是否称职和尽心公务，联保主任无法干涉。结果造成保甲长无人监督，基层徇私舞弊现象严重，联保主任甚至和保长相互为用。廖磊主皖后，为增强基层组织效率，将联保一律取消，“参考浙江、湖南、广西、江苏等省的乡镇组织”，在保之上设立乡镇，实行区、乡镇、保、甲四级制。[⑥] 以乡镇作为基层行政组织的主体，指挥监督各保推行政务，从而贯通了县与保甲之间的联系，加强了基层社会控制。

---

① 廖磊：《安徽建设的展望》，安徽省政府秘书处编：《抗建中之安徽》甲编 · 总论，1940年版，第20–21页。

② 《安徽省战时施政纲领》，《安徽省动委会档案史料选编》，安徽人民出版社1991年版，第96页。

③ 陈良佐：《军民合作的基本问题》，《安徽政治》“专载”，1938年第1卷25期，第12页。

④ 莫仲凡：《安徽省的基层行政》，安徽省政府秘书处编：《抗建中之安徽》乙编 · 政治，1940年版，第34页。

⑤ 陈良佐：《廖主席与安徽基层行政之改造》，《安徽政治》，1939年第2卷第26期，第38–39页。

⑥ 《为改编各县区乡镇保甲告全省公务员书》，《安徽政治》“特载”，第1卷29、30期，第3页。

2. 集中基层事权，实行政教卫合一

基层政治、教育、自卫组织三者因承担的职能不同，本应相互独立。但在战时特殊环境下，廖磊深感县以下组织“各自为政，分道背驰”，“既不能平衡发展，复不能配合工作，抗战以来，困难丛生，一方面权力不能集中，收效甚微，一方面人才经济不能运用，诸事无法普遍推行”①，于是规定乡镇公所、乡镇小学、乡镇自卫预备队部合并一处办公，乡镇长兼任乡镇小学校长和自卫预备队队长；保公所、保小学、保后备队部合并一处办公，保长兼任保小学校校长和保后备队队长。② 公所、学校、队部合并办公，基层“一人三长”，实行政治、教育、自卫三者合一。为加强战时国民教育，廖磊要求各地小学一律改为乡镇保小学，并积极增设，“期于每乡镇设完小一所，每保设初小一所”，全省共设乡镇小学 1211 所，保小学 2586 所。③ 为加强乡村自卫力量，各保保长须将保内 19 至 45 岁未经训练的国民等编组为自卫后备队，并协助乡镇长将保内 18 至 30 岁壮丁编组为自卫预备队。④ 后备队和预备队作为乡村自卫力量，平时耕作并防匪，战时协助军队作战。政治、教育和自卫组织三位一体后，重构了基层行政管理体系，基层社会实现了“以政为中心，教卫同时循序推进”⑤。乡镇保长以行政力量推动乡村自卫和战时教育的实施，乡村自卫力量和战时教育又反过来影响行政的效果，有利于提高战时基层行政效率。

3. 整编乡镇保甲，严厉清查户口

针对基层行政组织编组不合理的状况，廖磊在主政安徽后，省政府先后颁布《安徽省战时各县区乡镇保甲组织大纲》《安徽省战时各县乡镇公所组织暂行规程》和《安徽省战时各县保公所组织暂行规程》，从 1939 年 1 月起，采取由上而下逐级编组的方式，按照“人必归户，户必归甲，甲必归保，保必归乡镇”的原则，编定乡镇，重组保甲。乡镇保甲之编成，以 10 进制为原则，但考虑交通、地形等因素，为避免人为造成割裂，可以 8 保以上、15 保以下编为一乡镇。11 保以上为甲级乡镇，10 保以下为乙级乡镇。凡有 5 保以上并在城厢或市集之内的称为镇，其余为乡。⑥ 保和甲亦按照 8 至 15 数的弹性规定进行编组。经重新编组后，1939 年底，除沦陷区域外，全省共计甲级乡 822 个，乙级乡 820 个，甲级镇 109 个，乙级镇 56 个，保 20458 个，甲 233088 个。⑦

户口为基层行政之基础。安徽各地户口在抗战以前，因保甲组织松懈，调查不够准确，抗战军兴后，变动更大。“非彻底调查，不能谋基层行政之改善。”廖磊在整

---

① 陈良佐:《廖主席与安徽基层行政之改造》,《安徽政治》,1939 年第 2 卷第 26 期,第 43 页。

② 《各县乡镇保政教卫合一办法》,安徽省政府秘书处编:《安徽省战时单行法规汇编》“自治”,1939 年版,第 29 页。

③ 安徽省政府秘书处编印:《中华民国二十八年度安徽省政府工作报告》,1940 年版,第 44 页。

④ 《各县乡镇保政教卫合一办法》,安徽省政府秘书处编:《安徽省战时单行法规汇编》“自治”,1939 年版,第 29 页。

⑤ 陈良佐:《廖主席与安徽基层行政之改造》,《安徽政治》,1939 年第 2 卷第 26 期,第 43 页。

⑥ 安徽省政府编:《安徽概览》“民政”,1944 年版,第 45 页。

⑦ 《安徽省各县区乡镇保甲统计表》,安徽省政府编:《安徽省二十八年度统计年鉴》,1940 年版,第 137 页。

编乡镇保甲的同时，按照自下而上的方式，以乡镇为调查单位，严厉清查户口。由县政府在每乡选择3名高小毕业以上程度的青年为调查员，进行短期训练后，派往原乡镇协助乡镇保长实施调查。户口调查完毕后，办理五家联保连坐切结，并实行户口异动登记。[①] 经过严厉编查，全省除沦陷区外，户数为3496739户，人口22915129人，其中男性12545405人，女性10369724人[②]。

4. 加强干部训练，注重任用青年

针对基层组织人员"多是老态龙钟，缺乏办事能力"的状况。[③] 廖磊主皖后，深感要健全基层组织，"非训练一大批有为的、有血气的新青年去参加基层组织不可"[④]。于是在立煌设立政治军事干部训练班，各专署设立分班，分期调训县、区、乡镇各级工作人员，并招考各县具有中学以上文化程度的青年，经过两个月的训练结业后，按其毕业成绩和能力，分配至各县、区、乡镇担任工作人员。廖磊主政安徽一年，政治军事干部训练班共举办六期，结业学员6486人，分配工作5831人，其中乡镇长1568人，乡镇助理员291人，保长131人。[⑤] 同时在各县设立保长训练班，重点调训乡镇以下的保长、小学校长以及教员等，并招收具有初中同等学力的优秀青年，经过1至2个月的训练结业后，充任基层工作人员。对经过干训班培养出来的学生，廖磊寄予厚望，要求他们"回到乡间工作，一定要和旧的腐化的乡村长有断然的分别"，"不要做变相的新土劣"[⑥]。廖磊将爱护干训生作为"各县长主要考绩之一"，甚至宣称"如果藉故不用干训生，则县长都没有他们的份"[⑦]，为干训生在基层站稳脚跟铺平道路。廖磊十分注重基层干部的年轻化，认为"要改进中国政治，须要培养、信用（原文如此）与提拔大批青年干部"[⑧]。为淘汰年老平庸的基层干部，省政府对乡镇保甲长的年龄做出严格规定，规定乡镇长和保长人选，年龄必须在20岁以上40岁以下，甲长人选必须在20岁以上45岁以下。[⑨]

5. 惩治贪污土劣，刷新基层政治

贪污土劣为基层民众动员的一大障碍。廖磊对安徽基层政治不良深恶痛绝，甚至认为"安徽的官吏，找不到一个老百姓说他好话的。别省所没有贪赃枉法的

---

① 《廖主席与安徽基层行政之改造》，《安徽政治》，1939年第2卷第26期，第39页。

② 《安徽省各县二十八年度户口统计表》，安徽省政府编：《安徽省二十八年度统计年鉴》，1940年版，第11页。

③ 《安徽省的基层行政》，安徽省政府秘书处编：《抗建中之安徽》乙编·政治，1940年版，第36页。

④ 《干训班创立的意义和各学员回乡工作的要点》，《安徽政治》"专载"，1939年第1卷第29、30期，第10页。

⑤ 《安徽省政治军事干部训练班各期结业学员人数比较表》《工作分配统计表》，安徽省政府编：《安徽省二十八年度统计年鉴》，1940年版，第125、131页。

⑥ 廖磊：《认清目前环境担负起建设乡村的艰巨任务》，安徽省政府秘书处编：《廖主席言论集》，中原出版社1939年版，第184–185页。

⑦ 廖磊：《训练干部和推行新政》，安徽省政府秘书处编：《廖主席言论集》，中原出版社1939年版，第200–201页。

⑧ 《廖主席与安徽民众动员工作》，《安徽省动委会档案史料选编》，安徽人民出版社1991年版，第329页。

⑨ 《安徽省各县乡镇保甲长资格及选委简章》，安徽省政府秘书处编：《安徽省战时单行法规汇编》"保甲"，1939年版，第10–11页。

事,安徽皆有"①。言语虽显偏激,但也反映出当时的安徽政治亟待整顿。廖磊主政安徽后,在颁布的《战时安徽施政纲领》中,表示要"澄清吏治,肃清贪污、豪劣,解除民众痛苦,领导民众参加政治"②。省政府布告明确提出"保甲不准任意抽捐""土劣必去,贪污必诛"③。除派人明密查访、严格执行视导制度外,廖磊还鼓励民众依法检举,对于证据确凿的贪污舞弊者给予严厉惩办。但在查办控案过程中,发现有些控告"并无其事,甚至原告亦无其人,即或实有其名,而一经传讯,本人昧不知情,纷纷前来声辩",为避免挟私诬告,省政府特颁布《人民呈讯书状简易程序》,要求检举人"须用真实姓名盖章或亲自签押",并有铺保作为担保。④ "不依规定办理,不予受理",对于挟私诬告的则送交司法机关惩办。⑤ 因发现有些专员、县长对于检举案件,"往往延搁数月,犹未呈复,或则虽行呈复,而未依照规定手续征集证据,仅以模棱含糊之词敷衍塞责",于是要求各专员、县长查办案件期限至多不得超过一月,"如不能按照省府规定期限或自定期限呈报者,应酌予惩处",同时还对查办检举案件的程序作了具体规定。⑥

由于过去保甲人员均系"无薪给职",各保经费只能自筹,表面限制很严,但实际各保自收自用,漫无限制,因之浮收苛派的流弊甚多,民怨甚深。抗战时期,基层组织实行政教卫合一,任务更加繁重。于是廖磊将各乡镇保公所人员改为"有薪给职",按照工作繁简和责任轻重,给以最低限度的生活费,并规定薪级表,实行年功加俸。为避免浮收滥支,廖磊还统筹乡镇保经费,明定经费筹集办法,由乡镇保公所"按照全年经费编制预算,送交县财政委员会审核,再送省府核定,由县统收统支"⑦。在一定程度上避免了非法摊派现象。

基层组织的政教卫合一,使基层干部权力较战前大大增加,如果缺乏民意机构的监督,势必导致权力的滥用和基层政治的腐化。廖磊主皖后,规定每保两个月必须召开保民大会1次,每户派1名年满18岁以上人员出席。保民大会主要报告当前重要时事和政令推行情况,通报本保公所收支数目,讨论预算决算和提交的议案,以及选举或改选保甲长等。讨论的事项必须经过与会者表决且半数以上通过后方可实行。⑧ 保民大会的召开,不仅使民众能及时了解政府发布的政令,提高民众参与政治的兴趣,而且可以在一定程度上起到监督乡镇保甲长的作用。

---

① 廖磊:《目前省政应注意的几点》,《安徽政治》"专载",1938年1卷23期,第3页。

② 《安徽省战时施政纲领》,安徽省档案馆编:《安徽省动委会档案史料选编》,安徽人民出版社1991年版,第96页。

③ 《安徽省政府布告》,《安徽政治》"特载",1938年第1卷25期,第1页。

④ 《人民呈讯书状简易程序》,安徽省政府秘书处编:《安徽省战时单行法规汇编》"民政",1939年版,第55-56页。

⑤ 安徽省政府秘书处编印:《中华民国二十八年度安徽省政府工作报告》,1940年版,第7页。

⑥ 《查报控案程序》,安徽省政府秘书处编:《战时单行法规汇编》"民政",1939年版,第56-58页。

⑦ 安徽省政府秘书处编印:《中华民国二十八年度安徽省政府工作报告》,1940年版,第13、17页。

⑧ 《安徽省战时各县保民大会规则》,安徽省政府秘书处编:《安徽省战时单行法规汇编》"自治",1939年版,第8-9页。

三、廖磊加强安徽基层行政组织建设的特点和评价

廖磊从1938年10月24日主政安徽，到1939年10月23日因积劳成疾而猝然离世，在短短的一年执政时间内，以“行新政，用新人”为施政理念，结合战时环境需要，借鉴治桂经验，全面加强基层行政组织建设，取得了明显成效。

1. 以加强新桂系统治为前提，借鉴治理广西的经验，巩固了新桂系在安徽的统治。抗战以前，安徽一直处在国民党CC系的控制之下。抗战爆发后，为羁縻新桂系抗战，蒋介石被迫将安徽地盘让与新桂系。新桂系初主皖政时，安徽省内主要存在三种力量，一是以朱蕴山、常恒芳等为代表的皖籍地方进步人士；二是掌握安徽政府和军队的新桂系；三是以方治、邵华等人为首的把持省党部和教育厅的国民党CC系。三派力量之间各有矛盾。[①] 作为外省军阀，新桂系要立足安徽，必须加强基层组织建设以稳固自身统治。抗战前的广西，经过新桂系的经营和治理，成为当时全国的模范省，尤其在基层组织建设上，通过实行“三寓”和“三自”政策，[②]积累了丰富的治理经验。廖磊治皖的各项政策措施明显受到新桂系治桂经验的影响。为辅助廖磊治皖，李宗仁和白崇禧特地选派在广西任职多年的陈良佐担任安徽省民政厅厅长。白崇禧在回忆录中就指出，“皖省政治组织，自廖主席主政后，县以下基层组织，仿造桂省组织办法，组训民众”，“皖省县以下组织，与桂省名异而实同”[③]。廖磊加强安徽基层行政组织建设的很多措施正是以“广西经验”为蓝本。如基层政教卫合一、运用青年干部、惩治贪污土劣等都是新桂系在广西行之有效的治理经验。廖磊通过政治军事干部训练班，培养了大批干训生，分发各地充任基层干部，成为新桂系加强基层控制、推动地方建设的骨干力量。干训生的任用、保甲组织的改造、基层政权的巩固，使廖磊的意志和省府的一切政令“便可自上而下，如同身之使臂、臂之使手一样灵便自然，贯彻而无遗了”[④]。新桂系在安徽的统治得以巩固，统治安徽长达12年之久，直至1949年安徽解放。

2. 适应战时环境需要，严密基层组织和集中基层事权，提高了基层行政组织的效率和抗战动员能力。“战时地方政治工作，当以军事为中心，以适应战时需要，增厚抗战力量为主要原则。”安徽处于抗战最前线，“所有一切政治的设施，自应悉合乎战时之范畴”[⑤]。廖磊主皖时，安徽行政范围较战前大为缩小，富庶之地多陷于敌手，政府掌握的资源大幅减少，只有严密基层组织，集中基层事权，才能更加有效地

---

① 《安徽省动委会概述》，《安徽省动委会档案资料选编》，安徽人民出版社1991年版，第1–2页。

② “三自”，即自卫、自治、自给；“三寓”，即寓兵于团、寓将于学、寓征于募。自卫就是推行民团制度，实行全省皆兵；自治就是推行保甲制度，强化基层控制；自给就是设法增加收入，不依赖国民党中央政府的补助；寓兵于团就是正规武装力量的兵源来自民团；寓将于学就是正规军的干部来源由各级学校培养；寓征于募，就是以征兵制代替募兵制，用募兵的手段来达到征兵的要求。

③ 台北“中央研究院”近代史研究所编印：《白崇禧先生访问录》上册，1985年版，第387页。

④ 葛正权：《桂系基层行政改革简况》，安徽省政协文史资料委员会编：《抗战风云》，安徽人民出版社1987年版，第130页。

⑤ 曾佩涵：《战时地方行政改革的几个基本问题》，《安徽政治》论著，1938年第1卷第9期，第6–7页。

动员大量人力、物力、财力支援前线作战。在基层组织纵向关系上，廖磊将区署由行政机关改为督导机关，将虚的联保一级废除，增设实的乡镇一级，并以乡镇为主力整编保甲组织。同时将保的一级确定为行政组织最基层的一级，并扩大保长职权，使其负本保一切政务的责任，将保长办公处改为保公所，确定为基层行政机关。[①] 通过基层组织的优化和重构，推进了基层政权下移，密切了基层组织之间的联系，建立起自上而下严密的基层行政网络，使基层行政组织贯彻政令的效率更加提高，更加适合战时环境的需要。基层组织经过整编以后，"过去纷繁复杂之现象渐次纠正，一切行政设施也较为便利"[②]。在基层组织横向关系上，按照"三位一体"的原则，实行政教卫合一，"用以节省人员，减少经费，统一事权"[③]。"不但补救了人才缺乏和解决了经费困难，并且使民政、教育、自卫三者的权责得以集中"[④]。基层组织设置的合理化和基层权力的集中化，适应了战时环境的需要，增强了基层组织的协同力和组织力，提高了基层组织的效率和抗战动员力。

3. 加强基层干部训练，将健全组织与改良政治相结合，在一定程度上刷新了安徽基层政治。"安徽政治原缺乏强固基础，各级政治组织不严密，政治风尚不优良，尤其下层更可谓为绅治统治，贪污舞弊、繁衍偷安的习气非常普遍。"[⑤]为提高基层干部素质，廖磊不仅设立各级干部训练班，分批调训现任基层干部，而且招考知识青年，经过训练结业后充任基层干部。为克服基层非法摊派和舞弊的现象，廖磊将健全基层组织与改良基层政治结合起来，健全视导及考核制度，由省府经常派员明密查访，并鼓励民众依法检举，规范检举程序和查办程序。许多敲诈勒索的保甲长遭到逮捕和撤职查办，如霍山县诸佛庵保长能海庵、石家河保长秦仲恒、黑石渡保长熊义元等。[⑥] 一年之内"破获惩办的贪污案件不下数十起"[⑦]。廖磊还"利用保民大会予民众以检举之权"，保民大会的召开使基层组织有了民意机构，保甲事务在一定程度上反映了民意，对防止保甲长假借政令为非作歹起到了一定的作用。针对"过去保甲人员名为无给，实际上藉口保甲经费，向民众暗中私行摊派，予取予求"的状况，廖磊给予乡镇保人员最低生活费用，并"明定筹给办法，由县统一收支"，结果保甲经费虽有所增加，人民负担反而减轻。[⑧] 通过严厉惩治贪污舞弊和提高保甲人员待遇，在一定程度上遏制了非法摊派现象，有利于基层政治的刷新。

---

① 《为改编各县区乡镇保甲告全省同胞书》，《安徽政治》"特载"，1939 年第 1 卷 29、30 期，第 6 页。

② 安徽省政府编：《安徽概览》民政，1944 年 10 月版，第 45 页。

③ 安徽省政府编：《安徽概览》民政，1944 年 10 月版，第 45 页。

④ 操云岑：《三位一体制在安徽的实施》，安徽省政府秘书处编：《抗建中之安徽》乙编 · 政治，1940 年版，第 43 页。

⑤ 廖磊：《安徽建设的展望》，安徽省政府秘书处编：《抗建中之安徽》甲编 · 总论，1940 年版，第 16 页。

⑥ 转引自童志强：《桂系主皖与安徽省民众总动员委员会》，《抗日战争研究》，1994 年第 4 期，第 116 页。

⑦ 张明诗：《澄清吏治与建设安徽》，安徽省政府秘书处编：《抗建中之安徽》乙编 · 政治，1940 年版，第 10 页。

⑧ 白崇禧：《关于安徽省保甲组织剥削和危害民众情形致蒋介石电》，《中华民国史档案资料汇编》第 5 辑第 2 编 · 政治，江苏古籍出版社 1998 年版，第 103 页。

4. 利用动员委员会协助基层组织建设,在健全基层组织的同时,中共力量也在民众动员的过程中得到发展壮大。安徽是工农红军的发祥地之一,大别山地区曾是红军鄂豫皖革命根据地的中心区域。抗战初期,为发展和壮大党的力量,中共中央曾要求南方各游击区对邻近的国民党区域"利用一切旧关系打进旧政权,去充当保甲长或区长及职员等等"①。当时,安徽各地的国统区、日伪区和新四军驻防区交互错杂,廖磊对基层组织的健全和改造,不仅是出于增强抗战动员能力、巩固大别山根据地的需要,也是藉此防范中共力量在基层扩张和渗透的手段。抗战爆发后,中共中央及时发出了开辟大别山区工作的指示,派遣彭康、张劲夫等到六安,组建安徽省工作委员会,短短半年内就在大别山核心区域相继成立了"霍丘县委、立煌县委、六安临时县委、舒城县委、霍山支部、岳西支部"②。廖磊前任李宗仁主政安徽时,为动员民众抗日,吸收皖籍进步人士成立安徽省民众总动员委员会。"省动委会名义上是国民党的安徽省政府所属的官方组织,但实际上由中共党组织通过与进步人士的合作而起到政治领导作用。"③中共安徽省工作委员会书记彭康在给长江局的报告中指出,各县动委会的指导员大半都是中共的同情者,其中派往滁县、霍山、六安等地的指导员还是中共秘密党员,省动委会直属工作团"有几团有同志,其他也有私人关系","利用这些工作团的同志,在没有基础的县份去开展党的工作,比较顺利"④。廖磊主皖后,在限制中共力量发展的同时,与中共又保持一定的合作关系,在健全各地动委会组织机构的同时,利用动委会力量协助基层组织建设,规定各地动委会的首要任务是"协助政府健全保甲组织,完成肃奸清乡运动"⑤。经过动委会内中共党员和进步人士的共同努力,大别山根据地内围的立煌等 11 县很快"户口已经调查完毕,保甲组织较为健全","青抗、农抗、妇抗及盘查哨、递步哨、运输队分布每一个乡村"⑥。中共以动委会的合法身份掩护党的活动,利用党善于发动群众的优势,在协助新桂系健全基层组织的同时,通过动委会内的秘密党员,团结进步青年,秘密发展党员。"一些思想进步的国民党政府人员被吸收入党"⑦。在廖磊主政安徽时期,中共安徽基层党组织的力量得到发展壮大。

虽然中共地下党组织利用民众动员机构,在协助政府健全组织的过程中得到一定程度的发展壮大,这是廖磊始料未及的。但廖磊对安徽基层行政组织的改造

---

① 《中共中央关于南方各游击区域工作的指示》,马洪武编:《新四军和华中抗日根据地史料选》第 1 辑,上海人民出版社 1982 年版,第 14 页。

② 彭康:《关于安徽党的组织和武装工作等致秦邦宪同志信》,《彭康纪念文集》,西安交通大学出版社 2009 年版,第 117 页。

③ 张劲夫:《长江局时期的安徽工作》,《抗战初期中共中央长江局》,湖北人民出版社 1991 年版,第 635 页。

④ 《彭康关于安徽工作给秦邦宪的报告》,《中共中央东南局》下卷,中共党史出版社 2007 年版,第 580-581 页。

⑤ 《第五战区安徽省民众总动员委员会战时动员工作纲领》,安徽省档案馆编:《安徽省动委会档案史料选编》,安徽人民出版社 1991 年版,第 198 页。

⑥ 《廖主席与安徽民众动员工作》,《安徽省动委会档案资料选编》,安徽人民出版社 1991 年版,第 330 页。

⑦ 《安徽省动委会概述》,《安徽省动委会档案资料选编》,安徽人民出版社 1991 年版,第 14 页。

和建设,强化了政府对基层社会的控制,在抗战时期的这一特殊环境中,提高了基层民众的组织化程度,增强了基层动员能力,解决了抗战所需的人力、物力、财力问题。据统计,1938 年 4 月至 1943 年 7 月,安徽国统区共征募兵额 355414 人,其中在廖磊主政的 1939 年就征募 71165 人,而在此前的 1938 年 4 月至 12 月安徽只征募 36221 人。[①] 1938 年因受战事等影响安徽田赋实征额只有 33541.56 元,但 1939 年就增加至 1677253.05 元。[②] 基层组织的改造和建设,为支撑安徽抗战大局、巩固大别山抗日根据地发挥了重要作用。经过廖磊的苦心经营,大别山地区成为"中原唯一的抗日游击根据地"[③]。李宗仁在其后来的回忆中指出"廖磊在大别山苦心孤诣经营的结果,竟形成令人羡慕的小康之局","大别山根据地内的军政设施已粗具规模"[④]。白崇禧更是表示,"安徽甚多县份在八年抗战中始终能守住,这基础是他建立的"[⑤]。廖磊去世后,国民政府明令褒扬,认为廖"年来兼主皖政,艰难筹措,建白尤多"[⑥]。

但同时也应看到,廖磊的基层行政组织建设是一把双刃剑。虽然增强了政府的社会控制和动员能力,但由于政府汲取乡村社会资源能力的增强,民众负担大大增加。据当时省政府年鉴统计,1937 年安徽省库收入是 13404413.49 元,1938 年上半年是 2384629.00 元,1939 年是 15474222.91 元[⑦]。1937 年底安徽沦为战区后,富庶之地基本沦陷,因此 1938 年省库收入锐减,但 1939 年经过廖磊的整顿后,省库收入迅速增加,甚至超过 1937 年收入,民众负担的增加亦可见一斑。国家与社会的力量虽在对日作战中暂时形成整合,但政府与民众的合力必然因政权汲取资源的增多而日渐疏离,一旦抗战结束,政府与民众的合作将随之结束,代之则是更多的矛盾、对立和冲突。

① 《六年来征募兵额》,安徽省政府统计室编:《安徽省统计简编》"兵役",1944 年版,第 150 页。

② 《安徽省各县三年来田赋额征实征数目表》,安徽省政府编:《安徽省二十八年度统计年鉴》,1940 年版,第 180 页。

③ 《安徽省动委会民国二十八年工作报告》,安徽省档案馆编:《安徽省动委会档案史料选编》,安徽人民出版社 1991 年版,第 271 页。

④ 李宗仁口述、唐德刚撰写:《李宗仁回忆录》下册,华东师范大学出版社 1995 年版,第 556 页。

⑤ 台北"中央研究院"近代史研究所编印:《白崇禧先生访问录》下册,1985 年版,第 645 页。

⑥ 《国府明令褒扬皖主席廖磊》,《广西日报》,1939 年 11 月 11 日,第 1 版。

⑦ 《安徽省历年来省库收支比较表》,安徽省政府编:《安徽省二十八年度统计年鉴》,1940 年版,第 164 页。

上海人民对新四军的支援

——以文化艺术为中心[①]

一、上海人民对新四军的声援、慰问与宣传

1938年5月，上海话剧界为支援新四军及救济难民举行义演活动，正在筹建上海艺术剧院的于伶、阿英、许幸之，顾仲彝、李健吾、吴仞之、李伯龙等人在兰心大戏院（今上海艺术剧场）上演于伶编剧的《女子公寓》，日伪方面在戏院内置放定时炸弹，进行破坏。[②]

1938年11月18日，中共江苏省委决定组织上海民众慰劳团去皖南慰劳新四军。由上海文化界救亡协会理事顾执中担任团长，职工界代表、地下党员王纪华任副团长，团员有妇女界代表姜平、小学界代表朱立波、海关代表陈琼瓒、农民代表姚惠滋等。美国进步记者杰克·贝尔同行。由新四军皖南军部印刷厂厂长兼交通员陈昌吉担任向导。12月慰劳团到达皖南云岭章家渡新四军驻地时，受到项英、袁国平、张云逸、邓子恢、赖传珠、李一氓、傅秋涛等新四军领导人的热情接待。项英对慰问团副团长王纪华说，新四军现在除急需要专业知识的干部和药品外，还缺少寒衣。慰问团返沪后，立即在上海发动了一个劝募寒衣的捐款和义卖活动，为了避免敌人的破坏，当时名义上是救济上海难民，实际上主要是支援新四军。从1939年1月，劝募委员会共收到捐款17余万元，这笔钱一部分送给了上海难民救济协会解决难民的困难，一部分购买了一批物品，其中给新四军的有棉布4000尺，胶鞋4万双和一批棉背心。[③] 慰劳团返回上海后，还采取各种形式向上海各群众团体介绍新四军，宣传新四军的英勇斗争事迹。《译报周刊》还出版新四军特刊和《新四军的丛书》;《申报》《大美晚报》《良友画报》等也刊登了杰克·贝尔登提供的关于新四军的报道和照片。[④]

其实，早在1938年7月10日与18日，上海《文汇报》就接连发表《新四军挺进苏南与日军接战》《新四军挺进江南声势浩大》两篇通讯。下半年上海《每日译报》也“本报特讯”的形式连续报道了新四军在江南的战绩。

1939年1月5日，《大美晚报》发表了报道《新四军的雄姿》。[⑤] 该报道指出：

---

① 原载《新四军与上海》第三辑，上海人民出版社2017年版。

② 《上海革命文化大事记1937—1949》，上海翻译出版公司1991年版，第56页。

③ 参见《新四军与上海》，上海人民出版社2013年版，第137页。

④ 参见《上海革命文化大事记1937—1949》，第65-66页。

⑤ 《新四军参考资料》(1)，改题为:《新四军在长江沿岸崛起》。

"中国对日本的游击战,最近而最重要的发展,就是在叶挺和副司令项英的领导下,崛起的那支新四军了。这支生力军,在江西—安徽—江苏交界之处的长江沿岸活动。"文章列出了新四军的主要活动:"1. 采取游击战术,向少数的日本军队进攻。2. 毁坏铁路、公路和的交通线,炸毁桥梁。3. 截获或破坏日本的军用车辆。4. 向驻扎在火车站的日军进击,在引去之前把车站烧毁。5. 拘捕或枪毙汉奸。6. 截取军火、粮食、金钱和日本的军事文件。"4 月 16 日《每日译报》还发表了周恩来于这年 3 月 7 日在新四军总部所作《论抗战新阶段与侵略者新政策》的演讲稿。

1939 年 2 月 16 日,八路军驻上海办事处通过姚惠泉以上海市民协会的名义组织第二批上海民众慰劳团去皖南慰问新四军。公开名义是赴第三战区慰劳将士的演剧团、队,实际上是护送一批学生和干部去参加新四军。团长是吴大琨,副团长兼党支部书记是杨帆,团员 20 余人。途中历经艰险,于 3 月底(一说 4 月底)到达泾县云岭新四军驻地。演剧团、队中很多是戏剧界的知名人士。这次慰问团的任务,一是慰问演出,演出了许多革命歌曲;二是讨论上海与新四军之间的文化交流工作。除在军部直属机关演出外,还慰问后方医院的伤病员、修械所、印刷厂。演出任务完成后,演剧队队长杨帆和大部分团员留在新四军工作,充实到各级战地服务团,提高了新四军中戏剧演出的水平。① 少数有固定工作的团员回上海后,运用各种形式宣传新四军,扩大新四军的影响。②

7 月间,上海各业余话剧团为救济难民和支援新四军,假座黄金大戏院联合举行大规模义演。这次义演有 11 个剧团参加,3 个剧团赞助,参与工作的人员达 300 多人,共演出了 7 个多幕剧。其中《花溅泪》是舞女联谊会以"互助剧团"的名义参加演出的。不少出入舞场的人物竞相为自己相熟的舞女演员捧场,纷纷赠送花篮。主持人李伯龙因势利导,灵活利用,演毕由导演出面当场拍卖花篮,所得比门票还多,为新四军筹集了一笔款子。③

这年春夏之交,上海地下党组织几位进步的新闻记者去云岭访问。他们临回上海时,相约新四军方面用新闻体裁写些东西,设法寄给上海发表。其后不久,适逢三支队在繁昌红杨树地方连续几次和日寇作战,打了胜仗,军政治部宣传部的冯定就写了一篇通讯,其中还用"据说是共产党员"的口气介绍了一位战斗英雄的名字,署名是冯定原在上海用过的笔名。寄到上海后,《新闻报》在日报上发表了,当天在晚报上又发表了。上海一个进步刊物《学习》上也发表冯定陆续用新闻记者口吻写的一些访问记,篇幅两三千字。

1940 年 1 月 1 日,《申报》元旦增刊发表任重的《江南游击区杂写(粟裕将军会见记)》一文,介绍粟裕在江南游击战中的英勇事迹,以及他在军事、政治、经济方面的见解。文章介绍了粟裕对江南的军事、政治、经济三方面形势的分析,强调在军事上,游击队主要是扰乱后方,虽不能即刻把日军整个消灭,但已相当地削弱了他

① 《上海人民与新四军》,知识出版社 1989 年版,第 42 页。
② 参见《上海革命文化大事记 1937—1949》,第 77 页。
③ 参见《上海革命文化大事记 1937—1949》,第 86-87 页。

们,使他们作战情绪日益低落,战斗力日益减小。日军主要是对付游击队,在政治上的欺骗日益强化。在经济上,江南沦陷区如南京、芜湖、镇江、无锡、苏州等地,日军从各方面吸收农产品原料,开发矿藏,还伪造了数千万纸票分散到华中地区,以捣乱我国金融。粟裕特别强调,要研究动员群众的技术并改进,尤其是要帮助友军及地方政府去动员民众、教育民众,揭破敌人的阴谋,引导群众斗争至最高阶段,发动群众武装斗争,人人参加抗战。1 月 21 日《申报·星期增刊》又发表江荻写的《活跃在江南战场的陈毅将军》,文章介绍了陈毅的战斗经历、学识和诗作,认为"这位新四军第一支队的司令官,真不愧是一位潇洒的儒将"。陈毅看了介绍自己的稿件后说:"只要新四军的旗号和我们的名字能在进步的上海报刊披露,终是对抗战有好处的。"①

1941 年皖南事变发生后,《上海周报》于 2 月 8 日发表了《上海各界民众团体呼吁终止摩擦团结对外的通电》,称"全国各报馆转全国同胞、国民政府林主席、国民党蒋总裁、共产党毛泽东先生暨各党领袖并参政会诸公钧鉴:……鹬蚌相争,渔翁得利,先哲明训,足资儆惕。况新四军成立以来,转战大江南北,其卫国卫民之功绩,中外各报,迭有记载,事实俱在,均可覆案。纵有误会,亦不难政治手腕解决之,何至兵刃相见,而贻同室操戈之讥。我上海民众现正各就本位,戮力抗战大业,聆此消息,不胜惶骇,心所谓危,碍难咸默,用特电陈,务祈领袖诸公,念我祖宗血地,尚未恢复,半数同胞,正陷水火,相忍为国,团结对外,并盼全国同胞,一致呼吁,终止摩擦,消弭内战,抗建前途,实利赖之。"这份通电对国民党顽固派蓄意制造摩擦提出了强有力的舆论批评。

1944 年年底,"孤岛"时期在新华影业公司任摄影师的薛伯青秘密离沪,前往淮北新四军根据地,拍摄了新闻纪录片三部:《彭雪枫师长追悼会》《新四军骑兵团》《新四军部队生活》,三片均于 1946 年完成。1946 年 5 月周恩来率领中共代表团由上海到达中共南京办事处,曾将《新四军骑兵团》《新四军部队生活》二部反映抗日根据地军民真实情况的纪录片,放映给中外记者看,有力批判国民党污蔑新四军的谎言。②

二、文化人参加新四军

1937 年八一三淞沪抗战爆发不久,上海歌咏界组成国民救亡歌咏协会宣传团进行抗日救亡的宣传。全团 17 人,音乐家何士德为团长。他们到达浙江江山后,得到上海已成为孤岛的消息,于是决定到江西南昌新四军办事处去,最终成为新四军文艺宣传的生力军。③ 1939 年 2 月,何士德受党的委派来到了云岭新四军军部工作。他与陈毅合作,写下了名震中外的代表作《新四军军歌》,还为《我们是战无不胜的新四军》《渡长江》等歌谱曲。何士德后来出任新四军政治部开办的文化训练

---

① 《人民的忠诚战士——缅怀陈毅同志》,上海人民出版社 1979 年版,第 404 页。
② 参见《上海革命文化大事记 1937—1949》,第 158 页。
③ 参见《上海人民与新四军》,第 124-126 页。

班班主任,为期3个月,为新四军培养了许多音乐人才,成为新四军音乐系统和舞蹈音乐的中坚力量。从上海到新四军去的音乐家还有张锐、朱践耳等,他们成为新四军的音乐系统与舞蹈音乐的有生力量。①

1938年1月21日,新四军成立了直属军部领导的战地服务团。来自上海的作家、画家先后加入其中,作出了自己的贡献。同年参军的剧作家杜宣任战地服务团秘书,分管宣传文艺工作。原在军教导队总俱乐部任干事的剧作家沈西蒙奉命调到战地服务团戏剧组。时在军政治部宣教部做戏剧工作的作家吴强,常与服务团戏剧组联系,有时也参加编剧和演出。战地服务团绘画组组长由刚从日本留学回国的梁建勋担任。陈毅和何士德合作的《新四军军歌》诞生不久,在军部秘书长李一氓的建议和支持鼓励下,画家沈柔坚和卢芒、孙从耳三人合作《新四军军歌木刻组画》三十余幅,制成画册到国内外进行宣传。② 时任新四军政治部宣传科长和文艺科长的版画家吕蒙也经常发表美术作品。

1939年4月23日,新四军抗敌剧社成立,李一氓兼社长。该剧社编排了许多上海作者编的话剧,如田汉编的《阿Q正传》、夏衍的《一年间》、陈白尘的《魔窟》等。1942年吴强根据苏中地区反恶霸斗争中的真实故事执笔写下了三幕话剧《丁赞亭》的剧本。该剧在纪念"八一"南昌起义十五周年时首演,军长陈毅前往观看。一周以后陈毅又从亭子港赶到华中党校住地汪朱集参加这部话剧的座谈会。③1944年4月中共中央主席毛泽东号召全党学习郭沫若撰写的《甲申三百年祭》一文,"引为鉴戒,不要重犯胜利时骄傲的错误。"④根据这一指示,李一氓编写了新编京剧《九宫山》,由淮海实验剧团演出。夏征农、吴天石、沈西蒙等人合作创作了大型古装话剧《甲申记》,由苏中公学前线剧团演出。作家阿英则创作了五幕历史话剧《李闯王》,由新四军三师八旅文工团和四师拂晓剧团分别在苏北、淮北上演该剧。这些演出对配合各地新四军与华中抗日根据地的整风学习运动起到积极效果。⑤

三、新四军与中共中央华中局的态度

早在1938年5月22日,中共中央书记处根据徐州失陷后的形势和任务,要求"江苏省委即应派一些得力干部去,并应从上海有系统的动员学生、工人、积极分子、革命分子、党员到那里去工作"⑥。以后,中共中央东南局也对上海地下党发出指示,要求上海"做好对新四军的宣传工作,尽可能输送干部力量到新四军去,……帮助新四军发展壮大"⑦。1938年7月17日成立的上海剧艺社在以后的三年多时

① 参见《新四军与上海》第二辑,上海人民出版社2015年版,第307页。
② 参见《浓墨重彩丹青忆》,《铁军轻骑兵新四军战地服务团》,南京大学出版社1991年版。
③ 《人民的忠诚战士——缅怀陈毅同志》,第438页。
④ 《毛泽东选集》第三卷,人民出版社1991年版,第948页。
⑤ 《中共江苏地方史》,江苏人民出版社1996年版,第449页。
⑥ 《中共江苏党史大事记》(1919—1949),中共党史资料出版社1990年版,第162页。
⑦ 《刘晓回忆录》,《党史资料丛刊》1979年第1期。

间中演出了很多优秀的剧目，该社先后有演职员十多人参加新四军。①

1940 年 10 月黄桥战役胜利后，新四军开创了华中新局面，来苏北根据地的上海地区的文化人不断增多。10 月下旬，陈毅在海安主持召开文化人座谈会，欢迎刚从上海抵达苏北的许幸之等一批文化人。陈毅在会上发出"为开展苏北抗日民主根据地文化运动而斗争"的号召。②

11 月 29 日，新四军江北指挥部的原江北军政干部学校和苏北指挥部的原苏北抗日军政学校合编成立抗大五分校时，陈毅亲任校长，并同意在上海地区为抗大五分校招收和输送革命知识青年。学校设在盐城孔庙附近（今江苏省盐城中学北楼），于 12 月 2 日在《江淮日报》上正式刊登第一期招生简章。③ 于是敌占城市上海等地的知识青年接踵而来，纷纷报名入学。

12 月 16 日，中共中央书记处给江苏省委负责人刘晓发出指示，指出目前苏北胜利，上海会有广大青年学生、文化人、失业工人等，要到苏北去学习与工作，如果他们以老百姓面目自己去，我们极为赞助，但必须与党的秘密组织路线严格分开。只有在上海已经暴露不能站脚者，而又为新四军所急需之医生、文化人、工人等有专门技能的人才，"才可以用秘密方式"派去苏北根据地。④

1941 年 1 月 4 日，中共中央中原局书记、华中新四军八路军总指挥部政委刘少奇致电中共中央，汇报说对一些高级知识分子，如"上海文化人孙启向等，留我处工作者，我们每月每人给薪水最高者达二百元"⑤。4 月 16 日，在新四军政委刘少奇、军长陈毅的倡导下，苏北文化协会代表大会在盐城召开。来自镇江、启东、如皋、泰兴、泰县、兴化、东、盐城、阜宁、淮安、涟水等地及部队代表近 300 人参加了会。陈毅在会上致训词:《为广泛开展苏北新文化事业而斗争》，指出："资产阶级的代言人说:一定要念过几年书的知识分子才能接受文化，懂得文化，才配谈论文化，这只是将文化关进了象牙之塔，变为少数人的专有品。这种'文化'不是我们所需要的，我们的文化是大众所共有的；……我们的文化就是日常斗争生活的反映。"⑥4 月 17 日刘少奇在会上发表了题为《苏北文协任务》的演讲，宣布："抗日民主政府对于文化教育是采取保护政策，让其自由发展，并将尽一切可能协助其发展。凡是愿意在苏北开办学校，出版报纸、杂志，开办书店、印刷厂、图书馆，组织体育会、俱乐部、戏剧团、歌咏队，推行新文学，研究讲习各种学问……都可自由，政府都保护，都给予他们以便利。"⑦与会代表经过民主协商，选举钱俊瑞、夏征农、许幸之、薛暮桥、徐步、冯定、戴平万、孙克定、邱东平等 25 人为文协第一届理事。⑧ 在苏北文化协会的带动下，苏北抗日根据地的戏剧、歌咏、木刻、诗歌等协会也先后成立。这些抗日文化

---

① 《上海革命文化大事记 1937—1949》，第 59 页。

② 《中共江苏地方史》，第 442 页。

③ 《陈毅年谱》上卷，人民出版社 1995 年版，第 323-324 页。

④ 《上海革命文化大事记 1937—1949》，第 109 页。

⑤ 《刘少奇传》，人民出版社 1998 年版，第 431 页。

⑥ 《江淮日报》1941 年 4 月 18 日。

⑦ 《刘少奇年谱》上卷，人民出版社 1996 年版，第 342 页。

⑧ 《陈毅年谱》上卷，第 347 页。

团体以上海文化人为中坚，广泛团结根据地文化界人士，开展各种形式的抗日文化活动，发展抗日文化事业。①

1941年2月8日，鲁迅艺术学院华中分院在盐城成立，刘少奇和华中局宣传部副部长彭康分别担任院长、副院长，孟波任教务科长，下设文学、戏剧、音乐、美术四个系，还设有普通班和实验剧团。4月中旬，刘少奇与陈毅、彭康到鲁艺华中分院检查教学情况。② 5月，著名作曲家贺绿汀从重庆经上海辗转抵达盐城苏北根据地，受到陈毅的热烈欢迎。贺绿汀后任鲁艺华中分院和新四军鲁迅艺术工作团音乐教授，培养了许多音乐人才，还创作了《垦春泥》《新世纪前奏曲》等广为流传的歌曲。8月下旬，为适应严酷的反"扫荡"环境，华中局决定解散鲁艺华中分院，将原音乐系、美术系部分师生组成新四军鲁迅艺术工作团，何士德任团长；原文学系、戏剧系部分师生组成新四军第三师鲁迅艺术工作团，孟波任团长；另有部分学员分散到各地区和各部门，充实文艺宣传队伍。③

8月，盐城反扫荡胜利结束后，新四军军部移驻江苏阜宁县亭子港一带地区。为了方便在军部工作的作家、艺术家进行活动，陈毅决定在军部住地附近选定驻地作为文化村。1942年10月，为了团结更多的文化界人士参加抗日，经陈毅倡议，又在"文化村"里成立了湖海艺文社。该社宣布成立时陈毅作长诗《湖海诗社开征引》，鼓励各阶层文化人士在抗日工作中"斗争在前茅，屈伸本正义。此中真歌哭，情文两具备"④。

1942年7月14日，阿英全家抵达新四军军部在地盐阜县亭子港。他们是1940年12月25日离开上海的。抵达军部当天，陈毅与夫人张茜就接见了他们，说想通过调集一批上海文化人来重整军区文化工作，并问起沫若、茅盾等人近况。⑤ 三天后陈毅告诉阿英，将有一批文化人陆续要来，现已汇去旅费。在陈毅的亲切关怀和具体安排下，邹韬奋、范长江、贺绿汀等同志不久先后从上海来到苏北。⑥ 7月20日晚饭后，陈毅约见阿英，"谈数年来上海文化情形及新四军艺术工作诸问题"，希望阿英"留此专事写作，常与连队、机关保持联系"⑦。阿英、贺绿汀等人后来在军部附近的文化村进行创作，从事抗日文化宣传工作。阿英除了编报、著书外还热心为地方文工团、剧团编写剧本、排演戏剧。⑧ 陈毅、黄克诚、张爱萍等人均来此看望和慰问，与他们亲切交谈；关心他们的工作、学习和日常生活。⑨

到1943年年底，经过邹韬奋的努力，新知、读书、生活书店的书籍如《联共（布）党史简明教程》《大众哲学》《什么阶级和阶级斗争》《什么是帝国主义》《钢铁是怎

① 《中共江苏地方史》，第442-443页。
② 《刘少奇年谱》，第343页。
③ 《中共江苏地方史》，第444页。
④ 《陈毅年谱》上卷，第390-391页。
⑤ 《陈毅年谱》上卷，第382页。
⑥ 《陈毅年谱》上卷，第382页。
⑦ 《陈毅年谱》上卷，第383页。
⑧ 参见《中共江苏地方史》，第446页。
⑨ 《人民的忠诚战士——缅怀陈毅同志》，第437页。

样炼成的》等经过地下党员的伪装，秘密运送到新四军和华中抗日根据地，为抗日军民送来了宝贵的精神食粮。

1946年，生活书店、读书出版社还开辟海上运输线，用机帆船由上海运书籍和解放区所需要的纸张、油墨、印刷器材到苏北、胶东，运回猪肉、土产在上海销售，还运送去解放区的人员。①

综上所述，在艰苦的抗日战争年代上海人民对新四军提供了各种形式多方面的支援。这些支援总体上是根据中国共产党的组织有计划进行的。广泛的舆论宣传，彰显了新四军的抗日战功，有力强调了新四军的合法性与正义性。多种形式的声援与慰问给战斗中的新四军送去了急需的物资与精神激励。一批有才华的文化人投笔从戎，利用上海丰富的文化资源，充实与加强了新四军的文化宣教队伍，并以此为种子，又培养出了一代新人，从而在华中地区历史舞台上演了一幕幕惊天地泣鬼神的活报剧，大大丰富了抗日军民的精神生活与文化生活，成为新四军在华中团结和教育人民，打击和消灭敌人的有力武器。毛泽东指出，革命文化“是革命总战线中一条必要和重要的战线”②。反之，“没有文化的军队是愚蠢的军队，而愚蠢的军队是不能战胜敌人的”③。这就是历史的结论。

① 《上海革命文化大事记1937—1949》，第216页。
② 《毛泽东选集》第二卷，第708页。
③ 《毛泽东选集》第三卷，第1011页。

1940年上海法租界电车、公共汽车工人罢工再探究[①]

1940年上海法租界电车、公共汽车工人罢工,在中共上海市委党史研究室、上海市总工会编的《上海法电工人运动史》[②]、沈以行、姜沛南、郑庆声主编的《上海工人运动史》[③]中均有记载,大致讲清楚了。笔者之所以要旧话重提,是因为看了张福运写的《"孤岛"时期上海劳资关系中的民族主义》(《近代史研究》2016年第2期),有感而发。张文认为1939年以后,上海劳资关系再度紧张,靠民族情感维系的合作关系逐渐淡化,1940—1941年汪伪政权利用这种关系,将"日益激进的工潮集中到上海租界,以御侮救亡为目标的民族主义,被扭曲为指向租界欧美势力的激进主义"[④]。但张文中列举的上海英资企业、法商水电公司等外资企业的资方不可能有与中国工人相同的哪怕是稍稍接近的"以御侮救亡为目标的民族主义",在此政治基础上的劳资合作根本无从谈起。由于张文重点提及的1940年上海法租界电车、公共汽车工人罢工涉及中、日、法三国,就中国方面而言,又涉及汪伪、国民党、中共地下党、法国资方代理人四种人物,涉及当时错综交织的民族矛盾与阶级矛盾,对考量"指向租界欧美势力的激进主义"也有重要的典型意义,因此笔者草撰此文,对这一历史事件进行再研究。

一

法商水电公司1908年正式成立,位于上海法租界卢家湾。公司管理系统中,最高是大班,次为总工程师,再次为车务部、机务部的总管,这些职务均由法国人出任。"孤岛"时期,车务部工人约有800多人、机务部工人约有600多人。

"孤岛"时期,日本侵略者通过汪伪接过租界工人"改善工人生活"的口号,想方设法插手租界的劳资纠纷,竭力利用工人的阶级仇恨与民族感情,挑起"黄种人反对白种人"的运动,试图把租界中的工人运动纳入"大东亚共荣圈"的轨道,借此转移抗日斗争的大方向。[⑤]

法电资方:国军从上海华界撤出后,因抗战爆发而稍显缓和的劳资矛盾又有尖锐起来了,法电资方对职工态度又骄横起来,动不动就处罚或开除,还限制职工的

---

① 原载《从荒野芦滩到东方巴黎:法租界与近代上海》,上海社会科学院出版社2018年版。

② 本书由中共党史出版社1991年版。

③ 本书由辽宁人民出版社1996年版。

④ 张福运:《"孤岛"时期上海劳资关系中的民族主义》,《近代史研究》2016年第2期,第100页。

⑤ 沈以行、姜沛南、郑庆声主编:《上海工人运动史》下卷,辽宁人民出版社1996年版,第153页。

抗日活动。

物价上涨,在1939年一年工人生活费指数上涨了一倍有余。1940年夏天,米价已经涨过每担50元大关。但租界内人口激增,公司生意兴隆,资方赚了大钱,资本总额从初创时的300万法郎扩充到4000万法郎。但工人工资到1940年夏仍然是40—50元。

资方的走狗除了原有的李麟书外,还有车务部的稽查陈国华。1940年8月陈被人开枪打死,资方通知法巡捕房抓走了28个无辜工人。该部另一走狗翻译郭士元声称"不怕死",找了几个人做保镖,继续与工人作对。此人先是控制了法电中山东、河南、安徽各省职工的同乡会,号称"北洋帮",后又广收门徒,凡是不愿入其门下者,不是受罚就是挨打。

1940年夏车务部工人率先罢工时,资方先是通知法租界巡捕房出动警车、探捕前来镇压,大打出手;另一方面在遭到工人反抗后,又怕日伪势力乘机插手,事态扩大难以收拾,不得不请巡捕房政治部与法国驻沪总领事出面调解,与工人代表谈判,达成协议。资方对于日伪对租界的渗透是抵制的,但在对方步步紧逼下,又不断妥协退让。不过对于任何方面组织工会的活动则坚决不让步。

国民党方面:1940年春,蓝衣社分子范煜章、蒋克勤、孙文庸等,利用徐阿梅①牺牲后的形势,在南市大林路237号发起组织工会,被资方开除出公司。之后他们就公开投伪了。当时工会负责人张福宝也是有国民党背景的,在青帮中他拜的师傅是杜月笙。② 1940年夏机务部率先罢工时,罢工委员会委员全是中共党员,但主任却由张福宝担任。

汪伪:企图打入法租界的工人运动,组织伪工会。指导机构是伪中华工人福益会、上海工运协进会(1940年6月改名"上海市总工会")。他们搞的"强化下层组织计划",就是要"打入工人队伍,健全下层组织","宣扬和平运动之意义,然后使工人觉悟共产之阴谋"。1940年春,汪伪社会部次长顾继武和专员蒋兆祥在沪西极司非尔路挂出"社会运动指导委员会上海分会"的招牌,收容范煜章等人,发给他们每人每月100元储备票的"生活费",让他们继续在大林路筹建工会。但是资方坚决拒绝他们重新进公司复职,所以影响甚微。1940年3月,写票王萃兴被郭士元无理罚停3天,一怒之下,就去沪西投奔汉奸蒋兆祥,接着拉了一些平日受郭士元欺压的工人到沪西去,但人数还是不多。接着顾继武、蒋兆祥指使王萃兴、范煜章等人用钱引诱工人,根据各人拉到沪西工人的多少,每月分别发放30元至100元不等的津贴。由于从法电到沪西路程太远,后又规定可以乘坐出租车去,车费有伪方报销,还免费供饭,招待看戏。于是到9月中旬,在大林路工会登记的工人已经有300人左右,约占车务部职工总数的四分之一。

---

① 徐阿梅(1906—1939),中共党员、1937年八一三淞沪抗战时组织法电工人星期服务团支援抗日,曾任中国劳动界救亡协会常委,1939年12月29日被汪伪76号特务杀害与上海市郊。

② 根据薛耕莘口述,1930年法电罢工被镇压后,"张福宝、石全福等拜杜月笙为师,领导法电工会。"《上海法租界巡捕房与三十年代的上海政治(一)》,《史林》2000年第3期,第15页。

最初机务部投伪的是杜月笙的青帮门徒石全福。1939年12月29日汪伪方面将打入伪上海市交通水电工人联合会担任主席委员的徐阿梅绑架到市郊秘密枪杀。接着汉奸特务扬言要追查徐阿梅的余党,工人敢怒不敢言。中共党员与徐的十弟兄一时难以开展活动。在机务部,由于石全福、高友根、薛万生等人的煽动,去沪西伪工会的工人也逐渐增多。

中共地下党:面临着汪伪沪西大林路工会迅速扩张的严峻态势,经过慎重研究决定从实际出发,派人打入伪工会,在其内部争取群众,相机夺去部分领导权。经过部署,党组织派与资方走狗“联谊社”头目刘德功有关系的车务部党员周国强去沪西大林路伪工会,表面上还是被汪伪绑架去的,以便日后与资方交涉时留有余地。另一方面,鉴于郭士元势力日大,党组织又派党员许炳华打入郭的“北洋帮”小圈子。由于周国强是车务部的老工人,作风正派,又是“信义储蓄会”负责人,在群众中有威信,又善于组织,他到沪西以后,“信义储蓄会”和“联谊社”的人跟去不少。9月24日晚,上海市第二区水电业产业工会成立大会在沪西银宫大戏院召开,汪伪政府及其警备部均派代表致辞。但在选举中,蓝衣社分子当选很少,相反,周国强和几个积极分子当选,周还被选为副理事长。有国民党背景的张福宝也被选为常务委员。10月11日当法电罢工人数猛增后,周国强根据党支部的指示及时提出扩大罢工委员会的建议,结果委员会人数有15人增加到21人,选举结果,地下党员与积极分子占了12名,形成多数,掌握了这次罢工的实际领导权。[①] 因此张福运认为工人领袖徐阿梅被害后,“中共在上海工人组织中的力量受到削弱……租界内的抗日力量已无法与日伪势力相抗衡”[②]的判断是不正确的。

二

罢工的决定就是在9月24日晚上海市第二区水电业产业工会成立大会上作出的。主要理由是要求改善工人待遇、响应在此之前公共租界的电车、公共汽车工人罢工。当天“星夜派人四处通知工人,停止工作”,还“派遣全体纠察队140人,分乘汽车21辆,至指定地点,策动罢工”[③]。

9月25日早晨,法电工人罢工,造成“租界内公共交通事业完全停顿”,法租界公董局和资方强制恢复通车,下午劳方即在电车行驶路线上投手榴弹作为报复。[④]

26日罢工工人与纠察队员手持棍棒、石灰多处拦截电车,与巡捕发生冲突,40多人被捕,还有4人被击伤。[⑤]

27日罢工方利用汪伪方面提供的燃烧弹,直接投放在电车上,造成2辆电车被

---

① 沈以行、姜沛南、郑庆声主编:《上海工人运动史》下卷,第171-172页。

② 张福运:《“孤岛”时期上海劳资关系中的民族主义》,《近代史研究》2016年第2期,第109页。

③ 南京市档案馆馆藏:《1940年上海法租界电车公共汽车工人罢工事件处理报告》,《民国档案》1990年第1期。

④ 《法租界交通亦停顿》,《申报》1940年9月26日,第7版。

⑤ 《法商电车昨仍开行》,《申报》1940年9月27日,第7版。

毁,8 名乘客受伤。①

在法电内部,罢工方"在厂内割电线,掷炸弹,造成极为混乱的局面,使全体工人都停止了工作"②。

在罢工中,汪伪方面了解到"受资方利用之工人,实为重庆方面支持之第二区水电业产业工会常务委员张福保(即张福宝)所领导","乃设法将张福保吸收",于是"其领导之工友 800 余人,亦全部参加罢工"③。

10 月 22 日劳资双方达成协议,"凡属法商水电公司工人,均得参加资方业已承认之上海市第二区水电业产业工会,并每月津贴工会经费三百元。除此工会外,任何人不得收取会费"④。

三

按照汪伪上海市社会运动指导委员会事后的处理报告⑤,法电公司"规模宏大,营业发达……雇佣工人 2500 名,待遇素极苛刻",对于工会,"资方嫉视甚深,亦予摧残"。1940 年 8 月,汪伪方在南市大林路 237 号设立工会筹备处,资方发觉后"即着手暗中训练新工人,并藉故开除工人"。9 月 24 日汪伪工会正式成立,宣称登记入会工人达 1500 余人,"已占全数十分之六以上"。资方唯恐法电工人会继公共租界电汽车工人罢工后也举行罢工,于是要求法捕房逮捕售票员王某林。消息传到会场,群情激愤,一致决定罢工,提出改善待遇条件 16 条,并要求恢复被开除工友工作。

25 日一早,罢工开始后,资方"要求捕房利用警务力量,派警备车驻守公司门口,将一部分未及抽出之夜班工人,强迫工作,同时利用新训练之工人,于上午 9 时驶出二路、七路、十路电车十辆,勉强通车。至 11 时又加派电车十辆行驶,除每辆电车派巡捕三人武装驻守外,并有警备车保护"。下午,工人向 115 号电车投掷化学炸弹一枚,当场爆炸,但未伤人。26 日晨,资方派七路电车一辆开出,"并加派越捕五名驻守",该车行驶到吕班路劳神甫路遭到数十名罢工工人拦阻时,"捕房急派警备车至场弹压",工人张永康被枪击伤,其他工人"遂与越捕发生冲突,越捕竟对徒手工人,用刀乱刺,当被刺伤六名,复被拘捕 37 人,拘押卢家湾捕房"。8 点 15 分,罢工工人分别向行驶中的二路电车各一辆投掷石灰,意在"警告谓公司利用之工人,故仅伤司机,乘客均告无恙"。27 日资方仍加派二路、七路、十路电车 30 辆行驶,11 时许,行驶中的七路电车各一辆"被工人用化学药品将其焚毁"。下午 1 时,各路车辆遂完全停驶。29 日,张永康在广慈医院不治身亡,这时参加罢工的工人已

① 《法租界电车被投弹起纷扰》,《申报》1940 年 9 月 28 日,第 9 版。

② 齐武:《抗日战争时期中国工人运动史稿》,人民出版社 1986 年版,第 172 页。

③ 南京市档案馆馆藏:《1940 年上海法租界电车公共汽车工人罢工事件处理报告》,《民国档案》1990 年第 1 期。

④ 南京市档案馆馆藏:《1940 年上海法租界电车公共汽车工人罢工事件处理报告》,《民国档案》1990 年第 1 期。

⑤ 南京市档案馆馆藏:《1940 年上海法租界电车公共汽车工人罢工事件处理报告》,《民国档案》1990 年第 1 期。

经有800余人逐渐增加到2000余人,“几全数参加”。

汪伪社会部次长顾继武和专员蒋兆祥“指导工人组织罢工委员会”,并在白利南路兆丰别墅119号设立罢工委员会临时办事处,后来设法吸收了“重庆方面支持之第二区水电业产业工会常务委员张福保”,使机务处张福保领导的八百余工友全部参加罢工,“使阵线完全一致”,“步骤亦趋于一致。”

另一方面,26日10点,伪工会理事长顾金荣与写票王萃兴向公司大班法费莱提出罢工方的16条要求。下午4点罢工方派出12名代表前往公司再开谈判时,资方派出车务总管麦纳“对所提条件拒绝谈判”,仅仅询问代表服务号码。

9月30日,罢工方自动将改善待遇16条压缩为6条,并推派顾金荣等4人为代表去广东路航运俱乐部请虞洽卿、袁履登出面调停,遭到法费莱拒绝。10月3日,罢工方再派顾金荣等8人,请买办魏廷荣、《循环日报》编务、后任汪伪国民党中央候补委员耿嘉基出任调解,又遭到公司拒绝。

直到10月7日,鉴于工人持续罢工,资方请法捕房政治部部长马莱、华人督察长薛耕莘接见罢工方代表周国强(汪伪方并不知道周是中共地下党)等18人,提出资方“承认代表”等谈判原则7项。罢工方代表将上述原则带回,即开全体大会议决,“应改为承认工会”等7条。这时汪伪“上海市社会运动指导委员会”方面出面,分别劝导劳资双方。于10月17日约集劳资双方代表再次谈判,就多数问题取得一致,只是资方坚持对因组织伪工会而被开除的46个人中22人先行复工,“其余24名,须以后随时录用”。汪伪“上海市社会运动指导委员会”于是再会同捕房方面再次协调劳资双方,最后资方让步将先行复工人数从22人增加到30人,其余16人也口头承认复工后一个月之内全数录用。这样就满足了汪伪方的底线。10月22日下午3时签约,劳方代表为车务处顾金荣等4人、机务处张福宝、石全福等4人,资方代表为大班法费莱与车务总管麦希诺。法捕房政治部部长马莱、华人督察长薛耕莘、社会闻人耿嘉基等也在场见证。23日早晨,全体工人复工,法租界中断多时的交通始告恢复。

这次罢工体现了恩格斯说的历史合力的作用,相关各方由于受到错综复杂关系的制约,哪一方都不可能为所欲为,总的结局对改善法电工人的生活是有好处的。从政治上来说,汪伪工会得到了法电资方的认可,从此占据了有利地位。但当庆祝罢工胜利时“已投靠汪伪的国民党蓝衣社分子忽然拿了一面汉奸旗帜挂起来,群众嘘声四起,坚决反对,那些人只得把旗扯了下来”,这表明“工人群众在思想上是和汪伪划清界线的”①。1941年2月车务部工会在收取会费时遭到资方派出的郭士元等人的两度捣乱,工会干部被殴伤,②说明资方对于承认工会也是不甘心的。

在伪方的报告中,中共地下党的活动一概见不到。但这并等于中共地下党与这次罢工毫无关联。报告中对法电公司经济上对工人的剥削、罢工前后与法租界

---

① 中共上海市委党史研究室、上海市总工会编:《上海法电工人运动史》,中共党史出版社1991年版,第160页。

② 参见中共上海市委党史研究室、上海市总工会编:《上海法电工人运动史》,第162页。

巡捕房沆瀣一气，狼狈为奸，草菅人命，竭力破坏罢工的揭露应该说还是十分真实的。另外，伪方报告的政治立场也十分明显，就是要在日本侵略者的支持下，以日军占领下的南市为据点，全力向法租界渗透。因为报告中对拉拢、策反重庆方面的工运领袖以及"同渝方有关之一部分工人，亦转变态度，接受本会调处"津津乐道，直言不讳。从报告可以看出，暗中坚持不能让因组织伪工会而被开除的人吃亏，全力维护他们的复工权利是汪伪方据理力争势在必得的。不过汪伪方秘密给罢工工人化学炸弹、化学药品，用以爆炸、焚烧，这些内幕在报告中还是没法看到。最后，报告对法租界巡捕房政治部的评价也耐人寻味，报告称："法捕房政治部，鉴于工潮长此僵持，影响社会秩序，甚为重大，亦劝导公司，并协助本会共同调处，此项工潮，得以圆满解决。法捕房之助力，亦甚不小，似此良好现象，尤为公共租界电车工潮中所未见者也。"其实按照薛耕莘的回忆，"法捕房政治处是三四十年代，法国人在法租界统治的神经中枢"①，其前身政治处的任务"主要是收集中国政情变化及军事、经济、社会动态，调查登录中外各种党派及社会团体是情况"②。照此定位，调处、停息法租界内的罢工是该部分内之事，并不奇怪。问题是，法捕房政治部背后是法国驻上海总领事，总领事背后是法国贝当傀儡政府。说到底法租界捕房政治部的"调处"也好，"协力"也罢，幕后当然反映的是在德军刺刀下仅在名义上保留的约占全国三分之一的南部领土上苟延残喘的法国贝当政府对日本的暧昧态度。③

综上所述，在1940年上海法租界电车、公共汽车工人罢工的背后，人们可以看到孤岛时期扑朔迷离，互相交织的民族矛盾与阶级矛盾。与民族资本企业不同，在外资企业中劳资双方不存在"以御侮救亡为目标的民族主义"的合作基础，阶级矛盾始终是占主导地位的。正是在"以御侮救亡为目标的民族主义"的主导下，"日益激进的工潮"不仅指向租界的外国资本家，同时也使汪伪方面企图遭到的挫败，汉奸旗帜刚挂起来就被扯落即是明证。汪伪方面对于孤岛工运的"扭曲"作用是有限的。

① 《上海法租界巡捕房与三十年代的上海政治(一)》，《史林》2000年第3期，第10页。
② 《上海法租界巡捕房与三十年代的上海政治(一)》，《史林》2000年第3期，第11页。
③ 参见王春良主编：《新编世界现代史(1900—1988)》，东方出版社1989年版，第309-310页。

1941年夏新四军苏北反“扫荡”

1941年春,新四军在皖南事变重建军部后,很快夺取了长江以北、陇海路以南、津浦路以东的广大地区,建立了苏北、苏中两个抗日根据地,并与山东抗日根据地连成了一片。这一情况很快就引起了日本侵略军的极大注意。

6月初,日军集中兵力声言进攻盐城。6月14日新四军代军长陈毅与政委刘少奇、参谋长赖传珠发给新四军第一师、第三师关保卫盐城的指示。指示指出:泰州日伪于10日以前已完成对李明扬、陈泰运的逼降“扫荡”,李、陈部大部溃败。日伪此次行动是进攻盐城的准备,企图“扫荡”兴化、东台、泰州三角水网地区,便利大举北犯盐城。为保卫盐城,特部署:新四军第一师第二旅担任刘庄、伍佑一线阻击东台北犯之敌;第一师第一旅、第三旅于海安、泰州、宜陵一线及海安、东台、如皋、南通之线广泛游击,阻敌北进,作为保卫盐城之战略策应;第三师第七旅两个团及军直属队位于秦南仓之线,阻击兴、化来攻之敌。① 7月10日上午,为便于指挥,陈毅和刘少奇等率领新四军军部和华中局机关撤离盐城,于是日傍晚移至湖垛东北5公里的北左庄。②

7月20日,日军为围歼我华中领率机关和主力部队,集中独立混成第12旅团全部、第15师团和第17师团各一部及伪军第一集团军李长江残部共1.7万余兵力,分头从东台、兴化、射阳、陈家港等地四路合击盐城,对苏北盐城地区进行“扫荡”,妄图一举围歼华中党政军领导机关和新四军第三师主力,摧毁新四军军部,并吞取产盐区。国民党顽固派韩德勤部乘机下令王光夏一个旅侵占淮海根据地泗阳至陈道口一带。

7月21日陈毅、刘少奇、饶漱石(新任新四军政治部主任)、赖传珠致电新四军第一、第三师:“为保卫苏北根据地,粉碎日军的进攻,决定各部动作如次:第三师第七旅应集结十九团、二十团、二十一团主力,负责保持建阳、湖垛一线。此一带为我中心地带,苏北根据地之命脉,必须以全力保持,如一度被敌占领,亦须立即收复。第三师第八旅派部队接防东沟、益林,并确保之,同时积极牵制对陈家洋、合德进攻之敌。第七旅二十一团留一营担任秦南仓、新河庙三角地带游击,阻止蒋营之敌与兴化之敌的配合。第一师第二旅应阻止东台之敌北进,应以有力手段迟滞其前进,相机歼灭其一。如不能阻止,应改为尾击和就地纠缠游击,妨害其与蒋营、陈家洋

① 《陈毅年谱》上卷,人民出版社1995年版,第354页。

② 《陈毅年谱》上卷,第356页。

之敌联通。第一师第一、第三旅立即在苏中地区发动全线游击,策应北线作战。”① 具体而言,七旅的任务主要是尾随袭击敌人,八旅则奉命正面迎击敌人。

新四军第三师在盐城外围阻击和杀伤来犯日伪军后,掩护党政军领导机关迅速转移敌之侧翼,向刘庄、陈家集、板湖等地区隐蔽集结,利用河网港汊的复杂地形打击牵制敌人。7月22日,日伪军侵占盐城,即对周围地区进行“清剿”,重点“扫荡”阜宁地区,并控制水陆交通要道,实行分割、封锁。他们在水网地区出动装甲汽船,到处搜寻新四军军部和主力部队,但由于新四军事先进行了分散转移和隐蔽集结,敌人未能得逞。

7月22日,陈毅与刘少奇、饶漱石、赖传珠给新四军第三师、第一师第二旅等部发出《坚决保卫盐城的部署和战术指示》,要求各兵团首长切实重视保卫盐城及保卫苏北根据地的任务,“应机动作战,积极执行任务,敌来应坚决抗击、侧击,敌过应尾击之,否则应受严重处分”②;要求第一师第二旅“以积极游击动作打击敌人,逼其撤退,并阻止其下乡‘扫荡’和建立据点”;“各部队作战应采用河道伏击战及村落夜袭战。河道伏击战应以连为单位,广泛布置层层阻拦,以击沉敌之汽艇为主;村落夜袭战以扰敌人、捕捉敌之步哨,阻止并歼灭敌之薄弱据点为主。”③7月下旬,陈毅与刘少奇继续率轻便机关和敌人“捉迷藏”。7月25日转移至紧靠射阳河的阜宁硕家集,与第三师会合。

7月27日日伪军开始重点“扫荡”阜宁、东沟、益林地区,28日占领阜宁,次日占领东沟。28日,陈毅与刘少奇、饶漱石、赖传珠发出《对三师七旅行动部署指示》,指出:“日军进逼东沟、益林,我们决心令十九团、二十二团坚决抗击并歼灭之。”④与此同时,军部还命令一师二旅破袭盐城至东沟的交通,阻断敌人的补给线;命令其他一师主力在苏中向日伪各据点进行围困攻袭,骚扰敌人后方。⑤

根据军部的命令,新四军第一师主力为了钳制日军,策应苏北反“扫荡”,于7月下旬在苏中地区向当面之敌发动攻势,袭击泰兴、靖江、如皋、南通地区的几个日伪军据点,相继攻克蒋垛、黄桥、古溪、季家市等地,歼敌1000余人,有力地打击和牵制了日伪军,陷敌于顾此失彼的被动地位。其中一师一旅以灵活机动的战术,连克黄桥、古溪、加力、季家市、天星桥和孤山等日伪军重要据点,并围攻姜堰和泰州;二旅在盐城以南破袭通榆公路交通线;三旅则攻克金沙、马塘、石庄等日伪军据点,破袭南通、如皋两县境内的交通线。日伪军在苏中连遭打击后,被迫于8月1日从苏北东沟、益林、建阳全部南援,同日李长江由盐城赴东台。新四军第三师乘势收复东沟、益林等城镇。

8月4日,陈毅、刘少奇、赖传珠致电黄克诚(第三师师长兼政委)、王必成(第一师第二旅旅长)等人,提出:“乘敌南撤,配合苏中区反‘扫荡’,阻击盐阜地区伪化,

---

① 《刘少奇年谱》上卷,中央文献出版社1996年版,第363-364页。

② 《陈毅年谱》上卷,第358页。

③ 《刘少奇年谱》上卷,第364页。

④ 《陈毅年谱》上卷,第358页。

⑤ 参见《吴法宪回忆录》,香港北星出版社2007年版,第273页。

镇压土匪，扩大我军政治影响，决对盐城外围各据点之敌给予坚决的反击，收复各据点，相机进取盐城，以恢复盐城根据地。”①

8月7日，日伪军大部从盐城、阜宁地区南撤，继续抽兵南调苏中。8月9日夜，新四军第一师和第三师兵分五路反攻盐城地区，相继收复湖垛、上冈和裕华等要地。仅裕华镇战斗就歼日军70余名，生俘7名，歼俘伪军400余名。8月20日，“扫荡”盐阜区的日伪军几经折返，疲于奔命，开始溃退。② 对苏中的“扫荡”也随之告吹。

在一个月的反“扫荡”中，苏北盐阜区与苏中区军民互相配合，共作战135次，毙伤日军1931人，俘日军15人，俘伪军1074人，争取伪军反正600余人，用自制水雷击伤击毁日伪汽艇13艘，缴获平射炮2门，轻重机枪25挺，步枪1123支。新四军伤亡指战员900余人，大大少于敌人。③ 以上光辉战绩雄辩地说明了皖南事变后新四军仍坚持对日作战，是华中战场抗战的主力。

日军是在苏德战争爆发的形势下，为抽兵南进、扩大侵略战争而发动对苏北抗日根据地的第一次反“扫荡”的。在这次战斗中，苏北、苏中的党政军民在中共中央华中局和新四军军部的直接领导下经受了严峻的考验，原先由南下八路军第五纵队改编的新四军第三师与第一师密切合作，互相策应，配合默契，打出了共产党领导的人民军队的威风，致使日伪军首尾不能相顾，最终狼狈而逃。事实证明新四军是华中人民的钢铁长城。

苏北抗日根据地的第一次“反扫荡”的胜利也证明了中共中央、毛泽东主席的远见卓识。早在1940年5月下旬，八路军第二纵队第344旅和新编第2旅主力，奉命分两个梯队由冀鲁豫边区南下，8月分别改编为八路军第四、第五纵队，初步开辟了苏北淮海区抗日根据地。同年11月17日，华中新四军八路军总指挥部奉命在苏北海安成立（23日移驻盐城），叶挺为总指挥，未到任前由副总指挥陈毅代理，刘少奇任政委。计划长江以北的八路军、新四军慢慢向东发展，皖南的新四军向北转移，逐渐把华北、华中的抗日根据地连成一片，必要时在华中粉碎国民党顽固派的进攻。1941年初皖南事变发生后，中央军委即以华中总指挥部为基础组成新的军部，将活动在陇海路以南的八路军、新四军统一整编为七个师和一个独立旅，陈毅任代理军长，刘少奇任政委。八路军第四、第五纵队分别改编为新四军第四师、第三师。在当时的情况下，建设与保卫苏北抗日根据地是当务之急，由于新四军三师与一师的英勇奋战，通力合作，粉碎了日伪军的“扫荡”后，苏北根据地出现了一个相对稳定的局面，为新四军日后的发展打下了基础。

---

① 《陈毅年谱》上卷，第359页。
② 《陈毅年谱》上卷，第361页。
③ 参见《陈毅年谱》上卷，第361–262页。

抗战精神是传统文化与民族精神的伟大结晶[①]

毛泽东同志曾经说过,人是要有一点精神的。在抗日战争的烽火岁月中,中国人民、中华民族在与日本帝国主义强盗的浴血奋战中逐步形成了伟大的抗战精神。抗战精神是中国优秀传统文化的在新的历史条件下的继续与发展,是民族精神的一个重要组成部分。从文化层次讲,抗日战争的胜利是中国抗战精神对日本武士道精神的胜利。

抗战精神具体可以表述为:

1. 天下兴亡,匹夫有责,不畏强暴,舍身救国的爱国精神。在中国传统文化中,修身、齐家、治国、平天下一直是有志男儿的应有抱负。在爱国人士看来,家与国紧密相连,家是最小的国,国是最大的家,没有国,就没有家。要保家必须卫国,卫国方可保家。在历史上,为抗击外敌侵略,毁家纾难的志士仁人举不胜举。1936 年陆军中将续范亭(1893 年生)在《国难日有感》中叹息自己“未遂区区志,苍苍鬓已华”,并深情写道:“乡邦不可问,有家若无家”[②]。1940 年徐特立(1877 年生,时任延安自然科学院院长)在送董必武(1886 年生)赴陪都重庆时赞扬他“不拟霜同鬓,唯将国作家”[③]。1941 年中共南方局负责人、国民参政会参议员董必武写道:“只有精忠能报国,更无乐土可为家。”[④]陕甘宁边区政府主席林伯渠(1886 年生)也在抗战时期写道:“士到危时方见义,国无净土怎为家。”[⑤]

在抗日战争中,中国军民不畏强暴,舍身救国的爱国传统得到了发扬光大。在东北有抗联冷云等八女投江的故事,在华北有八路军狼牙山五壮士跳崖的壮举。正如朱德在一首诗中所写:“从来燕赵多豪杰,驱逐倭儿共一樽。”“神州尚有英雄在,堪笑法西意气浮。”[⑥]

2. 万众一心,共赴国难,无分老幼,共御外侮的团结精神。1931 年九一八事变后,92 岁高龄的马相伯(1840 年生)在上海为救亡呼号奔走,先后发起组织江苏国难会、不忍人会、中国国难救济会和全国各界救国会等爱国救亡团体,主张“立息内争,共御外侮”。百岁生日时,他把各方赠予的寿仪移作犒慰前方抗战伤兵之用。

---

① 原载《敬老崇文文集》第二辑,中西书局 2016 年版。
② 《十老诗选》,中国青年出版社 1979 年版,第 218 页。
③ 徐特立:《送董老赴京》,《十老诗选》,第 153 页。
④ 董必武:《元旦口占用柳亚子怀人韵》,《十老诗选》,第 46 页。
⑤ 林伯渠:《和柳亚子先生》,《十老诗选》,第 100 页。
⑥ 朱德:《太行春感》(一九三九年春),《十老诗选》,第 3 页。

1937年2月,国民党元老覃振(1884年生)、邵力子(1882年生)、孙科(1891年生)在国民党五届三中全会上联合宋庆龄、何香凝、冯玉祥等中央执行委员提出《恢复孙中山先生手订联俄联共扶助农工三大政策案》的重要提案。中共中央宣传部副部长徐特立1945年写诗颂扬道:"壮哉马相伯,示威长街行,长龄整百岁,竟忘年齿尊,在朝与在野,群老俱奋兴。……覃邵孙诸公,献替谋裨益,岁无赫赫功,所争在正气。"①充分肯定了这些爱国老人的历史功绩。

1935年12月,沈钧儒(1875年生)领导成立上海文化界救国会,发表宣言,支持一二·九学生运动。次年他联合邹韬奋等赞同中共提出的八一宣言,主张停止内战,组织救亡联合战线;11月他与邹韬奋、李公朴等六人被捕入狱,1937年7月才获释。1959年7月时任最高人民法院院长的谢觉哉(1884年生)赠诗沈老:"老犹及见九州同,千载而还几放翁?"②与到死"不见九州同"的宋代诗人陆游相比,沈钧儒看到了中国人民抗日战争、全国解放战争的胜利,远比陆游幸福。

蒋介石在1937年7月著名的庐山谈话中说:"如果战端一开,那就是地无分南北,年无分老幼,无论何人,皆有守土抗战之责任。"③第二次国共合作成立、全面抗战开始后,全国上下空前团结,群情振奋,正如朱德后来在一首诗中所说"弥漫烽火黄河岸,父老齐声话御仇","朋辈志同意自投,团结砥柱止中流"④。1939年8月,董必武写道"东邻凶狡甚,蓄意灭中华","泱泱古大国,众志已成城。势必驱倭虏,人思返汉京。"⑤1940年时任国民参政会中共参政员,陕甘宁边区政府文化委员会主任的吴玉章(1878年生)也写道:"'三月亡华'敌自骄,那知人力比天高。兆民团结坚于铁,破尔鲸吞胜巨鳌。"⑥

1941年在延安从事教育宣传工作的徐特立写给晋西北行政公署主任、晋西北军区副司令员续范亭诗中表示:"尔我虽年迈,薑萎桂老愈辛。"⑦1944年中共中央提前为董必武作六十大寿,高度评价了他的功绩。党中央在贺电中说:"你是中国民族解放、社会解放的老战士,你是中国共产党的模范的领导者之一。中国共产党、中国人民为庆祝你的生日,将感到光荣。"

在抗日战争中,中国共产党为了维护国共合作、民族团结,与先后三次发动反攻高潮的国民党顽固派进行了有理有力有节的斗争。同为国民参政会参政员的董必武、吴玉章利用合法身份,充分利用国民参政会的讲坛,以斗争求团结。1940年徐特立(时任延安自然科学院院长)在送董必武赴陪都重庆时衷心希望国共双方捐弃前嫌,相忍为国:"蔺廉重好合,萁豆弗相煎",强调"单调难成曲,群擎可柱天"⑧。同年10月董必武在答徐特立的诗中说:"力拒豕蛇侵,欲去东邻恶。"奉劝国民党

① 徐特立:《赠柳亚子》,《十老诗选》,第161页。
② 谢觉哉:《赠沈衡老》,《十老诗选》,第183页。
③ 蒋介石:《对于卢沟桥事件之严正表示》,《蒋委员长训词选辑》第2册,第507页。
④ 朱德:《和董必武同志七绝五首》(一九四一年),《十老诗选》,第7页。
⑤ 董必武:《挽嘉义新四军通讯处涂罗十烈士遇害》,《十老诗选》,第37页。
⑥ 吴玉章:《和印泉老兄"七七"三年抗战纪念感赋原韵》,《十老诗选》,第117页。
⑦ 徐特立:《赴柳子店视续范亭》,《十老诗选》,第157页。
⑧ 徐特立:《送董老赴京》,《十老诗选》,第153页。

"阋墙不可再,巢覆当共愕。同心可断金,首要重然诺。"①新中国成立后,董必武在1958年再次写诗说"抗日须团结,当途每反之",讽刺他们"励精图乱,发奋为雌",指出"执迷顽固派,读史昧《春秋》",兄弟阋墙,国家堪忧。② 1949年徐特立在《祝吴老七十大寿》诗中赞扬吴玉章赴重庆参加国民参政会时据理直言,语惊四座:"年老气尤壮,启后光先烈。"③

3. 坚忍顽强,百折不挠,不畏艰险,血战到底的自强精神。在这方面表现突出、令国人肃然起敬的有:1933年3月二十九军用大刀在长城喜峰口外与日军拼杀。1937年10月下旬谢晋元的八百壮士苦战上海四行仓库、有东北抗联总指挥杨靖宇只身与敌搏斗。在1933年的长城抗战中,面对日军在武器装备上的绝对优势,二十九军的将士们出其不意,利用长柄、宽刃、刀尖倾斜的大刀勇敢劈杀,大败敌军。后来创作的脍炙人口的《大刀进行曲》刚发表时就是"献给二十九军大刀队"的。在1937年淞沪会战后期,副团长谢晋元率"八百壮士"死守上海四行仓库,被国民政府授予抗战最高荣誉奖章"青天白日勋章"。1941年4月24日谢晋元被叛徒刺杀身亡,蒋介石誉其"精忠贯日"。毛泽东则高度赞誉"八百壮士"为"民族革命典型"。2005年9月3日,时任中共中央总书记的胡锦涛在纪念中国人民抗日战争暨世界反法西斯战争胜利60周年大会上,将国民党军"八百壮士"与八路军"狼牙山五壮士"等并称为"英雄群体",称他们为中国人民不畏强暴、英勇抗争的杰出代表。

东北抗日联军是一支中国共产党领导的抗日武装,它艰苦卓绝的斗争与红军长征、南方三年游击战争一道并列为中共党史上的三大苦事。早在1938年11月中国共产党六届六中全会就发出给"东北抗日联军杨司令转东北抗日联军的长官们、士兵们、政治工作人员们"的致敬电,高度评价东北抗日联军的英勇斗争是"在冰天雪地与敌周旋7年多的不怕困苦艰难奋斗的模范"。1940年2月,抗联总指挥杨靖宇孤身一人,连续几昼夜,靠吃树皮、草根、棉絮充饥,最后在与关东军讨伐队、伪满特工队激战数小时后壮烈殉国。东北抗战期间,东北抗联师以上的干部就有100余人战死疆场。

在华中有新四军军刘老庄连的英雄事迹。1943年3月中旬新四军三师7旅19团4连82名指战员,在淮阴刘老庄反"扫荡"战斗中全部壮烈殉国。新四军代军长陈毅撰文表彰:"烈士们殉国牺牲之忠勇精神,固可以垂式范而励来兹。"④八路军总司令朱德在《八路军新四军的英雄主义》一文中,把它誉为"我军指战员的英雄主义的最高表现"⑤。正如朱德在一首诗中所写:"敌后常撑亦壮图,三师能解国家忧。神州尚有英雄在,堪笑法西意气浮。"⑥1940年徐特立在送董必武赴陪都重庆时的诗中强调"幸勿要贪机遇,图存在更生"⑦。在1940年下半年著名的百团大战中,八

① 董必武:《答徐老延安赠别》,《十老诗选》,第41页。
② 董必武:《红岩村题诗》,《十老诗选》,第54页。
③ 《十老诗选》,第169页。
④ 《陈毅年谱》上卷,人民出版社1995年版,第405页。
⑤ 《朱德选集》,人民出版社1983年版,第118页。
⑥ 朱德:《太行春感》(一九三九年春),《十老诗选》,第3页。
⑦ 徐特立:《送董老赴京》,《十老诗选》,第153页。

路军20余万人在破袭战中摧毁据点2900个，消灭日伪军45000人，但自己也付出了巨大的代价，我军与日军的伤亡比例是6∶1甚至是7∶1。正如1942年续范亭在延安所写："抗日何所恃？忠贞与血汗。岂爱征尘苦，千古一大难。"①在全面抗战的八年中，八路军、新四军、华南游击纵队在几乎没有外援的情况下，自力更生，艰苦奋斗，先后创建了19块抗日民主根据地，②为最后打败日本侵略者打下了牢固的基础。日本侵略者投降时八路军、新四军已经发展到120人，民兵200万人。

4. 舍己为人，扶弱济危，伸张正义，维护和平的奉献精神。从1931年九一八事变到1941年珍珠港事件爆发前，中国是东方唯一抗击日本法西斯的国家，从而有效牵制了日本进攻苏联的北进战略，使得苏联免遭日本的袭击，全力在西线对付德国法西斯。在德国法西斯在欧洲疯狂迫害犹太人时，上海对那些逃难的犹太人伸出了友谊之手。从1933年到1941年，上海先后接纳了3万多名欧洲犹太难民，成为二战期间拯救欧洲犹太人的"诺亚方舟"。对于已经沦为日本殖民地的朝鲜，抗战期间国共两党一致支持朝鲜人民抗击日寇、光复祖国的斗争，并在各个方面做出了不少努力。国民政府多方支持在上海等地活动的韩国临时政府，中国共产党则大力支持朝鲜义勇队、义勇军。1940年9月德意日三国代表在柏林签署同盟条约，妄图瓜分世界。在"扩张事战争。全球挥斧质，弱小尽牺牲"③的情况下，中国军民坚持抗日战争，苦苦支撑，直到1941年12月太平洋战争爆发，美、英等国对日宣战后，单打独斗的局面才有所改观。此后，为支援英军在滇缅（时为英属地）抗击日本法西斯、保卫中国西南大后方，组建了中国远征军。1942年4月中国入缅远征军新38师第113团1000余人在缅甸仁安羌大胜日军第33师团，救出英缅军第一师7000人。在历时3年零3月的中缅印大战中，中国投入兵力总计40万人，伤亡接近20万人。1942年5月，第200师师长戴安澜身负重伤，不久牺牲。该师1万余人最终回到国内时仅剩2600余人，伤亡达75%以上。1943年3月，毛泽东赋诗："外侮需人御，将军赋采薇。师称机械化，勇夺虎罴威。浴血东瓜守，驱倭棠吉归。沙场竟殒命，壮志也无违。"④周恩来题写挽词："黄埔之英，民族之雄。"中国远征军用自己的献血与生命取得了同古保卫战、斯瓦阻击战、仁安羌解围战、东枝收复战、反攻缅北等巨大胜利，为支援盟国立下了赫赫战功，在全世界面前为中国军人赢得了荣誉。美国总统罗斯福曾经说过："戴安澜将军于1942年同盟国缅甸战场协同援英抗日时期，作战英勇，指挥卓越，圆满完成所负任务，实为我同盟国军人之优良楷模。"

总之，中国军民自1931年九一八开始就抗击日本侵略者，第二次世界大战爆发后，中国进行的抗日战争是亚洲反法西斯战争的主战场，伤亡高达3500余万人，承担最大的民族牺牲，为夺取二战胜利做出了巨大的贡献。从而理所当然地成为战

① 续范亭：《一九四二年春养　延安交际处茅屋闻晋西北敌人残酷扫荡有感》，《十老诗选》，第224页。

② 另一说，经过八年抗战，中国共产党建立了16个抗日根据地。这16个抗日根据地是：陕甘宁、晋察冀、晋冀鲁豫、晋绥、山东、苏浙、浙东、苏中、苏北、淮北、淮南、皖江、豫西、鄂豫皖湘赣、东江、琼崖。

③ 徐特立：《送董老赴京》，《十老诗选》，第153页。

④ 《毛泽东诗词集》，中央文献出版社1996年版，第177页。

后四大国、联合国的主要创始国之一,并成为联合国安理会的常任理事国,一直至今。如徐特立在1945年《赠柳亚子》中所说:"正吾华列五强,其名不虚立。"①

伟大的抗战精神既弘扬了传统文化的优秀部分,又使民族精神得到了新的升华。其中爱国是核心灵魂,团结是力量源泉,自强是立国之本,奉献是价值所在。伟大的抗战精神是中国人民、中华民族的宝贵精神财富,也是当前实现中华民族伟大复兴的精神动力之一。它发展了中华文明,也是对世界文明的一大贡献。正因为如此,《义勇军进行曲》成为中华人民共和国的国歌。《大刀进行曲》也传唱至今,经久不衰。在纪念中国人民伟大的抗日战争胜利70周年的时候,大力宣传与弘扬抗战精神,有助于我们在改革开放的新时期提高民族自尊心、自信心与自豪感,鼓舞我们为实现中华民族伟大复兴的中国梦而奋斗。

① 《十老诗选》第161页。"五强"是把戴高乐为代表的"自由法国"也算在内。

李公朴被刺后的各方反应[①]

1946年3月旧政协会议后，国民党召开了六届二中全会，继续其一党专政的倾向。会后，蒋介石对民主人士订出5种办法：1，不问不管；2，限制活动；3，格杀无论；4，威胁利诱；5，自行失足落水，[②]加强了特务统治。3月中旬蒋介石专门发表演说，承认国民党内“有些同志……完全依赖既得的政权和武力来解决一切问题，是最卑劣的手段。”他还举例说：“比方去年昆明的学潮，有几位同志……不讲技术，不讲方法，只知用武力对付，一味蛮干，真是连十二岁的小孩都不如！”[③]由此可见当时特务已经比较猖獗了。

早在1945年10月16日，《中国民主同盟临时全国代表大会宣言》就提出“国家的问题，实应力求全盘彻底的总解决。”在民盟的十条主张中，第五条就是“关于释放政治犯与废止特务制度。……对内的政治特务组织与活动，应立即一律停止，因为这种机构存在一日，就绝对不能免除谎报与诬陷的事实，并且这类特务人员，每每凭藉政治力量，指挥司法及警察无端侵犯人民的自由。”[④]

李公朴是1936年11月被捕的救国会“七君子”之一。1944年加入民盟，是中央执行委员兼民主教育运动委员会副主委、云南省支部委员。抗战胜利后他在重庆为和平奔走，参加了陪都各界反内战联合会，肯定共产党“努力抗战，在敌后守土卫民，勋劳卓越，中外同钦”[⑤]。在较场口事件中李公朴被国民党特务打成重伤。6月下旬民盟云南省支部在昆明接连举行记者招待会，呼吁“和平建国，民主团结”，6月底又与各界人士组织“争取和平联合会”，发起万人签名运动，得到广泛的响应。民盟以及李公朴本人只是希望通过和平方式来争取民主，但为国民党当局所不容。

国民党“党政军联席会报秘书处”指导组长万亚刚在案发之前曾经密电指示云南省警备总司令部司令霍揆彰等：“中共蓄意叛乱，民盟甘心从乱，际此紧急时期，对于该等奸党分子，于必要时得便宜处置。”[⑥]原来就想“讨好蒋介石，希望改派他当

---

① 原载《李公朴研究论文集》，群言出版社2016年版。

② 南开大学等编：《中国现代史稿》下，黑龙江人民出版社1981年版，第293页。

③ 转引自杨奎松：《蒋介石与战后国民党的“政府暴力”——以蒋介石日记为中心的分析》，《近代史研究》2011年第4期。

④ 《中国民主同盟历史文献》，文史资料出版社1983年版，第88–93页。

⑤ 《陪都各界反内战联合会致函毛泽东同志》，《新华日报》1945年12月26日。

⑥ 转引自杨奎松：《蒋介石与战后国民党的“政府暴力”——以蒋介石日记为中心的分析》，《近代史研究》2011年第4期。

云南省主席”的霍揆彰得此密电后决意下毒手杀害李公朴等人。①

二

7月11日夜,李公朴被暗杀,次日在医院不治去世。民盟从地方到中央义愤填膺,坚决抗争。

民盟云南省支部当天就召开紧急会议,决定:1. 立即通告全国,控诉国民党反动派的血腥暴行; 2. 向云南省警备总司令部递交抗议书; 3. 组成李公朴先生治丧委员会,主持追悼和善后事宜,表达对国民党反动派的强烈抗议。②

13日云南民盟为李公朴殉难发布的讣告在《新华日报》刊出。

15日民盟中执委兼云南省支部常委闻一多在李公朴治丧大会上怒斥特务,他说:“李先生究竟犯了什么罪? 要遭这样的毒手? 他只不过用笔写写文章,用嘴说说话,他所说所写的,都无非是一个没有失掉良心的中国人的话! 大家有笔有嘴,有理由拿出来讲啊! 为什么要打,要杀,而且偷偷摸摸的来杀!”“我们要准备像李先生那样,前脚跨出大门,后脚就不准备再跨回来!”③当天下午他在参加《民主周刊》社为李公朴被暗杀举行的记者招待会后的回家路上遭到暗杀。

7月16日,民盟云南省支部发表《为闻一多同志复遭暗杀紧急声明》,说明了闻一多遇害的经过,声明指出:“李闻两同志之暗杀事件,实乃法西斯反动派决心放弃以和平民主方式解决当前国是问题,而悍然采取最卑劣最无耻的暗杀手段,消灭民主分子,以配合正在展开的全面内战,公开向全国人民进行全面进攻的表现。”④接着,民盟云南省支部联合昆明14个人民团体组成“昆明李公朴、闻一多惨案后援会”,组织抗议集会,要求停止暴行,停止内战。

18日民盟主席张澜直接致电蒋介石,提出彻底废除全国的特务机关,依法惩治主凶,保证今后不再有类似事件发生。正告他“星星之火,不仅可以燎原,势亦可以焚身”⑤。

18日,民盟中央秘书长梁漱溟以民盟发言人的身份发表书面谈话,指出:“李闻两先生都是文人、学者,手无寸铁,除以言论号召外无其他行动。假如这样的人都要斩尽杀绝,请早收起宪政民主的话,不要再说,不要再以此欺骗国人。”他说,我个人极想退出现实政治,致力文化工作。“但是,像今天这样,我却无法退出了,我不能躲避这颗枪弹,我要连喊一百声‘取消特务’,我倒要看看国民党特务能不能把要求民主的人都杀光,我在这里等待着他。”⑥

---

① 转引自杨奎松:《蒋介石与战后国民党的“政府暴力”——以蒋介石日记为中心的分析》,《近代史研究》2011年第4期。

② 肖甡、周炳钦:《两种命运的决战》,河南人民出版社2001年版,第310页。

③ 王康:《李公朴、闻一多遇害记》,《中华文史资料文库》第六卷。

④ 《中国民主同盟历史文献》,第191页。

⑤ 《中国民主同盟历史文献》,第198页。

⑥ 梁漱溟:《回忆参加调查国民党暗杀李闻案》,《中华文史资料文库》第六卷。

7月20日民盟为李闻二案向政府提出严重抗议，抗议书如下：

哲生、雪艇、铁城、亮畴、力子、立夫、厉生、岳军诸先生并请转陈蒋主席钧鉴：

本同盟中央执行委员兼民主教育运动委员会副主委李公朴同志于本月十一日在昆遭暴徒狙击身死。正惊痛间，而本同盟中执委兼云南省支部常委闻一多同志，又于十五日与其子义和，在昆遭遇同样狙击，闻君当场身后亦复不治。查此两案其为政治性暗杀；毫无疑问，与上次本同盟所抗议西安秦风日报李敷仁、王任之惨死案事同一律。前案尚未解决，而此两案又连续发生，则是直以恐怖手段对付在野党派，实可骇异。且本同盟始终坚持和平方式争取民主，自身从未利用武力，坚持各政党均应放弃其武力，今乃以暴力残杀，无武力之在野派如同盟者，则尤可异讶，因是不能不向政府当局提出严重质问与抗议：

（一）李公朴，闻一多，李敷仁，王任诸君，始终站在本同盟立场，从事民主运动，其主张无外于要求民主，和平，其行动不出乎作言论号召，在不犯法之范围内，而遭摧残至此，则政府究竟是否准许人民有其合法的政治活动之自由？假如不犯法的政治活动是政府所准许，则政府为何又容许此种非法摧残之事在南北各地继续不断演出？假如政府对于此类非法摧残是不容许的，则本同盟上次抗议之西安惨案，为何至今不查明严办？

（二）政府既以实施宪政号召国人，一再公开承认各党派之合法地位，而数月来如秦风报事件，如西安昆明各惨案，皆显然地—致地为向本同盟施以摧残压迫，则政府是否准许各政党之合法存在？对于和平公开之政治结社竟如此摧残，是否不惜驱迫共转为地下活动暴力革命？如或不然，则何以不见对于本同盟予以有效之保障？政府今后是否能负责保障一切和平而公开之政党活动？

以上各节请予明白答复，以释群疑。此外关于昆明惨案之善后，本同盟复有下列各项要求：

（一）政府立即选派公正人员，与本同盟所推派之人员同赴昆明进行调查惨案真象，早日公诸社会。

（二）政府对本案正凶及主使者，应依法究办，其审判时并应准本同盟推派之法律专家列席参加。

（三）政府对于惨案发生时，应负责任之地方治安长官应即予撤惩。

（四）政府应对于李、闻二君之遗属特加抚恤，并负担其子女教育费用。

（五）政府对于目前因惨案威胁而避入昆明美领事馆之本盟领导人潘光旦等十一教授以及一般民主人士，均应切实负责保护其身体安全及自由。

（六）政府立即撤销国民党党部及军事机关之调查统计局，以后设置情报机关，并应保证不作对内政治斗争之用。再则，昆明惨案发生以前，早经传说有所谓黑名单，李闻二君均属首列，事后果一一如其所传不虚，据闻此外列名其间者，尚有本同盟政协代表及各地负责者数人，并此提请政府注意为幸。专此函陈，伫候复教，顺颂政祺。

中国民主同盟政协代表梁漱溟、张君劢、黄炎培、沈钧儒、章伯钧,罗隆基、张申府同启。①

8月6日,民盟总部派梁漱溟、周新民赴昆明实地调查真相,他们在民盟云南省支部及美国领事馆等方面配合支持下,克服国民党特务设置的种种障碍,查清了惨案的真相。②

8月10日美国总统杜鲁门致函蒋介石,以李公朴、闻一多案为主要依据,对国民政府进行批评,直接向蒋介石施加压力。

9月30日民盟发表了《李闻案调查报告书》,将真相大白于天下。

二

中国共产党在李公朴被暗杀后,迅速作出反应,在政治上坚决回击国民党当局。

7月13日,李公朴遇害逝世后的第二天,中共中央主席毛泽东、总司令朱德从延安联名电唁李公朴夫人张曼筠。唁电中说:“惊悉李公朴先生为反动派狙击逝世,无胜悲愤!先生尽瘁救国事业与进步文化事业,威武不屈,富贵不淫,今为和平民主而遭反动派毒手,是为全国人民之损失,抑亦为先生不朽之光荣。全国人民必将以先生之死为警钟,奋起救国,即以自救。”③

当天《解放日报》在头版醒目位置刊登了新华社消息,明确指出李公朴遭国民党特务暗杀,证明了蒋介石正在进一步加紧法西斯恐怖统治,以配合其扩大内战的阴谋。

当时在南京的中共代表周恩来、董必武等也在唁电中指出:国民党的“一切政治欺骗,已为昆明有计划的大规模的政治暗杀枪声所洞穿”。他们表示,“中国人民将踏着李公朴、闻一多诸烈士的血迹前进,为李闻诸烈士复仇,消灭中国法西斯统治,实现中国之独立、和平与民主”④。

7月17日中共代表团为李公朴、闻一多惨遭暗杀向政府提出抗议,抗议书如下:

哲生、铁城,布雷、力子、雪艇、厉生、立夫、岳军并转主席赐鉴:

敬启者,李公朴、闻一多两先生因热心奔走和平民主运动,竟先后在昆明被暗杀致死,闻先生之公子亦伤重垂危,远道闻之,悲愤交集!政府既一面大举进攻鄂豫边、山东、山西及苏皖、苏北各解放区,准备造成全面内战;另一面,纵容、指使特务机关,在大后方暗杀和平民主领袖,如此野蛮、卑鄙手段,德意日法西斯国家政府犹不敢肆意为之。中国号称反法西斯胜利国家,四项诺言,言犹在耳,而特务暴行,接踵而至,遍及全国。殴打未已,暗杀继之,一城之内,五日之间竟至续演杀人惨两

① 《群众》周刊第12卷,第1期。

② 参见梁漱溟:《回忆参加调查国民党暗杀李闻案》,《中华文史资料文库》第6卷。

③ 《毛泽东文集》第四卷,人民出版社1996年版,第157页。

④ 《中国民主同盟历史文献》,第195页。

起,不知政府当局,何以自解耳!据昆明兴被难之日,即有再杀闻先生之风传,令其言果验,岂属偶然!且闻两先生之外,还说重庆有邓初民先生等,上海有沈钧儒、罗隆基先生等,皆为暗杀对象。人心惶惶,举国震怒,政府当局如果从此悔悟,犹惧春秋笔伐,应急起制止,以谋善后。恩来等闻此凶耗,夜不成寐,除对李公朴,闻一多先生事件表示严重抗议外,特要求政府立即采取下列措施,并以明令公布全国:(一)立即撤换昆明警备司令,限拿凶手,交法院问罪,并由政协派员陪审。(二)先葬死者,通令全国追悼,并给死者家属以抚恤。(三)严格责成各地政府及军警机关,负责保护各党派及一切民主人士之安全。(四)重申四项诺言,彻底予以实施。(五)彻查政协会议以后各地所发生之惨案,并应惩办祸首。(六)取消一切特务机关。(七)释放一切政治犯。恩来等认为政府必须实行上列各项最低要求,方足表示政府有重返和平,民主之意。特此奉达,并希于三日内赐复,无任企盼,……周恩来　董必武　吴玉章　邓颖超　李维汉　谨启。①

7月17日,周恩来在南京举行记者招待会,发表《反对扩大内战与政治暗杀的严正声明》,他指出:"中国目前面临着两个最严重、最紧迫的问题,即内战与政治暗杀。"昆明发生的闻惨案,"赤裸裸地暴露了国民党特务残暴的法西斯本质,采用最卑劣的手段来镇压和平民主运动及其代表人物。如果国民党当局对此仍不采取紧急处置,改弦更张,取消特务,则一切政治协商都将徒然无望。"②

7月17日,新四军军长陈毅与张云逸率新四军全体官兵通电全国,声讨国民党特务在昆明暗杀民主同盟负责人李公朴、闻一多的罪行。③

当天出版的《解放日报》第一版发表社论《杀人犯的统治》,指出"杀人犯正是蒋记法西斯统治集团",此论已成为难以动摇的事实。

7月26日,延安召开各界群众大会,追悼李、闻等人,控诉国民党的罪行,朱德在会上发表讲话,提出要清洗法西斯好战分子和特务分子,号召国统区民主人士"坚决勇敢地为反对独裁、争取和平民主而斗争"④。8月初解放区北方大学在河北邢台召开哀悼大会,范文澜发表《李公朴闻一多两烈士哀辞》,强烈谴责蒋介石铤而走险的暗杀行径。范文澜指出李公朴闻一多是民盟重要领导人,"也是人民的主要代表,他们有完全权利替人民讲话。蒋介石为虎作伥,彻底卖国,他们走出书房,号呼救国,这是该杀是事么?蒋介石发动内战,屠杀军民,他们主张正义,力争和平,这是该杀的事么?蒋介石独夫专政,奴役人民,他们坚持民主,反对独裁,这是该杀的事么?"⑤

三

1946年7月李公朴闻一多相继遭到暗杀后,在我国最大的城市上海激起了轩

---

① 《新华日报》1946年7月18日。
② 《周恩来选集》上卷,人民出版社1980年版,第237页。
③ 《陈毅年谱》上卷,人民出版社1995年版,第467页。
④ 《朱德年谱(新编本)》中卷,中央文献出版社2006年版,第1235页。
⑤ 《人民日报》1946年8月7日。

然大波。

7月16日，中国民主同盟参加政治协商会议代表团在上海南海花园举行招待会，提出强烈控诉。19日，郭沫若、茅盾、巴金、郑振铎、洪深、叶圣陶、周建人、许广平、田汉、曹靖华等十余人致电联合国人权委员会，控诉国民党的上述暴行，请派调查团来华调查李公朴、闻一多惨案。①

7月15日，民盟政协代表在上海举行记者招待会，进一步阐明了民盟对时局的主张，并指出：李公朴被暗杀，"这说明中国今天是无法无天的黑暗世界"，"中国今天一定要有和平，并且要用民主方式来取得和平。这就是中国民主同盟与全国人民今天共同奋斗的目标！"②

7月23日，宋庆龄在上海发表反内战声明，指出："今天我们的国土已经没有外来敌人的威胁。但威胁却起自国内，起自内战。""国民党必须通过联合政府、人民民主和土地改革来执行它的历史任务，领导中国人民走向全面解放。""自由批评必须代替腐化、恐怖和政治暗杀。"除非"国民党立即执行这些任务，否则就要担负掀起内战的责任。"③

7月23日下午，吴晗等人开会商讨如何编辑印行李公朴、闻一多先生的纪念集，在郭沫若的促进下，《人民英烈》在第一时间出版印行。④

7月，中国民主促进会负责人马叙伦也撰文痛斥国民党的暗杀政策。他说："我的历史上一部分正和李闻两先生相同，我自然预备着接受一颗子弹。但是我也预备送还他一颗原子弹。"他正告国民党："民不畏死，奈何以死惧之，这是政治哲学上一个很深的理论，凡是革命发生都是用死来威胁人们的反应。到了这个反应广泛了，就是自己的死刑由自己宣告了。"⑤

8月26日，梁漱溟在上海民盟召开的记者招待会上，报告了李闻惨案的调查经过。

9月29日，经各方协商组成了李闻追悼大会的主席团，共45人，有周恩来、李济深、郭沫若、华岗、陈铭枢、谭平山、司徒美堂、叶圣陶、田汉、胡政之和民盟负责人沈钧儒、黄炎培、章伯钧、罗隆基等，并迫使国民党政府的上海市长吴国桢以及潘公展、吴开先、宣铁吾等参加，使国民党当局处于受审判的地位。

10月4日上午，李公朴、闻一多两先生追悼大会在天蟾大舞台举行，各界人士五千多人参加，邓颖超、李维汉、李济深、蔡廷锴、马叙伦、马寅初等都参加了大会。天蟾大舞台三层连扶梯过道都挤满了人，四壁挂满了各界送致的挽联，中共代表团和朱德、彭德怀、陈毅等解放军高级将领也都送致了挽联，敬爱的周恩来同志并亲撰悼词。追悼大会由沈钧儒主祭，洪深司仪，史良、楚图南分别报告李公朴、闻一多

① 《现代上海大事记》，上海辞书出版社1996年版，第948页。

② 《中国民主同盟历史文献》，第190页。

③ 宋庆龄：《为新中国而奋斗》，人民出版社1952年版，第148页。

④ 参见《上海文史资料专辑》（民盟专辑），2006年印行，第1256－1257页，该书全名为《人民英烈——李公朴、闻一多遇刺纪实》。

⑤ 马叙伦：《从李闻惨案谈到暗杀的政策》，《周报》第48期，1946年7月。

生平,赵丹读祭文。邓颖超同志在追悼大会上宣读了周恩来亲笔书写的悼词。悼词说:“今天在此追悼李公朴、闻一多两先生,时局极端险恶,人心异常悲愤。但此时此地,有何话可说?我谨以最虔诚的信念、向殉道者默誓:心不死,志不绝,和平可期,民主有望,杀人者终必覆灭。”①

郭沫若、潘公展、罗隆基在大会上讲了话。国民党代表潘公展在大会讲话时对中共进行攻击,民盟代表罗隆基立刻给予驳斥。李公朴夫人张曼筠女士致了谢词。

6日,各界代表在静安寺公祭李公朴、闻一多两先生。周恩来亲率中共代表团陈家康、潘梓年、新华通讯社、《群众》杂志社代表邓颖超、李维汉等出席。熊瑾玎宣读中共代表团的祭文。②

为时三天群众公祭,由黄炎培主祭,参加公祭的还有郭沫若、高士其等。李闻追悼大会上的挽联,绝大多数都是同声声讨国民党反动当局反人民罪行的檄文。③

四

在中国民主同盟、中国共产党的强烈谴责与追问下,一个控诉国民党坚持内战、独裁的群众运动迅速兴起,国民党当局在政治上陷于被动与孤立。

1946年7月16日,即闻一多案发生次日,国民党中央与蒋的侍从室情报部门均弄不清楚昆明近日接一连二的凶案究为何方所为?国民党中央各部门负责人几度开会商议,还是不明就里。霍揆彰的上级陈诚还拍着胸脯保证:“此事绝非霍揆彰所为,绝与军方无关。”④

7月17日,蒋介石在日记中记道:“昆明连出暗杀案二起,先李公朴,次及闻一多,皆为共党外围之民主同盟中党酋,应特加注意,彻查其凶手,以免共匪作诬陷之宣传。”⑤据军统特务沈醉回忆说,蒋曾从庐山打电话到南京责问军统毛人凤,毛回答不知是什么人干的。蒋即命警察总署署长唐纵赴云南彻查。

7月20日蒋介石在“本星期反省录”中写道:“昆明李闻被刺案,殊所不料。干部之无智识,徒增政府情势之险恶,领袖地位之不利,可痛之至。”

7月23日、24日,蒋介石连续接见卢汉,基本了解了李闻案件。

7月25日蒋介石初定了“彻底究办”此案的“应注意之点”:“甲、反动派必以此加强其政府暗杀反对党人之罪恶,更将诬陷为一‘法西斯’党矣;乙、对霍处置之方针;丙、公布与审判之准备;丁、宣传技术之注意;戊、政府应主动彻究此案;已、凶手之口供及其行刺之动机;庚、被刺者咎由自取乎;辛、使投机与附共者有所警惕;壬、问霍能否自动彻究此案。当晚,他接见了奉命上庐山汇报的霍揆彰。蒋在日记中

---

① 《周恩来年谱1898—1949》修订本,第713页。

② 《现代上海大事记》,第956页。

③ 尚丁:《风雨如晦 鸡鸣不已》,《上海文史资料专辑》(民盟专辑),第14-16页。

④ 转引自杨奎松:《蒋介石与战后国民党的“政府暴力”——以蒋介石日记为中心的分析》,《近代史研究》2011年第4期。

⑤ 美国斯坦福大学胡佛研究所档案馆藏:《蒋介石日记》,1946年7月17日,本文均转引自陈红民、王丛丛:《蒋介石与“李闻惨案”的善后处置》,《民国档案》2014年第1期,以下所引均出自同刊。

记道:“晚课后召见霍揆章,彼犹呈其假造人证与共供,其幼稚荒谬极矣。乃面加斥责,并明告其所部之所为,且指出其行刺之人名,即令彼自想此案之办法而退。”①

7月30日,蒋介石在与美国特使马歇尔专谈李闻惨案后在日记中写道:“总之,昆明之案无论对内对外皆增加政府与余个人之艰难口口(注:此处二字不清),更使共匪在时局面上转败为胜。霍之罪孽无穷。”②

8月6日当晚他召见空军总司令周至柔“授处理方针”,命周飞昆明落实。次日,蒋介石记道,“朝课后派至柔飞昆明,指示处理暗杀案方针,必须彻究严惩霍揆章方得其平也。”③

8月15日,军事合议审判法庭对暗杀闻一多案凶手举行第一次公审。8月19日,蒋向冷欣下达了他对昆明案的最后决定。蒋在日记中写道:“共匪猖狂异甚,美国压力续增,艰难可云极矣。而又加上昆明暗杀案使万目睽睽,中外注视,敌党匪部皆以此为集中攻讦诬蔑之目标,而对霍揆章之愚拙粗暴,可痛可愤,但又不能不为之恕谅,殊令人受意外之打击。可说近年以来,无论外交内政如何困苦,未有如本案处置之拮据也。今晨六时点起床,朝课后拟定处置办法,决将二凶犯枪决,而将霍革职交顾总司令看管,待李(公朴)案破获后,再定霍之处。如此先将闻案解决,告一段落,再观舆论之变化也。”④

8月25日,在昆明举行闻案第二次公审,判决结果是将两凶犯汤时亮、李文山判处死刑;警备总司令霍揆彰革职,交陆军总部看管;李公朴案“严饬速缉务期破案”。至此,李闻惨案的处置告一段落。蒋8月26日的日记如下:“昆明闻一多被刺案,凶手已判决处死。……而李公朴案则犹未解决,只可作为悬案乎?”

蒋介石对李闻惨案的处置是罕见的例外,此前的政治暗杀案最终大多不了了之。蒋介石在处置此案时,亲自过问,最后决定公审处决凶手,并将封疆大吏忍痛革职。其目的自然是敷衍各方的强大压力,应付舆论,竭力堵上漏洞,渡过危机。不过他还是讲究“技术”与“方法”,人为将前后相连、性质相同的李公朴案、闻一多被刺案拆分为两个案件,只查发生在白天的闻一多案,故意搁置发生在夜间的李公朴案,以减少对国民党当局的强大冲击力。当时蒋介石所能够做的,也只有这些了。

总而言之,国民党当局蓄意制造李闻惨案的最终结果是搬起石头砸自己的脚。从政党政治的角度来考量,国民党制造李闻惨案是得不偿失的,它在客观上将中国民主同盟进一步推向中共,使之与中共一道最终成为国民党的掘墓人。从这个意义上来说,李公朴的鲜血没有白流,闻一多的鲜血也没有白流。

---

① 《蒋介石日记》,1946年7月25日。

② 《蒋介石日记》,1946年7月30日。

③ 《蒋介石日记》,1946年8月7日。

④ 《蒋介石日记》,1946年8月19日。

五二〇运动在宁沪[1]

1947年5月20日,南京、上海、苏州、杭州等地学生,为了抢救教育危机,反对饥饿,反对内战,在南京举行联合请愿,遭到国民党当局的残酷镇压。

一、起因

这场斗争的直接原因是物价飞涨、民不聊生。当年2月,上海米市涨势益厉,黑市每担已近12万元。[2] 国民党国防委员会公布了《经济紧急措施》,其中一项内容是宣布冻结一切职工生活指数。[3] 然而,至4月下旬,物价再次暴涨,城市职工、公教人员和学生因生活指数冻结而首当其冲。物价至"四月底止,比战前已及二万八千倍"[4]。杭州、苏州、无锡、成都、南京、上海、安庆等地先后爆发抢米事件,并迅速席卷全国。

由于教育经费大量移充内战经费,1947年国民党政府教育经费仅占全部财政支出的3%,而实际支出还不到此数。许多地方物价暴涨,广大师生连最低限度的生活水准也无法维持。大学公费生副食费还是国民政府教育部1946年规定的每月2.4万元,一直没有变动。上海、南京国立大专院校公费生每天的伙食费只够买两根半油条或一块豆腐。一个月的伙食费只够吃半个月。以上海数校为例,根据5月10日的米价计算,1947年"四月份每生饭费八九万元,至五月一跃而为十七八万元"[5]。因而各校学生要求增加公费,反饥饿、求生存的斗争逐渐展开。

二、序幕

早在1947年2月28日,中共中央在国民党统治区斗争策略的指示中指出:"目前,蒋顽……竟于其统治的城市,大施镇压,赶走我方人员,威胁民主运动,捕打人民学生"。"针对目前蒋的镇压政策,我们应扩大宣传,避免硬碰,争取中间分子,利用合法形式,力求从为生存而斗争的基础上,建立反卖国、反内战、反独裁与反特务恐怖的广大阵线。……在斗争中要联系到、有时要转移到经济斗争上去,才能动员

① 原载《都会遗踪》第25辑,上海锦绣文章出版社2018年版。

② 《文汇报》1947年2月11日。

③ 《南京新民报》1947年2月17日。

④ 《民盟向国民参政会提出停止内战恢复和平案》(一九四七年五月二十八日),《国讯》第416期,1947年6月8日出版。

⑤ 《民盟向国民参政会提出停止内战恢复和平案》(一九四七年五月二十八日),《国讯》第416期,1947年6月8日出版。

更广大群众参加,而且易于取得合法形式。有了经济斗争的广大基础,也易于联系到反特务反内战的斗争上去。在组织上,学生的抗暴联合会虽已在京、沪、平、津、渝学生中有了基础和联络,但也要建立可以自保的防线,即在名称上与行动上,在蒋特发现施以高压后,不妨改换名称或分开作战,使我损失不大,而仍能继续斗争,继续联络。"①

中共中央上海局预见到5月间群众运动可能出现一个新高潮。"这一高潮要比抗暴有更大社会基础,更广泛也会更坚强……国民党在新高潮来到前也将竭力阻挠与破坏,因此,这一高潮不像抗暴带突然性,而是在开始形态,是此起彼伏、连绵不绝、分散的生活斗争,是生活斗争与政治相互协通,到一定时机又汇合成为全面性的政治斗争。"②为此,上海局确定了"从生活斗争的不断发展中来突破"的方针,并决定在国民党首都南京发动一次大规模的"反饥饿、反内战"的学生运动,由上海、北平、天津、杭州等地响应。

5月4日,上海市学生抗议驻华美军暴行联合会,发表"纪念五四对时局宣言",要求保障人权、反对内战、反对征兵征粮、反对中美商约、反对国际干涉、要求美军立即退出中国。当天,上海各大学学生响应抗暴联合会③号召,举行各种形式的纪念五四活动,郭沫若等到圣约翰大学;田汉等到大夏大学;蔡尚思等到光华大学;许杰、冯雪峰等到复旦大学;张纲伯、马叙伦到同济大学讲话,全力提倡发扬五四爱国精神,为了争取民主、自由,要敢于向强权作斗争。

当天,上海学生还上街宣传反对内战、反对卖国、反对物价暴涨,遭到国民党警察的镇压,上海法学院学生4人被扭往警局,其中2人被打伤。还有30余校的学生上街贴标语,有的被拘捕审问,有的被扣留学生证。上海法学院的学生立即罢课抗议,各校都纷纷起来支援。上海市学生成立五四事件后援会,并发表宣言,要求撤办四川路警察分局局长;严惩凶手;赔偿全部医药费;向上海法学院同学道歉;保证以后不再发生类似事件。

5月6日,上海法学院学生300余人赴市政府请愿,抗议警察暴行。与此同时,上海各大学纷纷派人去医院慰问被伤同学。5月7日上海抢米风潮蔓延,发生六起。9日米价狂涨,12家米店被抢。当天,上海各校学生齐集上海市政府示威,从此揭开了五二〇斗争的序幕。

当天,南京中央大学教授会发表《要求提高教育经费改善教员待遇宣言》,痛陈"全国的教员与学生,衣不足御寒,食不够营养,住不蔽风雨,实验室不能开,图书馆无图书",强烈要求政府改革政治,改善教育,并提出五具体要求,呼吁各地文教工作者采取一致行动。

三、高潮

5月12日,中央大学2000名学生签名贴出呼吁文告:三餐难饱,要求增加副食

① 《周恩来选集》上卷,人民出版社1980年版,第268-269页。
② 《解放战争时期的中共中央上海局》,学林出版社1989年版,第54页。
③ 上海学生抗暴联合会成立于1947年2月,取代了原"学生团体联合会"。

费。13 日,中央大学系科代表大会议决,即日起罢课抗议。15 日南京中央大学、音乐学院、戏剧专科学校学生 4000 人联合举行反饥饿游行,分别向教育部、行政院请愿,要求增加款项。他们在教育部、行政院广贴标语和漫画,音乐院和剧专学生自编自演歌曲与活报剧,揭露腐败现象,鞭笞内战政策。上海《文汇报》16 日曾对此作了专门报道。16 日 700 余名金陵大学学生也高举"我们饿,上不得课!""炮弹? 面包?""要求增加副食费至(每人每月)10 万元"等横幅标帜游行。

为了响应南京中央大学学生要求加公费、解决吃饭问题的斗争,上海交大、同济、复旦、暨南、上医、造船、音专等校于 5 月 14 日开始罢课,并提出提高教育经费、增加公费等口号。

5 月 17 日这一天,全国有 14 个城市的 27 所大专院校罢课,声援南京学生。

学生运动的兴起引起了国民党政府的恐慌。5 月 15 日,教育部发出饬令所属执行维持社会秩序临时办法电,宣称:"已罢课者,即日复课。并查明滋事分子,分别主从,从严惩处。为首者一律开除学籍,办理具为要。"5 月 17 日,国民党行政院负责人和教育部长朱家骅分别发表谈话,命令"治安机关切实执行任务"。

5 月 18 日,蒋介石主持临时国务会议,发表了《整饬学风,维护法纪》的谈话,称最近各地学潮显受共党策动,"此次学潮之离奇怪诞为以往任何时期所未有"。他认为中央大学、金陵大学等校学生的罢课请愿"行同暴徒,实已越出常轨",越出"国民道德","如长此放任,……势必使培育青年之机关,成为毁法乱纪之策源地。国家何贵乎有如此之学校? 亦何惜于如此恣肆暴戾之青年?"蒋介石声称政府"将不能不采取断然之处置"。[①] 当天,国民党当局公布《维持社会秩序临时办法》六条,严禁十人以上的请愿和一切罢工、罢课和游行示威,并授权各地方政权,采取"必要措施"和"紧急处置"。十天后蒋介石在一次讲话时回顾说:"此次学潮性质之复杂,为以前所未有,……共产党始而策动学生就其本身利益作种种过份要求,继乃转变学潮为反对内战及征兵征粮,其发生与演变之经过,明白人自能知之。其规定六月二日为总罢课游行之日期,并号召罢市罢工决非偶然,实因六月三日乃去年延安发动所谓反内战运动之纪念日。政府早已获知此项计划,为保护大多数青年不受阴谋家摧残,并为维持社会之秩序,故不能不采取预防之措施。因此,国民政府乃颁布维持社会秩序临时办法,而余个人亦发表谈话,明告青年,勿中共党之毒计。"还称青年学生"吾人必当爱护,但亦不可姑息。……姑息足以长祸,不能因循放纵,败坏学风,牺牲国家之法令,妨害社会之秩序"。[②]

18 日,中共南京市委决定于 20 日国民参政会四届三次大会开幕之际,举行大规模威游行,并派代表到沪、杭联络,致电北大、清华、武汉等大学,希望采取共同行动。19 日,首都卫戍司令部拒绝了学生要求请愿游行的申请。

5 月 17 日,上海交大、复旦、暨南、同济、上医等 8 所大学的代表,在中共上海地下组织领导下,决定成立上海国立大学联合会,并推派 37 人赴南京请愿,提出"挽

① 《五二〇运动资料》第一辑,人民出版社 1985 年版,第 234-236 页。
② 《国民参政会纪实》下卷,重庆出版社 1985 年版,第 1598-1599 页。

救教育危机”的四项措施:公费伙食费增加到每人每月10万元,按生活指数逐月调整;大学生全部享受公费待遇;提高教职员待遇,薪水按生活指数计算;教育经费从占全国预算的3.6%提高到15%;同时提出“反饥饿、反内战”等口号。5月18日,根据中共上海市学委的指示,上海国立大学区委结合学校形势决定:“抢救教育危机”上海赴京行动继续进行。

5月19日9时以后,在上海地下党的组织下,交大、复旦、同济、暨南、大夏等15个专科以上学校学生7000余人在先后在宝山路暨南大学大操场集合,欢送由上海学生和浙江大学学生组成的沪杭学生晋京请愿联合代表团。以复旦抵场最早,同济大学队伍最长。交通大学因昨日预租卡车而当天早晨车行忽得不得以车辆租于国立大学学生的警告,临时变卦,以致该校千余人受阻,仅数百学生先到。未及一小时,各操场即为学生填满。每一学校入场,全场报以掌声、喝彩声与啦啦队歌声。学生们高举纸旗对挥,声动如雷,情绪空前热烈。学生所持旗帜、漫画极多。同济大学有一大幅标语:“饿,饿,饿,大家齐心来合作,把内战的令旗夺,把官僚买办酒杯破,我们要呼吁:同胞们!大家起来,否则,子子孙孙不活!”各校到齐后,美专学生代表团献大型漫画布旗一幅,并致词欢送。继即在暨南大学大操场举行简短欢送会,联合请愿团主席团致辞称:“在长期抗战苦难当中,我们默默无声的耐着,但是胜利来到以后,我们的愿望终于粉碎,我们忍受比抗战期间更严重的苦难,尤其是负着发展国家民族生存的教育,亦在少得可怜的经费底下,在不合理的教育政策底下,失去他的作用。于是我们在肉体及精神的饥饿中,我们不愿默默地死去,我们不让教育的作用死去。我们发出了‘抢救教育危机的运动’。我们所提出的四点要求,是大家一致的呼声。今天承诸位来热烈欢送我们,我们除表示万分的感谢以外,当然我们应尽我们最大的努力,以期不负诸位寄托的厚望。不过,我们可以想象得到,在达到我们的目的前,是有一艰难的路程。希望在这边的同学拿出勇气及信心来,为争我们的共同目标而奋斗”。这时全场以高吼回答。继而与会学生同声高唱《到南京去要饭吃歌》:“物价天天高,饭也吃不饱,物价高啊公费少,我们啊,都要饿倒了。要吃(饭)哟,嘿!”(呼喊)“到南京去要!”大家神情沉痛、愤怒而坚决。赴北站欢送的游行队伍沿途大呼口号:“(一)反对内战!(二)打倒好战分子!(三)提高教育经费!(四)提高副食费!(五)向炮口要饭吃!(六)团结就是力量!(七)大学生全部公费!(八)提高教职员工待遇!(九)朱部长拿出良心来!(十)行政院长拿出良心来!”①

送走沪杭学生晋京请愿联合代表团后,学生队伍举着“抢救教育危机”“谁使我们饥饿——内战”“向炮口要饭吃”“到南京去要饭吃”以及斗大的“饿”字等标语,浩浩荡荡举行反内战反饥饿挽救教育的大游行。交通大学的学生举着“向炮口要饭吃”大幅漫画和形象说明学生一天的伙食费只够买两根半油条,走在队伍的前面。② 十一时一刻,队伍预备出发。这时上海警备司令部稽查处长陶一珊,警察局

① 《沪杭代表晋京请愿　七千学生热烈欢送》,《湖大吼声》1947年5月25日。

② 《上海交通大学史》第四卷,上海交通大学出版社2016年版,第350页。

督察处长张一达及警察局北站分局长何权等匆忙赶至，转达警备部司令部宣铁吾司令“不准游行，否则任何意外情事警备部不负责任”的命令。主席团当即答复：“（一）假如意外情事的发生过失在学生，则每个学生都愿意受枪毙的处分；假错不在学生，责任也不要你们负。你们从来就没有负过责任。（二）宪法颁布后，人民有游行请愿的自由，和宪法抵触的命令，不生效力。”接着游行队伍按照原定路线从北站出发，经河南路、南京路、西藏路、大世界转入爱多亚路至外滩公园散队。同学们沿途高呼：“反对内战”“打倒好战分子”“提高教育经费”等口号，并高唱《你这个坏东西》《饥饿对唱》等歌曲，口号声、歌声响彻云霄。十一时三刻，游行队伍行抵河南路天后宫桥脚，只见警察马队约三十人一字排开横阻路口，纠察前往交涉，双方相持约三分钟。马队以学生前进情绪不能抑制，纷向两旁让开，学生欢呼前进。冲破几度阻挠，大队于十二时始达南京路，刚前进至南京路山西路口又遭遇新的阻挠，此次除马队外，还有横塞路口的汽车数辆，经学生宣传组劝导后，始行让开。十二时许，大队抵先施公司前，又有马队拦堵去路，大队转入西藏路时，另一马队由西而来阻于学生之前。学生开始向警察宣传，并高呼：“警察好，警察好，警察括括叫”“警察学生一条心”等口号。几经波折，游行队伍于十二时半方抵西藏路威海卫路口，此时马队已散，改由两卡车及两警备车武装警察拦阻路口，主席团下车交涉，至十二时四十分获准通行，由此处游行队伍才获顺利前进，一时三刻抵外滩公园，呼口号及唱歌后于二时十分散队。①

四、爆发

19日晚，京沪苏杭16所专科以上学校代表在南京中央大学开会，讨论游行示威的各项问题。会议正式成立“京沪苏杭区16所专科以上学校挽救教育危机联合会”，将游行定名为“京沪苏杭区十六专科以上学校挽救教育危机联合大游行”，会议还议定了联合请愿的宣言及21条口号。

游行宣言指出：“政府一再声称要提倡教育，爱护青年，但是事实上所表现的却是一连串痛心的事实，教育经费在全国总预算中不到4%，以致酿成了今日整个教育危机，图书仪器缺少，教授为柴米油盐操心，学生们在普遍地受着贫血的、肺痨的袭击，这真是民族的大悲剧！现在，我们坚决要求政府提高教育经费，改善公费待遇。我们要问问政府向老百姓要的钱到哪里去了？为什么会没有钱改善公费待遇？我们要大声疾呼，我们不要自相残杀的内战，我们要饭吃，要图书，要仪器，要教授，要安定的生活！”“现在我们京沪苏杭四区学生，共同提出的五项要求，……一、全国教育经费须提高到总预算15%。二、五月份学生副食费增至10万元，以后按物价指数，逐月调整。三、专科以上学校的学生，应一律享受公费待遇。四、提高教职员工、研究生待遇，或生活津贴，并按物价指数逐月调整。五、请政府直接指拨充足外汇，交学校定购图书仪器及科学器材，并简化上项文物向国外订购之各种

① 《欢送晋京代表　上海学生举行饥饿大游行》，《文汇报》1947年5月21日。

手续。”①

5月20日上午9时，京沪苏杭区十六专科以上学校学生挽救教育危机联合大游行的队伍从中央大学出发。“游行行列以国父遗像为前导，继为主席团，依次为‘沪杭区专科以上校学生挽救教育危机请愿团’、中大师范学院、国立英士大学、国立社会教育学院等。”②上海医学院、交通大学、暨南大学、复旦大学、同济大学、国立幼稚师范学校、上海音乐专科学校、上海高级机械职业学校、吴淞商船学校、浙江大学、英士大学、苏州社会教育学院、高级工业建筑学校以及南京的国立音乐院、中央大学、金陵大学共约5000名学生，冲破宪兵和军警的阻挠，在鼓楼汇集后整队经中山路向国府路进发，向正在举行的国民参政会请愿。队伍在珠江路口遭警察与宪兵、特务阻拦和殴打，他们用消防车高压水龙冲射学生，还用带钉的木棍毒打学生，抢走旗帜和标语，共有19名学生受重伤，轻伤90余名，被捕28名。其中女学生胡海伦被警察十余人围打，扑倒马路，头部、部、两肘、两膝都受了伤，跌倒后，有警员跳起来踏她的身躯，因而又造成严重的内伤。另一女学生赵之巽头部受木棍重击倒地后，警员五六人又用脚猛踢。学生黄斌为援救女同学右肋被木棍猝击，立刻呕血昏厥。长江路暴行，前后共达两小时之久。

冲过珠江路封锁线的学生游行队伍来到国府路廊东街口再次受阻。国民党当局在此设下骑兵、防护团、青年军、宪兵和机关枪队共五道防线。游行队伍被迫停止前进，双方僵持数小时之久。13时30分，天色骤变，突下暴雨，上海代表团宣传组手携手围绕大队高唱：“团结就是力量！”学生们在暴风雨高呼反饥饿、反内战的口号，坚持不散。风雨过后，市民们争相送来茶水慰问，许多原先没参加游行以及被打散的学生都汇集拢来。为了避免同学再次遭受屠杀，主席团派出7名代表与南京卫戍司令部参谋长卫持平谈判，提出释放被捕同学、严惩凶手、医治受伤同学和撤退武装军警等4项要求。卫持平仍不肯撤防，学生代表前往国民参政会，会见秘书长邵力子，向他递交了志愿书，邵力子表示愿将学生的要求转达国民参政会主席团。17时，邵力子派代表主持学生代表与卫持平谈判，学生代表同意游行队伍不去国民政府示威，由碑亭巷折返中央大学，卫持平最终下令撤防让路。18时许，骑兵及警察宪兵后撤让路。学生们高唱歌曲，高呼口号，秩序井然地由国府路、碑亭巷、成贤街，18时55分返回中央大学。

在这一天，天津南开大学、北洋大学两校的游行都遭到国民党警宪和特务的干扰和殴打。天津学生被军警和暴徒打伤50余人，被捕17人，北平游行除两同学受伤外，还有唐山交大工学院代表杜文被捕，清华一同学因卖周刊失踪，另有同学数人被暴徒架走。造成震惊全国的“五二〇惨案”。

五、声援

五二〇事件消息当天传到上海后，当晚中共上海局负责人刘晓等决定：(1)发

① 《五二〇运动资料》第一辑，第246页。
② 《首都学生昨请愿　与军警起了冲突》，天津《大公报》1947年5月21日。

动学生组织有力的抗议和反击,号召全市和全国学生举行罢课;(2)向社会各界充分揭露国民党反动派的罪行,广泛争取和发动社会各界及爱国民主人士,以各种形式支持和声援学生运动;(3)斗争总口号加上"反迫害",使"反饥饿,反内战、反迫害"运动成为全国学生和社会各界对蒋介石统治集团的统一斗争。①

5月22日,中共中央发出指示,同意刘晓来电中关于群众斗争形势的分析及斗争方针的规定,"望即坚持此项方针,并灵活地运用斗争策略",将"公开与秘密,合法与非法,既区别又结合,使一切群众斗争都为着开辟蒋管区第二战场","以利斗争的持续与组织的保全和发展。"②

5月24日,中共上海局向中央报告斗争的部署和打算:"为着巩固战果,争取社会更大同情,教育中间分子,避开敌人攻势,避免过早与敌人决战,以便累积力量在决定关头使用,主动决定暂时停止罢课,一面上课,一面斗争,采取上课、罢课带弹性斗争的策略。"③

五二〇当晚,上海医学院、同济、上音、暨南大学、交大等校学生连夜行动起来。交大学生会为"五二〇惨案"事,召开系科代表大会,通过三项决议:(一)绝食一天,支援南京同学;(二)响应平津同学反内战运动;(三)与全市同学联合罢课,市民及各中小学生揭露惨案真相。④ 上海国立学校代表致电中央大学学生自会并转各校代表,表示慰问支持。上海文化教育界人士以各种形式,支持和声援学生的正义斗争。中华全国木刻协会与交通大学的进步师生合作,印制了一批木刻版画传单,有李桦、杨可扬、邵克萍、黄永玉等刻制的《向炮口要饭吃》《官肥民瘦》《钞票满天飞》《团结就是力量》《反对内战》等十余种。

5月21日,上海赴京请愿代表团派员返沪,报告"五二〇惨案"经过。市抗暴联在上海医学院召集102所学校学生代表会议,决定成立上海市学生抗议"五二〇惨案"后援会,并于23日、24日举行全市总罢课,向社会宣传,抗议国民党当局的暴行和声援南京学生的斗争。晚,后援会举行主席团会议,向国民政府提出惩办凶手、释放被捕学生、保障人权等五项要求。⑤ 后援会还为南京请愿血案发表告全国同学书,号召学生、青年和爱国的国民,决不应该再沉默,要为正义和真理而斗争。

5月21日,上海《文汇报》发表上海国立学校学生联合会,为五二〇惨案向国民党政府提出抗议书,质问国民党:"爱国犯了什么罪?政府宣言的四项诺言及人权保障法令在哪里?"

5月22日,圣约翰大学率先向南京沪苏杭专科以上学校学生抢救教育危机联合请愿团及受伤同学发出慰问信,信中说:"当内战愈打愈烈,人民的生活陷入绝境,全国教育面临破产的时候,你们——这一群勇敢的战士终于站起来了,用行动

---

① 《现代上海大事记》,上海辞书出版社1996年版,第986页。

② 《中共中央文件选集》第16册,中共中央党校出版社1992年版,第454-456页、《中共上海党史大事记1919—1949》,第679页,标时间为1947年5月23日,误。

③ 《中共上海党史大事记1919—1949》,知识出版社1988年版,第681页。

④ 《上海革命文化大事记1937—1949》,上海翻译出版公司1991年版,第232页。

⑤ 《现代上海大事记》,第986页。

为全国的老百姓,教授和同学喊出了他们内心的要求。谁知道这种纯洁的爱国行动,竟横遭专制政府的残酷的破坏,昨天消息传来,数十同学惨遭杀戮,殴打,逮捕和侮辱,我们闻悉之下是多么悲愤啊!这一切,使我们回想起一二·九时代学生为民族解放事业所掀起的汹涌巨浪,……今天所有的老百姓,所有的同学都起来了。因此我们相信只要我们永远团结,永远坚持,我们一定能像一二·九时代兴起抗日的巨浪一样,达到我们反对内战,挽救教育危机的任务。”①5月24日上海东吴大学法学院学生会、上海法学院附中南京五二〇惨案后援会、5月25日复旦大学学生自治会、上海法学院五卅惨案后援会、抗议非法逮捕同学后援会、上海法政学院全体同学、上海商学院五卅惨案后援会等也发出了慰问电与声援信、慰问信等。

5月23日,京、沪、苏、杭学生代表在南京向国民政府请愿,要求立即释放被捕学生,并究“五二〇血案”责任。学生代表还在中央大学集会,决定成立四区学联(后扩大为京、沪、苏、杭、豫五区学联),并发起组织全国学联。

同日,上海交大、复旦、暨南、同济等40所学校罢课,抗议“五二〇惨案”,并决定响应平津学生“六二”总罢课的决定。当天上海罢课学校有24个,到次日扩大到73个。

上海国民党当局风声鹤唳,惊恐万状。5月20日,上海警备司令宣铁吾宣布禁止罢工罢课游行命令。称“查近来各地迭有奸宄蛊惑工人学生,破坏秩序,扰乱治安,胁迫群众,作违犯纲纪之行动,国民政府为安定社会,整肃法纪,乃有维持秩序临时办法之公布,本市为全国经济政治重心,亦为阴谋分子处心积虑不甘放弃活动之地区,是以各种风潮之发生,无不有若辈发纵指示于其间,设不立谋戢止,势将火燎原。我警备部队及宪警人员,均有维护本市治安之权,对上项维持秩序办法应切实执行。本警备区原为戒严地区,罢工罢课,结队游行,及其他足以妨害秩序之一切举动,均在禁止之力列。聚众威胁,游行示威,及其他扰乱公安情事,尤为维持秩序办法所不许,此后如再有此类事件发生,务必全力制止,并拿办其为首之人,不稍姑宽为要”②。5月22日,上海市政府宣布《维持治安的四项紧急措施》,禁止罢工、罢课,否则“依严法究办”。

上海反动当局动员了所有的宪、警察、特务,以发给津贴伪法币四万元、西装一套和宴请午晚两餐来收买打手,使他们混入学校殴打学生。5月23日清晨,特务分子首先在上海法学院打人、捕人,闯入女生宿舍,把在睡梦中的女学生从被内拖起,拳足交加,百般凌辱,当天抓走11人。

5月25日,上海各校学生不顾市长吴国桢的禁令,组织18个宣传小队,共700多人,上街宣传“反饥饿,反内战、反迫害”,控诉“五二〇惨案”。他们到处张贴“罢课”“抗议”的大幅标语。警察、特务用铁棒和带了钉子的棍子毒打同学,受伤的倒在地上了,还是唱起“跌倒算什么,爬起来再前进”。由交大21名学生组成的第一宣传小队在外滩和平女神像下宣传时全体被捕,第二宣传队21名学生获悉后赶到

① 《五二〇运动资料》第一辑,第435页。
② 上海《大公报》,1947年5月21日。

同一地点继续宣传要和平反内战，听众越集越多，大约有1000多人，这时反动警察又来抓他们，学生对警察说："请你们允许我们五分钟自由，让我们完成宣传。"警察被感动了，于是学生又宣传了五分钟，随后他们就自动上警备车，在警备车行驶途中，他们高唱着"对内战要和平"①。在此次行动中，各校共有99名学生被捕。被捕学生毫不畏惧，他们在狱中将当时流行歌曲《跌倒算什么》改为《坐牢算什么》，高唱："坐牢算什么，放出来还要干！"②当晚，上海交大召开系科代表会议，讨论中共上海局关于变换斗争方式，改变"无限期罢课"策略，实行"休止罢课，救出同学"的指示。会议遭到特务袭击。③

5月25日当天，上海工人协会针对五二〇惨案发表对时局的宣言，指出："20个月的内战给中国人民带来了比八年抗战更严重的灾害，几百万壮丁被强迫送上前线，直接死亡在内战的炮火之下，内战区域里上万万的人妻离子散，流离失所，遭受饥寒和疾病的折磨。在内战的通货膨胀政策下，全国人民更没有一个不受到物价狂涨的威胁，为了填充炮口，就使公教人员和广大学生吃不饱肚皮；为了填充炮口，就把生活费指数冻结，使广大职工陷于饥饿状态。因内战所造成的美货倾销和官僚资本的猖獗，更使得许多民营工商业破产，大批关厂停工，使统计，上海失业职工，就有25万人，若连家属计算，无法为生的人，即达一百万人以上。因此全国人民没有一个不坚决反对内战，没有一个人不坚决要求和平，20个月的内战过程，也就是全人民争取和平运动的过程。""然而20个月来，并没有得到真的和平，反而内战愈演愈烈，人民的灾害，愈来愈重"。宣言号召大家："我们必须把这些和平运动加强扩大统一起来，使他成为一个巨大的力量；但我们必须提高警惕，接受20个月来惨痛教训，才不致再被好战分子玩弄于掌股之上。"④其他捐款致信的还有：5月31日上海一群女工夜校学生、6月12日上海中国纺织建设公司机织部一群工人、6月13日上海毛纺厂62个女工等。

5月26日，上海市人民团体联合会68个团体代表40万市民发表宣言，声援学生运动，表示"我们决不能看着我们的子弟在铁棍、钉棒、皮带、刺刀、子弹、手铐底下生活"。

当天，复旦、交大、暨南、圣约翰、上法等校张志让等9位教授面见市长吴国桢，要求释放被捕学生。蔡尚思、周谷城、章乃器、沈体兰、翦伯赞等28位教授发表书面意见，提出6项抗议。在社会各方的声援下，各校被捕的学生中午全部获释。上海的国民党当局还被迫有条件解冻了工人的"生活指数"，被迫提高了学生的"公费待遇"。

得到社会各界支持的上海学生的斗争使敌人感到十分恐慌。5月26日当晚，

---

① 参见《上海交通大学史》第四卷，第350页、《回忆第三次国内革命战争时期的上海学生运动》，上海人民出版社1958年版。

② 参见《上海交通大学史》第四卷，第351页、参见《回忆第三次国内革命战争时期的上海学生运动》。

③ 《上海交通大学史》第四卷，第352页。

④ 《五二〇运动资料》第一辑，第458页。

复旦大学学生自治会举行欢迎被捕学生晚会散会时,众多学生在国权路遭到暴徒袭击,受伤和失踪者达数十人,造成国权路血案。接着交大、暨南、大同等校不断发生便衣警察捕人、打人事件。

这时"大教联"领导复旦教授罢教,并发动交大、复旦、北大、清华、燕京、南开等大学教授,联名发表书面意见,谴责国民政府,要求释放被捕学生。

6月1日,上海暨南大学教授方光焘、刘佛年等10余人到上海国民党市政府会晤吴国桢,提出:"(一)抗议便衣人及蒙面客殴捕学生,要求严惩凶手;(二)立即释放被捕学生;(三)停止搜捕并保障教授及学生之安全。"①

6月3日,上海耆老、交通大学老校长唐文治与商务印书馆元老张元济等10人联名呼吁放被捕同学。②

5月31日,中共上海地下学委领导沪上各校学生自治会代表,在上海医学院正式成立上海市学生联合会,发表《告全体同胞书》和《给参政会书》。次日,出版《学生报》。③ 6月5日,上海学联成立营救被捕学生委员会,次日又成立被捕同学家属联合会。6月10日,全市50多所大中学校响应学联号召总罢课一天,抗议当局迟迟不放被捕学生。6月17日,学联及被捕学生家长及教授代表赴南京请愿。6月底,民盟中央常委张澜、沈钧儒、黄炎培、章伯钧、罗隆基、史良等还举行会议,决定加紧开展学生运动外交,嘱学生注意斗争策略。④ 8月4日,经过不断的斗争,上海全体被捕学生获得释放。

六、各民主党派、民主人士坚决支持五二〇运动

南京、上海等地的学生爱国运动得到了各民主党派、各民主人士的各种形式的支持与声援。

5月19日,中国民主建国会发表《对于学生运动的意见》,抗议政府当局,"为着应付一班手无寸铁的青年,居然有人主张'乱世用重典!'"实属"丧失理智"。指出:"目下学生的呼声,正代表着四亿五千万人民的要求。政府当局把国家弄到如此地步,应该深自反省与民更始。……自践法纪,自乱秩序,用阴谋手段对付学生,显然是再愚蠢不过的政策。"⑤"五二〇"惨案发生前夕,九三学社领导人、国民参政会参政员许德珩也曾正告国民政府不要武力镇压学生运动。他说,"此次全国学生要求免于饥饿其动机可谓极端纯正",如政治无缺点亦不能发动如此巨大之运动。"闻明日南京学生有请愿游行之举,如以武力镇压,其后果将难想象,切盼政府能爱护青年,对学生因势利导,以免重蹈'三一八'覆辙。"

五二〇惨案发生时,许德珩立刻"亲往慰问,立于街头学生之行列","泣不成

① 《中共上海党史大事记1919—1949》,第684页。

② 《学生报》1947年6月6日。

③ 《中共上海党史大事记1919—1949》,第684页。

④ 邱钱牧:《中国民主党派史》,浙江教育出版社1987年版,第212-213页。

⑤ 《民讯》第4期,1947年5月18日出版,又见孙晓村:《民主建国会史话》,全国政协文史资料研究委员会办公室编,第142页。

声，并疾赴国大会堂向邵力子交涉”①。国民参政会参政员黄炎培闻讯后就对国民参政会秘书长邵力子说：“学生被如此虐待，实使人痛心。”②当天民主建国会发表对和平运动的意见，提出：“要爱好和平的广大人民团结起来，拿出主人翁的身份，一致要求和平，……属稿才完，得到首都学生游行，军警出动阻止竟酿成流血的不幸消息，同人非常悲愤，更信非有爱好和平的广大人民团结起来，一致呼吁和平不可！倘忍令青年学生身冒锋镝而无动于衷，和平永不会实现，结果将不堪设想。”③

5月21日，在上海的民主人士张澜、马叙伦、沈钧儒、柳亚子、谭平山、朱蕴山，王绍鏊、许广平、郭沫若、马寅初等17人举行座谈会，认为学生反饥饿、反迫害，反内战的行为“绝对值得敬爱”，《维持社会秩序临时办法》限制人民基本自由是违法的。④ 马叙伦、邓初民、施复亮、李平心、胡子婴等民主人士还应交通大学学生自治会的邀请，连日到校演讲。⑤ 同时，叶圣陶、傅彬然、杨卫玉、贾祖璋、孙起孟纷纷发表文章，支持学生斗争。⑥

5月22日，九三学社北平联合北京大学30名教授发表宣言，指出“青年学所呐喊的反内战、反饥饿，正是代表全国人民一致的呼声”。这种“不满情绪既非高压手段所能抑止，更非法令条文所能平息。”“青年学生运动的起因是不满现实，唯有改变现实，才能平息他们的不满。”⑦

同一天，农工民主党章伯钧、韩兆鹗向南京中央大学学生自治会发出慰问信。信中说：“贵会同学为国家和人民争取民主和平，并挽救教育危机、改善学生生活，领导此次请愿游行，竟惨遭非法摧残，实令人发指。兹送上法币各拾(万)元，聊助受伤同学之医药费。”⑧

5月24日，国民党封闭了忠实报道学生运动的《文汇报》《新民晚报》和《联合晚报》三家报纸，并诬蔑学生被人“利用”，学生运动是共产党和民主党派“煽动”起来的，激起了广大学生和民主党派人士更大的愤怒。

5月24日，中国民主促进会在上海召开理事会紧急会议。议决：发动全国教授一致支持学生运动，向学潮捐款二百万元，派员慰问受伤学生。并就当前的和平问题、学潮与《文汇报》《联合晚报》《新民晚报》被停刊事件，向政府提出严重抗议。

各民主党派负责人章伯钧、施复亮、张纲伯、马叙伦、王绍鏊等人和上海各民主团体的代表先后赴南京各医院慰问受伤的学生，并记录他们受伤经过向全国披露，并拟向国际人权保障会控诉此次暴行。

5月25日，中国民主促进会与上海人民团体联合会联名致信中央大学慰问受伤同学，信中说：“读报悉本月20日京市学生请愿游行，政府竟以武装制止，致孙儆

---

① 《文汇报》1947年5月20日。
② 《文汇报》1947年5月20日。
③ 《文汇报》1947年5月20日。
④ 上海《大公报》1947年5月22日。
⑤ 《上海交通大学史》第四卷，第351页。
⑥ 《上海革命文化大事记1937—1949》，第232页。
⑦ 《观察》第二卷，第十四期，1947年5月31日。
⑧ 《五二〇运动资料》第一辑，第408页。

沧赵之巽先生等皆被伤害,本会等同人不胜骇异,请愿游行为人民应有之自由,乃遭制止,显为政府不遵法纪之行动,公论自在,于诸先生无伤,诸先生因公致损健康,同人等除深表敬意外特此敬请善加摄卫,早臻痊复,以慰群情,恳请代为转达是荷。”①

马寅初亲自把中国民主促进会与上海人民团体联合会联名信从上海带到南京中央大学。5 月 25 日上午 10 时马寅初在南京中央大学大礼堂发表演讲,听众达 4000 多人。他指出:“当前的经济危机,……归根到底,这就是内战造成的恶果”。马先生还大声疾呼,“内战不停不得了,内战一天不停,风潮一天不息”②。

下午 3 时,三民主义同志联合会南京分会送来(中大)慰问信一件并致慰问金十万元,信中讲:“我们惭愧的是,水龙、武器、绳子底所有者并不是旁人,恰恰是自命为三民主义底信徒们。然而二十年来,他们在中国作所为,已经证明他们早就走上与中山先生所指示的相反的道路了。我们郑重地向各位指出,我们真正的三民主义的信徒是以他们的行动为耻辱的,他们的行为是与三民主义没有丝毫的关系。我们,以及本会所有的同志,毫无保留地都将永远作你们的后盾,为中国底和平、民主、统一、进步而共同奋斗到底!中国底近代史已经证明了学生是我国和平、民主运动底先锋,这先锋的队伍必将引导我国走上和平、民主、统一、进步的康庄大道。三民主义运动史已经证明了学生是三民主义革命队伍的力支持者之一。我们所信仰的革命的三民主义,没有你们的推动与支持,它的胜利是不可想象的。因此,让我们紧密地携手吧!让我们祝福你们的健康与胜利!”③

当天,民盟上海市支部集会,“对当前全国学生挽救教育危机和反饥饿反内战的庄严行为,表示无限的同情与最高的敬意,对于被捕受伤的同学与被迫停刊报纸,敬致深挚的关怀与热烈的慰问”④。谴责国民政府颁布《维持社会秩序临时办法》,要求国民党政府:“一、撤销一切蹂躏民权的法令;二、立即释放各地被捕学生,赔偿学生之损失,并接受学生之合理要求;三、立即恢复《文汇报》《联合晚报》《新民晚报》,并切实保障人民之言论出版自由;四、根据政协路线,立即停止内战。”⑤

同日,中国国民党民主促进会主席李济深在香港就全国各地学潮发表谈话,指出:“青年们为着反抗饥饿反内战,不断地以罢课、巡行及请愿向执政者表示抗议,并有许多因此而流血,是稍有心肝者,都应寄以无限的同情。”他指出:“虽然反动的执政者不惜以极卑鄙的手段阻挠中国人民的进步”,但是“参加这英勇行动的人数天天增多,区域天天扩大”,这是国民党当权者“二十年来贪赃枉法”,才使得“民怨沸腾,群起反抗”⑥。中国民主同盟总部、农工民主党中央、中国人民救国会等也在

① 《五二〇运动资料》第一辑,第 425 页。

② 中央大学《公报》,1947 年 5 月 25 日。

③ 中央大学《公报》,1947 年 5 月 26 日.

④ 《中国民主同盟历史文献》,第 336 页。

⑤ 《五二〇运动资料》第一辑,第 429 页。

⑥ 香港《华商报》1947 年 5 月 25 日,又见《中国国民党革命委员会历史资料选编》,民革中央宣传部编印,第 104 页。

香港发表声明支持学生的正义行动，号召人民起来斗争，早日结束蒋介石的反动统治。

5月26日，冯玉祥将军在美国旧金山《世界日报》上发表《告全国同胞书》，斥责国民党和蒋介石。他说："青年学生是中华民国的青年主人，因为吃不饱，穿不暖"，要求不要再打内战，南京方面"听也好，不听也好，何至于忍心害理，丧尽天良，把子弟们打死打伤呢？"①他提出，"即日停战议和。……请张表方，李济深，宋庆龄，何香凝，陈铭枢，蔡廷锴，蒋光鼐，戴戟，马占山诸位先生和沈钧儒先生等民盟的朋友主持和议大计。"②

随后，国民党民主促进会领导人李济深与何香凝在《致全国军政人员书》中指出："迩者冯焕章先生，发表国是意见，……主情衡事，语重心长，爱国人士，当有同情。""今者，全国大学教授，学生工人，相率罢教、罢课、罢工、以反内战、以反饥饿，足证人民生计，实已濒于绝境，亦足证民主和平，确为全国一致之要求。"因此，"望我军政诸君，本先儒'人溺已溺'之名训，总理救国救民之宏愿，一致敦促中央政府改弦易辙，与民更始，放弃武力政策，是非决诸公议。倘不为主政者所谅，则诸君为国家民族计……应一致采取有效行动"③。

农工民主党中央委员会主席章伯钧5月26日在中央大学发表演说。他说，"这次学生运动显然的是为人民争取自由民主和生存，反对饥饿、反对内战的必然发生的运动。……如果这个运动能够被人煽动得起，也是现政府的罪恶所造成的"④。他谴责国民党政府，"现在的战火漫天，经济破产，还封报馆，不许人们讲话，只有青年学生有血气，有勇气敢喊出人民的声音，说出人民不敢说出的话"。他通报了民盟人员被捕和被残害的情形，以及民盟对和平民主的主张，表示愿与学生并肩战斗。⑤ 他要求国民党政府"将《维持社会秩序临时办法》赶快取消"，"把一切被封闭的报纸杂志刊物，让它自由出版"。"中国的自由、民主和社会的改造，不在几十年以后，恐怕在不久的将来就可到来。……我希望今天的青年学生运动，能够组织起来，扩大为将来民主政治的基础。"⑥他最后勉励："全国学生要团结，民主的成功要靠青年。"⑦

5月28日，许德珩在国民参政会第四届第三次会议全体审查会上讲话时说：和平"是全国人民所需要的。参政会是国民政府所召集的，正在参政员呼吁和平期间，十九号那天，政府颁布了一个维持社会秩序的临时办法，接着二十号发生军警与学生冲突流血的事件。前两天，上海三个报馆又被封闭了，为了报馆的被封，兄弟曾经在会场有一个询问。这一些事实，我认为政府是有关闭和平之门的杂念。

① 《五二〇运动资料》第一辑，第395页。
② 《五二〇运动资料》第一辑，第400页。
③ 《五二〇运动资料》第一辑，第401页。
④ 《光明报》新13号，1947年5月30日。
⑤ 《五二〇运动资料》第一辑，第410页。
⑥ 《光明报》新13号，1947年5月30日。
⑦ 《五二〇运动资料》第一辑，第410页。

又有一些事实,最近上海有许多学生被捕,我站在人民立场说,学生反对内战并没有错";他希望"不要再发生学生与政府站在对立地位或类似的事件,否则,不幸事件的不断发生,政府将不能辞其责任"。①

民进中央理事会在上海召开紧急会议,决议发动全国教授支援学生斗争,并捐款二百万元,另致函鼓励《文汇报》《新民晚报》和《联合晚报》工作人员为争取各报光荣复刊而斗争。郭沫若、茅盾、叶圣陶联名发表《上海文艺界对当前学潮的呼吁》,表示支持学生运动。5 月 30 日 郭沫若又在《文萃丛刊》第 6 期发表文章《学潮问答》,肯定"五二〇"学潮"完全是'五四'精神的复活",指出"违法的不是学生而是政府,"希望大家"以学生为老师,跟着走上前去"。②

5 月 29 日,中国民主建国会常务理事会在上海通过了《对于学生运动的意见》,认为学生的呼声,正代表着四亿五千万人民的要求。国民政府镇压学生运动是"自毁法纪,自乱秩序",是最愚蠢的政策。这种"暴力压制",不过是"火上加油",使事态"更加严重"。他们要求国民党当局"深自反省,与民更始"③。

到 6 月初,全国有 20 个省包括浙江、安徽、江西、福建、河北、河南、山东、辽宁、山西、湖北、湖南、广东、广西、四川、云南、甘肃、陕西等地的数十万学生纷纷罢课、游行。五二〇运动已由南京、平津蔓延到上海、南昌、开封、重庆、成都、武汉、广州、长沙、桂林、昆明、青岛、沈阳、西安等国统区 60 多个大中城市。

6 月间,中共上海局成立钱瑛领导的国统区学生运动小组,成员有朱语今(西南)、吴学谦(上海)、王汉斌(平津南系)、赖卫民(云南)、洪德铭等。

为了统一全国学生与国民党反动派斗争的步骤,加强团结,6 月 15 日全国各地学生代表在沪秘密集会,17 日全国学联秘密诞生。④ 全国学联的成立是五二〇运动深入发展的重要标志。

五二〇运动席卷全国,震惊世界。新加坡、菲律宾、暹罗等地爱国侨胞纷纷来电支持学生的正义斗争。暹罗华侨学生联合会来电说:"你们是正义的! 同学们! 虽然独裁者继续屠杀你们,但些就是记在我们心里的仇恨,你们最近发表的宣言,我们衷心拥护","最后祝你们再勇敢地去战斗,我们誓做你们的后盾,我们是战斗的朋友,让我们团结在一起,去争取祖国和平民主的实现!"⑤

苏联塔斯社发来电讯稿声援中国学生,甚至美国的合众国际社和英国的路透社也对五二〇惨案作了客观的报道。美国民主青年大会也写信给上海学联说:"我们用最大的愤慨和惭愧的心情来读完关于你们因为反饥饿、反内战而遭受到毒打,屠杀的消息。""我们不能不承认对于这件事有很大责任,……中国政府正为我们的杜鲁门政策所鼓励着从事更大规模的内战。毫无疑问,这种政策是在鼓励着所有的反动派加紧对他们国内人民和民主力量的进攻。我们谨向你们保证美国学生是

① 《国民参政会纪实》下卷,重庆出版社 1985 年版,第 1608-1609 页。
② 《上海革命文化大事记 1937—1949》,第 233 页。
③ 《民讯》第 4 期,1947 年 9 月 18 日。
④ 《上海通史》第七卷民国政治,上海人民出版社 1999 年版,第 458 页。
⑤ 《学生报》1947 年 10 月 5 日。

决不同意这项政策的,……我们一定把你们所遭受到的不幸告诉每一个美国公民,并愿促使我们的政府撤销对你们不民主政府的一切援助,以求切大屠杀和内战。”①国际学联也致电中国学生以表示支持与同情。

“五二〇”事件是国统区群众对国民党政府不满和失望的一次总爆发,也是上海学生和市民从反饥饿转为反内战、反迫害,与国民党政府直接斗争的明显标志。5 月 30 日,中共中央主席毛泽东在《蒋介石政府已处在全民的包围中》指出:“中国境内已有了两条战线。蒋介石进犯军和人民解放军的战争,这是第一条战。现在又出现了第二条战线,这就是伟大的正义的学生运动和蒋介石反动政府之间的尖锐斗争。”②

① 《五二〇运动资料》第一辑,第 507-508 页。
② 《毛泽东选集》第四卷,人民出版社 1991 年版,第 1224-1225 页。

孙中山的追随者——黎照寰[1]

中国民主革命的先行者孙中山有着独特的领袖气质、个人魅力与较为完备的革命理论,他对同时代人的影响是巨大而深远的,我们从黎照寰的身上就可以清晰地看到这一点。史学界关于这方面的研究成果甚少,相关的学术成果主要有王宗光主编、盛懿编著的《上海交通大学史》第三卷(上海交通大学出版社 2016 年版)、沈亮、邵雍的《黎照寰与宋庆龄的珍贵友谊》(《上海交通大学学报》2011 年第 1 期)等。前者以交通大学的沿革为基本研究线索,后者以宋庆龄给黎照寰私人信件为主要分析文本,均不够完整、全面。本文则以黎照寰本人留下的各种文字材料为依据,着力展示黎照寰与孙中山的历史互动关系,以期从一个侧面推进孙中山研究的深入。

一

黎照寰(1888—1968),广东南海人。长兄从少年时期就独立经商,次兄是个贫穷的裁缝,两位都于 1944 年在广东去世。1907 年,19 岁的黎照寰在其三兄的少量资助下冒险选择自费赴美国留学。他回忆道,“经过难以尽述的困迫,先为苦工,不久幸得工读之路,由小学跳进中学,再跳进大学。”[2]通过不懈努力,黎照寰终于在美国安顿下来,进入大学深造,在美国东部各名校游学。他分别在哈佛大学、纽约大学、哥伦比亚大学及宾夕法尼亚大学四所知名大学就读,先后获得哈佛大学理学士、纽约大学商学士、哥伦比亚大学经济学硕士和宾夕法尼亚大学政治学硕士等四个学位。

1910 年 11 月初,孙中山应邀来到哥伦比亚大学发表演讲,与黎照寰在学校的宿舍中有过两次长谈。初遇孙中山的黎照寰立刻被这位伟人所折服,“一见如故人,很自然地我起了敬爱之心,连日独与长谈后,我加入了同盟会。”[3]

黎照寰回忆说:“1910 年 9 月初[4],我和三个中国留学生在哥伦比亚大学见到孙博士。孙博士和我,可以这么说,一见倾心。我们在学校的宿舍里有过两次很长的谈话。后来,我同我的大哥和孙博士又有过一系列谈话。在谈话中,孙博士向我们

---

① 本文与博士生沈亮合作,原载《孙中山研究》第 6 辑,广东人民出版社 2018 年版。

② 黎照寰:《六十四岁自述》(1951 年),第 2 页,上海交通大学档案馆馆藏。

③ 黎照寰:《六十四岁自述》(1951 年),第 2 页。

④ 时间有误,孙中山是 1909 年 11 月 8 日孙中山由英国乘船到达美国纽约的。因此孙中山与黎照寰的谈话只能是在 1909 年 11 月 8 日至 1910 年 1 月中旬之间。1911 年 9 月初也不对,那时他在美国巡回演讲,10 月下旬才回到纽约。

阐明了他的政治哲学和革命计划。他相信列宁在俄国可能会早于他本人在中国取得革命成功,尽管我们将在未来两三年之后推翻清王朝。因经济、政治,特别是历史和地理的原因,我们必须且应该同列宁及其政党合作。他坚持认为我们必须在20年以内取得革命胜利并建立新的中国,否则日本将图谋征服我们,但最终他们必将失败。"孙中山当时"希望每个学生都像我一样刻苦学习,不要尝试去参加军事方面的革命,除非是孙博士支持的。他指导我学习经济学,特别是和社会主义、社会发展相关的,要我订阅芝加哥出版的《国际评论》,阅读马克思的《资本论》《共产党宣言》和加州克罗斯(cross)教授撰写的《社会主义的必要性》(直到1913至1914年我才去读这些书,读得很匆忙,理解得不透彻)。"①

在此前后,孙中山在纽约的寓所会见哥伦比亚大学留学生顾维钧等人时也进行了长谈,"谈到有必要把中国建成一个强国,并强调中国具有成为强国的一切条件,他特别强调工业化和发展经济的重要性。"孙中山还"曾婉转地敦促每一个有思想的中国人都加入革命党,以实现推翻满清,拯救中国;不过他没明说。"顾维钧对孙中山的初步印象与黎照寰相同,称孙中山"具有魅力的品格。他热情洋溢,友好可亲,令人倾心"②。

黎照寰受到孙中山民主革命思想的影响后,加入了同盟会。他的两个哥哥也各自加入了同盟会。

关于孙中山创建的同盟会,黎照寰后来是这样认识的:"同盟会一开始是由(1)兴中会、(2)华兴会、(3)光复会组成,其中华兴会和光复会主要是由年轻男性和一些女性组成。""同盟会从创建至很长一段时间,我一直觉得它是一个很薄弱和松散的组织。1912年,当所谓的南北议和举行时,孙博士和我都确信这一点。"③

黎照寰在论及1912年初孙中山向袁世凯妥协时认为,"这种妥协不是出于孙中山的本意,也不是什么秘密。"④关于辛亥革命功败垂成,黎照寰晚年感恨党内人士叛变,赋诗一首:

美果将成枝破枝,仇人伪善占婴痴。
同群未决同心进,异族相联异计施;
阵退方迷忘血誓,途难队散失青旗。
叙怀此日谁无恨?应愧当年不自持。⑤

1919年,时年31岁的黎照寰到香港初入工商银行,次年兼任副经理。该银行创办于1917年,资金基本由爱国华侨和国民党党员募集。"工商银行始终是带有政

① 黎照寰致宋庆龄函(1962年7月30日),上海交通大学档案馆馆藏,转引自《20世纪中国人物传纪与数据库建设研究》第二辑,上海书店出版社2015年版,第159-160页。

② 《顾维钧回忆录》第一分册,中华书局1983年版,第67-68页。

③ 黎照寰致宋庆龄函(约在1962年7月底8月初),上海交通大学档案馆馆藏,转引自《20世纪中国人物传纪与数据库建设研究》第二辑,第164页。

④ 黎照寰等:《对于〈孙中山辛亥南北议和时的口头两个指示〉一文的质疑》,《广东文史资料》第19辑,第193页。

⑤ 《文汇报》1961年10月22日,第4版。

治意义的,主要是备作某些政治活动的后盾。初时几乎全部董事和实际业务领导人以之为孙中山先生与华侨联络之一种小机构。”[①]黎照寰在香港工商银行工作异常努力勤奋,“从扫地以上,无事不干,极力督促会计随时清账,无论何时亲自代理海内外汇款,因而工商银行与广州有特殊的关系。”他责任心强,亲自管理海内外华侨支持革命的汇款,并通过工商银行转入广州军政府,充实了军政府的财政,有力支援了孙中山领导的革命事业。由于业务往来和同志的身份,黎照寰和当时担任广州护法军政府财政部长的廖仲恺等国民党政要相交甚密。

1919 年 4 月下旬及 5 月上旬,黎照寰去孙中山上海莫利哀路寓所拜访过孙博士两三次。1962 年 7 月 30 日黎照寰在致宋庆龄函中称,他与孙中山有过争辩,孙中山“命令我留在他身边,启动并开展青年运动,必要时协助党的改组,并访问苏联(应为苏俄——引者注)。我拒绝了:(1)因为银行派我回去且孙科催促过我;(2)因为我意识到我在语言和文学方面能力不足;(3)因为我记得孙博士本人及政党长期以来一直非常穷困,我相信通过建立海外的金融服务应该可以予孙博士的政党以支持;(4)因为通过黄兴,他在美国时我常常见到他,我担心我与胡汉民、汪精卫和戴季陶相处不好。我现在明白那时我完全错了(后来,我试图‘弥补’。但不幸的是,我患上了心悸病,同时孙科以政客之身份经常滥用我的建议或提议)。通过廖先生和孙科,我了解到廖本人,连同朱执信、陈友仁对孙博士同苏联、共产党的合作非常支持。”[②]

关于孙中山为什么同意与共产党合作,黎照寰是这样认为的:

首先,有历史渊源。“1896 至 1898 年,他居住在伦敦,并走访了巴黎、日内瓦、布鲁塞尔和柏林。他知晓卡尔·马克思和弗里德里希·恩格斯、第一国际、欧洲几个中心在经济和政治方面有反对的声音,并听说了列宁和在苏俄(应为沙俄——引者注)进行的革命运动。”“1910 年及更早的时候,他在威斯康辛州的密尔沃基拜访了美国社会党的领袖。”[③]

其次,有思想基础。“1912 至 1913 年,孙博士辞去临时大总统职后,访问了国内好几个城市,他在公共集会上发表关于社会主义、社会发展和大同世界的言论。新闻报纸拒绝引用他的演讲稿。他鼓励和建议我们的人民进行社会主义运动。他被影射为‘大炮’。”[④]1919 年以后“孙博士时而读《新青年》”[⑤]。

黎照寰说:“中山先生对于苏联十月革命,感动过人;一面领导并亲自加入护法

---

① 黎照寰:《也谈解放前华侨在广州投资纪略》,《上海文史资料存稿汇编》5 经济金融,上海古籍出版社 2001 年版,第 315 页。

② 黎照寰致宋庆龄函(1962 年 7 月 30 日),上海交通大学档案馆馆藏,转引自《20 世纪中国人物传纪与数据库建设研究》第二辑,第 160–161 页。

③ 黎照寰致宋庆龄函(1962 年 7 月 30 日),上海交通大学档案馆馆藏,转引自《20 世纪中国人物传纪与数据库建设研究》第二辑,第 159 页、第 160 页。

④ 黎照寰致宋庆龄函(1962 年 7 月 30 日),上海交通大学档案馆馆藏,转引自《20 世纪中国人物传纪与数据库建设研究》第二辑,第 160 页。

⑤ 黎照寰致宋庆龄函(1962 年 7 月 30 日),上海交通大学档案馆馆藏,转引自《20 世纪中国人物传纪与数据库建设研究》第二辑,第 161 页。

战争，一面查询‘俄国革命’的进行情况及其在世界上的影响。1918年秋，他回到上海之后，频告我们一些同志：‘列宁有知识、有办法、有能力、有思想，领导俄人如何革命，创开一个前所未闻的新局面，一定成功’。1919年有一次，唐绍仪到香山（莫利哀）路孙寓共谈，……先生笑谓：‘如果我们能够再生，真是青年，不会向西欧北美留学，反而要往东欧俄国就速成科学习，会见列宁，听听演讲，现在我们革命党员应即刻往俄肄业”。唐插言：“俄语难学，俄人难交……’先生即言：‘未有听过我国前人所说么？’‘世上无难事，只怕有心人’。”①

“自从他个人决定与苏俄及列宁合作以来，他就决定和共产党合作。他决定这么做，是因为他已经认识到并坚信人类和世界的历史已在突然地或是逐步地从一个阶段迈向另一个阶段。他预言本世纪社会主义将战胜资本主义。”②

第三，共产党对他革命哲学与计划的认可。黎照寰写道，“不像大部分第一分会的成员那样，那些来自第二和第三分会的同盟会员跟随孙先生并不是因为相信他的革命哲学，而是冲着他的闻名全球的声誉去的。在同盟会中，很少有成员相互分享孙博士的革命哲学，特别是在重建经济的问题上。列宁听说了孙博士的革命哲学和革命计划，并且认为孙博士领导的革命是作为全世界运动的一部分。李大钊也是这么认为的。所以，我觉得正因为如此孙博士才愿意同共产党合作。”③

“自1912年革命发生以来，孙博士想要开始组织一场社会主义的新生活运动。不幸的是，无论社会主义是作为一场运动还是一种哲学，只有他一个人坚持。自那时起，正如我反思的，我们失败的主要原因是对行难知易的迷信，因此我们拒绝按孙博士所要求的那样努力学习。相反的是，共产党领袖特别是李大钊孜孜以求、努力学习，尤其是对马克思主义和列宁主义的学习。这让孙博士很满意，因此热情欢迎他们。另外，他知道布尔什维克党从各个方面在帮助他们。”④

后来的事情在黎照寰看来就是顺理成章的了。“1919年夏，苏俄派来了一位代表，是位军人（路博——引者注），他到上海拜访了孙博士。孙博士让朱执信陪同这位布尔什维克党代表去漳州会见了陈（陈炯明——引者注）。之后，一位更有名的布尔什维克党代表（马林——引者注）在桂林拜访了孙博士。于1919至1922年同一时间，陈独秀、李大钊和其他共产党人开始和孙博士接触联系。”

1922年6月陈炯明在广州发动兵变，炮击总统府。孙中山脱险后登上永丰舰，在同叛军作战近两个月后，于8月9日赴上海。

对于这一事件，新中国成立后黎照寰是这样描述的：“1922年6月，陈炯明叛

---

① 黎照寰：《关于唐绍仪的生平及其与孙中山袁世凯容闳的关系》，《广东文史资料》第十九辑，第59页。

② 黎照寰致宋庆龄函（1962年7月30日），上海交通大学档案馆馆藏，转引自《20世纪中国人物传纪与数据库建设研究》第二辑，第159页。

③ 黎照寰致宋庆龄函（约在1962年7月底8月初），上海交通大学档案馆馆藏，转引自《20世纪中国人物传纪与数据库建设研究》第二辑，第163页。

④ 黎照寰致宋庆龄函（1962年7月30日），上海交通大学档案馆馆藏，转引自《20世纪中国人物传纪与数据库建设研究》第二辑，第161-162页。

变，叶举等部队围攻总统府，大总统孙中山脱险，孙夫人率卫士抗击突围。”①“总统夫人宋庆龄留在总统府，至16日上午9时后，府内外都起火，才冒险逃出，辗转艰辛，晚上始到岭南大学，休息一夜；17日得钟荣光、那文、马湘、黄惠龙等陪伴先到沙面少息，然后登上永丰舰和总统团叙。随后，由孙科、戴恩赛、马湘、黄惠龙为伴，先赴香港，再从香港回到上海住宅。”②

事变前夕，黎照寰正在广州与政府财政部长廖仲恺进一步商谈华侨汇款事宜。6月14日，陈炯明谎称邀请廖仲恺赴惠州调停他与孙中山之间的矛盾，并协商鼓励当地华侨募捐。黎照寰当时陪同廖仲恺冒险前往惠州，“是日十时抵石龙，先赴第五路钟景棠，拟约钟秀南同赴惠州，而钟秀南已不见。陈氏则由东路来电话，立将廖氏扣留，即交第五路司令部看管。”③黎照寰与廖仲恺一起被扣留，生死未卜。陈炯明为掩人耳目，马上将他们转移押解东江方面。黎照寰回忆说：“那天早上，当廖仲恺被陈炯明部下逮捕时，我也被捕了。我与廖仲恺被押解在开往石龙的火车上，但不能说话。”④黎照寰“亲自见到廖先生在车厢内及他先上车先下车的情形”⑤。钟景棠关押黎照寰，向他勒索赎金，后多亏宋庆龄好友陈已明夫人陈黄露丝的叔叔帮助，数日后通过在香港的谈判，黎的银行东家以港洋五万元向钟景棠赎他出牢。⑥而廖仲恺被索要的赎金超出黎照寰十倍，被陈炯明关押了两个多月，在何香凝等人的积极营救下，后来也被释放。对于孙中山及其几位亲密同志在1921至1922年间发生的事情，黎照寰写过两首诗，一首是关于孙博士所遭受的经历，另一首是关于宋庆龄所遭受的经历。⑦

我们很遗憾没有找到后一首诗，只是查到黎照寰在悼念孙中山逝世三十七周年时感慨孙先生革命经历的艰辛，赋诗一首：

暴雨旋风不计年，斗争艰苦比谁先。
移山指路乌烟夜，见景提灯白雾天。
义愤人群齐应起，日新革命更趋前。
已成未及亲同庆，遗恨奔流四海边（指台湾）。⑧

对于陈炯明，黎照寰回忆说：“早在1919年夏我们几个就怀疑他不是可靠之人。陈想要钱，但不听孙博士的命令和指导，做事也不报告。在他1922年叛变前的

---

① 黎照寰：《关于唐绍仪的生平及其与孙中山袁世凯容闳的关系》，《广东文史资料》第十九辑，第53页。

② 黎照寰等：《关于〈孙中山移驻永丰舰的经过及永丰舰以后的活动〉一些补订》，《广东文史资料》第二十一辑，第196页。

③ 鲁直之、谢盛之、李睡仙、黄惠龙：《陈炯明叛国史》，中华书局2007年版，第165–166页。

④ 黎照寰致宋庆龄函（1962年7月30日），上海交通大学档案馆馆藏，转引自《20世纪中国人物传纪与数据库建设研究》第二辑，第157页。

⑤ 黎照寰等：《关于〈孙中山移驻永丰舰的经过及永丰舰以后的活动〉一些补订》，《广东文史资料》第二十一辑，第197页。

⑥ 黎照寰《六十四岁自述》（1951年），第2页。

⑦ 参见黎照寰致宋庆龄函（1962年7月30日），上海交通大学档案馆馆藏，转引自《20世纪中国人物传纪与数据库建设研究》第二辑，第157页。

⑧ 《文汇报》1962年3月11日第4版。

1921 年底，他拒绝参加孙博士召开的任何会议。他的阶级立场缺乏自我革新，决定了他一直反对孙博士所主张的彻底革命或者社会主义。来自各方军事同盟接受的支持促使他发动公开叛变，计划杀害孙博士及其亲密同伴。”①

1922 年后，黎照寰请辞了香港工商银行的管理职位，游历欧洲，在德国住了将近一年，回国后在上海中国公学任教。

黎照寰晚年写道：“1924 年二月，中国国民党改组，开始实行联俄联共和扶助农工三大政策，发表了宣言，总理孙中山重新解释三民主义。黄埔军校成立，工农运动从广州推展，一系列的工作引起革命形势大大变化，揭示了革命胜利的光明前途。”②无论在孙中山生前还是死后，黎照寰对孙中山的革命政策是基本拥护的。

二

1925 年 7 月，广东国民政府成立，邀请黎照寰在政府内任职。1926 年，黎照寰辞去中国公学商科的教师工作，南下到国民政府交通部任职。在广州国民政府再次开始北伐之后，黎照寰随同政府迁移到汉口，参加运输经济工作。“工作之余，曾将中山先生的革命政策编成小册子，销行三千余。”③所谓“将中山先生的革命政策编成小册子”就是他 1927 年编撰的《中山先生之革命政策》。

该书出自黎照寰跟随孙中山多年对其理论的感悟，“余每于暇时，辄翻读总理遗著，于总理政策更有所悟，乃检阅所编而改订之。”④全书分为革命的意义及革命运动的政策、革命的破坏政策、革命的建设政策及革命进行指示图等章节。黎照寰详细阐述了孙中山对于中国革命历史进程各个阶段的理解，指出中国革命必须有夯实的理论基础，首先进行革命动员、破坏封建势力的旧体制、完成革命过程即是新的建设的开始，之后需开展大规模全方位的建设，建设强大的国家。这一解说与 1920 年黎照寰亲耳聆听到的孙中山对唐绍仪谈话的主旨是一致的（详后）。⑤《中山先生之革命政策》对于当时成立不久、即将再次北伐的国民政府，无疑具有很强的理论指导意义。国民政府“宁汉合流”之后，南京中央党部禁止出版《中山先生革命之政策》。⑥

1929 年黎照寰又撰写了《中国国民党政策》一书，由商务印书馆出版，该书立意更高，影响更广。《中国国民党政策》“小半部分为中国国民党中央农民部农工行政人员讲习所演讲，……既有总理之所著及其演讲集，又有中国国民党之重要宣言及

① 黎照寰致宋庆龄函（1962 年 7 月 30 日），上海交通大学档案馆馆藏，转引自《20 世纪中国人物传纪与数据库建设研究》第二辑，第 162 页。

② 黎照寰：《关于唐绍仪的生平及其与孙中山袁世凯容闳的关系》，《广东文史资料》第十九辑，第 53 页。

③ 黎照寰《六十四岁自述》（1951 年），第 3 页。

④ 黎照寰：《中山先生之革命政策》第 1 页，中国国民党中央执行委员会青年部 1927 年印行。

⑤ 黎照寰：《关于唐绍仪的生平及其与孙中山袁世凯容闳的关系》，《广东文史资料》第十九辑，第 59 页。

⑥ 参见黎照寰《六十四岁自述》（1951 年），第 3 页。

决议集。”①书中以自问自答形式提出了“本党的政策与党员的行动有何关系？何以党员要确知本党所定的政策？何以党员要实行本党的政策?”②等七个问题，并以孙中山在民主革命过程中所制定的各项政策、中国国民党历次大会所制定的政策、中国国民党对外、对内的各项政策为纲领做了集中解答。《中国国民党政策》的发行，既宣传了中国国民党成立多年来的各项政策，又强调中国国民党需继续遵循孙中山的革命政策，对于当时名义上已统一全国，准备放手执政的国民政府具有督促的意义。

1927年《中山先生革命之政策》一书遭到禁止后，黎照寰极为失望，他辞官回到上海，与好友孙科的家人一起再赴海外游历，一年之后回到国内，以担任家庭教师等闲职度日。

1928年11月，南京国民政府铁道部成立，孙中山之子孙科担任第一任铁道部长。孙科上任之初就启动了他的修筑铁路计划，提出在全国修建铁路“六年之内，除商营路线不计外，国有铁路，将增至八千九百三十一英里”③，建成以首都南京为中心的全国铁路网。为此孙科特地邀请了他的好友黎照寰出任铁道部参事。黎照寰应邀赴铁道部任职是为了实现孙中山的遗愿。孙中山在中华民国成立之初就认为“交通为实业之母，铁道又为交通之母。”④“富强之道，莫如扩张实行交通政策。”⑤。孙中山当时虽然有十年内建筑20万里铁路的雄心壮志，但因北洋政府政治混乱，军阀之间战事不断，中国的铁路建设和发展举步维艰。

1929年1月，黎照寰担任铁道部参事，就职后在参事厅起草文件、出谋划策。同年铁道部令本部参事黎照寰为“中比庚款委员会委员，代表本部出席该会会议”⑥。此后黎照寰参与国民政府与比利时等国谈判，积极争取用其退还的庚子赔款修建陇海线等路线。他在报告谈判过程时说：“呈悉查中比庚款系按照从前协定提交第一条之规定，除以全部百分之二十五存由中比委员会支配于中比教育慈善事业外，其余百分之七十五按规定用途以百分之四十拨归陇海路局自行动用，百分之三十五由本部购买比料供给其他国有铁路建筑之用。”⑦这些经费对于陇海铁路的建设起到了关键作用。至1934年，陇海铁路自连云港至宝鸡共1228.9公里铁路终于建成通车。也是在1929年，黎照寰被国民政府任命为铁道部次长，主要负责对外协调，筹措各方经费支援路政建设，其间粤汉、陇海等线铁路计划陆续开工。

1929年6月，黎照寰出任铁道部管辖的交通大学副校长，1930年10月任校长。1929年10月他主持制订的《交通大学训育部训育大纲》明确规定：学校训育的原则

① 黎照寰：《中国国民党政策》，商务印书馆1929年版，第1页。

② 黎照寰：《中国国民党政策》，第2页。

③ 《孙科文集》，台湾商务印书馆1970年版，第586页。

④ 《孙中山全集》第二卷，中华书局1982年版，第383页。

⑤ 《孙中山全集》第二卷，第420页。

⑥ 中国第二历史档案馆馆藏：铁道部训令第六四二号：《令本部参事黎照寰为中比庚款委员会委员代表出席该会会议》。

⑦ 中国第二历史档案馆馆藏：铁道部训令第一〇〇五号：《令中比庚款委员会委员参事黎照寰呈报出席中比庚款委员会会议情形》。

"以三民主义为归依",目的是"从积极方面,施以主义的熏陶,……政治知识的灌输"①。11 月由黎照寰主持制订的《交通大学暂行组织大纲》又明确规定,"本大学以遵依总理遗教养成三民主义文化之交通建设专才为宗旨"②。

1930 年 1 月,黎照寰在欢送赵祖康、曹丽顺等 11 名交通大学毕业生赴美留学的宴会上,亲手送给每人一份特殊的礼物——孙中山的两本英文版著作《实业计划》和《三民主义》,并说:"孙先生在《实业计划》中提出了建设中国的宏伟蓝图和远景计划,中国还很落后,发展实业是唯一的振兴之路。"他叮嘱他们赴美后"除继续学习孙先生的思想主张外,更要刻苦用功,……掌握先进技术,以学成归国做实业计划的实行家"③。早在 1919 年春夏之交,孙中山就亲临交通大学,发表演说,介绍自己新近完成的《实业计划》一书,向师生们描绘了全国铁路建设的庞大计划以及致力于从交通建设方面实现国家现代化的宏伟蓝图。④

"交大学生将来要做《建国方略》的实行家","交大学生要做实业计划的实行家"等口号是三十年代的交大校园里张贴的励志标语。⑤ 二三十年代学校的名教授还被学生们称为"三民主义""五权宪法"。⑥

1931 年 1 月,黎照寰对来访的英经济考察团的朋友们说:"本大学为中国著名国立大学之一,中国政府实行孙文主义,故中国之经济学说,亦即孙中山先生之经济学说。本大学教育方针,即系应用中山先生之经济学说,特别注重于实业计划中之'国际共同发展中国'一事,因之本大学特于工程、管理两方,增设科学课程,毕业后须服务于铁路及其他国家机关,此后彼辈不但可为实业人才,仰且为政治领袖人物。"⑦

同年 5 月 2 日,继交通大学工程馆奠基礼后,学校又特用紫檀木箱子,将包括《孙中山全集》一部在内的纪念物埋入基地土内,以永志纪念。⑧

1932 年一·二八淞沪抗战中,黎照寰积极响应宋庆龄的号召,支援十九路军抗战。他特意将学校内一幢新建的学生宿舍执信西斋提供给宋庆龄设置为伤兵医院,同时还负责主持庶务工作。

1936 年 3 月中苏文化协会上海分会成立后,潘公展、焦积华、李公朴、欧阳执无、方焕如、杜月笙、林柏生、王晓籁、褚民谊、张寿镛、欧元怀等 11 人为理事,黄任

---

① 《上海交通大学史》第三卷,上海交通大学出版社 2016 年版,第 264 页。但该书第 212 页上同一引文作"依归"。"归依""依归"必有一误。

② 《上海交通大学史》第三卷,第 250 页。但同书第 105 页又说,1929 年 11 月《交通大学规章》中规定学校以"遵依总理遗教,养成三民主义化之交通建设专才"为宗旨。这里有两个问题,首先,同一个月份制订的《交通大学暂行组织大纲》与《交通大学规章》是否一回事? 其次,究竟是"三民主义文化之交通建设专才",还是"三民主义化之交通建设专才"?

③ 《上海交通大学史》第三卷,第 262 页。

④ 《上海交通大学史》第三卷,第 250 页。

⑤ 《上海交通大学史》第三卷,第 108 页。

⑥ "三民主义"指徐名材、周铭、胡明复,三人姓名中均有"民"字的谐音;"五权宪法"指教授英文的唐庆诒、国文的陈柱、数学的胡敦复、物理的裘维裕、化学的徐名材。见《上海交通大学史》第三卷,第 130 页。

⑦ 《黎校长在饯别英国经济考察团席上演辞》,《交大三日刊》第 99 号,1931 年 1 月 31 日。

⑧ 《上海交通大学史》第三卷,第 200 页,但当时并无《孙中山全集》,只有《总理全书》。

之、陈瀚、周剑云、陆干臣、陈鹤琴、汪亚尘等6人为候补理事,黎照寰,任上海分会会长,与苏联驻沪领事馆联系事务,为分会募集资金,一直到1949年。① 众所周知,孙中山晚年是主张联俄联共的。在他的遗嘱中他明确指示国民党的同志要联合世界上以平等待我之民族,在《致苏联遗书》中还下令国民党的同志长此继续与苏联提携,并希望"苏联以良友及盟国而欢迎强盛独立之中国,两国在争取世界被压迫民族自由之大战中,携手并进,以取得胜利"。因此黎照寰在中苏文化协会中任职做事是符合孙中山遗愿的。民国时期,黎照寰还担任过中山文化教育馆总干事。②

自20世纪30年代起,黎照寰历任上海中华基督教青年会和中华基督教青年会全国协会董事。1934年起,被推选为中华基督教青年会全国协会董事长,一直到"文化大革命"前夕。孙中山生前对青年会持基本肯定态度,1920年4月他在祝贺天津召开的中华基督教青年会全国大会的电文中称,"青年会以德育、智育、体育为职务,吸收青年有志之士以陶冶之,而造成其完全之人格,此本耶稣救世之苦心,行孔子己立立人己达达人之美意,以团体而服务于个人者也",并称赞该会25年来,"推行几遍中国。发达之速,收效之大,志愿之宏,结合之坚,洵为中国独一无二之团体"。③ 因此黎照寰在该宗教团体内任职,中华人民共和国成立后,又参与发起中国基督教自治、自养、自传运动,任中国基督教"三自"爱国委员会常委,大体上也是符合孙中山遗愿的。

三

中华人民共和国成立后,黎照寰历任全国政协第三、第四届委员、上海市政协第一至第四届委员、副主席,上海市第一至第五届人民代表大会代表,上海市中苏友好协会副会长。

晚年的黎照寰撰写过多篇与孙中山相关的历史回忆文章,如:《〈有关中华革命党活动之回忆〉一文的补订》,载中国人民政治协商会议广东省委员会文史资料研究委员会编:《广东文史资料》(第15辑);《对于〈孙中山先生辛亥南北议和时的口头两个指示〉一文的质疑》,载《广东文史资料》(第19辑);《〈关于孙中山移驻永丰舰的经过和永丰舰以后的活动〉一些补订》,载《广东文史资料》(第21辑);《对〈辛亥革命后孙中山在广东几起几落〉的补充与订正》《对〈追随孙中山北伐回忆录〉的三点补止》,载《中华文史资料文库》(第二卷:政治军事编),中国文史出版社1990年版)等等。他以自己的亲身经历补充和订正了大量史实。尽管年事已高,黎照寰仍一如既往地宣传孙中山的民主革命思想。他十分敬仰孙中山,赞扬"中山先生出生于贫苦农家,……自幼小至壮,……半工半读而成长,……幼年就不满于当时的

---

① 参见黎照寰致宋庆龄函(约在1962年7月底8月初),上海交通大学档案馆馆藏,转引自《20世纪中国人物传纪与数据库建设研究》第二辑,第162页。不过信中先有上海分会,后来才"办成全国性的范围"的说法有误。

② 《上海交通大学史》第三卷,第247页。

③ 《孙中山致贺青年大会》,天津《益世报》1920年4月4日。

社会,思有以改造之,矢志革命,勤劳简朴,努力前进。”[①]他说:“孙中山先生领导革命经常教导大家要做大事,不要做大官,好好进行革命,号召人人勉力调查、研究、学习。他自己所提倡的政治主张、革命方略、知行学说、实业计划等,就是一个很好的榜样。”[②]黎照寰在给宋庆龄的信中认为:“孙博士是一位真实而有进取心的人。他可以在必要时候去顺应变化。他所持有的观点和政策(基于合理的基础)是非常稳健的,从未盲目和鲁莽过。”[③]显然他是不同意给孙中山起“孙大炮”这一外号的。

黎照寰回顾说,“‘孙文学说’的想法,是孙中山在第一次讨袁失败后,组织中华革命党时所体会的,……写下‘孙文学说’及‘实业计划’,则迟至护法运动为政学系所阻,回到上海后,决心重新革命与准备建设并行的时候。”[④]1920年孙中山在上海曾对唐绍仪说过革命与建设的关系:“我国非富强则不足以图存,非革命则不可以求富强,非建设则不能保证革命胜利,非力图团结统一,无从建设。”[⑤]在孙中山看来,革命是为建设创造条件,打实基础的,是独立自主进行经济建设的前提。20世纪80年代后出现的“告别革命论”,指责救亡压倒启蒙是站不住脚的。

黎照寰与孙中山的夫人宋庆龄非常接近。他与宋庆龄相识于1919年后,此后两人保持了终生的友谊。孙中山逝世后,黎照寰对宋庆龄从事的革命活动非常支持。1932年底,宋庆龄在白色恐怖下发起组织中国民权保障同盟时黎照寰也是发起人之一。对孙中山革命理想的信仰和对孙中山的共同回忆使得他们成为无话不谈的好友,双方一直都保持着书信往来。

1962年7月30日他在给宋庆龄的信中说:“1898年(应为1905年——引者注),孙博士创立了民族主义、民权主义和社会主义的理论。后来,在欧洲时他希望马君武去学习这些理论并撰写相关文章;在美国时他希望王冠【宠】惠也能这样做,但他们两个人都没去尝试。”[⑥]8月26日他在给宋庆龄的信中又谈了自己对孙中山三民主义的理解:认为廖仲恺夫人何香凝写的回忆录“最重要的部分是,她如何回忆孙博士坚决主张‘平均地权’这一革命口号。但是,她并没有提到孙先生制定的这个革命口号包含在三民主义中,三民主义即‘驱除鞑虏恢复中华’意为‘民族主义’、‘建立民国’意为‘民权主义’,‘平均地权’意为‘民生主义’。”[⑦]

从黎照寰的人生轨迹可以看出,他是孙中山的忠实追随者,是三民主义的笃信

---

① 黎照寰:《关于唐绍仪的生平及其与孙中山袁世凯容闳的关系》,《广东文史资料》第十九辑,第58页。

② 黎照寰:《关于唐绍仪的生平及其与孙中山袁世凯容闳的关系》,《广东文史资料》第十九辑,第54页。

③ 黎照寰致宋庆龄函(1962年7月30日),上海交通大学档案馆馆藏,转引自《20世纪中国人物传纪与数据库建设研究》第二辑,第160页。

④ 黎照寰等:《对于〈孙中山辛亥南北议和时的口头两个指示〉一文的质疑》,《广东文史资料》第十九辑,第194页。

⑤ 黎照寰:《关于唐绍仪的生平及其与孙中山袁世凯容闳的关系》,《广东文史资料》第十九辑,第59页。

⑥ 黎照寰致宋庆龄函(1962年7月30日),上海交通大学档案馆馆藏,转引自《20世纪中国人物传纪与数据库建设研究》第二辑,第159页。

⑦ 黎照寰致宋庆龄函(1962年8月26日),上海交通大学档案馆馆藏,转引自《20世纪中国人物传纪与数据库建设研究》第二辑,第164页。

者与践行者，为中国近代的铁路、教育事业及民间外交做出了自己的贡献。新中国成立后，他又能顺从时代潮流，与时俱进，参政议政，并撰写了一批文史资料，将知识与经验留给后代，直到1968年9月16日遭迫害逝世。黎照寰是经历过旧民主主义革命与新民主主义革命的进步知识分子的代表。他在政治上的成长、从业道路的选择乃至亲朋好友的交往诸方面均有孙中山影响的因子在内。反过来，他的人生历程又在一定程度上延续了孙中山未竟的事业。

珍贵的历史记忆

——祝贺《保卫中国同盟年报》重新出版[①]

《保卫中国同盟年报》诞生于烽火连天的抗日战争年代，距今已经有70多年了。当初印刷数量就不多，每期1000份；估计目前在全世界图书馆的收藏也不会太多；再说《年报》是面向西方读者的全英文刊物，普通中国读者阅读有一定的难度。鉴于以上三点原因，《年报》的翻译出版时完全必要的。此次由中国福利会牵头、鲁平、刘懿芳、朱玖琳翻译的全套《保卫中国同盟年报》共400多页在中国人民抗日战争胜利70周年之际隆重推出，是非常及时的。此举激活了历史文件，为我们重温宋庆龄领导的保卫中国同盟的丰功伟绩提供了极大的方便。

中国中福会出版社出版的《保卫中国同盟年报》一共3本，分别是1938—1939年、1939—1942、1943年，总体上处于抗日战争异常艰苦的战略相持阶段。其最大的特点是原汁原味，翻译不走样；即便是一些细节问题也考虑得十分周全，例如英文原版中用大写英语字母写的提示读者特别留意的段落，中译部分就以粗黑体表示；对于刊登在年报上的珍贵的历史照片，编者也不厌其烦一张不少地全部移植到中译部分之中；为了便于需要的读者核对，每期年报后面保留了英文原版。如此这般，最大程度保留了《保卫中国同盟年报》这份历史文献的原有风貌。

《保卫中国同盟年报》当时的主要读者为西方人士，因此它的英语水平十分地道。保卫中国同盟中央主席宋庆龄早年留学美国，英语娴熟，她亲自动笔，为《年报》写了一些稿件，如《给全世界的朋友们》《孙中山夫人的呼吁》等。年报的作者大多是西方人士，有诺尔曼、白求恩、路易、艾黎、伊文思、卡尔逊等。编者也是，有世界著名记者、作家詹姆斯、贝特兰、伊斯雷尔、爱泼斯坦。这样使西方读者在阅读时没有任何语言文字方面的障碍或歧义，从而也在一个方面保证了《年报》的传播效应。

就内容而言，为了保证外国对华援助能用到最需要援助的地方，《保卫中国同盟年报》重点介绍了中国共产党领导的敌后战场以及八路军、新四军的情况。如1938—1939那份年报刊载了《新四军军医处》《延安后方医院》就是对共产党“游而不击”的最好驳斥。如果没有对日军的作战，何来这么多的伤兵？作为保卫中国同盟自己出的年报介绍本身的工作也是题中应有意义，在《年报》中读者可以看到保盟孤儿院、义卖会以及中国工业合作协会在各地包括华北游击区发展的报告。《年报》还将国际友人对中国抗战的捐献用“捐款确认单”“捐物确认单”的形式予以公

① 原载《孙中山宋庆龄研究动态》2015年第6期。

布，以昭信守。在《年报》中人们还可以看到以宋庆龄为主席的保卫中国同盟对战区内外的中国儿童的特别关爱，现有的三期年报每期都有重视抚养战灾孤儿、关注边区儿童的报道。儿童是祖国的未来、民族的希望，保盟在抗日战争时期关心儿童、救助并抚养儿童也是一件利在国家、利在民族、功德无量的大好事。《年报》给我们留下了的历史记忆是十分珍贵的，历史是最好的教科书，保卫中国同盟就是其中的重要篇章。

对于《保卫中国同盟年报》重新出版，我们表示热烈的欢迎与祝贺！对《年报》的翻译者表示崇高的敬意！

2015 年 11 月 18 日

《孙中山全集续编》的成就与不足[①]

由中国社会科学院近代史研究所民国史研究室、广东省社会科学院历史研究室、中山大学历史系孙中山研究室合编，中华书局 1981—1986 年出版的《孙中山全集》共 11 卷出版至今已有 30 余年了，对研究孙中山及中国近现代史等方面起了很大作用。但随着研究的深入，新的资料不断涌现，学界期盼着有一套权威的续编，这个美好的愿望如今终于实现了。经过中山大学邱捷、李兴国、李吉奎、张文苑、林家有、周兴樑诸先生数年坚韧不拔锲而不舍的艰苦努力和辛勤劳动，《孙中山全集》之外的大量文存得以增补汇集成《孙中山全集续编》，2017 年 7 月由中华书局出版。《孙中山全集续编》的出版为深入研究孙中山提供了新的史料，可庆可贺！

一

《孙中山全集续编》资料丰富，共收录了 187 万字，分成 5 卷。1912 年以前部分由邱捷、李兴国编辑，1913—1919 年由李吉奎、张文苑编辑，1920—1923 年由林家有编辑，1924—1925 年由周兴樑编辑。每卷页码在 500 页上下，最多 515 页，最少 449 页，字数较为平均，阅读起来比较方便。

该书在搜集资料和编辑过程中，广泛搜集了 30 多年来中外学界及各方披露的新资料和辑佚考辨成果，还收录了海内外许多个人发表在报刊上和著作中的孙中山遗文，视野开阔，取材多源，著作、论文甚至会议论文集都注意到了。更值得称道的是各种来源各种题材的孙中山轶文均注明资料来源，便于读者复按，即体现了编辑者对前人研究成果的尊重，也表明了编辑者高度的学术责任感与自信心。

《孙中山全集续编》有诸多的优点。在辑佚方面，编辑者收录了不少重要的文章。第一卷收了郑曦原编《帝国的回忆:〈纽约时报〉晚清观察记》中孙中山的两次重要演说与两封重要书信。其中就有《向世界各国家民族的宣言》(一九一〇年春)。

第二卷第 7 页《致社会党国际局函》(一九一四年五月)，孙中山写道:“同志们，我向你们大家发出呼吁，让中国成为世界上第一个社会主义国家。请把你们的精力化在中国身上，请派你们的优秀人材来中国各地服务，助我一臂之力。”这里的译文有个小瑕疵，“精力化在中国身上”，应该“是精力花在中国身上”。第 156 页《孙中山在旅沪粤籍国会议员茶话会上的演说》，讲到了衣食住行的重要性:“在一切进化之国，所引为职务者不外四事，一曰食、二曰衣、三曰住、四曰道路，皆人民日常必需之事。此四者备，幸福斯备。……故议员诸公至北京后，于请求建设国家之时，

① 原载《团结报》2018 年 5 月 10 日。

当不忘此四者。"第二卷还收录了《中日合办上海交易所的密约》(一九一六年十二月五日)、《对林百克的口述史》(一九一九年)。

第三卷中收录《否认北廷十年非法公债的布告》(一九二一年八月二十九日);《改造中国国民党之宣言》(一九二三年十一、十二月间)。

第四卷收录了《国民党第一次全国代表大会开幕词》(一九二四年一月二十日);《对国民党"一大"宣言旨趣的说明》(一九二四年一月二十三日);《获悉列宁逝世后的讲话》(一九二四年一月二十五日);《国民党第一次全国代表大会闭幕词》(一九二四年一月三十日);《中国国民党对〈中俄协定〉宣言》(一九二四年七月十四日)。第四卷第26页,一九二三年十二月十七日《致美国国民电》内称:"吾人在政府领土以内要求征收关税,对于以全国关余作抵之外债亦愿于收得之税内扣拨,此事极为正当,何故贵国等欲以枪炮饷吾人耶?此项权利,他国政府均得享受,故吾政府亦可享受之。广东税关所收之税均被北京政府充购置杀人凶器之用,吾人加以阻遏,亦犹曩时贵国人士投茶叶于波斯敦港内,不令纳税收归英人所有。"

第五卷收录了《与英法两国驻广州领事的谈话》(一九二四年八月六日);第82页《在国民党一届二中全会闭幕式上的讲话》(一九二四年八月三十日)内称:"党员根本不尊重我的指示。我们的同志,还有我的军队,只有当命令对他们有利时才服从,反之往往拒绝服从。如果所有的国民党员都这样,那我将抛弃整个国民党,自己去加入共产党。"《制定与颁布〈国民政府建国大纲〉宣言》(一九二四年九月二十四日);《告中国人民书》(一九二四年十月十一日);第285页《在上海寓所招待中外记者茶会上的演说》(一九二四年十一月十九日)内称:"国会既负国人,国人自不复能再加信赖。此处时期,惟有国民自身起而说话。国民会议之主旨,亦即在此。"

此外编者还酌情将含有孙中山指示的文本收入续编。如第五卷第404页《国民党中央执委会反对善后会议宣言》(一九二五年二月二日)内称:"临时执政府所召集之善后会议,及国民代表会议,其国民代表会议之组织方法,未知何如?至于善后会议,则其组织方法,并非以人民团体为基础。故本党总理于一月十七日复电临时执政府,提出两条件:其一,善后会议加入现代实业团体、商会、教育会、大学生联合会、农会、工会诸代表。其二,善后会议虽可讨论军制、财政诸问题,而最后决定之权当归于国民会议。并声明如临时执政府能容纳此两条件,则对于善后会议当表赞同。"这也是保留有关孙中山历史文献的方法之一,值得肯定。

一些重要复函电附有原函电,如第三卷中《复日本记者小山清次函》(一九二一年一月下旬,附:《小山清次致孙中山函》。小山来函提出七个问题,孙中山复函一一回答,来龙去脉十分清楚。

《孙中山全集续编》中有不少同题异文。第三卷中《与广州各社团代表的谈话》(一九二二年六月二十六日)的同题异文有五篇;《与日本东方通讯社记者的谈话》(一九二二年八月二十九日)的同题异文有三篇;第五卷中《与范石生廖行超及商团代表的谈话》(一九二四年八月三十日)的同题异文多达五篇;第五卷《与东方社日记者的谈话》(一九二四年十一月十七日)、《与头山满的谈话(一九二四年十一月二十五日至二十六日)、《在神户第一高等女学校的演说》(一九二四年十一月二十八日)、《与汪精卫等的谈话》(一九二五年二月二十四日)的同题异文均有三篇。这些同题异文绝对不是多余的,它们不但在文献校勘上有重要的作用,而且方便各类读者更好地理解孙中山的原意。如第313页与头山满的谈话正文中说:“旅大收回一层,余实未想到此。惟香港、澳门则有意收回;其中对于澳门为甚,因澳门之被葡萄牙割据,条约上未有载明,不过葡萄牙乘我内乱之际,五百年前私自割据而已。”但第314页附一:同题异文的表述有较大不同:“那是希望一般的废除旧条约,还没有考虑收回旅顺、大连等。关于香港、澳门也如此。尤其是澳门对中国说来,过去虽然没有割让的条约,但葡萄牙割据已五百年,它尽管居住;根据这一情况,如果中国想收回它,只需要一个连的兵力,就可立即收回。”第315页附二:同题异文与附一大体相同:“所说的是废除一般的旧条约,没有考虑收回旅顺、大连。香港、澳门也是这样。”笔者认为同题异文这种处理方式可以最大限度保留历史文献的原始性与真实性,便于学者进行文本研究,比每一篇都选择一个最优版本,然后在该版本基础上再做加工的“百衲本”的方式要好。

在考辨方面,编者也下了不少功夫。第一卷第98页的注释对孙中山一九〇九年三月九日致Sweeho函的收信人作了考订,排除了收信人为何香凝说。因为“信中提及孙中山在曼谷(一九〇八年十一—十二月)时会见过受信人,一九〇八—一九〇九年何香凝不可能在南洋。”第四卷《对改党之总理制为中央委员会制的说明》(一九二四年一月二十五日)原本在何香凝在忆述中,只说此事是孙中山在国民党“一大”期间向大会提出的,而未说明日期。编者查遍孙在大会间的发言与讲话,只发现他二十五日在《关于列宁逝世的演说》提到这个问题,而此件则从另一个角度对此作了说明。编者据此将日期酌定为二十五日。又如第五卷第149页《特任古应芬职务令二件》(一九二四年九月二十三日)题注特别说明:二件与《孙中山全集》第十一卷第九十二页所载《特任古应芬职务令》(据谭延闿编《总理遗墨》第三辑影印原稿)相较,存在日期、文字与署名的差异,故重载之。以上这些细密的考订体现了编者的学术功力,是完全可以成立的。第一卷所收1897年孙中山在英国的著作的时间确定则参考了澳大利亚学者黄宇和的研究成果,这在相关各篇文献的注释中均一一注明。

《孙中山全集续编》注释中保留了丰富的历史信息。如第五卷第429页《诫勉全党同志的临终遗言》四件中有“革命尚未成功,同志仍须努力。”注释介绍说:“此件中的两句话,本是孙中山一九二三年十月为广州国民党恳亲大会所书的题词,曾刊于当时出版之《国民党周刊》的创刊号上。现再从孙的顾问和日本友人山田纯三郎于先生病逝后,抵粤所发表之谈话中录出,于此可见孙对党人的至嘱与瞩望!山田在谈话中谓:‘孙氏临终之际,屡用英语,或广东话,或北京话,或日语云:革命尚未成功,同志仍须努力。伟人孙氏,始终以革命为志。如此大人物,我不能不痛感之也。’”读后令人感动万分。

在编辑体例方面,《孙中山全集续编》仍然坚持《孙中山全集》按年代顺序编排的原则,只是将难以确定具体时间的题词全部放在第五卷的最后,这样读者可以按时间顺序查找孙中山的论著,比较清楚地了解孙中山思想的发展脉络。

二

由于时间等方面的原因,《孙中山全集续编》的编辑正如《编者说明》中所说,“容有缺失、误漏”。

一、有些重要文本未收。第一卷第46页收了《递交法国驻日公使阿尔芒的意见书》(一九〇一年三月二十五日),其中译本在《辛亥革命史资料新编》第七卷(湖北人民出版社2006年版)中可以找到。令人遗憾的是编者没有收同一书中的1906年上半年孙中山给法国方面一封十分重要的私人信件,这封信件介绍了未来的中国革命的政治概况,谈及“未来的中华共和国宪法将是欧洲许多国家的宪法和美国宪法的某些新的折衷。按一般规则,那些立宪国家采用的原则是把权力分成三个部分。我们把它分成五个部分,除行政权、立法权、司法权外,我们还有‘主考权’与‘弹劾权’”;并且宣布“一旦革命成功,中国将对各国的自由贸易实行全面开放。中国将邀请外国资本给予帮助,以开发国内的天然资源,在全国国土上修筑铁路和开凿运河。我们将求助于外国人的科学和经验,以建立我们所有的公用事业。凡是由当今政府给予担保的同外国人订立的债务,革命前欠下各国的赔款,新政府将根据拥护它的新法的领土比例予以承认和偿付。”①它完整地、全面地、准确地介绍了同盟会的主要政纲与方略,旗帜鲜明,十分重要。

又如第一卷第132页收了刘伟森《孙中山与美加华侨》(台北近代中国出版社一九九九年版)中的《致加拿大二埠致公堂函》(一九一一年三月二十九日)。其实刘伟森《孙中山与美加华侨》一书收录的孙中山在加拿大各地的讲话不下九处。例如孙中山在1911年2月21日发表讲话:“洪门团体以反清复汉为宗旨,现时清祚已衰,内忧外患,政权摇摇欲坠,正是洪人闻鸡起舞,奋力报国之时。内地革命队伍已备,所欠缺者钱财耳。若吾人在海外筹得三十万元,以供给国内枪械之需,便可推翻满清专制皇朝。”(刘著第38页)2月24日又说:“革命志士在国内起义,财力已竭,在香港之统筹部,欲推胡汉民前来美洲各地筹款,胡以未到过美加而坚辞,改推黄兴来,黄谓他是湖南人,在言语上与侨胞沟通不便,不肯前来,遂公推本人前来,因我为粤人,且曾到过美洲,侨情较熟悉也。”他又说:“国内人才已备,如饷械有著,便可举义,推倒满清。举镇南关一役为例,如给予清兵每人银百元,便可倒戈投诚。此来欲筹款三十万元,作为运动(策反)费,各位如捐款五元,他日革命成功,政府可还给十元。”(刘著第42页)

二、拟题不妥。(1)第五卷第311页《与东亚被压迫民族代表的谈话》(一九二四年十一月二十五日)“东亚民族处此帝国主义压迫之下,必须团结一致。”题注:“此件系孙中山在神户东方旅馆会见来东亚访者之谈话。”笔者认为来东亚访者不一定全是“东亚被压迫民族代表”,因此此件标题改为《与来东亚访者的谈话》更加贴切些。

(2)续编中孙中山与人谈话的绝大多数标题为与某某的谈话,但也有少数标题

① 《辛亥革命史资料新编》第七卷,湖北人民出版社2006年版,第307页。

为对某某的面谕,如第四卷中第170页《对邹鲁的面谕》(一九二四年一月下旬);第194页《对谭延闿的面谕》(一九二四年二月十一日);第500页《对陈友仁马超俊的面谕》(一九二四年七月十五日);第513页《对沙面罢工工人的面谕》(一九二四年七月二十二日)等等。事实上谈话与面谕是很难界定的,我们认为还是统一用谈话为好。又如第五卷中第403页孙中山生前最后几天《对宋庆龄的面谕》,更是拟题不妥。一个身患绝症的病人对自己妻子关照一些具体事务能用面谕一词吗?

(3)续编中与某人的谈话的标题绝大多数均不提炼主题。因此第一卷第52页《与刘成禺谈"志"》应改为《与刘成禺的谈话》,与全书标题体例一致。第二卷第356页《与白坚武等关于高丽独立的谈话》、第五卷第263页《关于权力观的谈话》(一九二四年十一月十一日),这两处标题均可酌改为《与某人的谈话》。如果一定要突出谈话的主题,可以仿照第一卷第28页《与宫崎寅藏的谈话》题注:"一八九八年十一月,孙中山对宫崎谈论有关郑士良的情况。"

(4)续编中致某人函、与某人的谈话绝大多数均不标注收信人、交谈人的国别,但第二卷第351页有《与日本松永安左卫门的谈话》;第四卷第44页《与美国格罗弗·克拉克的谈话》(一九二三年十二月),与全书体例不一致。

三、一些应该翻译的没有翻译成中文。如第三卷第69页《与德国驻粤副领事Wagner的谈话》,其中Wagner应译为中文"瓦格纳",与全书体例一致。第三卷第219页《批BERBLINGER公司账单》,其中的公司名也可以音译为柏林格。第五卷第322页"正是英国话所说'Blood is thicker than water'的观念。"不管当年《民国日报》以何种文字刊出,在收入续编时应该将这句英语翻译为"血浓于水"。

四、时间考订有待进一步精确。如第三卷第258页《与朱德等的谈话》标注为一九二二年秋。根据朱德年谱新编本,朱德等人是在1922年7、8月间前往上海孙中山住所,孙中山与他们进行谈话的。而孙中山是8月14日到达上海的,因此时间拟改为一九二二年八月为好。第五卷第456页为何侠题词"博爱"(时间不详)。然而题注说:原件上有何侠的题识,文云:"此博爱乃中山先生在上海【广州?】蒙难时亲笔所赐,距今三十余年,抚今思昔,不胜感慨,特书数字,以志纪念。辛亥革命老人大埔何侠"。众所周知,孙中山一生中并无上海蒙难一说,而广州蒙难即陈炯明变乱在1922年6月,因此完全可以将此件时间定在1922年6月。

五、有些底本选择欠佳。第一卷第53至65页是泰文翻译的资料,中译文有多处不通不顺、无法理解的地方,说明底本选择不精。又,同卷第112至115页"长堤会谈计划",所据底本为项定荣的《国父七访檀考述》,由于条件限制,编者未能去美国斯坦福大学胡佛研究所查找英文原件。然后如修订重版,类似文献最好找到原文,请人重新翻译。

六、收入了存疑之作。第二卷所收《与列宁的密约》(一九二〇年十二月十九日)其中"(四)中国国民党当努力于二年内在北京或南京、广东择一适当地点组织中华劳农政府。(五)中华劳农共和国成立时,得聘俄人充中央执行委员会委员及国务员。"资料来源据长沙《大公报》一九二〇年十二月十九日《孙伍唐果与列宁订立密约耶》,也就是说,报道者本身就持怀疑态度。众所周知,孙中山认为"共产组织,甚至苏维埃制度,事实均不能引用于中国”[①],这在 1923 年 1 月发表的《孙文越飞宣言》中讲得很清楚。他与青年共产国际代表达林的谈话中也只表示可以选一块中国“最荒凉的没有被现代文明所教化的”地方实验苏维埃制度。[②] 但北京或南京、广东等地显然不是中国最贫穷闭塞的地方。因此上述密约很可能是伪作。

七、选文重复。第二卷第 375 页至第 377 页《与日本记者大江卓的谈话》(一九一九年四月五日)与第 448 页至 450 页《与东京〈大正日日新闻〉记者大江卓的谈话》(一九二〇年一月一日)均出自《中国前大总统孙逸仙氏对日本谈》,译自《大正日日新闻》所记“孙逸仙氏之日本观”,上海《新韩青年》创刊号,一九二〇年。内容完全一样,发表时间却不同,只是前者题注说明原件“标年月日期,根据《孙中山年谱》酌定为四月五日。”第四卷第 13 页所收《致列宁函》(一九二三年十二月六日)实际上是第三卷第 278 至 279 页所收《致列宁函》(一九二二年十二月六日)的一部分。此函第四卷的时间标注也是错误的,因为越飞是在一九二二年九月十五日致孙中山的信中披露过苏俄可能出兵北满以消除白卫军基地一事。孙中山不可能在一年多之后才向已经病重失去知觉的列宁作出反应的。

第三卷第 361 页《与外国记者的谈话》(一九二三年三月四日)的内容在第 357 页的《与某外报记者的谈话》(一九二三年二月下旬)中均可找到,对照下来只是少了“并谓”“民政事宜”几个字,两者均出自长沙《大公报》一九二三年三月四日《中山回粤后之裁兵运动再志》,但同一谈话被编者处理成有两个时间。

八、有些引文查不到。第三卷第 478 页注释 1 中引了孙中山于一九二三年八月十五日在广东高等师范学校礼堂举行的“全国学生总会第五次评议会”的开幕礼上演讲中的两段话。其中第一段话见《孙中山全集》第八卷第 116 页。第二段话“挂起青天白日的旗,便算革命完全成功。”查不到。即使收入续编第三卷第 455 页的同题异文中也只有“使全国欢迎青天白日的旗帜,则革命始算成功”的表述。

九、有一些笔误。如第一卷第 137 页标题中的“法国《朝日新闻》”应为日本《朝日新闻》,第三卷第 278 页的题注中的杂志名《苏共历史问题》应为《苏联历史问题》。第三卷第 343 页《致潮州会馆诸董事函》(一九二三年二月九日)的来源标注据上海市档案馆藏原件,其实是上海市图书馆藏原件。第四卷第 106 页《致张国焘函》,一开始“了上二千银元”令人费解。查张国焘《我的回忆》第一册第 320 页(东方出版社 1998 年版),原文为“附了二千银元”。第五卷《在上海寓所招待中外记者茶会上的演说》(一九二四年十一月十九日)中,第 287 页第二段第一句“中同祸乱之症结”,当为中国祸乱之症结。《国民党中央执委会反对善后会议宣言》(一九二五年二月二日)题注中“国民党中央执委员”当为国民党中央执行委员会。还有第三卷第 514 页:据党史馆藏《改造宣言》铅印原件,其中缩略语“党史馆”应写台北中国国民党党史馆全称,以免产生歧义。

十、排版失当。(1)第二卷第 161 页收《致唐绍仪函》(一九一六年八月八日)书

① 《孙中山全集》第八卷,中华书局 1985 年版,第 51 页。

② 【苏】达林:《中国回忆录 1921—1927》,中国社会科学出版社 1981 年版,第 103 页。

信最后的日期位置是靠右空出两格。这是通行的标准。但续编中不少信函、布告、命令的最后日期的位置是向左对齐的。如第三卷第58-59页《否认北廷十年非法公债的布告》最后一行,中华民国十年八月二十九日是向左对齐的。第四卷第25页《给兵工厂长的手令》最后一行,中华民国十二年十二月十六日也是向左对齐的。

(2)第三卷《悼蒋介石母王太夫人挽词》(一九二一年六月),目录页标为第47页,正文是48页。《给王鸣亚委任状》(一九二一年六月),目录页标为第48页,正文是49页。《就华盛顿太平洋会议告列强宣言》(一九二一年九月五日),目录页标为第59页,正文是60页。《与时功玖等的谈话》(一九二一年九月十三日),目录页标为第63页,正文是64页。

当然,瑕不掩瑜。与《孙中山全集续编》取得的重大成就相比,以上所举这些小的瑕疵是次要的,只是有待以后再版时补正而已。

不忘初心，立传续史[1]

在伟大的爱国主义者、伟大的民族英雄、中国民主革命伟大先驱孙中山先生诞辰150周年之际，我们高兴看到了沈飞德先生的新著《细说孙中山家族》一书的出版。全书洋洋48万字，图片100余张，生动、真实地向世人展示了孙中山家族的方方面面，可喜可贺！

《细说》是在《民国第一家——孙中山的亲属与后裔》的基础上加以认真修改与补充而成的新作。《民国第一家——孙中山的亲属与后裔》问世出版后好评如潮，但作者并没有因此陶醉而止步不前，而是虚心听取意见，继续采访相关人士，使自己的描述更加符合历史真实，分析更加客观公允。

首先是增补了孙中山家世的内容。作者增写了有关孙中山家世的《翠亨孙氏家族传奇和荣耀》一章，弥补了《民国第一家》没有专篇写孙中山家世的结构性缺憾。但增写的这一章只有短短13页，对孙中山家世的介绍较为简单，与其他九章基本50页以上的篇幅相比不成比例。

其次对孙中山原配夫人卢慕贞的评价有了新的说法。作者认为卢慕贞是一位具有中国传统美德的女性，是一位好妻子、好母亲、好媳妇，“尤其难能可贵的是，她为了成全丈夫与宋庆龄的结合，深明大义同意协议离婚。”同时又指出：“卢慕贞绝非一个完人，她自身难以改变的因素最终导致她与孙中山的离异。”这样的评价公允恰当，避免了绝对化，令人信服。

第三，在听取孙穗芬女士意见的基础上，修正了对孙科晚年选择返台的评价，更好地阐释了孙科晚年返台之前的主客观因素(包括鲜为人知的宋庆龄的意见)。作者强调孙科返台的真正动机是无法割舍与国民党之间的关系，“为情所困”。这样的分析比较客观，更加合乎情理。

第四，作者对一些重要史实继续进行了认真的考订。例如他根据上海市档案馆2011年披露的工部局档案，以及孙中山的葡萄牙朋友飞南第写给他的信，确定孙眉从澳门出发，途经香港，于1912年1月15日抵达上海，再乘火车到南京。而不是通常所讲的直接从广州到南京，向出任临时大总统的弟弟谋求广东都督职位。作者又根据孙中山童年朋友陆灿的回忆，采信他提出的早在广州起义前孙博士就把家里人都送到香港藏起来了的说法，纠正了广州起义失败后卢慕贞才携儿带女逃亡檀香山的误传。这一挖掘出来的历史细节生动说明了孙中山既义无反顾地与清王朝作殊死的斗争，又尽可能地顾及家人安全的良苦用心。

① 原载《社会科学报》2017年1月5日。

第五，作者采取历史唯物主义的态度，把对历史人物的评价放在当时的历史情境之中。在谈及孙中山卢慕贞婚变时，作者指出："在那个时代，封建意识根深蒂固，接受丈夫提出的离婚对一个女人来说是何等的奇耻大辱，……卢慕贞要经受的委屈和痛苦可想而知。"因此有人撰文说是卢慕贞主动向孙中山提出离婚，显然有悖常理，更违背历史，故意为尊者讳了。在同一问题上作者还注意到了为一般学者所忽略的孙中山大哥孙眉的因素："卢慕贞作为胞弟的原配夫人，为孙家养儿育女，奉侍公婆，含辛茹苦，秉性耿直的孙眉依其脾气是决不会同意胞弟与卢慕贞离婚的。对此，在家庭事务中一向敬畏大哥的孙中山心知肚明。"然而 1915 年 2 月 11 日孙眉的突然病逝，客观上使得孙中山加快了与宋庆龄缔结良缘的步伐。我们认为这样的分析十分到位，更加符合历史真相，对于研究家族史是必不可少的，遗憾的是在此以前鲜有人关注。

当然《细说孙中山家族》也存在一些不足。例如究竟是谁代表孙中山去与卢慕贞协商离婚，作者的表述前后不一，自相矛盾。第 82-83 页说孙中山派侍卫郑卓陪同孙科回乡转交相关信函，虽然作者加了一个夹注，一说是孙中山派朱卓文担当重任。但接下来作者连续两次大段引用了郑卓的回忆，要点是卢慕贞口口声声称呼阿科、阿卓，表示同意离婚，绘声绘色，言之凿凿，实际上已经排除了"朱卓文说"的可能性。而第 143 页则说"宋庆龄到日本的当月，孙中山派朱卓文与胞侄孙昌回澳门，争取他的原配夫人卢慕贞同意离婚。"在这句话的当中也有一个夹注："关于去澳门的人员，据《宋庆龄年谱》，另一说是孙中山的侍卫官郑卓与孙科同往，但当时孙科在美国留学，不可能去澳门"，斩钉截铁毫无余地地否定了郑卓与孙科同往的说法。我们认为真实的历史史实只有一个，作者必须在郑卓、朱卓文两种说法中择取其一，并加以论证，向读者说明理由。此外该书个别地方还有一些措辞不当之处。如第 355 页谈到孙穗芳被绑架案时说，当年参与其事的吴静之、张荫桐事先并没有告知与他们联系的中共党员兼民盟重要干部陈明。全国解放后，党组织发现吴、张两人隐瞒事实，"但考虑到绑架孙穗芬与民盟、中共无关，纯粹是他俩的个人行为，在社会上也没有造成什么坏的影响，所以没有追究。"当年上海滩上这起行政院长孙科爱女的绑架案，不管新闻媒体是否公开报道，其社会影响肯定是很坏的。因此确切地讲，应该是此案对民盟、中共组织没有造成什么坏的影响。

总之，《细说孙中山家族》是本好书。作者秉承着由敬仰而衍生的一种人文关怀，下笔时轻重有致，用流畅笔调比较全面地阐述孙中山的家族史，图文并茂，好读耐看。它满足了海内外一切热爱孙中山的中国人渴望了解和感知这位世纪伟人完整人生的强烈心愿，而这正是作者的成功之处。

2016. 11. 22

学术传承

与本科毕业生合影

与汤志钧、沈渭滨等合影

与刘学照合影

与段云章等的集体照

魏建猷传略

魏建猷1909年出生于安徽巢县。1931年毕业于无锡国学专科学校。1933—1936年留学于日本中央大学。回国后先后在无锡国专、暨南大学、光华大学担任讲师、教授。新中国成立后任大连海运学院图书馆主任。1954年后在上海师范学院、上海师范大学历史系任副教授、教授、副系主任、系主任。1979—1987年任上海市历史学会副会长。

魏先生是我国较早致力于秘密社会的研究者之一。早在20世纪30年代,他就发表了《八卦教残余经典述略》《跋黄育梗〈破邪详辩〉》等论文,对清代的教门进行了有益的探索。他很早就注意到会党史研究的特殊价值。60年代初发表了《试论天地会的性质》《辛亥革命前夜的浙江会党运动》《龙华会和龙华会章程》等论文。为了全面系统研究秘密社会,他曾不遗余力大量收集报刊文献,做了不少资料卡片,不幸在十年动乱中均被付之一炬。

魏先生又是著名的古籍整理专家。1971—1978年初他参加了《荀子》《宋史》《续资治通鉴长编》等古籍的点校注释工作。

党的十一届三中全会以后,魏先生以极大的热情、惊人的毅力全面恢复了工作,先后发表了《在拜上帝会与天地会关系等问题的背后》《辛亥革命时期会党运动的新发展》《论社团改进会》等重要论文。1984年他主持召开了首届会党史学术讨论会,会前他在《文汇报》发表《要重视会党史的研究》,呼吁学术界对会党史予以重视,加以研究,强调以马克思主义为指导,大力开展近代会党史研究,深入分析会党的性质、作用及其产生的社会历史根源,全面总结它的经验教训,从而进一步阐明中国近代史的发展规律是史学工作者的一项迫切而又重大的任务这不仅具有深刻的历史意义,而且具有巨大的现实意义。会后又为中国会党史研究会编辑的《会党史研究》专题论文集撰写了前言,认为"这批论文约略可以窥见当前会党史研究的原貌","为对会党问题进行分析比较,综合概括提供了可靠的依据。"1986年4月他审阅了市政协文史委员会编的《旧上海的帮会》,并欣然为之作序,指出:"上海帮会在中国近代史上,占有相当重要的地位","该书从编辑出版,为帮会史研究开辟了先河,实属难能可贵"。《旧上海的帮会》后在全国文史资料评比中荣获二等奖。他主编的《福建上海小刀会起义档案史料汇编》将中国第一历史档案馆中珍藏的有关档案整理出版,大大便利了近代史的研究者。

魏先生又是杰出的辞书编纂者,曾任《辞海》中国近代史部分的主编之一。《辞海》出版后,他又和陈旭麓、方诗铭共同主编了《中国近代史辞典》,洋洋90余万字,畅销100万册。

1988年1月19日,魏先生在上海因病逝世。

1998年2月

魏建猷先生与苏联学者诺维科夫[①]的谈话

会党史研究在史料发掘整理方面,有大量资料未整理、集中。天地会、上海小刀会的档案资料在整理中。厦门小刀会、台湾小刀会的资料也要搞。以小刀会为例,名称相同,实质不完全相同。

太平天国时期的会党运动,广西、湖南打下了基础,没有广西道光末年会党造反,恐怕就没有金田起义。漳浦小刀会不属于天地会,漳浦、诏安那里的小刀会是自发的,没有天地会的思想与组织、"反清复明"口号,也没有在清代天地会都有的元帅、军师、先锋等。乾隆五十九年的小刀会才是天地会系统。

天地会可能与械斗组织有关。开始时是地方局部的、自发的,规模很小,后来融合进去了。

关于会党还是教门,人们很难说的。大的来说,哥老会、小刀会都是天地会,具体分布地区是不一样的。太平天国时期浙江的莲蓬党严格来说不属于天地会系统。当时有天地会组织,别的组织就没有?别的组织是旋起旋灭,只有天地会的传说、口号、组织是扎根的。在地方上有时是临时的,规模不大,活动时间不长。厦门小刀会与对岸的台湾小刀会,隔海仍有成员间的联系,不能说是没有关系。

秘密结社与教门有区别。教门主要是农民,会党主要是游民多,没有科学的统计数字。福建有一些流民、游民从漳州泉州流向台湾,向南洋的多属于流民,流动带来了组织联系。关于闽南小刀会有种说法,说是从南洋来的。

天地会系统是人民群众的秘密活动,天地会、哥老会是结社、会社、秘密会党,有个历史演变过程。教门严格是某某教、某某教,有《破邪详辨》可供参考。光绪时变化大,不一定叫教了。南北方许多教门组织有相同的名字,南方的教门起义主要是教,也有些会党思想、组织形式,是互相渗透的,名称上亦有:后天教、后天会,名称上不严格了。保密的原因是有的,至少在百数以上,各种各样。有的是天地会受到过镇压,因此该组织不宜露面。天地会后改用小刀会。上海小刀会是七合一,罗汉党、庙帮、百龙党、塘桥帮等等,都是小组织,无组织斗争纲领。天地会系统是现成的。闽帮是小刀会,刘丽川是三合会。

哥老会的起源无定论。长江流域、四川到江浙地区主要是哥老会,另外有青帮。四川也不统一,哥老会等于汉流,大同小异。啯噜可能是哥老会的前身,但也有不同意见。哥老会是不是土匪?有土匪性质。哥老会是天地会的大分支,有科

---

① 诺维科夫时任苏联国立列宁格勒大学东方系副教授,复旦大学历史系教师杨立强陪同访问并任俄语翻译。

学根据的，有些不相同，但大方面是接受天地会组织体系的，名称限于四川，长江中下游差别不多了，湖南、湖北、江西、安徽、江苏、浙江等地不大多。

差别的标准大同小异。天地会和哥老会，福建地区天地会和两广三合会也有差别，无根本的差别，应该承认是一个系统。哥老会、天地会起源时间差别多少？无定论。天地会名称之形成，不是很早。有康熙说，有乾隆说，康熙时有此类秘密组织，具体形成可能是乾隆年间。同意乾隆说。康熙时有此土壤，是有满汉矛盾，此组织有人说是顾炎武搞起来的，民族矛盾突出，反满积极，要聚集一些力量，最初是上层分子。

青帮的起源是会党、教门不清楚。起源是罗祖教，慢慢演变，河运改海运后大批成员由于情况变化，失业，起了变化，为了扩张势力，主动向会党靠拢。传说中前几代无关，后几代开始说成和天地会有关。后来潘、洪联合起来，历史传统、思想体系、组织形式是两个体系。辛亥革命后开始合流，后来演变为青洪帮。上海仍有界限，有些人既是青帮，又是洪帮，如徐宝山。黄金荣、杜月笙、张啸林却是青帮，不是洪帮。孙中山、蒋介石与帮会都有联系。

国外情况了解不多，陈英士是青帮，手下武装青帮、洪帮都有，总的趋向是合流。20 年代上海成立了不少帮会组织，大的有二十多个，有恒社、荣社，上海青帮占优势，一直到新中国成立前，上海开过一次洪门联合大会，未成功。

洪门名称是民国二十多年出现的，以前没有。

孙中山兴汉会是想搞统一的洪门组织。

专题研究未深入下去，林爽文起义仍是研究不深入的。五省白莲教起义打击了清政权，研究不够，无突出成就。

有些阶段性的研究，如太平天国时期的会党运动、1854 年广东红巾军，资料也搞了一些，探讨不深不透。

源流、派系、演变讲不出很细致，天地会、哥老会细节搞不清楚。

研究工作。中国国内研究会党的人偏重政治方面，思想方面少，特别是秘密宗教、教门的思想。

谁也没有深入研究《海底》，搞点思想探讨。

社会方面：作用、成分，会党的阶级成分如何，不清楚，农民、游民说都不够全面，缺乏科学根据。

如不深入，要全面研究是有困难的，综合研究难，要搞得深一点。

郭豫明传略

郭豫明，广东潮阳人，1934年生，1949年9月自潮阳创大初级中学毕业后，在潮阳南阳乡华堤村小学任教。1950年进韩山师范学校学习，毕业后先后参加土改工作和三反运动。1952年3月起在揭阳县棉湖第一小学任教。1953年9月考入北京师范大学历史系学习。1957年8月大学毕业后即到上海师范学院历史系任教，一直从事中国近代史特别是太平天国史的教学与研究，历任助教、讲师、副教授、教授。在很长一段时间里，他在仅4.5平方米的斗室内伏案写作，写下了不少重要的学术论文和专著。他撰写的《捻军斗争性质问题的探讨》荣获上海市哲学社会科学优秀成果论文奖，独立完成的主要著作有《捻军起义》《赖文光张宗禹》《太平天国与捻军》《上海小刀会起义史》《捻军史》等。其中《捻军起义》被日本东京三省堂翻译成日文本，并荣获上海市高等学校哲学社会科学奖。《上海小刀会起义史》和《捻军史》均获得上海市马克思主义学术著作出版基金资助，都是新中国成立以来关于上海小刀会和捻军的第一部全面系统、高质量的学术专著，其史料之丰富，论述之广泛，发掘之深入，都是前所未有的，对于深入研究和全面考察中国近代史尤其是太平天国运动史有着重要的推动作用。郭豫明还为《中国近代史辞典》《辞海》《中国人名大辞典》《中国大百科全书》写过太平天国与捻军部分的条目。1982年、1989年他先后两次去日本讲学，每次都出色完成任务，载誉而归，还获得了市有关部门的内部通报表扬。

郭豫明曾任中国太平天国研究会主席团成员、上海太平天国史研究会会长、上海师范大学历史系中国近代史研究室主任、中国近代社会研究所所长、中国近代史硕士点学科带头人。任职期间，勤勤恳恳，兢兢业业，十分注意人才的培养、资料的积累和教材的建设。对于青年教师既在学术方面勤加指点，又在政治方面严格要求，使他们得以较快成长。他身体力行，立下规矩，不在有限的硕士点经费中报销任何个人的出差费用，全额用来购买教学、科研急需的图书资料。进入20世纪90年代后，他针对当时近代史教材严重老化的情况，牵头组织历史系中国近代史研究室、教研室的老师与兄弟单位合作，编写新的《中国近代史教程》。作为主编，他在编书过程中精心策划，集思广益，反复推敲，充分注意吸收史学界近十年来的新发现、新观点，写出了新意。1993年这本教材由华东师范大学出版社出版后，在全国十余所高校中被采用，并获得好评。他撰写的《编撰〈中国近代史教程〉的构想与实践》一文荣获全国高等教育教材建设研究会首届教材研究论文奖。他的《中国近代史教学改革》荣获上海市高教教学成果奖。

他在历史系中国近现代史学科申报校重点学科、博士点的过程中做了大量的工作，为最后申报成功打下了坚实的基础。他十分注意搞好本科生、研究生的教学，讲究学术平等，发扬学术民主，从不以个人的观点来评定学生学习成绩的好坏。在担任历史系研究生班主任期间，认真组织政治学习，有的放矢地做研究生的思想工作，从史料搜集与论文写作，从日常生活到毕业后的工作去向无不一一过问。直到去世前夕还在关心带教的研究生的论文发表问题。

郭豫明一生艰苦朴素，作风正派，谦虚谨慎，严于律己，宽以待人。不论是对上级领导还是对同事、同学都是以诚相待，有求必应。即使在十年内乱中也没有卷入学校与社会上的两派激烈冲突，没有伤害过任何人，做到了与世无争，淡泊名利。

他在政治上积极要求进步。早在1956年5月就在北京师范大学刚刚加入共青团时就向党组织提出了入党申请。"文革"结束后，他在1986年再次提出入党申请。次年11月光荣入党后，更是以一个共产党员的标准严格要求自己，搞好与周围群众的关系，主动关心周围同志的工作与生活，努力促进历史系教工的团结。

2010年10月20日因病逝世。

2010年10月

附录　对邵雍年度工作小结的意见①：

一

经过民主评议，认为邵雍同志教学与科研工作都抓得很紧，上课工作两不少，又完成了较多的科研任务，如已写好三四十万字的初稿，实属不易。最近又开设了新的一门选修课"中国近代对外关系史"。

中国近代史研究室主任　郭豫明　1995年6月21日

二

认真做好社会工作，无报酬地赴松江为叶挺部队讲课，科研工作抓得紧，积极参加教材《中国近代史教程》的增订工作与《中国现代史新编》的编写工作。按计划完成选修课与公关班课程的教学任务，注意提高教学质量。

中国近代史研究室主任　郭豫明　1997年1月15日

① 原件存上海师范大学档案馆。

胡珠生先生与会党史研究①

胡珠生(1927—2014)是著名历史学者,会党史专家。1952年毕业于北京大学历史系,在校期间接受张政烺等一批名师教育,视野开阔,史识大增,打下了坚实的史学根底。1952年7月毕业后,因患肺结核,在家疗养,养病期间"读毕'前四史',写过《东汉史稿》和《哥老会史略》"②。

胡先生擅长中国古代史,1957年就开始在《历史研究》《文史哲》等刊物上发表重要论文。"文革"结束,进入改革开放新时期后胡先生实现了两大转变,第一,坚决由工科回归文科历史学;第二,又在历史学研究中,从原来较熟悉的秦汉史转移到那时还相对冷僻的清代会党史,后在这一学术领域中用力甚勤,建树颇多。胡先生后来回忆说:"十年动乱期间,我任冲剪机床厂铸工车间工艺员,……不仅译过英文本《铸造》,而且编过《铸造工艺图册》,还在《铸工》杂志1978年第4期发表《壁厚悬殊的6×2500剪钣机大齿轮铸造工艺》。因八千字的铸造论文只有16元稿费,认为搞科学技术不如回头搞历史研究,重又到温图借《雍正朱批谕旨》《那文毅公奏疏》《史料旬刊》《光绪朝东华录》等书,写成《青帮史初探》《天地会起源初探》,在《历史学》1979年第三期、第四期接连发表,受到全国重视。"③

1979年他在《历史学》(季刊)上发表了《青帮史初探》《天地会起源初探》2篇。《青帮史初探》刊载在《历史学》1979年第3期。胡先生在文中提出,青帮是漕运粮帮水手在明季参加罗祖教组织的基础上逐渐发展起来的。它的历史大致可以分为三个阶段。在漕粮河运阶段,青帮是粮船水手们的宗教互助团体,反抗压迫、维护本身利益并传授职业知识的行帮和具有反清传统的秘密结社。随着漕粮改为海运,粮帮与私盐贩(青皮党)日益融合,青帮与哥老会联合,青帮进入了它的发展中期。在道、咸之交开始的漕粮海运阶段,青帮是以私盐贩为主体的游民无产者的互助团体,是以私盐贩为主体的游民无产者反抗封建压迫和帝国主义侵略的组织凭藉;但又具有游民无产者的盲目破坏性,容易流为野心家争权夺利的工具,这使得青帮日趋成为反动的帮会势力。民国后至全国解放阶段,青帮已沦为流氓匪特为主体的组织。它依靠新、旧军阀和蒋介石政权,反共反人民,成为个别野心家争权夺利、镇压革命的工具;它投靠外国侵略势力,充当汉奸敌特,为虎作伥,成为帝国主义残杀中国人民的凶恶工具;它绑票抢劫,讹诈拐骗,甚至大开赌场,无所不为,

① 原载《温州文物》第12辑,西泠印社出版社2015年版。

② 胡珠生:《胡珠生集》自序。

③ 胡珠生:《平生治学靠温图》,《温州读书报》2008年第11期(总138期)。

成为广大人民深恶痛绝的流氓匪帮。

《历史学》1979 年第 4 期又发表了《天地会起源初探——兼评蔡少卿同志〈关于天地会的起源问题〉》一文。胡先生认为,蔡少卿《关于天地会起源的问题》一文置大量早期史料于不顾(如“天地会起于川省,年已久远”,朱、李二姓起会,在万提喜之前尚有万云龙、桃必达、李色弟等人的活动),离开天地会组织的本质特点,无视清初民族矛盾上升为当时社会的主要矛盾的事实,轻视会党内部传说和熟悉会党内情者的结论,因而得出天地会起源于乾隆二十六年的错误结论。强调,严烟供词所说天地会起自川省之说不容忽视,因为:①天地会和哥老会同出一源,②客家人是沟通闽粤天地会和四川哥老会的桥梁,“国噜”二字乃是客家方言“哥老”二字的录言,因此它是哥老会组织——国噜根源于清初闽粤赣客家移民的铁证。③哥老会保留了天地会的早期形式。胡先生根据清方档案和哥老会内部传说,断言四川哥老会的初始活动应早在康熙年间,并纠正了自己早年与陈湛若合写的《哥老会起源初探》所提出的哥老会与天地会并无渊源关系的观点。胡先生强调,天地会早期原是反满派地主进行反清复明的斗争工具;天地会拥戴明后裔而以郑成功为创始人,天地会早期的组织骨干是和尚——明朝的遗老遗少。天地会起源于清初郑成功经营福建、台湾,再转入广东、四川。从清初到雍正十二年为原始洪门阶段,其组织是在有等级关系的兄弟制基础上保留了明代政权形式。自雍正十二年以后到乾隆末年是早期天地会五祖五堂阶段,按照彻底的秘密组织形式,整顿天地会,发展会员,进行分省分房活动和起义,五祖五堂成为天地会的基本制度。万提喜在这一阶段对推动天地会在闽、粤、台湾的壮大发展做出了重大贡献。嘉庆之后,天地会“支党所在布满民间”,表明天地会已经进入它的发展中期。文后并附有罗香林《纯客和非纯客住县表》《天地会自提喜以下流传系统表》。后一表格的史料来源为温州图书馆馆藏《成案所见三集》卷十。

以上两篇长文,史料翔实,论证充分,逻辑严密,说服力强,而且发表在新创刊的全国性重要专业期刊上,影响是不言而喻的。它们集中阐述了胡先生对会党史的基本看法与主要观点,实际奠定了胡先生在新时期会党史研究领域的学术地位。中国社会科学院近代史研究所研究员王戎生对胡先生法律史研究路径此极为赞赏,1980 年夏曾当面赞许胡能从《成案所见集》和《刑案汇览》等刑案去研究会党。① 中国社科院历史所研究员何龄修在《读〈清代洪门史〉——〈清代洪门史〉序》中写道:先年珠生先生“在《历史学》杂志上连续发表关于天地会和青帮史的研究文章,我读了很感兴趣。我对天地会没有什么研究,但很喜欢明末清初的历史,认为一个大动荡时期人们在斗争的风口浪尖上活动,较少遮掩,比较真实,表里如一。天地会是清朝的特产,是清史的独特课题,又正是这个历史时期内出现的,自然是我关注的对象。关于天地会的起源和性质,当时已有不同的说法。我读过蔡少卿先生的大作,但我宁肯相信传统的说法,觉得一个乾隆中叶诞生的互助团体始终举着‘反清复明’的大旗,实在不能理解。珠生先生的文章是评论蔡先生的乾隆说的,在

① 胡珠生:《平生治学靠温图》,《温州读书报》2008 年第 11 期(总 138 期)。

总的倾向上与我的想法允称同调，给我留下了较深的印象”。

1980 年 7 月，胡先生赴京参加中国社会科学院清史副研究员论文答辩考试，获益匪浅。他回顾说：“评委王毓铨建议我不要再从郑成功创始洪门的旧说上考虑问题，给我很大启发。我逐渐地认识到正确的治学态度只能是虚心地服从真理，择善而从，决不允许固执己见，文过饰非。”[①]从此以后，胡先生从近年发表的论著与史料集中吸收营养，追求真理，独立思考，敢于破立，自成一说，向学术论坛提供一己之见。

1983 年 10 月，胡先生进入温州市文管会（后改组为文管处）工作。由于专业对口，他精神焕发，全身心地投入到自己心仪的工作中去，同时利用文管会的业务优势，继续进行包括会党史在内的史学研究。1987 年 12 月，被评为温州市文物处副研究员。

1993 年胡先生又在《清史论丛》上发表力作《洪门会书的综合研究》，对一些人不屑一顾的洪门会书做了系统的解读，探讨了会书的起源、因袭和变异，并对原始会书的作者、宗旨和构思、文化渊源和思想体系全面的阐释。该文充分展示了胡先生在文献学方面的才华，其主要内容后被收录胡先生的大作辽宁人民出版社 1996 年出版的《清代洪门史》之中。

《清代洪门史》是一本重要的学术专著，它全面阐述洪门的真实起源和发展、壮大的历史过程，是胡先生最近四十年来洪门研究成果的系统总结，也是新时期会党史研究的奠基作之一。该书绪论部分对中外相关学术成果的回顾十分详尽。第一章“洪门史研究成果剖析”，分别讨论了天地会乾隆中叶说与清初说的贡献和存在问题，还对洪门史研究的出路提出了自己的见解。第二章“洪门会书的综合研究”是胡先生注重文献学的研究特色所在，他认为“会书是认识洪门历史的钥匙”。第三章“清初的民族矛盾和洪门会党的产生”，全面论证了洪门会党天地会在康熙甲寅年的创立。第四章“雍乾年间的洪门会党”历数了天地会的各种变种，历次起义以及清廷对天地会的追查和镇压。第五章“嘉道年间的洪门会党”将研究时段推进到近代前夜。第六章“哥老会的形成过程”，参考利用了李星沅、胡林翼等人的奏疏，其中“国噜和边钱会的接触和融合”一目写得有声有色。《清代洪门史》书名确实是名副其实的，其下限直到辛亥革命与清王朝的覆灭，这样就打破了清前期与近代的界限，做到了无缝衔接，恢复了会党史本来的面貌。胡先生在《自序》中十分感慨地写道：自 1980 年那次答辩之后，他就注意“从近年发表的专著、论文和史料集中吸收营养，也从康熙说、雍正说、乾隆说等不同观点的论著中得到教益，我体会到相反相成这一哲学命题的深刻含义。可以肯定地说：如果没有许多学者的多方辩难，个中是非是很难搞清楚的，一部首尾完具的清代洪门史是很难完成的。”

为了撰写《清代洪门史》，胡先生是下了大功夫、花了大力气的，对于史料尤为重视。他回忆说：20 世纪“九十年代初，我准备撰写《清代洪门史》，温图古籍部已购置新出《清实录》（此前北大藏有该书，陈湛若即据以写出《义和团的前史》名

① 胡珠生：《胡珠生集》自序。

文),我花了几十个休息日前往上村路阅读,古籍部陈声远主任不仅热情招待,而且允许午休接连阅读抄录。……古籍部张宪文主任拿出馆藏善本目录给我,查到了许多难得的资料,顺利地完成《国噜和边钱会的接触和融合》一目。"①

2008 年 10 月,黄山书社出版了《胡珠生集》。这一部史学论文精选集共有 60 余万字,精选了胡珠生半个多世纪以来的 65 篇史学论文,其中有一组会党史方面的 7 篇重要论文。据胡先生自己介绍说:"《哥老会起源初探》和《天地会起源初探》中的个别论点在拙著《清代洪门史》中有所修正,但因曾在会党史学者中有过影响,故仍保留原文不动。《吴三桂疑案辨析——兼论天地会中的吴三桂因素》是对《清代洪门史》的最新补充,洪门起源史之谜得到比较可信的解读。此外,曾写过两万字的《洪门史初探》,曾刊出《天地会会书揭秘》,为免重复,不再收入。"②

我与胡先生结识是他多次来沪参加会党史研究会。他的文笔出手不凡,思维敏捷,能言善辩,声音洪量,谈吐充满激情,给我留下了深刻的印象。胡先生一直是会党史研究会的理事,积极参与会务,贡献良多。2004 年,根据民政部的规定,70 岁以上的学者不再担任研究会的理事,为此中国会党史研究会特聘其为顾问,并颁发"有突出贡献"荣誉证书,进行表彰。

胡先生学问渊博,德高望重。他助人为乐,对待青年一代尤为热心。本世纪初,胡先生应我之请,专门将其未刊稿《1930 年的青帮暴动》以及相关论文复印寄来,还附上了一封三四页长信,每一页都写得满满当当,虽然每个字都写得比较小,但均工工整整,绝无潦草,这既是他一贯的工作作风,同时也充满了对后继学者的关爱,令我感动不已。这些材料已经写进我的《秘密社会与中国革命》(商务印书馆 2010 年版)一书之中,在该书第 238 页的注释一,我注明了引用的中共温州市委党史研究室室藏档案转引自胡珠生《1930 年的青帮暴动》未刊稿,以示对他尊重与感谢,现在看来也是对他永久的纪念!

2014 年 7 月 16 日,胡珠生在家辞世,享年 88 岁。由于各种原因,我是直到一年以后的 8 月 15 日才从同事、会党史研究会会长周育民教授口中得知此噩耗。周教授同时命我写篇文章以示纪念,本人接到任务后,一提笔就想起了这位可亲可敬的老学者,想起了 2004 年上海开会时我和周育民等人向他提出要到温州去庆祝他的八十大寿,但当时胡先生只是微笑着并没有明确表态。虽然后来我们没有去成,但是不管到什么时候,胡先生的学术生命是永存的。他的那些重要论著至今还是会党史研究者们必读的,在阅读这些学术论著时,胡先生还是与我们在一起的。

2015 年 8 月 25 日

① 胡珠生:《平生治学靠温图》,《温州读书报》2008 年第 11 期(总 138 期)。
② 胡珠生:《胡珠生集》自序。

回忆沈渭滨教授[①]

沈渭滨教授是我们上海师范大学历史系的校友。早在大学本科就读时他就辛亥革命时期共进会的性质问题发表了与任课老师赵宗颇观点相左的论文。关于这一点赵老师在为我们开设的辛亥革命史选修课的时候提到过,他认为学生与老师商榷进行学术探讨是好的,尽管他并不同意沈的看法。这可能是我对沈先生的最初印象了。

沈先生是史学大家,在许多方面均有建树。对于辛亥革命中的会党,他有独到的研究,曾经发表过《会党与政党》等重要论文。1984 年在我校召开全国性的近代中国会党问题学术讨论会时他就参加了。中国会党史研究会成立后,他一直是该会的理事,研究会召开的大小学术讨论会,他都踊跃参加,发表高论。对于第一任会长魏建猷教授,沈先生十分尊敬,执礼甚恭。1988 年初魏先生逝世后,沈先生多次鼓励我和周育民要好好地将魏先生的未竟事业进行下去。在以后各次中国近代史学科建设会议上,沈先生以校外专家的身份再三强调,会党史是魏先生开创的一块学术领地,是上海师大历史学的特色之一,千万不要丢掉,而且要发扬光大。我们这些年来在会党史研究领域取得的一些进展与沈先生的支持与鼓励是分不开的。

1993 年 3 月周育民和我撰写的《中国帮会史》由上海人民出版社出版后,沈先生十分高兴。同年年底他兴致盎然地参加了上海史学会举办的书评会,热情洋溢地发表了他的过誉之词,对我们鼓励有加,体现了他对年轻学人的扶持和关爱之心。

由于专业相同,兴趣相近,我和沈先生一道参加过不少学术会议,在这些会议上沈先生无论是发言、小结或点评均使我受益匪浅。2005 年 8 月在安徽召开的纪念同盟会成立 100 周年学术讨论会上,当我发表了《同盟会时期孙中山与美国致公堂的关系》后,沈先生当场提问,能不能说明一下孙中山为何能取得这些成功,原因何在? 这确实指出了我的文章的不足。经过短暂的思考,我回答说孙中山在美国进行革命活动并取得成功的原因之一就是充分利用了美国的民主制度,并从政治制度、言论出版自由、结社自由、经济自由、政治自由等几个方面进行了简要论证,沈先生当即表示满意。

2001—2007 年在我担任上海师大中国近代史硕士点负责人的时候,曾经请沈先生担任硕士学位论文答辩委员会主席。那时正赶上硕士生扩招,一届硕士生就

---

① 原载《沈渭滨先生纪念文集》,上海人民出版社 2016 年版。

有十四五个。于是沈先生在一星期左右的时间里，起早贪黑，日夜审读，有时还要查对原文，写上批注，做好记号，然后再一一用工整的小楷字体写下学术评语。如此认真准备之后，在答辩当日只见他拎着厚厚一叠硕士论文，总共有十四五本，来到我校。在听完了学生的陈述与其他答辩委员的意见后，他才从容不迫地拿出他事先精心写好的论文评语，娓娓道来。如此这般，从早午一直忙到傍晚，连中午都没来得及好好休息一下。毫无疑问，沈先生缜密的思路，广博的知识，雄辩的口才，犀利的提问给在场学生留下了极其深刻的印象。他在答辩会上的慷慨陈词，指点江山，激扬文字，同样令我们这些同行大受教育。事后沈先生私下对我半开玩笑地说：邵雍啊，这次你可把我害苦了，这么多的论文看都来不及……我连忙说，谢谢沈老师！谢谢沈老师！没有你的把关，这些研究生可能不知道自己的文章毛病出在哪里了。有时候自己导师说的话还听不进去，所以非常需要像你这样的老专家老教授出面敲打敲打。后来我才了解到，认真行事是沈先生一贯的作风，既然受人之托，那就一定要完满地完成，他在东华大学等校作答辩委员会主席时也是如此。由于沈先生如此认真如此严谨，一些同学主动与他联系，请求指点，对此他并没有因为是分外之事加以推却，而是满腔热情予以指导，一如自己的学生。硕士生戴佩娟2004年8月与我一道去杭州参加纪念光复会成立100周年学术讨论会，会上结识沈先生之后，在撰写学位论文《上海平民习勤所研究》时得到了沈先生的多方指导与帮助，该文在答辩时获得了谢俊美教授的好评。几年以后，沈先生还应邀偕夫人参加了戴佩娟的婚礼，并以证婚人的身份发表了热情洋溢的贺词，这段经历在上海师大被传为佳话。

由于沈先生在孙中山研究方面的成就与威望，上海市宋庆龄研究会后来请他出任该会的学术副会长，本人忝列常务理事，这样我与沈先生又多了一层接触与了解。每次市宋庆龄研究会召开学术讨论会，照例由他主持会议，并作学术小结，而且他还得从七宝住所赶到市中心，对于身患多种疾病不良于行的他真是够难为的了。在此期间他多次诚恳地对我说，他对宋庆龄没有什么研究，担任此学术副会长也是勉为其难，希望我这样相对年轻的学者能够在会里多发挥些作用，……拳拳之心，殷殷之情，溢于言表，至今不能忘怀。对于会刊《孙中山宋庆龄研究通讯》他每期必看，有一次我写了一篇《深入研究史料，进一步拓展孙中山研究》，见到他时他提起这篇文章，赞赏有加，说写得很好，有实质内容。《孙中山宋庆龄文献与研究》出版之后，沈先生与我都是编委会委员，他认真审稿，审稿会一次都没有缺席过，在会上他坦率发表自己的意见，有时还据理力争。该刊的审稿采取的是双向匿名制，投稿者与审读者互不相知，荣幸的是我的几篇投稿无一例外在沈先生那里通过了，对此我一直心存感激。如果没有沈先生的大力支持，投稿出现另外一种情形，也是很可能的。据我所知，为了提高孙中山宋庆龄文物管理委员会下属各研究机关的科研水平，他还开设过如何写论文等专题讲座，予以指导，真是难能可贵。

长期的学术交往加深了我与沈先生的亦师亦友的友谊。我有新书问世总会送他一本，请他指正。同样，他的大作《孙中山与辛亥革命》（包括修订本）、《晚清女主》《道光十九年》也都送给我，成为我在教学科研中必读的参考书。记得在通读了

《道光十九年》后，孤陋寡闻的我还专门致电沈先生，向他请教有关年代学的问题，尽管他当时身体已经不是太好，但还是在电话中与我兴致勃勃地交谈了好一阵子。记得有一次在他家里，在谈到我们的工作时，沈先生十分严肃地说我们这些历史学家要如何如何，我当时有些疑惑，沈先生学问精湛，著作等身，对他来说历史学家是当之无愧的。但我们这些学生辈的人也算得上历史学家吗？当我把这一想法和盘托出时，沈先生十分严肃地再次重复了他的论断，并且要求我们承担起历史学家的担当。这一幕我至今记忆犹新，也一直在朝这一方向努力，不过结果如何又是另外一回事了。

沈先生虽然去世了，但是我们会一直记着他的。

2015 年 6 月 17 日

回忆刘学照教授

自2015年7月1日刘学照教授因病逝世离开我们已经有段日子了,但是他那亲切的面容、高亢的声音、激动的神情仿佛就在眼前。

刘教授是华东师范大学历史系著名教授,在洋务运动、辛亥革命、中日关系等领域均有建树,在上海乃至全国近代史学界都是赫赫有名的。本人何时初次面见刘教授、聆听他作学术报告已经记不清了。由于我对撰文参加学术会议颇有兴趣,因此多次与刘教授相见于本市及外地一些学术会议。为写这篇回忆文章,我将三十多年来的一些会议合影找出一一翻阅,与刘教授一道合影的有下列会议:

2000年3月在我校(上海师范大学)召开的"中国'慰安妇问题'国际学术研讨会";

2001年10月在我校召开的"纪念辛亥革命九十周年学术讨论会";

2003年3月在上海召开的"上海长崎交往学术研讨会";

2003年11月在上海南翔召开的"东南民众运动与上海小刀会起义150周年学术研讨会";

2004年7月在广东中山大学举行的"孙中山与世界(含共产国际)国际学术研讨会";

2006年8月在福州举行的"纪念中国报界先驱林白水烈士就义80周年学术研讨会";

2006年11月在南通举行的"第四届张謇国际学术研讨会";

2010年4月在芜湖举行的"辛亥革命与泛长三角地区社会转型学术研讨会";

2010年10月在济南举行"义和团运动110周年国际学术讨论会",根据会务组的安排,本人有幸对刘教授的精彩报告《庚子事变、话语转换与观念更新》作了点评。

还有2010年12月在上海大学举行的"历史记忆与近代城市社会生活学术研讨会"。

当然,我与刘教授一道参加过的学术会议肯定不止这些,其他会议可能也有照片,只是一时半会找不到而已。例如,我手头就保留着刘教授1999年12月参加"档案与上海史国际学术讨论会"的论文《近代上海与日本文化关系述略》(收入刘著《话语与观念　近代中国思想文化的演进》时标题去掉了"述略"两字)。还有2001年8月19日至21日我俩一道去广州花都区参加了"太平天国与中西文化学术讨论会",会议期间,我有幸被会务组安排与刘教授住同一间房间。晚上谈天说地,聊了好大一会,接着自然是熄灯睡觉。过了没一会,邻床的刘教授开始打起呼来,鼾声大作，而且有时中间还有好长一段间隙的憋气。我心里着急，怕有什么闪失，但又不敢贸然叫醒刘教授，好在过了一会又传来重重的鼾声，心中吊起的一块石头落了地。如此这般，反反复复，我自己也不知不觉睡着了。第二天起床，见刘教授照样红光满面，精神焕发，我也就不说什么了。

刘教授是为慈祥的长者，见到我们小一辈的，总是笑眯眯的。他平易近人，从来不端大学者的架子。本人在花甲之前，面相看上去比同龄人要年轻一些，以致在一些会议上作大会报告后，不熟悉的学界朋友会感叹称奇，说这么年轻就崭露头角了。其实作为1953年出生的我，无论如何都算不上年轻的了。刘教授对我自然是知根知底的，但他也时常向我的一些新朋友介绍，这是我们上海学术界的"小年青"，当然在学术上已经很有成就了云云。事实上作为学术界的前辈，刘教授对于年青人是十分热心帮助的。1994年3月，刘教授的大作《洋务思潮与近代中国》在山西高校联合出版社出版。该书是他的一部专题学术论集，共收入从上个世纪70年代末到90年代初十余年间关于洋务思潮的21篇文章。出书后，刘教授专门送了我一本，粗粗拜读后，受益良多。受此启发，我大胆向刘教授提出，能否将山西高校联合出版社的联系方式告诉我，我也想出本会党史专题文集。刘教授随即给我复信，写明了有关责任编辑的电话。根据这一提示，与这位责任编辑取得联系，报送了我书稿的出版计划。在得到对方肯定的回音后，我立即将此好消息报告刘教授，他也十分高兴。哪里知道，天有不测风云，不知什么原因，该出版社后来被取消了，书稿一事自然也没了下文。但不管怎么样，刘教授的古道热肠我是一直铭记在心的。

1997年5月我有幸在香港回归之前与刘教授同行，去北京首钢总公司参加"振兴中华　毋忘国耻　爱国主义学术研讨会"，路上我与苏智良教授向刘教授谈及我校尚无中国近现代史博士点，自然也难以获得博士生导师资格的苦衷时，刘教授当即善解人意地表示，你们还有周育民教授都已符合担任博导的条件了，今后可以在华东师范大学先挂个名，为自己学校创点创造些条件……听了这番热情诚恳的话语，我和苏都十分感动，当即连声道谢。此事后来由于多种原因并未落实，但也足以反映刘教授对青年学者的一贯热心扶持。有没有博导的名义是一回事，但刘教授对我们学术上的肯定无疑增强了我们的信心与决心，终于在2000年我校取得了中国近现代史的博士授予权。这一成功是与许多刘教授那样的学界前辈的鼓励、支持与肯定分不开的。

2002年5月，刘教授还把自己指导的博士生的学位论文送我评审，表现出对我的学术信任。我自然不敢怠慢，细读以后实事求是，提出了自己的意见与建议。后来作者在刘教授的督促下，根据这些意见作了较大的修改，论文质量有了明显的提高。于是再次送审，论文答辩也就顺利通过了。

进入新世纪后，戴逸先生倡导发起编修新清史，2003年春专门在上海召集了南方学者开会讨论新清史的编写体例诸问题，刘教授作为沪上知名学者出席会议，在会上就如何编写新清史发表了系统看法。会后，在中山学社的一次会议上，刘教授主动与我谈及此事，并将他的发言文本《清史编纂体裁体例之我见》送了一份给我，谦虚地让我提意见。我忙说,哪敢啊,我拜读学习都来不及啊。

在人物研究方面,刘教授也是成果丰硕。从林则徐、王韬、容闳、丁日昌、李鸿章、张之洞、康有为、谭嗣同、张謇、丘逢甲、林白水到孙中山,刘教授均有专题论文,而用力最勤,成果最多的则集中在孙中山研究上。他的孙中山研究学术访谈收录在广东人民出版社 2016 年出版的《孙中山研究口述史》沪宁卷上册。由于本人忝列《孙中山宋庆龄文献与研究》编委会,因此也对刘教授的来稿进行过讨论,这些由于学界惯例,我从来没有也不会向刘教授透露过。但是他的锐意进取的精神,永不停息的探索实践永远是我学习的榜样。

以上是我对刘教授的点滴回忆,作为对这位德高望重长者的永久缅怀!

2018 年 1 月 16 日

纪念段云章先生①

2016 年 2 月 15 日中山大学历史系何文平博士打来电话，告知段云章先生已于 2 月 13 日因病逝世的不幸消息。通话结束本人十分悲痛，历历往事涌上心头。

段云章先生是著名的中国近代史研究专家，尤以孙中山研究见长。早年参加革命，入团参军，为新中国的建立立下了战功。因此他是高等院校历史学教授中少有的离休干部。段先生最早的研究孙中山专题论文是 1962 年发表的《孙中山早期革命思想的阶级基础初探》，这一研究由于“文革”而不得不中断。“文革”结束不久，他在 1978 年就与人合作，发表了《20 世纪初的孙中山预见》，1979 年又发表了《孙中山的中国近代化思想》。这些最初的论文风格清新，初步展现了段先生的学术才华。

段先生十分注意与孙中山研究有关资料的收集与整理工作。他参与了《孙中山全集》第七、第八卷的编辑工作，又是《孙中山年谱长编》第二卷的主编。《孙中山全集》与《孙中山年谱长编》的出版，为史学界同仁进行孙中山及相关研究奠定了坚实的史料基础，嘉惠学林，功德无量。1991 年段先生离休后，不顾年老体衰，经费缺乏，锲而不舍，又先后完成了《孙文与日本史事编年》《孙文与陈炯明史事编年》，可以说在史料整理与编纂方面段先生做了大量的艰苦的开拓性的工作，是有重大贡献的。日本京都大学教授狭间直树 1996 年 12 月 15 日致函段云章，指出《孙文与日本史事编年》“对我们孙中山研究者的贡献，非常重要。我们应该编辑日文版。”后来该书由中春哲夫教授译成日文本，在日本网上发表。段先生还曾经接受过日本 NHK 电台的采访，在日本有批“粉丝”。2010 年 7 月 3 日香港贸易发展局日本首席代表古田茂美致函段云章，信中对于段先生对此次考察访问提供的慷慨协助致以由衷的谢意，并称这次去贵校访问，“跟您本人见面，我们非常有运。……您高度的学术研求水平，对孙文先生和梅屋关系细致丰富的资料，您写下来的文章，您的在研求活动上追求的认真态度，我们非常感动。”

段先生生前写了 120 余篇学术论文，绝大多数都是研究孙中山的，少量兼及孙中山的同志。1991 年与 1993 年他先后两次在《历史研究》上发表专论《评 1913 年孙中山访日》《1923 年后孙中山与日本的关系》，深入探讨孙中山与日本的关系。他撰写的专著则有《孙中山》《孙中山与中国近代军阀》（与邱捷合作）、《放眼世界的孙中山》《孙中山对国内情势的审视》《中山先生的世界观》等。

《中山先生的世界观》提出孙中山的世界观是“合世情国情于一炉，推进革命事

① 原载《孙中山宋庆龄研究动态》2016 年第 2 期。

业的具有特色的世界观。"该书2009年在台湾出版后,台湾著名学者蒋永敬、李云汉均发表书评,给予高度评赞。前者认为该书"抓住了孙中山思想言行的核心",后者则提出该书对某些史事所作的诠释"比较完整且具新意","对中山先生有赞赏也有批评,充分表现出自由研究的精神"。

《放眼世界的孙中山》集中探讨了孙中山与世界的关系,特别是与日本的关系,这是一个有重要学术价值的课题,难度极大。段先生以宏远的识见,勇于攻坚,在书中提出了不少精辟的见解,受到了境内外同行的高度评价。该书出版后被不少学术专著列为参考与征引书目。

段先生对孙中山的夫人宋庆龄也深有研究。1980年7月30日他在《南方日报》发表《宋庆龄战斗在广东》,接着又在1993年9月26日在《光明日报》发表《宋庆龄论》,同年还在《中山大学学报》上发表《宋庆龄与戴季陶》。段先生对宋庆龄研究成果还有《宋庆龄与民族民主力量的凝聚》《宋庆龄的对日观》《关于宋庆龄的抗战思想、历史贡献及其现实意义》等。他还是《宋庆龄辞典》的副主编,为该辞典撰写了"上海孙中山故居藏书目录"等十余词条,说他是宋庆龄研究的开拓者之一并不为过。

特别要指出的是,段先生对于敏感问题并不回避,他解放思想,敢于打破传统观念,对陈炯明的研究即是最好的例子。他晚年的力作《陈炯明》(与倪俊明合作)是一本在充分掌握资料基础上以"评"为主的传记体著作,其特色是求真务实,客观公正,不以某党派的领袖人物的是非为是非,不以某人的言论划线定论。实事求是说该书对于开阔学术视野、引发学术反思都是有益的,更重要的是段先生的学术勇气实在令人钦佩。不过这一研究的开展与深入也引来了一些非议甚至攻击。在一般人看来,段先生功成名就,德高望重,到了耄耋之年已经没有再搞科研冒风险、招惹是非的必要。但为了求真务实,段先生义无反顾,坚定不移地研究下去:1989年自河南人民出版社出版了《陈炯明的一生》后,他一发不可收,先后整理出版了《陈炯明集》及其增订本、《孙文与陈炯明史事编年》《历有争议的陈炯明》《陈炯明》,在孙陈关系研究方面独辟蹊径,一路领先,展现了一个老革命、老教授、老专家与时俱进的世纪风采。

本人与段云章先生的交往始于1984年。是年春夏之交,本人奉先师魏建猷教授之命,前往两广进行学术考察。中山大学是国内近代史研究重镇,自在访问范围之内。当时段云章先生在自己家里亲切接待了我,并按照我的请求,特意为我上了一课:"孙中山与会党"。他提出孙中山是最早认识与依靠会党力量来开展革命的。孙中山比较重视在会党中灌输民主思想,他对会党的看法和处事是公允的。段先生还认为义和团是秘密结社,也可称是会党,孙中山对义和团的评价是有不足之处的,但他的态度还是同情和赞赏的。课间段先生还向我介绍了台湾正中书局印行的《中华民国开国五十年文献》。课后闲谈中段先生问我年龄多大了,有无发表的论文?我据实回答,已经31岁了,还没有发表过一篇论文,导师也不提倡急于发论文。段先生听罢着急地说:"你都已经三十而立了,到现在还没有发表论文,那怎么行呢?"关爱之心,溢于言表,令我终生难忘!段先生在中山大学的这番话吹响了本人在学术领域急行军的进军号,可以说,这是我两广之行最大的收获。

1985 年研究生毕业留校工作后,本人多次前往中山大学参加学术研讨会,议题多与孙中山与近代中国有关。开始时常能在会上见到段先生,后来可能是由于健康方面的原因,在会上见到段先生的机会少了。但只要有时间我总会去段先生家登门拜访,送上自己的新著。每当此时,段先生总会夸奖勉励一番,我也总是提到他那次教诲的激励,师生两人相视而笑。言谈中段先生也透露些许孙中山陈炯明关系研究之艰辛,有人发难,有人困惑,也有人指责他"晚节不保",但是他不为所动,对我解释说实事求是地研究孙陈关系,并不是刻意贬孙褒扬陈,我们要直面历史,得出比较切合历史实际的结论。本人对此完全同意,并宽慰先生说,坚持下去,慢慢的理解的人会多起来的,我的下层社会研究不也是这样的吗?有人视为另类,嗤之以鼻,不屑一顾。但我们不能因此而停下研究的步伐。就这样,在侃侃而谈中相聚的时光很快流逝了。

尽管远隔千里,段先生始终关爱着我。他的大作有的是面赠,更多是邮寄,使我得以第一时间拜读,获益非显。加上我自己购买的,段先生的著作(包括参编的)逐渐在我书橱中占有显著的地位:《孙中山全集》《孙中山年谱长编》《放眼世界的孙中山》《孙文与日本史事编年》及其修订本、《陈炯明集》《孙文与陈炯明史事编年》,林林总总,整整齐齐,美不胜收。

现在段云章先生虽然离开了我们,但是他的光辉著作将永远陪伴我将孙中山宋庆龄的研究继续进行下去。段云章先生的学识、睿智与勇气永远是我学习的榜样。

2016 年 2 月 16 日

汤志钧先生的治学之道①

汤志钧先生是当代著名历史学家,成果颇丰,著作等身,主要有《近代经学与政治》《戊戌变法人物传稿》《戊戌变法史》《康有为与戊戌变法》《戊戌时期的学会与报刊》《康有为传》《章太炎传》《经学史论集》《维新·保皇·知新报》(与汤仁泽合著)等。汤先生历任上海社科院历史研究所研究员、兼任华东师范大学中国史学研究所教授、华中师范大学历史研究所教授、中国中日关系研究会理事、上海中日关系史研究会理事、上海历史学会理事等职,在学术界有着广泛的影响。

上个世纪40年代,汤志钧先生专攻中国经学史。新中国成立后转治中国近代史,由于他非常熟悉经学史的资料,于是双管齐下,由今文经学研究康有为,由古文经学研究章太炎。康有为是戊戌变法的主角,章太炎是辛亥革命的前驱。就学术而言,一个阐发今文经学的"微言大义",一个精研古文经学的文字音韵。汤先生系统搜集康有为和章太炎各该时期的论著,亲自编了不少资料书,主要有《章太炎政论选集》《章太炎年谱长编》和《康有为政论集》等,嘉惠学林,功德无量。自己也在这基础上分析综合,从研究这两位中国近代史上重量级的人物的政治活动与思想面貌入手,探讨中国传统经学和社会政治思想的关系。汤先生认为,鸦片战争以后中国封建社会的性质发生变化,但作为中国封建文化主体的经学传统地位没有变,作为儒家创始人的孔子在社会上仍有深刻的影响。因此,剖析传统经学对中国近代史的研究是很有必要的。今文经学讲究"微言大义""通经致用",本来和政治的关系比较密切。康有为在民族危机严重的情况下,改造今文经学,写下了《新学伪经考》和《孔子改制考》,灌注了"西学"内容,显示了新的时代特点。而古文经学自清初顾炎武"复兴"汉学后,也有保存民族意识,著述与致用一致的意向。到了清末,章太炎又高举古文经学大旗,宣传"排满",以古文反今文,为政治上以革命反改良提供传统的学术依据。另一方面,顽固派、洋务派对康有为、章太炎的借用经学,昌言"改良"或"革命",又是全力抵御。为此,汤志钧先生在多年研究的基础上,写了《近代经学与政治》,明确指出传统经学对中国近代历史的发展有一定的关联。

汤先生的学术研究成果得到了海内外同行的赞誉,1983年11月至1984年5月,汤先生应邀到东京大学讲学和研究,其间也到访京都和神户。后来他将旅日期间的五篇讲稿加上之前发表的《戊戌维新与孔子改制》等五篇文章,一并由日本学者译为日语,收录到《中国近代的思想家》(日本岩波书店1985年10月版)一书之中。1986年11月日本经济评论社又出版了《近代中国革命的思想与日本》,这是汤

① 原载《社会科学报》2014年1月9日,原标题为《使戊戌变法研究真正走出国门》。

先生研究康有为和章太炎的部分论文选集。在书中汤先生指出,康有为是向西方学习的先进的中国人。他学习西方,又借用儒家经说。1888 年他在广州晤见治今文经学的廖平时,就想从今文经学中寻找新的理论依附。章太炎也利用儒家经学,讲解华夷之辨,为"排满"革命服务。不过在维新运动期间,章太炎在自己的论著中也援用过今文经学的观点,支持康有为。汤先生的日本之行与这两本日文版著作的出版,使得中国学者的戊戌变法研究真正走出国门,有力扩大的中国学者的国际影响。

汤先生精于考证,他认为考据是历史研究中的一种方法,在历史研究中必须搞清一些重要历史情况,包括时间,地点,人物、事件等等。通过对毕永年《诡谋直记》原文的研究,他确认了袁世凯的告密。他又考核了光绪"密诏"的来源、露布以致刊发的全过程,发现"密诏"经过康有为的改窜。经过对《大同书》手稿细密审慎的考证,他指出手稿是康有为 1901 年至 1902 年间所撰,康自称的 1884 年是倒填年月。诸如此类的考证,解决了中国近代史上的重大问题,有效避免了考证工作的烦琐化与碎片化,为后学树立了值得效法的榜样。我们衷心祝愿已是九十高龄的汤志钧先生健康长寿,永葆学术青春,继续引领学术研究的新潮流。

会党史研究专家秦宝琦①

秦宝琦教授是中国会党史研究的著名专家,1974 年开始接触洪门历史,1978 年着手编辑《天地会》资料丛书。上世纪 80 年代,秦先生筚路蓝缕,从第一历史档案馆海量的原始档案中反复搜寻,认真挑选,编成了一套 7 册的资料丛书,将天地会有官方记录开始一直到鸦片战争爆发前夕的档案整理出来,正式出版,提供学者利用,从此有关天地会的研究有了更加扎实的文献基础,这是秦先生为学界做的一件功德无量的大好事。《天地会》资料丛书是迄今为止会党史研究领域最有影响的专题档案史料集。

对于档案的使用,秦先生也是一把好手。1964 年蔡少卿先生在《北京大学学报》是年第一期上发表《关于天地会的起源问题》,根据清朝官员汪志伊的《敬陈治化漳泉风俗书》,提出天地会创始于清代乾隆二十六年的观点,是为"乾隆说"。该文的核心资料是案发多年之后后任官员对前任官员奏报的追溯,至于最原始的奏报原件还是付之阙如。正因为如此,有人认为此为孤证,而且没有确切来源,不足为信。秦先生从事会党史研究伊始,集中精力解决这一问题,经过艰苦努力,1986 年他从学者们一般不太注意的清朝的外记簿中找到了汪志伊说法的来源——闽浙总督伍拉纳等人当年最初查处天地会案件,审理提喜嫡传弟子陈彪、亲生儿子行义给朝廷的奏报。据此他发表了《天地会起源"乾隆说"新证——伍拉纳、徐嗣曾关于天地会起源的奏折被发现》一文,进一步加强了蔡少卿先生"乾隆说"的论据。

秦先生从事天地会研究的时候,正值我国改革开放的新时期肇始,他所在的中国人民大学向来是清史研究的重镇,著名的学术泰斗,中国史学会原会长戴逸先生即是清史所的负责人。在协助戴先生编写《清代简史》时,秦宝琦先生将天地会"乾隆说"也写了进去,使天地会等秘密会党在学术著作中有了一席之地。在会党史研究的领域中秦先生是较早与国外学者进行合作研究的学者之一,早在 1993 年他就与美国学者穆黛安合作写了《天地会的源流》(英文版)一书,在国外出版。这样,天地会的研究就进入了以英语为母语的国外学者的视野,引起了更多的兴趣与关注。

1988 年中国人民大学出版社出版了秦先生的《清前期天地会研究》,十年后重印。1995 年福建人民出版社出版了他的《洪门真史》,该书书名本身就反映了秦先生充分的学术自信心,该书依据官书、档案、回忆录及实地考察,全面、系统、真实地阐述了洪门自清乾隆早期创立到民国时期两百余年间的发展变化的历史。在洪门

① 本文系 2015 年 9 月 12 日在中国人民大学清史研究所、中国会党史研究会联合主办的"民间文献与华人社会"暨秦宝琦教授八秩荣庆国际学术研讨会上做的大会报告。

起源、性质、发展脉络、社会功能及历史作用诸方面,提出了不同于以往洪门史著作的新见解,2000 年出了修订本。后来该书扩展为《中国洪门史》(福建人民出版社 2012 年版)。秦先生在这方面的著作还有《江湖三百年 从帮会到黑社会》(中国社会科学出版社 2011 年版)、《帮会与革命——江湖三百年风云录》(中国社会科学出版社 2013 年版,此书 2013 年在香港三联书店出版时副标题改为"三百年之社会震荡"),还有《黑社会与反黑行动》等。

除此之外,秦先生还有《清末民初中国秘密社会的蜕变》(中国人民大学出版社 2004 年版)。该书系统论述了清末民初秘密教门如何从以下层群众为主的结社组织蜕变为以官僚、地主、商人为主的会道门;部分秘密会党如何从下层群众互济互助和自卫抗暴的结社组织蜕变为黑社会组织。作者力图从阶级构成和活动、社会功能两个方面说明清代三大秘密会党与民国年间的帮会、黑社会之间存在着明显的区别。作者在第 7 页上正确地指出:"清代农民起义中,有许多都是由秘密会党所发动和领导的,如天地会系统的有:清代前期的林爽文起义、陈周全起义,晚清的上海小刀会起义、闽南小刀会起义、两广天地会起义、清末广西天地会起义,以及辛亥革命时期海内外洪门支持革命党人推翻清王朝的斗争等;哥老会系统的有长江流域的反对外国传教士的斗争,辛亥革命时期浙江、福建、湖南、湖北、四川、贵州、陕西等省哥老会积极参加革命党领导的武装起义等。这些斗争,在中国人民的反抗斗争史上,都留下了不朽的篇章。"在第 9 页上作者又说:"随着中国近代进程的发展,秘密社会必然发生蜕变。其中秘密教门从下层群众中带有宗教色彩的秘密结社,蜕变为封建专制主义的卫道士和失意政客为主体的会道门;秘密会党也从下层群众中为了互济互助或自卫抗暴的帮会组织,大多蜕变为军阀官僚角逐政坛的工具或危害社会的黑社会组织。"作者力图把历史上的秘密会党同当代黑社会区别开来,既看到它们之间的历史渊源,又看到它们之间的本质区别。2008 年天津古籍出版社出版了秦先生与孟超合著的《秘密结社与清代社会》。秦先生与他人还合著有《千年王国与白阳世界》《地下神秘王国——一贯道兴衰》等。

1993 年、1994 年、2005 年学苑出版社分别出版秦宝琦的《中国地下社会》第一卷(清前期秘密社会卷)、第二卷(晚清秘密社会)与第三卷(民国会道门与黑社会)。《中国地下社会》一到三卷是秦先生秘密社会史研究的集大成者,该书将天地会的研究扩展到整个帮会,又从帮会扩展到了秘密社会另一分支——会道门,同时将研究的时段下延到 1949 年。

所有这些高质量学术专著是在一大批高质量学术论文基础上形成的。秦先生从编纂《天地会》资料丛书开始,就开始认真撰写系列学术论文,这些论文大多收录在福建人民出版社 2006 年出版的《中国秘密社会新论——秦宝琦自选集》,内容分为综合编、会党编与教门编。综合编收录的论文有《中国秘密社会的源流与发展脉络》《18 世纪中国秘密社会与农民阶级的历史命运》《明清秘密社会史料新发现——浙闽黔三省实地考察的创获》《清代秘密社会研究中的档案使用和田野考察》。会党编收录的论文有《试论天地会》《从档案史料看天地会的起源》《从档案记载与会内文件的结合看天地会的起源》《评天地会起源"康熙说"》《郑成功创立天地会说质疑》《天地会起源“乾隆说”新证——伍拉纳、徐嗣曾关于天地会起源的奏折被发现》《“万五道宗创立天地会说”之我见》《哥老会起源考》《清代海外洪门》《新修〈清史〉与清代秘密会党》。教门编收录的论文有《民间秘密教门的信仰核心》《清代青莲教源流考》《一贯道源流考》《儒释道三教合一思潮对明清时期秘密教门的影响》《中外膜拜团体暴力行为的信仰根源》《从历史上的民间教门与拜上帝会看中国的“新兴宗教”》《关于台湾斋教渊源的史料调查》。

秦先生十分注意在社会上推广会党史研究的成果。他多次应邀上北京电视台、香港凤凰卫视“世纪大讲堂”、暨南大学珠海校区“文化大讲堂”宣讲会党史，用生动的情节，准确的语言深入浅出地讲解了会党真实的历史，受到了普通民众的热烈欢迎。当然这也有助于会党史知识的普及，对当下的社会治理提供了重要的历史借鉴。

秦先生有很高的学术地位，获国务院颁发的有突出贡献专家证书，国家清史项目启动后就是“会党篇”项目负责人。鉴于秦先生的学术贡献与影响，1988 年在第二次会党史学术讨论会期间，被选举为会党史研究的副会长。他的主要社会兼职还有中国社会史学会常务理事、中国社会工作协会民间组织研究会理事、北京市历史学会理事等。秦先生在学术研究的组织工作方面发挥了很大的作用。上世纪 80 年代他应民政部之邀，组织学者编写《中国社团发展史》，本人也受秦先生之邀，忝列其中，经过集体努力成书之后由于缺乏出版经费被搁置多年，最后获得资助还是由当代中国出版社于 2001 年正式出版了。世纪之交，秦先生又协助公安部一局编写《中国秘密社会》丛书，是三位副主编之一。《中国秘密社会》丛书的作者们以经过鉴别的、真实的历史文献和档案资料为依据，将秘密社会放在中国历史和现实社会的大背景下进行考察，全面、系统地论述了中国秘密社会的历史与现状，实事求是地评价了它在历史上的是非功过，总结出秘密社会产生、发展和衰亡的规律以及历代中央和地方政权对待秘密社会的政策的利弊得失，为今天解决秘密社会问题提供翔实的历史依据和借鉴。在这套丛书中秦先生出力最多，他与主编谭松林撰写了第一卷总论，论述了中国秘密社会的起源、社会功能及历史作用，回答了中国秘密社会两大系统——秘密教门与秘密会党的定位问题。诸如秘密教门究竟应该定位为“宗教团体”还是定位为“民间秘密结社”？秘密教门从其发展趋势来看究竟是必然发展成为正宗宗教，还是作为民间秘密结社必然走向衰亡？秘密会党究竟是清初明朝遗老为了恢复明朝统治而创立的“反满”团体，还是下层群众为了互助抗暴而结成的民间秘密结社？秘密教门与秘密会党究竟是代表下层群众利益和要求的“革命组织”，还是下层社会中一部分具有反抗思想的人为了达到自己某种政治或经济目的而创立的原始形式的落后组织？两者在历史上起过何种作用，产生过哪些影响？历代政权对于秘密社会采取过哪些治理措施？应该如何看待和评估这些措施等。秦先生还与福建学者合写了第二卷《元明教门》。第三卷《清代教门》是曹新宇、宋军和鲍齐撰写的。第四卷《清代会党》由于某种原因，迟迟没有交稿，最后是秦先生的高足欧阳恩良与潮龙起合作完成的。第六卷《民国帮会》则是笔者撰写的。

就史料而言，秦先生是广采博收，除了擅长利用档案史料外，对于民间文献以及田野调查也极为重视。在主编《中国秘密社会》丛书期间,他在各地公安厅的大力支持与协助下,不辞辛劳在浙闽黔三省进行实地考察,发现了一批明清秘密社会史料,为以后做深做细秘密社会研究奠定了更加扎实的史料基础。

秦先生又是著名的教授、博士生导师。他为中国人民大学硕士研究生开设《中国通史》《中国社会史》,为博士研究生开设《中国秘密社会史》等课,在该校的评师网上,同学们称赞秦老师"有特点、有才学、有魅力","讲课很认真",有的表示"终生难忘老师给予我人生的启迪"。秦先生一手培养不少优秀的博、硕士(其中博士 12 名,硕士 2 名)。除了上述《中国秘密社会》第四卷《清代会党》两位作者欧阳恩良与潮龙起(两位如今已是博士生导师了),最著名的当数目前在复旦大学历史系任职的刘平教授了。刘平教授的博士论文《文化与叛乱——以清代秘密社会为视角》(商务印书馆 2002 年版)是秦先生指导的。北京大学出版社 2010 出版的刘平《中国秘密宗教史研究》,从宏观层面探讨中国秘密宗教的基本内涵。除了有多本学术专著外,刘平教授还主持翻译了不少国外学者的秘密社会研究著作,辛亥革命 100 周年之际主编了一套四本的《洪门与辛亥革命》丛书(中国致公出版社 2011 年版),计有李恭忠、黄云龙《发现底层:孙中山与清末会党起义》、孙昉、刘旭华《海外洪门与辛亥革命　外一种:辛亥革命时期洪门人物传稿》、孙昉《西北哥老会与辛亥革命》、欧阳恩良《西南哥老会与辛亥革命》四种。欧阳恩良教授现为贵州师范大学马克思主义学院院长,其博士论文《形异神同》(贵州人民出版社 2004 年版)也是秦先生指导的。

就科研的路子而言,秦先生先是认真撰写学术论文,有点到线,由线到面,在此基础上形成一系列的学术专著。他善于与国内外学者合作,与电视台这一大众媒体合作,将会党史研究的成果传播到祖国各地乃至海外,又在高校中精心培养了一批有才华的青年才俊,使会党史研究后继有人,保持可持续发展的良好势头。所有这些均大大推进了会党史研究的知名度与美誉度,为会党史研究做出了卓越的贡献。

秦先生有几点是特别值得我们学习的。第一,是创新意识。在 1974 年大家还在搞农民战争史、儒法斗争史时,他已经转向会党史研究这一崭新的领域,发现新路径,研究新问题,开拓了新天地。

第二,是实证精神。历史研究既要理论指导,也要实证。只有通过实证,历史才能成为信史、真史。秦先生在这方面是楷模,他对于汪志伊奏报来源的不懈搜寻,锲而不舍,令人感动。当然他在第一历史档案馆有查档之方便,但那里的档案汗牛充栋,实在太多,没有坚强的决心、毅力,肯定做不到这一点。

第三,是组织领导学术工作的奉献精神。众所周知,要当一个名副其实的主编、副主编是不容易的,要协调多方面的关系,掌控项目的进度与质量等,有时难免会与一些参与者发生不愉快等,费力劳神,身心俱疲,鲜有回报。秦先生在具体主编《中国秘密社会》丛书时也经历过这些。没有任劳任怨的自我牺牲精神是不行的。

在秦先生八十大寿即将到来之际,我们衷心祝愿他身体健康,宝刀不老,永葆学术青春,引领莘莘学子在会党史研究的领域取得更多的成就。

郭汉民教授的史学贡献①

湖南省重点学科湘潭大学中国史学科推动和资助原历史文化学院院长《郭汉民文集》的出版,是尊师重教的典范。

郭老师是新中国培养的史学专家。早在1963年他就已优异的成绩考入著名的高等学府——中山大学,接受深造。1980年他考入湖南师范大学中国近现代史专业,师从著名史学家林增平教授攻读硕士学位,开始了史学的新探索。林先生是新中国成立后以马克思主义为指导研究中国近代史的前驱者之一,著作宏富,成就斐然,治学严谨,博大精深,在国内外皆有广泛影响。在林先生的耳提面命下,郭老师的史学兴趣得以重新激发,研究能力逐渐增强,学位论文《论康梁异同》不同凡响,1985年全文发表于《近代史研究》专辑《近代中国人物》第2辑上。这篇论文显然引起了时任贵州师范大学校长的吴雁南先生的关注,这年吴校长亲临湖南师大,约郭老师参加由他主持的"清末社会思潮"的研究。福建人民出版社1990年8月出版的《清末社会思潮》的第四章《变法维新思想的产生发展》和第五章《君主立宪思想的兴衰》共八万余字,就出自郭老师的手笔。从此以后近代思潮研究成为郭老师一直以来的主攻目标,在这一领域他是个名副其实的领军人物。1998年9月出版的国家重点课题的最终成果《中国近代社会思潮(1840—1949)》是迄今为止国内研究中国近代社会思潮史最全面、最系统、最多新见的一部优秀学术著作,基本解决了1840—1949年社会思潮史的科学体系问题。郭老师主编的第三卷(1920—1936)与第四卷(1937—1949)荣获湖南师范大学优秀著作特等奖。2003年9月中国社会科学出版社出版的《晚清社会思潮研究》则为郭老师从事中国近代思想与社会思潮研究的集大成者。从清末社会思潮一直向前延伸到嘉庆道光年间经世致用思潮的勃兴,并将其发展向广度发掘,重构了各种思潮与更法、变革、洋务、维新、立宪、革命之间的历史联系。这种典型的由点成线的专题式研究方法,很值得提倡。2004年岳麓书社又出版郭老师的《中国近代思想与思潮》,有思想家思想的个案研究,晚清思潮研究、以及序言和书评等,是20世纪80年代以来他在近代思想与思潮研究论著的结集。

近代人物研究也是郭老师的研究强项。众所周知,历史研究离不开人物的研究,缺乏人物活动的历史是不可想象的。早在1984年,郭老师应业师林增平先生之请,协助编辑国家历史科学"六五"规划重点项目《清代人物传稿》下编的工作。从

① 本文系2015年11月14日在湘潭大学举行的《郭汉民文集》出版暨任教四十五周年座谈会上作的大会发言,原载《群贤评说口似碑》,湘潭大学出版社2016年版。

此开始了对近代人物的研究。1985 年 7 月,《清代人物传稿》下编第 3 卷发表了他写的四篇人物传,即革命党人《陆皓东》《张榕》《佘英》和清末民初著名京剧表演艺术家《汪笑侬》。在 1993 年出版的《清代人物传稿》下编第 7、8、9 卷中,发表了郭老师写的人物传稿《蒋方震》《蓝天蔚》《程家柽》(合作)、《袁大化》《高旭》《于式枚》《鹿传霖》《张勋》(合作)。2004 年起他又参加了国家清史修纂工程传记写作,先后写了《周汉》以及湖南革命党人宋教仁、谭人凤、刘揆一、刘道一、禹之谟、宁调元、蔡绍南、魏宗铨、焦达峰、陈作新等人的传记。2005 年 9 月,湖南人民出版社出版了《晚清人物研究》,反映郭老师对晚清历史人物的一些新的探索和思考,对人们认识晚清社会与历史大有帮助。2011 年他主编的《湖南辛亥革命人物传略》由湖南人民出版社出版。该书收入湖南最主要的辛亥革命人物传略 26 篇,其中宋教仁、蔡锷、谭人凤、秦力山、毕永年、沈荩、马福益、杨卓霖、宁调元、杨毓麟(附杨德麟)、陈作新、龙璋等 13 个人物的传略,都是由郭老师撰写的。他在所撰的《前言》中精辟论述了湖南人与辛亥革命的关系,全面揭示湖南志士对辛亥革命所作出的极其重要的历史贡献。

在历史学基础之一的史料学方面,郭老师多有建树,有口皆碑。1987 年郭老师在《湖北社会科学》第 6 期发表《同盟会非"团体联合"史实考》,通过缜密考证,推翻了以往学术界关于同盟会是由兴中会、华兴会、光复会、科学补习所等团体联合而成的传统观点,提出同盟会不是、也不可能是各个革命小团体有组织的联合,而是留日学生中的革命分子拥戴孙中山为领袖,风云际会的历史壮举。该文收入湖南人民出版社 1989 年出版的《中国近代史实正误》。郭老师与迟云飞合编的这本《中国近代史实正误》把新中国成立以来、特别是改革开放之后中国近代史领域史实、史料的考辨成果作了一个阶段性的总结,辑录有关鸦片战争、太平天国、洋务运动、戊戌变法、义和团和辛亥革命等专题重要考证文章三十余篇。在这些文章之前,两位编者合作写了《建国以来中国近代史实考辨成果述要》。该书出版后好评如潮,认为是"文革"以后第一本史料实证专著,堪称第一本有关近代史从鸦片战争到民国初期史事考订重要成果的汇集。该书的编撰是功德无量之事,给史学工作者提供了一本有价值的参考书。对于我来说也是感同身受,受益无穷,无论是上《中国近代史料学》考证部分,还是在编写《中国近代史教程》时均有意识地注意引用、吸收该书的成果,避免继续以讹传讹,重蹈覆辙。

2008 年湖南人民出版社出版了郭老师主编的《宋教仁集》(一)(二),在之前出版的《宋教仁集》和《宋教仁日记》的基础上,补入佚文 27 篇,修订已有注释一百六十余条,对所有辑入的佚文,均注明出处,为深入研究宋教仁打下了良好的史料基础。

湘潭大学出版社 2015 年出版《湖南地方报刊中的韩国独立运动史料》是郭老师与李永春合作主编的。本书收集整理了民国时期,特别是抗日战争时期湖南地方报刊中所反映的韩国独立运动史料,是抗日战争,特别是韩国人民争取民族解放斗争的宝贵记录,对研究国际反法西斯战争,研究抗日战争都具有重要的参考价值。该书也是纪念中国人民抗日战争暨世界反法西斯战争胜利 70 周年的主要学术成果之一。

在历史教学方面,郭老师投入了大量的心血,殚精竭虑为培养高质量的史学人才而进行了卓有成效的试验。从1988年起郭老师就在本科生中开始讲授"中国近代思想史"和"中国近代史料学"两门选修课。为硕士生开始讲授"中国近代政治思想史"学位课和"中国近代史迹、史料介绍及研究述评"选修课。指导本科生(含自考生)毕业论文3—5篇。从1989年起,他开始担任中国近现代史专业硕士研究生导师。曾被评为湖南师范大学1991—1992年度"教书育人"先进个人。1994年晋升教授,1996年任博士生导师。1997年开始招收博士生,与此同时他担任湖南师大历史学人才培养基地班"湘籍名人研究"课程,并在基地班开始进行教学改革,探索打破教师一言堂的研讨式教学改革之路,逐渐总结出"指导选题、独立探索、小组交流、大班讲评和总结提高"的"研讨式五步教学法",整整坚持了十年之久!"研讨式五步教学法"调动了学生们的学习积极性、主动性、创造性,受到学校、全省乃至全国的广泛好评。

在学科建设方面,在郭老师的领导下,湘潭大学历史学院取得了中共党史学科博士学位授予权,硕士学位授予权涵括了历史学学科门类的主要二级学科,本科专业也在原来的历史学、中共党史两个基础学科之外新增了文化产业管理专业。学院还引进了一批具有博士学位的青年教师,为历史学的持续发展打下了坚实的基础。

郭老师任侠好义,为人热情,办事热心。他关心学生的成长,退休并返回故里后,将自己的全部藏书捐献给了湘潭大学,供历史系师生阅读研究;还设立了奖学金奖掖后学。高风亮节,可敬可佩!

我对郭老师一直非常敬重的。周育民与我执笔编写、先师魏建猷主编《中国会党史论著会要》(南开大学出版社1985年版)就摘要转载他的《辛亥革命时期湖南会党的性质与作用》(《湖南师范学院学报》1982年第2期)。

我第一次见到郭老师是在1991年10月长沙"纪念辛亥革命80周年全国青年学术研讨会"上。当时林先生任该会组委会主任,郭老师任委员兼学术组副组长,协助林先生做了大量事务性的工作,跑前跑后,忙得不可开交,还抽空与我们这些外地代表亲切交谈,他的热情洋溢、快人快语给我留下了最初的良好印象。1996年7月湖南出版社出版的《辛亥革命新论》就是1991年"纪念辛亥革命80周年全国青年学术研讨会"的论文选集,我的参会论文也在其中,在这里请允许我当面对该书的副主编郭老师说一声"谢谢!"

在这以后至少有三次学术会议我与郭老师不期而遇:分别是2000年8月下旬上海中山学社召开的"孙中山与社会变革研讨会"、2004年4月,在上海举行的"韩国独立运动与中国抗日战争学术研讨会"以及2006年12月下旬湖南师范大学举办"近代湖南与中国暨纪念林增平先生学术讨论会"。在这些会上我们都很高兴提供了论文,互相切磋。也是在2006年的那次会上,郭老师送我一本他题写刊名的教改成果汇编《群言》,其中收录了他指导的学生们的研究文章、评学议教及调查问卷资料。我读后深受启发。平心而论,在当下高校中像郭老师那样肯在本科教学方面如此下功夫的是不多的,因为它与考核、职称晋升基本无关。大多数教师聚精会神、孜孜以求的只有核心期刊论文。2002 年郭老师又将此成果推广到他任教的湘潭大学。这一教学成果先后得到了学校。湖南省与教育部的充分肯定。

2001 年他荣获“湖南省高等学校优秀共产党员”光荣称号,同年 9 月,被教育部授予“全国优秀教师”称号。此外郭老师还担任过湖南省历史学会副会长、湖南省湖湘文化研究会副会长、教育部 2001—2005 年高等学校历史学科教学指导委员会委员等社会兼职,有着很高的学术地位,不愧是林老先生的学术传人！我们借此机会衷心祝愿他健康长寿,颐养天年！同时要以他为学习榜样,为繁荣史学研究,为搞好历史教学尽到自己最大的努力!

2015 年 11 月 9 日

学科建设与流动站工作

邵雍、张智伟、包树芳（博士服）合影

邵雍、陈恒、张红梅（学位服）合影

博士点学科建设会合影

新疆交河上海师范大学历史系教师合影

关于培养青年教师

培养青年教师是关系到教育事业能否进行下去的重大问题。

我系老教师较多,像我这样四十出头的教师都是马洪林等老教授带出来的。因此不管系里有无安排我培养青年教师,我都十分自觉地注意这个问题,以前我曾经为本系的在职研究生多人上过课。

任副教授以来,我在培养青年教师方面做了以下几方面的工作:

1. 政治上关心。曾经和马洪林老师一道介绍了一位中国近代史教研室的年轻老师入党。入党前后都由我代表党支部找他谈话,了解他的思想动态,入党动机,指出不足,帮助他改进。

2. 帮助他们搞科研。这位年轻教师1993年夏想参加在浦东川沙召开的"小刀会起义与近代上海"学术讨论会,但苦于没有个人的科研经费,我和周育民主动从国家社科项目《中国帮会史》中拿出500元无偿供他使用。会后又共同商讨,合写了两篇综述,分别发表在《社会科学》和《社联通讯》上,其中前一篇还被人大复印资料K31994年第4期转载。此人在分工撰写《上海市志帮会志》时因不知从何下手,我就把自己找到的一些线索无保留地告诉他。最近有位年轻教师要写孙中山与西方的关系一文,我就查阅了《孙中山和他的时代》论文集,告诉他有同类的文章,供他参考,避免重复,要写出特色来。

3. 听课、评课,促进教学。1996年5月曾经听本系青年教师高红霞上课,内容是"全国抗战爆发抗日民族统一战线正式形成",认真做了听课笔记,并在系里组织的评课会上发表了意见,既肯定了她的特色、优点,也实事求是地指出了在绘图、讲解中的一些失误和不足。当然自己事先查阅了有关专著,也有收获。

4. 创造机会,推荐青年教师发表文章。我通过马洪林老师请我系研究生陈光(现在水产大学社科部工作)为广西同志黄振南编写的《中发战争史热点问题聚焦》写书评,与此同时我也写好了长篇书评,但我再三告诉广西方面,我的那篇排在后面,让人家写的先发。我的书评被有关方面打印出来了,前几个月来信说年轻教师写的那篇也有了着落。

5. 本人还为本系研究生上过课,指导过他们中国近代史课程的学习,并主持考试,这在表里已经填写过了。

1996年6月1日

中国近现代史专业的培养目标

培养目标:要求学生掌握历史唯物主义的基础理论和史学方法论,熟悉中国近现代的史料,掌握中国近现代历史发展的基本知识,具备对某些专攻方向的研究能力和其他研究方向的拓展能力,了解本学科的理论前沿和发展动态,具备突出的外语能力和计算机技能,并能在高校和研究机关从事本专业的教学与研究、在中学、编辑出版部门以及各事业机关胜任与本专业相关的各种工作。

主要课程:史学理论与方法论、中国近代史料学研究、中国社会变迁研究、近代社会专题研究、中华民国研究、中华人民共和国研究、中国近代会党史研究、上海城市史研究、专业英语等。中国近现代史专业就业特点是专业性强、适应面大,就业情况呈现以下特点:第一,到高校和研究机关就业为主;第二,直升及报考研究生的学生有所增加;第三,到行政机关就业的学生占较大比例。因此,学生能做到专业对口、学以致用。

就业方向:从近年来的双向选择结果看,该系的毕业生显示了明显的竞争优势,用人单位普遍反映:这些毕业生知识面广,适应能力强,具有高度的事业心和责任感。该专业限招英语、日语。

硕士点学科建设发展计划

一(2002—2003 年)

1. 积极申请国家项目、上海市项目和市教委项目,力争在已有的基础上进一步在近代下层社会、研究区域经济研究、上海史研究等方面形成鲜明的特色。

2. 认真完成市教委二期课改项目:上海市初中七年级第二学期中国近现代史的教材编写工作。

3. 修订和完善研究生培养计划。

4. 调整研究生入学考试的科目和内容。

5. 努力增加本学科点的研究生招生人数,争取在 2003 年达到 15 人左右。

6. 努力增加本学科点为人文学院提供的研究生平台课的品种,使他们有更多的选择余地。

7. 做到可持续发展,及时调整硕士研究生的导师人选。

8. 及时采购相关的学术著作和资料书籍。

9. 不定期地邀请有关专家来校为研究生作学术报告,开拓他们的思路。

10. 为硕士研究生导师在网上查阅相关书籍、论文创造必要的条件。

11. 积极开展学术研究和交流,搞一到二次大型的学术讨论会,积极参加各种相关的学术会议。

2002 年 9 月 1 日

二(2004—2008 年)

该发展规划是在《上海师范大学十年发展规划》的基础上,根据中国近现代史专业发展趋向、本专业发展现状、本专业服务对象及特点制定的。

一、目前发展现状

1. 基本情况

我校中国近现代史硕士学位授予点于 1980 年获准建立,1982 年开始招生,至今已经有二十多年的历史,已经初步形成具有明确培养目标的研究方向及相应较完备的培养计划,招生规模不断扩大,报考人数与日俱增,已经在全国省级高师同专业中具有一定的影响。

2. 方向设置

2005 年,中国近现代史硕士点共开设 4 个研究方向:

① 中国近现代社会史

② 上海地方史

③ 区域经济研究

④ 民国史与当代史

3. 导师队伍

目前本专业点共有导师 4 名,其中教授 3 名,副教授 1 名,均具有硕士学位。

4. 存在的问题

目前该专业点发展中存在以下一些问题:

① 招生人数太多,超过了导师的负荷,不符合人文学院每个导师一般带 2 个,最多不超过 3 个的规定。

② 作为文科基础研究学科,该专业由于经费的限制,一些大型的图书资料仍无力置备,校图书馆远远不能满足专业点教学和科研的需要。

二、发展的基本定位

1. 学科地位定位

经过 3 年的建设,到 2006 年,中国近现代史专业应成为人文学院特别是历史系的支柱性学科之一。到 2008 年继续保持全学院优势学科的地位。

2. 发展目标定位

到 2006 年,该专业以中国近现代史为基础,积极向相关领域扩展并形成具有多学科交叉特点、基础研究与应用研究并重的特点、服务上海及周边地区社会经济发展的学科。具体:

① 以秘密社会与下层社会为切入点,积极与社会学等专业学科的相关研究方向相结合,继续进行以上海为重点的系列研究。

② 以都市文化为切入点,坚持走基础研究与应用研究并重的道路,研究上海各区域的历史与特色,以更好地开展上海史的研究。

③ 继续进行以江南为中心的区域经济史研究,重点在一些有代表性的市镇。

④ 坚持立足上海、服务全国的思路,拓展人才培养中的服务面和视野,实现向上(培养以攻读博士学位为目标的学生)、向旁(面向全国广大地区培养人才)、向下(培养以中学历史师资为目标)的多目标培养机制。

三、优势方向与领域

中国近现代社会史是本点的强项,目前已经被批准为上海市重点学科,经过 3 年努力有望成为国家一级的重点学科。

四、科学研究

研究项目及成果

狠抓在研的国家哲学社会科学基金项目、上海市哲学社会科学项目等科研项目,要求做到百分之百完成,力争提高优秀率,提高获奖的份额。继续组织申报国家哲学社会科学基金项目、上海市哲学社会科学项目等科研项目,并加强与其他单位之间的横向联系,积极承担各级各类的项目,特别是完成清史工程分担的任务。

五、教学建设

1. 课程建设

目前本学科共有 1 门专业课入选上海师范大学研究生课程建设的行列。到 2006 年,争取本专业各研究方向均有 1 门专业课程入选该行列。

2. 教材建设

到 2007 年,实现专业课专用教材编写与出版上零的突破。

六、招生规模与培养质量

2006 年招生规模达到 12 人左右,如果导师不增加则基本维持这一数字,以确保研究生的培养质量。

到 2008 年,达到市级优秀硕士论文数量、考取博士学位研究生比例具有进一步的提高。

七、导师队伍

到 2008 年,导师队伍将达到 5—6 人左右,新增加的一般均具有博士学位。

2003 年 12 月

对新入学硕士生的希望与要求①

一、学习方面

学习研究历史是一个很艰辛和漫长的过程,不一定要十分聪明,但一定要刻苦踏实,持之以恒。只要能沿着老师指导的正确道路上努力探求,就一定会有收获。对于我们初入门的同学来说好像每一个问题别人都研究过,其实还是有很多的空白点等待我们去发现和研究。

自己在政治上、学术上有什么想法(如想要硕博连读等),应尽早与老师讲明,老师会相应提高要求标准,进行帮助。

要静下心来做学问,切忌浮躁。内心浮躁的人是做不好学问的。可以不聪明,但是不能不刻苦,所谓勤能补拙,笨鸟先飞。

多读书和各种期刊,多看优秀的文章和论文,从中学习做历史研究的方法。还要自己动手多写一些相关文章。如有老师提供的机会,一定要积极参与。应多发表一些文章,这与各类的评比、评选直接挂钩。

做好知识积累,注重平时的储备。如多做一些读书笔记,写一些小文章,读后感等,以后可能会有大用处,机会永远是给有准备的人的。

除学习具体知识外,更重要的是掌握如何学习一门学科的方法。

可以多申请科研项目,锻炼自己这方面的能力。

做事要有效率。导师课堂布置的任务迟早都要完成的,早一步完成更好。要细心,才能多发现问题。

要听老师的话,不要自以为是,擅作主张。

切忌抄袭,宁可延迟毕业也不要抄袭。

一旦选择了历史专业,就要花费大量的时间和精力在上面,当然也就没有时间做其他的事。做兼职,勤工俭学,参加社会活动都要有个限度,不能占用太多的时间,不应为了其他事情(如打工,甚至结婚、怀孕、生子等)耽误学业,影响自己顺利完成学业。

二、做人方面

一定要保持良好的心态和正直的心理。做好自己的本职工作,潜心研究,不要参与他人是非(非原则性问题),既不会有什么好处,也影响了自己的学业。不要攀

① 本文为2015年3月25日对刚通过硕士生复试同学的谈话要点,由连域丞、张红梅整理。

比财富名利，要比就比自己与别人的科研上的差距。只有在学术上取得成绩，才能真切地感受到自我的人生价值。有了成就感，心里才会觉得踏实，生活才会充满快乐，心态才会保持年轻。

加强锻炼，强健自己的身体，保证完成各项学习任务。

除睡觉外，移动电话随时保持畅通，方便老师联系。

保护好个人学习资料及各种信息，最好有两个电子邮箱，以防学习资料丢失。

要学会和同学、老师和谐相处，害人之心不可有，防人之心不可无。自己尽力保护好自己，不搬弄别人之间的是非，分散自己学习的精力。

不要在导师间搬弄是非，专心做自己的事。

与同学搞好关系，做人要大度，不要因为一点小事斤斤计较。

注意安全，时刻有自我保护意识，不要去人多太拥挤的地方。

个人贵重物品妥善保存，太贵重的尽量不要带到学校来，以免不必要的麻烦和误会。

不要信各种歪门邪教，毒害自己，也伤及他人。

社会学重点学科经费管理规划

一、科研资助(18万)

(一)学术著作(6万)

原则:与学科相关。

步骤:个人提出申请,项目化运作,每年规定时间接受申请,由校外专家及本学科负责人组成的评审委员会审批。额度:资助1.5万/本,资助出版著作须注明"上海师范大学重点学科"。

(二)论文奖励(8万)

原则:

与学科相关,以主题相关性和刊物档次为基本原则,涉及跨社会科学与自然科学的成果由学科负责人单独组织认定。

条件:

奖励对象必须是文章第一责任者。每篇文章不少于4000字。

办法:

奖励额度每年根据学科经费使用情况也会有相应调整,具体奖励额度在每个奖励年度确定发布。凡符合奖励条件者,将文章原件向学科负责人申报,作为学科建设资料存档,经核实后予以奖励。

学科组每年会对发表在上一年度的成果进行集中统计并在全系范围内公示。

标准:

第一类,按学校奖励规则按比例配套(学校A、B、C类)

第二类,重点学科指定期刊(拟重点讨论)

(三)课题资助(4万)

原则:

与学科相关,按比例配套

标准:

国家课题(2万/项)

教育部、市级哲社课题(1万/项)

市教委(0.5万/项)

二、学术交流(17万)

(一)主办学术会议,大型社会工作会议一次(9万,含论文集出版),小型社会

工作、社会学会议各1次(共3万),学术讲座(1万)

(二)参加学术会议,限社会学、社会工作及相关会议,每人每年不超过两次,以论文提交为准(4万)

三、课程建设(8万)

原则:与学科相关

办法:项目化运作

标准:

教材出版资助(6万)

预研究(2万)以报告形式,作为学科建设资料存档。

四、实验室设备(5万)

五、图书期刊(5万)

图书购买

杂志征订

印刷

六、获奖奖励(2万)

论文获奖(市级学会以上单位颁发)

著作获奖

教学获奖

七、学科管理(5万)

课题中期验收、结项费

学科负责人行政管理费

以上内容均需与社会学学科相关,上述规则解释权在学科负责人,所有学科资助项目、奖励项目、经费支出年度公开。

2008年1月14日

博士后进站考核意见

一

侯鹏学术基础良好，选题重要，无论是资料的选择、论证的方向均有可操作性，且有一定的前期研究成果。清代中叶以后江南基层社会村落的控制问题既要注意普遍性，又要注意特殊性，要准确地理解运用历史文献得出恰如其分的结论。同意进站。

2014 年 9 月 22 日

二

蒋杰同志在法国跟随著名史学家安克强教授学习上海史多年，毕业论文选题重要而且富有创意，视角独特，在读期间多次撰写文章参加国际学术讨论会显示了较高的学术水平与国际交往能力。蒋杰的博士后研究计划在博士论文的基础上有所拓展，有所延伸，对于进一步加深上海史、下层社会史的研究很有帮助，加上历史地理学一些方法的应用，定会使人耳目一新，对于今天依法治国，建设社会主义法治国家亦可提供历史的借鉴。同意进站。

2014 年 12 月 11 日

三

韩冠群毕业于著名学府——中国人民大学，具有较高的学术水平与较强的科研能力。他的进站工作计划是在其博士论文的基础上提出的，有较高的学术价值，内容较为全面，基本资料较为丰富，初步论证也较为充分。该计划的顺利实施可以深化为南宋政治史的研究。同意进站。

2015 年 6 月 18 日

四

元代礼制至今为止尚无学者进行系统的研究，因此本选题是有学术价值的。刘舫的博士论文已经有了一定的基础，这次拟定的大纲是科学合理，切实可行的。对于进一步认识中国传统社会的政治、思想、文化均有重要的意义。同意进站。

2015 年 7 月 13 日

五

李月学术基础扎实，学习刻苦认真，在读期间已发表了一些重要论文，还有专门译著，学术水平较高，科研能力较强，发展势头良好。研究计划具有原创性、学术性。同意进站。

2016年4月6日

六

陈雅赛在国外受过良好的学术训练，专业基础扎实，科研能力较强。预定的研究报告选题有原创性、政治性及可操作性，既有学术意义又有现实意义，且做了大量的前期准备，应该是切实可行的。同意进站。

2016年4月6日

七

潘牧天学习认真刻苦，也十分勤奋，从本科开始多次撰写学术论文，出境参加各种国际学术讨论会，学术基础好。在博士生阶段又发表了一些论文，还与导师一道整理出版了《朱子语录》，荣获国家奖学金、宝钢优秀学生奖等奖项。科研能力强。

他提出的研究计划属于中国古代史范畴，选题大小适中，史料比较丰富，虽有相当难度，但还是切实可行的。年谱长编是人物研究一项基础性的工作，具有很高的使用价值。本计划是原创性质的，具有较高的学术价值。同意进站。

2016年4月20日

八

杨茜在攻读博士期间学习认真，已经发表了多篇核心期刊论文，在学术界有一定的影响，科研能力是比较强的。申请人提出的研究计划是博士论文的深入与继续，已经有了初步的设想，具有较大的可行性。一般学界主要是从经济角度来研究乡村聚落的，但杨茜重点考虑从社会生活方面着手，有新意，在理论上也有创新的成分。同意进站。

2016年6月17日

九

任石在攻读博士期间就已发表了两篇核心期刊论文，研究具有全面性、前瞻性与考证性等特点。申请人提出的研究计划是其博士论文的延伸与扩展，具有重要的学术价值。其中涉及南宋冠服制度方面的内容在宋史研究上属于前沿,在研究方法上注意将朝会仪制与官制联系起来,互为补充,也是好的。研究计划问题意识清晰,结构完整,可行性强。同意招收。

2016 年 6 月 19 日

十

【日】南毅博士具有国际关系专业的学术背景,受过复旦大学良好的学术训练,汉语表达亦较流畅。他提出的中国南海战略的研究计划是可行的。将“美国相对性衰退”作为一重要因素加以考量也有一定的道理。同意进站。

2018 年 6 月 19 日

十一

【韩】文蕙贞博士具有法学的学术背景,受过良好的学术训练,汉语表达能力较强。她提出的关于日军“慰安妇”受害者救济问题的综合性研究计划是可行的,可以弥补当下学术界在这方面研究之不足。同意进站。

2018 年 6 月 19 日

博士后开题报告意见

一

课题很有意义,关心地方社会之研究。目前勾勒出来的历史背景是可以成立的。但题目偏大,建议适当缩小,可以选取一些点,做个案研究。就技术层次而言,根据清代有较大时间局限性的鱼鳞册看社会控制也存在一定问题。最后除了地方志外,还要设法在相关家谱、族谱中寻找细节资料。在全局的把握上,要注意多元性与共同性的对立统一关系。

2015 年 1 月 8 日

二

本开题报告设计合理,目标明确,选题有较高的学术价值,可以进一步加以研究。作者思路清晰,问题意识清楚,所作的初步论证是可行的。本项研究可以深化对中国古代史的认识,也可为当前的治国理政提供某些历史的借鉴。建议在研究中要充分关注皇帝、宰相等当事人的个性因素,探究南宋中后期的特点,在史料运用方面要充分利用大量更为原始的宋代笔记小说中的材料。

2015 年 6 月 18 日

三

选题是有学术意义的,建议首先要交代时代大背景,强调常熟的地方特色,并且要有横向的比较研究。另外对于“巨姓大族”等关键词也应有清晰的界定与说明。

2016 年 9 月 28 日

博士后中期检查意见

一

岳钦韬出站报告进展顺利，已经完成五分之二。在科研方面获得国家博士后科学基金一等面上资助，还有多篇论文已在或将在核心期刊上发表。在教学方面已听了二门课，自己执教的《中国历史地理概论》即将开设。总之一切进展顺利。希望抓紧时间，按时间节点完成学校规定的任务，同时要积极参加院内的活动，密切与教研室老师的联系。

2014 年 11 月 11 日

二

侯鹏进站以来，工作勤奋，进展顺利，已在核心期刊上发表了两篇学术论文，还申请到了中国博士后科学基金第 57 批面上资助项目。在原定的选题方面，对“均田均役”“地方士绅”“包揽制”等等有了新的看法，但要进一步厘清一些核心的概念，在定量统计的基础上再下定性的结论。

2015 年 1 月 4 日

三

蒋杰进站以来，工作努力勤奋，已荣获 2016 年度上海市“青年东方学者”称号，进站后举办了两次学术讨论会。出站报告进展顺利，上课也在按计划进行。目前的问题是要抓紧在核心期刊上发表学术论文之进度。

2016 年 6 月 24 日

四

韩冠群进站以来工作勤奋，在科研、教学及学生工作方面做了大量的工作。发表核心期刊文章的数量已经达到学校的要求。目前出站报告正在紧张进行，建议抓紧时间，顺利完成。

2016 年 9 月 28 日

五

刘舫进站以来工作勤奋,首先从材料出发,重新审视了元代这一历史时期的文化的构成;调整了写作顺序,将蒙古族文化放在第一位;实事求是地指出礼制在元代并不甚重要。建议在做总结时很好地把握传承与断裂的辩证关系。

2017 年 5 月 17 日

六

李月经过一年努力,已初步厘清美国城市史学的发展脉络,发表了一篇核心期刊论文,收集了所需的史学著作,并申请到了博士后科研基金一等资助,发展势头是好的。

出站报告应注意美国的城市史学的时代阶段区分,同时也要注意它对中国城市史学的借鉴作用。建议抓紧时间,按时完成出站报告,选择各种代表性的著作为样本,进行分析研究。

2017 年 6 月 22 日

七

杨茜博士后报告进展顺利,现又进行了合理的调整,加强了结论,增加了延伸性的讨论部分,这些都是可取的。

建议精心设计博士后报告的章节目,突出关键词与核心概念,很好地兼顾面与点的关系。

2017 年 6 月 28 日

八

潘牧天进站以来,工作勤奋,各项工作均有进展。下一步的工作打算也是切实可行的。但必须注意节约时间,压缩参会次数。在参考与课题直接相关的史学著作时要注意纠错正误。此外要在考订上下功夫,搞清朱熹言论的发表时间,以便更好说明朱熹思想的发展脉络。

2017 年 11 月 23 日

九

任实进站以来,工作扎实,除了完成各相关工作外,已将南宋最基本史料通读一遍,为完成出站报告打下了很好的基础。建议适当增加外出开会的次数,加强学术交流。出站报告要注意南宋王朝本身的特点(对外战争不断、宰相弄权),还要抓紧向核心期刊的投稿。

2017 年 11 月 23 日

十

邬勖的研究工作已经取得了阶段性的成果。出站报告写了绪论及第一至第三章,参加了相关的学术会议,发表了两篇相关的论文,其中有一篇是核心期刊,这些都为完成出站报告打下了较好的基础。建议集中精力,加快出站报告的写作进度,重点是充分利用现有的司法文书材料,对其所反映的秦汉时期的法律方法、司法制度作进一步深入探讨,同时还要抓紧向核心期刊投稿。

2018 年 9 月 27 日

博士后出站报告评语

一

本报告选题重要，全文具有原创性。作者充分挖掘了亚洲历史资料中心的档案、同仁会会员的回忆录、同仁会的会志以及相关刊物对战时的同仁会在沦陷区的卫生工作进行了迄今为止最详尽的研究，填补了日军侵华史研究的一大空白。本报告不仅具有学术价值，而且对于进一步认识日本侵华的本质也有重要的参考价值与现实意义。

作者揭露了在日本外交、陆军双重操控下同仁会的在沦陷区进行卫生工作的真正用心。用了很大的篇幅揭示了该会对中、日"接客业者"的卫生检查实质上就是为日军的"慰安妇"制度服务的。

第 82 至 84 页"违反医学伦理的调查研究"一节是全文的精华部分，作者从衣虱疫苗的研制、对健康人脑脊髓液温度的测定实验等五个方面揭露了战时同仁会"对中国民众的身体实行医学暴力，从本质上说不仅是为了满足日本军政当局的要求，也是为了满足自身研究的某种私欲。"这一结论鞭辟入里，直指要害，具有很强的说服力。

作者还考证了日方制造"西瓜、甜瓜注菌"谣言的来龙去脉，有根有据，令人信服，显示了作者良好的史学素养。

当然报告还有一些不足之处：

其中最主要的是每一章均有结语，但整个报告没有总的结语或结论。

其次是一些重要史实没有确切的交代：关于同仁会在抗日战争全面爆发前的前史，作者在第 1 页中仅仅给了 11 行的简介。没有交代该会的入会标准、组织机构及规模等，读者无法进行战争前后的对比。第 10 页第 7 行、第 31 页倒数第 11 行、第 99 页倒数第 9 行多次提及同仁会会长林权助，均没有基本情况的介绍，特别是没有具体说明此人出任会长的时段。第 13 页说"基本恢复了如战前般的常态经营"，但因文中并未提及战前经营情况，所以应该在这里加注简要说明战前常态经营的情况。第 104 页第 12–13 行提及"同仁会的解散"，没有确切的时间。

引文过长：第 55 页至第 63 页连续引用了日方关于无锡、杭州、九江地区的防疫报告，而对这三个报告的解读一页纸都不满。其实可以选录其要点，全文可以作附录，放在正文之外。

用词欠妥：提要及正文中说"防疫职能上的延长"，职能无法延长，改用职能的延伸较好。

笔误:第14页第三段一连出现了三个"心之向北"应该是"心之向背"之误。第14页最后一行"包裹从从火车上卸下",多了一个"从"字,也可能是"匆匆卸下"之误。第80页第1至第2行,"发现上海日本人学童比无论在身高、体重、胸围、坐高等各方面都要优于同期的日本国内学童与中国学童。"多了一个"比"字,去掉后文句就通顺了。

漏字:第73页第1行:"至11末时"应为"至11月末时"。

注释不严谨,第99页注释2,出版年份为193年。

还有,第54页第12行称"沪西地区(旧法租界、英租界、意大利租界的延长)"有误,上海从来就没有意大利租界。由于找不到日文原文,不知道是原文本身有误,还是在翻译时发生的差错,如果是前者,按照一般学术规范,译者应该出注,说明其错误。

2014年10月28日

二

本出站报告选题重要,同时具有较高的学术价值与现实借鉴意义,成功填补了上海史研究中的一块空白。作者查阅了不少未刊的档案史料,并做了较多的口述访谈,将整个研究建立在坚实的史料基础之上,显得真实可信,有根有据。作者用辩证唯物主义的观点考察了1949—1977年的上海卫星城的规划与建设,充分肯定了这方面的成就与经验,对同时存在的缺点与不足也做了历史的客观的分析,贯彻了实事求是的精神。本出站报告学术史回顾全面、到位,框架结构设计合理,文字通顺,总体上是原创性高水平的。

不足之处是没有说明将研究时段下限定在1977年的理由,第122至123页有1980至1982年的叙述、第138页最后一段说金山卫第一期工程是1978年完成的。

有些地方没有做必要的交代。全文论及西方国家卫星城建设大致只提了英国、美国,而且只对伦敦卫星城有一点粗略的介绍,即使这种介绍也没有涉及规模、距离等最基本的要素。第5页、第17页提及卫星城理论的创始者、支持者霍华德、霍尔、芒福德应各加个学术性的简注,说明他们的国籍、生卒年月、主要著作等。第78页介绍了成立于"文革"时期的上海电机厂"五一"职工大学,而对更多的"七二一"大学根本未提。第115页第二段说有些传说为"万人大厂"的,"实际上每家企业并无一万职工"。但后面没有每家企业的具体职工数字。对闵行(一条街)等卫星城建设的介绍中没有说明每户职工家庭的标准住宅面积。第101页论述有关闵行一条街的美术作品时最好选取其中一、二幅作品的照片,以便读者图文对照。

有些地方没有资料出处。如第16页、第20页两次论及陈毅市长同意刊印《大上海都市计划》,均无出处。第118-119页工业建设成果这一段有很多数据,无一出处。

史实不正确:第45页第三段的文意是将南翔作为一个县,但事实上,在本文讨论的时段内南翔并不是一个县。

个别错、漏字:第7页第五行"提得一提"、第32页第三段"人口规模控制在50

万人至55人之间”、第56页第四段“居民的工资和文化生活仍在主城”等。

在注释中一般是将外国人的国籍用方括号标志，本文用的是圆括号。

2015年6月3日

三

明代保甲虽然早已成为历史，但其中的一些经验教训对今天的社会治理仍有一定的借鉴作用，在这个意义上，本出站报告的选题是很有意义的。作者努力搜集一切相关的史料，对明代的保甲制进行了迄今为止最详细的建构与评述，指出了前人研究的某些不足与错误，提出了自己的一些新见解，促进了明史研究的深入。作者观察问题比较细心，不但考察保甲制度本身，而且还注意到这一制度的具体执行情况。全文布局合理，层次分明，逻辑严密，资料注释总体上也是规范的，是一篇优秀的出站报告。

当然还存在一些可以改进的地方：

有些地方提法欠妥。第48页第三段“但似乎到黄承玄上任时，许多地方仍未设置甲长”，作者没有说明这种或然判断的理由。第65页第三段“鉴于明代保甲制极强的应时性特点，湛若水的保甲法并未得到长期有效的实施”。没有注释，也没有说明具体实行了多少年。第72页提出，“明代中期之后，卫所制度在实质上日渐瓦解”，作者提到了《怀星堂集》，但没有说明该书的成书年代。第86页第三段，官府“将自身掌握的查举、打击犯罪活动的职责”转嫁给民间。应该是自身所承担的……。第101页第一段“当违法犯罪行为并非针对自身身家时，则或徇于私情，或唯恐生事，往往不愿主动干涉。”比较绝对化，不能排除有见义勇为者或“好事之徒”爱管“闲事”。

语句欠通顺。第62页第三段“与以往京师所行保甲法不涉及武装动员不同，刘宗周十分重视这一点”。

个别地方未注明出处。如第42页倒数第八行开始的直接引语没有资料出处。第58页第三段中明实录没有加书名号。

错别字。全文在第36页、第41页、第52页、第60页、第75页、第76页等多处出现“讥察”一词，显然均为“稽查”之误。第58页第三段“讥防奸细”当为“稽防奸细”。第70页“倩人寻觅”应为“请人寻觅”。第80页第二段“故之义仓”应为“古之义仓”。

最大的问题是报告中没有提及李自成起义军是如何对付西北地区保甲制的？

2015年6月18日

四

本出站报告选题重要，很有问题意识，有新意。使用的材料生动鲜活，第124-129页整理成表格的“转发量较高的10条微博”充满生活气息，内容亦很吸引人。

作者指出了“威胁”不威胁并不取决于中国,而是取决于某些国家的自我想象;“中国威胁论”并不等同于昔日的“黄祸论”。作者认为当今中国公共宣传传播方面存在的一些问题:缺乏自己的话语体系;对论敌的概念随意调换等等。上述这些观点都是有一定根据的。整个报告涉及历史学、新闻(传播)学、政治学诸学科领域,对当代史进行了大胆的探索,是一篇优秀的出站报告。

不足之处是有些重要问题点到为止,没有展开必要的讨论。如第 85-86 页提到 2002 年之后,很难在美国主流媒体上发现与中国“政治、意识形态威胁”相关的讨论。“自 90 年代以来,我们就很难在《人民日报》之类的主流媒体上发现对异域‘政治、意识形态威胁论’的直接回应。”作者指出这两个重要现象后,没有接着进行必要的阐释。

有些地方提法欠妥或未作必要的交代:第 21 页最后一段“晚清最早睁眼看世界的一拨人,代表人物有林则徐、曾国藩、李鸿章、张之洞、魏源等人。”按照历史的顺序,魏源的位置应在林则徐前后。第 49 页第一段提及上个世纪 80 年代后期讨论“要民族复兴还是要被开除球籍”,应该加注说明“开除球籍”的出典来自毛泽东主席的一次讲话。第 67 页第三段前驻北京记者克利斯托夫,没有交代该记者属于哪个国家哪个通讯社。第 68 页提到的两个代表人物奥根斯基、杰弗里均未表明国籍。第 77 页最后一行“立即于 28 日予以了否认”,日期前面没有月份。第 92 页第四段,认为尤其在网络空间里,对异域“中国威胁论”的反击,“很大一部分是由一些‘特殊群体’和‘弱势群体’完成的。”后面没有提供任何数据或说明。

语词不规范。第 47 页第一段“国际共产党联盟”,事实上没有出现过这个组织名称,根据上下文文意,应为“社会主义阵营国家”。在 54 页、第 115 页等处多次出现“特色社会主义”这一名词,删去了“中国”这一关键词,很不严谨。

注释不规范。第 38 页第二段列举国民党军政要员与民族复兴相关的讲话、文章或书籍时均缺少出版方信息。第 61 页倒数第三行提及两个英国学者的两篇重要文章、第 96 页第十一行列举的三篇文章,第 120 页提到 8 篇有关中国梦的有代表性论文均未标出出版信息。第 64 页倒数第五行“傅满洲形象”、第 76 页第二段中的“华盛顿共识”均应加注说明。参考书目部分第 138-139 页出现的大陆版的《孙中山全集》的书目,多达四种,其实系同一版本(有的是重印而已)。

有一些错别字。如第 5 页第一行《康辑(輶)纪行》,第 97 页“玷污中国的形家(象)”,第 23 页第三行《醒世钟》应为《警世钟》,第 131 页第三段“白日团”根据第 36 页的缩写,应为“青日团”。

2015 年 6 月 18 日

五

作者充分利用了各种资料,包括自己购买的日伪“华中铁道株式会社”产业课档案,对上海铁路抗战损失及其影响进行了迄今已来最为细致的研究,重构了历史的图景,还原历史真相。全文构思缜密,资料丰富,论述翔实,图文并茂,表格齐全,总体是一份原创性、专业性很强的出站报告，弥补了抗日战争史、民国铁路史的一大空白。

但也存在一些需要改进的地方。

首先是题目还不能完全涵盖全文的内容，特别是改革开放时期的明珠线建设、南站建设，一定要说它们与当年日军侵华造成的后果有关联，实在有点牵强附会。

其次，全文应该有一幅京沪、沪杭甬、淞沪、苏嘉的铁路全图，便于读者对照查看。

第三，有些不该省略的被省略了。如第 34 页倒数第二段，"如表、表所示"，应为如表 1-26、表 1-27 所示；第 61 页第四段说"空中屠杀在松江、苏州、嘉兴等各大中站都发生过，本文不再列举"，但这些内容恰恰是出站报告题目"上海铁路抗战损失及其影响研究"要讲的内容。

第四，有些地方不够明白，语句不完整的：如第 83 页第二段"沿线棚户仍有 333000 平方米"，按照文意应该是"沿线棚户面积"；第 87 页第一段"交通问题成为 1970-80 年代上海城市建设中一项紧迫任务"，问题不是任务，解决问题才是任务，因此必须加"解决"两字；

第 48 页第二段整段引文没有资料出处；第 25 页、第 54 页的"旗站"之类的专门术语，要加注释说明。

不少表格如表 3-5、3-6、3-8、3-12、3-14-16、3-19-27 中的价格没有货币单位。

第五，有些错别字：第 30 页第十五行"与战前想比"，应为"相比"；第 63 页第三段，"十分钟盾熄灭"，其中"盾"应为"后"；第 72 页倒数第二段"干线何 13 公里支线"其中"何"应为"和"。

2015 年 11 月 1 日

六

本报告梳理了晚清及民国时期历届政府进行的探讨礼学、推广礼制的工作，重点叙述了服制、丧祭、婚礼三大礼制的演变，指出了演变中简化与西化的趋势，认为近代礼制重建成效甚微，但还是可以提供若干历史借鉴。总体上讲，完成了预设的任务，尽管对于近代礼制建设的价值研究着墨笔不多。

不足之处：

1. 研究的时间段是近代，但对于 1940 年代很少提及，因此对全民族抗战中的礼制没有展开论述：如对著名抗战将领的公祭、对国府主席林森的国葬、对黄帝陵的祭扫、对受降仪式的设计与安排等等。即便对于 20 世纪二三十年代也有缺漏之处，如国民党、国民政府安排的开会仪式，一定要恭诵总理遗嘱、继续由政府出面表彰节妇烈女等。

2. 不严谨：整本出站报告没有页码，以下出现的页码是评阅人自己添加的。第 89 页简化为"纳采、纳币（纳征）、亲迎，省略了问名、纳吉、亲迎三个环节。""亲迎"

究竟是保留还是被省略？参考书目中美国人费约翰的《唤醒中国》先后出现了两次。第 11 页第三段“三礼”没有出注。

3. 不规范:第 57 页注 5,《章太炎全集》没有写明卷数。全文均用页下注,但第 94 页第二段中出现了一个夹注。第 57 页注 1,《申报》有日期,无第几版,第 101 页《东方早报》有第几版,无日期。第 34 页 2016 年 3 月民革在全国政协开幕前通气会上透露的提案,没有资料出处。外国作者的国籍一般用方括号,作者全用圆括号。对于井上彻则没有注明他的日本国籍。

4. 有些笔误:第 49 页第一行中的上述国葬法被写成“尚书国葬法”、第 52 页第七行中的加入行列被写成“加人行列”、第 78 页倒数第一行漫应之曰被写成“漫应之日”、第 90 页注释 1,2004 年第 2 期被写成“2004 难第 2 期”。

5. 衍字:如第 11 页倒数第二行曹元忠著的“著”。

2016 年 4 月 16 日

七

出站报告的选题是好的,有较高的学术意义,对于朱熹的礼学思想从宋代国家层面和基层社会层面作了较深入的探讨,有一些创新的观点。但在学术史回顾部分没有提出本报告所要研究、解决什么问题。第五章论及的朱熹礼学的现代价值过于简略。第 156 页说《家礼》影响所及“远至韩、日、越南”,但整篇报告中不见越南部分的佐证。

2016 年 12 月 21 日

八

本报告选题重要,材料多样丰富,有不少是未刊的档案材料。整个框架完整,层次清楚,说清了问题。作者还利用 GIS 技术,很好地复原了曹家渡一带当年的土行分布,而且还有不同年月的三幅示意图可供对照,反映了作者严谨的学术态度。

不过,本报告还有一些可以改进之处,主要是:

一、表述不当。第 29 页第一段“从事一些下层职业,例如人力车夫、妓女”,人力车夫、妓女是身份,不是职业,职业是拉人力车、卖淫。第 69 页将道士、戏曲演员认定为“一些特殊职业的人”,不妥,特别对戏曲演员而言。第 93 页第二段“业主为……‘鼎顺酱园’”,‘鼎顺酱园’是店家名称,应该是‘鼎顺酱园’老板。

第 33 页第一段闸北大通路,不对,闸北大统路,大通路在公共租界(静安区),与山海关路交叉。第 45 页介绍鸦片价格从一两 3 元飙升至一两 15 元“几乎是原来售价的 5 倍”,“几乎”要删除。

文中许多地方有“一个叫做‘某某某’的人”的表述,除非确认这一姓名是假名或花名,一般不要加上双引号。另外,同样这类表述,也有不打双引号的(74 页倒数第 4 行)。

第九十七页第 2 行,“材料生成与 1939 年 3 月生成”,第二个生成要删除。第 98 页表格栏目设置将门牌与地址并列不妥,因为门牌就是地址的一部分。第九十九至一百页的表格中名称相同的里应该放在一起,这样可以直观地印证作者在一百页作出的文字结论。在第一百零一页至第一百零四页的表格中,作者虽然讲相同的里放在一起,但没有按门牌号码的大小排列,不能直观显示出在同一里中土行分布的密度。

二、错别字:第六页第 2 行、第九页第 7 行“晚晴”应为“晚清”。第 12 页第一段中“除此而在”应为除此之外。第 86 页倒数第 4 行,“不行成为”,应该是不幸成为。

三、衍字:第 19 页倒数第四行“公共租租界”。

四、第 10 行法文 Passion 应该是至爱译成“挚爱”不妥。

2017 年 1 月 10 日

九

本报告属于社会经济史的范畴,作者利用包括地方志在内的大量史料,从实际操作层面深入细致地分析了明清江南乡村控制体系的结构与功能,纠正了以往学者仅仅就制度文本层面讨论问题的偏差,叙事清晰,论证充分,多有创见。

但也有些不足之处。就篇章结构而言,直接从宋朝进入明朝,没有说明跳过元朝的原因。作者自己在第 4 页一开始就强调,“在传统中国基层控制体系演变的历史过程中,宋代差役改革是一个重要的节点,从此以后,帝国的统治者开始用一种越来越严密的徭役体系来组织乡村社会”。但是元朝作为传统中国的一个朝代,它统治者在差役、徭役方面如何运作,本报告没有任何说明。

表述不确:第 2 页第一至第二行,“包揽行为程度不同地出现于这些役名之中”,“之中”应改为之下。第三章第二节(第 61 页第二段)说,“对比第一节弘治《江阴县志》对游民的描述”,查对下来,该段论述出现在第 41 页第二章第二节第一小节中。

漏字:第 146 页第三段“他也同样会更倾向于用同样的来处理自己与政府间的关系”,缺了“方式”一词。

错别字:第 1 页第六行、第 60 页第四段,目的被写成“目地”。

2017 年 1 月 10 日

十

出站报告选题重要,属于中国古代史研究范畴,全文角度新颖,资料翔实,以宋孝宗、宋光宗为中心,从御殿听政、官文书的行用、与宰执的关系等方面分析了这两朝的政治运作,达到了预期的目的。只是第一章第一节南宋临安宫城殿宇的修建布局未能很好地与宋孝宗的中央控制结合起来论述。第三章稍嫌薄弱,没有写出宋光宗在健在时的制度性的东西。目录章的标题逻辑性不强,参考文献部分的论著多有重复。但总体上符合出站报告的要求,有自己独到的见解。

2017 年 6 月 22 日

十一

本文对关键词“主姓”界定得十分清楚,据此展开论述,有条不紊。既肯定了“主姓”兴市的历史作用,也敏锐指出了对“主姓”兴修水利方面的夸大之处,他们只是配合,绝非主持,实事求是。作者努力发掘相关史料,第 40 页还用上了一则笔记小说,很能说明问题。图表齐全,其中第 17 页图 2 特别清晰、专业。

但也存在一些问题:第 73 页表 3,将徐峰列入非徐氏一列,大误。

第 12 页的分布示意图没有将图中 1-23 的数字予以说明;第 26 页图 3 图中只有 7、8 两个数字、第 68 页图 5 图中只有 7、9 两个数字,均不合规范。第 13 页第三段“名将李开山”前面未标出朝代。第 52 页第三段提及库子、斗级等徭役名目,应加注简要说明。

第 28 页一段引文中“丁壮,与米若干”中的逗号应删除,与后面的句子保持连贯一致。第 31 页第一段一段直接引语,其实是对联,因此尚需进一步细化标点,即“须先教子”“及早办官”前均须加逗号。第 32 页第一段,“举火日月输奉”不通,举火与日月输奉之间要用逗号隔开。

第 2 页第一行“势家大族”当为世家大族,第 61 页第二段“势豪家族”,也有待斟酌。第 84-85 页标东京大学出会,但第 86 页写名古屋大学出版会,两个名词中必有一误。

2018 年 6 月 12 日

十二

陈雅赛的出站报告对近 15 年日本涉华舆情进行了较为系统的分析研究,指出了日本涉华舆论特征与应对策略,有很强的现实意义。但缺少全文的总结论:文末第 116 页“三、研究局限与展望”中没有任何展望的内容。《日本报纸中的中国形象》的作者在第 6 页、第 122 页上都是张玉,但在第 11 页却是李玉。

第 5 页至第 6 页“研究现状”部分提到的所有论者均无具体的版本信息。第 105 页倒数第二段有段直接引语,只讲是西方媒体的,没有具体出处。第 107 页第一段、第 109 页第二段也有一段直接引语,均没有标注具体出处。

参考文献部分的文献后面的页码是多余的,必须全部删除。第 122 页张春波写的书出现了两次。

第 9 页上提到了两个外国学者,第一次出现时最好能介绍其国籍。第 111 页倒数第五行论及“井喷式”发表右翼言论,但没有大致数量的说明。

表格制作方面:表 4-27 第二列已经是 100%,那第四列的 46.2% 从何而来? 还有表4-28,第二列已经出现100%,因此第三、第四列的统计没有任何意义,甚至全表都没有必要制作。

2018 年 6 月 17 日

十三

任石的出站报告以“身份等级”为出发点,对南宋的朝会制度进行了较为系统的考察,指出朝参、奏对、班位、冠服四个问题上存在着共通性与务实性,研究细致入微,例如厘清了赐服与借服的区别。这些都是值得肯定的。

报告除绪论外共有四章,但缺总结论。

第三章第一节标题“试论南宋班位”,在出站报告中不要再用此类谦辞。第38页第二段提及“苗刘兵变”,第一次提及应出现全名为好。

第107页表11:太平国兴七年群臣系带等级,中“太平国兴”应为太平兴国,其中第七行“官职”列有“工商、士人、庶人”,严重不妥,因为这些身份都不是群臣的“官职”。

有些词语不必打引号。如第98页倒数第四行:实际上是在官品与杂压之间寻求一种“折衷”。如果作者定要强调折衷一词,可以加粗或加下划线来表示。同理,第111页第一段中倾斜一词,也没有必要加双引号,作者在内容提要中就没有加。

参考文献部分,将国别与朝代统一用圆括号不妥,国别按惯例应该用方括号。

2018 年 6 月 17 日

十四

刘舫的出站报告对元代礼制进行了详细的研究,填补了学术界的一个空白,具有原创性。从技术方面来说,第30页第一段,作者就忽必烈“不许”臣下上尊号的原因发表见解:“不接受这样的文字,因为尊号字数越长越是尊贵,或许忽必烈认为在还没有统一天下之前冠以如此尊号恐有不妥。自然还有一种可能,即忽必烈不同意中书左丞相忽都带儿的上尊号的相关仪式。”不一定全面,自然还有一种可能,两者甚至三者兼而有之。

用词不妥:第47页倒数第十行“宣泄权利的工具”,应改为“彰显权力的工具”。第93页倒数第九行称老年人置妾“以娱乐目的”,不妥,因为女人不是用来“娱乐”的。还有第94页称屠城为“耗损人口的手段”。第118页“步续”改为步骤。第102页,第104页、第105页、第108页出现的“知识分子”这一概念太超前了,还是用士大夫(阶层)为好。

句子不完整。第112页第一行:《家礼》有“男子年十六至三,女子年十四至二十”,后面应加“之说”。第101页第二段“自板小学”不知何意?

在第123-124页的《宋、金、元吉礼对比表》中大部分备注均可以省略,因为凡是有选项但留白者已经表示“无此礼”了。

第 13 页、第 28 页、第 92 页、第 116 页、第 117 页上一些繁体字还没有全部转化为简体字。

2018 年 6 月 17 日

十五

潘牧天的出站报告资料翔实,全文有不少学术性的注释,反映学风之严谨。

不足之处是立论不妥,第 9 页"朱子理学能够独步宋以后学术界而统治东亚思想数百年,主要归功于其门人后学的传播。"其实主要是由其本身的价值决定的,如果价值不高,其门人后学再怎么传播也是没有用的。其次作者自己在第 100 页中也承认:"不特浙江门人,整个朱门皆未有超过朱子者"。正确的表达还是第 98 页上"朱子之学在后世影响如此巨大,则与其门人至有关系。"第 18 页倒数第五行称思想形成至成书的阶段,一般讲至成熟的阶段。第 38 页说,考察记有语录的 13 名浙江门人,皆未应举。但数下来只有 12 人。

一些应该重点讲述的没有展开。第 29 页表格中称赵师雍被列为叛徒。在全文另一处写道朱子门人中有三个叛徒,浙江人有两个,这是与本文直接相关的主要命题,可惜没有加以展开。第 39 页有一段提及浙江门人传下的九部著作,缺少写作先后的介绍,更无对朱熹学说继承、发展的说明。第 42 页第一行讲到弟子门人的变动性或不确定性时,说"还有赴上饶求象山陆氏之学,然而意见差异,转投朱子门下。"没有举例说明。同页第四段,说:"由诸家转入朱门者多,由朱门转入诸家者少",均没有具体说明,而这些正是本文应该重点讲述的。第 16 页最后一行朱松没有说明身份,应该是朱熹父亲吧。

其他问题:全文缺少目录页。整个第三章以地区分为六节,每第 36 页最后两段均没有资料出处。第 39 页倒数第四段大部分讲的是朱子著作讲授给什么人的事情,与本节讨论的朱门弟子的著述无关,应调整到别处。第 3 页第 8 至 9 行括号中的数字要删除。第 101 页参考文献部分朱熹年谱长编的具体页码要删除。

2018 年 6 月 19 日

十六

本出站报告在作者 30 万字已经出版的博士论文的基础上作了延伸性的研究,重点探讨了北洋时期对外贸易政策与经济,选题是很好的。作者认为北洋政府的对外贸易政策有反帝反封建进步的一面,从学术角度而论是可以成立的。

但出站报告也存在许多不足之处。本报告最大的不足是只见事情不见人,任何政策都是人制定的,报告没有说清北洋政府管外贸的是哪些负责人,他们有些什么样的指导思想。在学术史回顾部分虽指出了一些论著的学术贡献,但没有指出其不足之处。第 190 至 191 页充分肯定了北洋政府的外贸政策,但没有交代这些条例、细则究竟实施了没有。

表述不严谨。摘要页说“北洋时期对外贸易政策与经济登上了历史和时代的舞台。”语词搭配欠妥，一般是某历史人物、人群、某一阶级登上了历史舞台。第194页第一段说“北洋政府的对外贸易政策就是在这些爱国群众运动的基础上制定出来的，……如1927年收回汉口、九江英国租界就是在群众的支持下取得胜利的”，不确切。1927年收回汉口、九江英国租界是武汉国民政府搞的，不在北洋政府实际管辖范围之内。第101页第一段“在强大的中国人民反帝运动特别是五卅惨案的压力下”，应该将五卅惨案改为五卅运动。第106页最后一段“总税务司安各联”，通常译作安格联。

无的放矢。第197页说，“不管北洋时期对外贸易与经济如何落后，时人如何否定它，北洋政府还是为中国民族经济的发展做出了一定的贡献”，但问题是作者没有交代，采取否定态度的时人有哪些。

没有出注。第38页引用的林则徐、魏源原话、第39页引用的薛福成的原话均无出处。第47页第二行称北洋时期的出口，“罂粟、水果等均有一定程度的增长。”众所周知，1909年在上海召开了万国禁烟大会，清政府在英国的逼迫下承诺限期禁绝罂粟在内地的种植，中国政府怎么可能到了北洋时期允许公开出口罂粟？

注释不规范。第206页郭沫若：《中国史稿》，人民出版社，1962年。不确切。《中国史稿》是多卷本，作者没有写清楚第几卷，读者无法寻找。第206页《列宁选集》第13卷，误，新中国成立后出的《列宁选集》一直只有四卷本。第27页引用了1972年版的《列宁选集》，目前学术界统一要求使用的是1995年的版本。第33页三个注释写雷以诚：《清史列传》，雷以诚并不是《清史列传》的编者。第42页、第82页注释中《民国档案史料汇编》第3辑，不是全称，全称应为《中华民国史档案资料汇编》第3辑。

文句不通。第13页倒数第九行“提出中国国际贸易的振兴提出了很多个人看法。”第31页中间一段“中国商业行政的系统才渐趋完善的开始是……”。第33页倒数第二行“生财大道鱼应请求”。第34页第三段“故鱼宜广招富商”。第100页第二段“北京政府在20世纪初期进行了多达四次，帝国主义国家的压力下，尽管多次修订关税税则……”。

相关表述失范。第84页至87页有四个表格，只有一个有正规的表格名称。第91页的第九行“6、70年代”。

错别字。第24页第十四行便突破被写成“使突破”。第32页朝廷、军饷分别被写成“朝庭”、“军响”。第40页第二行欠数千兆，被写成“欠数干兆”。第148页倒数第三行2千万被写成“2干万”。第45页倒数第三行脱脂棉被写成“脱字棉”。第141页泥潭被写成“泥摊”。第145页第一段不平衡被写成“不乎衡”。第192页第五行减税被写成“建水”。

衍字。第35页第一段“超前的眼光还是是值得我们肯定的。”多了一个“是”字。

2018年10月16日

博士后出站考核意见

一

岳欣韬进站以来工作努力,成绩突出,主持和参加了一些主要的科研项目。在站期间发表了八篇核心期刊论文,在学术界产生了一定的影响。教学工作认真,教学效果良好。出站报告选题重大,问题意识明确,框架结构合理,史料翔实,论述严谨,逻辑清晰,其中第四章尤为出彩。全文具有较高的学术价值。

2015 年 11 月 5 日

二

张涛进站以来工作勤奋,先后在境内外发表了五篇学术论文,涵盖面较广,有一定学术深度,另外还有一本学术专著问世,在学术界产生了一定的影响。出站报告梳理了晚清以来历届政府探讨礼学、推广礼制的工作,重点叙述了服制、丧祭、婚礼三大礼制之演变,指出了演变中国简化与西化的趋势,基本完成了原定的计划,提出了一些有启发意义的看法。报告的架构初具,今后可以在时间、空间两个维度进一步充实补充。

2016 年 4 月 20 日

三

沈业露进站以来学习认真,工作勤奋。她按照学校人事处的要求做了大量的工作,表现良好。在合作导师的指导与帮助下,能够较快地完成从语言学到历史学的转变,尤属不易。其出站报告对朱熹的礼学思想从宋代国家层面和基层社会层面进行了深入的探讨,对与此相关的《礼仪经传通解》及《家礼》也多有创见。全文资料丰富,观点正确,论证有力,具有较高的学术价值。在站期间,她还发表了两篇高质量的学术论文,学术视野与研究领域均有所拓宽,这些都是可喜的进步。

2016 年 12 月 21 日

四

蒋杰同志进站以来工作勤奋,在规定的时间内完成了学校规定的教学与科研任务。在站期间获得了国家博士后项目与上海市哲学社会科学项目,荣获“青年东方学者”称号。他充分利用各种相关史料,对日战时期上海毒品的相关问题进行了全面系统的考察,不乏新的见解,有较高的学术价值。总之,蒋杰同志在站期间科研能力有了较快的提升,在教学方面也初步积累起宝贵的经验,发展势头良好。

2017 年 1 月 11 日

五

侯鹏同志进站以来,在科研方面孜孜以求,精益求精,已经按照学校规定发表了多篇核心期刊论文,在学术界产生了一定的影响。出站报告在原有的研究基础上又有所突破,利用包括方志在内的大量史料,从实际操作层面深入细致分析了明清江南乡村控制体系的结构与功能。全文思考缜密,史料丰富,多有创见,具有较高的学术价值。

2017 年 1 月 11 日

六

韩冠群同志进站以来学习认真,工作刻苦努力,已在核心期刊上发表了四篇论文,申请到了中国博士后科学基金资助,显示了他的科研实力。又完成了两门课程的教学,还担任了学生工作,完全达到学校规定了博士后出站标准。

出站报告选题重要,属于中国古代史研究范畴,起点较高。但韩冠群另辟蹊径,角度独特,全文对宋孝宗御殿听政、强化枢密院的掌控做了详尽的考述,对宋光宗与宰执群体的关系进行了个案分析。史论结合,资料丰富,对于理解两朝为何没有出现权相具有重要参照意义。

2017 年 6 月 22 日

七

杨茜入站以来,工作勤奋努力,出站报告选题恰当,写作规范,文笔流畅,推进了江南区域史的研究。其各项表现均符合国家与学校之规定。合作导师与中国历史地理研究中心导师组均表满意。

2018 年 6 月 14 日

八

陈雅赛博士进站以来工作积极努力,科研方面成果突出。出站报告对十年来日本涉华舆论进行了量化分析,并提出了切实可行的应对策略。学术价值高而且具有现实意义。

2018 年 6 月 19 日

教学质量评估与科研项目评价

上海师范大学教学成果奖

获奖证书

获奖成果：中国近代社会史课程建设

获 奖 者：邵 雍

完成单位：人文与传播学院

获奖等级：三等奖

上海师范大学

二〇一一年一月

2011 年校教学成果奖获奖证书

上海师范大学教学成果奖

获奖证书

获奖成果：中国近代社会史课程建设

获 奖 者：邵 雍

完成单位：人文与传播学院

获奖等级：三等奖

上海师范大学

二〇一一年一月

2017 年校教学成果奖获奖证书

本科课程质量分析

一

此次辛亥革命史课程论文总体感觉一般。少数同学积极认真，主动与任课教师交流、商量小论文的选题，肯花时间，阅读原始文献，选题富有创意。还有部分同学虽较认真，在史料梳理上下过一定功夫，但原创能力不足。较差的部分同学，选题雷同，文字过于简单，缺乏新意，注释根本没有，或严重不符合规范。

以后上课还是要反复强调写作规范。

2011 年 6 月 27 日

二

这次社会史的课程论文总体成绩是可以的，特别是历史系的同学一改过去只能写近代史体裁，基本不选当代现实问题的定势，在选题范围方面，当代史的选题远远超过近代史，贴近现实，内容更加多样化。

其他同学有的解读引用了老师推介的相关史料书；有的关注养老、剩女、高考改革、网络控制等当代热点问题，有材料，有分析，有见解，能够自成一说。普遍的不足之处是：一、缺乏大的历史背景，总体的把握，只见树木，不见森林，有碎片化倾向；二、缺乏细致的梳理，逻辑性不够。个别同学甚至只报流水账，没有分析，没有任何资料出处，有的还空发议论，没有实质性的内容。以上问题在学生课堂交流时已经指出。

2014 年 11 月 26 日

三

本次中国近代史料学选修课采取写小论文的方式进行考核，要求同学介绍日本发动侵华战争、全国抗日战争与上海抗战三方面的史料。同学们的作业基本达到了这一要求。有的同学比较认真为此上了国家图书馆、上海图书馆等网站查找信息；有的在作业中介绍了多种相关的数据库；有的注意到了相关图录与统计资料等，这些都是应该肯定的。

但也有一些同学态度不认真，一张 A4 纸就草草了事，就算交账了。还有比较带普遍性的问题是，不少同学把史学论著本身当作史料了。今后上课时还是要反复讲史料与史学论著的区别，前者是原料，后者是经过加工的成品。

2015 年 6 月 15 日

四

此次考查采取写小论文的方式，总体质量是令人满意的。大多数同学结合所学得的知识与方法，将视角延伸至当代，对当代的一些社会问题进行了探讨。在一些小论文中问题意识强烈，充满了对弱势群体(老年人、残疾人、童工、外地工子女)的关爱。更值得提倡的是一些同学结合了自身的实践(包括假期兼职实践)对一些问题更有发言权，就资料而言也是鲜活的。

当然也存在着一些问题：有的小论文的结构是网络资料概述加自述的结构，没有将两者有机整合，融为一体；有的一口气谈论三四个主题，势必一个问题都谈不透彻；有的正文还可以，但对文中标注的注释没有对应的说明。这些问题今后上课时还要提醒全体同学注意。

2016 年 1 月 1 日

五

这次“中共党史新探”课采取了写小论文的方式进行考查。上交的小论文选题多样，多数集中在红军长征、“文化大革命”及党史人物方面，也有论述共产党对历史事件评价的。大体是言之有据(包括利用课堂记录)，有的还有些自己的看法。有的同学还根据我讲课时的提示，认真查阅了习总书记在纪念朱德诞辰 130 周年会议上的讲话，写了文章，体现了学习的主动性。但是也有部分同学部分抄袭，例如自称“革命军人”、在行文中没有将原始资料中第一人称我转化成第三人称等等，有些是原文的失误如将十九路军错写成十五路军的，也照抄不误等等。这些都反映了学风有待进一步纠正。以后再上课时还要反复提醒，培养好的学风。

2017 年 1 月 3 日

所指导的本科生论文发表情况①

1. 1926—1937 年国统区的灾荒及赈灾事业　陆怡清

2. 顾维钧与抗日战争　唐燕莉

以上论文被收入《上海师范大学学报》1998 年人文学院学生论文专辑

3. 广东大埔旅沪同乡会　王春艳

被收入《上海研究论丛》第十三辑，上海社会科学院出版社 2001 年版

4. 奉贤抗日游击战概述　金姬

5. 上海浦西的中共抗日斗争——以松江地区为例　高芬华

6. 旧社会妇女苦难的缩影——浅谈"童养媳"问题　季燕波

以上论文被收入《上海师范大学学报》（哲学社会科学，教育版）上海师大人文学院学生论文专辑(2002 年 12 月)

7. 对晚清至民国禁彩现象的透视　黄亚婷

8. 二十世纪二三十年代上海工人的生活水平　王晨敏

9. 1926—1937 年国统区的灾荒及赈灾事业　陆怡清

10. 解放前后上海摊贩管理的比较研究　卞国华

11. 解放初期上海的游民改造　徐丽艳

12. 解放后青浦水上婚姻研究　陈胜蕾

以上论文被收入《中国近现代社会问题研究》，合肥工业大学出版社 2010 年 3 月版

13. 从洋票回忆看民国时期的土匪　张惟炅

14. 二十世纪二十年代江浙沪地区的水上盗匪　陈娟娟

15. 1935 年至 1941 年中共治理陕北地区土匪问题初探　宋涵鑫

以上论文被收入《中国近代土匪史》，合肥工业大学出版社 2012 年 4 月版

16. 袁世凯与清末新政　马燕红

被收入《辛亥革命与中国社会》，合肥工业大学出版社 2012 年 6 月版

17. 浅论张謇的妇女观　夏海丽

18. 特立独行的姐妹们——民国知识女性群体的独身选择　吴佳宝

19. 五卅运动中妇女斗争初探　胡燕华

20. 近代报刊视野下的妓女　徐渊

以上论文被收入《中国近代妇女史》，合肥工业大学出版社 2013 年 3 月版

① 下列论文没有特别注明的均为本科毕业论文。

21. 马神甫事件略论(选修课课程论文) 顾良辉

22. 近代前期沙俄东正教团在华活动的实质 潘迎辰

23. 王闿运的外交思想 熊文博

24.《申报》与晚清外交(选修课课程论文) 丁灵

25. 试析张荫桓的外交思想及实践 胡沛康

26. 巨文岛事件与李鸿章(选修课课程论文) 陆晓蕾

27. 袁世凯在朝鲜(1884—1895)(选修课课程论文) 丁永超

28. 甲午战争以后的中韩边界问题与中韩关系 陆晓蕾

29. 1896 年李鸿章出使俄、德之比较研究 蒋吕一

30. 李鸿章访美研究 陈益平

31. 从德国占领胶州湾前后各国态度看列强在华势力竞争(选修课课程论文) 高倩睿

32. 论义和团运动时期的法国与中国的关系(选修课课程论文) 宋丹

33. 辛亥革命时期的中日关系 王晓琛

34. 武昌起义前后英国对华外交研究 张惟灵

35. 论北洋政府在处理中东铁路问题时对苏外交上的策略与失误 戴羽浩

36. 1927—1937 年中德外交关系略论 唐晓奇

37. 顾维钧与抗日战争 唐燕莉

以上论文收入《中国近代对外关系研究》,合肥工业大学出版社 2013 年 3 月版

38. 从 20 世纪 30 年代的《申报》广告中看近代上海人的社会心态(选修课课程论文) 陈佳辉

39. 20 世纪 20 年代初上海禁止彩票运动 时春谨

40. 广东大埔旅沪同乡会 王春艳

41. 民国时期沪上戏曲艺人的社会交往 黄丽华

以上论文收入《社会史视野下的近代上海》,学林出版社 2013 年 7 月版

42. 抗战时期的《良友》画报 高怡

以上论文收入《现代上海研究论丛》,上海书店出版社 2017 年 5 月版

研究生课程作业评语

本文就史料及其分类进行了自己的解说，在学理上是可以成立的。但在小标题的设置方面，逻辑性不强，有概念相混之处。

文章第二部分发表了作者对于史料的论点，是独立思考的结果，但在所举的两个例子中并没有贯彻作者本人提出的“应该把正史和野史互相印证，从而得到历史的真实性”的意见。至少看不到有关正史记载的史料出处。

2011 年 2 月 26 日

本文对杜月笙与蒋介石的关系进行了新的梳理与阐释，较有条理，大道理也是对的。但缺乏新意，而且还没有学术史的回顾。成绩等第：良

2015 年 9 月 23 日

本文就吴健彰与近代中国海关的关系问题进行了自己的梳理与阐释，文字流畅，观点正确，但总体上缺乏新意，而且没有学术史回顾，不够规范。成绩等第：良

2015 年 9 月 23 日

本文对与“民国时期芜湖海关对外贸易研究（1928—1937）”课题有关的国内外研究进行了认真的分析介绍，思路清晰，提炼得当，但总体上没有指出这些研究成果存在的问题，而且该文直接采用开题报告形式也是不妥的。成绩等第：良。

2015 年 9 月 23 日

《以高僧“慧观”为中心浅析东晋刘宋时期的佛教》一文直接以开题报告的形式作为中国近代史料学的作业是不合适的。而且对于文献部分，仅仅列举了一些代表性论著的书名或篇名，没有对其的成就与不足进行恰如其分的评说，与史料学的教学要求有较大的差距。成绩等第：中。

2015 年 9 月 23 日

目前国内对兵团“宣传队”的研究还比较薄弱，重点强调“宣传队”作用的研究少之又少。本文对迄今为止的相关研究成果进行了简要的述评，分类得当，叙述还可以，但是没有指出它们存在的不足之处。成绩等第：良。

2015 年 9 月 25 日

优秀教学成果奖申报材料

一、"中国近代下层社会研究"研究生教材建设教学成果奖申请

1. 成果主要内容

(1)《中国近代会党史》2009年出版,《中国近代会道门史》2010年出版,《中国近现代文本与动态研究》2011年出版,《中国近代土匪史》今年4月出版。上述四书是系列教材。

《中国近代会党史》的内容是1840年到1949年在中国近代民主,民族革命斗争中会党的历史,主要是晚清历次反侵略战争中的会党动向,太平天国时期国家,地方与会党的关系,义和团运动前后会党的反洋教斗争,会党与辛亥革命,会党与北洋军阀时期的政治运动,会党与抗日救亡运动以及近代会党的终结。

《中国近代会道门史》的内容是自鸦片战争以来,会道门在太平天国运动、反洋教运动、义和团运动、辛亥革命、国民革命、土地革命、抗日战争、解放战争等重大历史事件中的表现。重点阐述八卦教、文贤教、青莲教、灯花教、红灯教、末后一著教、金丹道、武圣门、在理教、斋教以及道德学社、同善社、悟善社、宗教哲学研究社、万国道德会等道门和大刀会、红枪会等会门的情况,分析这些会道门与近代来华西方教会、外国侵略势力、军阀、官府以及革命党之间的真实关系。

《中国近代土匪史》的内容是探讨近代土匪的滋生、蔓延、勃兴到衰亡的历史过程。重点阐述了土匪在近代各个历史时期的表现,探讨土匪与社会各方的互动关系以及这种关系对近代化历史进程的影响,客观阐述土匪的性质、特征、行动规律、精神世界以及他们所具有的积聚和分散效应。

《中国近现代文本与动态研究》全书分"史料学研究""书评与述评""学术动态"与"治史心得"四大板块。结合近现代史的研究对档案、地方志、个人文集、报纸杂志、资料汇编等各类史料的运用进行实际说明,并在版本、目录与索引方面均有文章进行探讨与商榷,同时还收录了一些校勘与考据方面的文章。

(2)《中国近代会党史》等4本教材围绕着中国近代下层社会研究这一主题展开。每本书均有绪论(含学术史回顾与介绍)、后记(实为教材使用说明)与供研究生选读的参考书目(含研究著作与基本史料)。只有《中国近现代文本与动态研究》的体例有所不同,但就内容而论,至少65%是属于中国近代下层社会研究范畴的。

(3)《中国近代会党史》等4本教材均从教学实际出发,结合教材正文的内容有针对性地配发了宝贵的历史图片,图文互证,提高了教材的可读性与可信度。

2. 创新点

(1)《中国近代会党史》等4本教材属于新社会史的研究范畴,眼光向下,注意历史上的下层社会群体,努力发掘为数不多的他们自身的文本加以解读。运用社会学有关社会分层、社会流动和社会控制的理论,揭示了这些近代下层社会群体背后的深层原因,指出了解决这些社会问题的艰巨性与复杂性。

(2)在方法上采取将历史学与社会学紧密结合,以一些个案为切入点,以小见大,深入剖析。

(3)指出近代会党、会道门、土匪在与外国侵略者的民族斗争中有过比较积极的表现,也有不光彩的一面。他们与历届政府、各种反动统治集团之间的关系,是近代政治的重要特点,也是中国的基本国情之一。

(4)会道门在政治上与统治集团关系密切、在经济上有时也做些公益社会事业,在多数情况下与其他合法的民间结社关系尚可,呈现出一种兼容性、多样性、变异性,它的社会动员能力也比较持续有效。

3. 应用情况

自1998年本人在"中国近现代社会史"方向开始实际招收硕士研究生开始,就设计了四门学位课程即"中国近代会党史""中国近代会道门史""中国近代土匪史"以及"中国近代史料学"。

《中国近代会党史》2009年出版后,已经实际使用了4次,《中国近代会道门史》2010年出版后,已经实际使用了3次,《中国近现代文本与动态研究》2011年出版后,已经实际使用了2次,《中国近代土匪史》今年4月才出版,即将使用。

2012年6月8日

二、"中国近代社会史"课程

长期坚持为学院内外的本科生上"社会史专题研究",1996年底人文学院成立后,该课程一直是学院平台课,后来又列为校教务处校公共选修课。自编《中国近代社会史》教材(合肥工业大学出版社2008年版)受到校内外师生的欢迎。除了在本校一直使用外(有时是一年两次),暨南大学、四川大学、浙江美术学院等高校也在使用,教学效果良好。《中国近代社会史课程建设》曾经获得2010年度校教学成果三等奖,还是上海市教委的精品课程。

《中国近代社会史》课程是建立在扎实的科学研究的基础上的,本人在这方面的研究著作有《中国近代贩毒史》《中国近代绿林史》《中国近代妓女史》《中国近代会党史》《中国近代会道门史》《中国近代社会问题研究》《社会史视野下的近代上海》等。与此同时,为了更直观展现近代中国的社会风貌,还长期收集积累了不少国内外相关的宝贵历史图像(照片与图画),做成课件,在课堂上放映。

本课程的一个突出特点是回顾历史,正视现在,展望未来。诱导同学学以致用,联系自己的亲身社会实践(假期的社会兼职),写出有材料、有观点、有建议的课程作业。并且安排在交作业的时间节点,在全部批阅的基础上,组织学生进行课堂交流，并加以简短的点评，很受学生欢迎。使学生知道自己（与优秀同学相比）的差距与不足。本人在教学时及时吸收学术界一些新发现、新观点，予以介绍；也会结合课程内容，对眼下发生的社会问题与事件进行简评，如最近的全面放开二胎政策的利弊得失、中国进入老龄社会的应对之策等等，启发学生继续就此研讨，写成课程作业。

本人还有意识地保存一些优秀的课程作业，选择适当机会，编入自己主编的著作中（当然每篇都注明了原作者的姓名），使这些研究成果有机会面向社会，接受学术界的评判，培养学生的科研兴趣，也使一般同学有看得见、摸得着的学习榜样。

此外，本人还将本课程的历次课程质量分析收入《历史回顾与评论》等书中，一则保留原始的教学记录，二则可供校内外的同行借鉴。

在2015年度，先后完成了教务处2014年"中国社会史专题"课程建设项目和教务处2015年"中共党史新探"课程建设项目。另外应《历史教学问题》杂志社邀请主持2015年度6期的历史茶座，就中国近代史6个问题组织历史学师生（周育民、罗艳君、包树芳、邵常岁、熊小欣）发表了6篇文章，对大学生本科教学有一定的指导作用。

2015年12月31日

三、"中国近代史史料学研究"课程

1. 中国近代史史料学研究的重要性与基础性

史料是史学研究的基础，缺乏史料，史学研究就成了无本之木、无源之水。因此收集、整理史料是开展研究的基础。有一分材料说一分话，要提高历史教学的质量一定要从源头抓起。用历史唯物主义的观点来进行史料的分类、鉴别、整理与应用，有助于正确开展中国近代史的研究。史料固然需要不畏辛劳的收集，需要火眼金睛去发掘，但是史料学研究的更高层次是对史料的辨伪、考证。因为史料并不都是历史存在的真实反映，因此必须进行正误的辨别；史料也往往会因研究者视野的局限或情感的倾向而得不到正确的使用。所以首先对近现代的史料进行科学的分类，有利于辨别各类史料的功能与不足。其次对史料进行必要的考订是每个中国近现代史专业研究生必须掌握的基本功，不了解这些就无法开展真正的历史研究。扎实搞好史料学研究是做好史学研究的第一步。史料的发现、收集、整理、校勘、考订与辨伪是进行历史研究的先决条件与前提，也是每一个中国近现代史专业研究生所必须具备的基本技能。因此本课程研究的重点是对中国近现代史史料的文本研究，涉及史料学研究的版本、考证、辨伪、正误等诸多方面，均为作者30年来自己的研究心得，因此具有较强的说服力与示范性。

自20世纪80年代开始就有一些著作问世，主要有张革非《中国近代史料学稿》中国人民大学出版社1990年版、张宪文《中国现代史史料学》山东人民出版社1985年版、张建文《中国现代史史料学概论》北京大学出版社1993年版、严昌洪《中国近代史史料学》北京大学出版社2011年版以及曹天忠:《中国近现代史史料学》，高等教育出版社2016年版。但是如果只知道这些史料信息是远远不够的,时代在前进,史学研究在不断深入,新的史料及相关研究成果在不断涌现,如果不及时吸收这些新成果,无论如何历史教学的质量是无法提高的,学生也无法真正受益。因此不断更新内容,认真进行《中国近现代史史料研究》的教学极为必要。

2."中国近代史史料学研究"课程的基本内容

本课程的教学内容是对1840—1949年这一历史时段的各种史料(档案、地方志、个人文集、报纸杂志、资料汇编等)进行概要性的介绍,了解各自的功能与不足,并研究版本、目录与索引,在此基础上探讨如何进行校勘与考据。

具体而言,绪论部分强调史料是历史研究的基本资料,历史学的教学与研究离不开史料。治史者应该广泛收集各类可信的资料、正确地整理史料。

中国近代史(1840—1949年)的史料汗牛充栋,数不胜数,本人按其性质分为档案、国家记录、地方记录、个人记录、与综合记录。

史料概述的档案部分择要介绍中国第一历史档案馆(附:台湾故宫博物馆)、第二历史档案馆(附:国民党党史会)、中央档案馆及各地方档案馆的主要藏档;分类介绍海关档案、各外国政府档案与中外私人档案。

史料概述的国家记录部分介绍了各种编年体史料、纪事本末体史料与纪传体史料的权威性与局限性,介绍了政书、官书与各历史时期的政府公报。

史料概述的地方记录部分,重点介绍了地方志、家谱以及调查集史料的优缺点。

史料概述的个人记录部分,分报告、日记、书信、诗词、笔记、年谱、回忆录(自传)、文集或全集择要举例。

史料概述的综合记录部分择要介绍了报纸杂志、资料丛书(丛编、丛稿、丛书)以及史料汇编、史料选编(选辑)。

目录与索引部分阐述了目录学、版本学以及索引的功效。

校勘与考据部分讲授了校勘学、考据学(涉及考证、辨伪、正误诸方面)的基本方法。

3."中国近代史史料学研究"课程的教学特色

(1)完整性:从时间上讲,同步跟进,不断更新内容(关注最新的出版动态、研究动态。不仅是史料本身,而且还有研究成果)尽管自20世纪80年代开始就有一些著作问世,但是新的史料及相关研究成果在不断涌现,因此执教者尚需不断从新出版的论著中,从最新的会议论文、学术报道、硕博士论文中进行同步收集。在时间上适当延伸,1949年9月底并不能作为一个绝对的分界线,新中国成立以后的不少文献其内容含有对1840—1949年的时间段的回顾,不能置之不理,不置一词。

从空间上讲,注意收集境外、国外的中国近代史资料,利用出境、出国参加学术会议,进行学术交流的机会,有意识收集相关资料,做到知己知彼,为研究生们研究内史创造条件。

(2)示范性:在教学安排上,注意在各个相关部分进行教学示范,安排研究生阅读本人独创的参考论文,领悟与体会如何使用各类史料,例如:

根据清政府档案写的《1853 年台湾天地会起义述略》；

根据海关档案及英国议会档案写的《1911 年云南起义述略》；

根据法国政府档案写的《法国政府文件中孙中山与秘密会社的关系》《法国官方档案中的黄兴》；

根据共产国际、联共(布)档案写的《左尔格在上海活动初探》

根据《那桐日记》写的《从〈那桐日记〉看晚期晚清满族权贵那桐的私人生活》；

根据《毛泽东书信选集》写的《毛泽东的尊老之道》；

还有《南京临时政府时期海内外友人致孙中山函件研究》；

根据《十老诗选》写的《抗战精神是传统文化与民族精神的伟大结晶》；

根据《张謇先生年谱(晚清篇)》写的《张謇与晚清上海》；

根据《陈云年谱》修订本写的《"文化大革命"中的陈云》；

根据《申报》资料写的《〈申报〉对义和团运动的舆论导向》，

根据《汉口中西报》资料写的《青年包惠僧关于湖北匪患的新闻报道》；

为《美国国家档案馆所藏中国抗战历史影像全集》第九册《中国远征军》写的简介；

根据中国近代史资料丛刊《中日战争》写的《威海卫的陷落和北洋海军的覆没》；

根据中国近代史资料丛刊续编《太平天国》写的《洪家王朝的覆灭》。

本课程的教学难点是中国近现代史料的文本研究，涉及史料学研究的版本、考证、辨伪、正误等诸多方面，均为本人三十多年来自己的研究心得，因此具有较强的说服力与示范性。考证方面有我写的《对〈义和团运动发展阶段的民间秘密教门〉的几点意见》《光复会重要历史问题再研究》等论文可供选修者参考。在目录与索引部分不仅介绍了多年前出版的《中国会党史论著提要》，而且在参考书《中国近现代史论集》(学林出版社 2015 年版)中有长达两百多页的"主要学术论文的中英文内容提要"，其中 1990 年以前的论文提要是我补写的。

(3)方便性：为选修者尽可能提供方便。一是推介已经编辑好的各类旧报刊的选编本，大多简体横排，有新式句读，如果是外文的，则已经汉释，最大程度扫除阅读障碍，提高了单位时间的阅读量。如《申报广西辛亥革命资料选编》上下册，广西师范大学出版社 2012 年版。《〈申报〉上的红十字 1897—1949》全 4 卷，安徽人民出版社 2011 年版；《〈大公报〉上的红十字》，合肥工业大学出版社 2012 年版；《帝国的回忆：〈纽约时报〉晚清观察记》修订本，三联书店 2001 年版；《共和十年政治篇〈纽约时报〉民初观察记(1911—1921)》，当代中国出版社 2011 年 8 月版；《共和十年社会篇〈纽约时报〉民初观察记(1911—1921)》，当代中国出版社 2011 年 8 月版；《帝国的回忆：〈泰晤士报〉晚清改革观察记》，重庆出版社 2014 年版等。

二是将一些学术入门书归纳为"问题索引"，引导学生读后尽快上手，进入研究角色。如天津教育出版社出的《学术研究指南丛书》，内含《中国近代经济史研究综述》《洋务运动史研究叙录》《中国近代军事史研究概览》与《中国近代人物研究信息》是很好的研究入门书。还有江苏教育出版社 1988 年出版的《中国近代史争鸣

录　历史事件篇》《中国现代史争鸣录　人物篇》;上海人民出版社 1991 年出版的《社会科学争鸣大系》历史卷,涵盖中近、中现、中当、党史。此外还有姜良芹、孙杨编著:《中国近现代史研究导引》,南京大学出版社 2011 年版;萧致治《鸦片战争与林则徐备览》,湖北人民出版社 1995 年版;苏位智、刘天路《义和团研究一百年》,齐鲁书社 2000 年版;章开沅《国内外辛亥革命史研究综览》,湖北教育出版社版;荣维木主编《抗日战争史热点问题聚焦》,济南出版社 2005 年版;翟作君、邬正洪主编:《中国革命史研究荟萃》,华东师范大学出版社 1986 年出版;翟作君主编《共产国际与中国革命关系史研究荟萃》,复旦大学出版社 1990 年版等等。

三是注意搜集校内外的网络学术资源信息,及时予以介绍,引导学生及时使用网络资源。如中国优秀硕士学位论文数据库、国家图书馆博士论文库、中国博士学位论文数据库、大成老旧全文数据库、中国知网、新浪爱问共享资料、超星—读秀学术探索、万方数字化期刊库,还有 2008 年 8 月,“盛宣怀档案”元数据库和全文数据库建成,收录“盛档”157564 件,共 78.7 万拍。2014 年 6 月 9 日沈志华执行总主编:《苏联历史档案选编》34 卷 36 册,2000 多万字,社会科学文献出版社 2002 年版(16 卷)正式在列国志数据库 www.lieguozhi.com 开通上线。2014 年 9 月 22 日开通了中国社会科学院当代中国研究所创办的《中华人民共和国史教育网》,提供了 3 万多篇党政重要文献和 1000 余万字的国史教材及工具书的全文检索。用网络图谱形式揭示了 1600 多个事件、700 多个会议、2000 多个人物、1500 多个机构、1400 多个名词术语等知识点之间 25000 多个逻辑联系;国家图书馆有“东京审判资料库”、上海交通大学出版社有“东京审判文献资料库”收全了所有英文庭审记录,上线运行,后者还有多种阅读方式和全文检索功能。这些重要的学术信息本人均在第一时间在课堂教学中进行了介绍。同时予以介绍的还有安徽省志的网络资源:(61·191·16·234·8080\was40)、《全国报刊索引数据库》,http://www.cnbksy.cn/home、读秀学术搜索:http://www.duxiu.com 以及中国文史资料集萃网站:http://sslibbook1.sslibrary.com/zt_wszl/homePage.jsp.

4.“中国近代史史料学研究”课程的教学效果

本人自 1982 年师从导师魏建猷攻读研究生学位之后一直从事这方面的研究与教学,中国近现代史史料学也是本人自 1998 年招收为中国近现代史硕士研究生后,每年为点上研究生们以及部分专门史研究生常年开设的一门专业课程,而选课的绝大多数研究生均将自己的史料学作业作为开题报告,乃至学位论文中学术史回顾的一部分。以每年 20 人粗略统计,28 年来选课研究生已有 560 人。加上在 1998 年前后选课的本科生,累计下来远远超过此数。因此学术影响是比较大的。

已经在讲稿之基础上编有:《中国近现代史文本与动态研究》,合肥工业大学出版社 2011 年版;《中国近现代史辨疑与释读》,学林出版社 2012 年版。

第一批教学成果集中收录于将 14 篇学术史综述收入了《中国近现代史文本与动态研究》,合肥工业大学出版社 2011 年版,其中有两篇学生论文是公开发表过的。

近十年来关于秘密社会史研究综述　罗国辉

枪会运动研究综述　何孔蛟

有关一贯道的学术研究状况　张姚俊

中国乞丐史研究综述　罗国辉

中国近代土匪问题研究综述　高尹生

中国近代妓女史研究综述　吴学文

有关妇女犯罪的研究现状　曹关群

近十年来关于毒品史研究　罗国辉　丁留宝

近十年来薛福成思想研究综述　石玉中

建国以来光复会研究综述　戴佩娟

孙中山三农思想研究的学术回顾　李丽娟

关于慈善教育的学术回顾　赵莹莹

20世纪90年代以来的中国妇女报刊史研究综述　邱志仁

有关《图画日报》研究的学术史回顾　程艳

第二批成果研究生们二十余篇课程论文集中收录于《中国近代秘密社会研究》上海书店2016年版。

本人指导的研究生万飞、罗艳君邵常岁曾经获得国家奖学金,包树芳曾经获得上海市优秀博士论文,而这些均与他们学习过"中国近代史料学"有一定的关系。

最近从广东中山大学林家有、李吉奎教授处获悉,本人历年来撰文(如《民国时期孙中山对美国记者的两次重要谈话》《美国记者宝爱莲笔下的孙中山与宋庆龄》)披露的孙中山的一批逸文已被收入《孙中山全集补编》各卷,即将由中华书局与修订过的《孙中山全集》一道隆重推出。这也是多年来讲授"中国近代史史料学研究"课程的衍生产品,反映了科研与教学互相促进的规律。

2017年1月18日

对本科生科研项目的评价意见

本项目的选题与现代社会的信息安全与日常生活关系密切，属于前沿性问题，且有一定可操作性。研究小组准备采用观察法、个案研究法、问卷调查法、信息研究方法与图表分析相结合等科学研究方法来综合探讨研究“扫一扫”的流行现状及其利与弊；探究“扫一扫”与现在人们日常生活的关系；以期对二维码“扫一扫”的流行现状有更清晰的了解和总体把握。

最终结果将形成一系列通俗易懂、整齐精炼、内容充实和形式多元的成果资料，使广大的手机使用者能够看清“扫一扫”的真相，更加安全理性的对待这项电子信息流行趋势。

总体安排的计划进度及经费预算是合理可行的。

建议上海市大学生创新活动计划予以立项。

2016 年 2 月 20 日

对研究生科研项目的评价意见

选题重要,符合习总书记在最近全国人代会上对上海代表团提出的管理好超大型的城市的要求,可以从一个方面提供一些有益的历史借鉴。申请人在民国时期上海华界城市交通整治研究方面已经做了大量的前期准备工作,其中最主要的是在上海市档案馆搜集了第一手的史料,为本课题的完成奠定了坚实的基础。就研究的角度而言,申请人采取了社会史的视角,与纯技术性的叙事有较大的差别,因而有较多的学术价值。总体设计的思路清晰可行,保质保量取得预期成果是没有问题的。

2017 年 3 月 16 日

学位论文评语

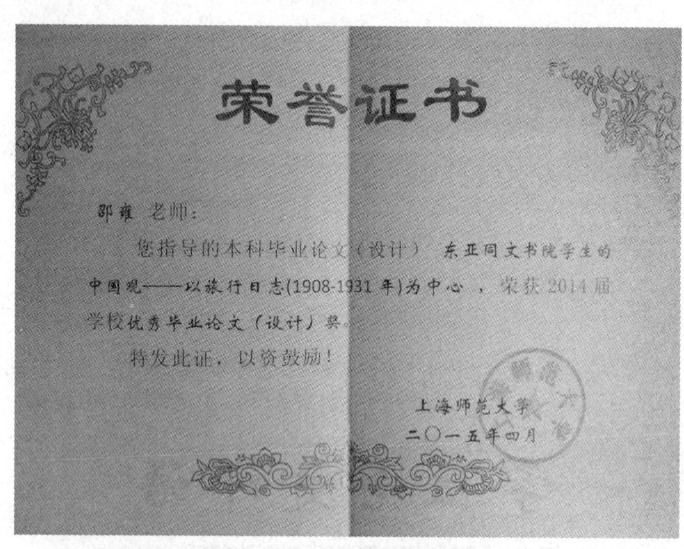

荣誉证书

邵雍 老师：

您指导的本科毕业论文（设计） 东亚同文书院学生的中国观——以旅行日志(1908-1931年)为中心 ，荣获2014届学校优秀毕业论文（设计）奖。

特发此证，以资鼓励！

上海师范大学

二〇一五年四月

校优秀毕业论文奖证书

上海市研究生优秀成果（学位论文）

获奖证书

学位论文题目：上海茶馆、城市空间和社会变迁（1843-1949）

学位层次：博士

学位授予单位：上海师范大学

作者姓名：包树芳

导师姓名：邵 雍

证书编号：14147

上海市教育委员会　上海市学位委员会

二〇一五年五月

市优秀博士论文证书

学士论文评语

一

陈佳辉《从20世纪30年代的〈申报〉广告中看当时上海人的社会心态》一文是目前《申报》广告研究中的一种，具有开创性。作者选取了《申报》商业广告对上海市民心态影响的角度，探讨了上海市民在传统与现代的冲突中产生的独特态度，较好地阐释了崇尚西方与提倡国货的矛盾。本文图文并茂，文字生动，分类合理，史论结合，具有较多的分析成分。

2006年5月11日

二

颜佳颖《近代上海理发行业的沿革及变迁》利用文史资料、旧期刊以及网上的资料，较系统地探讨了近代上海理发行业的沿革和变迁，涉及的时间从1843年上海开埠到目前，是原创性的作品。

全文脉络清晰，层次分明，分类恰当，重点探讨了理发从业人员、理发场所、理发技艺和发式流行等方面，在一定程度上再现了普通百姓日常生活的一个方面，是当今社会生活史研究所关注的问题之一。

存在的问题是分类还可以进一步归并，个别提法还可以进一步斟酌，如发型“解放后的回归朴素”中的“回归”等。

2006年5月11日

三

时春瑾《论20世纪20年代初上海禁彩票运动》在前人研究的基础上，重新查阅了1920—1922年的《申报》，对20世纪20年代初上海禁彩票运动进行了较详尽的考察。作者首先介绍了旧上海彩票的发行及其社会危害，接着叙述了禁彩运动的过程，重点分析了工商界、教育界、报界在当时所起的作用，最后是总结了禁彩运动的局限性。全文史料丰富可靠，史论结合，文字流畅，具有较强的说服力。

2006年5月11日

四

选题是思想史方面的,学理性强,有核心资料,中心集中,对杨度的保守主义政治思想进行了分析,对其有较深刻的理解,注释也比较规范。只是对杨度保守主义政治思想的来源尚待进一步阐发说明。

2015 年 4 月 20 日

五

选题很好,是上海史重要问题之一。全文框架结构合理,论证到位,格式亦很规范。只是史料搜集面不够广,没有新材料,标题的文字也不够精练。

2015 年 4 月 20 日

六

选题兼具历史学与教育学之特色,分别介绍了民国时期之课程标准、选用教材及教学方法,有一定的学术意义。缺点是三者之间缺乏逻辑关系之说明,分析也不够到位,个别地方用词不够明确。

2015 年 4 月 20 日

七

选题具有政治社会史的特色,分别叙述了张勋复辟及复辟后的个人生活,层次清楚,文字流畅。不足之处是两个部分均显得比较单薄,有待充实。若能抓住重心,只谈其中一个问题,可能更好。

2015 年 4 月 20 日

八

选题具有社会史之特色,对民国时期的离婚原因进行了分析归纳,文字流畅,举例也比较生动。不足之处是对民国以前的情况介绍篇幅太大,影响对主要问题之阐发。

2015 年 4 月 20 日

九[①]

杨度是中国近代史上一个重要的人物,其思想是很值得研究的。本文选题是

① 本文为《校级本科优秀毕业论文(设计)申请表》中的指导教师评语。

思想史方面的，学理性强，有核心资料，中心集中，对杨度的保守主义政治思想进行了分析，对其有较深刻的理解，注释也比较规范。作者将杨度的政治思想置于保守主义的思想的框架下，通过对已出版文献的深入解读，找到杨度的君主立宪主张背后保守主义实质的证据。在理论方面，作者借鉴比较史学的理论和研究方法，将杨度的保守主义思想和在不同时代、不同国家、不同社会背景下诞生的伯克的保守主义加以比较进行研究，从而进行比较准确的历史定位。在论证方法上，通过引入现代性的概念，为杨度的现实政治思想在现代社会的起源的理论层面找到其依据。作者在对已有研究成果进行学习借鉴的同时，对以前的某些观点进行大胆的质疑与商榷，体现了勇于探索的科学精神。不足之处是对杨度保守主义政治思想的来源尚待进一步阐发说明。

2015 年 6 月 4 日

十

选题有学术价值，能够运用一手的图文史料，既讲清了《良友》画报的沿革，又说明了《良友》在抗战时期的转变，全文主题明确，重点突出（在第三章），观察细密，论述到位，评价得当，以图像证史，有根有据，是篇优秀的学位论文。若能多放些图片则更佳。

2016 年 4 月 27 日

十一

学习态度认真，选题有一定的学术价值，作者在查看部分地方志等资料的基础上，从客家人的角度对太平天国起义作了新的阐述，文字通顺，注释规范，观点正确。只是对客家人精神的内涵有待进一步的阐述。

2016 年 4 月 27 日

硕士论文评语

一

本文在前人研究的基础上，考察了梁启超晚年的政治转向及与新知识界的政治交往，较好地回答了作者本人在第 6 页上设定的五个问题，从而深化了 20 世纪 20 年代中国思想界新旧两代人的分野，是一个有意义的富有学术性的选题。

本文的学术史部分是下了功夫的，做得比较全面扎实，这是开展进一步研究的必要前提。文中对一些重要史实作了必要的考订，如第 20 页胡适与梁启超初次会面的时间的订正，反映出作者严谨细致的学风。作者的观察和分析比较细致，如第 30 页很好地说明了梁启超和胡适对“议政”的程度区分，从而揭示他俩人大根本分歧所在。

全文结构紧凑，层次清晰，叙事完整，文字流畅，注释规范，史论结合，论从史出，有一定的思想性。

主要的不足之处是标题章节的设置未能突出作者想要说明的主要问题，即胡适为何不愿与梁启超合作，而这个问题恰好是本文的精华所在。

其次是有一些错别字。第 11 页第 7 行“一刀两段”、第 29 页第 15 行“公开方表”。

2006 年

二

本文叙述了 1911—1937 年间杭州的城市（主要是市政）建设，是个原创性的选题。

本文的优点在于作者花大力气查阅了浙江省和杭州市档案馆馆藏的历史档案，以此作为主要史料来源，使全文建立在扎实可靠的史料基础之上。为了方便叙述，作者还制作了不少表格，进行了精确的量化统计，使文章更加具有权威性和说服力。学术史部分十分规范、到位。

作者在进行研究时，既谈了一般城市发展的要素（道路及街区的规划及整治、公交、公用事业的发展等），又充分考虑到杭州的特点：西湖风景区；既分析了杭州市政建设的现代化效应又实事求是地评价了妨碍杭州市政建设的制约因素。

全文层次分明，结构紧凑，叙事完整，文字简洁，行文流畅，做到了史论结合，论从史出，得出的结论是正确的。

值得改进的地方：1. 最好有一张杭州城市的对比地图（1910 年、1937 年各一张），使读者有个全局的直观印象。2. 第一章民国以前的杭州城市与市政，应重点写近代部分，古代部分作为背景可略加介绍，但目前的分量偏重，而近代租界部分偏少，而且集中在日租界的叙述上。3. 第 22 页“新型交通工具及设施的引进与建设”部分内部次序可做调整。第 23 页紧接汽车之后，应该是公路，而不是铁路，这样可更好地体现出逻辑性。4. 对于促进杭州市政建设的主要推进者（个人或法人）缺乏必要的说明和阐述。

2006 年

三

本文在现有史学研究的基础上对浙赣铁路的兴建及初期经营管理状况进行了细化分析，对于深入开展区域经济史和中国铁路史研究是有益的。

作者充分利用了浙赣两省档案馆、图书馆的资料，结合地方志和文史资料，对于以前人们较少涉及的浙赣铁路的经营管理进行了较全面、系统的分析研究。这也是本文的精华所在。

对于浙赣铁路的初期经营，作者制作了一些图表，进行了量化分析，使自己的结论建立在坚实的基础之上，反映出作者严谨的学风。

全文结构紧凑，调理清楚，文字通顺，表达准确，图表齐全，有较强的说服力。

值得改进的地方：1. 最好有一张浙赣铁路建设示意图，使各时段修建的区间一目了然。2. 对于浙赣铁路管理层应该展开论述，而不是仅仅介绍董事会的人员构成。对于主要人物、核心领导人的管理思想应进一步进行挖掘和阐发。第 9 页最后一行提及了中国银行总经理张嘉璈在金融与交通事业上的卓越表现，只有四个字“值得一提”，没有进一步进行必要的阐释与发挥。3. 个别地方缺少必要的过渡与说明。如第 20 页，五、新生活运动促进会即是如此，第 21 页七、消费合作社也是如此。结语作为一章太简单了。

2006 年

四

本文从教育社会史的角度，以 1912—1937 年上海慈善教育事业为对象，较系统地探讨了近代上海慈善教育事业的兴起原因、多元化探索实践、组织管理机制、资金筹措、办学内涵与社会功能，是一篇原创性的论文，写出了新意，突出了海派文化之特色。

全文资料丰富，图表众多，层次清楚，结构合理，逻辑严密，结语也比较充实。其特点是发挥了社会史的特长，对慈善教育的涉及层面考虑比较全面周到，指出了近代慈善教育与传统慈善教育的最大区别在于治本胜于治标，这是很有见地的观点。

但论文有些地方只提出了观点，缺乏足够的史料支撑，章节的标题过长，不够简练，有些语言过于现代化。

2009 年 5 月 22 日

五

本文从医学社会史的角度，以民国时期上海中医群体为研究对象，较系统地探讨了他们的来源、构成、职业生活、社会地位与角色问题，是一篇颇具价值的论文。

选题是好的，结构合理，资料扎实，史论结合，图表齐全，逻辑性强，总体上是好的。

但也有值得改进的地方，最好应有对上海中医群体之流派、谱系的简单梳理，他们的社会交往网络要进一步开掘，对中医群体收入分析可以进一步细化，可以分层次进行。

2009 年 5 月 22 日

六

作者利用上海档案馆馆藏档案及上海图书馆特藏图书，对 20 世纪 30 年代上海地区战争难民问题进行了较全面系统的研究，勾勒了上海地区战争难民概况，描述了战争难民的生存情况以及难民救助工作。

全文史料扎实，立论有据，逻辑严密，结构合理，表格齐全，注释规范。

不足之处在于结论部分比较简单，有一定的提升空间。

2010 年 5 月 24 日

七

本文选题较好，兼具历史意义和现实意义。作者根据《申报》资料对 1912—1927 年上海城区火灾的规律、原因、各界人士的态度等进行了较详细的研究。根据史料，作者制作了大量的图表，使读者一目了然，为自己的论点提供了有力的支撑。从学术史回顾部分来看，作者较好地掌握了历史学的学科知识，全文也符合硕士论文的要求。不足之处是有些表述不恰当，如第 38 页“杀人放火……不利于安定团结”。第 49 页讲述 20 年代上海时称，“县级以上地方人民政府应当如何如何”。第 33 页最后一行“防火措施”错写成“放火措施”。其次是一些论述没有资料出处，如第 43 页整一页大段论述没有一个注明资料出处，还有第 13 页引用列宁“忘记过去就意味背叛”，没有在列宁本身著作中找出处，而是在其他著作中转引的，不够严谨。总体印象是谈火灾讲客观原因居多，谈主观原因较少，即偏重于技术史，对社会史注重不够；最重要的是对上海各界人士防范火灾的思想意识基本没有提及。

2015 年 2 月 9 日

八

本文选题重要,研讨的对象史学界关注不是太多。作者对“军事实力派”这一概念的定义与运用是比较好的,以政治运作、权力相制为视角,打破了“军阀”的历史解释框架,提出了自己的看法,有一定的新意。符合硕士论文的要求。

不足之处是有些表述比较武断,如以美国学者罗兹曼关于“现代化”的观点为标准,认为只有社会的现代化,没有国家的现代化,至少没有展开必要的论证,说服力不够。其次有些自相矛盾之处,第 34 页以苏南、上海与浙江皆使用吴语为由,说上海“很长时间附属于江苏”,但第 107 页则称“袁世凯死后,上海也跟语言、经济、文化上海都有共通之处的浙江联合起来”对付江苏。第三,史实错误,第 55 页刘坤一招抚徐宝山的时间是 1900 年,而非作者说的 1901 年。第四,章节设计比较乱,除绪论与结论外,有七章之多;每章最后有的是小结、有的是余论,还有的(如第二章)两者兼备。第一章标题“李纯”不像标题。第五,枝蔓太多,铺陈太繁,背景性是描述约占全文的 50%。但前后脱节,后面几章基本没有与前几章相呼应,只是到了结语部分才有呼应。第六表述不严谨。第 35 页正文中称“孔复礼”,注释中称“孔飞力”。第 101 页倒数第 16、14 行对齐爕元称呼一为“抚万”,一为“辅万”。第 43 页无锡实业家“祝大椿”被写成“祝大桩”。第 71 页“潭浩明就任两国护国军总司令”,人名、职务均错。后记中“富启发性的指导”,漏掉一个“有”字。全文中论著的“著”大多写成“着”,如参考书目第 22 种,“亨亭顿着……项继权议”,应为“亨廷顿著……项继权译”。

2015 年 2 月 10 日

九

选题具有历史意义,对研究缅甸的历史文化传承是有益的。作者对文献资料的掌握方面还不够理想,当然这与缅甸本国对这方面的研究不足有关。

作者采取“历史文化视野”之一概念来解读缅甸的地名时比较贴切的,指出了一些通常会引起误解的地方,如第 9 页第一段,说明了某一特定地名“并不反映这个地名的行政级别,只能当作是缅甸语里的一种习惯用法。”第 27 页第九至十行,指出“看到一个缅文地名,特别是少数民族聚居区的地名时,不能随便对其下定义,以免造成错误。”紧接举了源于孟语的仰光生得迈区例说明,很有说服力。全文图文并茂:第 16 页,图 3. 5 缅甸柚木与紧扣正文叙述,运用得当。第 32 页有缅甸地图之图示,十分直观。

不足之处:首先是缺标题页,读者不知晓论文的学科门类。

其次有些问题没有讲清楚:如第 8 页第八行说,依据当地物产命名,如中国的“盐津”,缅甸的“仁安羌”。但从“仁安羌”这一中文地名实在无法知道它与何种物产对应。第 8 页第十二行说“地名结构大致相同,地名用字也有一定规律。这样的地名组合,可以成为“地名群”,但作者没有举出缅甸“地名群”的例子。

缺乏注释:第 15 页最后一行至第 16 页第一行说缅甸某地改名是“由于二战时

期，仅该地出产的石油量就占到世界石油产量的第二位”，没有注明资料出处。第18页第九行“史书记载”、第28页第二段“相关史书记载”、第22页第三行“在缅甸史书中也确实常见”、哪些史书？什么书名？均未说明。还有些虽列出了书名，如第24页第三段《卑谬瑞伞都新史》《琉璃宫史》，但缺版本信息。第36页第二行“笔者对此现象请教过缅甸的几位高僧”，按照口述史学的要求，应该加个注释，说明采访的对象名字、年龄、采访的时间与地点等。

最后是文末参考文献第8、第9种完全相同、重复。

2015年4月9日

十

选题有历史意义也有现实意义的，对文献资料的掌握方面也比较好。作者写作时除了利用现有研究成果外，还进行了实地考察、问卷调查，从而使论文更加丰满充实。

“文化载体”这一角度也是比较恰当的，相关的历史沿革也交代得比较清楚。在第14页第二段，作者准确指出了，由于在长度与重量的测定方面中国的计量单位与缅甸使用的英制长度单位与缅甸本国重量单位不一样，因此得出的仰光大金塔的相关数据误差较大。

不足之处：首先是有些问题没有讲清楚：如第15页第二段提到大金塔时说“幸运的是中间那块碑铭保存完好，字迹也相对清楚”，接着对大金塔碑铭的历史价值进行了高度称颂，但没有具体引用其中的一些文字加以有力的论证。又如第27页提及中国大型纪录片《同饮一江水》没有交代制作方与出品人。第29页第三段说仰光大金塔附近“其他旅游景点相对较多”，但一个景点都没有交代。

缺乏必要的图示，如第18-19页论述缅甸绘画时，没有一张图片或图照，正文的文字得不到直观的印证。

缺乏注释：第12页第二段叙述了1920—1946年多次重大集会都是在仰光大金塔下进行的、第30页说周恩来总理在大金塔纪念册题词：“愿世界和平，中缅友好”，均没有资料出处。第25页第一段说，“2013年6月21日缅甸在仰光大金塔举行中国捐赠缅甸佛牙舍利等身塔捐赠仪式与安奉法会，……场面非常壮观”，也没有注明当时的新闻报道。

第25页第二段作者说作了20份问卷调查，但没有使用好。首先应该在附录中出示这份问卷表的原样，其次在正文中应该有多组数据的统计表或图，像现在这样三言两语打发过去，很不严谨。

最后是文末中文参考文献部分处理十分草率。第3种中文参考文献的杂志名没有关引号；第5种的杂志第几期用英文表示，与大多数地方不统一；一共9本书中有5本只写出版年份，后面没有“出版”二字，但有4本出版年份后面有“出版”二字，体例不统一。

2015年4月9日

十一

本文兼具重要的学术价值与现实意义，是一篇优秀的硕士论文，首次对1924—1927年间的中共温州独立支部做了迄今为止最为详尽的研究。作者研究方向明确，阅读广泛，在前人已有的基础上又有所深入。使用是社会史的方法也是比较成功的。作者对于原始史料有一定的解读能力，能够读出其实质的内容，如第8页对杨太夫人六十寿序指出有溢美之词。第10页第一段引用《泰顺风土记》，认为既反映当地农民质朴忠厚，又反映他们反抗意识薄弱。第55页对戴树棠自狱中寄出的家书的解读也十分到位。

不足之处：没有说明中共温州独立支部的上级——中共中央、上海区委（读者从第22页表2-4中可以获取上海区委关于"温独支"工作的文件名）对其的指导与帮助，全文只有第23页一处提及陈仲雷给上海区委书记罗亦农写过一封信。

文句不通：第28页第一段"使工人由只知道做工养家糊口，到提高社会主人翁意识、提高政治觉悟。"

衍字：第43页第三段称苏渊雷"发表了《十个月革命放歌》"其中"个"字是多出来的。

2015年4月11日

十二

本文兼具学术价值与现实意义。作者用地理学、历史学等方法比较深入地研究了抗战时期的温州港，材料丰富、具体，对相关的学术成果有一定的了解与借鉴。从工商业、金融业、手工业、批发业、服务业等方面全面论证了温州港当时的地位与作用，这也是全文比较出彩之处。

不足之处：总体框架结构应重新调整，相关内容有待进一步梳理，目前的安排比较凌乱，缺乏历史的逻辑性。全文结语太简单，只有13行字。

资料出处放在文末，不用通行的页下注，不符合一般史学论文的规范。

在第2页第二段称"长官谷川"太笼统，直到第8页才出现其时任的确切职务：日本海军第三舰队司令。图片没有资料出处，如第5页图2-1温州港示意图。重要史实也没有资料出处，如第22-23页对当地工业的两大段描述、第28-29页温州的三次沦陷均无一资料出处。

文意不明：第19页第一段"日军分三路侵入杭州路线"。

用词不妥：第6页最后一段论及仍有一些自然条件障碍温州港的进一步发展时说"台风灾害对海上交通，港口设备和船舶的航行安全都将带来极大的威胁"，台风带来的灾害是常态（一般现在时），不应用将来时表示。

字序颠倒：第7页第二段"《建国方略中》"，应为"《建国方略》中"。第11页第二段马寅初提出"统一国币应实行废两用元案"被写成"统一国币应现实性废两用元案"；第13页倒数第七行"温州港直到抗战前都在不断地开辟国内外的航线"，其中“不断地”被写成“地不断”。

错别字:第 5 页第一段“北、东南、懂方向”,其中“懂”应为“东”字之误。第 8 页第二段“将江阴有个航路标志”,其中“有”字实为“各”字之误,因为后面提及灯塔、测量标杆等标志。第 9 页第二段“再这样一个封锁的状态下”,其中“再”字当为“在”字之误。第 10 页倒数第二段“最高行政机关”被写成“最够行政机关”。第 11 页第一段“承认中国的关税自主权”,其中“承认”被写成“趁人”,同段“没有一个中国人升任到海关税务司的职位”,其中“升任”被写成“生人”。第 12 页第一段“后方的不急”应为“后方的补给”;第 20 页“麦粉。都有、黄豆”应为“麦粉、豆油、黄豆”;第 21 页倒数第二段“大后方个军区”应为“大后方各军区”;第 25 页第一段“一只颇为强力的抗日力量”,“只”当为“支”之误,第 27 页“两只部队合作”也犯有同样的错误。

漏字:第 9 页第一行“日军进攻江阴巫山,国海军不敌”漏了一个“中”字。

2015 年 4 月 11 日

十三

本文有一定的理论意义与现实意义,对苏渊雷的史学思想进行了初步的研究。作者阅读比较广泛,全文整体框架设计比较合理,对苏渊雷的史学思想多有阐释与发挥。

不足之处:全文没有一个苏渊雷的小传,使读者对其有个总体的了解。

很多地方没有直接引用原话。如第 18 页只有两个小标题是出自苏渊雷的原话,其余所有叙述读者很难区分哪些是苏的原意哪些是作者自己的引申发挥。

有些是经作者改写的苏渊雷的文句,但不出注释,读者无法复按,第 19 页至 20 页的一大段就是如此。第 24 页“视民族传统文化为国之灵魂的文化史观”除了一开始引用了苏渊雷的一句话外,其余全是作者自我发挥,游离主题。第 25 页至 27 页“苏渊雷史学思想的影响”部分,只引用了苏的一句原文,在第 27 页有两段作者改写的苏渊雷的话,但没有注明资料出处。第 29 页在结语中的一句直接引语也没有注释,不符合历史论文的一般规范。

用词不当:第 1 页第三段:“苏渊雷的一生纵观整个 20 世纪……经历了民国和建国时期的生活”,其中“纵观”“建国”应为“纵贯”“共和国”。

时间错误:第 4 页最后一段“1992 年秋,考入浙江省立第十师范学校”。应为 1892 年。

文句不通:第 16 页“记录了……国家军队情况的操练”;第 25 页第一段“但这些都不会影响他的史学思想对我们的影响。”

第 23 页引用列宁的名言不去从列宁著作中找出处,而是从当下的学术期刊论文中转引,学风不够严谨。

2015 年 4 月 11 日

十四

本文有一定的学术价值与现实意义，对 1928—1937 年历次上海卫生运动大会依次作了叙述，史实清楚，再现了当年的历史情境，对上海史的研究是有益的。

不足之处：作者对历次上海卫生运动大会以报流水账的方式，作了平平的叙述，没有对其进行分阶段的分析阐释，特别是对新生活运动以及所产生的相关机构对上海卫生运动大会的主要影响没有进行集中的深入的研究。全文没有重点，缺乏真正的问题意识。

论文史料主要依靠同时期的《申报》，在参考文献中没有上海档案馆的相关原始档案。

缺字：第 1 页倒数第二段称“抗战爆发后，上海公共卫生其影响陷入停顿”其中缺了一个“受”字；第 8 页第一行“考察上海卫生行政机的设置”，其中缺了一个“构”字；第 16 页第一行“以便各方之准备参”，最后缺了一个“加”字。

错别字：第 25 页第二段“红绿字卫生标语条”，应为“红绿纸卫生标语条”，即第 27 页所说“彩色标语”、第 30 页所说“彩纸标语”；第 28 页第一行、第三行接连把电影演员胡蝶的名字错写成“蝴蝶”；第 32 页“工人大一百五十一人”，其中“大”实为“达”字之误。第 34 页第二段“个社会团体的参加”，其中“个”实为“各”字之误。同页最后一段“利与推进城市的公共卫生建设”，其中“利与”实为“利于”字之误；第 35 页第一段“城感遗憾”，其中“城”实为“诚”字之误；第 36 页安克强在论述“上海卫生行政的成效是所说”，其中“是”实为“时”字之误；第 37 页倒数第四行“晚晴以来”应为“晚清以来”。

字序颠倒：第 2 页第 6 行“做过专的门考订和阐释”；

图片没有资料出处，如第 9 页图 1-1 卫生局长李廷安。重要事实不加资料出处，如第 34 页“第十五届卫生运动大会在当年还受到新生活运动总会的书面嘉奖”，没有注释。

2015 年 4 月 11 日

十五

新民主主义革命时期中国共产党的城市工作在党史研究中占有十分重要的地位，是个很重要的课题，对此进行系统的研究是有意义的。

本文的研究路径基本上是历史学的。在梳理基本史实方面做了一些有益的工作。作者对“新民主革命时期城市工作的起源”（严格讲应是新民主主义革命时期）以及“抗日战争时期我党城市工作的作用”作了专门的探讨，反映了作者的问题意识，推进了相关的研究。

论文的框架结构设计合理，引证资料比较丰富，文献综述比较完整。

但也存在一些问题。从整篇文章来看，大部分的内容是背景性、概述性的描述，像第 28-29 页的集中归纳、提炼的文字较少，反映出作者的在研究技能方面存在不足。有些地方只有作者的论断,没有展开必要的论证,提供相应的史料。如第31页第4行提出"城市是新民主主义革命胜利的物质保障"、第32页倒数第6行说"城市雄厚的财力与强大的工业实力,保障了解放战争的物质装备",均没有提供任何确切的统计数字,流于空论。

错别字:摘要页倒数第五行"最终夺去"实为"最终夺取"。第12页倒数第二段"辛亥革命带五四运动这一时期"应为"辛亥革命到五四运动这一时期"。第16页第8行"形式进一步恶化",其中"形式"当为"形势"之误;第24第二段"根据形式的变化",其中"形式"当为"形势"之误;第19页第2行"以游击战为主要斗争形势",其中"形势"当为"形式"之误。第27页第9行"宜布"当为"宣布"之误。第三十页第14行"在城市接受过程中",其中"接受"当为"接收"之误。

缺少注释:第12页倒数第二段有两个工人罢工的统计数字;第14页第一段由两个统计数字;第20页第一段有四个工人罢工的统计数字;第25页第一段,有8个宝贵的历史数据,但均没有任何出处。第27页第三段引用毛泽东的话,也没有资料出处,而且没有加关引号。

缺少标点:第6页第二段中有六行字只有两个标点。

漏字:第12页最后一行"秘帮会",漏了一个"密"字。第15页"北伐军充分利用了北洋军阀内部"漏了"的矛盾"三个字。第20页第12行"表了大量的革命文艺作品",漏了"发"字。

重复:在参考文献著作部分第9种与第11种、第12种与第13种论文部分第1种与第8种;第2种与第10种、第17种;第3种与第11种、第18种;第15种与第28种完全相同,是重复的。

同意修改后进行答辩。

2015年4月23日

十六

本文是篇军制史的原创性论文,对段祺瑞及清末北洋新军炮兵制度进行了开拓性的研究。选题具有新意与开创性,研究的也是新问题。作者详细梳理并介绍了清末北洋新军炮兵制度,对于深化中国近代军事史的研究是有益的。

不足之处是表述不严谨,第6页第一段学术史回顾中列举的所有的学位论文,均不提作者姓名,不合常规。第29页第一段,先锋队每门炮配有14匹马,与德军配有18匹马应该说是相差无几,而不是文中所说的"不相上下"。第48页第一段,"从行营炮兵学堂走出来的辛云鹏、曲同丰等人"应该注明他们在校学习的起讫年份。第63页"通过截留税收、征收厘金等非官方渠道",不妥,截留税收、征收厘金仍属于官方渠道。

缺乏论证,第31页称,晚清炮兵制度建立在新建陆军与武卫右军阶段,"段祺瑞的实际领导与建制,更对其起了至关重要的作用。"在所在的第二节中没有一段段祺瑞的话。第48页第三段称:"此时武备学堂的教育内容则远远落后于德国的军事现代化。”只有论断,没有展开具体的论证。

表述错误:第 34 页称,口径单位“生”即毫米,应为第三十五页的“密里”即厘米。

主次不分:第 49 页论德国炮兵的思想教育全是军人宗教思想教育的内容,最主要的“进行爱国主义政治思想教育”只提了一句,没有下文。

没有资料出处或注释不规范:第 13 页最后一行说段祺瑞在甲午战争中守卫炮台,抗击日军,没有注释。第 50 至 51 页“新军炮兵的思想教育”在小标题上加了一个题注,将四种资料一次性放进去,而不是有针对性的一个一个加注。

漏字:第三页第 3 行,“近代社会最先向西方的一个方面”,漏了“学习”二字。第 44 页第 1 行“包括炮兵在内的德国学堂教育”漏了“军事”二字。

错别字:第十六页倒数第二行:“不等不”应为“不得不”之误;第 25 页第 3 行:“后勤是从物质、技术方面保障军队”其中“物质”当为“物资”之误;第 63 页第二段:“很大程度了限制了”其中“了”当为“上”之误。第 46 页最后一段:“物质坏境”当为“物质环境”。

2015 年 5 月 14 日

十七

作者主要利用 2003 年台湾方面刊布的阎锡山的档案,对 1917—1922 年期间的阎锡山与护法运动以及晋系集团的关系作了较详尽的叙述,分析了与之相关的主客观原因。全文资料丰富翔实,叙事清楚,分析到位,可以自圆其说。工作量也达到了硕士论文的要求。

不足之处是表述不严谨,第 4 页第 2 行“本文也是……著作”,严格讲论文不等于著作;第 48 页称阎锡山在护法运动中的政治抉择“谈不到意识形态和个人关系的因素,纯粹是为求自保与自我发展”,难道“自保与自我发展”与“个人关系的因素”就没有关系吗?

错别字:第 5 页“刑振基”应为邢振基;第九页第二段:“议和期间阎于北京政府”其中“于”应为“与”之误;第 20 页最后一行“弊处即电院极力主张”中的“弊处”当为“敝处”;第 47 页第 17 行“加强了对个地区的控制”,“个地区”当为“各地区”。

漏字:第 17 页第 1 行,“以‘绥靖地方、安定秩序’建立警备队”,漏了“为由”二字。

标点符号使用不规范。第 44 至 45 页列出了四点原因,“其次”“最后”用顿号,应该与“首先”“再次”一样统一应用逗号。

注释方面。第 32 页注释 1 所引 1978 年第 1 期《近代史资料》是十分常见的资料,没有必要从他人专著中转引。

2015 年 5 月 14 日

十八

该论文以土地革命时期湘赣革命根据地的妇女为研究对象,作者依据大量的文献资料,通过比较湘赣革命根据地建立前后的妇女生活状况,提出了妇女的地位得到提高的观点,并围绕妇女参加革命建设和革命斗争的问题进行梳理和分析讨论。

总体而言,该论文选题重要,结构合理,层次清楚,说理清晰,是一篇较好的硕士毕业论文。但是也存在一些不足:作者在处理史料的问题上有待于进一步的深化,在议论方面,理论归纳有待进一步升华。

2015 年 5 月 19 日

十九

该论文依据大量档案、报刊、方志等资料,深入分析了近代南阳地区学校教育的转型及嬗变过程。作者将教育史与社会史探讨的内容相结合,既研究南阳地区学校教育的发展革新历程,又着重探讨了当时社会各阶层人士的活动及广泛参与;同时客观地说明了近代南阳地区学校教育的进步性和不足之处,对近代南阳地区教育史和社会史的研究起到了拾遗补阙的作用。

该论文的选题具有一定学术探讨价值,研究重点突出、资料翔实、征引规范。作者仔细分析了在教育的发展改革中人的活动及重大推动作用,也为当代教育的改革与实践提供借鉴与启示。不足之处是文中所用史料尚待深度挖掘运用。

2015 年 5 月 20 日

二十

本文选题有新意,视角新颖,对明末清初基督教的护教文献与思想进行了较深入的研究。全文章节设计合理紧凑,逻辑严密,资料丰富可信,学术性注释不少,行文流畅,归纳得当,分析有根有据,能够自圆其说,对于人们认识在华基督教的过去与现在都是有益的。

但论文还是存在一些不足之处:

1. 表述不妥:第 3 页第一段"民国 98 年"。另外,正文中有大量的版本信息,喧宾夺主,应该放在注释中为好。

2. 正文与注释的书名表述不一致。第 3 页第一段正文中《江南与中西文化交流》,注释中成了《江南与中外交流》。第 36 页注释 2 只有一个姓名,其他信息全无。第 11 页注释 1 中孙江:《十字架与龙》是改革开放后国内出版的书籍,很容易找到,没有必要从其他著作中转引。

3. 错别字甚多。第 4 页第二段 2008 年出版者《云南社会科学》、以"宗教生活委主题"、第 6 页最后一行"为我们程序了礼仪之争"、第 9 页第十八行"丰富飞收集整理”、第12页第一段“打到传教士的良机”、第13页第二段“奉行孔孟只道”、第16页倒数第三段“收到当地人的排挤”“不惧反侵略的性质”、第21页倒数第二段“笔者数梳”反教文献、第28页第十至十一行“痛心级首”、第28页倒数第三行“初刻与浙江”、第30页“支出了”严重性、第48页最后一段“受诗者是当时朱民警的”传教士、第53页第三段“作为传教士,发展教徒是其沈明珠最为紧要的任务”、第56页倒数第二段“工作是扎实二卓有成效的”、第57页第一段“此片博士论文”、第57页最后一行“列陈事件始末于乾隆钱”、第59页第二段“携带者西洋文化进入宫廷”、第63页“中国人丢脸理解古书的钥匙”。

4. 漏字与衍字:第2页倒数第十行、第3页最后一段中2000年的“年”都漏了。第23页“两种互相需要又的基本相反力量”。

5. 书写格式不规范。第28页、第30页中作者个人做的转页页码记号没有消除;第46页、第47页、第48页中有些繁体的直接引语没有统一转化为简体;第58页“康熙元年11月初六”“乾隆二年12月25日”,此类农历纪年应该一律用汉字书写;在外国国籍标注方面作者用了与标注中国朝代相同的圆括号,史学界一般是用方括号标注外国国籍的。

6. 年代错误。德国传教士戴进贤(1680—1746)与他人合撰的《睿鉴录》收录进《欧洲所藏雍正乾隆朝天主教文献汇编》,因此不可能是文中第56页最后一行所说“1937年刻于北京”。

2015年5月20日

二十一

本文是篇社会文化史方面的原创性论文,前期研究成果较少,难度很大。作者以上海革命化春节为研究对象,试图探讨现代化背景下国家权力与民俗变革之间的关系,切口小,贴近生活;立意深,具有较强的问题意识。

作者一方面在上海档案馆查阅了大量的档案资料,从当年的“文革”材料中引用了张春桥的一些话,另一方面又做了相当数量的口述访谈,一定程度上弥补了某些方面资料的不足。全义框架结构合理,层次清楚,逻辑性强;夹叙夹议,论从史出,有一定的说服力,对于深入研究当代上海史做出了贡献。

存在的最大不足是文中不少内容不是春节期间所特有的。如忆苦思甜、吃忆苦饭、斗私批修等在“文革”是一种常态,非春节期间也在搞。

对于一些原始资料,作者只管引用,没有表明自己的看法。如第30页第一段有直接引语,说抗美援朝时志愿军在前线奋勇杀敌,“我们怎么忍心在春节中过这种糜烂生活呢?”作为后方的普通百姓一年忙到头,春节几天吃喝好一点,放点鞭炮,庆祝庆祝,怎么就成了“糜烂生活”呢? 还有第103页第一段有一处引文说“光荣退休”“现在看起来是‘悲剧’的事”,难道一直干下去就不算悲剧了吗? 还有第64页引文中硬说春节是修正主义的也十分荒谬,作者虽然作了些批判,但没有说到点子上:在当时被认为的修正主义国家中没有一家是过春节的。作者自己也有个别提法不确切;如第 32 页说新中国成立后年画中表达的“多子多福”与国家的政治任务背道而驰。事实上,解放初期是鼓励、提倡多生子女的。

有些地方明显是搞错的。如第 67 页有工人找谭其骧老师谈话,应该是工宣队队员找谭谈话。如第 79 页注释 4,引用提及批判《修养》的 1967 年 4 月 8 日《人民日报》社论,得出结论称“革命大批判最初指批判刘少奇”。大错。1966 年的五一六通知,同年八届十一中全会通过的十六条明确提到“彻底批判”、“点名批判”就是“大批判”。事实上,“文革”前就开始批判《海瑞罢官》,彭罗陆杨、“文革”开始后批判“三家村”,直到 1966 年 8 月 5 日毛泽东在八届十一中全会上写了《炮打司令部——我的一张大字报》,才开始在党内高层公开批判刘少奇。第 105 页第三行“中央文革小组组长康生”,中央文革从头到尾的组长是陈伯达,康生是顾问。

有些引文出处不够权威,如第 79 页、第 96 页等处引用了毛泽东 1967 年 7 至 9 月视察华北、华南和华东地区的最新指示,出处是湖北日报当年编印的内部资料,应该从《建国以来毛泽东文稿》第 12 册中去引用。第 63 页引用的十六条,《人民日报》当年是全文发表的,不用从武汉晚报内部编印本中找。

2015 年 5 月 28 日

二十二

本文的选题是好的。作者在掌握大量档案资料的基础上,结合参照其他相关文献,对近代上海殡葬组织与殡葬行业进行了整体考察,揭示了上海殡葬事宜是怎样从纯粹的民间行为发展为行业化、商业化行为的。全文资料充实,表格齐全,夹叙夹议,可以自圆其说,在学术上填补了一项空白。

但也存在一些问题:

第一,有些论述不当。如第 32 页中间提及“20 世纪 30 年代末,日本发动侵略战争,上海四郊战火弥漫”。查 1932、1937 年上海有两次淞沪抗战,年代表述不够确切。第 33 页最后一段提到截至 1945 年 4 月上海尚无殡仪寄柩运葬同业公会,因此,1946 年 3 月 1 日成立了。这里面应该提到抗战胜利后国民政府对于沦陷区内行业组织的清理与整顿。第 40 页第一段在分析 1938—1943 年上海殡葬行业公会成员多集中于静安与黄浦时认为,这两个区当时为外国的租界区,“里面战乱的可能性相对较小”。但事实是 1941 年 12 月 8 日后日军进占租界,孤岛现象已经消失了。另外,第 46 页第一段,“随着抗日战争的爆发,上海殡葬业也迎来了它的春天”、第 29 页中间一段,“抗日战争开始后,上海遭到炮火的洗礼”,其中春天、洗礼用词不妥。第 17 页最后一句“丧家对殡葬的重视程度也决定了殡葬行业有……无限的发展空间”。

第二,论文中只有制度化的描述,缺乏个案的分析与展开,如一代文豪鲁迅的葬礼、1939 年春上海市民为被日伪暗害的出租车司机进行的大出丧,殡葬组织及行业的作为只字未提。

第三,论文具体表述方面也有问题。在大段的引文、条文中不加句号,如第 36-

37 页、第 38 页、第 42 页、第 34-35 页、第 30 页、第 25-26 页等等。在一些引文中标点不当,该断句的没有断句、断错句子的。如第 11 页、第 44 页。还有第 4 页第一段“是一篇……的过程”,句子成分不完全。第 29 页第一段中“来看,可见”、第 41 页第 6 行“相互互动”都是句子成分重复。第 26 页倒数第三行句子中有两个“存在”。第 25 页提到今天“一些开明人士在报刊杂志上”一再呼吁普及火葬,但没有加注说明。

第四,有较多的错别字。如第 15 页“棺局的支出”写成“指出”,第 24 页第二段“接受申请”写成“声请”,第 30 页倒数第二段收掩“成人”冻毙路尸写成“承认”,第 36 页第八行“大会”表决权写成“大灰”,第 38 页第三段“履行”相应的职责写成“旅行”。

2015 年 12 月 6 日

二十三

本文选题很好,对以前鲜有研究的 1950 年代回乡复员军人问题进行了初步的研究。作者以基层社会为视角,以麻城县为个案,对回乡复员军人的实际遭遇进行了分析研究,认为复员军人回乡在客观上触动了原有的乡村干部的权力利益,导致了一系列相关问题发生,应该说是可以自圆其说的。学术史回顾部分对以往的学术成果的点评十分到位,是花了一番工夫的。在研究方法上,作者并没有局限在麻城一地,而是在不少地方援引了其他外省的例子加强佐证,使得自己的论点更具说服力。

存在的一些问题:

主观臆断:第 42 页第二段称,1950 年代复员军人自杀“这些数据只是基层上报至省民政厅的数据,而实际上基层未上报的数字比这个大概还要多一倍。”

提法不妥:第 11 页第二段第二行“中共老区”,一般提法是“革命老区”。第 12 页倒数第二行“区书”,一般写为区委书记,没有“区书”这种简称的。第 15 页第二行“安置相关职位”应为安排相关职位。第 43 页第一段说“失业军人革命委员会”要“同党和政府进行斗争”,言重了,还是第 1 页倒数第三行“抗争”的提法较为妥当。

不规范:第 21 页第四段中“三定”应该加上必要的注释。第 22 页第二段“复员军人不仅在乡村不仅是……”一句中连续两个“不仅”,必须删除一个。第 33 页第二段最后一行“进行农村社会主义远景教育教育”,要删除一个“教育”。第 22 页最后一行“社分书记”、第 32 页第二段“该乡代表主人”均不知所云。第 48 页最后一行、第 49 页第二行开头的一句,该用逗号的地方都没有用。文末参考文献中期刊类所列出的所有杂志名均不加书名号,正文注释中也是基本如此,但第 3 页注释 1《炎黄春秋》是加书名号的。

错别字较多:第 9 页、第 75 页两次出现“《中共中央文献选集》”应为《中共中央文件选集 1949. 10—1966. 5》。第 19 页第一段“作为”被写成“怍为”。第 28 页第三行“东北西跑”应为“东奔西跑”。第50页第二行想“徐重新建立”应为“需重新建立”。第54页最后一行“精神病员”应为“精神病院”。第16页第二段出现的人名，第一、二、四次均为“熊杏荣”，第三次却成了“熊荣荣”。第59页第一段出现的人名，前两次均为“余雪情”，第三次却成了“余雪芹”。

2016年4月8日

二十四

本文的选题是好的。1960年中苏两党、两国关系的离合，各兄弟党的态度，既有前因，更有后果，关系重大，确实是当代共产主义运动史必须研究的问题。论文的与众不同之处就是大量运用国内学者基本未用的越文《越南共产党文件选集》《胡志明全集》《胡志明年谱》，对越南劳动党在1960年国际共运中的行动进行了较为系统的阐发，也说明了如此行动的内外原因。文章的一个亮点就是重构了胡志明及时调解中苏分歧的历史场景，这是本文最大的学术贡献。本文的学术回顾做得比较全面，论文中还有一些学术性的注释，补充说明了正文中不便展开的问题，从这点而论，作者受到了较好的史学训练。

但是就对学科知识的把握而言，本文是存有缺陷的。最主要的问题是作者单纯以越方1979年10月出版的《三十年越中关系真相》为立论依据，而对于中方的相关文件，包括近年来公开出版的《中共中央文件选集1949.10—1966.5》全然没有顾及。偏听偏信一方，得出的结论自然有失公允。如论文中多次提及1954年日内瓦会议后中国与苏联一样希望保持越南的分裂状态，但没有任何史料依据。又如第57页说中国对越南“在援助上带有小家子气”，这里既不考虑中苏两国国力相差甚远，也没有任何与苏联援助相比较的数字比例统计，不符合史学规范。

错别字不少。正文第一页，“以苏联为首”被写成“一苏联为首”。一系列被写成“一些列”。第七页第2段《胡志明年谱》(1980—1969)，其中生年显然有误。同页倒数第二段“自2000以后”，中间漏了一个“年”字。第23页中人民内部矛盾被写成“人们内部矛盾”。第32页中北越被写成“越北”。第33页“致信苏联”被写成是“至信苏联”。第39页第二段仍属部分的性质被写成“仍属不分的性质”，又两次将共产党工人党写成“共产大工人党”。第46、第47页两次将苏联地名“雅尔塔”写成“雅尔达”。

最后，第63页倒数第七行“上东大学硕士论文”，经查，国内没有这样一所高校。第63页标注的《邓小平年谱》不规范，省略了这一书名原有的起讫年代。

2016年4月19日

二十五

表述不当或不确。第24页第二段“省代会召开的动议”表述不当，应为召开省代会的动议。第30页第三段“11月省合管局呈文中南，请求减免各地税款，因为按新法执行,各社必将亏损。中南在做了简要回复之后”其中两次出现的“中南”,不知所指。第39页第一行到第二行“明了中央及中南的合作政策。从中南对各省市的指导看”其中的中南结合下文应该是中南区。

第32页倒数第三行,“1951年合作社计划草案在本月底可发下各大行政区及省市县”,没有资料出处,读者无从判定“本月”具体指什么月份。第57页最后一段“第一季度的工作总结”,不知道是什么年度的。第58页“4月底召开合作行政干部会议”;第59页“合管局五、六月份的工作总结”“九、十月份的工作总结”均是如此。

第33页第二段“4. 应收账款要催收? 账要处理”,其中? 不知道何意。第34页“干部年终鉴定以整风方式? 行由? 月局务会议专案讨论解决”;第49页第二段“暂时??? 备领导干部”;第42页第二段“一方面研究开展业务的??,……而?? 建立机构的中心工作”;第53页第三段“派? 区为合作助埋干部”;均是如此。

第50页最后一行“到4月底召开合作行政干部会议中,总结道”;第52页“在总结指中指出”,均没有主语。第68页第二段“市场‘三死’的现象”,没有出注。

全文中该加句号的不加的情况不少,最突出的是第48到第49页的一段长达9行的引文只在结束时才有一个逗号;第50到第51页的一段长达7行的行文也是如此。

漏字、衍字。第16页第二段“1951年1月23召开”;第41页第三段“1951年4月25”;均漏了一个“日”字。第30页第六至第七行:“7月21,中南合管局发文要各省市遵照合税联字第二号联合通知规定减半征收上半年合作社税款。8月21,”漏了两个“日”字。第18-19页“省供销社也商业厅合并”,漏了一个“与”字。第28页第二段“对于初成立的的这类合作社”,第37页第二段“经政府批准正式成立的的有221个基层社”,第38页第二段“需要注意的的合作社初期”,其中均多了一个“的”。第37页第五行“使得筹委会对各地的指导也政策有时会有一些跳跃”,多了个“也”字。第60页第二段“合作社是广大大群众的经济组织”,多了个“大”字。

错别字。第26页第三段“可以说没有那一个县没有野生合作社。”应为哪一个。第27页第三段“至要还是因为”应为主要……。第28页第一行“普通都没有建立领导关系”应为普遍……。第34页倒数第四行“详细规范了合管局内部从工作制度”,其中“从”应为“的”。第41页最后一段“下面社货栈,完全办信托业务”,应为“下面设货栈……”。同段“把桐油掌握起来,进行加工,做洪油炼油”,应为“……做桐油炼油”。第46页第二段“长沙衡阳俩市”应为“……两市”。第60页“只供应油盐火柴粮食和几种布疋”;第64页“试点性改造的行业:布疋与屠宰”;其中“布疋”均应为“布匹”。第72页倒数第四行“现代化经济第劳动力的解放”其中“第”应为“的”。

2016年5月3日

二十六

本文对近代上海第一份游乐场小报《新世界报》进行了迄今为止最详尽的研究。作者以该报发表的文字为主要史料依据,对该报宗旨、沿革、风格与社会责任等进行了较为充分的探讨。在诸多的说法中，作者经过严密的考证，确认《新世界日刊》的创办时间是1916年11月25日。证据确凿，可以成立。本文对《新世界报》构建的两大空间：娱乐空间与公共舆论空间进行了认真的解析，提出一些有价值的新论，这是应该肯定的。全文构架合理，层次清楚，图文并茂。

论文也有一些不足之处，主要是：

作者对娱乐空间与公共舆论空间这两大空间之间的关系基本没有述及，导致本文的研究深度不够。

用词不当、不确切：第3页倒数第二行“学术性不高”，应为“学术性不强”。第22页倒数第二行说《药风日刊》“社长郑药风”，其实接下来的引文中出现的全是“正秋”“郑正秋”。根据第20页的提示“药风”只是郑正秋的笔名。

史实有误：第18页最后一段“上海枞溪人”，上海没有“枞溪”，这一地名是湖南怀化的。

文句不通：第1页第一段最后一行：“《新世界报》在十余年的发行时段中，保存相对完整。”应该是“有十余年的发行历史的《新世界报》，保存相对完整。”

漏字：第2页第一段“笔者试以《新世界报》份小报为载体”，漏了“这”字。第18页第十二行鲁殿灵光被写成“鲁灵光”，漏了一个“殿”字。

注释不规范：文本标出书籍出版信息时没有将所在地点与出版社名称断开来，变成如第六页上所示“上海学林出版社”“北京人民文学出版社”等。

有较多的错别字：第15页倒数第8行，上海相继出现了被写成“上海相继出王见了”。第16页倒数第二行1916年被写成“1816年”。第34页说王克敏“阔地皮”当为“刮地皮”。第40页第二段引文中“双练锡言”，应为“双练扬言”。第42页第十一行“饥民多达敢千万”应为数千万。第49页“哀哀诸公”应为“衮衮诸公”。第50页第四行“简洁名了”应为“简洁明了”。第56页第十四行“科举制还没有推出历史的舞台”，根据史实，应为“还没有退出历史的舞台”。第84页第一行“研究生生活已行进尾声”，应为“行近”。

2016年5月23日

二十七

《勤奋体育月报》的研究起点较高，已经有了两篇直接相关的硕士论文。作者仍以此刊物为研究对象，表现了学术的勇气与不断探索的精神。本文以1933年至1937年为研究时段，集中探讨了《勤奋体育月报》所呈现的上海近代体育的发展图景，既研究了该刊本身的变化，也探讨了该刊对上海社会观念的影响。作者认为该刊的种种宣传报道促进了民国时期上海体育更加有序、合理地发展，带来了体育观念的变化，使民众更加注重生活的卫生与科学。这些结论是实事求是，有充分史实依据，因而也是可以自圆其说的。本文布局合理，结构严谨，图表齐全，叙事清楚。

论文还有一些值得改进的地方，主要是：

没有必要的说明：第二段“发行扩大到海外”，没有进一步点明是哪些国家或地区。

标点错误:第58页第四段“提出了……。等观点”,一句当中居然有个句号。第62页第二段引文“校长孙先生、教太极拳成绩尤佳”,一句中不应有顿号。

有较多的错别字:第3页倒数第5行“很多论作”应为“很多论著”。第5页最后一行“功力主义”应为“功利主义”。第8页第四行“上海近代租借体育”应为“上海近代租界体育”。第25页“日本推出国联”,根据史实,应为“日本退出国联”。第63页第十四行德性之一的“进取”被写成“进去”。第64页倒数第五行“侵我上海”被写成“侵我伤害”。同页倒数第二段“本位体育”被写成“本为体育”。第68页第一段最后“没有进了……责任”,应为“没有尽了……责任”。第24页第七行体育革命“与新会革命……整个民族鬼鬼相通的关系”、第64页第四段“提倡体育,使国发育身体”,不知何意。第67页第三行,香港名花来沪,但注释中是《粤名花来沪参加粤妓君》,“粤妓君”也不知何意。

2016年5月23日

二十八

本文选题重大,研究新中国成立初高校知识分子思想改造问题既有一定的学术意义,又有现实意义。作者充分利用个人回忆、民间史料、官方档案及政府文件等原始资料,对1952年北京铁道学院反资产阶级思想运动开展的原因、进程、方式以及影响进行了迄今为止最为细致的研究。作者不仅就高校教师的思想改造进行了再研究,而且对运动中的重要参与者——高校学生的思想教育问题也进行了探讨,从而扩展了知识分子思想改造问题的研究范围。

全文主题鲜明,结构合理,层次清楚,史实准确。语言表达流畅,论从史出,观点正确,既肯定了反资产阶级思想运动的成绩,也实事求是地指出了其中的某些失误与教训,有助于深刻理解当下高校师生的思想教育问题。不足之处是理论方面有待进一步提炼与升华。

2016年5月24日

二十九

本文从社会史角度论述了国共两党的工人运动政策以及与近代上海帮会的关系。作者依据官方档案、《申报》、个人回忆录等各种工运史资料,对1927年“四一二”政变之后上海帮会与工会结合的原因、进程、影响等问题进行了细致地探讨,具有一定的学术意义和现实意义。

作者以“上海市总工会”这一上海工会联合组织为重点研究对象,细致分析了工会组织与帮会的关系,拓展了工运史和帮会史的研究范围。本文将帮会对上海工会组织的影响分为三个阶段,并对这些影响进行了实事求是的评估,有助于深刻理解劳工政治与帮会的复杂关系。

全文主题明确，逻辑严谨，层次清晰，史料运用得当，各种材料相互印证，史实准确。只是在理论概括方面有进一步提升的空间。

2016 年 5 月 25 日

三十

本文是一篇高水平、原创型的论文。作者充分利用了与雷士德工学院相关的中西文资料，对 1934—1945 年雷士德工学院在上海的人才培养进行了迄今为止最详尽的研究。全文表格、图片齐全，其中有些图片还是作者自己航拍的，十分清晰，很能说明问题。附录的文件有五个之多，反映了作者严谨的学风。

作者认为该校的办学特色是培养应用型工程技术人才，"以服务现代化工厂、建筑业、市政配套行业为主"。"雷校从初中阶段就体现出英国技术教育的特色，高中阶段则类似于今日的中等职业技术学校，而工学院更是一种纯粹的应用型工程技术教育，而且这几个阶段是相互衔接的。"作者在肯定该校的同时，也实事求是指出了它的阴暗面和在资金、师资等方面的不足之处，这些都是应该肯定的。

但第 69 页所引《陈占祥自传》没有交代具体收藏单位或个人。第 70 页说"在校友会刊物《雷友通讯》当中，董太和作为雷校第一届的学长，发表的文章数量最多、篇幅最长，且很多文章材料丰富、论述深刻、寓意深远。"这里应该列一个董太和文章一览表，表明文章的篇名与发表的时间等。

2017 年 4 月 15 日

三十一

选题是好的，对国民经济的发展有重要的借鉴意义，是一篇原创性的论文。作者花了巨大的精力，论文超过了 200 页，基本上说清了上海第二次工业改组与工业结构调整的来龙去脉以及内在理路。资料也比较丰富、全面。但是仍有些不足：

绪论第 8 页到第 9 页一系列统计数字、第 26 页第一到第二行的统计数字均没有资料出处。第 20 页提及张培刚(1949)的《农业与工业化》一书、第 29 页注释 4 毛泽东的《论十大关系》均没有给出具体的版本信息。第 116 页引用陈云的原话，没有资料出处。

表述不确切：第 10 页"政府为代表的国企"概念混乱。第 116 页第一行受到苏联"人口理论"的人口理论的影响，显然有衍字。第 117 页第一段"上海的面积增加 6139 万平方公里"，其中"增加"应为增加到。第 18 页第一段提到四个中心，但行文中只有三个中心。第 139 页第一行"近代上海由于长期处于租界的统治"，不对，近代上海一直是有华界的，并非洋人的一统天下。

错别字：第 10 页最后一段全球影响力被写成全球影力响。第 12 页第四行"结合各个啊湖南工业的具体特点""45 各厂"、第 13 页倒数第六行纯粹字面意义被写成存粹字面意义。第 16 页设备陈旧被写成设备陈伯、第 32 页第二段物资分配被写成屋子分配、第 83 页第二段的中央权力与地方权力均被错写成中央权利与地方权利。第 116 页第一段变成被写成编程、第 126 页先锋电机厂被写成先饵电机厂、第 128 页必须经市委经济委员会审查批准,被写成必须跟市委经济委员会审查批准、第 129 页支部书记被支部数据、并来一个厂被写成并未一个厂、第 130 页先行动再审批被写成先行动在审批、第 133 页弥补劳动力的明显不足被写成拟补劳动力的明显不足。

2017 年 4 月 15 日

三十二

本文主要探讨了 1906—1937 年沪杭甬铁路与沿线江浙社会,为老题新作。作者在内容方面较好地处理了铁路交通技术史与社会史的关系,对商办与国有化问题发表了自己的见解,可以自圆其说。全文因而叙事比较丰满、完整,表格、地图齐全,符合学术规范。在原有研究的基础上总体上又有了新的推进。

但也有些不足之处:第 2 页提及金士宣的《二十世纪初各省商办铁路及结局》没有注明发表的出处。

错别字:第一页倒数第四行,"就有"被写成"旧有"、第六页候补四品京官被写成"候补四派京官"、第八页两处提及的"义袋角"实为叉袋角。第九页可节省被写成"科节省"、第 12 页注释中、第 74 页中的宓如成当为宓汝成。第 13 页第二段混入捣乱被写成"混人捣乱"。

2017 年 4 月 15 日

三十三

本文选题意义重大,作者梳理历史的线索,较好地讲清了 1949—1965 年周恩来总理的东南亚外交政策。附录中自编了"周恩来与东南亚地区外交往来大事记(1949—1965)",也花费了一定的时间与精力。但总体感觉,论文没有新意,也没有新的材料。

首先是题目有问题。从时间上说,新中国成立初期一般至 1953 年,最最多到 1956 年,作者把它拉长到 1965 年是说不过去的。从资料方面看,"以《周恩来年谱》《周恩来外交文选》为中心",作者宣称"本文立足于《周恩来年谱》《周恩来外交文选》两部著作",其实基本资料还有《建国以来周恩来文稿》《周恩来传 1949—1976》等。

其次从学理上论,尽管从新中国成立后周恩来一直是主管外交的,但这并不等于他一个人就可以制定对东南亚的外交政策了。在整篇论文中看不到中共中央、毛泽东主席的相关指示与决策,这无疑是个很大的失误。在具体归类方面也有不当之处:第九页将越南、蒙古归入"广大中间地带国家"叙述,不当,应归入前一页的"各人民民主国家"。

第三文句不通:第一页,倒数第七行,"美苏冷战格局逐渐形成好和升级"。第四错别字较多:如第 21 页“印度支哪”、第 22 页“乔委”应为“侨委”。第 41 页“南桥日报”,应为“南侨日报”。

2017 年 4 月 15 日

三十四

本文选题具有先进性,作者阅读量尚可,对本学期领域最新学术动态也有一定的了解。全文比较充分地挖掘并解读原始史料,对赣东北苏区的革命宣传实践予以历史学、传播学的研究。作者借用的理论框架合理,观点正确,较好阐释了赣东北苏区的革命宣传实践及其当代价值。附录《1929—1933 年赣东北苏区报刊分类统计表》长达 4 页,体现了作者的学术功力。

本文总体上没有大的创新。在论文写作方面,最大缺点是许多直接引文均未标注资料出处。如第 16-17 页的引文、第 17 页倒数第一行斯大林的话、第 19 页所引的全部口号、第 20 页所引全部标语、第 21 页第三段所引红色歌谣均无资料出处。

2017 年 4 月 15 日

三十五

本文在前人研究成果的基础上,利用海峡殖民地年度报告等相关一手史料,初步探讨了 19 世纪新加坡华人秘密会党的兴盛、内部结构、经济活动、社会影响、法律身份等问题。

但论文太单薄,正文才 46 页,很多问题均仅仅点到为止,没有必要的展开。很多叙事没有资料出处,如第 15 页,邱天德独送清龙宫悬钟;第 16 页蔡茂春过问诉讼;第 26 页“每人保管一把钥匙,只有五人在场才能打开保管箱”;第 35 页最后一段说“秘密会党安排人员在各港口进行蹲点……安排在自身控制的行业里工作。”

其次,文中有些常识错误:第 10 页最后一段“五位先辈”加括号说明为“洪氏兄弟”误,当为洪门五祖。第 17 页最后一段,出现“会党总部”的提法,但在晚清无论在国内还是南洋,天地会系统的会党均是平行的,没有总部之说。倒数第 2 行“著名大使郭嵩焘……等人”,晚清驻外使节没有大使,最高级别只有公使。

第三,引文、行文不严谨。第 27 页最后一段的引文“若息难归”应为“弱息难归”,《三州府档修集》应为《三州府文件修集》,页码不是《华工出国史料汇编》第五辑第 26 页,而是第 25-26 页。

2017 年 4 月 25 日

三十六

本文以当事人的信件为基本资料,致力于讨论 1950—1973 年间中国政治与爱情的关系,分析集体主义取向的政治与个人化的爱情间关系的变化,努力勾画婚恋主体的自身真实感受，问题意识明确，大方向是正确的。

但本文使用当事人信件的作者只有 12 个人（6 对夫妻），在全国六七亿人口中这样的样本太小了，而且均属在大中城市中学习、工作的知识分子，难以完全充分地反映当时全国的普遍情况，在代表性方面存在严重缺陷。建议同时采用《中国青年》《中国妇女》以及相关官方文档和文学作品来充实史料。作者对于这些书信的使用极不规范，所有引用的书信（第一章第三节写明“这些信件有明确的称谓和日期”）只注写信年份，没有具体的月、日，也没有注明写信方与收信方。导致看了引文（特别是第二章），有时还要费心琢磨出于何人的手笔。

全文存在一些基本史实的失真：如第四章一开始就说，《炮打司令部》一文被认为是“文化大革命”的开始，但通常讲五一六通知与八届十一中全会才是“文化大革命”的开始。作者又说“文化大革命”的一项重要内容是“改革教育系统”，没有引义出处，而十六条的提法是“改革旧的教育制度，改革旧的教学方针和方法，是这场无产阶级文化大革命的一个极其重要的任务。”作者还说“文化大革命”“不仅仅是要革他人的命，也要求自我革命。”当时并无“自我革命”一说，而是要“斗私批修”。

一些地方文句不通。如第一章第四节“在极度强调政治的时代，政治进步。工作或者说业务，在新中国初期，人们把个人工作……”第二章首页“以期中生产战线上发挥高度的积极性”。再如“对刘莹认为干校劳动带来了智力上的损伤。”一些地方提法欠妥用词不当：作者多次将 1950—1973 年称作“社会主义中国初期”“新中国初期”，新中国成立初期最多到 1956 年，延长到 1973 年是没有道理的。第一章第二节“国家与个体间是单向的互动关系”，谈到互动肯定是双向的，单向无法互动。“很难获得当时人们在当时的态度和情感反应”，态度和情感反应只能去了解。

整篇论文正文无页码。在目录与正文中第五章均被错写为第四章。第一章第三节六对夫妻概况表“工作”一列中长青被写成“昌平”、章和被写成“祥”。第三章第二小节两次将爱平错写为“爱莲”。第一章研究现状部分列举的所有研究成果除了《制度与生活视角下城市婚姻家庭变迁研究》提到是论文外，其他均无法知道是论文还是专著。正文中还有不少地方下接直接引文前，不加任何标点符号隔开。全文提及“文化大革命”时均没有打上双引号。一些重要史实没有出处，如第二章第三节“1957 年《性的知识》的作者以流氓罪判刑关押。”第二章第一节叙述 1950 年代后期，《妇女杂志》讨论恋爱问题，均没有出处。正文首页第一个注释，民政部民政司作为书的编者，不应加书名号的。参考文献部分第一、第五种文献外国作者姓名前应标注国别。

2017 年 5 月 4 日

三十七

文祥是清咸丰同治年间的一位重臣，是研究晚清外交、洋务运动绕不开的一个历史人物，本文将其外交活动与思想作为选题是很有意义的。作者较好地论述了文祥的洋务活动与外交活动，并从内政、外交、洋务运动三个方面进行了实事求是的评价。作者预设的研究路径是正确的，观点也是正确的。但是作者没有讲清洋务运动与外交两者之间的内在关系。另外，对文祥在外交方面的局限性有专节讨论，但对其在洋务方面的局限性未置一词。除此之外文本尚有一些问题。

用词欠妥：摘要页称“文祥是晚清早期清政府中央枢府重臣”，文祥去世时已经是1876年了，把1840—1876年称为“晚清早期”是说不过去的。第2页“范文澜先生主编的《中国近代史资料丛刊》的《第二次鸦片战争》”，中国近代史资料丛刊《第二次鸦片战争》出版于1978年，那时范文澜先生早已逝世，该资料书是齐思和等人编的。

一些地方缺少资料出处：第6页第三段文祥早年读书求学整段论述没有出处。第17页咸丰帝10月10日命文祥等人“仍应于万难之中，设法极力挽回，已冀维持大局”。缺出处，其中“已冀”应为“以冀”。

文句不通：目录中“与俄国谈判边疆”，应为与俄国谈判边疆问题。第1页，“中外关系的发展成为影响近代中国进程发展的主线。……总理衙门的成立对于中国外交近代化的发展影响巨大，它的成立使得近代中国有了一个专职于从事外交的机构。”其中“进程发展”应改为发展进程。第3页“身处中央的洋务派另一位中枢要员文祥却的研究还是比较薄弱的。”第28页“清政府想让这支舰队受制于自己的直接管辖之下”。第57页“到了第二次鸦片战争之时，中国进一步被拉进来世界发展的潮流之中，……总理衙门却为中国外交近代化的道路打下来基础”。第59页“他的外交作风也是得他得到清朝政局各个集团的认可，是晚晴政府杰出的外交重臣”。

错别字：第59页“晚晴”实为“晚清”之误。类似笔误本文中还有多处。第4页“建议清政府加强海房建设”当为“建议清政府加强海防建设”。第7页“教授事件很短”，当为“教授时间很短”。第14页“一位转圜地步”当为“以为转圜地步”。第18页，“勒令法军总司令种植一切对于保护我方军队来说不必要的敌对活动”，其中“种植”当为“终止”之误。第31页“在中国多年的外交生活是蒲安臣发现”，应为“在中国多年的外交生活是使蒲安臣发现”……

衍字：第2页：“值得我们国家去学习以应对应对全球化浪潮和现有的国际关系格局”，其中多了一个应对。第3页“《文祥略论一文》是一篇……”。第5页“本文把握住时代的背景，将将政治生涯与外交活动相结合”。第30页“中外关系报保持”，其中“报”是多余的。

漏字：第12页“1856年10月，在美、俄两国的支持下英、两国悍然向中国发动战争”，漏了一个“法”字。

在参考文献部分也有多处错误。第60页“【法】亨利·柯迪亚著，刘曦等译：1860年对华战争纪要：外交史、照会及公文》”，书引号缺前面部分。第61页“王中翰校：《清史列传》”，其中“王中翰”应为王钟翰。“【美】马士著，张汇文等译，《中华帝国对外关系史》，第2卷，2006年7月版”，缺出版社。“【美】费正清等编，傅曾仁等译：《步入中国清廷仕途——赫德日记（1854—1863）”，书引号缺后面部分。“自王家俭：《中国近代海军史论集》”，多了一个“自”字。第62页“白文刚：《文祥与

"同治中兴"》,中国人民大学《历史教学》,2004 年第 7 期",可能是中国人民大学报刊复印资料《历史教学》。

2017 年 5 月 5 日

三十八

同善社研究这一选题是好的。作者在档案资料等史料的基础上,对同善社内部教义教规、组织机构、道职系统、宗教活动、社会活动、与政府之间的互动等方面进行了较全面的研究,进一步拓宽了对民国时期会道门组织的研究。全文框架结构简约明了,叙事清楚,表格齐全,观点正确,注释也比较规范。作者有三大贡献:第一介绍了同善社收纳一些地方鸾坛的史实;第二揭示了同善社内部的宗族势力的存在;第三,论及同善社对无锡国专的影响。以上三点为作者的创新之处,以前学者基本没有提及。

文本也存在着一些问题;文中个别地方的叙事没有史料出处,如第 64 页中间两段民间流传五位仙人向玉皇大帝求情的故事。有些引文缺乏必要的情景介绍,如第 53 页倒数第三段列出三行具体数字,没有时间段与地理范围的说明,第 54 页第二段的引文前没有任何过渡语及说明。文末的参考资料的排列缺乏内在的逻辑性。

2017 年 5 月 28 日

三十九

上海市各界抗敌后援会是个老题目,已经有了较多的研究成果,研究难度较大。作者另辟蹊径,在现成的资料书以外,又在上海市档案馆、上海市图书馆找到了一批新资料,有的是以前研究者从未使用过的。本文在认真梳理新旧资料的基础上,用社会史的方法对上海市各界抗敌后援会的来龙去脉、具有的特点以及与上海市政府、市党部的关系做了比较全面系统的研究,对该会章程、机构与领导层构成与运行模式进行了有意义的探讨。全文篇章结构紧凑简约,作者在标题的设计上也花费了一定的心思,显示了内在的逻辑关系。全文文笔流畅,夹叙夹议,对史学理论也有较多的关注与运用。

但论文也存在着一些问题:绪论第二段说上海是全国政治中心,有误,在中国近代史时段,全国政治中心不是北京就是南京。绪论中提到《老照片 7 第 31—35 辑》中救济委员会的工作照片可供研究之用,但在全文中一张都没有展示。文末的参会各团体一览表也应该注明资料出处。

2017 年 5 月 28 日

四十

本文以国家文艺政策为重点考察了建国十七年的沪剧研究,史料丰富,议论得当,是一篇原创性的论文。作者充分利用了上海档案馆所藏一些党内文件,分析问题更加到位,更具说服力。

但也存在一些不足。

要出注未出注的:第 114 页倒数第二段:“许多这类剧目不用说持续上演,连留存文本也很难寻觅”,含糊其词,语焉不详。第 107 页等处提到的“孤王金日成是也”,应该出个注释扼要说明一下。

错字:第 90 页注释、第 119 页中《中国共产党历史日志》被写成《中共共产党历史日志》,第 106 页倒数第二段“有计划地编印……”中间的“地”被错写成“第”。

漏字:第 125 页表一资料来源中的《中国戏曲志　上海卷》漏了一个“中”字。

衍字:第 113 页第七行 11 月 1 日期,最后一个“期”字是多余的。

参考文献第 9 种书《中国秘密社会史论》只有一个编者,徐剑雄并非第一主编。

2017 年 5 月 30 日

四十一

《新时期沪剧发展研究》的不足之处:

结语应该是全文观点之浓缩与升华,本文的结语全是如何使沪剧走出困境之对策,这种余论并不是真正意义上的结语。

有些提法欠妥:如第 18 页第五行“工宣队、军宣队进驻以后,不归造反派组织,属于不合法掌权”。相比于造反派,工宣队、军宣队在当时的历史情境下有更多的合法性。第 24 页第二行“沐浴着新时期的东风”,组合不匹配。第 17 页,同一文件的三行引文,用了三个完全相同的注释,没有必要,应予合并。

应出注未出注的:第 20 页第三行有一句引文“全国农村群众文艺活动中的一面红旗”,没有出注。全文附录的一些口述资料,均应写明采访对象的姓名、身份、采访时间、地点等,第 82 页仅仅标注“某知名演员”,不符合学术规范。

全文对文化大革命、文革两个专有名词,有的打双引号,有的不打,处理不统一。第 15 页最后一段突然换了一段直接引语,没有打双引号,也没有用别的字体显示。这样,其中连续三次出现的“我们”,使读者感到十分突兀。

错字:第 22 页第二段揭批两次错写成“揭披”。第 77 页倒数第三行,加大扶持力度,被错写成“加大扶植力度”。第 98 页,第七行,《上海文史资料选集》应该是《上海文史资料选辑》。

漏字:第 25 页“区文化馆在全市第一个重建……”,前面漏了“黄浦”两字。

2017 年 5 月 30 日

四十二

本文的选题是好的,对民主人士宋云彬 1957 年被打成“右派”的原因进行了仔细、深入的考察,史料丰富、可靠,说理充分,达到了硕士论文的要求,而且还有一定的现实意义。

当然本文也有些值得改进之处：1. 第 13 页、第 23 页、第 39 页提及周恩来的地方，均未从周的年谱或传记中找最可靠的资料出处。2. 第 22 页、第 23 页多次提及被拆的辛亥烈士墓葬“见证了民主党派的发展历程”，并说光复会的秋瑾、徐锡麟烈士“这二人与民主党派之间有着千丝万缕的联系”、“陶成章在历史上与民主党派有着密切的关系”等等，都是不正确的。理论上讲这些旧民主主义革命中的烈士与新民主主义革命中诞生的民主党派并无密切关系。退一万步来讲，如果有，作者也应有个说明。对于墓葬“见证了民主党派的发展历程”一说也是如此。3. 文中尚有一些笔误，有些是比较严重的。第 26 页非常微妙被写成“非微妙”，意思完全反了。句达三，作者认为也是知名爱国人士，但误写成包大三（见第 16 页第一段）。第 15 页最后一行“最为高光的时刻”，可能是荣光或者高兴，反正汉语中没有“高光”一词。第 29 页第二段，不顾尤文贵的阻挠，根据上下文意应改为“阻拦”更为贴切。4. 整段文字重复出现。第 42 页第一段长达 15 行与第 35 页第二段 15 行字的内容完全相同，这是应该避免的。5. 在参考书目部分，作者三次将第几辑写进书名号中，是不符合写作（注释）规范的。

2018 年 4 月 11 日

四十三

俄国红十字会在中国东北的活动，是学术界研究的薄弱环节。无论在俄罗斯，还是在中国相关的研究成果凤毛麟角。本文主要利用俄语文献概述了俄国红十字会地方分支机构在中国东北的活动，填补了学术界研究的空白。作者大量运用俄文资料，特别是档案资料例如俄罗斯国家军事历史档案等，介绍了俄红十字会旅顺分会在义和团运动期间和日俄战争期间的工作，重点介绍了哈尔滨红十字分委员会的管理结构以及日俄战争结束后该委员会的变化。这些都是应该充分肯定的。

论文标题注明的时间是 1898—1957，但行文只到 1945 年。总体印象是平铺直叙，像是某本书某篇论文的译本，只有陈述，鲜见作者本人的评论与分析。

立论错误：第一页“俄国参与到中国义和团起义之中”。

引文缺出处：第 37 页最后一段的引文没有资料出处。第 45 至 50 页有多张照片，没有任何文字说明，不知作者用意是什么。

文句不通：中文摘要“先同意以、创新之外、研究方法等内容”，不知所云。第 6 页“在 170 多个国际发挥作用的国家红十字会或红新月运动。”第 40 页第三段“在 194 年代初由护士约 200 名”“20 世纪 40 年代救护会遭受了对燃料、药品、酒精、包扎用品等的长期需求。”

翻译不够准确，第 33 页第十二行某某人“是免费工作的”，应该是“义务工作的”。

在不少地方如第 20 页、第 31 页、第 36 页、第 37 页、第 39 页、第 41 页作者用“他”作为红十字会的代称。按照现代汉语的规范用法，应该用“它”来指代。

建议修改后再送审,合格后方可参加论文答辩。

2018 年 4 月 19 日

四十四

本文的选题是好的。作者大量利用黑龙江省档案馆的未刊档案对清末黑龙江省禁烟运动进行了较好的研究,全文框架完整,说理充分,表格齐全,史料确凿,这一新的研究成果对当今禁毒工作的开展与治理边疆也有一定的参考与借鉴意义。本文仔细梳理禁烟运动的发展脉络,既肯定了禁烟的显著成效和积极意义,也指出了它存在的不足与局限。在学术史回顾部分还注意到了一些日本学者的相关研究,结论也中规中矩。

但摘要页"使促农业生产得以良性发展",文句不通。

2018 年 4 月 20 日

四十五

作者对日本在"北满"发行时间最长、影响力最大的一份中文报纸《大北新报》进行了认真的解读,对该报中有关东北抗日武装的破路活动及日伪警护应对进行了较好的研究,在报刊史研究方面取得了新的进展,也推进了东北抗日战争的研究。作者在大量敌方报刊资料的基础上,努力重构当时的历史场景,史论结合,言之有物,观点正确,结语也写得比较好。

存在的问题是《大北新报》的相关报道多次提及从事破路的抗日武装的一些人物报号,如第 18 页的"九江"、第 21 页的"九江""北来""东来"、第 48 页"金龙"等等,作者均没有去找我方的相关记载与此对照。

还有一些表述失误,如第 32 页"1 名村名",应为一名村民。同页在没有双引号的情况下,作者写道,我军用列车行至吉敦线河北 8 公里处,这里没有做必要的指代转化,应该是敌军用列车行至吉敦线河北 8 公里处。此地事关重大,必须改正。

2018 年 4 月 20 日

四十六

本文主要利用俄语文献,对 1898—1945 年俄(苏)红十字会地方分支机构在中国东北的活动作了历史回顾,重点介绍了哈尔滨红十字分委员会的管理结构以及日俄战争结束后该委员会的变化,填补了学术界相关研究的空白。选题是好的,标题、中文摘要均符合硕士论文要求。

俄国红十字会在中国东北的活动,是学术界研究的薄弱环节。无论在俄罗斯,还是在中国相关的研究成果凤毛麟角。本文主要利用俄语文献概述了俄国红十字会地方分支机构在中国东北的活动,填补了学术界研究的空白。作者大量运用俄文资料，特别是档案资料例如俄罗斯国家军事历史档案等，介绍了俄红十字会旅顺分会在义和团运动期间和日俄战争期间的工作，重点介绍了哈尔滨红十字分委员会的管理结构以及日俄战争结束后该委员会的变化。这些都是应该充分肯定的。附录中展示的八张照片很重要，但均未说明其来源，还有，第一张照是11人的合影，作者拟的标题“哈尔滨救护会”不确切，应该是哈尔滨救护会工作人员合影。

第38页第一段的直接引语，依然未注明引文出处；第32页第二段，在转述的语境中没有将第一人称“我们”改换为俄国。

第34页倒数第三行，“通过他”即中东铁路，应改用“它”，依旧未改。

中文摘要中“第二部”，实为第二部分。第7页第三行“日内玩”，应该是“日内瓦”。第33页第六行“下的医院”，应为其下的医院、第十行三名医生，只写了一个医生的名字，其他两个医生的名字漏掉了。第40页倒数第八行“由护士大约200名”，应为“有护士大约200名”。

2018年5月14日

四十七

慈善事业是社会史研究的一个重要方面，本文以上海档案馆未刊档案为主，同时参照当年相关报纸杂志，对民国时期上海普善山庄进行了迄今为止最为详细的研究，填补了学术界的一个空白，具有原创性。全文框架合理，层次清晰，夹叙夹议，论从史出，论点突出，语言表达流畅，格式也完全符合规范要求。只是在理论创新方面还有进一步提升的空间。

2018年5月18日

四十八

近代上海的交通状况是上海近代史的重要组成部分，而交通事故及其处理也是其中很重要的方面。该论文以《申报》上的相关资料为主，同时参照其他相关民国报刊和档案馆资料，对1927—1937年的上海华界交通进行了较为细致研究，填补了学术界在此处的空白，具有独立性和创造性。全文结构合理，层次清晰，史论结合，观点明确，语句通顺，文字流畅，论文格式也符合规范。但对其中某些问题尚需进行更加深入的研究和探讨。

2018年5月18日

四十九

目前对于企业公私合营改革研究的成果大多集中在城市中的企业，尚未有关于县属私营企业改革个案的研究。本文以上海市闵行区档案馆馆藏档案资料为主，以上海县上联袜厂为例，对20世纪50年代的手工业社会主义改造作了原创性的个案研究。选题是很好的。

个别史实有误。第 23 页“1956 年 3 月 5 日,毛泽东又作了《加快手工业的社会主义改造》的发言”,根据《毛泽东年谱》的记载,时间因为 3 月 4 日。第 30 页说“1951 年 10 月由倪玉翘和倪尚德各投资 1500 元”,根据同页“合伙议据”,倪玉翘和倪尚德各投资应为 5500 元。

有些提法是不正确的。如第 8 页,“关于资本主义工商业的社会主义改造失败原因的讨论”,资本主义工商业的社会主义改造基本上是成功的。又如第 12 页“1929 年进行县、市划界,从上海县中分出上海市。”接着第 13 页又说:“1928 年,上海县、市分治”,前后提法不统一。第 52 页中说“党支部共有党员 9 人,其中支部书记 1 人,支部委员 8 人”,这是不可能的,应为“支部成员 8 人”。

重要数据无出处。第 40 页第四段有些重要数据,但整段没有给出资料出处。

注释部分欠规范,如第 19 页、第 23 页、第 39 页、第 42 页引用的《朱德选集》《中国农村的社会主义高潮》《毛泽东文集》《陈云文选》等书都是人民出版社出版的,作者都错写为北京人民出版社。

2018 年 5 月 18 日

五十

本文对 1900—1922 年基督教青年会与上海体育作了较好的研究。在文中作者对于一些重要的外国人都做了学术性的注释,简要交代了他们的生平,这是很好的。文中的表格也是做得比较好的。作者的一些看法是实事求是,比较中肯的,如第 56 页对于在上海举办的国际性运动会所暴露出来的问题,作者认为其中“有运动会本身的责任,也有外在的因素。况且,诸如社会风气、人民习性等方面的阻碍,很大程度上是必须从教育思想及制度层面解决的,完全寄望于一个运动会便能拯救中国的体育事业,未免过于牵强。”但本文存在着一些问题。

缺乏论证或论证不当。第 41 页最后一段末:许多书籍最早编排出版的版本已很难寻得,其中一些只能看到日后再版或重新校订的版本。但作者没有具体举证哪些书“再版或重新校订”了。第 52 页第四段称:“社会上的其他反对声音,对梳理青年会在人们心中的印象,显得更加弥足珍贵。”接下来的五段全是社会上的“溢美之词”。直到第六段开始才是“反对的声音”。

图表目录页上是从表格 7 开始的,前面 6 个表格不见记载。参考文献中第几卷不应出现在书名号内,还有上海图书馆的索书号也没有必要展示出来。第 62 页出现的《上海研究论丛》是个连续出版物,作者没有标注是第几辑。

作者疏于校对,导致本文有较多的错别字。第 4 页民族主义被写成“民土主义”;第 5 页倒数第九行“上海基督教青年会”被写成“上海基督教请你那会”;第 8 页第三段中“改革开放”被写成“改革开房”;第 20 页第一段“作资助经费”被写成“作支助经费”;第 22 页第一段端方字“午桥”被写成“午军”;第 25 页第五行“会员入班”被写成“会元入班”;第 31 页倒数第二段“结尾青年”?第 32 页第二段“年龄的限制”被写成“年龄的限之”；第48页“解剖学”被写成“解破学”；

漏字：第7页第二段，上海师范大学2007年硕士论文，当中的“论文”两字被漏掉了。第36页倒数第八行“上海各路联合会”应为“上海各马路联合会”。

衍字：第18页、第26页表格下面，“月回本年第四期”“月回本年增刊”中“月回”当属衍字。第36页第七行“不不熟悉”多了个“不”字。

2018年5月18日

博士论文评语

一

本文选题是好的。作者有较强的问题意识,第 219 页提出了一些新的问题。全文表格齐全,制作规范,叙事清楚,第 64 页非常详尽地说清了许雪秋被杀的前因后果。但论文整体结构显得比较散,行文缺乏必要的过渡。第 47 页说到万年丰会馆与地方管理时突然提及"例如在慈善方面"十分唐突,未提及慈善与商务的关系,如争取美誉度、广告效应等。第 60 页说到德万昌案也十分唐突,缺乏过渡。

作者对于关键词"商会"没有介绍其基本之要素如组织结构、指导思想、会务、办事规则等等。第 218 页应该加注列举各个时期的《商会法》。全文对于商会领袖除徐子青、郑树景之外,没有进行必要的介绍,对这些人的简历(事迹、建树等)基本没有提及。

2008 年 11 月

二

本文以《教务杂志》为中心考查了海外汉学史的发展进程中近代来华传教士的中国历史研究,选题是独特的。由于以前大多只是研究西学东渐,因此反向研究传教士的中国历史研究就很有意义了。

全文设计合理,分类准确(如第 41 页第一段,还有第 175 到 176 页对于外国人的分类也十分到位),脉络清楚,较好地表达了作者的总体意图。作者视角独特,观察细密,如第 21 页指出了同为近代来华传教士有的注重神学思想及教义类文章,有的多选总结性和与在华基督教发展有关的文章。

文章指出了近代来华传教士的中国历史研究的某些特点。如第 60 页指出了其区域史的研究多集中在东北与蒙古,"正值传教事业在这些地区的当初垦荒时期。"第 115 页指出近代来华传教士"从佛教身上寻找与基督宗教相同的一面,从而为向佛教盛行的地区宣传基督宗教提供理论依据。"第 76 页指出近代来华传教士的中国地域史研究只不过处于初期阶段。作者认为(第 84 页)近代来华传教士的中国历史研究"是对前期传教士中国研究的补充,在海外汉学史应当具有一席之地"。这些见解都是正确的。

作者在基本史料收集方面花了不少工夫,例如从网上找到的《华人基督教史人物词典》。全文有不少学术性的注释,如第 45 页注 2 详细介绍了瞿理思的生平与著作。另外《远东季刊》《通报》等杂志作为史料，一般学者很少涉及。

表格做得好，直观、简洁，又很能说明问题，是本文的一大优点。附录《引用西人名录》收了98个人，也很花工夫。

但也存在着一些问题：

1. 近代来华传教士进行的中国历史研究不可能是纯学术的，有着其特定的立场。作者虽指出其有助于传教的特点，还在第112页引用了Kranz一段霸气十足的话，声称中国自鸦片战争以后四十年来"与外国人签订了平等条约"，如果不认真履行，"结果将是给这个国家带来比以往更大的灾难。"但是作者对于这种殖民-帝国主义的言论没有给予严肃的批判，在整篇文章中均无此种批判意识。

2. 用意不明：第172页倒数第四行，"从神学思想到近代学说的过渡"。什么是近代学说？范围太大了。

3. 有的地方不够深入，如第81页上介绍何德兰翻译《弟子规》的特点时指出了并三句为一句，同时语句之间采用尾韵的方式，应该有英语例句的展示。

4. 有些外国人名已经有了约定俗成的译名，就不要花样翻新，如法国汉学家高第，不必再搞成高地爱（第127页、第182页）。

5. 用词不当。第63页第十一行，"武当山现位于湖北……"应改为"武当山位于今湖北……"。第166页第十行，"该人"应为"此人"。

6. 衍字或漏字：第23页第二行，"多在在七八篇左右"。其中第二个"在"字是衍字。第109页第六行，"被李提摩太格外中意的"中的"被"字是衍字。第79页第十一行，"迎来了中国儒学史的创作高峰。"根据上下文应为"迎来了中国儒学史研究的创作高峰。"

7. 错别字不少：第167页第一段，从广东统志到安徽统志的书名全是错的，应为某某通志。第85页倒数第二行、第88页第二行"爬树"均应为"爬梳"。第100页倒数第六行"先后着有"应为"先后著有"；第103页第五行"孔子的史着"应为"孔子的史著"；第64页第八行，"缺少学历上的探讨"，应为"缺少学理上的探讨"；第131页第十五行："判断自由武断之嫌"，应为"判断自有武断之嫌"；第141页第二行"可以再中国"应为"可以在中国"；第202页倒数第六行："天平天国"应为"太平天国"。

2011年6月11日

三

本文选取1938—1949年这一特定时段，对国民党、共产党的青年工作进行了比较研究，思路是好的，选题也很重要。作者回顾了国共两党开展青年工作的历史史实、组织机构、工作方式和经验教训，并在此基础上运用博弈论的方法对青年工作方面国共两党的胜负成败进行理论反思，观点是正确的，文笔也比较好。温故知新，本文对当今的青年工作是有借鉴意义和参考价值的。

总体感觉，作者大量引用党内团内的文件，但对于这些文件落实情况基本没有交代，缺少落实文本的实际例子。如第116页的第一段、第142页第一段。

史实有误:第164页第二段说国民党没有利用青年学生搞反苏游行,事实上是搞过的,而且还冲击了设在重庆的《新华日报》社。第103页倒数第十一行:“1947年春,周恩来发表了《关于在蒋管区的工作方针和斗争策略的两个文件》”,事实上《关于在蒋管区的工作方针和斗争策略的两个文件》只是《周恩来选集》的编者起的一个标题,文件是周恩来为中共中央起草的,以中央名义秘密下达的,不可能公开发表。

缺乏说明与论证:第15页第十二行称蒋介石“在不同场合的多次讲话中均强调”,但只引用了蒋的一次讲话,别的场合同类讲话并没有在注中说明。第43页提及的团的五大,没有交代具体召开的时间。第43页第三段说“国民党逮捕了大批学生运动的领袖”,他们“入狱和被杀害”等等,没有名单,没有统计数字。第51页第二段叙述的中国青年救亡协会,何时成立?何时解散,统一了多少青年救亡团体,在文中均无交代。第64页第三行说“各级团校培养了大量革命意志坚定、工作能力出众的青年团队干部,如顾作霖、凯丰、胡耀邦、陆定一、肖华、刘英、张爱萍等”。应该列表介绍他们从事青年工作的履历,如顾作霖先后担任山东、江苏、湖北团省委书记、团中央委员等。第74页倒数第六行称“这一阶段,尽管到延安的知识分子数量不多,但是他们均为在青年当中拥有较大影响力的骨干分子”,既没有大致的统计数字,也没有代表性的人名。第104页第四行“反美扶日运动”,前面没有论述过,至少在这里要加个说明性的注释。第115页倒数第二段说吸引加入三青团的“并未涉及青年工人和农民”,接下来却说1942年团员成分中“工农商等行业的团员占7%”,不知道工农行业的团员里面是否包括“青年工人和农民”,如果不包括,他们又是些什么样的人?第125页第一行:“1924年6月21日,中共中央与青年团中央联合发出通告,再度限制和缩小青年团的工作范围”,缩小到什么程度,没有说明。第143页说“各种学生团体、学生组织逐渐汇集到中国共产党的周围”,没有具体的说明及相关的资料出处。

论述不清或用词不当:第31页第二段说一些国民党元老不满中共反客为主,引用了李焰生的言论,问题是李是什么人,是“国民党元老”吗?第83页倒数第八页说,在国民党青年组织取得优势之时,“国民党六大出人意料地通过了撤销军队党部和学校党部的决议”,内幕情况根本没有介绍。第87页第三至四行“党团合并至此勉强完成,三青团转而隶属于国民党政府。”至少在本文中看不出三青团与国民党合并后隶属政府的根据。第88页第十五行:“国民党对青年的枪炮镇压政策”,国民党对学生运动是镇压过,但是没有开炮的记录。第96页第十二行“清华、朝阳、师院等大学也相继行动起来”,后两个院校不知道全名叫什么。第159页第一行“《华东青年工作会议》指出”,这个书名很可能是不存在的(它只是某本书中的一个标题而已),再说这个会议前面也没有提及过。

不少地方的重要论述没有资料出处。第76页倒数第八行:“抗日军政大学的招生广告甚至于遍及从延安到西安的每根电线杆。”第101页第一段关于内战爆发后的情景描述、第149页第一段中共中央领导同志关心团校的介绍、第164页第一行说华东野战军“有80%的战士均为‘解放战士’”,均无出处。

出注不确切、不规范:第98页中间一段引用了一连串的中美双边条约的名称,注释是《帝国主义在旧中国的投资》,这不是直接的,直接的文本出处在《中外旧约章汇编》第三册中。第155页两次引用的《人民日报》,只有日期,没有篇名。第160页引用的《新华日报》没有注明确切的出版年月日。

本文还有不少错别字:第一页倒数第十行"不可争议的事实"应为"无可争议的事实"。第31页"打到帝国主义"应为"打倒帝国主义"。第140页第六至七行"噬脚可及"当为"噬脐何及"之误。第148页倒数第二行《资本团校的启蒙课程主义和帝国主义》,不知所云。第162页倒数第九行"将水搅黄"应为"将水搅浑"。倒数第三行"立山路线"应为"立三路线"。

文句不通:如第80页第一行接受了"毛泽东著作的洗礼"。

2014年9月28日

四

本文作者根据大量的未刊档案和民国期间的报刊史料,运用儿童本位的理论对1927—1937年的成都儿童教养事业进行了较全面的考察,填补了学术界的一个空白。全文框架清晰,文字流畅,注释规范,论从史出。作者为了讲清问题,精心制作了33个表格,以大量的数据说话,具有较高的可信度。相比之下历史图片太少,只有8张。

本文存在着一些缺点。首先,全文对成都这一特定地区没有明确界定。没有一幅儿童事业分布地图。其次,总体上还是问题意识不强,虽然力图运用儿童本位的理论,但实际上并没有体现儿童为主体。在引用的史料中,基本没有儿童自己留下的记录。在附录的8张图片中,正面出现儿童形象的仅有2张。第三,论文对方方面面均有涉及,但缺乏一主线贯穿全文。论文偏重介绍有关当局就儿童教养方面的制度性安排,但对这些制度的实际运行情况较少考察。

论文中的不少表格设计的首列序列毫无任何逻辑关系,时间反复跳跃。按照学术惯例,一般是以时间先后排序的。

论文多次引用1972年版的《马克思恩格斯选集》,学术界目前一般是用1995年的版本。第87页引用孙中山的《建国大纲》引用的是1928年的江苏省政府公报,而不是学术界通行的《孙中山全集》。

用词不当:第147页,成都小学校们都开设有体育课,其中"们"是多余的。

重复的也有,第154页《四川歌谣第一集》接连出现了二次。

错别字:第179页,"父亲只好把握背回家去"其中"握"当为"我"之误。

2014年11月11日

五

本文依据四川各地大量未刊档案,对1923年至1945年国民党的广播事业进行了迄今为止最为详尽的研究。重点考察了广播与民国时政的关系。全文层次清楚,文字通顺,图表齐全,还附录了一些历史图片,给人以真情实感。作者以巴县政府的收音室为个案考察中央政权与基层社会控制之间的关系,还以四川成都民众教育馆为例,探讨了民众教育馆中的播音教育。这样的研究是成功的,有说服力的。而且作者也注意到了广播电台与听众之间的互动关系,这是研究广播史必不可少的。

本文也存在着一些的问题,主要是:

主线不突出,枝蔓太多,如第 240 页“民教馆的政治角色与作用”与广播事业并无直接关系。相反,一些有直接关系的主要论题倒没有充分展开论述。如第 139 页提及“1943 年昆明电台新闻节目停播”,没有说明原因。第 265 页提到“战争后期,被同时限制收听的还有共产党的延安广播电台。”只有一句话,没有任何说明与注释。有些关键词不见说明,如第 188 页标题中出现的“第四战线”,第 272 页又出现一次,没有任何说明与注释。

用词不当:第 140 页说,孙中山是最早提出“驱除鞑虏,恢复中国”的人,恢复中国当为“恢复中华”之误。接下来《中国存亡问题》应该用国内通行的《孙中山全集》,而不是从民国文人的旧作中转引。第 217 页称,孙中山在《中国同盟会革命纲略》中提出,但孙中山只有《革命方略》,没有《革命纲略》,而且引用的也不是《孙中山全集》。第 204 页国民党行政院应为国民政府行政院。第 263 页“只收过一次昆明敌台”。抗日战争时期昆明始终属于国统区,从未沦陷过,何来敌台?

文末参考文献分类不当:“新中国成立后的专著和期刊”其中《中华民国档案资料汇编》《饮冰室全集》等显然属于史料。还有一些作者名字被写错了,第 358 页“聂宝臻”应为“聂宝璋”、第 360 页“吴靖平”应为“吴景平”。

错别字:第 78 页国内“致命教授”当为“知名教授”。第 85 页顽强“第”抗争不歇,其中“第”当为“地”。第 120 页恭祝民“金康”当为“健康”。第 196 页“战争时毫无意义的”其中“时”应为“是”。第 335 页《中央大学大学生用户国府迁渝宣言》,其中“用户”应为“拥护”。第 351 页《闵政月刊》当为《民政月刊》。

漏字:第 107 页容纳 350 观众,漏了量词“个”。

注释不规范,无论在正文中还是在正文注释中提及的外国学者、著作均不标注国别。第 112 页表 18 的资料来源只列出作者,缺少文章的篇名。第 147 页注释 3《日本帝国主义对华侵略史料》,新华书店 1983 年版。大错,既没有该书名的书,也没有那家出版社。有些直接引语没有资料出处:如第 69 页倒数第 4 行至第 2 行、第 145 页最后三行等。

2014 年 11 月 11 日

六

本文具有原创性,选题很有价值。作者大量利用未刊档案及教会自办的报刊,对 1842—1962 年间上海天主教慈善事业及其兴衰做了较为详尽的研究,填补了这一方面的学术空白点。作者将上海天主教慈善事业划分为四个阶段是比较合适的，只是在文章的目录中第七章（第四阶段）没有如以上各章那样表明年代跨度。作者运用历史唯物主义的观点实事求是地评价了近代上海天主教慈善事业的是非功过，首先是厘清历史史实，其次具体情况具体分析，肯定了中外天主教人士的贡献，也心平气和地说明了育婴机构高死亡率的各种原因，有较强的说服力。

不足之处是：

一、结语写得不够理想，没有把天主教的慈善事业与其他宗教如基督教的慈善事业加以比较。

二、文中对海外的天主教慈善社团的介绍不如对上海本地的天主教慈善社团的介绍详细，有的缺乏成立背景、时间、负责人、外文原名等（如第45页的"慈幼会"），显得十分粗略；一些重要的外国宗教人士（如第14页南格禄、艾芳济、李秀芳）也没有注明他们的外文原名，读者无法复按。

三、个别主要的史实没有交代清楚，如第265页中一心中学与中国人民救济总会上海市分会的关系，肯定不是作者述及的只是信纸与公章的关系。第268页第三段中有要分散"宁波帮"，但前文没有提及。第270-271页应该对暂时停止接办息焉公墓的最终归属有个简要说明。

四、个别评论不当。如第69页称"在淞沪会战中，徐家汇一带免于战火，是因为惠济良"，显然夸大了这位天主教主教的作用。有的用词不当，第58页"上海中文界兴起了办报刊热潮"，应改为"上海华界"……。第277页最后一段将破伤风、父母抛弃、医疗水平低下归结为"残害儿童的责任人"不妥，应改为"残害儿童的原因"。

五、有些史实没有资料出处。如第13页，"在世界历史上，天主教有从事慈善事业的传统。……在一些天灾人祸中也经常看到天主教的身影。"第276页最后一段"天主教修女们往往看中灵魂是否得救，却看淡了生死和肉身享受"等等。文中有三处引用《申报》，有确切日期的有两处，但没有用原始出处，仍是从教会刊物转引的。

六、行文中有大量段落是由小标题（即加定语的名词）开始的。如第34页，论及安老院收养有两段，第一段由"上海安老院的收养对象。"开始，第二段由"上海安老院所收的老人。"开始。一般应该用一个完整的句子来起承转合。论文中所有表格的注释与通行规则有异。大段的引文只用了小一号的同种字体表示，一般是换别种字体的。"嬷嬷"是天主教中的一个通行的专有名词，而作者大部用的是"姆姆"，少数用"姆母"（第21页）。

七、有些错字、漏字。如第150页第二段"桥举其较著者"，其中"桥举"当为"枚举"之误。第193页第一行"誓反教"，应为"是反教"。第280页第四段"本着有功说过、有过说过的原则"，其中"有功说过"应为"有功说功"。第162页表格中年份的末位数字全部漏了。第256页最后一行"不能夜"，当为"不能过夜"。

八、最好有一个近代上海天主教慈善事业的地理分布图，让读者一目了然。

2015年1月30日

七

本文的选题是好的,既有学术意义,又有现实意义。全文运用的资料是比较丰富的,有历史文献,有文史资料,还有大量的民谚。作者在第237至238页提出的文化认同与移民扎根边疆的关系确实是个十分重要的学术命题,论文提出要以清代与民国时期的汉族移民文化作为构建新的当代的移民文化的基础也是有道理的。作者能够在同中找异,在论述方言地名时指出天山北麓的"庄子"与内地许多称为"庄"的地名含义有所不同。在第227页"有的少数民族对于汉族地方戏曲的表演甚至到了令人称奇的程度"下面作了很长的页下注,进行详细阐释,有很强的说服力。

总体而论,本文论述平平,绝大多数为史实的叙述,作者自己的独到见解不多,学术含金量较低。正文五章间,没有必要的衔接与过渡,安排有点突兀。即便在结论中还是没有说明这五章之间的内在逻辑联系(如果有的话)。还有,匿名送审的论文不该有论文作者名,但在第75页中还是以夹注的形式出现了。

表述不当:第5页第四行"中华民族的历史就是一部移民史",中华民族的历史十分丰富,用移民史是无论如何涵盖不了的。前面可以加一句,"从某种意义上来说"。第81页说"辛亥革命期间新疆未经过大的战争动荡",不妥,辛亥革命时期哥老会在新疆的起义是有较大规模的。另外,全文末尾概述了内容提要及不足之处,均是放错了地方。

有些重要问题没有讲清楚,如第188页第二段说"清末时道教已趋衰落"、第182页第二段说"天山北麓一带的寺庙道人由鼎盛时期的一百多人,到1949年只剩下7人",均没有交代具体原因。第194页说在伊犁"凡锡伯族聚居的地区,都建有关帝庙",原因是"锡伯族在喇嘛教的宗教活动中,对关羽这一汉民族的英雄人物产生认同感。"但没有解释为何其他信喇嘛教的少数民族没建关帝庙的理由。第192页提及《迪化乡土志》记载的六座祠堂,但只介绍了前两座,对于陶勤肃祠、平襄忠祠、金忠介祠、昭忠祠供奉的历史人物只字不提,连个简注都没有。第208页第二段说《旧唐书》薛仁贵传中所指"天山"实为今蒙古杭爱山,并非今天所指新疆天山山脉,但没有任何说明、注释。第224页说:"与东北、台湾和四川等其他重要内地移民地区相比,内地人口移民新疆无论是规模还是在当地社会经济的发展等方面,都还存有相当大的差距。"十分空洞,缺乏论证。第187页称民国时期"即便在南疆维吾尔族传统聚居区,也有大量的汉族神祠庙宇的出现。"既没有具体数量统计,也没有资料出处。

引用不规范:一些重要引文没有出处。第36页第二段有四段直接引语均无注释;第95页第十至十三行左宗棠的奏折没有注释;第102页引用的两副楹联没有出处;第209页第二段引用晚清诗人肖雄《沙山怀古》诗,没有资料出处。全文注释是页下注,但第215页第二段出现了一个夹注。第231页的夹注中只有"费孝通"三个字,令人费解。第32页图1:"新疆建省后天山北麓行政区划图"没有资料出处。

缺少必要的图片:第76页作者花了很多文字用来说明巴里坤镰刀与内地镰刀

的不同,其实用两幅实物插图效果更好。

错字不少:第10页第十五行"繁荣景象"被写成"繁荣景向";第43页第三段"首任巡抚"被写成"首任巡府";第48页第五行"毋庸置疑"被写成"母用质疑";第36页第二段"辐辏"被写成"辐揍";第131页第四行"宴请媒人"被写成"晏请媒人";第212页"天衣无缝"被写成"天一无缝"。有些十分明显错别字反映出作者治学态度不够严谨,如第244页,"南京人学出版社"、第246页"光日报出版社"等。其他错别字还有不少,在此不再一一列举了。

2015年4月4日

八

选题重要,研究的问题属于宗教范畴,但在西北地区又与民族问题紧密相连。作者广泛利用了大量的地方志、个人著述、文史资料、佛教报刊对民国时期河西佛教进行了较为全面系统的研究。其中关于心道在河西弘扬佛法,创立法幢宗是本文的亮点。河西地区的会道门活动以及心道与它们的斗争、河西佛教对抗日战争的积极贡献都是作者的原创。作者在研究民国时期河西佛教是充分考虑到了西北地区地域、民族方面的因素,并对此做了深入的阐述与解读,具体问题具体分析,这些学术研究的新成果既具有学术意义,同时对于当下的宗教工作也有重要的借鉴意义。这些都是应该肯定的。

本文也存在着一些不足之处:

在全文的框架设计方面,第四、第五章之间缺乏必要的衔接。各章之间的逻辑关系还可以进一步梳理。

在叙事方面中央政府、地方政府的宗教政策散见各处,没有集中阐述。作者用大量篇幅罗列了民国时期早已荒废或不存在的寺庙,这些寺庙的兴建与重修大多集中在明清两代,如此行文喧宾夺主,主次不分。

在章节标题方面,由于章标题中已经有民国时期、心道等主语,因此这些语词没有必要在各节的节标题中重复出现。

作者对心道这一历史人物持全盘肯定态度,没有分析可能存在的某些不足。

表述不确切:第13页"天台等宗早已名不副实,附和于……天台……宗";第29页近年回教领袖如何如何,直接来自史料,没有用自己的语言表述,因此读者无法搞清作者究竟指何时段。第54页中不少的番僧数字,均无确切的年代及资料出处,含糊不清;第75页最后一行:"安西"一词最早可以追溯到清雍正元年,不对。早在唐代就有了安西都护府。

有些论点没有实例支撑。第16页提及"戒律废弛",泛泛而谈,没有具体的个案展示;第18页吴稚晖、梁漱溟等人对佛教否定性的言论,均无资料出处;第20页称民国时期"各地侵占寺庙产业的现象更加普遍,征用庙产的力度远远大于晚清时期",没有任何的数字统计,亦未出注;第78页"新中国成立后几次政治运动使得这些寺院的命运更加坎坷",语焉不详,没有任何实证。第68页也有类似情况,"新中国成立后山丹的佛教寺院由于政治原因大部分都遭到了破坏”,也没有说清楚是哪些政治原因;第99页,“心道为近代甘肃佛教发展培育了大批人才,这些人在解放后都陆续成了甘肃佛学发展的领军人物”,没有一个例子。

没有说明出处:图3-1心道的照片没有来源说明。第124页提及宣侠父的《西北远征记》、第127页罗列的有关拉卜楞寺的主要学术著作、第130页罗列的不少学术成果,均没有具体的版本信息。

错别字:第27页倒数第七行“破坏”被写成“破化”;第30页“同善社”被写成“广善社”;第128页,“美国人类学界”被写成“美国人类学届”。

衍字:第138页第三行:蒋介石但发表,其中“但”字是多出来的。

2015年4月29日

九

该论文依据大量档案资料,以南京国民政府时期上海国药业为研究对象,对行业的发展与从业人群作了深入分析。作者关注行业史但又不局限于行业史,而是将行业史与社会史探讨的内容相结合。其中既研究行业史,又研究行业的群体;既分析该群体的资方,又分析该群体的劳方;既探讨该行业内部的关系,又探讨该行业与外部的互动;既关注国药业这个传统行业,又关注与它相关的新兴西药行业。

该论文是一篇选题具有一定的学术探讨价值、研究重点突出、结构完整、资料翔实、征引规范、行文流畅的博士学位论文。作者仔细研究了国药行业错综复杂的内部与行业外部的关联与互动,从一个侧面揭示民国上海经济与社会的发展状况,对民国上海经济史和社会史的研究起到了拾遗补阙的作用。

2015年5月18日

十

本文选题具有前沿性、创新性,作者收集了大量的相关档案文献以及近年来出版的党史资料,将自己的研究建立在坚实的史料基础之上。全文资料丰富,概括全面,有大量的统计表格,因此对于1949—1976年上海动员人口回乡的历史现象表述准确,既有定性分析也有定量统计,所得出的结论具有相当大的说服力。作者学术态度严谨,观点是辩证的、正确的,不仅诠释了当时的政策,而且对于回乡群众的生活与命运转变予以了特别的关注,对于当代上海史研究是个贡献。

不足之处是注释不够准确,第19页注释6《刘少奇选集》没有标注是上卷,还是下卷;第222页注释2只标了《斯大林全集》,没有卷数,读者无法复按;第307页参考书目中《斯大林全集》作1956年版,实际上《斯大林全集》有13卷,不是一年出版的;第27页引用陈云的话没有资料出处。第194页第一段引用的刘少奇的一句话,可以从权威的《刘少奇年谱》中引,不必在注释1普通的学术著作中转引。

立论不妥:第39页“1970年,林彪掀起‘一打三反’运动”。据《中国共产党历史》第二卷第816页的说法是“1970年1月和2月,党中央分别发出指示和通知,大规模地部署开展‘一打三反’运动”。第240页第八行“1955年4月21日国务院发布了《关于镇压反革命分子的各种犯罪分子的指示》,社会上开展了镇压反革命运动”,误,镇反运动是1950年10月开始的。第129页将“即将淘汰的民间运具和交通设施”列入动员回乡的对象,但动员回乡的是人,不是物。

交代不清楚:第47页及以后各页(第60页、第72页、第289页)多次提到饶漱石,但均没有说明他时任的职务。第50页首次提及曹荻秋时也是如此。第86页“1955年前后,上海的油粮供应标准都明显高于外地”,没有举例说明。第179页“烟五厂”这一简称第一次出现应该在全称之后,但作者没有说全称。

错别字:第47页第二段,“在上海解放之处”、第150页倒数第六行“解决女共回乡”具体困难、第242页介绍一自杀者留下遗书中有“大娘子是陌生人”一语,据此可以断定死者是男性,但前此行文连续用了两个的指示代词“她”;第255页“农村抗的,锄头铁搭”,第265页“历史发展的吊轨之处”。

2015年5月20日

十一

本文是篇社会文化史方面的原创性论文,作者对1927—1937上海社会教育的变革进行了迄今为止最为详尽的研究。选题重要而且具有现实意义。作者在重点论述社会教育时也没有忘记它与学校教育的互动关系,在论文第123页、第127页、第252页提到了广播电台、园艺、公共体育场与在校学生的关系,这些都是很好的,需要进一步加强。在论述社会教育的各种形式时,作者精心收集了一些个案,用来举例说明社会教育之效果,也有较大的说服力。

不足之处是在论述民众教育馆部分时未提同时段国民党元老纽永建在上海县马桥地区搞的民众教育馆,是一大失误。

论点过于绝对化:第72页第二段“社会教育作为上海社会的全息元,其蕴含了1927 1937年上海社会转型的全部信息。”

对于史料未经鉴别分析:第154页第二段“学生来自工厂,许多人性格顽劣,也没多少国家观念。”

缺乏论证或说明:第138页认为上海社会教育人员的入职要求“明显高于其他地区”;第154页倒数第三行认为“第四中华职业补习学校曾是(是)近代中国在校生最多的补习学校”,均没有提供相关比较数据。

笔误:第19页倒数第四行“1943年11月的开埠”,第26页第三段“1943年开埠”,第39页说《上海新报》1972年后一度与《申报》竞争激烈,但不低(敌)”,第108页“19世纪二三十年代“上海各界先后创办了大量公共图书馆,均相差一百年。第42页第三段称“以《申报》的销量来分析,不能得出上海人看报之广泛”,根据上下文语意,应该是“不难得出”。第247页中间一段,“1931年度后,上海公立社会教育经费虽然不是全国最高的,但也一直未列前几名”,其中“未列”应该是“位列”。

第 21 页注释 1 邹依任应为邹依仁。第 30 页倒数第二段,“增长了进 2 倍”。第 79 页第二段“闸北区海迷路”。第 82 页最后一段,“由教育人手”应为“由教育入手”。第 89 页第十行“其他应行计划亦珲之事项”。第 105 页倒数第三行“出街图书”,应为“出借图书”。第 125 页倒数第五行“妇女儿童灯介绍”应为“妇女儿童等介绍”。第 128 页第二段“滑息传出”,应为“消息传出”。第 136 页倒数第四行“师范学校本可”应为“本科”。第 141 页“新工不得高于百分之五十”,“新工”应为“薪工”。第 145 页“专人教师”应为“专任教师”。第 190 页倒数第八行“如入宝山”被写成“如人室山”。第 200 页倒数第三行“远极美国”应为“远及美国”第 250 页第二段“白客路”应为“白克路”。

用词不当:第 122 页倒数第七行广播“节目五彩缤纷,极尽洋洋大观之能事”应该为“节目繁多,洋洋大观”。第 244 页第三段“免费性”应改为“公益性”。第 189 页第二行,“6 点到 6 点为开放阅览时间”。

表述不规范:外国作者的国别一般是用方括号的,第 27 页中用的是圆括号。第 95 页第一段“每校 200 以上,招生学生 15000 以上”,第 110 页第二段“进馆阅书者 200 左右”,缺少量词。

衍字:第 13 页倒数第八行“研究直仅有的一篇学术论文”,其中“直”是多余的。第 16 页倒数第三行“社会教育为的四个特征”,其中“为”是多余的。第 34 页第四行:“上海城成市化”,其中“成”是多余的。第 67 页第二段“为了开看展工人运动”,其中“看”是多余的。第 257 页最后一行“开展事社会教育”,多了一个“事”字。

漏字:第 9 页第四段,“第二档馆”漏了“案”字。第 104 页倒数第 11 行“呈请上海市教育”后面漏了“局”字。

2015 年 5 月 23 日

十二

本文围绕着晚清传教约章的变迁这一主题全面地叙述了清政府(中央与地方)、列强(英、美、法、俄、葡、西等)、传教士(天主教与基督教)三者之间错综复杂的互动关系。所用史料除了已刊的中文档案外,大量引用了《教务杂志》等外文报刊,史料可靠,论证严密,文笔流畅,具有较强的说服力。作者并没有就约章而论约章,而是把传教约章的变迁放到晚清中外关系史的大背景下进行考察,得出的结论更加真实可信。作者还坚持具体问题具体分析,没有把外国政府、外国传教士看做铁板一块,指出了基督教与天主教会在华传教态度方面的差异与不同,如此实事求是,更加接近历史的真实。

不足之处是:1. 有些空话。第 19 页第一段论及香港特别行政区建立后与大陆有关基督教史的学术交流,没有实际内容,要么加以充实,要么删去。2. 有些论断欠妥。第 26 页第二段称“1912 年 1 月清朝灭亡”,事实上清帝退位是 1912 年 2 月。3. 有些主要史实缺乏资料出处,如第 41 页最后一段,罗马教廷作出“十大禁令”,没有注明出处。4. 有一些错别字。第 77 页最后一段中“万物”应为“万无”;第 80 页第二行“紫”应为“指”;第 86 页第二段“大学生”应为“大学士”;第 122 页第二段“传教这”应为“传教者”;第 159 页最后一段“收到”应为“受到”;第 170 页第二段樊国梁的名字有三种写法;第 170 页第二段“传教式”应为“传教士”;第 189 页第三行“这”当为“者”。5. 全文中不少章节开始时均用连续设问方式,这是讲义的写法,通常论文不这样写。

2015 年 9 月 29 日

十三

选题很好,以前少有人涉及,是一篇原创性的论文。学术史回顾比较到位,问题意识明确。学术史回顾部分概念界定清晰,研究重点与意义明确。作者利用统战系统的内部资料,以唯物史观为指导,采取历史学、政治学等学科的研究方法,对 1958 年党外人士自我改造运动暨交心运动做了迄今为止最为详尽的研究,填补了一方空白。本文实事求是指出了自我改造运动的一些不足之处,认为这反映出中共治国理政于统战工作中的问题。全文史料丰富,论从史出,论证充分,可以自圆其说,并可以为今天变革执政方式、改进统战工作、正确处理党与非党关系提供了历史借鉴。

论文存在一些不足之处,主要是:

1. 没有注释:第 140 页第五段“这些规划大同小异,……但真正能够实现的寥寥无几”,没有资料佐证,只能是作者的主观判断。第 208 页第二段“有些地方就给这些人戴上‘新生的反革命’和‘坏分子’帽子”、第 213 页倒数第三段“甚至工人、农民到高校兼职当教授”均没有出注。第 192–193 页中有关云南、山东、复旦大学统计左中右的数字全部没有资料出处。第 46 页第一行提及的“刘介梅”式,也应该出一个说明性的注。

2. 重要引文没有出处:第 91 页第三段援引的《人民日报》长篇通讯中的多段直接引语、第 94 页最后一段开头、第 126 页最后一段援引的一段毛泽东的话、第 191 页第二段援引的一段梁漱溟的话、第 198 页第五段中三段有双引号的直接引语均无资料出处。

3. 不规范:第 63 页第三段结尾没有句号。第 149 页倒数第一段第一行“中共中央第八届全国代表大会”正规表述应为“中国共产党第八次全国代表大会”。第 193 页第四段中、第 221 页第三段中的“文革”,没有加双引号。

4. 笔误甚多:第 86 页第二段中向我们请示被写成“想我们请示”、第 94 页第一段“南宁会议”被误写为“南京会议”、第 115 页第三段中的“公方代表”被写成“工分代表”、第 117 页第三段中的“全厂”被写成“全场”、第 123 页第二段“愿意为祖国人民服务”被写成“顾意为祖国人民服务”、第 132 页第四段中的“彻底克服”被写成“彻底客服”、第 139 页第一段中的“加以清除”被写成“加以清楚”、第 140 页第四段中的“十一个半小时”被写成“十一个办小时”、第 146 页第二段中的“一个字也不允许”改被写成“一个子也不允许改”、第 181 页第四段中的“非但不闻不问”被写成

"飞弹不闻不问"、第 187 页第三段中的"在业务上"被写成"再业务上"、第 188 页第三段中的"这儿"被写成"这几"、第 192 页第四段中的"站在左派一边"被写成"站在左派一变"、第 195 页第四段中的"结束不久"被写成"结束不就"、第 202 页第一段"中的具体数字不详"被写成"具体数字不祥"、第 204 页第二行工资单位的"元"被写成"员"。

2016 年 4 月 16 日

十四

本论文选题重要,在前人研究的基础上予以丰富充实。学术史回顾比较到位,问题意识明确。作者以多种类的一手档案材料为主,研究了 1955—1960 年的灭雀运动的方方面面,并且将其放在同时间开展的一系列运动网络中加以考察,"以小见大",凸显当时的政治、社会形势。与其他前期研究成果不同,本文视角独特,重点突出了包括鸟类专家在内的各色人等在灭雀运动中的活动以及所造成的影响,努力探究他们的自身处境以及种种权衡活动。

本文有当事人的口述访谈,有当时的宣传画,资料多样,确凿可靠,不仅如此,还对绘画作品中的麻雀进行了历史学的解读。

不足之处是:

1. 关于基层灭雀的实践多集中在上海城乡,其他地方鲜有提及。

2. 有少量笔误:第 38 页第二段中"上海华东师范学院"、第 45 页最后一段苏联专家所在的"东北师范大学"被写成"华东师范大学"、第 94 页第一段"南宁会议"被误写为"南京会议"、第 128 页中"嘉兴地区"两次被写成"加兴地区"。

3. 有些地方不规范:第 12 页中的"文革",第 55 页第二段中的"文化大革命",均没有加双引号。表 4-1、4-2 均没有注明表格内容的资料来源出处。第 123 页第一行"1 千 7 百 47 万 8 千吨",通常应写作"17478000 吨"。

2016 年 4 月 16 日

十五

本文选题重要,属于社会文化史的范畴。作者运用历史学、宗教学、翻译学等学科方法,对以前被忽视的李提摩太的学者、文化使者的身份进行了新的阐发,对他的进行的西学著译活动进行了认真的探讨,讲清了其在中国进行西学著译的历史背景、阶段历程、策略模式与主题内容,并以《泰西新史揽要》为个案,深入具体分析了西译中述模式的重构性、超越性与汇通性。全文条理清楚,叙事准确,文字精练、分析透彻,尤其以原第三章最为出彩。

作者对李提摩太本人及其著译活动的影响评价是辩证的,既肯定了成绩与贡献,也指出了不足与局限。作者专列一节"西学著译的局限性",直面问题,有根有据,实事求是。文末结论经过提炼,十分精要、到位。

但也有需要改进的地方：

1. 论文的框架似可进行调整，应把第三、第四章的次序对换，现将原第四章的著译内容，再讲原第三章的著译模式为好，也比较符合逻辑递进关系。

2. 有些提法不妥：第11页最后一段称“前后约70年的晚清是中国近代史的开端”，严重不妥，这个“开端”太长了，史学界主流观点是鸦片战争是中国近代史的开端。第21页，儒家“不讲来世报应，故对人的行为没有实际约束力”，严格讲这种约束力只是想象的、精神的，并非“实际的”。第96页称“中国社会长期夜郎自大、闭关锁国”，不确切，至少唐朝、元朝不是这样的。第42页“起到了‘醒华’的初衷”，应改为体现了‘醒华’的初衷。第19页最后一段提及“安庆军械所”应为安庆内军械所。

3. 没有出处：第12页默非认为如何如何、第14页芬尼认为如何如何、第47页康有为获六等奖，均无资料出处。

4. 个别地方存在笔误：第72页“祥而译之”，应为详而译之。第106页，“这次以日本、沙俄、德、法最为狠毒，英法相对稍敛贪心“，其中“英法”当为英美之误。

2016年4月29日

十六

本文选题新颖，属于近代交通史、社会生活史的范畴。作者以汽车这一器物的变迁为基本线索，以社会文化为主要着眼点，从技术与观念两个层面，以群体和行业两个角度对1901—1937年汽车与上海城市社会演变之间的关系进行了有益的探讨。其中第四章八一三抗战期间国民政府对汽车业的统制与征用则是史学界的最新研究成果，很有价值。

全文资料翔实可靠，作者充分利用了上海市档案馆馆藏的未刊档案以及《申报》等史料，言必有据。为了更好地说明问题作者还制作了大量的图表，其中有些还是彩色的，令人耳目一新，看得十分清楚。第88—91页作者列表介绍了20世纪二三十年代上海部分华商长途汽车企业主要发起人，竭尽全力对其中的一些人物进行了考证，并搞了十多个学术性的注释详加说明，体现了严谨的学风。总体而论这是一篇成功的论文，弥补了以前相关研究的不足。

存在的问题是：

1. 个别史实错误：第89页表格中说杜月笙“时任公共租界纳税华人会委员”，事实上杜是在法租界担任此职。第62页第一行“英法工部局”、第204页第二段“英法租界工部局”。事实上20世纪二三十年代上海没有英租界，只有公共租界。

2. 表达不确切。第86页第四段“个人乘车人”，一般讲个人乘客。第91页表格中说王晓籁曾任“上海租界纳税华人会主席”，应为“上海公共租界纳税华人会主席”。第120页第十行“305户家庭中仅有269家有交通费支出”，不符合逻辑。第124页最后一段说“上海部分媒体则置有公益车”，接下来用来举例的商务印书馆是企业，不是“媒体”。第226页最后一行，要求不“周至”，一般用“周全”。第245页第二段“对于出租汽车的乘用群体,亦因车租较高,受众相对有限”,其中“受众”应改为“乘客”。第129页第一段、第215页最后一行、第246页第三行,作者在自己的行文中三次使用的“抑或”,应改用现代汉语“或许”。第110页第二段、第202页倒数八行两次使用设问句,一般学术论文不用讲稿式的自问自答句式。

3. 格式不完整。第22页第一段考证汽车进入中国的具体年份是用了1980年4月30日《工人日报》的说法,但是没有列出文章的作者与篇名。第207页第一段的第一条引文只有开引号,没有关引号。第80页倒数第二行“次6月”,漏了一个“年”字。所有表格中的数字均没有做到向右(个位数)对齐。第32页表1-5,“辆数”栏目下的所有数字还全部加了量词“辆”。

4. 错别字较多。第23页第四行“开铁路之议久矣”被写成“九矣”。第40页第三行“外商积聚”被写成“极具”。第51页第二段“自日入至日出”被写成“白日入至日出”。第73页第十四行“围坐于接线台旁”被写成“围坐于接线台傍”。第135页第二段“车主”被写成“东主”。第139页第二段“势亦不能支持”被写成“式亦不能支持”。第235页第三段“三大汽车队”被写成“三大汽车对”。第102页第三段、第105页第三段两次将“至于”写成“置于”。第52页倒数第二行“地方绅庸”,第63页第三段“责为工业界之盛举”、第95页第三段“比较短折”、第200页“诸郭推检两官”等等估计也都是笔误。

2016年5月14日

十七

本文属于历史人物的个案研究,全文兼具学术意义与现实意义,是一篇具有创造性和较高学术价值的博士论文。作者采用叙述、分析、演绎与归纳相结合的方式,对近代爱国民主人士黎照寰在时代转折中的历史足迹进行细致的观察,揭示其内心深处的迷惘、思索以及如何努力顺应时代潮流,寻求人生转变的艰难跋涉。

全文框架合理,逻辑缜密,资料翔实。作者以历史研究的基本方法为主,结合社会学等相关学科研究方法来探索分析黎照寰其人,考察他的历史角色与历史作用。作者还将黎照寰与其同时代的竺可桢进行比较研究,以期客观公正评价黎照寰在近代中国历史中的贡献和局限。

可以改进的地方是全文各部分的有机联系尚待加强。

2016年5月20日

十八

本文选题重要,属于司法社会史范畴的原创性论文。由于前期成果较少,因此论文写作有较大难度,工作量较大。作者广泛收集相关资料,特别是一些未刊的第一手资料,进行认真解读分析,综合运用历史学的方法,对解放初期江西旧司法人员的改造问题进行了迄今以来最为全面翔实的研究,揭示了当时整合司法人员的历史动因以及深远影响,既肯定了其正面积极的作用,也实事求是地指出了其中的某些失误与教训,有助于深刻理解当下的中国法治。

全文主题明确,结构合理,层次清楚,逻辑严密,内容也较为完整。语言表达流畅,主要观点鲜明正确,兼具较高的学术价值与重要现实意义。

当然也有可以改进的地方,其理论建构有待加强。

2016 年 5 月 20 日

十九

本文导论中“问题的提出”部分中关于时段、地点的论证比较全面,具有较强的说服力。作者有自己的问题意识,在第 105 页中就提出了“部分没有进取心的运动员却有足够的时间关注自己的退役”,导致认真训练的运动员反而得不到好的安置机会。作者除了尽量利用未刊档案外,还对有关运动员进行了采访,以口述史料弥补了原有资料的不足。全文构架合理,层次清楚,图表齐全,文字流畅,直接关注当代社会问题,是一篇学术前沿之作。

不足之处是:

1. 有些问题没有讨论,如对于退役运动员的婚姻问题没有提及,虽然在第 62 页提到国家体委有个条例。基本上没有与国外如美国、德国、澳大利亚进行比较研究。

2. 缺乏资料出处:第 36–41 页,整小节没有一个资料出处。第 47 页第一段没有资料出处。第 125 页在写运动员退役后任教练情况时,对担任国家武术对总教练的王二平,介绍太简,而且没有资料出处。第 141 页第三段开头介绍退役运动员乔立夫犯罪情况,没有资料出处。所有照片全无资料出处。

3. 交代不清楚:第 88 页第一段引用一段史料,最前面没有具体时间的交代。第 126 页说《光明日报》曾予报道,应该写出《光明日报》这篇报道的题目和具体的年月日。第 129 页第二段论述原文庆武术希望学校倒闭,也没有交代具体的时间。

4. 表述不当:第 26 页“抗日的烽火燃烧在太行山上”不是歌名,应改用双引号。从第 45 页、第 93 页、第 98 页等处,文化大革命一词没有打上双引号。第 96 页表述有误,血压高 110/190,应该是 190/110. 第 104 页“差别遥遥”表述不规范。在参考文献中档案资料第 13 种与第 5 种是一样的。专著第 15 中《马克思恩格斯全集》不是一次出齐的,有多卷,必须注明某一卷的出版时间。报纸作为史料来源之一,应放在论文类前面。

2016 年 12 月 14 日

二十

本文选题重要,意义重大,在前人研究的基础上对《群众》周刊有新的发掘、新的见解,是一篇原创性的论文。作者对该周刊所发的文章解读正确,对作者群也进

行了较详尽的介绍,分析与立论都是不错的。但尚存在一些不足之处:

1. 没有详细说明港英当局对中共办刊的态度,第155页提到香港对世界风云的变幻十分敏感,也没有展开必要的论述。

2. 没有注意到《群众》周刊对广东地区中共革命活动的特别关注,其实在第105页、第205页、第235页中所列文章篇名已经提供了线索,但没有进行发挥。

3. 没有说明《群众》周刊的缺陷与不足,如242页"夸张的笔法、过激的言词"、第121页对联共(布)党史的全面肯定、第217页周恩来批评胡绳在香港有的文章"写过头了",均无适当的展开。

4. 文中第137页、第158页、第241页多次提及《群众》周刊刊登相关图片的重要性,但全文没有一张附图。

五、在文字方面存在诸多硬伤:第17页"1949年3月底,蒋介石在《上月反省录》中表示,要彻底检讨丢失大陆的原因",当为1950年3月之误。第150页提及的七个长征故事全是中央红军的,但第145页第二行却说这"记述了中央红军、红二、红四方面军经历的跌宕起伏的伟大征程"。第175页第一段说毛泽东为新华社撰写了五篇社论,列举时将胡乔木写的第一篇也列入,数下来变为六篇。有些提法不确切:第55页第二段,"农民是中国工业的市场"。

含义不清、文句不通:第27页第三段称《正报》"由杨奇(化名杨子清)黄文俞任社长兼总编辑"。第28页第一行"1945年11月13日在《正报》发行"。第41页倒数第二行:"中国革命的全部有系统的恶科学理论"。第73页第二段"旧式富切公田"。第89页第五行"农民的头脑重名了秕康"。第173至174页:美国白皮书"提出了美国对国民党政权垮台的原因"。第201页第六行"进步学生与进步人士同时这个联络的去往解放区"。第221页第二行"为了被国民党巡海军发现",原意应该是为了避免被国民党海军巡逻发现。

有些引文无出处:如第50页第二段引文、第62页第五行李公朴对斯特朗的评价、第143页聂荣臻对腊子口之战的评论。第22页引用周恩来的原话,注释中没有写转引自……。第36页注释一完全搞错了出处。

引文重复:第59页第三段末尾、第162页头两段引文完全一样;第178至179页所引用的马叙伦的话完全一样;第199页第三段同样的话接连引用了二三次。

错别字太多:如第34页中一段引文中"报章言论"被写成"保障言论",第87页"中共在内战中"被误写为"中共宅内族",第93页"集会自由"被写成"结汇"自由,第124页"共军冲入已被鼓励的新立屯",应该是已被孤立。第128页"匪军大同山东"匪区,应该是"打通山东"。第131页"旅进旅退",应该是"屡进屡退"。第146页最后一段引文"混入跟阵营",当为"混入革命阵营"。第227页倒数第五行我们"并不谎言"中国将来要走进社会主义,应该是"并不讳言"。第237页第三行封建性"博学"应该是"剥削"。第67页、第98页两次出现将"中共"误写成"中国"。作者笔误太多,这里不再一一列举。

2017年3月11日

二十一

作者努力发掘新材料加以运用，其中有汉译密教经典中以《不空罥索神变真言经》为核心的约 13 部和补怛洛迦有关的经典；还有多罗那他《印度佛教史》中所记载的中观派论师寂天和瑜伽行派论师月官朝拜印度“普陀山”的资料。这是本文的一大亮点。本文将“观音道场信仰”作为一个整体，比较系统地研究观音道场信仰从印度到中国的基本历史脉络，基本厘清其历史渊源及其在中国演变的基本历程。作者还较全面深入探讨了四大菩萨和四大名山的发展历史。作者认为“普陀山信仰”的本质依然是观音信仰，其地理基础是山岳信仰与海洋信仰，其政治基础是皇权支持，社会根基是民众需求，普陀山信仰影响深远，直到现在。这些论证逻辑严密，是可以自圆其说的。

本文有待改进之处：第一，在研究背景中的介绍方面，尚需进一步梳理。第二，横向方面的探讨比较较少，因而未能对汉地观音道场的功能与作用进行充分的讨论。总之，在写作方面尚需进一步系统化、精细化。

2017 年 4 月 12 日

二十二

本文作者下了苦功夫，创作了这样一篇学术力作。作者在前人的研究基础上，讨论清代篆书兴盛的表现，深化了对清代篆书发展特征的认识。作者重点分析了篆书创作群体与风格的特点，夯实清代篆书复兴之论。作者还深入探讨了金石学在取法材料、书法思想、审美情趣、风格品味以及取法观念等方面对清代篆书的影响。本文认为清代篆书在乾嘉时期快速复兴，并持续兴盛至清末，而学术在其中发挥着至关重要的作用，有根有据，令人信服。全文资料丰富，叙事完整，图表齐全，特别是用图片方式直观展现了散见全国各地的各种篆书联、匾、屏、碑等，给读者以深刻印象。与专业书法家不同，作者并没有就字论字，或者只见字不见人，作者充分注意到了清代篆书大家们的人际网络、社会关系，这是很好的。文末附录收录的人物多达 1357 人，可见作者的学术视野是开阔的。

缺点是全文中的表格均没有编号，有的还没有名称。结语中也没有必要再写清代篆书发展概况了。

2017 年 4 月 20 日

二十三

本文选题很有意义，涉及历史学、法学、社会学、劳动学、心理学、社会保障学等多个学科。作者充分利用档案资料，对解放初期上海城镇职工登记失业率进行了测算，纠正了学界目前常用的失业率数据。论文首次提出了 1949—1957 年上海失业治理举措的“三分式”，填补了学界在研究“1949—1957 年上海失业问题及其治理”中，缺乏对特殊失业群体进行关注和研究的空白。既深化了历史研究，也为现实社会提供了宝贵的借鉴。

主要缺点是作者宏观认识不足，就上海谈上海，没有提及中共中央、中央人民政府、毛泽东主席对解决全国失业问题的指示，以及陈毅等人在上海的具体努力。读者看到的只是上海解放后出台的一些解决失业问题的具体办法。同时也未能将上海的失业及其治理与全国其他城市的失业及其治理的异同充分体现出来。在史料方面，对 1949—1957 年上海失业知识分子及其治理方面的档案仍挖掘不够。

2017 年 4 月 22 日

二十四

南京国民政府时期的高校学生管理是一项系统而又复杂的事务，涉及政治、经济、社会、管理等多个学科的内容。本文作者充分利用报刊、校刊、档案资料、民国著作以及回忆录等史料，综合运用历史学、教育学、政治学、社会学、管理学等学科的相关理论和知识对此问题进行了较为全面系统的研究。结论是正确的，对于推进中国高校史的研究是有帮助的。

由于论文涉及时间段太长，作者有点力不从心，在史料的处理方面偏重于南京国民政府的前十年，对于抗日战争、解放战争的相关史实不多，著名的一二九运动、五二〇运动基本没有提及。第二章第四节第一小节“党化教育是国民党以党治国的政治手段”内全是 1928 年一年的材料。第 59 页引用的教育总长王九龄 1925 年 3 月 28 日的训令，是北洋政府的，用来作为与国民政府时期的事例，大误。在学生管理方面，为了对付共产党，国民党方面利用特务作为特殊学生，破坏学运，也没有涉及。

在写作方法上，作者虽然注意到个案研究的重要性，在第三章有暨南大学这样一个个案，但令人遗憾的是在其他七章里就没有此类个案研究了，从而影响了论文的研究深度。

在注释方面，第 58 页第一段正文中引用的《国立第三中山大学教育周刊》没有出注，第 269 页注释 1 引用的《马克思恩格斯选集》是 1972 年版，目前通行的是 1995 年版。作者多处将第几卷写入书名号内的，这不符合通常的标注方式。

错字、漏字：第 67 页两次将戡乱建国写成战乱建国，第 207 页第一段平时她的“单子最大”实为“胆子最大”。第 277 页著作第二种“972(年版)”前面漏了“1”。

2017 年 4 月 22 日

二十五

本文作者使用了大量的一手资料，包括中研院近代史研究所所藏外交部晚清红十字档案、上海市档案馆所藏公共租界工部局战时英文档案及日伪时期红十字医疗机构的档案、上海市图书馆所藏多种期刊。全文立足社会史视角，结合公共卫生学理论，以红会发生、发展之地上海为中心，较好地将区域研究与整体研究相结合。作者以“辅助与先导”为问题导向，全面论证了红会开展的各项卫生工作，体现其在上海的社会地位。总体上是一篇佳作。

不足之处是：

1. 在史料方面，抗战胜利后的上海红十字会资料挖掘稍显薄弱。

2. 作者没有将上海红十字会的工作与其他城市进行比较。

3. 错别字：第1页第一段“过度阶段”应该是过渡阶段。第8页第四行“公厕”被写成“公侧”。第271页倒数第六行“《西医东渐与晚晴社会》”应是“《西学东渐与晚清社会》”。

4. 用词不当：第264页第五行“正式在这一理念的牵引下”，应为“正是在这一理念的指引下”，理念是无法牵引什么东西的。

2017年4月22日

二十六

本文作者在扎实的文献研究基础上，对历史史实做了相当精细的梳理，对中共一大的文献、会址、论著进行了迄今以来最为详尽的研究，本文中关于陈潭秋《中共第一次代表大会的回忆》的各种版本的考证研究是十分出色的。作者以时间为经，以相关研究为纬，对国内外的相关研究进行了学术性的评述，并在各章的小结与全文结语部分提出了自己的见解与思考。全文图表齐全，文字表述流畅，观点正确，是中共党史研究的新成果。

人物是历史活动的主角，本文最大的不足是未设专章研究一大15个参加者(13个代表加两个外国人)。第55页两段陈潭秋的引文中一作“张国涛”，一作“张国焘”，必有一误。

个别标题概念混乱：第45页“第三节　两次建党诞辰前后产生的党史文本”，该节主要讲述1936年建党15周年前后在苏联产生的几份文献，和周佛海1942年1月、陈公博1944年10月出的相关书籍。而后者很难归纳进“两次建党诞辰前后产生的党史文本”的标题里。

标题累赘：如第四章标题为20世纪90年代以来的中共“一大”研究。下面第一至第四节标题中的“20世纪90年代以来”的前缀可全部删除；第五节标题是20世纪90年代以来中共“一大”研究进展，以下除六、十小节外所有小节标题中中共“一大”的前缀可全部删除。

第254页附录《关于建国以来党的若干历史问题的决议》，有单行本与注释本，《人民日报》也发表过。作者却从网上摘录。

漏字：第64页“现在还是在根据地，还有到全国”，查对原文，应该是“现在还是在根据地，还有没到全国”。第69页第一段毛泽东漏了一个“东”字。第247页第274篇论文标题《马林是提议召开中一大的人吗?》其中漏了一个“共”字。第190篇论文的标题后,仅有《辛华　神州》没有其他出版信息,不规范。

衍字:第68页最后一段,详细描绘了了中共"一大",多了一个"了"字。第224页标题中研究逐步从"内部"走向"公开",其中两个引号完全没有必要。

参考文献中,《一大前后(一)(二)》是两本书,出版时间分别为1980年7月、1980年8月,作者合并在一道不符合学术规范。第232页、第235页、第236页中多次将第15册、第1卷、第一卷、第二集写入书名号内,也不规范。在第39篇、第155篇、第185篇、第211篇论文标题里出现了句号。在第65篇、第88篇、第140篇、第141篇、第161篇论文标题中出现了半个书名号。第121篇论文标题有一个半书名号。

2017年5月29日

二十七

《清末历史教科书研究》第77页写了阅读者钱穆对《中国古代史》的切身体会,很好。

一些应该出注的地方没有出注,如第151页倒数第三行"出版机构还出版了很多与革命有关的历史人物传记,如《拿破仑》《华盛顿》《林肯》等"。读者一头雾水,没有任何明确的出版信息,根本无从查找核对。

对于一些重要的历史教科书编写者如第140页上出现的丁宝书,也应有个学术性的简注,说明其生平大要。

个别地方用词不严谨,第153页第四行称"此书对洪秀全农民起义不仅没有任何污蔑之词",但在第152页的引文中有"打破江宁作伪都城"一语,因此可改为此书对洪秀全农民起义基本上没有污蔑之词。

第159至160页作者引用了一段法国大革命的引文,接着称"这种带有强烈主观意识的历史叙述"。实事求是,在五行引文中读者看不到编者的主观意识有什么"强烈",更何况其中还用了"乱遂作"一语。

有些地方概念不对称。如第141页最后一段,是说明清末历史教科书编写者如何宣传历史上各类杰出人物的。但所举的三个例子《古今世界六大豪杰传略》《新译拿破仑》《林肯传》等,没有一本是历史教科书。

个别论点有待商榷,第133页第四段作者整段正面引用了美国学者黄宗智的观点,认为"过多地注重民族苦难可能会将自己孤立,导致对世界的信任出现危机,从而将自身封闭起来,逐渐疏离于世界之外,最终会导致整个民族的迷失"。有这么严重吗?历史是这样的吗?

断句错误:第149页第三段"简括无遗彼。俄罗斯向为专制政体之国"应断为"简括无遗。彼俄罗斯向为专制政体之国"。

错别字:第78页倒数第五行"帮助学生形成历史人物形象"中的"形象"应为"印象"。第145页倒数第五行"爱情情怀"应该是"爱国情怀"。第149页第二段"甲午中日战争"被写成"甲中日午战争"。

衍字：第144页倒数第三行“将编者……的意愿和动机跃然纸上”，其中“将”是多余的。

2017年5月29日

二十八

本文探索了民国时期广西省域社会经济史，开阔了时空视野；注重研究省域社会经济发展战略的内涵特质和形成过程，关注到了省域社会经济变迁的外部因素和内外因素的互动进程、方式，突显地方历史事件在区域或全国社会经济变迁进程中的地位和作用，较好揭示了广西省域发展的独立性、开发性的特征。作者对从地方史到区域史研究学术路径的探索基本上是成功的，也讲清了民国时期广西省域社会经济史发展的基本情况。全文的架构安排与层次的展开均有可取之处。

但是用“桂系治域”这一关键词来解释民国时期广西省域是不准确的。因为作者自己在绪论中说桂系“不仅牢牢控制了广西的军政大权，而且长时期对广东、湖南、安徽等区域进行了有效的统治”。按照现代汉语的理解，凡是桂系实际控制的区域都是“桂系治域”，而不仅仅指广西。在时间上也有问题，作者行文的下限是抗日战争时期，对抗战胜利后到桂系统治的覆灭根本没有提及，这一问题作者在绪论中也没有界定过。

史实错乱：第182页第二行将八一三事变后上海民营企业内迁，写成“在一·二八事变后经济战略模糊”。

引文有误：第55页“豫筹边限”经过核查原文是豫筹防限。

注释不规范：第37页引用黄遵宪的诗是从杨公素的书中引的，而且没有注明转引自；同页注释1没有页码，第43页注释6没有页码。

行文不规范：民国某某年通常写汉字，作者用的是阿拉伯数字，如在第277页等处。

全文错字、漏字、衍字甚多。错字：第6页第二段“领国经济圈”、第33页最后一行“洋力运动”、第60页第三段“与刚上台时比候”、第61页倒数第三行给予“立宪法分享了一点权力”、第74页第三段“暴露了他们反人民、反民主的革命木质”、第71页第一段“辞去省和职务”、第71页第二段“军政有成立后”、第三段“孙中山南下有”应为南下时、第96页倒数第五行失去原来各省“协铜”的支持、第230页第一段“命运休漆相关”等等。

漏字：第31页倒数第二行“主动理解西”、漏了“方”字、第74页第三段“暴露了他们反人民、反民主的革命木质”、漏了“反”字，应该是个严重的错误！第91页第三段“朝统治时期”，漏了“清”字、第94页第二段“农业的恢复和发”，漏了“展”字、第120页第一行“以桂平、江和蒙江为首要目标”、第283页第四行“按南京临时的要求”，漏了“政府”两字。

衍字：第10页倒数第六行“焕然一新产”、第70页第一段“陆荣廷为为”、第115页倒数第九行“崛起余于西江上游”。上述举例远不是全部，建议作者再认真校对。

2018年4月20日

二十九

作者花了大力气整合报刊资料,大小标题力求工整对仗,学术史回顾分类恰当妥帖,表格也很规范。工作总量是符合要求的,文字流畅,史料剪裁得当,较好表达了作者的写作意图。本文是对《大公报》研究的深入,不少观点是可以自圆其说的。

本文最大问题是没有在行文中对总标题进行阐释,只是在总结语中用了两段话 16 行字进行了阐释,即便如此作者也没有讨论《大公报》所进行的党化教育与国民党的党化教育有无区别、为什么。

作者在各节的结尾部分均有小结,这是好的,但有较多的小结全是援引别人的话语。第 249 页对于“建设乡村”、第 261 页对于“赈济灾区”的小结也是这样。就是全文最后一段话也是方汉奇的论述。而博士论文应以发表自己独立的见解为主。作者在摘要与结语中再三说明是为了引证某老师的某理论,而没有结合具体案例去发展、充实或部分修正这一理论,给人的整体印象是缺乏创新意识。

史实有误:第 76 页称叶楚伧为国民党中央党部主席,其实是国民党中央执行委员会秘书长。关键史实缺必要的考证。第 27 页提到《大公报》对张学良是否奉中央之召回国先后有两说,但作者没有说明其中哪一说是正确的。第 192 页提及关于蒙古自治的“所谓小道消息”,作者也没有依据史实去判断其真伪。

用词不准确:第 113 页标题“侨界政客”,展开的内容却是两个国民党的外籍顾问,应改为“外侨政客”为好。第 154 页标题“直面无能为力的售卖中东路”应改为“……中东路售卖”。表述不规范:第 23 页 7-20、7-21,应该是 7 月 20 日、21 日。

关键词没有必要的铺垫说明。如第 226 页“三、设身处地地拥护完善监察”,接下来马上交代具体问题了,其实应首先说明监察制度在五权宪法中的重要性。

引注缺失:第 117 页“就像汪精卫所说的那样”,没有史料出处,人们无从复按。第 167-168 页介绍了 1932—1935 年班禅的一系列行踪,但是全无《大公报》具体某年某月某日报道的注释。

有较多的错别字:第 43 页“上述”根据上下文,应该是“上诉”。第 47 页“熊世辉”应该是“熊式辉”。第 51 页斗笠没有“载”应该是没有“戴”。第 69 页“南京合约”应该是“南京和约”。第 80 页“柏文慰”应该是“柏文蔚”。第 88 页陈个民、第 103 至 270 页出现十几次的黄绍雄都是错的。第 107 页标题“自证青白”应该是“自证清白”。第 139 页“接收质询”应该是“接受质询”。第 161 页“每下况愈”应该是“每况愈下”。第 193 页“1 与 28 日”根据上下文应是“1 月 28 日”。第 174 页“龃龊”“龃磋”应该是“龃龉”。全文中多处用来指代《大公报》的“她”应该用“它”。

衍字:第 54 页“”今日始始”,多了个“始”。第 79 页“杨虎具”,“具”是多出来的。

漏字:第 62 页“革命军运动大会”漏了一个“人”字。

2018 年 4 月 22 日

三十

作者利用地方志与近年来出版的徽州文书，运用社会学的理论，从“组织”“结构”“功能”等关键词入手，对明清徽州宗族组织做了迄今为止最为详尽的阐述。学术史回顾部分仔细梳理了近15年的学术成果，指出对徽州宗族的整体性研究还是不够的。全文图表齐全，举证有力，还有大量的学术性注释支撑自己的观点，能够自圆其说。第90页关于神主入祠的收费制度、第103页关于族规的介绍都十分详细，花了很大的工夫。全文长达400多页，工作量是足够的。但总体而论，对徽州宗族制度反思不够，对其负面的影响基本没有阐发。

此外本文还存在一些不足之处：

缺乏论证。第19页称“宗族祖先及其世袭就成为宗族绝不可少的存在，而这种诉求却与当时社会现实无法匹配。”“当时社会现实”是什么，为何无法与之“匹配”，不见作者任何阐释与说明。

表述不严谨。第165页讲到潭度黄氏有“七个祠堂八个厅”，第174页也补充说明潭度黄氏发展到本地有八派，但第165页的表格上只显示了七个厅。第280至281页的表格中提及的六合会、七子会、九子会，顾名思义发起者加上参加者的人数应与会名中的数字相符，但九子会的名单中不知何故，连同发起人竟有15人。第189页的表格中，同处光绪三十一年的上海被南京隔开，分置两个地方，令人费解。第311页第二段的引文中“妇素行有亏……亦不给”，重复了两遍。第84页出现的“大买”“小买”一对专用名词，应加学术性注释给予简要说明。

表述不规范。第246页页下的两个注释、第334页页下一个注释均未加句号。第155页最后一行中，也少了一个句号。在参考书目部分所有书名的作者姓名后没有用规范的冒号，而是用了一个小黑点。方志类中有一本书标注合肥古旧书1961年，中间肯定漏了一个字。国内著作部分第21与23种书是重复的。

有一些错字。第1页“长足地进步”应为“长足的进步”；第16页，“首相将”应为“首先将”；第26页，“至元代时也并为出现明显的变化”，其中“并为”应改为“并未”；第59页，“棚民带来更多的是负面冲进”，其中“冲进”应改为“冲击”。

2018年5月6日

三十一

民以食为天，本文的选题是农村粮食计划供应问题，很接地气。作者以山东省滕县为个案，以丰富的第一手未刊档案作为主要资料来源，从供应对象、供应办法、供应种类、供应数量、供应价格等五个方面对农村粮食计划供应的全部过程做了比较完整的叙述。全文梳理出国家加强粮食控制直至完全垄断内在发展脉络，提出计划经济与市场经济两条发展路径，构成国民经济发展主线的观点，弥补了学术界这方面的研究空白，拓展中华人民共和国经济史及农村社会史的研究领域和范围。但同时也存在一些问题。

首先在摘要中约三分之二的内容是名词解释，虽然将山东滕县列为关键词之一，但是根本没有提及。仅仅在第一章的小结中才提到“山东省滕县农业人口占绝大多数，土地比较适合农业生产，是粮食生产大县，在我国北方地区具有很强的代表性”。也没有进一步论证选滕县为个案的理由。作者在摘要和结语中两次提及，“这种国家垄断性交易模式，既有苏联集权化经济体制的影响，也有中国古代社会‘盐铁官营’国家垄断经营传统的遗留因子”，也没有就此展开必要的论证。

在行文方面欠严谨。第 7 页上四次将罗平汉写成“罗汉平”；参考书目部分，将《刘少奇选集》写成从来没有出版过的刘少奇文选。第 19 页第三段中两句直接引语，并没有按规范标注出处。第一章第一节介绍滕县历史沿革，使用的是中国滕州网上的信息，而通常应该引用相关地方志的。在第 147 页、第 157 页等处出现的文革、文化大革命的词汇时没有按规定打上引号。第 157 页最后一行“文革高潮好的上山下乡则是为了稳定城市社会”，不知所云。

错别字：第 1 页“广大人民”写成“广度人民”；第 2 页“奠定了坚实的基础”，写成“奠定了坚实的基层”；第 27 页第一段“农救会”被写成“弄救会”；第 182 页第二段，“山东剩余对民工已开始按不同劳动强度工种进行分类供应。”按照上下文意，应该是山东省……；第 191 页第一行“就任底搞油。”按照上下文意，应该是“就鞋底抹油”；第 192 页第一段，“喝 4 万汤”，应该是喝 4 碗汤；第 345 页第七行“统购统销”被写成“晌统悄政”。

衍字：第 2 页第一行：“笔者遂将农村粮食计划供应问题作为本论文研究的主题定。”第 31 页倒数第九行：“为投机谋取暴利图”；第 147 页第三段，“报告还对对知青口粮问题提出新的要求”；第 335 页“进行有有限制的发展和利用。”

漏字：第 3 页倒数第四行“指出国粮食政策发展三个趋势”，漏了一个“中”字；第 32 页第三段，“11 初”，漏了一个“月”字，第 184 页“9 月至 10”，也漏了一个“月”字；第 181 页第三段，“抽调 27523 民工支援前线运输”，数字后缺少量词“个”。

文字颠倒：第十行：“计划供应是又统购统销体制的重要组成部分。”

2018 年 5 月 13 日

三十二

本文的选题是好的，对“十七年”中国电影中的上海女性形象做了初步研究。作者认为“十七年”中国电影用上海女性在新旧社会的命运变化来证明新中国的合法性。这些电影中呈现了多元化的上海女性形象，她们兼具摩登性与革命性的双重特质，这样的银幕形象既是对 30 年代上海女性形象的承继，也是对此后中国电影中女性意识的无意识询唤。这些理论大体上是可以成立的。

总体而论，全文只有 126 页，篇幅大致与硕士论文相等，没有达到博士论文应有的工作量。作为一篇电影学的论文，除了《乌鸦与麻雀》交代了它的放映时间、《女篮五号》和《舞台姐妹》交代了导演姓名外，其他如《团结起来到明天》《霓虹灯下的哨兵》等只能在文末的“参考影片”部分才能找到这些要素。而作者在第113页引用福柯所言:“重要的是讲述故事的年代,而不是故事发生的年代”。既然如此,为什么不交代电影制作(或放映)的年份呢?即便是“参考影片”部分,还是没有哪个电影制片厂摄制的说明。其次,论文中引用的全部电影中的对话(台词),都不见任何出处。按理是有剧本出处的。一些常见易找的书刊,如第5页引用的1994年的《文汇电影时报》、第21页恩格斯的《家庭、私有制和国家的起源》,完全没有必要搞“转引自”。第三,电影作为一种视觉艺术,人物的外在形象至关重要,作者在第15至17页花了一定的笔墨描述电影中女特务的着装打扮,第31页第三段描写白玫的装束是必要的,但如果配发一些对应的剧照,更能说明问题。全文配发仅6张剧照,其中5张是姑娘手提箱及箱内物品,1张是日历,都不是太重要的。

只有立论,没有论证:如第91页称,茅盾虽然对“革命+恋爱”的模式提出了批评,“但其作品也并没有逃出此窠臼。”

表述不严谨:第17页第一段说“女特务代表着错误的意识形态选择”,不确切,应该是反动的意识形态选择。第25页第一段“无限光荣”一般是用无尚光荣。第64页“美人幕至”正确的表述是美人迟暮;第109页第一段“从反方面传达”,应为反向传达。文中出现的文革一词没有按规范加双引号。

错别字:第10页最后一行“过度地追求爱情”被写成“过渡地追求爱情”;第25页第一段“洗澡”被写成“洗操”;第53页五行“平房”被写成“平方”;第57页第二段“等你吃饭”被写成“等你吃放”;第60页第二段“受压迫”被写成“受压破”;第24页第二段“也是工人们的右思想”,不知所云。

没有出处或者有出处没有版本。第56页第二段、第三段中的直接引语,均没有注明出处。第113页引用的福柯论述,没有出处。第40页四个注释均无版本说明。第69页引用《毛泽东选集》的版本是1966年的,学术界规范是用的1991年的。

2018年5月13日

三十三

本文以“危机与应对”为主线,详细阐述了从1927年至1937年海盗活动给当时中国带来的危害,以及国民政府与民间应对海盗活动的策略与行动。全文思路清晰,论证有据,结构严密,逻辑性与思辨性强,文字表达和各式布局也比较规范正确。该文具有创新性,反映了作者认真的态度、严谨的学风。

2018年5月16日

三十四

本文以“上海地方自治”为主线,详细阐述了从1904年至1949年间,上海各地方势力对中国红十字会的创立、发展、壮大所产生的影响。全文思路清晰,论证有据,结构严密,逻辑性与思辨性强,文字表达和各式布局也比较规范正确。本文具有创新性，反映了作者认真的态度、严谨的学风。

2018 年 5 月 16 日

三十五

本文选择抗日战争时期上海市区这一历史上特定时期、特定区域作自杀研究，选题是很好的。作者以上海各类、各阶层人员自杀的事实、原因、心理过程为主体，以媒体关于自杀的报道评论、以及日伪警察机关关于自杀事件的调查经过为史料，探析抗战时期上海各类尖锐的社会矛盾以及民众艰难的生存状态。作者问题意识明确，从学术角度而论，仔细分析了战争时期自杀的独特性。全文资料丰富可靠，构架合理，论述充分，结论正确。但也存在一些可改进的地方：

表述不严谨。第 3 页第二段说上海租界随着“日本侵略者不断施压的政策影响，……其保护作用名存实亡”，不确切，在太平洋战争爆发之前，上海租界对上海市民的保护作用虽有变化，但总体上还是或多或少客观存在的。第 155 页称自杀者的一些话语“体现了鲜明的性格与心理特征”，空洞，不明确，应该是体现了鲜明的冲动性的性格与心理特征。第 164 页第一段“中日战争是两个国家、民族之间一场旷日持久的总体战，如何进行有效地组织、动员和科学的引导，对于社会舆论来说非常重要。”准确地说，中国方面所要“有效的组织、动员和科学的引导”的不是中日战争，而是抗日战争。

注释不规范。第 159 页最后一段说“民国以来，姘居的现象在上海经常可见，到了 20 世纪二三十年代，更为普遍。”作者没有给出这一判断的依据，一般应加注释予以说明。第 74 页注释 2，《上海抗日战争史丛书》是个丛书名称，在此名下有诸多本书，作者所引第 359 页，没有明确具体出自哪本书，读者无法寻找。

引号使用失范。第 53 页第二段“伪市长”，第 177 页第一段日本侵略者“占领”上海中的占领，第 189 页第一段整个“沦陷”时期的沦陷，均没有必要打引号，不然用意正好相反。

错别字。第 76 页第一段中两次出现的“登录”均应是“登陆”。第 81 页最后一行、第 83 页第七行“租借”均应为“租界”。第 84 页第三段、第 91 页倒数第二行大通路“东斯文里”被写成“东期文里”。第 91 页第四段“周记”应为“周济”。第 95 页第二段“光经”应为“光景”。第 125 页“落入陷阱”被写成“落入陷进”。第 127 页倒数第四行解下裤带上吊中的“裤带”被写成“裤袋”。第 174 页“大场失守”被写成“大厂失守”。

漏字，第 36 页第五行“8 月 14”后漏了一个“日”字。

衍字。第 145 页“但是继谢志磬通过香港到达了重庆”，其中“继”字是多余的。

2018 年 10 月 22 日

三十六

有关新中国国家、工厂、与工人的关系在学术界没有引起充分的注意与讨论，因此本文的选题是好的。作者在相关档案与口述材料的基础上,以郑州一个市的国有工厂为个案,分析了计划经济时代的工厂管理与工人状况,时间也长达17年(已有的研究只到50年代末),工作量很大。学术史回顾部分视野开阔,面向世界。全文论述清晰,表格齐全,架构合理,上编为纵向研究,进行历时性考察,下编为横向展开,相得益彰,其中关于工人非正式福利的研究很有特色,也不多见。作者具有较强的问题意识,在理论上对美国学者华尔德的"新传统主义"的工厂权力结构进行了修正(如第123页、第125页等处)。

存在的缺点是:

1. 不够全面。作者考察的对象而言多集中在纺织厂,钢铁厂也有所提及,其他工厂较少提及。在第一章中多处提及市工会、劳动局的作用,但是基本未提省纺织工业局、市委工业部的指导作用,只是在第55页、第57页的注释中分别出现了一次。对主管的市工业局86页出现时也是一笔带过。

2. 提法欠妥。第31页提及的"福特式"生产方式与法国工业家法约尔提出的五种管理职能还是有较大区别的,不宜混为一谈(至少作者行文是这样的)。第67页将"大跃进"时期称成为"最艰辛的岁月",不妥,"最艰辛的岁月"应该是"文革"。第129页提到"文革"中的"毛泽东革命路线",当时的称呼是毛主席的革命路线。第129页"毛泽东思想渐趋笼罩于整个社会",提法严重不妥。

3. 写法欠妥。不应该在正文(第22-23页、第40-41页)中再来学术史的回顾,应该合并到前面的学术史回顾中。第134页最后一段话十分突兀,与本文论述的主题并无直接关联,建议删除。

4. 笔误。第31页"在建国初期,郑州市的经济商业成分为主",语句不通,其中漏了一个"以"字,而且没有出释说明出处。第125页倒数第二段将形成写为"行成"。

5. 缺乏必要的说明。第93页没有对文中出现的"两参一改"运动(后面又出现过三次)做个学术性注释加以说明。第130页第一行称"上海经验等成为工厂管理与工人劳动的指针"、第134页"学上海练基本功",也需要出注说明。

6. 注释规范不统一。第26页注释中的《郑州解放》没有出版信息。还有很多注释中的书名没有出版信息,这不符合博士论文的规范。但68页毛选五卷有出版信息,72页、77页等处的注释也有出版信息。

2018年10月24日

评优论文意见

一

论文选题具有开创性,属国内领先。

本文依据大量可靠的第一手资料(如《天风》杂志以及对当事传教士的采访),对1945—1952年美国新教在华传教事业进行了较全面系统的研究。学术史回顾厚实、客观。作者探讨了这一时段政党政治和基督教、美差会和中国教会、中国教会内部关系这三组变量的剧烈变动过程,写出这三组变量之间的相互作用。作者明确指出国际冷战格局的形成、新中国的建立、中美关系的倒转等外部原因对美国新教在华传教事业的结束造成根本性影响。而这一历史事件实际上是新中国成立之初的大规模社会改造和思想改造的局部的集中反映。全文中对三自运动的发起的描述与刻画最为精细,最为出彩。第82页讲清了基督徒学联和基督教学运有四点不同,亦颇见学术功力。

本文的研究成果既有学术价值又有现实的借鉴意义,对于理解今日中国基督教会的历史渊源和现实状况不无裨益。《从历史视角看梵二会议与中国天主教会》(《世界宗教研究》2012年第6期)是一篇与学位论文有关的最高水平学术论文。

该论文主要不足之处:

作者认为本课题学术界涉及甚少,但从文末列举的参考书目来看,国内外的学者已经有不少相关研究论著,在正文中作者自己也说其中有的研究成果甚至是"不谋而合"。

有关基督教教会大学、医院、新中国成立后拟建的出版社等内容与文章主题关系并不紧密,过于枝蔓。

文章中表格的资料出处在表格开始前的正文末端,一般处理的规范是放在表格下另起一行。另外,作者对第126页等处多次出现的"平教徒"没有出注说明;第167页提及陶飞亚提出的"躲教",也没有出资料注释。

有些地方用词不当:如第123页"派上用场",太口语化了。第127页第一段称中共出兵朝鲜,但从内容来看主语当为中国政府。同页:中美两国政府之间的相互攻讦,带有情绪性的贬义,用"攻击"为好。第176页称某积极分子为"吹鼓手"也不够客观中立。

文字方面也有些错误:第124页第六行"开黄华",应为"黄华";第九行"莫科斯”应为“莫斯科”;第十行“6 月 27 晚”应为“6 月 27 日晚”。

2014 年 11 月 27 日

二

本文选题新颖,视角独特,学术史回顾特别详细周全。作者创造性地使用了“学统”这一概念,全面系统研究了北美学界对中国基督教史的研究,重点阐述相关学术内在理路,有研究机构,研究人员及特点所在。作者提出就本专题研究的主流而言,北美地区经历了由非学院到学院的沿革变化。就学院而言,列举了哈佛、耶鲁两大系统的四代学人,学术传承关系清晰,史料充分,信而有征。每个重要的学者都有较详细的履历、师承关系、代表论著等。表格齐全,注释规范,行文也很流畅。作者考虑问题比较全面,最后安排了欧洲、港台、大陆与北美进行比较研究,第 219 页总结北美学者对于中国基督教史研究的四大特点也很中肯到位。

也存在一些问题。有的是表述不当,如第 70 页第三段称,“卫列斐生于中国的葡萄牙殖民地澳门”,中国政府认为澳门从来就不是葡萄牙的殖民地。第 116 页第三至四行,“中国曾经遗忘过世界,但世界并未遗忘中国”,事实上即使在中美隔绝时期,中国也一直在宣传世界上还有三分之二的人民生活在水深火热之中。第 215 页中多次出现的文革一词均未打上双引号。

有的前后不一致,第 132 页说汤姆森卡森著有《辛亥革命中的福州公理会传教士》,但在第 127 页第一行的表格中是“辛亥革命中的福州公理”。第 205 至 206 页提及司徒雷登与文忠志的书都有中文本,但没有像前面那样一并注明中文本的出版信息。作者在介绍 1949 年后有贡献的留美中国学人时,他们的履历从大学毕业开始,都没有介绍他们的出生年份,较之前面介绍的美国学者简略许多。

有个别错别字,第 108 页第三段,1896 年“11 也”应该是“11 月”。

2015 年 12 月 20 日

三

本文的选题是很好的,作者利用社会史研究方法,考察了 1918—1937 年新闻记者的职业活动,研究了时局变迁中新闻记者的应对与转变。全文在内容的叙述方面兼顾政治与业务,重点放在出版法,这些安排都是比较恰当,富有新意的。总体而言,本文不左不右,价值中立。

但也有些问题:首先是定性问题。第 150 页作者引用了杭州新闻记者联合会“明白指出共产党的阴谋”的成立宣言,接着说该会“将革命政治与职业需要有机结合起来”。这里的革命是必须要打上双引号的所谓的“革命”。第二,是句子成分不完整,缺主语。如第 115 页最后一句话,“。足可见当时的政局对新闻记者的影响。”第 108 页:“。并提及邵氏与冯玉祥之关系”。第三,明显的笔误与漏字。第 148 页引文“以共党嫌疑被辑而得白者”,辑当为缉,得白不知何意?第 252 页第一行《湖南大公报十棋纪念册》，棋当为期。第 255 页《商民运动研究（1924—1930），》；第 258 页倒数第二行句号逗号“。，”连用。最后，个别论断没有资料依据，如 140 页第二行，作者称上海新闻记者联欢会“是当时中国存在时间最长的新闻从业者团体”，没有出注说明其史料依据。第 257 页第一种外文译著，没有出现译者。

2016 年 12 月 17 日

师生交流

从教三十周年座谈会合影

宴会照

办公室合影

与在校研究生合影

学生贺卡

一

尊敬的老师：

可佩的朋友，

不会忘记你的平易近人，

难以割去你对每个同学

那爱护公正的情丝。

祝你快乐！顺祝暑安！

宝山罗店四方村金家　金　军

1992年7月13日

二

邵雍，尊敬的老师：

我们历史系八八级求知中学的全体实习生在您的精心指导和无微不至的关怀下顺利圆满地完成了实习任务。

在此我们衷心地祝福您永远健康永远年轻永远笑哈哈。

学生：刘　运　张　佳　郁晓隽　陈文华　唐向东　陈晓峰　夏月英　乔一鸣　丁英姿　周　青　吴志栋　倪　华　邵亚华　郑　琦　彭　林

三

邵老师：

为了我们，您辛苦了。学生们感谢您的关怀与教诲，祝您新年快乐，家庭幸福！

学生：吐尔洪、赛地　顾建娣　欧七斤　张爱华

四

致敬爱的邵老师：

雕琢栽培无以报，感激之情溢言表。

诚祝恩师身康健,桃李芳香满人间。
祝邵老师教师节快乐!

您的学生:高尹生　吴学文　高晓玲　李丽娟　罗国辉

五

用一张小小的卡片载着学生最真诚的祝福给您:
青丝之间添华发,三尺讲台荡笑声。
随风潜入夜,润物细无声。
敬诲如春风,师恩似海深。
吾师慈爱,终不忘。
老师,您辛苦了!在这样特别的好日子,深深祝福:
敬爱的邵老师,节日快乐!

2010 级历史学学生　梁俭惠
2010 年 9 月 10 日

六

学高为师,身正为范,立言立德育桃李
皓首穷经,论著等身,上求下索研史学

恩师邵雍教授从教三十周年留念

学生:冯菊红　张姚俊　朱心明　欧七斤　张爱华　包树芳
曹礼龙　于喜敏　郑　东　戴佩娟　刘雪芹　罗国辉
2015 年 6 月谨祝

师生通信录

一

邵老师：

我是06届历史系毕业生颜佳颖，不知您是否还记得我？这几日整理邮箱，突然发现几年前您帮我修改毕业论文的邮件，真的很感激您当时的认真修改，字里行间的用心，其实当时我忙于找工作，这篇论文没怎么用心写，但是您帮我改得却相当仔细。当时没什么感觉，现在才感到格外珍贵。您是我遇到过的最好的导师，没有之一！您现在还在上师大吗？我想过来看看您，不知是否方便？

2014年9月26日　星期五

邵老师：

能在周一见到您并和您聊天真是开心，因为和您聊天，这几日我一直心情大好，很荣幸能获得您的赠书，至于您提到的部分，我已经在认真拜读了。您的这部大作收录了您年轻时候的许多研究文章，也有许多您对研究生论文的批改意见和评价。您年轻时候著作颇丰，不拾人牙慧，且对许多可以说是“处女地”的研究领域进行了开拓，创新，这在今天看来还是十分难能可贵的。也明白了您对我的一番苦心，正是因为您年轻时候很努力，所以您也希望我趁着年轻多在学术上精进，不要放弃。读着读着，我感觉字里行间的内容已经不是最重要的了，关键是透过这些文字，让我进一步认识了您，那个在学术上勇于创新，积极奋进的您，那个在工作中对学生的论文认真指导，注重细节的您，那个对学生宽容大度，始终评价中肯的您，在那个信息资料相对匮乏的年代里，仍然善于充分利用各种有限的材料，在学术中结出硕果累累的您。真的很感激上天让我认识了您这位优秀的导师。我想我会继续努力，一定争取在明年通过答辩，不辜负您的期望。

颜佳颖　2014年10月1日　星期三

二

尊敬的邵老师：

您好！我是张纯花，选修了您的近代风云人物研究，附件是课程期末论文，写得很粗糙，存在很多不足之处，请您批评指正！祝您生活愉快，工作舒心！

2016年9月5日　11:07:06

小张：你好！附件中是我已经修改过的文本，拉灰部分要删除，红色部分你注意看一下。

主要问题是文字尚不够通顺。如果再要提高一步,要找些盛宣怀自己的话来说明。

邵雍 9 月 5 日 15:26:52

尊敬的邵老师:

您好!收到您的邮件很是感动!这是我上学十多年来第一次收到期末作业的反馈,这么迅速,这么仔细!很惭愧,匆匆忙忙粗糙地应付完作业,您用您的行动教会了我作为一名学生应该对自己的作业负责,非常感谢您!在您的指导下,我修改了您做的标记,增加了盛宣怀的一些话语。资料阅读不多,整篇论文读起来很空洞,没有实质性的内容,请您继续批评指正!

张纯花 2016 年 9 月 5 日 21:16

尊敬的邵老师:

您好!真的很感谢您对我论文进行了修改。我感到十分惭愧,没有认真修改论文就将作业提交了,在此对老师表示深深歉意。同时感谢邵老师让我明白,今后在做任何事情时,都应该以认真的态度来对待。我已经按照要求将论文修改了一下,如果还有错误,我继续修改。谢谢邵老师!

2016 年 9 月 5 日

三

ZL:

论文刚刚看好,作了一些修改,见附件。你的文章错别字太多,标点滥用,最主要的是一般的陈述,没有突出你自己的心得体会!

邵雍 2016 年 12 月 14 日 06:33:52

邵老师好!

看了您的批改,有些惊讶,一方面惊讶于自己的错误,错别字和符号着实是自己过于轻率,写完后没有检查就发给您了,这的确是学生的错;另一方面惊讶于您的严谨、认真、负责,甚至一个小标点都帮我改正过来了。惊讶之余,我也对自己做了一些反思。错的地方我已经修正过来,有一句话我也又找了原文。论文内容方面上,我的原意是从几个方面论述一下中共八大,也想谈谈自己的认识。最后写出来的有些偏重陈述,与题目中的“浅谈”没有太多联系,这篇文章写得真的很失败。为了写论文有材料,我去图书馆借了本有关中共八大的书,在网上也查了些资料,更具体的方面我的确知识能力有限,所以写出来的文章水平较低。之后将稍做修改,重发给您。谢谢您!

ZL 2016 年 12 月 15 日

四[①]

问1:邵教授,从您的访谈资料中,我们了解到您对党史有很深入的探究。我们都知道从历史唯物主义角度来说是"时势造英雄,人民创造历史",但从我国发展历程尤其是有了中国共产党领导后的中国来看:中国共产党就是一个"核心",在每个生死关头,总会出现这样一群人来领导人民,才推动历史进程。那就从党史来看您认为是共产党创造了历史吗?为什么是共产党?未来为什么也一定是共产党呢?

问2:在您研究的帮会史访谈中,您提道:现在我们的社会有一种把帮会娱乐化的错误倾向,这真的是一个值得我们深入反思的问题。那由此我们联想到现在社会还有一种令人担忧的倾向,即我们的共青团员使命、党员宗旨、民族使命,马克思主义思想逐渐在不少青少年的意识中淡薄了,甚至有的认为如今再讲这些东西是"老掉牙"了,民族虚无主义与历史虚无主义似乎有"抬头"危险。如果从历史发展角度来看您认为针对这一现象,我们该如何进行正确的引导呢?

问3:对于一名团员、党员来说,做好接班人的使命,引导他人,为时代中人树立一个良好的榜样尤为重要,那就您多年来一直孜孜不倦地投入历史研究的体会和心得,请您谈谈作为信仰马克思主义的青年大学生们,该如何在这纷乱繁杂的社会潮流(如以美、日、印为首的侵入渗透)中坚持好民族的大是大非呢?

各位同学:五一节好!

第一个问题的实质是党与人民的关系,历史唯物主义认为人民创造了历史,而中国共产党是中国人民的先锋队,是由人民中最先进的分子所组成的,来自人民,扎根人民,始终代表着中国最广大人民的利益,集中反映了人民群众的意志与愿望,从群众中来,到群众中去,所以具有无比强大的生命力与创造力,能够站在时代潮流的前端,带领人民并与人民一道共同创造历史,创造美好的未来。党的领袖邓小平是中国人民的儿子,也是从这个意义上来说的。

第二个问题,当前在一些青年中正确的政治意识淡薄导致帮会娱乐化、民族虚无主义、历史虚无主义,是有多方面原因的。首先是社会的大环境,进入社会主义市场经济后,人们的思想观念较之以前有了很大变化,经济利益的多元化必然导致思想观念的多元化。其次,一些党员负责干部的腐败在社会上对党造成了极为负面的影响。第三,高校中政治思想教育不是没有,但普遍存在与现实脱节,解释现实问题乏力,手段、方法上还比较传统等问题,所以花时间很多,效果不佳。不过,我以为最重要的是要从每一个个人讲起。特别是共青团员,要求入党的积极分子而言,你不能混同于一个普通的大学生,思想上要有更高的追求,要有更大的政治抱负,要做好准备为党为人民为国家做出自己最大的贡献。如果这样,就会认真学习历史与其他课程,就不会在社会科学、人文科学领域随波逐流,人云亦云跟着瞎起哄了。对于党员宗旨、民族使命、马克思主义等等,有些人自己根本没有认真学

① 2017年4月30日与上海师大第12期青年马克思主义者培训工程第四小组学员的访谈。

习、认真思考过,就随意发表一些否定性的言论,至少是不负责任的。

第三个问题,当今社会风云变幻,各种矛盾错综复杂。中国作为一个大国正在迅速崛起,必然会引起敌对势力的打压与破坏,在领土问题上、在经济领域中时常会出现一些新的热点与焦点。我们大学生首先要听党的话,相信党中央会妥善应对这一切的。一方面当然要坚定站在民族主义的立场,另一方面又要防止义和团式的"盲目排外"重演。这需要我们大学生很好地学习中国近现代史,学习党的光辉历史,增强我们的文化自信、道路自信、理论自信。自己有了主见,就会有定力,就不会在社会潮流中随波逐流,反过来,我们要引领同学走党指引的路。

邵雍 2017 年 4 月 30 日

教授:谢谢您!我很认真地看了您对我们的问题解答,我觉得对自己对这些问题看法、思想意识有了很大提高。

我从高中就想加入党的,但进大学快一年了,在身边同学都一进学校就赶紧写入党申请书,上交辅导员。而我,总觉得自己对党员的思考认识程度不够。我想当初初一入团时,年纪比较小,思想认识不够,就是糊里糊涂的了,甚至连团的相关认识都没有(不过现在在渐渐的学习培养中有了较为清晰的认识)。所以我想,入党我可不能马虎对待,必须有了较为充分的思想准备,"打铁还需自身硬",作为党员得把自己充实了才能更好引导他人。所以,在不断学习和提高对党的认识,尤其在前个学期学了您的中共党史新探课和这学期青年马克思主义者培训下,我更加坚定了心中的信仰与道路的选择,也对党有了进一步认识,并准备写申请书了。

这次,通过对您的访谈,尤其是认真看了您发来的访谈记录,我真的受益匪浅,您还为我们整理好相关问题解答的文字表述,这些让我很感动与激励。更从您的学术研究、各方面的拓展学习经历中受到很多启发。正如您所说的"历史学术等那些东西真的是要好好地弄,也要花时间,这样写出来的东西才能站得住脚,立于不败之地"。您认真严谨,追求实际与真理的品质值得我们好好学习!

虽然我的专业为英语,对历史、党的某些认识还有很多欠缺,但我的信仰、爱国情怀从不低于他人。您的学习经历,让我很受启发与鼓舞,也让我在以后的学习中,有了极大的动力。

教授,我代表我们全体小组成员向您表达衷心的感谢和祝福!我个人也衷心地感谢您的支持与鼓励,祝您及家人节日快乐!

上海师大 2016 级外国语英语专业 KCY

五

小 J:你好!

7 月 22 日的来信已经收到。其中"工合运动的历史作用或意义"部分,以后可以归入博士论文的学术史回顾中去。"工合运动发展原因"部分我认为首先要讲经济的市场的原因(这是最根本的),然后再谈形势、人员、政策(抗日民族统一战线)。"工合运动衰弱原因"部分主要是从经济角度讲的,这就对了。这就是辩证地看问题，好的因素促进了工合，坏的因素破坏了工合，要注意前后呼应，不要自相矛盾，当然有些问题可以分阶段说明的。“区域性研究”你的观察不错，主要集中的在西北，而你集中在西南（以成都为中心）是可行的，甚至论文题目就可以是《抗战时期西南地区工合运动研究——以成都为中心》。其中特别重要的是成都的工业合作研究所，该所的理论与实践研究工作非常重要。站在今天的高度，你也可以指出该所可能存在的误区与不足等等。如果资料充实，你可以先写一篇专题论文，向学术界宣告，某某已经在从事这方面研究了。其他研究生再选择同样题目就要慎重考虑了。

时间跨度方面，研究抗日战争时期就已经在足够，至于抗战胜利后的，留待作博士后出站报告或出专著时设专门章节之用。关于行业自然得选盈利多，经济效益好的。一般来说，纺织业等经工业投资少，见效快，也是中国民族工业的主流，在这个范围里选也有代表性。

信中提及所有的举例都是对的。没有具体案例，就不能说服人。

2017 年 7 月 26 日

小 J：你好！

来信收到。事实上即使在近现代史研究领域中，没有哪一个人敢说是全知全能的，至少我不是。我不知道的地方还很多，但是一旦确立或指定要研究什么课题，就能马上找到资料钻进去，写出论文来，这也是事实。我对同学们经常讲，要争取以较小的代价取得较大的成果。

目前你的时间分配大致是可行的，当然周日最好还是给自己适当放放假。夏天中午最好睡个午觉，下午到晚上更有精神。关于失眠，必要时可以吃点镇静药。体育锻炼有多种方式，拳击是其中一种，可以试试，试一阶段如感不适，再退出也行。

关于交友一定是广交与深交相结合。没有广交，深交的对象选择余地小，就会受到限制；只讲深交，放弃广交，肯定不利于事业与生活。一般来说，当然是认识你的人多点比少点要好。一个人知晓度低，有些好事人家就想不到你，你就连参与的机会都没有。

关于读书是个大学问。首先是看内容简介、内容提要，接着总是重点阅读导言、绪论和结语，如果感兴趣，再进而阅读相关章节以至全书。打仗也是这样，第二次世界大战期间，美军为了赶时间，将太平洋战场上对日本的逐岛作战改为越岛作战。

如果每一本书都要一页一页读下来，由于时间关系，你读的书一定会比别人少。当然经典著作要通读，甚至时常拿出来读读。毛泽东讲，《共产党宣言》他读了不下一百次。

2017 年 8 月 1 日

学士论文"后记"节录

一

不知不觉,大学四年即将落下帷幕,为了给自己也给校园画下一个句号,我在几个月前就开始了毕业论文的准备和撰写。在论文即将完成之际,我只能用些许言语来表达我对邵雍老师的感谢和敬意。

本论文在邵雍老师的悉心指导下完成。导师渊博的专业知识、严谨的治学态度,精益求精的工作作风,诲人不倦的高尚师德,严于律己、宽以待人的崇高风范,朴实无华、平易近人的人格魅力对本人影响深远,不仅让本人掌握了基本的研究方法,还使本人明白了许多为人处事的道理。本次论文的每一步都是在导师的悉心指导下完成的,从选题到查阅资料,论文提纲的确定,中期论文的修改,后期论文格式调整等各个环节中都给予了我悉心的指导,倾注了导师大量的心血。在此,我要向导师表示崇高的敬意和衷心的感谢!除此之外,在写论文的过程中,我也遇到了很多问题,当我提问的时候,老师一直耐心地指导我,在老师的帮助下,我遇到的问题都得到了解决。所以在此,我要再次对老师道一声:老师,谢谢您!您指导我的不仅仅是一纸论文,而是广阔的思维和浩瀚的知识。

高　怡　2016 年 4 月 26 日

二

本论文是在邵雍老师的指导下完成的,从一开始的确定选题到每一次的修改,他都以严谨的治学精神,精益求精的工作作风,深深地感染和激励了我。本论文前后总共修改了九次,邵雍老师总是告诉我,每一个论点都要有真实的史料支撑,不能泛泛而谈,所以每一次修改都是奔走于各大图书馆查找资料、筛选资料的结果。还有一点让我感触很深的是,邵雍老师每次帮我修改论文都不放过任何一个字和任何一个标点符号,正是因为邵雍老师如此严谨的态度,才让我对这篇论文投入更多的热情。最重要的是,这种严谨的态度让我铭记于心,并志于化为自身的品质。所以非常感谢邵雍老师。

卢燕咏　2016 年 4 月 26 日

硕士论文"后记"节录

本来我的研究方向是中国近现代下层社会史，尽管这次毕业论文选题与研究方向相距甚远，但我的导师邵雍先生仍给予了我很大的理解、支持和帮助。邵雍先生治学严谨，尤其是那种视史料为生命的态度给我留下了非常深刻的印象。正是在他的历史思维和治学理念的指导下，我才顺利地完成此次创作。值此学位论文即将付梓之际，我谨向邵雍老师表示最诚挚的谢意！

黄丰学　2006年5月

时间如白驹过隙，研究生三年的珍贵时光，马上就要结束了。回首这三年，感慨颇多。在这三年里我不但学到了专业知识，而且还结识了一批令人难以忘怀的师友。

三年中我最应该感谢的就是授业恩师邵雍教授，他严谨平实的治学态度与谦虚和蔼的处世风格给我留下了深刻的印象。邵老师在繁忙的工作之余抽出宝贵的时间，指导我从选题、修订提纲、查找资料到最后定稿各个环节的写作过程。论文初稿完成后，邵老师通读了全稿，指出了论文结构乃至语法上、用词上的诸多不足之处。这种严谨的学者风范值得弟子深深铭记。在邵老师孜孜不倦的教诲下，我逐渐掌握了做学问的方法和思路，同时邵老师在繁忙之余也对我的生活给予了无微不至的关怀与照顾，每次去老师家，老师和师母总是对我热情备至，嘘寒问暖。三年来，正是在他的不断关怀与指引下，我成长了许多。因此，我要向他致以最真挚的感谢！

邱志仁　2007年4月

笔者要郑重感谢恩师邵雍教授。四年前，恩师的一封回信，坚定了一位北方学子立志考研的决心，一年后终于如愿以偿，成为恩师入室弟子。三年里，事无巨细，恩师严格教诲，耳提面命，使笔者终身受益。在笔者确定论文选题之后，恩师从资料的搜集、提纲的拟定、观点的形成，以及每一章节的撰写，都曾给予笔者细心指导。他多次审读笔者文稿，逐字逐句予以勘正。在此期间，恩师严谨的治学态度和言必有据的具体要求，使笔者稍窥为学门径。

任冉冉　2007年4月

三年前，我怀着惴惴不安的心理，来到上海师范大学历史系。三年来，在导师和各位师长的悉心教导下，我由一名经济学的学士，转变为一名对史学怀有浓厚兴趣的研习者。

三年来,我首先要感谢我的导师邵雍先生!是先生承蒙不弃,将我纳入门下,指引我进入史学的殿堂!三年来,先生为我们精心授课,认真批改作业,对于我的毕业论文,先生从论文的选题、资料的收集、论文的框架、以及论文的写作,都倾注了先生大量的心血;论文完成之后,先生小到标点、大到结构,都为我精心修改,提出许多建设性的意见!只是由于我的懒惰或学力的不足,未能达到先生的期望。先生在生活方面也是悉心关心我,就像一位慈祥的父亲,让我处处感受到他的人格魅力!师恩之浩荡,我也只能在以后的学习和工作中,不断前进,以不负先生的栽培之恩!

石玉中　2007 年 5 月

三年时光悄然在我的额头和眼角刻上道道细纹后,做贼般地偷偷溜走。回首往昔,斯情斯景,历历在目,临别之际,浮想联翩,感触良多。

三年能够在学业上有所收获,首先要感谢我的导师邵雍老师。正是邵老师亲手为我开启了中国近代社会史研究这个殿堂的大门,又通过言传身教让我得以窥到其中搜集资料乃至进行学术研究的方法。邵老师对我的这篇论文从选题、资料的搜集到写作、修改方面都进行了不厌其烦地指导,力求学术上的精益求精。三年中,导师给予我的财富远不止在这篇论文上对我的指导,他平和淡泊的生活态度、严谨认真的治学风格、平易和善的微笑连同他总是显得很年轻的英俊面孔都给我留下深刻的印象,成为我终身学习的典范和受益的宝藏。

高尹生　2007 年 11 月

本论文从选题到撰写结束,始终得到导师邵雍教授的精心指导和真诚帮助。值此论文完成之际,谨向导师致以最衷心的感谢!

时光飞逝,光阴如梭,转眼三年求学生涯将尽。回想起三年的研究生生活,感触颇深。三年中我的导师邵雍教授以他渊博的知识、高尚的人格、严谨的治学态度和一丝不苟的工作作风深深地影响了我,使我对学问和人生的认识有了长足的提高。三年中,导师为我的学习研究制定了严格的计划,为我的论文工作指明方向。在老师的悉心指导和培养下,我的论文才得以完成。我为有这样一位好导师深感荣幸!

李丽娟　2008 年 4 月

光阴似箭,不经意间,三年研究生生活即将结束,回首读研的三年,心中充满了感慨和感激。

三年前我携女儿一同到上海师范大学读书,读研三年间我的导师邵雍教授对我的学习和生活,都给予了无私的关怀和帮助。在论文的选题及写作的过程中,先生也给予了悉心的指导,并且对论文的初稿细心审读、认真修改,对论文中很多细节作了关键性的斧正和补漏。恩师钟情于学问,孜孜不倦、勤奋朴实、治学严谨、硕果累累,这都是我终身学习的榜样。“一日为师,终身为父”,师恩浩荡,没齿难忘!

高晓玲　2008年4月

论文即将完稿之际,回首三年的学习生涯,首先感谢导师邵雍教授给予愚笨弟子极大的耐心和鼓励。本文从选题、资料收集、写作到修改定稿无不在老师的悉心指导下完成,其中凝聚着导师无数的心血和劳动,谨向导师致以最衷心的感谢!

三年的硕士学习期间,导师邵雍教授严慈仁爱的为人风格、诲人不倦的育人情怀、踏实严谨的治学精神将成为弟子一生学习的榜样。三年中,导师为我的学习研究制定了严格的计划,在老师的悉心指导和培养下,我的论文才得以顺利完成。我为有这样一位好导师深感荣幸!

赵莹莹　2009年5月

时光飞逝,三年转瞬即逝。回首三年前投入恩师邵雍门下,开始了我对历史尤其是中国近现代历史的重新认识和深层次研究。我曾在河南一所县城高中工作过四年,对于历史学科的理解仅仅停留在识记的表层,并未进行过深入的研究,是恩师的言传身教引领我走入历史的研究领域。本论文从选题的确定、框架的设计、资料的搜集、论文的撰写到初稿的修改以及最终的定稿,都离不开恩师的殷殷指导,在此向恩师表示深深的感谢。恩师渊博的学识、严谨的学风、敬业的精神令人敬仰,即使学之一二,我也将终身受益。

程　艳　2011年5月

在上海师范大学三年硕士研究生的学习生涯即将结束,回首往昔,颇多感慨。

三年前我从河南大学来到上海师范大学,对一个全新的环境,感到陌生和新奇。感谢恩师邵雍老师在学习、生活、工作等方面给予我诸多的支持和帮助,恩师严谨的治学态度和孜孜以求的探索精神将使我在今后的求知、求职和工作的道路上受益终生!

经过近两年的不懈努力,我的学位论文几经修改,现在终于基本完稿。回首两年来的写作历程,我倍感艰辛,期间经历了迷茫、徘徊、苦闷的心路,甚至还产生过退却的念头。幸有邵老师对我的悉心指导,才使我得以坚持下来。

张智伟　2012年5月

2011年9月带着对研究生生活的憧憬,一脸欣喜来到上海,成为中国近现代史专业的一名学生,承蒙邵雍先生不弃,拜师门下。邵老师严谨的治学态度、高尚的人格魅力、踏实做事的风格都深深影响着我。邵老师平易近人、循循善诱,给了我潜移默化的影响,让我这个史学领域的门外汉渐渐领略到史学研究的魅力和风采。邵老师在我论文选题、资料搜集、开题报告和论文写作中给予我宝贵的意见,使我收益颇丰。恩师踏实做事、低调做人的风格将使我受益终生。……

三年只是人生路上的一个片段、一个回忆、一次体验和经历,未来的路很长,我会继续坚持最初梦想，努力前行。经历是一份礼物，我们正在被赐予着。所以，请加油。

庄　颖　2014年5月

首先感谢我学习上的领路人邵老师，他对我悉心指导，循循善诱，谆谆教诲。让我对历史研究的路上不断地摸索，不断地增进。而老师对我的帮助又不仅仅是在学习方面，他在学术方面的刻苦钻研的精神，在工作上面的认真负责的态度都让我敬佩不已，以至每次看见他我都觉得自己不够认真，对不起他的教诲。我记得有一次天下暴雨，邵老师来给我们上课，鞋子里灌满了水，可他将湿鞋子晾在一边，在桌子底下铺了张报纸把脚放在上面就开始讲课了，一讲便是两个多小时。老师真的是朴实无华，非常敬业。我的毕业论文邵老师也是逐字逐句的修改，每次看他改完以后的文本，我都心生惭愧。感谢老师没有将我放弃，感谢老师教我如何正直的做人，这将是陪伴我一生的宝贵财富。

张红梅　2018年5月

博士论文“后记”节录①

本书是在我博士论文的基础上修改而成的。回想2005年初夏，邵雍先生不以我资质愚钝，列入门墙，使我能够实现继续深造的夙愿，向神圣之史学殿堂又靠近了一步。作为一个广西人，我始终对家乡有着极深的感情，并力图将这种人文关怀与自己的学术研究方向有机结合。民国时期的广西在新桂系集团统治下长达20年，其统治基础较其他地方实力派更为稳固。在其统治时期，代表中央政府的蒋介石势力基本上未能渗透；外省如广东、云南的势力，在民国初年不止一次进入过广西，但在新桂系统治时期均被阻挡在桂境以外。抗日战争结束后，各省地方实力派，大都被蒋介石削弱，唯有新桂系不仅没有削弱，反而实力有所增强，新桂系首领李宗仁经过激烈竞争还当上了副总统。新桂系的统治基础为何如此巩固？带着这个最初的问题，我开始以广西地方社会控制研究作为博士学位论文选题以及未来的研究方向，旨在从国家一社会的视角探讨当时广西的社会控制网络。

本书从选题、构思、写作到修改等诸多方面，都凝聚了邵雍导师大量的心血。他热情的鼓励与严格的要求，时时督促我警醒，不敢有丝毫懈怠。导师治学严谨，为人谦和，无论为人为学，还是为师，导师高尚的品格和不断进取的治学思想将是我毕生追求的方向。

本书成型的过程中，上海师范大学中国近现代史专业的唐力行先生、苏智良先生、周育民先生、萧功秦先生曾经都给予了我悉心指导和无私帮助，他们渊博的学识和严谨的学风对晚学后进的宽容和鼓励，都值得我终身学习。……

黎　瑛　2011年5月于桂林

① 摘自黎瑛：《权力的重构与控制》（民族出版社2011年版）后记。

从教三十周年研讨会发言汇编

温馨的回忆

——谨以此文感谢我的大学班主任

马燕红

我是1987年考入上师大历史系，记得报道的那一天，有一位个子高高瘦瘦的、戴着金丝边眼镜的年轻教师热情地接待了我们，一边让我们登记注册；一边嘱咐身边的学长们引导我们进入宿舍、熟悉校园环境，后来听学姐介绍说，那位瘦高个的就是我的大学班主任——邵雍老师。大学还有班主任？我很纳闷，因为高中的班主任常常苦口婆心地教育我们说：珍惜吧，进了大学，老师只负责上自己的课，课后不管事的，没人管你们，全凭自觉，哪像我？言下之意不言而喻。学长们则说：大学没有班主任管头管脚，只有辅导员，管很多学生，基本上一周能见一面已经很不错了——疑惑中，班主任邵老师走进了我们大学生活，陪伴我们一起度过四年的青葱岁月。

"小马"，别样的称呼

记得那是刚入学的某天傍晚，我与室友拎着热水瓶前往食堂泡开水，正当我俩有说有笑漫步在校园小径时，身后突然传来一声声"小马、小马"的叫唤声，室友小顾提醒我说：哎，是不是叫你啊？我不假思索头也没回地说：怎么可能？老师同学都是直呼其名，从来没人叫我小马，滑稽也。正说着，突然有人从身后轻轻地拍了我一下并说道：小马，叫你呢。我一回头，班主任邵老师正微笑地看着我，顿时我涨红了脸，小声嘟哝了一句：叫我？潜意识里不太相信老师会叫我"小马"，我也是头一回被别人称之为"小马"。邵老师似乎看出了我的心思，肯定地说："是叫你了，小马同学。"边说边与我们一起走向食堂，其间聊了些诸如"会不会洗衣服啊？""食堂的饭菜合不合口味啦"等生活上的琐事……周末回家，我把这件事告诉了爸爸，爸爸立马说："是吗？到底是大学老师，有水平"。同时转而问我："老师叫你'小马'，有何感想？"我没有回答爸爸的问题，只是突然间想到了很多词语：长大了、民主、平等、社会性等等。二十多年过去了，当自己也慢慢成为一名老教师的时候，更能感受到别样称呼之后的丰富内涵。现如今在《中小学生学业质量绿色指标》体系推行的过程中，大量数据结果显示，教师是否尊重学生、是否公平、平等地对待学生，是否信任学生等，都对学生学业成绩有明显的正向预测作用，即师生关系与学生学业水平呈明显的正相关。也许当年的我们并没有想得那么深远,但是那声“小马”却始终清晰地印在我的脑海里,提醒我与学生建立民主、平等、融洽的师生关系。

“做班长吧”,异样的管理

大学毕业后,我进入一所初级中学任教历史学科。按照常规,第一年是实习期,学校领导帮我安排了富有经验的学科带教老师,我也踌躇满志准备登上三尺讲台。可是开学前一天,校领导突然找我谈话说,由于特殊情况,让我马上担任初一(1)班的班主任,当时我就懵了,只记得领导说要顾全大局、服从安排等等,忐忑中,我就走马上任了。时隔多年后,老同事、老领导们聚在一起,偶尔还会嚼嚼这件事,觉得当年的我还是蛮有勇气的,初生牛犊不怕虎。其实,我心里明白,这点勇气和底气还要归功我的大学班主任邵老师。记得那时刚上大三,与邵老师也很熟悉了,一次在闲聊的时候,邵老师跟我说:“小马,尝试一下,做班长?”我一愣,心底的某根神经被触动了,因为从小学到初中,我都是班干部,老师眼里的乖孩子,更重要的是自己学习成绩名列前茅,是同学学习的榜样。可是进入重点高中后,我的成绩每况愈下,尽管自己勤奋努力,却始终在中下水平徘徊,当然与干部无缘。进入大学,对班干部的要求更高了,不仅有学习方面的标准,更重要的是要有一定的管理和协调水平,只有这样才能令人诚服。“我,行吗?”“行,不要错过这次锻炼的机会。”在邵老师的鼓励支持之下,我担任了将近一年的班长工作,究竟是否称职暂且不论,但对我而言,那份久违的自信重新拾回,更重要的是在邵老师的指导下,学到了很多班级管理的经验,获益匪浅。多年后,当自己在分管学校德育工作的时候,常常会把“班长轮值”制作为班集体建设中值得推广的一项经验,因为它既能锻炼学生的能力,又能促进班集体的民主和谐发展。

“再改改”,一样的严谨

大学毕业后,自己总以工作忙为借口,很少与邵老师联系,仅有的几次也是因为入党政审、评职称等事情麻烦邵老师,每次邵老师总是热情帮助,事后又归于平淡,至今想起,心中很是惭愧,邵老师给予我的实在太多。2010 年的某天晚上,突然接到邵老师的电话,他开门见山地说自己想出一本书,以此纪念辛亥革命100 周年,并谈到了 20 年前经他指导的我的毕业论文《袁世凯与清末“新政”》,可以归在他的那本书里,要求我抓紧时间把论文找出来加以修改。天哪,当时没有电脑,全是手写稿,几经搬家,早已不知去向了。但迫于邵老师的热情,我只能硬着头皮答应找找看。功夫不负有心人,在我父亲那里找到了原稿。将近二十年,文稿纸已经发黄,但我依然清晰地记得当时邵老师是如何帮助我选题、列大纲、甄别史料等,特别是辅导我一次又一次地修改,让我深深感受到邵老师严谨的治学态度,最终这篇经邵老师修改的毕业论文获得了好评。很快,我把论文的打印稿发给了邵老师,他在邮箱里留言给我:会再改改。2012 年下半年,我收到了邵老师寄给我的《辛亥革命与中国社会》一书,我的那篇文章赫然在内,通读以后发现邵老师作了很大篇幅的修改,让论文更趋完善,同时再次让我感受到邵老师一贯严谨的治学态度。

回首以往，师恩难忘；仰望未来，师情永存。如今的邵老师早已桃李满天下，衷心祝愿邵老师身体安康，岁月静好。

2015年4月23日

学思湖畔的一段温馨记忆

张姚俊

今年是授业恩师邵雍教授执教三十周年。三十载春秋，邵老师一直默默耕耘在三尺讲台之上，不辞劳苦，不避寒暑，他所教过的学生何止成百上千，可谓“桃李满天下”。我是在邵老师教学生涯的第十一年头，有幸成为他众多学生中的一员。后来又拜在邵老师门下攻读硕士学位。正是在他的循循善诱和谆谆教导下，懵懂的我叩开了学术之门。屈指算来，我与邵老师的师生情谊已有二十年。恩师的为人、恩师的学问向来是我敬重和崇拜的。踏上社会后，我素以恩师为榜样，勤勉治学，勤奋工作。在这一值得热烈庆贺的日子里，我不禁回想起当年本科在校期间聆听邵老师讲课的情景。但凡上师大的学子，都很熟悉校园东部的学思湖。当时我们历史系的教室在第三教学大楼的二层，从教室的窗外望去，不远处就是波光粼粼的学思湖。下面我将要讲述的就是学思湖畔的那段温馨记忆。

1996年9月，结束了悠长的暑假，我满怀憧憬地回到校园，拥抱大三崭新的学习生活。与大一、大二的专业课程以通史学习为主不同，从大三起，我们的专业课转向专门史的研习。一拿到新学期的课程表，我和同学们就迫不及待地“研究”起来。其中有一门名为“中国近代史料学”的新课让大家很是好奇。学历史的人都知晓史料的重要性，它是历史研究的安身立命之本。若没有史料，史学研究何从谈起？不过，当时的我们还很青涩，并不完全懂得这些，大家谈论的热点都聚焦在授课老师身上。譬如，这个老师的脾气如何？上课经常点名吗？这门课的考试是否容易通过等等。讲授中国近代史料学的就是邵雍老师，而此前邵老师从未给我们班上过课，所以有关他的一切信息都来自上两届的师哥、师姐那里。当听说邵老师和蔼可亲、从不为难学生时，我们悬着的心都放下了。道听途说来的信息成为邵老师留给我最初、最朦胧的印象。

那是新学期开学后不久的一天上午，按照课表，第一、第二节课就是中国近代史料学。由于这是一门全新的课程，坐在教室里等着开课的我们，不免带着几许期待，当然同学们更多的是期冀见到耳闻之中鼎鼎大名的邵雍老师。距离上课铃响大概还有十多分钟，一位男老师脚步匆匆地走进教室，只见他身材高高瘦瘦，鼻梁上架着一副金丝边眼镜，斯文却不乏灵气。他径直来到讲台前，把手中的资料袋搁在台板上，然后轻轻抽出几页讲义，并摊开。待一切准备工作完成后，他抬起头，还未张口，脸上已经泛起微笑，“同学们好，我叫邵雍，从今天开始，由我来为大家主讲中国近代史料学……”这就是邵老师与我们的第一回照面，虽是九月处暑，天气还十分炎热，但邵老师那富有磁性的嗓音和柔和的话语，却让我感受到一种春天般的气息。

可以说,初次见面之后,师哥、师姐们所描述的邵老师与我们真实接触的邵老师并无二致。但随着课程的进行,大家对邵老师的仰慕之情愈发浓重了。因为,学长们只泛泛描述了邵老师的脾气秉性,却少有提及邵老师在治学方面的成就。这也难怪他们,谁让我们那时只一味关注任课老师是否严厉,关注考试的难易程度呢?只有听了邵老师的课,才让同学们真正了解了这位可亲可敬的师长。

还是要再回到"史料"这个话题上。所谓"史料"是指可据以为研究和讨论历史的档案文献、实物或口述资料。作为一个历史系的学生,从跨进大学校门开始,整整两年的中外通史课程让我全面领略了人类社会的悠久历史和灿烂文明,也给我留下一种模糊的错觉,认为专业学习就是捧读经典,沿着前辈学者指明的道路走下去。我本以为,史料就是图书馆、资料室里那些卷帙浩繁的典籍,数量虽多,但需要时就能通过检索目录寻得,加以利用。然而,自从上了邵老师的课,我的想法来了个180度的转变:原来史料的形式多种多样,查找和获取史料是一条艰辛的学术之路。

邵老师是国内著名的会党史专家魏建猷教授的高足。在读研期间,他在魏先生的指导下,就已在史料收集、整理、研究方面崭露头角。早在1980年代中期,也就是邵老师刚刚从事高等教育之时,风华正茂的他即已成为上海青年史学研究人员中的佼佼者。当然,这些并不是邵老师在课上告诉我们的,他为人处事一贯谦逊、低调,课堂上只讲学问,决计不会论及个人。其实,这段往事是出自我的同事朱榕之口。朱榕毕业于华东师大历史系,师从中国近代史名家陈旭麓先生,是陈先生的关门弟子。他说当年在校求学时,就知道上海师大有个邵雍,文章写得好,功底扎实,见解也很独到。虽不是同一所学校的,但他和周围的同学都很敬佩这位青年才俊。说这话时,朱榕也已近知天命之年。可是,他20多年前的印象并未随着时间的流逝而淡漠,足见邵老师在学术上早已成绩斐然。

那么,邵老师何以会在充满荆棘的史学研究之路上取得如此卓著的成就呢?勤奋刻苦、孜孜以求的治学精神固然是主要因素,但千锤百炼得来的史料功夫亦是助力邵老师成功的关键要素。这点从他的讲课内容中即可见一斑。记得邵老师一次在近代史料学的课上谈起他到福建进行田野调查,搜罗清代福建地区会党史料的情况。不听不知道,原来史料研究如此奇妙。同学们一下子就被邵老师的亲身经历给吸引住了,大家还时不时提出一些有趣的问题。课堂原本还很严肃的气氛顿时活跃起来,我们也第一次了解到了探寻史料的甘苦。

对于史学研究者而言,田野调查只是网罗史料的一个方面,更多的时间恐怕还要花费在史料爬梳之中。上世纪90年代中期,计算机信息技术尚处于起步阶段。那时一台486电脑的售价都在万元以上,更不必说互联网了,知晓者寥寥。像如今广泛使用的百度、知网之类的网络学术搜索引擎,在当时简直就是天方夜谭。当年,要做学问、找史料,全凭研究者从浩如烟海的资料中苦苦搜寻。邵老师是一位坚忍不拔的研究者。他在课上给我们讲述了自己是如何在《申报》的海量信息里查找所需的史料。《申报》是近代中国中外报刊出版时间最长的,在其汗牛充栋般的新闻报道里蕴藏着丰富的社会史资料,不啻为一座中国近代史的史料宝矿。那时若欲查阅《申报》内的相关信息,最方便者无疑是翻阅《〈申报〉索引》,那是检索《申报》新闻条目的必备工具书。只可惜,当时出版的《〈申报〉索引》并不完整,仅包含了少部分年份。

然而,这并没有难倒邵老师。他一有空就钻进图书馆里,一页页地翻看《申报》影印本,仔细地摘抄所需资料。《申报》影印本皇皇数十卷,里面的字密密麻麻,小如蝇头,有些还模糊不清,要将这庞杂的内容一一过目,再抄录有用的史料,犹如沙里淘金、大海捞针。若无恒心和毅力,怎能"事竟成"。应当讲,邵老师查阅《申报》、摘录史料这件事让我感触甚深,使我明白了要在史学研究有所建树,不仅仅要靠悟性和技巧,更重要的是勤勉与奋力。正如荀子所言:"骐骥一跃,不能十步;驽马十驾,功在不舍;锲而舍之,朽木不折;锲而不舍,金石可镂。"

做学问,邵老师著作等身;论教育,邵老师也颇有心得。那时,在课间休息的时候,我们几个同学也与他侃过考试的问题。说实话,从小在应试教育的环境中长大,哪一个中国学生不关注考试、不害怕考试,甚至不憎恶考试呢?但邵老师对考试有他自己的看法。他认为在高等教育阶段,老师教学和学生学习都必须脱离"考试为纲"的窠臼,考试并非老师的法宝,若以考试压制学生,以考试体现教师的权威,那就完全扭曲了正常的教与学关系。考试应该只是检验教学成果的方式之一。高校教师更须注重培养大学生的自学能力以及分析、解决问题的本领,授人以鱼不如授人以渔。正是有了这一指导思想,邵老师对期末考试的处理素来本着"宽厚"的原则,这也是为同学们所欢迎的。当然,宽以待人不等于毫无原则的妥协,邵老师对于上课出勤率和听讲认真程度还是相当较真的。在他眼里,如果连这些最起码的学习规范都不具备,那怎么能实现学有所成?因此,无论是闭卷考试和课程论文,平时课堂表现是邵老师评价学生的基本底线。而对于有独立见解的学生,哪怕其观点再有偏颇,邵老师都会给予赞许和鼓励。

除了中国近代史料学,本科阶段我还上过邵老师开设的选修课"中国会党史研究",对近代中国秘密会党的产生根源、不同类型、发展过程及其对社会的影响等有了初步的了解。十分幸运的是,本科毕业后,我成了邵老师招收的第一届硕士研究生,跟随他继续在史学园地里求索新知、探寻前人未曾深入开掘的史料。不过,说来惭愧,毕业后,囿于工作性质与条件,我在学术上少有长进,实在有负邵老师的厚望。

时光荏苒,转瞬间邵老师已年过花甲,但在他身上看不到一丝半点的老态。每次见到邵老师,他总是那么神采奕奕,也总是三句话不离本行,时刻关注着学术界的新动态。有时论及新近发现的史料,他还会像孩童一般兴奋。这就是邵雍老师,一位质朴无华、埋首学问的长者,一位令人景仰的学者。太史公曾曰:"高山仰止,景行行止;虽不能止,心向往之。"对我们这些后学晚辈眼里,邵老师在学术上达到的高峰,吾辈实在不能望其项背。唯有脚踏实地、兢兢业业地工作,方能不辜负恩师的期望。

值此邵老师执教三十周年的欢庆之际,谨以个人这段温馨的回忆,送上一份微不足道的"贺礼"。祝愿恩师身体健康!工作顺利!永葆学术青春!

2015 年 3 月 27 日

关于邵雍老师的几个关键词

冯菊红

提到邵老师，立刻想到这几个关键词：年轻、随和、严谨、负责。

初次见面，邵老师留给我的最深刻的印象就是年轻……岂止年轻，简直太年轻了！

1997年我报考了上师大历史系中国近现代史研究生，看到"邵雍"二字，心中首先勾勒了一下导师的形象：一位戴眼镜的威严长者吧？待和邵老师面对面时，我几乎被雷倒：这就是我的研究生导师啊？怎么这么"小"啊！50年代初出生的他，似乎比60年代末出生的我的先生还年轻哩。一晃十几年过去了，邵老师依然年轻。只是近两年，也许是做了爷爷的缘故吧，岁月逐渐在他的脸上留下了些许痕迹。邵老师为什么如此年轻呢？我想除了江南水土之外，恐怕和他的个性有很大关系：和邵老师相处，时时能感受到来自他身上的一种孩子气的纯真，喜怒哀乐，溢于言表。有这样年轻的心态，想必人也就年轻了吧？

随和是邵老师给我的另一个深刻印象。

邵老师和人说话时，总是笑眯眯的，极少有吓人的严肃的面孔出现。邵老师是大学教授，却从没有一丁点儿架子，也从不摆出一副很有学问的样子。他穿着也很随和，总骑着一辆旧自行车来来回回。记忆中邵老师似乎也不拎皮包，上课时，喜欢从马夹袋中掏出讲义来。那种天然的随和，让初来乍到的学生感到无比亲和。那种乡下孩子初到大上海的局促不安以及对未来学业的忐忑，在邵老师笑眯眯的面孔和尖细的笑谈中，一扫而光。亲和时时绽放，自信悄悄发芽。

年轻而又随和的邵老师，做学问却很严谨。历史专业本来就讲究严谨，邵老师更是一丝不苟。研究会道门，某年某月，某个村庄，张三李四，烦琐纷杂的史料，在他笔下，被梳理得整整齐齐、一清二楚。课堂上的邵老师，也并没有因为自己的随和而放低对学生的要求。课下亲和的邵老师，上课时是严肃的，几乎从不闲聊。当时研究生的课在老大楼历史系一楼邵老师的办公室里。冬天的上海很冷，记忆中，邵老师总是比我们先到。待我和师弟到了后，他便直奔主题，开始上课。他的讲义一页页，密密麻麻，厚厚一摞，坐在我和师弟对面的邵老师，就这么一页页讲过去……

我的专业底子薄，又是个慢性子，邵老师似乎很为我的硕士毕业论文担忧。他的写在脸上的担忧和有意无意的提醒在当时给我了很大的压力。正是这种压力，促使患有严重拖拉综合征的我痛下决心，一口气在上海档案馆及图书馆泡了一两个月，搜集史料，最终如愿以偿，按时保质保量地完成了硕士毕业论文。回顾当年，对于邵老师的担忧和催促，当时不是很理解，总觉得他有些小题大做，现在想来，这何尝不是一种高度负责任的体现呢？

对自己的学生尚且如此，对家人想必更是负责。印象中的邵老师，和师母很恩爱，请他吃饭，必定是要带师母的。一帮学生去他家做客，邵老师坐着和大家聊天，师母则准备好一大锅银耳汤，每人一小碗。然后，我们一边喝汤、嗑瓜子，一边听师母"数落"邵老师，邵老师则安静地坐在一边，嗑着瓜子，听凭师母"数落"。空气中，红枣银耳汤的香味四处弥漫，感觉整个屋子暖暖的、甜甜的。有一年元旦我们去看望邵老师，发现年轻的邵老师憔悴了许多，聊天中得知，原来邵老师的老父亲生病了。邵老师白天上课，晚上赶去医院和家里照顾父母，几头奔波，却都不曾抱怨和耽搁。再见到邵老师时，他已经做了爷爷，一边做学问，一边做爷爷，看起来有点累，但却很快乐。提起小孙子，邵老师立马眉飞色舞。

我想，邵老师是幸福的。

有温暖的家，可爱的小孙子以及自己钟爱的事业，只要身体健康，一切都是那么美好。

因此，我要祝福邵老师，祝愿邵老师永远健康！

冯菊红（上海市社会主义学院研究室副主任）

2015 年 6 月 30 日 0:25 定稿

记恩师邵雍教授

戴佩娟

1999 年 9 月，我有幸进入上海师范大学人文与传播学院历史系就读，进行为期四年的本科教育。上海师范大学历史系一直以来都是上海市培养历史教学与科研人才的重镇。在我的母校中，有很多名师，邵雍教授便是其中一位。

2001 年的上半年，也就是在我大学二年级的时候，邵雍教授为我们开设了一门"中国近代社会史"课程。这门课是母校为开阔学生视野，提高学生的人文素养，而开设的一门跨一级学科的学院平台选修课。记得选修这门课的同学非常之多，一个大教室里座无虚席。有时候，去晚了，会遇到没有位置的尴尬，因为旁听这门课的外系同学也较多，所以每次上这门课的时候，都得提早进教室。期待着尊敬的邵老师，带着满面春风给我们上这门生动有趣的社会史课程。每当上这门社会史的时候，总觉得上课时间特别短，正听得起劲的时候，那讨厌的下课铃声就响了，很多同学都带着意犹未尽的感觉离开教室。这门课对我而言，也耳目一新，受益匪浅。邵老师对于中国近代的各种社会现象，分门别类地进行专题性演讲，其中有帮会史、会道门史、会党史、妓女史、妇女史、对外关系史。邵老师对于社会史研究的理论与方法、独特的研究视野以及硕果累累的研究，都令我耳目一新。受其影响，我在大二的时候，便对妇女史研究比较感兴趣。于是，找邵老师谈了些我的想法，原本忐忑不安的心，在邵老师的精心指点下，豁然开朗。邵老师教导我，写妇女史方面的论文，一定要有扎实的史料功底，要勤勤恳恳地翻阅相关史料，同时，查阅这类题材文章的前沿动向。在邵老师的指导下，我每天都去母校的图书馆查阅《申报》，逐页逐页地翻阅，一条一条记录。原本以为翻阅《申报》就足以写成文章了。可给邵老师审阅初稿后，邵老师告诉我，光有《申报》作为支撑是远远不够的，他又指点我去查阅《中国地方志民俗资料汇编》《上海县志》。终于,在查阅了各类报刊、县志之后,才撰写成了一篇名为"从清末民初上海婚俗的变革看上海妇女婚姻自主权意识的觉醒"学术论文,这篇文章后收录于邵老师的《中国近代妇女史》一书(合肥工业大学出版社出版2013年3月版)。这篇论文也是我的处女作,非常感谢恩师对于我这篇论文的精心指导。

这篇妇女史方面的论文让我尝到了历史学论文写作的快乐,开启了我对历史学的浓厚兴趣。回过头来看,其实在这之前,还没搞清楚大学的历史课和初高中的历史课有何不同。只知道上课要做好笔记,考试前需要复习笔记,记住很多的知识点而已。但是,大二上完邵老师的《中国近代社会史》课,完全颠覆了我的想法,原来历史研究这么有趣。也可以说,邵老师是开启我历史研究的启蒙老师。对于一个大二的学生来说,一切都很茫然。也不知道,其实邵老师是国内史学界社会史研究领域的专家,现在想来,遇到邵老师真是我的幸事。

之后,和邵老师接触的时间就比较多了。在《中国近代社会史》之后,邵老师为我们开设了一门《中国近代秘密社会史》。一听这门课的名字,很多同学都非常感兴趣。所以,很多同学都选了这门课上。当然,其中很大一部分原因也是因为国内会党史研究,我的母校是一个重镇,在这块的学术力量可以说是国内最强劲的。不过,据我而言,刚一开始对秘密社会史研究这门课,不是特别感兴趣,想着可能就是些类似于地痞流氓的内容。但就想着是邵老师授课,就有兴趣去听课。因为邵老师是个非常有人格魅力的老师。他对待每一个同学都是那么地和蔼可亲,而且对于学生的提问总是循循善诱,同时,他可以把秘密社会史这门课上得非常精彩,犹如每一个历史人物的活动都能跃然纸上。为了进一步学习秘密社会史,我花了一个学期研读《中国帮会史》(周育民、邵雍教授著)。

时间过得很快,转眼间到了大四。在人生的十字路口,我不知是工作还是继续读研。当我犹豫不决的时候,我打电话给邵老师。电话那头的邵老师直截了当地告诉我,当然是继续读研啊,多么好的机会。于是,我毅然决然地报考了当年的研究生统一招生考试。非常幸运地考上了邵老师的硕士研究生。

当年邵老师一届带了六个硕士研究生,每学期邵老师为我们这六个学生开设一门专业课,分别是帮会史、会道门史、绿林史、近代下层社会研究、中国近代史料学研究、中国近现代史专题研究。帮会史研究是母校历史系的研究特长,而邵老师无疑是这方面的最权威专家,所以有幸在邵老师门下听帮会史课,是莫大的荣幸。邵老师一边教授我们帮会史的知识点,一边告诉我们国外内有关这方面研究的学术前沿动向,引领我们关注史料、关注学科前沿、学术热点以及最新的学术动态。

非常巧合的是,2004年的11月,"纪念光复会成立100周年学术研讨会"在浙江绍兴举行。来自全国各地的专家学者近50人出席了该次学术研讨会。恰逢会议举办的时候,邵老师正在给我们讲授有关帮会、会党史方面的课程。于是,邵老师让我撰写一篇契合该次会议宗旨的论文。由于本人才疏学浅,最后邵老师不得不亲自命题让我写一篇有关光复会的研究综述。当然,邵老师给我指明方向之后,他还同时给我开了很多书单,需要去查阅。当我在撰写过程中遇到困难的时候,邵老师无论多忙，他都会很耐心地回复我的邮件，就在导师的指导下，撰写成了一篇有关光复会的研究综述，也就是后被收录于《近代中国》（第十五辑）（上海社会科学院出版社2005年6月版）的《建国以来光复会研究综述》一文。其实能参加该次学术研讨会，也得益于导师的推荐。这是我第一次参加学术会议，有点诚惶诚恐，但也收获颇多。

2004年12月，母校召开了为期三天的"中国近代社会与秘密结社国际学术讨论会"，会议地点就在历史系。该次国际学术讨论会有中、韩、日、美等国近90名学者莅临，而我作为会务组成员全程参与了该次会议，认识了很多这方面非常有名的专家学者。同时，在邵老师的指导下，撰写一篇"辛亥革命前夕浙西青帮活动述论"会议论文参会。该篇论文的选题得益于邵老师的指点。邵老师曾在中国会党史课上提及过，辛亥革命史研究虽已是硕果累累，但仍存在一些研究的空白点。邵老师是辛亥革命史研究的权威专家，在他的指点下，我查阅了《辛亥革命前十年间民变档案史料》（上册）、《浙江辛亥革命回忆录》、中国近代史资料丛刊《辛亥革命》等书籍以及有关于这方面的学术论文，发现长期以来，红帮和浙东会党的活动情况为学者们所瞩目，而浙西青帮则不仅在清朝官方文件中被斥之为"专事贩盐聚赌，有时亦抢劫勒赎之徒"，其活动大多被视为匪乱，也较少得研究者的眷顾，而以余孟庭为首的浙西青帮反清活动即是一例。之后，我一边整理有关这块研究的学术史后顾，一边去母校图书馆查阅《申报》等报刊资料，以求寻得余孟庭等人当时的一系列反清活动，来充实该文的史料。撰写完初稿之后，我怀着忐忑的心，将该文呈交给邵老师审阅。邵老师总是以神乎其神的速度查看他的电子邮箱，总是以最快的速度告诉学生他已收到文章了。等待他反馈修改意见的过程是需要一段时间的，因为邵老师会十分仔细地审阅论文的结构、字词、标点等问题。过了些时日，终于收到邵老师的反馈信息，论文上密密麻麻都是红色的标注，有些甚至还是段落结构的调整的批注。虽说需要再修改的地方较多，但心中却有着莫名的激动，心想着邵老师对待学生的论文如此一丝不苟，作为学生的我，怎么能不认真。受到邵老师这种精神的感召，我就按照要求一一修改，同时再补充了些史料。后再经过这样的反复多次之后，我的这篇会党史研究方面的处女作论文，才算大功告成。该篇论文中凝聚着邵老师对学生的殷切关怀，先是发表在《文史知识》2005年第9期，该刊同时还刊出的邵老师写的推荐意见，认为"本文主要依据《申报》的连续报道，首次较完整系统地叙述了辛亥革命前夜浙西青帮的起事，指出了它不仅具有反清的性质，而且带有革命的色彩，这在整个青帮历史上是极为罕见的，因此弥足珍贵。"2013年2月这篇论文又被周育民老师编进商务印书馆出版的会议论文集《中国秘密社会史论》。

我导师的授课方式也深受学生们喜爱。除了邵老师主讲之外，在课堂中，邵老师会采用课堂讨论的方式引导我们去看很多相关专业知识方面的书籍，给了我们很多启发。记得在上邵老师的"秘密社会"及"中国会道门"课程的时候，邵老师就让我们先翻阅很多资料书籍，尤其是要深度阅读《中国帮会史》《中国会道门》《中国秘密社会第六卷·民国帮会》，上课的时候，邵老师让我们各自带着问题展开讨论，同学们之间往往就某一个历史现象或结论，每每讨论得十分激烈。正当此时，邵老师往往是一边全神贯注地倾听,同时一边马不停蹄地在笔记本上不停地记录着学生们之间争论的内容。等大家争论得差不多时,邵老师会给我们的问题一一解答,有些没办法一下子解决的问题,邵老师往往希望我们作为一个切入点,试着查阅资料,之后撰写成一些论文。邵老师是位在教学和科研上十分严谨和一丝不苟的好导师,他让我们时刻注意史学方法的继承和创新,同时一直教导我们要有严谨扎实的作风,从最基础的史料工作做起。为此邵老师也曾我们开设了研究生平台选修课"中国近代史料学研究",他一直强调"扎实搞好史料学研究是做好史学研究的第一步。史料的发现、收集、整理、校勘、考订与辨伪是史料学研究的基本功,是每一个以历史学为专业的学生所必须具备的基本技能"。在这样一位严谨的导师指点下,我翻阅了大量的《申报》资料和《辛亥革命前十年间民变档案史料》等史料,写了一篇名为《浙西青帮的反清斗争》一文,后收录于《中国近代会党史》(合肥工业大学出版社 2009 年 4 月版)一书。

邵老师除了关心我们的学术研究之外,他还非常关心我们的生活。也就在邵老师的引荐下,我于 2003 年 10 月提交了第一份入党申请书。之后,在学习生活方面,时时提醒自己要以党员的标准要求自己,终于在 2004 年 10 月成为一名光荣的中国共产党预备党员,之后的一年如愿成为了一名正式党员。在这方面,也是要感谢邵老师一直加强对我的思想政治教育。

时光飞逝,日月如梭,转眼间就进入硕士毕业论文撰写阶段。和导师谈了些自己的兴趣点之后,结合导师的研究方向,很快就敲定下大致的研究方向,主要还是在秘密社会研究这块。由于我是上海籍学生,所以邵老师建议我写有关上海的秘密社会研究方面的论文,一是便于查阅史料,二是对上海的情况相对比较了解些。于是,很快我便锁定目标,离我母校最近的上海游民习勤所为研究对象。接下来的工作便是收集史料和关注这方面的研究动向和最新的研究成果。等我收集了很多史料后,我原本以为很顺利可以写出论文,但却出乎意料地难以下笔。在我百思不得其解的时候,邵老师洞悉了我的难处。他告诉我"对于游民帮会的研究,不仅仅是罗列他们的重要活动,而是要考虑到游民帮会的共性,考虑到区域社会特点对于游民帮会的特殊风貌的深刻影响。另外,研究的方法也要多样化,除了传统的史学研究方法外,还可以引入区域研究方法、社会学、心理学等研究方法,使自己的研究路子越走越宽,不断创新。"听了这一番话,我立马就有了新思路。接下来的研究工作就顺利很多。当然,我最后的成稿是在邵老师几次三番地修订后,才最终完成的。当中,已记不清多少次看到满是邵老师红笔修改的论文稿子,看着老师一个标点一个标点,一个错别字一个错别字的修改,心中真是惭愧极了。现在每每想起来。心中还是充满愧疚之感。遇到这么认真负责、严谨博学的导师,自己怎么就那么不争气呢。最后,临近提交毕业论文的时间节点,我提交了一篇名为"上海游民习艺组织研究——以上海游民习勤所为中心(1927—1949)"的硕士毕业论文,总字数 10 万字。该篇硕士论文在答辩的时候,得到了相关专家的肯定,也算是对导师的一份交代吧。

毕业之后,我去了复旦大学中国历史地理研究所工作。在这所全国有名的研究所中工作,周边都是些极其优秀的教授和同事。邵老师还时时地叮嘱我,有机会在工作中也要善于学习提高,得到导师的关怀和叮咛,心中百感交集,也激励我在工作岗位中秉持不断学习的精神。之后,邵老师出了些其比较优秀的研究成果著作,我的一些论文亦被收录于他的著作中,比如据硕士毕业论文撰写的《20世纪二三十年代的上海游民以及游民习勤所对他们的收容教育》一文,收录于邵老师主编的《中国近现代社会问题研究》(合肥工业大学出版社2010年3月版)一书。另外,还有一篇《上海游民习勤所的关系网络》一文,收录于邵老师的《社会史视野下的近代上海》(学林出版社2013年7月版)。这些论文得以发表,全是因为邵老师的辛勤付出。纵观邵老师近几年的研究成果,真是成绩斐然,出了很多专业书籍,既可供学生学习之用,又可供专家学者研究之用,真是相当可贵。

虽然现已工作有几个年头了,但导师的谆谆教诲将永存我心,也将一直鞭策我在人生的道路上不断前行。

2015年3月27日下午

回忆我与邵雍老师的二三事

颜佳颖

记得我是2002年进入上海师范大学的,初识邵老师是在2004年初的近代社会史课堂上。这是一门中国近代史方面的选修课,内容涉及近代中国生活的方方面面,我和我的室友都很感兴趣,于是一起选了这门课。邵老师第一次亮相,我就感觉很亲切,个子高高瘦瘦,戴一副金丝边的眼镜,衣着朴素,说起话来的样子斯斯文文,不紧不慢,和我爸颇有几分相似。当时选这门课的同学特别多,大概有一百来人,一个教室都挤不下了,为了让每个同学都有座位,邵老师当下就做了决定:换一个更大的阶梯教室,而且马上行动。第一节课就从一个教室换到另一个,人数又这么多,折腾了好一阵子,浪费了不少精力和时间,但是邵老师始终都很平静淡定,等到大家都坐下来后,就开始上课了,丝毫没有因为这个波折而乱了阵脚。邵老师上课很注重历史事件的细节,对底层社会史很有研究,特别是对于近代社会史上的边缘人群,他有许多细致入微的考察。这在中国近代史研究中是很少见的,但是我觉得这反映了他对社会弱势群体的关注,这些社会底层的民众的历史常常被忽略,也经常有人认为这些历史研究都不入流,但其实这些历史上的社会问题都有一定程度的延续性和生命力,对我们今天研究许多当前的社会现象是很有帮助的。近代社会史上的有些事件是很耐人寻味的,当时阅历尚浅没感觉,但是过了一段时候才有了领悟。印象比较深刻的是有一次邵老师给我们讲著名的天津教案,讲到当时天津盛传着洋人办育婴堂去挖孩子眼睛来炼药的谣言,说得很细致,我们听了都觉得可怕,唏嘘不已。当时没有很多感觉,但后来才发现在许多亚洲发展中国家,都有发生类似挖眼睛的社会问题:例如印度电影《贫民窟的百万富翁》中就有人贩子拐卖儿童,挖去他们的双眼,主要是为了利用这些可怜的孩子去进行乞讨;最近看徐童导演的独立纪录片《挖眼睛》中的主角二后生也是因为通奸得罪人而被挖去双眼……可见直到今天,在底层百姓中也不乏挖眼睛的惨剧时时发生,不难理解当时这样的谣言四起对民众情绪的影响之强烈了……邵老师脾气很好,有时候课堂纪律不太好,他始终笑眯眯的也不生气,后来临近期末,学业越来越紧,当时有些同学正在准备英语六级考试,便逃了课去自修教室背单词,邵老师知道后也没有大发雷霆,让这些同学挂科重修,而只是把他们成绩下降一个等级以示惩罚,他的宽宏大量表现出一位教授的善解人意和修养气度。

邵老师对我影响最大的是在历史学术方面。我自认为是天赋不好的那一类人,平时又不善言辞,思考问题总是比别人慢半拍,成绩平平,对自己没什么自信。但是邵老师平易近人,从不摆教授的架子,说话又比较像我爸爸,让我隐约感觉到和他交流会很轻松。所以大三时候要撰写学年论文,我很自然地就找他当我的指导老师。记得我当时的选题是上海滑稽戏的发展,这个题目之前研究的人很少,我当时不知怎么的,完全是从个人爱好出发,很任性地选了这个题目,当时我寝室的室友们听说我的选题之后,反应出奇地一致,就是大笑不止,纷纷摇头说你这个选题感觉很不靠谱,肯定要被老师枪毙的。我一度想要放弃,但还是想看看邵老师的意思,于是硬着头皮递交了开题报告。在上交报告后的几天里,我心里一直七上八下,出现的画面是一顿劈头盖脸的痛骂。没想到,邵老师第一时间找到我,说这个选题非常好,很有独创性,让我一定要用心去做好。当我对收集材料感到有困难时,邵老师建议我拓宽思路,可以去上海档案馆找找材料,又说找史料不一定是纸质的文字材料,也可以是其他类型的资料。这下给了我十足的信心,因为是自己很感兴趣的选题,我对写好这篇文章很是积极,有时候躺在床上没事就老琢磨,有想法就记下来,又把听到的滑稽戏都录音录下来,然后一遍遍地听,直到把内容完全记录成文字。又在档案馆泡了两个星期,找到许多资料,终于在寒假结束前把论文提前完成了。像我这样有重度拖延症的人,竟然可以破天荒提前完成论文,连我自己都感觉不可思议,这都要归功于邵老师对我的鼓励和肯定。邵老师从来不用高深莫测,莫名其妙的学术术语来打击人,而是积极鼓励,循循善诱,让像我这样木讷寡言、资质平庸的人感到如沐春风。

转眼到了2006年,正是大四毕业的那年,我在考研和找工作之间举棋不定,情急之下就打电话给邵老师想听听他的意见。邵老师没有轻易替我做决定,而是让我联系了他的两个研究生,让我听听她们的意见,最后我还是向现实妥协,放弃了考研,投入求职就业的洪潮中,但从此考研这件事成为我内心深处的最大的遗憾,教了几年书,总感觉这事情不圆满,后来想到去报考教育硕士也是想弥补这个不足。

因为大四下半学期一直忙于找工作,又由此引发的种种不顺弄得我心烦意乱,连毕业论文做得也心浮气躁。记得第一稿写得极差,我自己都感觉那就是一组资料汇编,还杂乱无章,又因为心烦意乱也理不出头绪来。交稿的时候心说,这次这么不像话,肯定要挨骂了。没想到邵老师似乎知道我当时的处境,给我打电话,连一句批评的话都没有,耐心地鼓励我不要太担心,还建议我按照时间来分阶段进行论述,并在每一段之后提炼自己的主张。为了缓解我的焦躁情绪,他还特意让一位师姐给我一篇她写的文章,希望给我一定的启示。那位师姐也热情地和我联系,她的文章不仅文笔优美,而且和我写的论文主题比较相似,给了我很大的启发。我几乎到了四月底截稿时终于交了稿,但是我知道成文仓促,质量也不是很好,格式也并不严谨。我还记得是4月28日早上完稿后提交给邵老师的,那天中午接到邵老师的回复邮件,内容极短,却让我很感动,我至今还记忆犹新:"小颜,从早上六点半改到十一点,终于帮你改好了,请查收。"打开附件里的文档,我立即被震撼了,一页一页地翻过去,满眼都是密密麻麻的红字批划,小到一个错别字,大到整段内容文字的调整,慢慢地,我感觉自己的眼眶开始湿润了,似乎看到的那些都不是文字,眼前闪现的是邵老师从早上六点多起床就坐在电脑前认真仔细,逐字逐句帮我修改论文的场景,这场景是那样地安静而又温暖,始终占据着我的心头,让我心里有着说不出的感动。

桃李不言,下自成蹊。和邵老师交流,他言语表达并不多,但是很能为学生着想,我每次碰到困难,他都积极地出主意,尽力地想办法,一直用自己的行动去诠释着一个优秀教师的品格,却又从不张扬,好像都是自己应该做的。他的研究所关注的是普通百姓的问题,他自己也是这么做的,用自己的行动来关怀像我们这样的普通学生。我想,邵老师的教诲带给我的不仅是当时的感动,而且更重要的是我毕业之后的人生发展。我在中学上课之余,仍然喜欢思考近代底层社会史的一些问题,关心身边底层社会形形色色的人物,想来也是因为邵老师的关系。

2015年初,台湾著名编剧,五次金马奖的得主吴念真来上海作讲座,他被称为台湾最会讲故事的人,在听讲座时,我惊讶地发现他讲的故事之所以动人并受欢迎,正是因为这些故事的真实性,很多都是他自己的亲身经历。讲到台湾舞台剧的发展历程,讲他自己的故事和宣传他编写的舞台剧《台北上午零时》,我一看这舞台剧的布景,立马就想到了我曾经研究过的上海滑稽戏来,这布景分明和我们的《七十二家房客》《三毛学生意》是何其相似?那么真实,那么接地气。在讲座中上戏的荣广润教授感叹说,现在我们上海的舞台剧多是惊悚、搞笑、超现实等风格,而吴念真的剧取材真实,讲的是社会底层的真实故事,正好弥补了我们的空白。这时我不知道哪里来的勇气,举手站起来反驳他说,我们上海曾经也有过类似的舞台剧,就是我们上个世纪三四十年代的滑稽戏,也是同样反映底层社会的辛酸,建议吴老师可以去看一下,像是《七十二家房客》《满园春色》之类也是很精彩的,它代表了那个时代底层社会百姓的甜酸苦辣,所以我们并不是没有,只是现在缺乏优秀的传承者,没落了而已。那天比较激动,一口气讲了五分多钟,等我坐下时听到了底下竟有人为我鼓掌,我身边的朋友悄悄凑过来和我说:你说的真棒,看不出来你原来这么会说。真是太厉害了!在回家的路上,我的心情久久不能平静,想自己平时胆小怕事,究竟是哪里来的底气站起来在这么多陌生人面前慷慨激昂地说了一大通话呢?后来总算想明白,追根溯源,那都要归功于当时邵老师对我的鼓励和教诲!若没有当初的鼓励和坚持,就没有今天这个能够自信发言的我,谢谢邵老师!

2015年1月27日

忆跟随邵老师学习二三事

朱心明

邵雍先生是我最敬重的老师。自有幸成为先生的弟子,距今也有12年了。师恩深重,虽不能常侍左右听询,然心中未尝敢忘。现在师长弟子汇聚一堂,共庆先生从教三十周年,桃李芬芳,盛况空前。作为恩师座下一个不成器的弟子,且喜且愧。跟随先生学习的点点滴滴,一一涌上心头,仿佛就在昨天。

还记得2003年9月开学,弟子6人怀着激动的心情在文苑楼等候先生。先生翩然而来,满面春风,爱生之情浮然。先生衣着朴素,但学者风范仿佛已深入骨髓,儒雅厚重,吸引着每一个弟子。师生畅谈尽欢,没有丝毫的距离。自此后,师生之情之义确立。

先生治学严谨,秉承中国传统史学之治史路径,尤重史料,不轻议论,自成一家。先生给我们上的第一门课即为史料学,从最基础的开始讲起,给我们打下最坚实的治史基础。给我们开设的《中国帮会史》《中国会道门》《中国绿林史》等基础课程,先生均如数家珍,娓娓道来,条分缕析,让我们如临其境,熟悉着历史的细节。先生启发我们在细节中发掘历史的真实意义,体味着史学的魅力。

先生为人端正,不喜门派之习,一视同仁。对于好学之弟子,均乐于指导,一以人才培养为己任。故历史系之弟子,均乐与之学,亲近如亲传弟子。我因为入门较晚,年龄偏大,学习压力偏重。先生不言放弃,多次与我个别谈心,以自身的体会开导我,使我能放下包袱,以优秀的成绩毕业。

先生是个纯粹的人,一生坚持学术,视学术为生命。弟子虽有意高山景从,奈何追求学术之意不坚,半途而废,常愧见先生。幸有众同门薪火相传,使先生之道不坠,先生之学不废。

离开先生身边逾久,逾觉先生之伟大。值此先生从教三十周年之际,献上我最真诚的谢意和祝福!谨祝先生福如东海,寿比南山。

2015年6月21日

学为人师行为范　敬业爱生育后人

——纪念邵雍老师从教三十周年

何孔蛟

2015年,是邵雍先生上海师范大学从教三十周年,作为师从先生多年的学生,怀着无比崇敬的心情作此短文以纪念之。

2004年,我带着美好的憧憬报考上海师大硕士研究生,有幸录取在先生门下。2011年,在工作4年后,再次跟随先生攻读博士学位,并在先生的精心指导下顺利毕业。从读硕到读博,聆听先生教诲六年,收获颇多。先生渊博的学术功底,严谨的治学风范,民主的教学思想,富有智慧的思想宝库,给我们无穷启迪。无论是为人、为师、为学,先生都是我们后辈学人的终身楷模。

从教三十年来,先生勤于治学,笔耕不辍,出版著作数十部,发表学术论文两百余篇,可谓硕果累累。但让我们受益最深的还是先生的教学思想和育人方法。

一是治学态度严谨,要求学生掌握扎实的原始资料。史料是历史研究的基础。先生十分注重一手资料的搜集,提出的观点总是在占有翔实的资料的基础上,经过多方面的认真考订和反复推敲,才下结论。先生从教三十年来,足迹遍及全国大半省份的档案馆和图书馆。在平时教学中,先生总是告诫我们要注重原始资料的搜集,"有一分资料说一分话",打牢史学研究的基础。在论文写作过程中,先生总是精心指导我们资料应在何处搜集、如何搜集,搜集后如何整理、如何考订、如何解读。正是有了扎实的资料支撑,才使我们的论文有了厚实的基础,才使得我们在学术道路上能够不断迈出坚实的步伐。

二是教学思想民主,给学生充分的独立思考空间。先生从不要求学生亦步亦趋做学问,给予学生充分的学术空间和学术自由,尊重并维护学生独立的学术人格,让学生根据自身的认识去选择、去判断、去质疑、去探索、去发现。他只是在学生询问和需要支持时提供解答和帮助。先生不强制我们做任何违背自己意愿的事,更不会独霸话语权,总是将学生当作具有独立学术人格的研究人员来看待,为学生创造和谐的学术空间。我们在这样的环境中思考、探索,不必担心因个人的研究方向、性格特征、思维方式以及学术观点的差异而引起导师的不满,甚至是排斥。

三是注重能力培养,着力在实践中培养学生科研创新能力。在教学中,先生不仅向学生传授丰富的知识,而且注重培养学生的科研能力,使学生知其然,更要知其所以然。要求学生多写论文,写好论文,早出成果。要求研究生同学每篇作业都要按照严格的学术论文来完成,经常组织同学们拿出自己的作业和论文,在课堂上互相学习、互相交流、互相研讨,在思想碰撞中共同进步。有时哪怕我们的文章写得不很成功,他都给予热情鼓励,同时也会提出十分中肯的修改意见。为开阔学生的学术视野,让学生广泛接触学界前辈,先生经常鼓励和带领我们参加重要学术会议,同时要求我们写出高质量的参会论文,让我们的科研能力在实践中得到不断提升。

四是真诚热爱学生,慈父般关爱学生成长。先生慈眉善目,笑口常开,性格随和,豁达开朗。在他那张温和慈祥的脸上,永远荡漾着深厚的思想内涵,同时又不失天真未泯的童趣。他待人总是一颗赤诚的心,一种坦荡荡的真。这种"真"发自内心,不加任何掩饰,是一种渗透了人生真谛的忠厚长者所特有的"真"。学生们也把他当作自己的朋友、亲人。在读研期间,我偶尔因学术问题求教先生,在先生家中,我无拘无束,有一种回到家的感觉。从每一件细小的事情,感受到一种父母般的慈爱与深情。学生有什么困难和问题,先生总是当作自己的事,想方设法去帮助解决。

先生在史学领域辛勤磨砺几十年,在三尺杏坛辛勤耕耘三十载。他严谨、认真、勤奋、负责的治学和教学态度赢得了师生的普遍尊重,而他淡泊名利、乐于助人、关心后学、诲人不倦的优秀品质更是有口皆碑。先生善于发现历史的智慧,更善于在教学中发扬和传授历史智慧。

“云山苍苍，江水泱泱；先生之风，山高水长。”先生的学术品格和师表风范，我将长存心中，永远珍藏！

2015年3月15日

我的导师邵雍教授

罗国辉

光阴如梭，逝水流年。毕业已经五年，今天回到自己曾经学习成长的地方，有幸参加我的导师邵雍教授从教三十周年学术研讨会。

2005年9月，我考入上海师范大学，师从邵雍教授，从事中国近现代史的研究。记得第一次见邵老师时，给人的感觉和蔼可亲、平易近人。在研究生学习过程中，邵老师以其令人敬佩的人品、学养和事业心，指引着我在学术道路上前进。想起与邵老师相处的日子，有太多的心动和感激，也真正感受到邵老师的学识渊博、学术严谨等，简单的总结以下几个方面。

第一，在教学方法上，采取课堂研讨的方式。因为在研究生期间，通常自己写的论文，很难在短时间发现问题。当时，邵老师就采取在课堂上就召集同门所有的学生，就论文内容进行研讨，提出一些可以改进的地方。因事前就把论文发给每一个人，在熟悉论文内容的基础上，大家各抒己见，甚至摩擦出思想的火花，有一个全新的观点脱颖而出。每次讨论之后，我收获很多，一方面，如果是自己的论文，就可以发现问题，进而加以改进；另一方面，如果不是自己的论文，也可以从中获得经验，在自己写论文的时候也可以借鉴。我的其中的一篇论文就是在课堂上进行充分讨论之后，进行了不断的修改，然后在一家核心期刊的杂志上发表。之所以能够及时地发表，我想跟邵老师采取的这种“研讨式学习”是分不开的。

第二，在教学内容上，采取讲故事的形式。在没有上研究生之前，我根本不懂会道门、帮会等一些区别。记得在面试过后的时候，导师送给我一本他写的《中国会道门》，让我回去先读一下。说心里话，因为当时理论功底不够，对于书中很多内容知其然而不知其所以然，也就是说对很多内容一知半解。但在接下来的学习过程中，导师采用讲故事的形式来阐释理论，这样不仅能够让枯燥的理论让人很快的理解，而且也呈现出一幅幅画面，让历史“活”了起来。我想之所以把课讲得这么的生动，跟导师学识渊博是分不开的。顺便说一下，邵老师经常会赠送给我们他自己出版的著作，到现在我已经收藏有十几本了，我想没有多年的积累，没有对学术的热爱，是到达不了这个程度的。

第三，在学习过程中，高标准要求学生。众所周知，邵老师师从中国会党史学会会长魏建猷先生，继承了他的治学严谨精神。在学习的过程中，邵老师会严格要求他的每一位学生。当然这样事情举不胜举，就拿我的博士论文为例。从博士论文选题到论文答辩结束，这一过程汇集着邵老师点点滴滴的心血。记得我的博士论文洋洋洒洒地写了30多万字，那个时候，我以为导师主要从论文结构等大方面把握一下就可以了,没想到拿到论文反馈意见的时候,看到论文被修改的密密麻麻,包括每一个错别字,每一个标点符号,足以可见邵老师的严谨。为此,我暗暗下决心一定在正式上交之前,首先要消灭这些论文"硬伤"。最终,在论文答辩会上,评委专家对论文在这方面给予了充分的肯定。当然,学习的过程中,这样的事情有很多,也潜移默化的影响着我,使我终身受益。

第四,在生活方面,给予无微不至的关怀。在研究生期间,总会遇到各种各样的问题,记得硕士快毕业的时候,我在决定要不要考博问题,始终拿不下注意。一方面因为家里的实际情况需要尽早工作,另一方面自己又想继续深造,在这关键时刻邵老师鼓励我趁年轻继续深造,到现在我还记得当时在办公室谈了很久。于是当年我申请硕博连读,幸运地成为一名博士生。当然,邵老师还经常邀请我们到他家里做客,现在我还记得师母做的"水果色拉"特别好吃,所以在这也感谢师母对我上学期间的关照。

在学习期间,应该说恩师在各个方面影响着我,使我受益良多。邵老师对我的教导、关心和支持,研究生学习和生活中有很多很多,浩荡师恩难以详尽言表,只有在以后的工作中加倍的努力,才是对老师最好的报答。最后,我想说2005年第一次见到导师,给我最大的印象是一位特别年轻的教授;时隔十年,当我再一次见到导师,仍然感觉特别年轻,在此,也祝恩师永远保持年轻。

罗国辉(上海立信会计学院)

2015年6月21日

恩师邵雍先生的人生之关键字[①]

吴学文

"我从哪里来?要到哪里去?"这是长大的人都需自问和解决的问题。我也是带着这个令人痛苦的问题走上曲折而艰难的考研之路,最终狠狠心辞去农村初中教师这份来之不易的工作,兴奋而惶惑地走进上海师大读研,来寻求正确的答案。

在我眼中,上海师范大学是美丽的,被随风飘拂的垂柳所环绕的波光粼粼的学思湖,与四季常青的大草坪比邻的高耸的文苑楼,被长青的绿树环绕的红砖黑瓦的老教学楼,被粗壮挺拔的法梧相夹的林荫大道等,一年四季都是那么好看。而在这么美的校园是容易做梦的地方,也是能够圆梦的地方。

"让梦想照进现实"的人是美的,我就很幸运地遇到这样一个美丽的人,他就是教诲我多年、关爱我多年的上海师范大学教授——恩师邵雍先生。

对于解决这个"To be,or not to be(生存还是毁灭)?"人生大问题,我认为邵老师用了"爱、严、拼"这几个关键字来作答。

① 原载作者的新浪博客。

1.“爱”

(1)爱工作

听邵老师说过,高考时选择历史专业就是出于兴趣,而不是功利的目的。既然选择了它,就要对得起它。此后,恩师对她“从一而终”,经受了“下海”经商及做官等种种诱惑考验,始终无怨无悔,真正做到了“我选择,我负责”的这份担当。

邵老师当初在上海师范大学读研时,师从著名的魏建猷教授,研究中国近现代社会史。当这个专业在越来越崇尚金钱和消费主义的浮躁时代经历了由热变冷,又由冷变热等沉浮的境遇时,邵老师以“不变应万变”,坚定地坐了冷板凳30年,自始至终艰辛耕耘史学30周年,甘于教书育人,惯于平淡、寂寞,执着追求梦想。最终换来了中国近现代社会史这片史学领域勃勃生机,没辜负师祖魏先生的教导、嘱托和厚望。

读研三年,邵老师给我们开了很多专业课,印象中从没见他迟到、早退,相反他总是比我们先到办公室或教室。记忆中也从没缺过课或将课向后推迟上。就这点来说,高校老师很不容易做到这点,对恩师来说更不容易!因为邵老师当时也是历史系中国近代史教研室主任,一年到头需要参加的学术研讨会等事很多。

另外,据我的观察和听课时感受,觉得邵老师备课非常认真,常常上课前除了准备讲义、个人专著、同学们作业,时常还准备其他历史学者的论文、史著或搜集到的史料,以供我们课堂上学习、讨论。

(2)爱学生

无论何时遇到邵老师,都是衣着普通,头发稍乱的模样,一直带着一种本能的或自发的与人为善的,让人暖心的亲切的笑容。

更难得的是若师生面对面路遇,即便我们没注意到他,也总是恩师先向我们打招呼,就好像见了失联多年的老友重逢似的,没有那种压迫人的无形的师道尊严感和高高在上的架子。无论何时和恩师交流我都感到备受尊重,真切地感受到平等和关爱。

记得2005年冬天有个早晨,我早早守在文苑楼一楼电梯门边,突然有人在我肩膀上轻轻拍了一下,脱口而出地叫着我的名字,话语中很亲热,回头一看,正是向我微笑的恩师,脸上孩子般开心的微笑,显出惊喜,还有一种儿童蒙住小伙伴的眼睛,而没被对方猜出答案的那种得意。彼时内心一股暖流穿过全身,甚是感动。

也许那时我都忘记向恩师回礼了,因为电梯门开了,一股人流涌了出来。恩师一走进办公室,就一边开窗、搬椅子等忙活起来,还一边劝我多添点衣服,要照顾好自己。确实,那个阴沉的早晨很阴冷,我确是穿得寒酸而单薄。而此前几天我装了很多烦心事,但邵老师几句言语陡然让我头脑清醒很多,感到眼前和长远的目标又重新清晰了,力量和担当感又重现了,又一股暖流穿过全身。

我要说明的是邵老师对我学习(总是问看了哪些书,写了什么文章,时间如何利用)、生活和就业等方面的关心,始终像家人般的,整整持续了三年。毕业后到今天,恩师始终没忘记他这个最终又被迫重回到农村初中教书的穷学生。

其实我这个人有很多缺点,属于“外圆内方”型的,比较倔,不容易变通,也“长着刺”。读研时我喜欢听本校很多院系的学术报告(法政学院听的最多),有机会也到华东师范大学听报告,还曾经到西藏路参加大约是基督教青年会组织的温铁军老师农村政策研究方面的报告会。我有个特点,听报告时喜欢在“自由提问”阶段,向作报告的老师(如高华、沈志华、杨奎松老师)致谢,并谈感想和困惑。

有次,邵老师请到了一个美国教授在文苑楼508室给我们作报告。那天晚上我先是抱着很高的热情和期待,后来听着听着,越来越不舒服。其实,我完全可以效法那天晚上很多同学的做法半途离开,不再回来,但我还是耐心、静心听完,坚持不走,等待报告会的“尾声”即“自由提问”阶段的到来,向那位美国教授商榷其报告漏洞及自认为其观点违背公平、正义之处。当时觉得那位先生脸很快就红了,面露尴尬之色且回答期期艾艾的。会后,曾在场的一些好友替我担心,以为邵老师会为难我的。可至今恩师从没在我面前提过此事,而我们师生之间的感情愈来愈深了。

当我们有的同学头天晚上因撰写论文或搞编辑工作加了班,在课堂上偶尔打瞌睡时,哪怕坐在邵老师旁边也是安全的,恩师从不忍心叫醒,更不批评,表现出师者非常罕见、非常难得的包容心和爱心。

邵老师坚决反对学生在校读研三年只关心文凭和工作,荒废学业,非常渴望学生一心扑在学业上。和其他导师相比,邵老师给我们开的专业课最多,如史料学研究等,使得我们一直过得忙碌而充实,当然恩师更辛苦。

因为恩师只有普通大学教授身份,没什么权势,以及追求独立人格愿望,也为了培养同学们的自主精神和能力,他一再声明:同学们就业只能靠自己。但是当我在2008年毕业后还没找到工作,陷入困境,很无奈、很无助时,不抱希望地向恩师求救,邵老师竟非常痛快地答应,最后虽事与愿违,但后来还是一而再地主动帮我提供就业信息。恩师宁可委屈自己,也尽力不让学生人生往坏的方向逆转的情义,学生永志不忘。

我们每到教师节时,都被邵师和师母邀请去家里吃饭,饭菜非常可口,非常丰盛。打听出来,为这顿饭,恩师和师母准备了几天,劳心、劳身了好几天,这让我们非常过意不去!但至今,我还是怀念,感觉那一天不是教师节,是我们最愉快的学生节!

(3)爱家人

有次国庆节后吧,到邵老师家吃饭,邵老师说昨日给其父母换了大彩电等电器。听邵老师和师母的话语,工作再怎么忙,邵老师常去父母那儿坐坐,嘘寒问暖。

在邵老师家吃饭,邵师母喜欢给我们爆邵老师的料,说得最多的是邵老师心中把工作当作第一的点滴事。可是我们从邵老师对师母很自然的、很频繁的“老婆!”的称呼中,从邵老师和我们谈话中常提到邵公子的名字,从邵老师和师母常肩并肩给我们看很多本影集,并共同甜蜜地回忆一起旅游的点点滴滴中,都感受到恩师对家人浓浓的爱。

2. 严

不过,您千万别以为邵老师是个没原则的、好敷衍、容易糊弄的人。在学术上他严守底线,对自己和学生都很严。邵老师平时反复对我们强调:做学术千万不要抄袭！

他总说"文章千古事"，一旦写出来了，发表了，就得接受一代又一代人检验、批判；如果是抄袭的，那就是人品问题，这个耻辱永远洗刷不掉。所以恩师给我们布置作业时一再强调要原创，要多去图书馆、档案馆跑跑。

我们每次作业写成后的电子稿必须交给恩师审核、修改。其实同学们交电子稿前，早由本人，有的还再请师兄或师姐或师弟们修改多遍，往往以为没问题了，可再看恩师发回的电子稿，又会看到很多用红色标出的粗陋之处，包括用错的标点符号，引文出处不规范等等。

不仅如此，邵老师还常打长电话或面谈我们作业的错误、修改或补救方法。这还没结束，我们还得将订正过的电子修改稿再发给恩师，然后邵老师再改。最后，还要求各位同学将作业打印出来，在课堂上相互讨论，主要找缺陷，邵老师再总结、指正。同学们自己反复修改后，再由邵老师修改，作业才算完成。

我们有些同学想参加国内、国际学术研讨会，需要写征文，邵老师不反对，但反复声明，绝不会打电话给学术研讨会的组委会说人情，坚决反对、厌恶和憎恨这种弄虚作假的不端学术行为，同学们须对自己负责。

研一时，邵老师就主张我们尽快选好毕业论文主题，然后多找资料，多找同学、老师们去修改，把论文打磨好。我写的毕业论文是《〈从点石斋画报〉看中外互动与晚清社会变迁》，就浸透了恩师太多的心血。在恩师帮助下我尽可能找充分而有效的资料，然后细致地、反复地爬梳《点石斋画报・大可堂版》等核心资料，获得真切的感悟后，认真理出线索和论文框架、结构，然后在恩师指导、帮助下再反复琢磨其结构、内容、文字包括标点符号等。

拙文是2007年下半年开始动笔的，老师隔不了几天就打电话来关心写作进度，要求写到一定篇幅必须发电子稿给他把关。从论文开始撰写到最终成稿约大半年的时间内，邵老师几乎每周甚至一天几次（不管是不是周末），约我到办公室或教室谈论文的修改，并宽慰我内心诸般焦虑，帮我解除种种纠结。这让我对恩师深怀歉疚，非常感激！

恩师严格维护学术尊严，维护学术纯洁性，维护学术底线的事迹让我深感敬佩！

某天，我有幸参加盛永华先生主编的《宋庆龄年谱》研讨会，当恩师台上发言时，盛先生和一批研究孙中山宋庆龄的知名专家就坐在台下，而恩师的文章却是《〈宋庆龄年谱〉的美中不足》，该文从史实错误、引文错误、缺乏必要的考证、收了一些与谱主没有关系的资料、史料来源不是第一手的、版本问题、表述欠妥、漏字与衍字等八个方面，洋洋洒洒地说了很多。恩师的专业性和严谨作风，特别是"吾爱师友吾更爱真理"、不怕得罪人的学术真诚和坦诚的精神让我震撼！

3. 拼

恩师是1985年开始从事高校教育工作的，距今整整30年了。在《历史研究》《近代史研究》《抗日战争研究》《党史研究与教学》《民国档案》等学术刊物上发表了300多篇论文。30年300多篇学术论文！就是说平均每年写了10多篇论文。这还不算,还著有《中国帮会史》下编、《中国会道门》《中国秘密社会第六卷·民国帮会卷》《民国绿林史》《中国近代绿林史》《中国近代贩毒史》《中国近代妓女史》《中国近代社会史》《中国近现代史专题》《中国近代会党史》等专著约20多种。

百度"邵雍"词条说:"1997年、2001年、2002年三次在上海师大人文学院全体教师的科研成果数量排行榜上名列前十名。"真是惊人的产量!读者诸君注意:这些主要是专著,绝不是主编,也不是邵老师随随便便草率写就,或找研究生充数,挂个名就成。

我们读书的三年,邵老师正在撰写《中国近代妓女史》等书。据老师说,也据我所知,没让任何研究生插手,连查资料都没有,一切都是恩师亲力亲为!

恩师论文货真价实,功底扎实。百度"邵雍"词条还说:"参与编写的教材有:《中国近代史教程》及其增订本、《新编中国现代史》《中国史学史》《当代人类社会问题》以及上海市初中和高中历史教材。前两种书获上海市教委高校教材三等奖。"

据我有限的浅薄知识判断:《中国帮会史》下编、《中国会道门》《民国绿林史》《中国近代绿林史》《中国近代贩毒史》《中国近代妓女史》等史书在邵老师撰写前少有同类作品,说有一定的开创之功不算过誉之词。

此外,据百度"邵雍"词条,恩师于1999年、2000年、2002年三次获得人文学院教学奖,2001年还获上海师范大学优秀党务工作者称号。

这就是恩师30整年研究目标专一,"咬定青山不放松",精心备课之余,排除公务、家务等干扰,将闲暇时光一再压缩,利用分分秒秒时光,含辛茹苦查资料、整理资料,研究资料而结成的累累硕果。

有次在恩师家吃饭,师母数落恩师大年三十晚上,还去书房搞论文。根据三年观察,我真切感受到恩师确实惜分如金,惜秒如金。

马长林教授给恩师《社会史视野下的上海》作序时,说道:"邵雍教授是我多年的老朋友,我知道他做学问非常勤奋,成果很多,心中一直甚为敬重。"我以为这个评价不是虚言,应是发自肺腑之语。

鲁迅先生说:"伟大的成绩和辛勤的劳动是成正比的,有一分劳动就有一分收获,日积月累,从少到多,奇迹就可以创造出来。"邵老师就是靠勤奋和硬拼的精神创造了奇迹。

我有位朋友在博客上说"庸人总是被习惯和本能所统治,其根深难拔,所以杰出者凤毛麟角。"而恩师恰恰彻底地打败了习惯和本能,成了我心目中战胜日常惯性的巨人。

我们该如何在这片大地上好好地活着,如何诗意地活着,我想邵老师30年的从教经历已给了我们充分而深刻的启示。

2015年3月15日　20:04:26初稿
2015年3月15日　21:50:25二稿
2015年7月28日　0:21三稿

言传身教，凝望远方

徐　渊

时光匆匆的脚步，从来不会为谁停留，任凭谁用尽力气，也无法追上她转瞬即逝的步伐。转眼之间，我已经成为一名教师。每当自己站在三尺讲台之上，看到台下尽是一群年轻、有朝气的学生时，脑海中总会浮现曾几何时自己的学生时代……

同样是奉贤校区的第三教学楼，9 年前（2006 年）的现在，我正和我的同学们坐在教室里上着一门名为《中国近代史》的课程。早在上课前，我们已经从学长那里打探到关于这门课的所有详尽的信息，甚至是老师出题的风格。不料想，第一节课上，进来的是一位高高瘦瘦、戴着一副金丝边框的男老师，显然不是学长们口中的"周老师"，而是邵雍老师。对于邵老师的课堂，我至今印象深刻，每次上课前，他都是习惯性地从自己的手提袋里拿出一沓看上去已经泛黄了的手写教案，习惯性地会整理好这些讲义。开讲前，他会走到我们中间，看看我们最近在看什么书，听听我们在聊些什么，偶尔也会参与其中。只是在第一节课上，邵老师严肃的上课风格一下子怔住了我们，让我们对这位传说中的"邵老师"不得不敬畏三分。

然而事实上，当得知我们的近代史课程是由邵老师任教时，羡煞了不少的学长学姐。在刚进大学的时候，一直听学长学姐们抱怨有的老师上课纯粹是在读书，上课特别无聊；所以，轮到自己上课的时候，也特别担心遇到这样的老师。好在，在邵老师的课上，根本不用担心，因为他的教学思路是按照课本来，但他的教学内容绝不仅仅是课本上，后来我们才意识到真正的"宝藏"全在他的手写教案之上，所以但凡是他的课，一般很少有同学走神，因为一旦走神，就好比一部电视连续剧突然中间一集没有看，就再也无法将整个故事情节联系起来。

在大二下的时候，那时候学院设置的院内选修课，当看到邵老师的《中国社会史》课程赫然在目时，心里一阵小激动，毫不犹豫地选了他的课。第一次上课的时候，才意识到原来他的课是人气最旺的，一间 90 人左右的教室塞得满满当当，教室的门口还堵得水泄不通，那时只见邵老师一个人在讲台上指挥同学们往里走。因为我来得比较早，所以坐在了第一排，邵老师看到了我，立刻把我叫到他的身边，让我去找了教学楼管理员帮忙协调换一个大教室。几经折腾，终于在 20 分钟内完成了教室的更换，从原来的 90 人教室直接换成了近 200 人的大教室（如果没记错，应该是三教 102），也正因我在这次所谓的"教学小事故"中的表现，邵老师选我担任了这门课的课代表，也正因如此，也让我有机会近距离接触这位学术大咖和学生口中的"教学名师"。

在我们大三的时候，根据专业的教学计划安排，我们要在大三结束前完成一篇 5000 字的学年论文。那时的我们，也会抱怨：5000 字的学年论文是根本不可能完成的事。起初，专业负责老师让我们自拟题目、自选导师，由于我一开始的兴趣点在中国古代史方向，所以当时的我毫不犹豫地草拟了一个关于玄武门之变的论文题目并且选择了黄纯艳老师作为学年论文的指导教师。但当宣布结果的时候，我意外的发现我的题目没有变，而指导教师却变成了邵雍老师，于是带着沮丧的心情找到了邵老师，原本以为自己会遭到邵老师的“嫌弃”，不料想他却非常实在地跟我说，如果确定了选他为指导老师，那就得更换题目。于是，当时的我在半推半就之下，也算是向这一次的“乌龙”事件妥协，论文的题目根据邵老师的建议，改成了《申报视野下的近代上海妓女》。

对于从未写过专业学术论文的我来说，开篇落笔实在是太难。在一次次与邵老师通过邮件、面谈的交流之后，采纳了他的建议，先花上一段时间去看看《申报》。于是大三第二学期那一年的每天晚上，我都会带上笔记本，准时在西部的过刊阅览室出现，在高大的报刊架之间，翻阅《申报》，根据索引，查阅当时与“妓女”有关的所有《申报》新闻。大量的报刊资料，曾经让我有过放弃的念头，当时曾萌生一股念头：我要换个老师，换个题目，也许就不会那么苦了。后来在邵老师的鼓励之下，最终算是在全班同学中较早完成了论文的初稿。至今记得在某天临近熄灯的时候，突然接到了邵雍老师的电话，当时心想：这么晚来电话，肯定是觉得论文差到不行，忍不住要来训两句。所以，当时是胆战心惊地接起了电话，没想到电话那头传来的是邵老师和蔼的声音，表扬了我的论文初稿质量，同时也提出了修改的建议。最终在他的修改之下，也承蒙老师不嫌弃，这篇拙作发表在了邵老师主编的《中国近代妇女史》一书中，也成为我学生时代最值得铭记的一件事情。

如今的我，已经走上工作岗位，却可以时常在校园里、在教学楼里、在班车上看到曾经教过我的邵雍老师。如今的他，双鬓愈加斑白了，面容也较之以前略显沧桑，却依然在坚持为本科生上专业课、上选修课，我想那是学生之福、师大之幸，如果我们的身边多一些像他一样的老师，那我们的校园一定会更加美丽。因为，在我的眼里，他不仅仅是一名德高望重的教授，更是一名乐于和学生交流的专业教师，也是一名亦师亦友的好伙伴。邵老师用他自己的言行诠释了“一日为师，终身为父”的新含义，无论学生在哪里，他总会凝望那一方。

2015 年 5 月 4 日

忆师大师生情

冯　蕾

高中毕业后，本人从 2007 年 9 月起在上海师范大学度过了七年的求学时光，在这段珍贵而又匆匆的岁月里，邵雍教授用他孜孜不倦地教导、严谨治学的精神、润物细无声的师尊风范，在历史学科的专业学习上，不断地启蒙、指引、激励着我前进。

最初认识邵雍教授，是在大二的历史必修课《中国近代史教程》上，这是本科阶段一门通史类课程，讲述了 1840 年鸦片战争起始至新文化运动时期的中国近代史，展现了面对外强的步步侵略，中国人民是如何一步步抗争，探索救亡图存之路的。在教学中，邵雍教授十分注重历史发展的延续、传承性，对事件的前因后果讲述清楚而连贯，着重培养学生对知识掌握的连贯性及通史观念的形成。并且，对于每个历史事件，邵雍教授都尊崇论从史出、严谨治学的原则，通过不同史料的罗列，传授了我们多角度、全方位分析问题，客观评价历史的学习态度及治史方法，有效避免了我们评断历史过程中容易出现的片面武断现象。对于刚入门的本科生来说，树立不断挖掘、探究、反思问题的精神尤为重要。

本科阶段，邵雍教授还相继开设了《中国近代会党史》《中国近代对外关系史》《中国秘密社会史》《抗日战争史》等课程，课程新颖、视角多元，内容涉及社会各方面、各阶层，多维度、立体还原了近代中国社会的概貌，并为我们学习历史、今后进行中国近代史以及上海史的研究提供了新的思路。

作为中国近代社会史研究领域中的佼佼者，在课堂中，邵雍教授总是将自己多年的科研成果融入教学内容，并将不断更新的学术资讯及时与学生分享，不仅开阔了我们的视野，留白之余，给予了学生自主探究的空间。

每逢学期末，邵雍教授都会安排时间，开展学生优秀论文展示活动，作为学生学习成果的反馈。通过思想的交流，师生的互动，碰撞出新的火花，营造了课堂上百家争鸣的活跃气氛。

本科毕业后，本人继续师从邵雍教授攻读硕士学位，正式开启了中国近现代社会史领域的学术生涯。在此期间，邵雍教授开设了《中国近代绿林史》《中国近代会道门研究》《中共党史研究》《中国近代史料学》等精品课程，深受学生们欢迎。通过对近代中国经济、社会、政治、文化等领域的个案考察，探究了中国近代社会中个人、团体、政党、社会、国家间的互动关系及作用，进而展现了当时社会各阶层的真实生活情况，勾勒出近代中国社会变迁的发展轨迹。

教学过程中，邵雍教授不断将自己的最新科研成果及史学界学术动态传授给学生，对我们进行了相关学术训练，提供了许多参与学术研讨的机会和平台。在他的精心教导下，我跨入了社会史研究的学术门槛。研究生期间，不断挖掘历史档案，就中国近代社会史中多个问题进行了探究，其间邵雍教授给我提出过的宝贵意见和建议，至今难以忘怀。

毕业后，本人就职于沪上一所高中(新中高级中学)执教。无论是专业知识的积累、还是治史方法的传授，为人师表的风范，邵雍教授对我的影响是深远的，并且不断激励着我在治史及育人的道路上继续前进。

2015年2月25日

邵老师教学散记

包树芳

2008年底，在生完孩子八个月时，我毅然决定：继续读博！在做决定之前，我已经考虑了很久。读博，既是为了一个现实问题：老公在上海工作，孩子户口在上海；又是为了圆自己的一个梦：以三尺讲台为舞台，与书海为伴。在选择导师时，我几乎没有犹豫，上海师范大学邵雍教授是我的唯一意向。这是因为：邵老师是研究近代帮会和底层社会的权威，而我对社会史情有独钟，又耳闻邵老师的学者风范。2009年9月，我终于成为邵老师的一名博士生。当时那心情，怎一个激动了得！

清瘦、和蔼、儒雅，是我初见邵老师时的印象。2009年9月至2012年7月，在邵老师门下三年，让我对他的了解更加增进，也更加激起弟子对导师的尊重、爱戴、钦佩之情。邵老师并不是一个能言善道之人，对如何做人、做学问，他用他最朴实的行动做了最好的示范！回首读博三年，点点滴滴涌上心头。就教学而言，就有太多难忘的印象……

印象一：讲课内容丰富，剖析深刻

《近代会党史研究》是我博一时所上的一门课，由邵老师主讲。记得当时在历史系会议室上课，每次有七、八人。会党、帮会是邵老师的主攻方向，讲起课来显得游刃有余。从鸦片战争时期讲到太平天国、辛亥革命时期，再讲到抗日战争时期，从学术史回顾讲到各个专题，邵老师讲课脉络非常清晰，主题也很突出。每每讲到一个专题，邵老师便旁征博引，绘声绘色地进行讲解。有时能把一个大问题讲得深入浅出，有时能把一个小问题深挖透彻。

对于邵老师上课能做到这些，弟子们并不感到奇怪，因为大家都清楚：邵老师持续的学术热情、深厚的学术功底为他的精彩讲解奠定了坚实的基础。严谨、勤奋，是邵老师的治学之道。邵老师孜孜不倦于学术研究，上课之余便把所有的时间扑在了学术上。写到这里，得提到师母，邵老师两耳不闻"家里事"、一心只读圣贤书，离不开师母的支持。记得邵老师无意间提过，他当讲师时便已把民国时期《申报》上所有有关会党、会道门、土匪的资料全部看过，并自己做好了索引。当时心里的那种惊讶，无法言语。民国三十八年，《申报》一年365期，该花多少时间、精力啊！可正是资料的广泛全面搜集，让邵老师"为有源泉活水来"。这里可举一个小例子：邵老师在讲解黄金荣、张啸林、杜月笙三位大亨如何利用报刊广告时，把三位大亨在报刊上登载的广告分为四类：公益广告、私人启事、商务广告、鸣谢广告。当时听了，觉得邵老师搜集资料范围真是广，连广告都不放过啊！

邵老师一年发表十多篇高质量的文章，出版几部专著，收获的背后是满满的付出！弟子只能说，学术研究是邵老师一生的最大爱好。不是爱好所至，怎能如此"乐淘淘"？

正是扎实的功底，让邵老师上课充满自信。而对于课堂教学，邵老师又非常热衷。他说过，他喜欢给本科生、研究生上课，因为很多问题来自于课堂，课堂教学促使自己进一步去深入研究。他坦言，一些文章的撰写，有的源于与学生互动时产生的灵感，有的是因为需要深入研究才能解答学生的提问。后来我知道了，《抗日战争与中国社会》《中国近代社会史》等专著的撰写就是得益于教学的需求。教学相长，在邵老师身上得到了最好的体现！

印象二：课堂上注重交流，提倡研讨型教学方式

对研究生，邵老师有着比本科生更高的要求。他提倡让研究生自己主动发言，提出对某一学术问题的见解；而且，他主张研究生把自己的文章初稿拿出来在课堂上大家讨论。这种课堂研讨的形式让弟子们受益颇多。首先，每人都有写一篇文章的任务，所以必须抓紧时间找史料、撰文。关于选题，邵老师会提出几个，供弟子

们自由选择。其次,课堂研讨是再次整理思路、完善文章的很好途径和方式。邵老师对课堂研讨非常重视,研讨前几日要求撰文者把文章给各位同学提前阅读、提出意见,课堂上要求大家知无不言言无不尽,每人都需提出具体的修改意见。

我博一时第一篇发表的文章就得益于课堂研讨。邵老师课堂上提到,关于杜月笙与上海银行家可以进一步去探讨,《上海银行家书信集》这本书上的相关资料学界并没有利用到。在邵老师的提议下,我锁定了杜月笙与上海银行家这一研究内容,后来寻找相关资料,撰写出初稿。初稿写成后,拿到课堂上,大家给予了热烈的讨论。我一一把大家提到的修改意见记录好,课后根据大家意见,完善了初稿。后来,《杜月笙与上海银行家》一文发表在《华东师范大学学报》上,并被人大复印资料全文转载。这篇文章的完善离不开课堂研讨,正是大家的畅所欲言,给了我诸多建议,可谓"众人拾柴焰火高"!

我博二时,有一门很特别的课——还是邵老师授课,只是学生只有我一人。我后来知道,在我前后几届都是如此。尽管每次上课学生就我一人,他还是非常认真地对待,探讨、交流是主要的教学形式,而我是主角。邵老师会提前交给我任务,或是一本书,或是他人的博士论文,或是某个专题,或是我自己准备撰写的文章,要求我提前做好准备,在课堂上由我主讲。在我讲之后,即使我讲得不对,邵老师也不会轻易否定,他会婉转地提出自己的看法,让我自己去思考。现在想来,这种教学形式真是非常好,它对我学术能力的培养是一个很大的促进。后来,我知道了,他的导师魏建猷先生当年也曾经给他一个人讲过课,他自己也是颇多受益。原来如此啊!

印象三:鼓励弟子参加学术会议

对于学术会议,邵老师本人是乐此不疲,他常说,参加学术会议,既是对自我努力研究的一种鞭策,也是与其他学者展开交流的途径。所以,他对弟子们的要求也是一样,三年期间一定要多多参加学术会议。

2010 年 5 月,邵老师主持召开"中国近代以来的社会问题"学术研讨会。他要求一二年级硕士生、一年级博士生(就我一人)都要撰文参加,后来四位弟子都参加了这次学术研讨会。

随后的两年里,我时刻不忘导师的耳提面命,仔细关注各方学术会议信息。后来,我参加了"第 11 届两岸三地历史学研究生论文发表会""首届长三角历史学博士生论坛""第七届中国韩国学博士生论坛"。三年期间参加了四次学术研讨会,终于达到了导师的要求。记得有次在人文学院大楼,邵老师看着贴在墙上的"首届长三角历史学博士生论坛"的征文海报,笑着对我说:"你要是参加这个会议就好了。"老师的一席话让我有了参加该会的压力和动力,于是选题、构思、撰文,后来得到了会议邀请函。

不能不说的是,参加学术会议的每篇文章都得到了邵老师的指点,或者是对框架修改,或者是对初稿点评,邵老师总会提出建设性的指导意见,让弟子茅塞顿开。针对弟子不熟悉的领域,邵老师会仔细点拨,有时会善解人意地把文章框架都构思好。记得“第七届中国韩国学博士生论坛”在2011年5月召开,邵老师点名让我撰文参加。因为是有关韩国研究,我对该领域从未接触,那时又正值博士论文撰写时期,邵老师非常理解,他提供了史料来源,并在电话里讲述了文章的思路及框架。在邵老师的指点下,《韩国共产主义者在东北亚的活动:以〈申报〉报道为中心》这篇文章很快就写好了。对后生来说,高人的点拨真的非常重要!

印象四:悉心指导博士论文

我的博士论文研究的是上海茶馆[①]。茶馆属于物质空间的一种,又是一个与民众联系特别紧密的场所。研究茶馆,主要针对什么?论文布局怎样围绕主题思想?资料准备如何?这些都是需要耗心耗力的活。对这样一个大工程,我刚开始毫无头绪。邵老师让我先从资料搜集开始,史学研究的基础是史料,这是他一贯强调的。

在我一心扑入资料搜集的过程中,接连受到两次冲击。一次是听说上海社科院有人在研究上海茶馆,很快将出书。当时我特别担心,社科院老师的水平肯定比我高,在已出书情况下我论文将如何深入。邵老师非常着急,他得知情况后马上和熊月之老师取得了联系,了解到历史研究所确实有人正在研究上海茶馆,但是篇幅不大,对博士论文没有多大影响。我得知后松了一口气,继续我的资料搜集和整理。谁知很快我又受到了一次冲击,王笛先生研究成都茶馆的专著出版了。这是一部大师级的大作,拜读后我都有些崩溃了,因为我感觉无法超越王老师的构思和主题。邵老师知道后,很平静地对我说,上海的茶馆肯定有与内陆城市的不同之处,可以继续。

可是,由于我受王笛先生那部专著影响太深,在构思论文框架时无法摆脱束缚,由此邵老师在和我一起商讨博士论文框架时,也显示出了担忧。当然,他还是鼓励我,让我根据史料再次深入思索,有新观点及时和他沟通。后来,我写出了第一章,邵老师看后并没有多说什么。不过,我从同年级同学那里听说邵老师夸赞我第一章写得不错。邵老师的夸奖给了我很大的动力。我把全部心思花在了论文撰写上,及时把论文初稿交给了邵老师。后来,论文经过了几次修改,每次修改都离不开邵老师的指点,从框架小改到内容增删,从参考文献版本到遣词造句、标点符号。由于自身水平有限,论文修改得不尽如如意。不过,当论文获得双盲优秀时,邵老师非常高兴,逢人便讲。他是为弟子的成绩感到由衷的高兴啊!

读博三年,沐浴师恩三年,就教学而言就留下了太多难忘的镜头!自我在上海大学博士后流动站工作以来,和邵老师仍时常有见面的机会。有时和邵老师聊家常,更多时候则是感悟邵老师的治学和为人。在得知我即将出站时,他语重心长地叮嘱:要专心做学问,持之以恒肯定能出成绩!提到课堂教学时,又特别强调,一定要认真上课,每堂课要认真对待,因为从学生那里将会获得很多!感谢您,邵老师,您已经用您的行动给弟子作了最好的示范!

2015年2月28日

① 包树芳的博士论文被评为2014年上海市优秀博士学位论文。

恩师邵雍教授

曹春婷

最初知道邵雍教授是2007年秋季考研报名时,在招生简章上看到过他的研究方向,彼时我还是个英语系的毕业生,对历史学一无所知,看到会党、社会史这样的字眼完全不知道是研究什么的。万万没有想到有朝一日我会跟了邵老师读博并且研究方向会是近代会党和下层社会研究,人生就是如此奇妙,师生之间也是一种奇妙的缘分。

第一次见面是在研究生面试时,大约是2008年4月18号吧,面试是在下午一点半,我面试时是最后一个赶到的,发现里面有一个年约五十、瘦瘦高高的老师正在发面试材料,第一印象觉得这个老师好斯文好和善哦,然后听其他面试同学说这位就是邵雍教授。后来大家按照次序单独进入系主任办公室面试,我进去发现里面有五个老师,除了邵老师外,有我的硕士导师高红霞老师,好像还有苏智良老师和唐力行老师,其他记不清了。我记得很清楚,面试时自我介绍说我是山东农业大学英语系的毕业生后,邵老师很有兴趣地说:"能不能用英文介绍下自己"。我就大概介绍说自己本科什么学校,什么专业以及为什么跨专业到历史系之类的,讲了几句吧,邵老师就笑着说"不错,不错,完全没有山东腔,很多山东学生说英语一听就知道是山东的。"邵老师的和善可亲让我一下就不紧张了。所以面试之后,除了我的导师高老师,就是邵老师给我的印象最深。

2008年9月开学后,邵老师给我们开的课程是会道门,以我浅薄的史学知识完全不能理解什么是会门、道门。我那时听高老师讲业缘和地缘,笔记本上写的是"叶缘、地圆",可见我史学基础差到了什么地步。于是,高老师要我去文苑楼9楼资料室看书,我第一次去就正好遇到了邵老师,我给邵老师打了个招呼,邵老师笑着点了点头。过了没多久我去文苑楼508上课,我是第一个到的,教室里只有邵老师和苏老师在聊天,邵老师看到我进去就对苏老师说,"来,我给你介绍一下,这是我们系最用功的学生。"我不知道邵老师还记不记得曾说过这句话,但我到现在都记得特别特别清楚,因为我在念本科时并不是特别用功的学生,邵老师这样夸我,突然让我觉得自己被信任、被肯定了,就一定要很用功才可以,否则就好像是在欺骗一样。从那以后,我真的开始用功了,每每想懈怠的时候都会想到自己是个"最用功的学生",就又开始认认真真学习。我真的觉得老师有时候一句肯定和表扬就可能成为学生最大的动力,而邵老师就特别善于表扬和鼓励学生。我读博后,得知王伟师兄和包树芳师姐在二年级时邵老师都会单独给他们开一门论文写作的课程,用以讨论论文的进展情况,于是我就问邵老师什么时候给我开这门课,邵老师笑了笑,"你不用,你论文有什么情况再约时间讨论就可以了。"正是那种被肯定的感觉让我觉得自己必须要做好论文才能对得起导师的信任,在论文遇到瓶颈的时候也是告诉自己能行,咬咬牙多方寻找史料坚持做了下去。一个好的老师必然是能够鼓励学生进步、激发学生潜能的老师,而这一点邵老师做得特别棒。

邵老师还特别关怀学生的学习和生活。我还记得硕士第一学期会道门的作业经邵老师指导后在《山东农业大学学报》2009年第1期发表了，邵老师特别高兴还奖励了我一支钢笔，鼓励我要好好学习，那支钢笔我一直没舍得用，好好珍藏着。2011年元旦我给邵老师发节日短信，邵老师回复短信时居然说，"小曹，恭喜你的文章发表在上海市社会科学联合会论文集，继续努力。"我完全没有想到邵老师会知道这件事，所以特别感动邵老师对学生学术方面的鼓励和关怀。成为邵老师的博士后，邵老师经常送书给我，有邵老师的著作，也有和我研究相关的书籍，师母也特别关心我们这些外地学生的生活，经常让邵老师给我们带各种零食，有台湾凤梨酥、巧克力、点心、棉花糖、麻薯、牛肉干、核桃、糖果等等，我一个室友开玩笑说，"你们导师一打电话不是送书就是送好吃的，精神食粮和物质食粮都有保障"。

在我念硕士的时候就听说邵老师特别严谨和勤奋，高老师说邵老师每到外地开会一定会抽空去当地的图书馆和档案馆，成了邵老师的博士后，对于邵老师严谨的学术作风和勤恳的治学态度有了更深刻的领悟。

2013年底跟邵老师去武汉开会，邵老师在火车上一路都在看书，而我则拿了几份民国国药业档案在看，邵老师知道我史学功底差，特意问我能不能看懂繁体字的档案，然后邵老师就一字一字地把几份档案都给我读了一遍，还把其中的关键内容给我指出。读博第一年寒假我发邮件问邵老师假期都做了什么，邵老师回复说完成了一本书的校订、写了几篇文章，除了过年休息了几天其他时间都在忙。我想了想自己一个假期吃吃喝喝胖了好几斤，就觉得特别惭愧，之后的假期也不敢完全松懈了。邵老师对学生的论文也是一种非常严谨的态度，从大纲主旨到遣词用句乃至标点符号都认真修改，我毕业论文做的题目是《南京国民政府时期的上海国药业研究》，有一次邵老师给我发短信告诉我"《社会史视野下的近代上海》第195页注释6有宏仁堂国药号的资料线索"。一般导师只会提供论文大方向的指导，像邵老师一样详细告知史料来源的真的非常罕见，这一方面表明邵老师有着极其扎实和深厚的史料功底，另一方面也说明邵老师对学生的关怀是无微不至的。我的毕业论文邵老师一字一句详细修改，连标点符号都没放过，其他同学都非常羡慕我有一个肯为学生花时间和精力认真修改论文的好老师，我也特别感激邵老师对我的悉心指导和用心培养。①

邵老师还让我特别感动的是他对学生是一种平等的态度，跟着邵老师出去开会他会告诉学生这位是谁、也会告诉别人这是我的学生某某。而我听说很多学生跟着导师出去开会，导师一般是不会介绍学生的。因为我本科学的英语，所以有时会帮邵老师做一些翻译工作，邵老师每次都特别认真地说谢谢，并不会因为是自己的学生就觉得理所当然，完全用一种平等的态度对待学生，让学生特别感动。我还记得邵老师2010年去德国莱比锡大学开会，让我帮忙翻译论文的内容提要，邵老师回国还特意带了小饼干给我表达谢意。邵老师对学生的平等还表现在他对学生的体谅，我写毕业论文那段时间精力不济，除了看档案其他事情都迷迷糊糊的，有次邵老师让我给某某打电话，我愣了半天问邵老师"某某是谁呀?"邵老师很无语地说

① 以上这段以《师大人　师大情》为题，发表在《上海师大报》2016年6月30日。

“是你师妹啊”，我很不好意思地说自己最近反应特别迟钝，整个人傻乎乎的，邵老师还安慰我说只是太专注论文了，以后会好的，不用担心。邵老师对学生的影响是点点滴滴、潜移默化的，他自己可能都没有意识到当年对我一句“最用功”的评语，会让我真的成为一个用功的学生，而用功正是取得成功的必要条件，如果不是邵老师的肯定和关怀我可能难以有毅力和恒心攻读博士学位。

我衷心期望自己以后也能成为一个像邵老师那样用心鼓舞学生、耐心培养学生、真心关怀学生的好老师。

把鼓励与赞扬当作继续前行的动力

邵　雍

感谢大家在百忙中参加这个讨论会。刚才大家说了不少鼓励、赞扬我的话，其实我都是向教过我的老一辈教授们学的。昨天晚上整理文档时，重新看了先师魏建猷先生对我 1987 年一篇论文的批语，其中一条说“这次具有浓厚政治色彩的起义”有语病，因为所有的起义都是有政治色彩的。还有一份是 1984 年 4 月 12 日我写的辛亥革命史课堂讨论稿，原稿有个错别字“庞统”的庞被赵宗颇老师改为“笼”。对于附件《清政府立宪运动大事记》，赵老师在我写的一些日期下面一一注明：“此为旧历，阳历某月某日”；还有好些地方我只写到月，赵老师精确到日。如此详加批阅使我十分感动，也是我感到如果不认真学习就对不起老师。与他们相比，我做得还是不够的。

其次我要感谢各级领导，是他们下达教学任务，我只是奉命行事而已。在历史系非常困难时期，根据领导安排，我上过“公共关系学原理”“行政管理学”“中国革命史”等非学历自考班课程，也上过夜大学的课。而前两种课已经不是历史学的范围了。记得几年前根据教务处的要求，我上报了“中国近代史料学”本科选修课的教学大纲，高红霞副主任有次专门打电话给我，说是否要把这门课从学校教学目录中删除，如果在 2016 年前不实际开设的话。我十分肯定地回答说：2016 年前一定开。前几天这门课程刚刚顺利上完。感谢 1996 年底成立的人文学院，根据领导要求，我开设了限定选修课“中国近代社会史”，而在这之前我只研究秘密社会史。学院还有研究生平台课，我开设过“秘密社会史研究”与“中共党史研究”。既然承担了教学任务，就要钻研教材，寻找教学参考资料，认真备课，撰写讲稿，无形中拓宽了自己的研究领域。

第三要感谢学生们的支持与配合。在我外出开会时，担任研究生助教的同学根据我划定的教学范围，认真上课。为了以防万一，我再三提醒他们上课的时间地点，强调教师是否遵守教学时间是态度问题，上课讲得好不好是水平问题。水平是可以逐步提高的，而态度是必须首先端正的。在这里我也要感谢人文学院的好制度：凡正教授为本科生开课时可以聘请研究生做助教，相关费用由学院支付。在本科同学中也有一些优秀的学生干部，在座的院团委书记徐渊，在本科生时期担任我的课代表，尽心尽力。有一次，原定是我执教的教室居然被别的老师占用了，而上课时间马上就要到了。本人当即决定，另找教室，在找到文苑楼 502 教室时，我马上手机通知徐渊将同学们带过来。在他的大力协助下,这次上课有惊无险,按原计划进行,避免了一场教学事故。每次课程结束当我说完我对同学们的感谢时,总会响起一片掌声,而这正是广大学生对老师辛勤付出的首肯。

30 年弹指一挥间,30 年过去了,但教学仍将继续。我要把各位的鼓励、赞扬的话当作继续前行的动力,争取将教学工作做得更好些,不辜负报考我校莘莘学子的期望。

从教三十周年纪念文章汇编

我与邵雍老师的师生缘

沈　亮

恩师邵雍老师即将迎来晋升正高职称二十周年纪念日。众所周知,正高职称是专业技术职称中的最高等级,大多数人在整个职业生涯中都难以企及,而邵雍老师在43岁时就已达到这一高度,作为邵老师的学生既由衷仰慕,又无比自豪。

我在邵老师的众多学生中应属于最为"另类"的一位了,这种所谓的"另类",主要体现在以下三方面:

首先,我在19岁时就成了邵老师的学生,那时我还是上海师范大学人文学院档案管理专业的学生。时过境迁,12年之后,我又有幸成为邵老师的博士研究生,这种双重的学生经历在师门中无一人相似。

其次,我是在邵老师门中攻读博士研究生时间最长的学生,前后长达5年的学习时间,可以说是同门中迄今为止的最高年限,这不是好事,实在非常汗颜。

第三,我是邵老师门中基础最弱,最让老师费心的学生,由于专科、本科及硕士阶段都未学习系统的历史学知识,在撰写学位论文期间,邵老师对我可说是尽心尽责,其中付出的心血只有亲历之人能够体会,邵老师当然不会说,但学生一辈子不会忘记。

就是我这样一个"另类"的学生,邵老师却能不辞辛劳,精心指导,诲人不倦,引导我步入学术的殿堂,每念至此,我心中的感激之情油然而生,于是想借自己"另类"特质回忆我与邵老师的师生缘。

一、亲切随和,严谨治学

1998年,我通过高考进入上海师范大学人文学院历史系档案管理专业学习,当时的我距离本科分数线差3分,只能进入专科学习,高考的不如意使我颇为沮丧,在课堂学习中也打不起精神。1999年初,进入第二学期的我们开始学习"中国近代史"课程。当时班级学风不振,大家上课时都找教室靠后的位子坐,身为班干部的我只能硬着头皮坐在第一排,上课的老师却也着实让我们吃了一惊,我至今仍记得他的模样,瘦高的个子,戴着一副眼镜,看起来非常年轻,身上穿着一件深色外套,但上面都是斑斑点点的油漆痕迹,连头发上也沾有油漆,就像刚从工地上赶来上课,这是我第一次见到邵老师。邵老师上课的水平极高,他学识渊博,课内经常旁征博引,引起了同学们的关注,课后大家议论纷纷,这个邵雍老师水平很高,但穿着随意，到底是什么来头，难道是类似少林寺扫地高僧这样传说中的人物。之后的另一节课回答了我们的疑惑，我们专业的主管丁光勋老师在课中无意中说道："刚才上你们课的邵雍，明明是个大教授，却不修边幅，家里装修一半赶来上课，也不换件衣服，我已经说过他了，要注意身份。"同学们哄然大笑，我当时的感觉是，这个老师这么厉害，这么年轻就已是教授，而且颇具上海男人的特质——勤俭顾家，我在仰慕的同时又感到一丝亲切。第二周的课同样让我们大吃一惊，邵老师换了笔挺的深色西服，打上金色领带，这可是参加学术会议的"行头"，此后上课都一直衣着整齐，尤其是课间休息时，看我坐得挺靠前，邵老师会主动找我聊聊天，关心我的学习，提出如果有什么问题课间课后都可找他提问，甚至会聊到以后的就业选择。我们档案管理是当时人文学院唯一的专科专业，学生的水平和求学精神都不如其他专业，邵老师的教学却非常认真，我们也从其他老师那里听到不少关于他的传说。他经常穿梭于各种展会之中收集史料，是当时研究上海帮会历史的著名人物，这对活泼好动的男生有较大吸引力，大家课后经常谈论到他。邵老师上我们专业的课只有短短一个学期，但他高深的学术造诣，亲切随和的个性以及那小小的花絮都让我印象深刻。

十一年之后，我已是一名参加工作多年的高校职工，其间通过在职学习相继完成了本科和硕士课程，进一步攻读博士学位成为我的理想。我想到了邵老师，我大学时期的班主任连颖老师和本单位的陈挥教授都鼓励我报考邵老师的博士研究生，但我当时的心里却十分忐忑，一是作为在职人员，我没有经过历史专业的系统学习，学术基础薄弱；二是我还没有明确的研究方向；三是邵老师的博士研究生名额非常紧张，从报考到录取会是漫长的过程。在决定报考之前和邵老师的一次碰面打消了我的顾虑，邵老师虽然已记不清曾经给我上过课，但对我非常亲切，我提出想报考他的博士研究生，他说："你的硕士论文我已经看过，虽然连老师和陈老师推荐你，但我觉得你的论文在我们的学科里只能勉强过关，你的基础很薄弱，但是我发现你有一个很好的题目可以做，交通大学的前校长黎照寰先生是一位颇具特点的历史人物，你可以写关于他的文章，我也很想做他的研究。"我当时感到非常兴奋，满口答应做黎照寰的研究，并表示可以排在往年报考的学生后面等待，邵老师却说："其实有些事情很奇妙，这次我非常想做黎照寰的研究，你正好也有这个志向，所以这就是缘分，也不存在排队一说，你好好准备。"在邵老师的鼓励下，我刻苦备考，终于在第二年成功考上了邵老师的博士研究生。

二、悉心指导，关爱学生

成功入学之后，一切并没有像想象中那样顺利，繁忙的工作使得我根本无法像青年求学时那样全身心投入，公共课与专业课的学习我努力完成，并取得了相应成绩。在前两年的学习期间，邵老师对我极为照顾，他考虑我的特殊情况，很少安排我参加日常的教学实践和外出的学术交流，给我留出时间收集史料。但我此时内心却举棋不定，一是通过专业学习，我认识到历史学研究是一项难度很高的学术研究，需要付出大量的精力收集史料，再进一步归纳提炼，对于没有基础的我来说简直是不可能完成的任务；二是有关黎照寰的资料很少，且分散在多处机构内，完整收集非常困难；三是自己的工作很繁忙，几乎抽不出时间来专心做研究。邵老师对我非常宽容，他让我自己评估状况，甚至说道："如果你觉得黎照寰的研究难度太高，选择其他题目我也同意。"这已经推翻了他当时收学生的初衷，对于一位视学术为终生事业的教授来说是非常不容易的。但我对于自己的情况没有很好的评估，在入学第三年终于写出了另一选题的开题报告，邵老师为我做了细致的修改，但他同时指出我的选题太过宽泛，没有聚焦，需要改进的地方很多，当时的我抱着侥幸心理，坚持换题，之后的发展果然如邵老师所料，我写了个开头就无论如何写不下去了，一年多的时间内几乎没有任何进展，却已经走到了入学的第五年。按照学校规定，六年不能毕业的学生将被强制退学，那时的我心中无比沮丧，在 2015 年的 5 月，我对邵老师说："邵老师，我觉得我的水平无法完成我的毕业论文，我不打算读下去了。"邵老师回答："我尊重你的决定，但现在国家已经收紧在职读博的名额，以后你就没有机会了，希望你能慎重考虑，我觉得黎照寰的研究仍可一试，你再想想吧。"经过一昼夜的思考，我终于下定决心，重新开始收集黎照寰的资料，重写开题报告。第二天我就将想法告诉了邵老师，他非常高兴，鼓励我马上启动，重新开始撰写论文，抓紧最后的时间。我放下手上的一切工作，全身心投入资料的收集，那段时间真是废寝忘食，但也取得不错的效果，我在上海交通大学档案馆与上海图书馆老师的大力支持下，收集到了大量有关黎照寰的史料，邵老师与我讨论主题，并不时给我鼓励，我终于重新完成了开题报告和论文总体框架，在 2015 年 6 月开始了迟到 2 年的论文撰写。

三、不辞辛劳，诲人不倦

自 2015 年 6 月开始，我基本上以每天近千字的速度推进论文，晚上 8 点开始撰写，直到第二天凌晨 1 点休息，而邵老师对我的论文给予了超乎寻常的重视，每隔一段时间我将论文发给邵老师，他就会非常细致地用不同颜色的字体修改，并附上自己的意见，要我看不懂马上打电话咨询。我在邵老师的悉心指导下，在 3 个月的时间内咬牙完成了 10 万字的论文初稿，并不知天高地厚地提出想在 2015 年 9 月底参加学院的预答辩，邵老师很清楚我的论文质量，但他也尊重我的意见，允许我尝试。此后的结果不出意外，我的初稿被各位专家狠批一顿，不同意我参加 12 月的论文答辩，我虽对此早有准备，但没想到会被关掉，自信的缺失使我又想到了放弃。邵老师把我叫到家中，和师母一起鼓励我继续撰写，并和我一起把文章进一步梳理，归纳出自己的特色和学术观点。在随后的几个月中，我白天工作，晚上写作，终于在 2016 年初修改好初稿，篇幅比 2015 年时的扩大了一倍，达到 20 万字，而邵老师也不知疲倦地帮我修改文章。让我尤为感动的是 2016 年的春节假期，我一天不停地撰写论文，邵老师也一天没有休息，我发过去的论文他马上就修改反馈给我，与我探讨有关问题。年后我再次闯关预答辩的时候，由于水平有限，依然受到了专家的质疑，论文的确还有很多缺陷，但邵老师在会上肯定了我努力，也介绍了论文的创新之处，我终于通过了预答辩。在提交盲审的最后一个月内，邵老师要我精益求精，不断完善自己的论文,同时他为我提供了许多思路,让我充分发挥自己收集的材料。在提交论文盲审的那天,邵老师对我说:"其实你这段时间非常努力,写得也不错,不出意外完全能够通过。"也许只有我能体会到邵老师为了我这个"另类"的学生所付出的心血,换成其他导师,可能早就让我自己知难而退了。此后的道路非常平坦,我顺利通过了盲审和论文答辩,论文评分"良好",邵老师在论文提交之前最后一次指导我修改论文,对待学术一丝不苟的态度令人敬佩。在毕业前夕,邵老师对我说:"你的论文得到良是实至名归的,你已经达到了不错的水平,希望你以后不要放弃,能继续在学术上下点功夫。"就在前几天,邵老师在高温下仍将学术书籍从家中带来赠予我,叮嘱我不要轻易放弃自己的学术之路。

师恩难忘,师训铭心,邵老师高尚的师德风范、严谨治学的态度以及对于学生的关爱之情,都令我终生难忘,我将以邵老师为榜样,在人生的道路中宽以待人,严于律己,自强不息。邵老师的谆谆教诲我将终生铭记!

2016 年 7 月 4 日 13:24

邵雍老师与我

顾良辉

喜闻邵雍老师即将迎来他从教 30 年,作为他曾经教过的学生,不禁想写点儿什么,聊表心意。

当年(1999 年)考入师大,看到任课教师一栏中有"邵雍"二字,便联想到北宋理学家邵雍,及至看到邵老师本人后,发现他是一个真正的学者。他研究学问严谨,上课认真,也非常乐于同学生相处打交道。然而,作为一名历史系的教授,年近半百,邵老师却还保留着一份童心,这份童心常常在他的言谈举止中不经意流露出,让人觉得这位老师十分可爱。

邵老师给我们上的第一门课是"中国近代史",但我却对他的"中国近代对外关系史"一课印象最深。虽然这门课的内容虽然仅涉及短短几十年,但内涵丰富,跌宕起伏,主要讲述了从 1840 年鸦片战争到 1919 年五四运动前的中外关系,包括鸦片战争前的对外关系,第一次鸦片战争期间的对外关系,太平天国与第二次鸦片战争期间的对外关系,洋务运动期间的对外关系,中法战争与中日甲午战争期间的对外关系,帝国主义"瓜分"中国的狂潮,戊戌变法期间的对外关系等,直到第一次世界大战时期中国的对外关系。这门课让我对我们国家的近代对外关系有了全面认识,深刻体会到外交的支撑是国家实力,弱国无外交一话的含义。邵老师每次上课前总会认真备课,丝毫不会因为这门课已经教了多年而懈怠。课上,他会引用大量史实,旁征博引,十分引人入胜。

大三时,我们每位学生需要提交一篇学年论文,作为毕业论文的演习。邵老师恰好是我这篇论文的指导老师,看着像无头苍蝇一样的我,他帮我指明了一个方向,让我另辟蹊径审视马神甫事件。我如获至宝,钻入故纸堆中,将马神甫事件重新梳理、分析,终于写成《马神甫事件之我见》一文。在邵老师的教导和指引下,我第一次将自己的观点,并且是异于常人的观点成文,让我获得了空前的满足和自豪,也让我在学历史这条道路上愈加自信,愈加持久。

大学毕业时,我尝试了考研,结果当然是失败了。邵老师得知此事后,鼓励我来年再考,并帮我出谋划策。第二次我终于考取,邵老师又将周育民老师介绍于我,让我拜在周老师门下,这是我人生路上最重要的转折点之一,也是我最为感激邵老师的方面,让我得此良师,受益终身。在此后的三年求学期间,虽然邵老师不是我的导师,但他也会时不时关心我的学习。毕业后,每次见到邵老师,他也总会过问我的工作、生活,已经超越了一位师长对学生的关爱,演变为长辈对小辈的爱护了。

人与人之间的缘分就是如此奇妙,当初考入师大时,我从未想过能结识众多如此优秀的老师,更未尝料到能和邵老师有持续一辈子的师生情。时光如梭,我已毕业多年,邵老师也从教30年了。俗话说三十而立,希望邵老师的教育生涯能再攀高峰,再创佳绩,培养更多人才。

2016年7月1日11:28

吾师邵雍先生

张小波

2002年,我考入了上海师范大学,师从邵雍先生,学习中国近现代史。三年的言传身教,先生用自己的言行向我诠释了"学高为师,德高为范"的含义。时光荏苒,转眼我已毕业十一年了,但与先生相处的日子却如同昨日,历历在目。先生之形象还常在脑海中浮现,先生之教诲还常在耳边萦绕,特别是先生对学术研究的严谨执着,对教学工作的敬业热爱,对社会生活的乐观豁达都对我的人生产生了深远的影响。

2002年春天研究生入学面试,我在师大文科楼历史系办公室初次见到先生。先生一身深色西服,身材颀长,面容清瘦,鼻梁上架一副金丝眼镜,嘴角挂着浅浅的微笑,给人以儒雅、和蔼、干练的感觉。

入学之后,随着交往的深入,我对先生的了解逐渐深入。先生不抽烟很少喝酒,不喜交际,独爱读书。刚到学校时,就听师姐说,"邵老师,最喜欢看书与藏书。"记得一次课后,先生收到了台湾友人邮寄的一个包裹,打开后,发现是戴玄之先生的《中国秘密宗教与秘密社会》,先生兴奋地喊了一声:"太好了!"随即先生向我们介绍了戴先生的生平和这套书的珍贵价值。先生说自己一直想拥有这套书,但内地没有出版销售,此次如愿,实属不易。说完先生就小心翼翼地把书包起来放进书包,爱书之情可见一斑。先生爱藏书,却不独享书,每有好书,总会主动推荐分享。每遇我们借阅,先生总是大方应允,从不推诿。

先生早年师从社会史大家魏建猷教授,受过严格的史学训练,1985年留校任教后,醉心学术,不断耕耘,终成名家。先生治史严谨,特别重视史料的发掘和考证。记得研一时,先生给我们上史料学,在课堂上多次强调史学的任务是求真求实,史料是支撑我们史学研究的根本，告诫我们要严守"孤证不立"的原则，对待史料一定要找到可以相互印证的材料才可以引用。先生不仅是这样说的，也是这样做的。读研期间，先生正在进行《中国近代绿林史》的修订和《中国近代妓女史》的写作，因为特殊原因，其史料阙失，多散见于报刊、私人笔记等处，搜集难度极大。所以每次课后先生都会骑着单车直奔图书馆查阅资料。在师大图书馆和系资料室我们经常能碰见正在查阅资料的先生，其认真与专注，令人动容。正是这种对学术的沉醉感，才使得先生能几十年如一日，执着追求，笔耕不辍，著作等身。

先生热爱教学，无悔付出，不计得失。记得那时师大本科生在奉贤校区，研究生在校本部，两地相距颇远，来回车程近两个小时。先生有时上午要坐校车赶赴奉贤校区上课，下午又要赶回校本部给研究生上课。时间安排紧凑，来往匆匆，中午甚至没有时间吃饭。即便如此，先生上课也总是精神抖擞，丝毫不受影响。先生备课极下功夫，即使已经熟稔，课前也会精心准备。每次上课先生总能深入浅出，旁征博引，娓娓道来。先生身兼诸多社会职位，社会与学术活动也颇多，但从不耽误教学。先生总说，"教学之事，马虎不得。"记得毕业前一次教学实习，先生非常关注我的教案和教学设计环节，反复与我商量改进，主动为我提供相关资料。正式教学时，先生亲自陪同参与，课后既勉励了我，又给了我合理的建议，使我获益匪浅，为我之后从事教学工作奠定了扎实基础。

我来自北方，先生总是特别关照询问，闲暇之余，经常给我介绍上海饭菜的特点、冬季的阴冷和天气变化的莫测等常识，让我慢慢适应适应南方的生活。初入师大之时，因为下午上课时间早，我曾问过先生为何这里没有午休时间，先生笑了，说："小张，中午时间多么宝贵，为何要睡过去啊？太浪费了！再说，下午课后有充足的时间自己支配，也挺好啊！"先生为人豁达，待事乐观。记得一次与先生独处，促膝长谈，我曾问先生，为何每次见到您总是笑容满面，活力四射，骑单车一步跨上，好像二十几岁的小伙子一样。先生回应我说，人生最重要的要不计得失，人在历史面前太渺小了。他讲了自己生活和工作中也有不如意的事情，但自己无力改变时，就要换一个角度去看待，生活总要继续啊。这或许就是先生永葆青春的秘籍吧。

三十年默默耕耘，换来了桃李芬芳。先生用坚守和追求诠释了高校教师的情操与风骨。此时，我仿佛又听见先生微笑着说："小张，你好啊！"

2016年4月26日

写在恩师任正高职务20周年之际

刘雪芹

邵雍教授担任正高职务已经20周年了，要在这个特别的日子写点什么，说实话，思绪万千。师从邵老师这么多年，无论何时，写作遇到了困难找他，已成习惯。梳理14年来和邵老师的点滴，真不知从何谈起。

先从溯源开始吧。大四考研那年(2002)，报考哪个学校哪位老师心里没底。

心里只有一个念头，要往大城市考，因为那里打工的机会多，我可以养活自己，为父母减轻负担。抱着这样的想法，我找了北上广的高校，试着跟老师发电邮，邵老师是最快回复我的，“欢迎报考！”这句话给了我莫大的鼓励。准备复试时，我借了邵老师的《中国帮会史》阅读，寝室的姐妹看到封底邵老师年轻、英气的照片，都很羡慕我，我也因此消除了内心对背井离乡读研生活的担心与恐惧。

入学后，邵老师给我们开的一门课是史料学。我上课老爱打瞌睡，邵老师对各地档案馆、图书馆的资料熟悉程度，猛然惊醒了我。研究历史，爬梳史料是基础，也是关键。这么多年来，我一直谨记在心，“板凳甘做十年冷，文章不写一句空。”或许就是内心的这份坚守，让我来到了以史料为基础的上海市地方志办公室，真正做起来了史料的收集与整理工作。也正是邵老师的专业训练，让我工作起来驾轻就熟。

硕士论文选题“瘟疫”是我自己的选择，和导师的方向秘密社会有一定的距离，但同属社会史范畴。开始很担心导师骂我不务正业，没想到，当我唯唯诺诺向他汇报时，他却大度地给予我肯定与鼓励。

在论文写作过程中，最难以忘记的是邵老师对论文文稿的认真修改，大到框架、观点，小至标点错别字，无不凝聚着老师的辛苦与付出。最后，由于时间紧，仅有内容摘要没让导师看，结果在答辩时还是被揪出好几个错别字，真心觉得对不起老师啊。

在读研期间，最温暖的是每年去邵老师家里，吃上一碗师母精心熬制的银耳莲子赤豆羹，欣赏老师和师母的影集，和同门的师兄师姐、师弟师妹们交流信息，真心感觉邵门是一个有爱、有情、有梦的大家庭。

走上工作岗位后，单位组织关于俞秀松的学术研讨会，邵老师拨冗撰文出席。发言人太多摆不平时，我给邵老师打招呼，让别人交流发言，邵老师旁听。在互动环节，没人发言，我给邵老师说让他带头互动。邵老师一一答应，尽最大努力支持我的工作。

读博士期间，论文的选题和写作邵老师全程给予我指导。在最后的定稿阶段，邵老师两次逐字逐句地为我修改，还为我提供资料线索，最后还亲自出席了我的论文答辩。近期，为了论文的出版工作，邵老师又为我出谋划策。

俗话说，一日为师，终身为父。这一点我做得很不到位，每年一次的探望，我常常因为各种琐事缺席。但邵老师却反过来做到了一直以来对我的关照和爱护，真心惭愧啊。

今年，是邵老师担任正高职务20周年，桃李满天下，著作等身，依旧笔耕不辍。作为学生，我要向老师学习，不辜负老师的精心培养。最后，真心地向邵老师道一声，谢谢！

2016年7月5日10:34

内心深处的记忆

任冉冉

自2007年从上海师大人文学院历史系毕业至今，已经整整九年了，其间也曾多次因公或因私到过师大。每当漫步西部校园的林荫树下，走过东部的学思湖畔，三年的研究生学习与生活的场景总是历历在目。

1997年,我以不是很理想的成绩进入家乡小县城的一所高中,通过三年的刻苦努力终于成功挤过独木桥,然而却栽在了自愿填报上,只得接受被调剂的命运,进入了隔壁市的一所地方师范院校。从进校门的那一刻起,"考研"两个字便深深地刻在我的脑海里,从此成了自习室、图书馆的常客。

大学里,听过了很多考研的黑幕和对非名校生源歧视,让我惴惴不安。我记得是大三(2003年)的第二个学期,非常唐突和冒昧给邵老师写了一封信,希望来年报考上师大,能够跟随邵老师学习。信发出去了,心里却非常忐忑。大约过了一个月,邵老师给我回信了,并在信的开头提到因工作繁忙,"迟复为歉",并一一回答了我的疑问,还给我介绍了一位热心的师姐,以供我在备考期间联系,解答我的问题。事情虽然已经过去整整十三年,但是当时展信拜读的情形和激动的心情,让我始终铭记。

次年(2004年),如愿踏进上师大的校门,四年前的阴霾终于散去。

记得第一次作为学生与邵老师见面,是在文苑楼5楼的近代史教研室内。他谆谆告诫各位同门,要珍惜三年的学习时光,上海是个万花筒,要经受得住外面的诱惑,多读书,多写文章。

邵老师为研究生上课是极其认真的,他总是早早来到教室,做好上课前的准备,从未有过迟到或者提前下课的情况。记得有一次邵老师正在上课,手机震动了很长时间,邵老师也不理会。在学生的一再要求下他才拿起手机看了一眼,然后还是没有接听,直接挂掉,并向同学道歉。下课后邵老师才告诉我们,那是学校某个职能部门找他有要事相商,但是上课有上课的纪律,决不能破坏教学纪律!

真正到了学习阶段,才知道邵老师的研究重点是底层社会,这曾经让我们迷茫过,然而大学四年的自学,我深刻领悟到"师傅领进门,修行在个人"的道理,与其向老师学习具体的历史知识,不如也同时学习老师的治学和研究之道。只有掌握了研究的方法,才能开展独立研究。而在这方面,邵老师也是特别民主和开明,允许自己的学生选择他研究方向之外的课题开展独立研究,于是才有了我在上海市社会科学界第四届年会论文集上全文登载的研究成果,成为当年唯一个独立署名并全文登载研究成果的在读硕士生。尝到甜头的我,紧紧把握住2008年是奥运年这一历史机遇,将自己的论文选题定位在民国时期上海的社会体育,既有开创性,又具有时代性。当我将自己的选题向邵老师汇报时,他非常高兴,鼓励我一定要将这一课题做好。尽管这与邵老师的研究方向相去甚远,但是邵老师却经常向我推荐有关上海体育的资料,并在论文成稿后不厌其烦一遍遍指导我修改,大到论文框架,小到错别字、标点符号,都提出了细致的修改意见。

2007年6月,我从上师大顺利毕业,进入了现在的工作单位。能够进入工作的单位,也与邵老师的推荐与帮助密不可分,让我能够在上海有了一份稳定而且可以发挥专业特长的工作。这在当年就业竞争已经日趋激烈的上海,我又是何等的幸运!

毕业后在师大校园我遇到过很多熟悉的老师,但是与授业恩师却从未有过不期而遇！然而在工作中，在不同的学术场合，却经常可以遇到邵老师，特别是他担任上海宋庆龄研究会常务理事，而宋庆龄研究会便是由我单位发起成立，其常设机构挂靠到我单位，所以邵老师经常来我单位开会和指导业务工作，所以我们在校外却可以经常碰面！

2009年，上海宋庆龄研究会与海南宋庆龄研究会共同在宋家祖籍地海南省文昌县举行“宋耀如及其时代”国际学术研讨会。邵老师作为上海方面的重要学者受邀与会。记得邵老师与师母一行与上海的其他学者是晚上抵达文昌维嘉酒店的。那几日，海南天气恶劣，暴雨如注，大风施虐，许多飞机迫降外地，搭载着上海学者的飞机能否如期安全降落成为很大的疑问。那日我按照航班信息早早等候在酒店大堂，晚上十点多当看到邵老师携师母出现在眼前，没有激动，没有雀跃，只是心中一块悬着的石头终于落地了。

研讨会后，海南方面组织外地学者赴三亚参观考察，我负责上海学者这一组。在美丽的三亚，面对碧海蓝天，走在细软的沙滩上，听着海浪拍打着礁石，形象好、气质佳的师母频频要照相，邵老师终究架不住师母的一再要求，只好举着相机跟在师母后面，不仅要为师母照相，还要为师母拎包，不时向我们抱怨几句，然而师母只要有需要，邵老师总是快步走过去，让我等一帮看惯了邵老师严肃认真的小辈，不禁莞尔。

几个片面的忆往，很难涵盖恩师给予我们的关心与帮助，有些甚至是我们所未知的！

2016年6月6日7:48

回忆我的师道引领者

——恩师邵雍老师

卞国华

2005年我如愿考入上海师范大学历史系，在师大历史系学习的四年时光，我有幸遇到许多优秀的学者教授，如中国近现代思想史专家萧功秦老师、上海帮会史专家苏智良老师、宋史专家虞运国老师还有古希腊史专家陈恒老师等众多名师，他们都是识、才、德俱佳的老师。这其中与我关系最紧密、对我为学成长影响最大的是我的恩师——中国近代社会史的专家邵雍老师。

其实在刚入校伊始，就听学长们重点为我们介绍过邵老师，从学长们的口中得知作为博导的邵老师不仅经常为本科生授课，而且为人、才学都值得称道，在中国近现代史、上海史研究方面都很有成就。对于中国近现代史、上海史颇感兴趣的我当时已对学长口中的这位学者很是仰慕。

最令我感到庆幸的是在我本科学习的四年光景中，每年都能从邵老师的言传身教中获得点拨和提升。

大一那年，学校有专为本科生开设各类高质量的学术讲座，我所选的第一场便是邵雍老师开设的关于中国近代史方面讲座。在那场讲座中我为邵老师对史料的旁征博引及对史实细节的娓娓道来所吸引，更为他对历史问题的洞见所折服。大二时，邵老师为我们本科生开设了专业课——中国近代史纲要，在一个学期学习中，邵老师的课总让我感觉时间过得很快，他的课不仅逻辑条理清晰，而且对于关键、难点问题的讲解非常鞭辟入里，更令我印象深刻的是邵老师经常会教授我们治学的方法，这对于我的学习大有裨益。大三上学期，我继续跟随着邵老师的足迹，选修了他开设的中国近代社会史课程，虽说是选修课但一如既往听得过瘾，邵老师把他几十年在中国社会史及上海史方面的研究成果融入课堂，我叹服于他对于学问研究的精深。大四上学期，我们面临毕业实习和毕业论文撰写两大重要任务。就在正式实习前夕，邵老师还特地冒着酷暑为我们指导实习课，在给予我这个青涩的实习小老师令人振奋的鼓励同时还向我传授了许多宝贵的实战经验。邵老师的鼓励和点拨让我有了底气站稳站好了实习学校的讲台。至于毕业论文的导师我毫不犹豫地跟随邵雍老师，也许是受了我的影响，我身边不少同学也跟着我"投奔"他的门下。我论文的撰写得到了恩师极大的帮助和点拨，不论是选题、切入的视角、史料的收集甚至是行文标点，邵老师都给予我悉心的指导。我的论文在最后定稿前，恩师对我文章的修改不下五次，有时从回复的邮件中我发现邵老师甚至在深夜12点多钟为我修改论文，这令我相当感动。最终，我的论文获得了2009届人文与传播学院优秀毕业论文的称号，并荣幸刊登于《上海师大学报》。恩师的不厌其烦、严谨认真的指导帮助我收获了成果，这也更加坚定了我大学毕业后要继续从事历史教学和研究的道路。

从2005年入学，到今年2015年，时光如白驹过隙，过去了整整11年光阴，往事仿佛就发生在不久前。11年间我从一个青涩稚嫩的学生已成长为所在中学里的教学骨干，是什么一直支撑着我始终不忘初心坚守在一线历史教学，我想就是与以恩师邵雍老师为代表的母校出色学者给予我指引和点拨有着密不可分的关联。

今年是恩师从教30周年的纪念，祝愿邵老师身体健康，培养出更多出色的史学人才！

2009届本科毕业生　卞国华(现工作单位:上海市南洋模范初级中学)

2015年7月1日20:22

学术路上的引路人

——纪念邵雍教授从教三十年

黎　瑛

遥想2005年初夏，承蒙导师邵雍教授不嫌我资质愚钝，把我列入门墙，让我实现了攻读博士学位的夙愿，也让我非常幸运成为邵门的一员。我是导师的第一个博士研究生，在上海师范大学攻读博士的三年，压力与艰辛并存，但是在那段艰难奋斗的岁月里，导师的关怀和鼓励如影随形，导师的叮咛、鼓励和鞭策成了我博士岁月中最温暖的回忆。

导师的研究领域是中国近现代帮会及下层社会史。除了涉及中国近现代社会史外，还涉及孙中山研究、党史研究、宗教史研究、上海史研究、朝鲜韩国史研究和抗日战争研究。著作丰硕，在《历史研究》《近代史研究》《抗日战争研究》《党史研究与教学》《民国档案》等学术刊物上发表了两百多篇论文。他的著作被国内外十余种学术专著作为主要参考书或直接引用，在学界影响力很大。但是导师给我最大的触动不是这些颇有影响力的成果，而是他数十年如一日对学术研究的孜孜以求。跟随导师攻读博士研究生时，他已年过半百，但多年来几乎每个晚上都准点出现在书房进行学术研究，批阅学生论文。明亮的灯光和一部部专著、论文的完成见证了导师的辛勤和努力。

导师的研究以史料见长。史料是历史研究的基础。导师十分注重第一手史料的收集。为了厘清近代帮会的发展脉络，导师的身影遍布全国大半省份的档案馆和图书馆。也正是对资料的重视和收集，导师的学术成果为我们展现了中国近现代下层社会一幅幅精彩斑斓的图画。在攻读博士的三年里，导师手把手地对我进行系统学术训练和学术能力提升外，一直对我强调史料的重要性。如何挖掘史料，如何运用史料是史学研究的最基本问题。在完成博士论文期间，导师在和我讨论框架思路的同时，强调最多的就是史料。导师要求我力所能及穷尽一切史料，只有在充分占有史料的基础上，才会有客观、深入的研究。记得我的第一篇课程论文，导师认为史料不够扎实；记得每年寒暑假放假前，导师多次强调的就是利用假期收集史料。正是在导师对史料要求极高的高压氛围下，读博三年，我风尘仆仆地奔走于广西区内各大图书馆、档案馆，虽然不敢妄言筚路蓝缕之功，但确实让我的博士论文酝酿于扎实的史料基础上，至今那段为了收到一条重要史料而欢欣鼓舞的兴奋，翻遍档案馆而一无所获的失望，都成为我学术生涯中无法磨灭的印记，也成为支撑我学术生命的重要基石。

导师不仅治学严谨，同时也强调创新。还记得在读博期间，由于我是广西人，始终对家乡有着一种深刻的人文关怀，并力图把这种人文关怀和学术研究结合起来。因此对于博士论文的选题，我希望以民国时期的广西地方社会为研究对象，力图从国家——社会的视域看民国时期的广西社会控制。这与导师的研究专长有一定的偏离，但我的想法却得到了导师的大力支持。他热情鼓励我从自己感兴趣的领域下手，做有自己特色的创新研究，并对我严格要求，时时督促我警醒，使我不敢有丝毫怠慢。我最后成型的毕业论文从选题、构思、写作到修改都凝聚了导师大量的心血，毕业后当我的论文修改出版之际，导师又欣然为我的第一本著作作序。他悉心的指导和无私的帮助，以及对学生的宽容和鼓励使我终生难忘。

导师成果丰硕，还为人谦和。导师在学术研究上对我要求严格，但生活上却给予了真诚的关爱和无私的帮助。在沪求学的三年，每年的中秋国庆假日，导师都要邀请远离家乡在沪的同学到家里过节。我们一起与导师像朋友般的家常闲聊，围绕在导师师母身边喝酒共聚的场景都成为我们学生时代最温馨的回忆。在一次次的聚会闲聊中，导师不经意地教给了我们为人处世之道、学术研究的道德和坚守的底线，时时刻刻告诉我们先做人后作文的真理。而今我也走上了学术道路，与导师一样成了一名大学老师，开始指导研究生，导师的这些叮咛如影随形，成为我职业生涯的指南针。

在导师身上，体现了一个中国知识分子的传统美德。在学术道路和从教道路上，无论为人、为学、还是为师，导师高尚的品格和不断进取的治学思想将是我毕生追求的方向。

2017 年 9 月 3 日

遇见美好

肖凤彬

记得十年前，在美丽的上师大第一次遇见邵老师。2006 年是我的研究生面试，作为一名新生既对未来三年的学习和生活充满着希望，同时又心怀忐忑。直到遇见邵老师，心中才变得宁静。因为邵老师给我的第一印象就是和蔼可亲，他那严谨而又和善的面孔，宁静而又高远的眼神总能让我们感觉能在他的指导下获得学识和思想。邵老师善良的性格和卓越的学识感染着我们每一个人，同门的师姐师兄对我们慷慨相助，我们这些学妹学弟也虚心向他们学习，因为邵老师时常说起要互帮互助，虚心请教。罗国辉和高尹生师兄经常指导我如何选题、查阅资料、选取资料、撰写文章、修改细节等，正因为有了他们的帮助，我才能很快适应上师大的校园生活。

选择了历史专业，自然会钟爱历史，敬畏于历史的悠远，感慨于历史的智慧。第一次去听邵老师的课是和赵莹莹一起，我们都满怀期待。课堂中的邵老师儒雅风趣、侃侃而谈，宏大之中不忽视历史的细节，又能从细节之中启迪我们的思想。邵老师的课让我们品味到邵氏历史课的风采，让我们了解，学习历史不仅仅是懂的史实，作为一名研究生更重要的是掌握研究方法，通过史实获得新的认识，即所谓“鉴于往事，有资于治道”。从此之后，我们查阅资料不敢有丝毫怠慢，不敢放过任何一个有价值的历史细节，积极探寻近代史的诸多侧面，力图找出新的探究点。我的毕业论文之所以能以近代中医为研究主题，和邵老师给我的这种课堂引领有直接的关系。现在我也是一名历史老师，我也一直在思考邵老师的历史课堂给我的启示，那就是无论是教中学还是大学，课堂都是引领学生、指导学生的重中之重。

邵老师是一个纯粹的人，因为邵老师对学术研究是那样的沉醉和痴迷。他多年的教学和研究生涯给我们很好地诠释了学术研究界的一句老话：“做研究，要甘于坐得了冷板凳”。邵老师就是这样对学术有奉献精神，也正是这样的精神，使他在学术研究上硕果累累，教育上桃李芬芳。邵老师的著名著作有《中国帮会史》(与周育民老师合作)、《中国会道门》《民国绿林史》《中国近代绿林史》《中国近代贩毒史》《中国近代妓女史》《中国近代社会史》《中国近现代史专题》《中国近代会党史》等，曾经在《历史研究》《近代史研究》《史学月刊》《史林》《社会科学》《历史档案》《民国档案》《党史研究与教学》等期刊上发表论文百余篇。

我的硕士论文《近代上海中医群体研究》的选题就归功于邵老师深厚的学术功底。因为学术界对近代史的研究已经开展多年，研究渗透于各个方面，如果把别人研究过的课题拿来照搬，则缺乏学术创新。为了探寻一个有价值的研究课题，邵老师不辞辛苦，指导我查阅各种历史资料，推荐我读了很多历史专著，并向我建议研究近代中医的方向。在邵老师的指导下，我收获很多，终于形成了硕士论文写作的思路。特别是在2009年，邵老师力荐我参加华中师范大学社会群体研究会议，当我拿到邀请函时，非常的兴奋，这是我此身以来第一次参加如此大型规模的群体研究。此次与恩师一同前往武汉，也是今生难忘的回忆，会上我认识了很多专家和学者，尤其是李培德教授和尹倩学者，给了我极大的帮助，是我的论文变得丰富有质感。

饮水思源，这一切都要感恩邵老师。老师的学术、品格和为人处世都给我留下了深刻的印象。你总是不遗余力的帮助关心我们每一位学生，主动去了解我们的所想和所需。比如让我做助教来锻炼自己的能力，给我申请助学金解决我生活上的困难，让我感受到校园生活的宁静于纯粹。记得那次学术会议后，从武汉回上海，由于时间紧迫很难赶上原先买好票的那一班火车，我虽然一直在跑，但是内心却是放弃的。而你一直跑在我的前面，时不时边跑边回头鼓励我，当我看到你坚定而又信心的步伐，我觉得只要自己不放弃，一切都有机会。就这样，我俩竟然赶上了那趟列车，车上我们都露出了开心的笑容，我也领会了人生的一个道理。

邵老师，所有的往事又在我的脑海里回荡，青草地前红色的教学楼，校园桥廊下的一池碧水，梧桐树下的清凉，秋季桂花的芳香……所有的话语汇成一句：谢谢您！

肖凤彬

2017年5月端午

治学严谨的邵老师

王　伟

今年，邵雍教授的三个博士申报的国家社科基金项目获得立项。邵老师的学生能够获得一定的学术成就，与邵老师的严谨治学态度密不可分。邵雍教授自幼喜欢读书，在“文革”期间，对中断学习感到惋惜，坚持读书并学习英语。邵雍教授对“文革”破坏了正常的学习与工作秩序，十分不满，对唯成分论很是反感。“文革”结束后，他对自己在“文革”中错误批判自己的老师感到愧疚不已。邵雍教授的父亲是上海一家大型化轻公司的业务骨干，在“文革”期间受到不公平对待，被下放工场从事体力劳动，整天干粗活累活，扭伤了腰，但也顽强地挺了下来。家教对邵雍教授的影响较大，邵雍教授为人宽厚，为人低调，待人随和。在学术上总是发现他人的长处，态度谦虚，对年轻人总是持鼓励的态度。特殊的人生经历，塑造了邵雍教授高尚的学术道德与独特的学术魅力，在学生眼中，邵雍教授做到了做人与治学的完美结合。我2011年从上海师范大学博士毕业以来，发表论文20余篇，其中核心期刊10篇，一篇被2014年人大复印资料全文转载；主持省部级课题6项，其中一项是教育部课题，一项是国家社科基金项目；获得了2015年度江西省党建课题二等奖。我能够取得一些学术成就，与邵老师的精心指导分不开，他严谨的治学态度对我影响较深。

一、浓厚的学术兴趣与辛苦的学术钻研相结合

邵雍教授喜欢搞学术研究，首先的原因是他有强烈的发自内心的兴趣，他常常强调"究天人之际，通古今之变"。邵雍教授搞学术研究打破砂锅问到底，努力探究历史的真相，将它告知公众，这是他研究历史的强大动力。例如，邵雍教授发表的类似论文有：《太平天国有没有女军，女军是否独立作战？》《周锡能案件是怎么一回事？》《太平天国为什么要焚书？》《清军的长江防线为何一溃千里？》《太平天国北伐军最终兵败何处？》《陈玉成是怎样被俘的？》《赖文光是怎样被俘的？》。邵雍教授勤奋好学，热心钻研，对学生从事学术研究影响深远。2008年9月，我师从邵雍教授读中国近现代史专业博士。早在入学之初，邵老师要求我下定决心，将学习作为工作来做，认真上好每一门课，做好课堂笔记，强调按时上课，做好笔记，在各种学术会议上同样保持这种好的习惯。邵雍教授告诫我，学术研究不是百米短跑比赛，而是马拉松竞赛，要有恒心有毅力，常年坚持，逐渐积累，聚沙成塔。我听从导师的教诲，从2013年开始，国家社科基金项目，我连续申报了四年，前三年，没有申请到，我坚持不懈，从失败中吸取教训，直至2016年取得成功。

二、认真与勤奋相结合

邵雍教授一再强调，学术研究是门手艺活，贵在认真，马虎不得，每篇论文都要抓紧抓好。要有充分的时间阅读相关著作，解读原始资料，不要临时抱佛脚，敷衍了事，随意糊弄一篇交账了事、自欺欺人。邵老师在指导他的博士生写毕业论文时，一丝不苟，从史料的出处，到错别字的修改，非常认真，甚至标点符号都要认真打磨。邵雍教授收集了大量的历史资料，并且在买书方面不惜投入大量资金。他常说，家中的书刊杂志，每天看一本，一生也难以看完。丰富的史料保证了邵雍教授写作的论文做到史论结合，有根有据，逻辑严密，引证规范。类似特点的论文有《中共二大"民主的联合战线"的由来》《1935年上海法租界人力车夫罢工初探》《福建事变前后陈铭枢等人与共产党的交往》《〈申报〉对义和团运动的舆论导向》等。邵雍教授是个有心人，如有相关信息立刻用手抄、照相、复印等手段记录保存下来，从而积累了大量的史料。通过阅读邵老师的论文，我认识到如果没有对前沿的观察，没有过硬的资料，想写出这些高质量的论文是不可能的。搞学术要认真、勤奋，深深影响了邵老师的学生。上海师范大学的学生有一个说法，就是做邵老师的学生真"苦"，这一点我深有体会。在读博期间，邵老师给我写了大量书单，不仅有历史学的，而且有社会学、政治学的，要求我上课时进行评价，谈体会，然后他进行点评。我明白，邵老师不仅要求我们多读书，他开列的书单，他也研读了，否则难以做到精准的点评。从邵老师的点评中，我逐渐领悟到做学问的方法。

三、虚心请教与抓住机会相结合

邵雍教授在学术会议中认真考虑同行评议,在开学术会议时他常常让我把别人的意见与建议认真记录下来,尤其重视批评意见,要求我认真反思,虚心接受。例如:2010 年 5 月在上海师范大学举办的近代社会史学术讨论会上,对于我的论文,邵雍教授恳请专家们尽量提出意见与建议,并且要求我开动脑筋,予以积极回应,及时对自己的学术观点进行补充或修正。邵老师要求我平时仔细阅读相关的学术刊物,有的放矢地投稿,提高命中率。邵雍教授知道很多刊物的特色版面,也知道一些期刊的主要栏目。例如,他研究了《内蒙古社会科学》期刊,在邵老师的指导下,2009 年我在该期刊发表了《中原文化对中原民间宗教信仰的影响》。邵老师要求我在可能的情况下,不放弃参加相关学术会议的机会。他常说要把参加学术会议作为最好的教师进修机会来看待,时时刻刻关心学术研究的信息与动态,加强与学术期刊编辑的沟通,认真研究对方的来信。这些编辑阅稿无数,经常一眼就能看出论文的软肋与优点。这一点,我深有体会,在一次学术会议上,我与编辑沟通联系,论文《习仲勋的群众观在广东改革过程中的运行及其启示》《井冈山时期党的艰苦奋斗历程及其启示》《井冈山时期党的群众路线运行及其启示》《〈反对本本主义〉的当代价值与中国梦的实现》等受到了编辑的青睐得以发表。

四、学术传承、创新与超越相结合

邵雍教授与他的老师们保持良好的关系,参与他们主持的学术研究项目。邵雍教授积极参与了郭豫明教授的《中国近代史教程》、郭绪印教授的《中国现代史新编》、李培栋教授的《中国历史之谜》、王铎全教授的《一千零一问》等,既帮助了老师,也使自己得以提高。他从老师那里吸取了大量的学术精华,也传给了他教的学生们。邵雍教授在给学生们上课时,把上海师范大学历史系前辈们的学术成果加以概括与总结,从学科建设的视角加以理论化与系统化,并以课程教学的形式传承给他的学生们。邵老师倡导学术创新,在给我的课程论文评语中,可以看到他的精彩评语,其核心内容鼓励学生进步,树立学生的信心,在学术创新中不断前进。他强调课题要能够抓出重点与创新点,要了解总体研究水平,又要突显被评论者的学术新贡献。邵雍强调,对于老师、前辈既要尊重,学习、继承、发扬他们的优良学风,也要敢于对他们的某些不足之处展开批评、商榷,在此基础上不断超越。2003 年他在《历史研究》上发表论文《对〈义和团运动发展阶段中的民间秘密教门〉的几点意见》,对路遥先生在《历史研究》2002 年第 5 期发表的《义和团运动发展阶段中的民间秘密教门》一文,进行了评价,对其中有关九宫道的历史传说提出一些学术性的异议。邵雍教授坚持有充分的学术依据,可以对学术观点善意提出批评,提出自己的见解。他坚持学术上的问题都可以讨论,但不要讽刺挖苦对方,在学术创新与超越方面坚持正确的态度。我牢记这个教导,在申报课题时,有关学术综述方面对他人的学术成果尽量做出中肯的评价。在我博士毕业后,邵老师鼓励我学术创新。我本科、硕士研究生阶段学习的是思想政治教育专业,博士研究生阶段读的是中国近现代史。我的博士论文选题是近代河南农村社会研究，邵老师根据我的学习经历，鼓励我把历史学、社会学、政治学、教育学等多种学科交叉起来，思考问题，选报题目，要求我从实际出发，发挥自己的学术优势。我近三年申报的课题都与井冈山丰富的红色资源有关，大学科方向是马列科社、党史党建，可以说是对我学习经历的一大考验。

邵老师治学严谨，强调搞学术研究从小事做起，从细节入手。细节决定成败，态度决定高度。他要求学生们在学术研究上勤勤恳恳，对史料不但全力收集而且认真考证，治学态度严谨。他本人身体力行，在学术研究上一丝不苟，谦虚谨慎，虚心求教，传承创新的是学术研究的经验心得。在指导学生如何写学位论文（包括硕士论文、博士论文）时，邵老师把他的作品拿出来讲解，就是很好的示范。对一个刚走上工作岗位的大学教师来说，如何写论文、申报课题、批语，邵老师有学术性极强的经验积累，很多人视为秘籍，很少谈起。而邵老师有很好的感悟与总结，他把这些宝贵经验写成笔记，毫不保留地宣示给他的学生。常言道：授人以鱼不如授人以渔，邵老师给予他的学生以很好的启迪与学术指导，我不断翻阅这些笔记与自己的心得，感到终身受用无穷！

2016 年 9 月 1 日

师恩如山，铭刻心间

王 成

邵雍教授是社会史、上海史专家。近年来，他的研究领域进一步拓展，在中共党史和韩国史方面都取得不俗业绩，研究成果斐然。邵雍教授是我的硕士导师，是他亲手将我引进了历史研究的学术之门。转眼间，我硕士毕业已经 5 年，博士毕业也快 2 年了。回首往事不禁思绪万千，情难自已。然而稍理情绪之后，我对于邵老师爱戴和思念之情愧如泉涌，我坚信如果没有邵老师便没有我今天的生活与工作。邵老师严谨的治学态度和对学生无微不至的关怀让我终身铭记，他的教导于我而言犹如涓涓细流润物无声。

我于 2008 年考入邵老师门下攻读中国近现代史硕士研究生，与我一届的还有另外一名硕士和一名博士生，能进入邵老师门下是我一直以来的梦想。我本科毕业于安徽一所师范院校。虽然地处偏远皖北，但我的老师们对于邵老师的学术造诣和为人品行均是有口皆碑，可见邵老师在学界确是闻名遐迩。虽然对邵老师仰慕已久，之前也有过邮件往来，但真正见到邵老师还要算研究生复试了。第一次与邵老师见面未免有些紧张甚至有些忐忑不安，面试也让我初次领略了邵老师的博学与敬业，从学术前沿到治学功夫，从人际关系到家庭状况……邵老师对于我们的方方面面都非常细心地加以了解。他还主动询问我们是否有不明事项或其他顾虑，并承诺在他的能力范围之内一定帮我们解决，这些都给我留下了极深的印象。

研究生三年是辛苦的又是快乐的。正是有了邵老师的教导与培养使我们在学术的道路上越走越宽阔。邵老师是一位无私奉献的园丁，他的言传身教往往让学生受益终身。邵老师与学生交流有一个非常有趣的特点,那就是谈到生活问题氛围非常轻松活泼,而每当研究学术问题之时,老师又非常认真,尽显其治学严谨之风。老师给我们上第一次课时便交代,研究生阶段是做学问的关键阶段,一定要注意研究问题的视角与方法,平时要注意做好基本功,要注意积累,不要眼高手低。邵老师师从中国会党史学会会长魏建猷先生,我亲眼见到邵老师年轻时做学问时制作的读书卡片和史学笔记,高高厚厚的,像是一座小山,令人叹为观止。这也让我彻底明白,做学问并无捷径可走,只有一步一个脚印才能踏出一片天地。老师的成绩正是凭借其经年累月的努力与勤奋获得的,我们新一代的学人也唯有这样才能在学界打造出自己的一席之地。

邵老师思维敏捷、博学强记。作为一名史学工作者,他对搜集史料非常"痴迷",邵老师是一档、二档的常客。据说,他每到一地首先必至当地的档案馆搜集资料。他曾对我们学生说,史料是研究历史的基础。他反问我们,"皮之不存,毛将焉附?如果没有史料,如何能让自己的研究成果令人信服?"事实证明,邵老师的这番话真是至理名言。他在研究生阶段给我们讲《史料学》时介绍的历史研究领域特别是社会史研究领域的史料至今让我受益。我天资愚钝且又向来懒惰,老师却对我不离不弃。有一段时间,我因家庭琐事而情绪低落,甚至对于老师的言语和关怀都有所抵触。老师对此并没有生气,反而是一再地给我做思想工作,希望我能端正治学态度,不要因为一时的困难而打退堂鼓,更不能自暴自弃。在老师的鼓励与引导下,我顺利完成了3篇关于社会史方面的小论文,其中1篇发表于《淮北师范学院学报(哲社版)》,另有1篇提交学术会议并获奖,这3篇论文从资料来源和研究要点以至修改、投稿都是在老师的指点下进行的。

邵老师可谓以身立言,以行践之,他真正做到"学而不厌,诲人不倦"。我的硕士毕业论文的选题曾让我感到茫然无措,也是在邵老师的指点之下才渐渐开始明朗。邵老师和我多次交流、探讨我的毕业论文选题,然而所选之题要么缺少研究新意,要么不具备可行性条件。那时的我真是焦头烂额、夙夜难寐,甚至又曾萌发放弃的念头。老师一方面要求我注意处理情绪问题,一方面耐心地和我在选题上继续切磋与交流。老师最终以其渊博的知识储备为我敲定研究民国时期上海永安公司出版发行的杂志《永安月刊》。《永安月刊》虽然寿命长达十年之久,从社会史的角度研究价值颇高,但因为其为商人出资所办,在讲究"主流"的民国时期并不太被研究家、收藏家们所重视,因而遗失和散佚较多。据说,目前全国范围内只有四家单位或个人收藏了全套的《永安月刊》,可谓是极为珍稀的民国刊物。我的母校上海师范大学却有一套保存完好的《永安月刊》,这就为我研究《永安月刊》提供了可行性条件。如果没有邵老师的悉心指导,我的毕业论文不可能如期顺利完成。

正如我的硕士论文致谢所言,"时间若白驹过隙"。2011年,我的研究生生涯就告一段落了。当时的我面临着何去何从的选择,邵老师很关心学生的毕业出路问题。研究生最后一年,当邵老师得知我有志于继续攻读博士学位非常欣慰,勉励我要好好准备。为了让我安心的复习备考,邵老师送我考博所需参考资料。对于考博期间要求老师提供的推荐信等材料,老师也是每求必应,从无耽搁。考博之路荆棘密布、悲喜交加,在我面临困境之时,邵老师总能在第一时间聆听我的忧伤。在我取得成绩兴奋难抑之时,邵老师又总能与我分享喜悦并告诫我不要骄傲。显然,我与邵老师的关系已经超越了一般的师生关系,在邵老师那里我感受到如同家人一般的温暖。当我第一时间告知邵老师我以第一名的成绩被安徽大学历史系录取为博士研究生时,邵老师高兴得手舞足蹈,兴奋得像个孩子,这也让我的眼眶泛起了泪光。

研究生毕业后,我到安徽大学继续我的求学生涯,然而我同邵老师的联系并未因此而中断。安徽大学读博期间,邵老师平时依然很关心我的学习生活,他总是在百忙之中来信寻问我的情况。有时候,我也从师弟师妹那里获知老师一直都很惦念我。老师每每来信都详细询问我在学术研究方面遇到哪些问题,并会时常为我指点迷津。我请求老师修改、润色的文章一经发出就能及时得到老师的回复。攻读博士期间,导师吴春梅教授、张崇旺教授、卞利教授、朱正业教授等在得知我是邵雍教授的学生时对我都寄予了更多、更高的希望。可能在他们看来,邵老师在学界德高望重,作为他的学生也应该更加优秀吧。这对于邵老师而言可谓实至名归,对我而言则是诚惶诚恐。卞利教授曾亲自对我提出希望。在他看来,邵雍教授治学严谨,为人高风亮节,堪称学界常青树。他认为,邵雍教授的弟子有着很好的师承关系,在学术上多有一定功力。安徽大学世界史专业周乾教授对于邵老师在学界所取得的成绩也高度认可,并勉励我向邵老师学习,继承邵老师的良好学风。

桃李不言,下自成蹊。如今我已博士毕业,也已成长为一名大学老师,对于邵老师为学生的付出有了更深层次的体会。每当想到老师为我们的成长付出的辛苦与努力,每当想到老师严于求精的学风,每当想到上次见面老师日渐增多的些许白发,我不禁想要说一声,"师恩如山,铭刻心间!"

2016 年 6 月 6 日 14:37

有幸遇见你

王月韵

与邵老师相识相知、进而成为他的学生是我一生中最大的幸事。我于 2010 年入邵老师门下,攻读硕士研究生。那一年邵老师招收的学生中有我和万飞两个硕士研究生和邓春丰一个博士研究生,此前就听其他师兄师姐说邵老师对学生的学术要求非常严,所以当我第一次去拜访老师时,心中忐忑不安。见面以后,老师问我平时都读过哪些书,又问了家庭情况,我说我读得不多,很有限。邵老师说,硕士跟本科不一样,需要多读书、多思考、多动笔。当时会面的时间很短,但总的印象是,老师似乎并没有传说的那样严厉,还是很好说话的。

邵老师给我留下的最深刻的印象是他严谨的治学态度。他的文章都是自己呕心沥血、一丝不苟的结果,他从来没有让我们代劳这回事,都是自己查资料的。记得有一次周末在学校图书馆遇到老师,他因为自己文章的一个注释问题专程来图书馆核实。邵老师还经常鼓励我们多读书、多实践,在我研究生三年的求学过程中，邵老师赠予我许多近期发表的文章和书，让我注意平时要多积累，教我通过制作资料卡片的方式对信息进行归纳分类，这对我以后在学习中有效地搜集使用资料有很大的帮助。

邵老师的成就与他的勤奋是分不开的。他每天都是早早起床，坚持读书、坚持创作。他经常告诉我们要合理利用时间，为社会留下一些有用的东西。也正因如此，邵老师总是显得那样精力旺盛和雄心勃勃。在他那里没有节假日的概念，他对时间的珍惜已经到了吝啬的程度，不管是小长假还是寒暑假之后的课堂上，邵老师经常会给我们提及自己假期的读书、创作心得。他热爱教学，邵老师备课非常认真，讲课的内容主要是邵老师早年的论文集，也包括他新发表的一些文章，从来没有想到哪说到哪的现象。让我感动的是我们的作业，邵老师不仅会认真仔细的批改和研读并及时给予帮助，还经常鼓励我们把自己的作业拿到课堂上与同学交流，谈谈自己文章的选题，观点的形成，资料的搜集以及后期的修改完善，然后每人发表自己的见解或提出问题。这样方式让我受益匪浅，也正是这样的方式，让我们学生之间互帮互助，共同进步。邵老师有一流的专业精神和专业成就，靠自己的本事取得专业成就。他严格培养学生的独立思考能力和研究能力，总是鼓励我们坚持原创不抄袭。邵老师的这种孜孜不倦的学习和工作作风值得我们一辈子去学习。邵老师对我的影响不仅是在专业上的，在为师做人上也有潜移默化的影响着我。

邵老师对人和蔼亲切，没有架子，对我们学生也特别的好，与他接触不会感到有压力。凡是与他相处过的人，都会感到他是一位性格谦和的好老师、好学者。正因为他的亲和力，也让我们更有机会了解他。每次到他家的时候，他都会给我们准备甜点零食，或是询问我们学生的近况，或是介绍自己正在研究的课题，或是谈论自己某部作品创作的灵感是如何来的，潜移默化中引导我们善于观察和发现。

在我与老师的交往中，被他为人师表的人格魅力所感动，每次作业或论文打印出来送交老师后，他都会仔仔细细地把其中打印错误的几处符号和错别字改正。看着他端正遒劲的笔记，我深深地感动。他那种一丝不苟、严于求精的学风，值得我永远学习和难以忘怀。

在邵老师的鼓励和指导下，我开始尝试着写文章。2011 年正值辛亥革命一百周年，邵老师鼓励我和万飞提交学术论文，参加在杭州举行的研究论坛。很荣幸，在邵老师的指导下，我们的两篇论文都得到了会议主办方的认可。8 月份，我们在邵老师的带领下南去杭州参加了由杭州市政协主办，市政协办公厅、市政协文史委员会、杭州文史研究会和民国浙江史研究中心承办的“辛亥革命与杭州”研究论坛，有百余位中国近代史的专家学者和文史工作者汇聚杭州，他们来自不同的地方，有中国社科院、中国政法大学、中国第二历史档案馆、华东师范大学、复旦大学、浙江大学、浙江省社科院等高校和研究机构以及日本、韩国的朋友，这是我第一次参加规模这么大的学术会议。论坛持续了两天，就杭州辛亥革命前后政治、经济、社会等各方面进行了交流研讨，探究辛亥革命对杭州近代化进程的作用和深远影响。会议期间邵老师为我们引荐了多位著名的专家学者，他们都是我们学习的榜样，这次会议不仅让我近距离的领略邵老师的学者风范，而且对我本人的学术进步也是一种鼓舞。不仅如此,会议期间,邵老师像一位慈父关心我们饮食是否习惯,叮嘱我们出行要注意安全,这段短暂而美好的记忆永存心中。

也许邵老师还不知道我曾经因论文不会写而焦虑的哭过,到最后能够顺利毕业,真的很感谢邵老师在我研究生求学期间的鼓励、指导和培育。感谢您,我生命中的贵人。恩师为人师表的那份耐心、负责的态度是我永远的榜样;对学术严谨、认真的形象是我永恒的记忆。

2016 年 6 月 5 日

感 恩

梁俭惠

毕业已经整整一年多,学生时代一去不复返,但回想起那段时光,对于自己整个人生观和价值取向起到非常大的影响莫过于大学遇到的几位恩师们了,如今时而想起,总是对他们充满了敬意。

……

在专业知识给予我很大的信心和鼓励方面让我难忘又充满崇高敬意的便是邵老师了。刚开始接触到邵老师是在他开的中国近现代史选修课上,那时候下课了几乎没有人会留下来问问题,恰逢那时候我有疑问便向邵老师请教,邵老师很耐心地回答了我的疑问,走的时候还问了我的名字,想不到第二次再上课的时候他竟然记得了我的名字,后来他向我推荐过不少有关于近代史的书籍,但是那时候的我太过于心浮气躁,推荐的书籍并没有一一读完。我始终是非常尊重邵老师的,佩服他对于专业的热爱。记得有一个教师节,我给恩师用心制作了一张感恩卡,恩师收到以后非常高兴,后来他大概去参加一个交流座谈会时竟给我带回来了一个非常精美的标有林徽因的"中国风"书签,让我感动不已。邵老师上课是非常认真的,讲的内容认真听也是非常有趣的,所以在他的课上我是没有逃课过的,每节课都尽可能的去认真听,布置的作业也是非常认真的完成,从来不敢辜负恩师的鼓励。虽然是选修课,这也是我在大学里面选的课程中一直得优的。也是从那时候开始我对自己的专业水平才逐渐恢复了信心,后来不断地去图书馆借书,到毕业时发现自己借阅的图书已经有挺多了,还获得了图书档案馆的纪念品。

……

又见一年教师节,第一个属于自己的节日,想起过去种种,憧憬未来。感谢之前所有教导过我的老师,给我方向,给我鼓励,恩师之情永不忘;感谢学生,给我信心和力量;感恩家人、朋友给予支持、包容、理解;感恩所有的不离不弃,一直相随……感恩一切。

2010 级历史学(师范)　梁俭惠

2015 年 9 月 10 日

深刻的印象和回忆

邵常岁

近日获悉导师邵雍教授被上海师范大学校党委同时授予优秀共产党员、"优秀共产党员 师德标兵"称号,邵老师获此称号当之无愧。研究生三年中,邵老师给我留下了深刻的印象和回忆。

初识邵老师是2013年4月来上海师大研究生入学面试时,身体清瘦,斯文儒雅的邵老师给我留下深刻的印象。在面试前,我便通过一位师兄向邵老师转达了我想跟着他读研的意愿,依旧记得面试时邵老师向我提了好多问题,面试后,我如愿以偿地成为邵老师的学生,心里怎一个高兴了得。加之我与邵老师是都姓邵的缘故,邵老师与我爸爸年龄也相近,所以我感到邵老师特别亲切。邵老师不仅仅在自己学术研究领域取得了瞩目的成就,对待学生也是非常热心的,无论是学习上,还是生活中,邵老师都甚是关心学生。

犹记得第一次到邵老师家拜访时,看到他的书房四面墙壁三面书、地上还摞着近一米高的各种书籍资料,整个书房仅有一个三四十厘米宽的走道通向书桌,真可谓汗牛充栋,简直就是一个小型图书馆。当时我真的被眼前的那一幕惊呆了,在一般人家中我从来没有见过如此多的书籍。还记得师母曾说过,邵老师担心这么多的书会把楼层压坏,楼下的邻居找上门来。如此多的书籍资料背后是邵老师三十余年来潜心于史学研究的辛苦与成就。

邵老师曾说他当讲师时便已把民国时期《申报》上所有有关会道门、会党、土匪的资料全部看过,并做好了索引。在当时没有电脑的情况下,查阅共38年,每年365期的《申报》,花费的时间与心血可想而知!邵老师非常注重史料的收集与运用,也一再强调和要求学生运用新史料撰写论文。研一下学期,邵老师曾推荐我利用刚刚出版不久,很多人还没有注意到的《中共中央文件选集(1949年10月—1966年5月)》中有关会道门、剿匪的资料撰写作业论文。邵老师为研究生开设的史料学这门课程,更是凸显了他在史料收集和研究方面的成果。众所周知,研究历史没有经年累月的积累是绝对做不好学问的,对于史料的熟悉程度直接关系到科研质量的高低,而资料的查找更是史学研究中的一大难点,更何况是邵老师研究的会党、会道门等领域资料更是匮乏和难以找到。邵老师在这方面孜孜不倦,身体力行,甘坐冷板凳,一坐就是三十余年,没有对史学研究的真心热爱是绝对做不到的。他从教三十一年,把一生心血都奉献在了历史的教学与研究中,同时也是硕果累累、著作等身,出版著作32种,发表论文400余篇。真心佩服邵老师及其成果,身为邵老师的学生我也深感自豪与骄傲。

邵老师这种做事执着认真的精神正是我们这些心气浮躁的学生所要学习的。在三年的研究生生活中,邵老师做事严谨守时、精益求精、踏实做事、为人低调等优秀品质深深地影响了我。

邵老师在忙于自己的学术研究和教学的同时,也不忘关心学生的学习和生活。对于学生在学习中遇到的困难,邵老师总是耐心地予以点拨和指导,而且对学生进行思想上的安慰。犹记得在毕业论文开题时,由于我没有提早下手思考毕业论文选题,以至于后来时间匆忙,论文选题不当,在开题时出现很大问题,多位老师提出修改意见。开题会后,其他同学都已放假回家,或着手撰写论文,而我这个时候却慌了神,甚至六神无主,不知如何修改选题,虽查阅不少文献资料,但仍不知如何是好,足有半个月的时间甚是苦恼,曾一度想放弃原来的选题,另找其他题目。后来我发邮件给邵老师,征求邵老师意见。邮件发出去不久,邵老师便从家里打电话给我,就论文选题的事情给我聊了很久,给了我很多建设性意见,并安慰我不要心急,多看资料,然后再琢磨怎么样修改。后来邵老师还百忙之中从家里跑回校来,给我送来两本《铁道学院三反快报》资料,正是这两本资料成为我最后确定选题的依据以及毕业论文写作的主要参考。去年暑假我前往北京查找毕业论文资料之前,邵老师又告诉我到哪些地方找什么资料。在此期间,邵老师也不间断的询问我资料查找情况以及北京的生活状况,并提醒我注意防暑。邵老师的指导与关心如炎炎夏日中一股凉风扑面,使本已疲惫的我备受鼓励。毕业论文写作基本完成后,邵老师用了整整一天的时间给我修改论文,大到结构的调整,小到标点的纠正。

邵老师在平日里也非常鼓励学生写作发表论文。在三年的研究生学习期间,我在《历史教学问题》等刊物上发表学术论文6篇,获得2015年度研究生国家奖学金、江苏省委党校第十届硕士研究生论坛优秀论文一等奖、上海市"都市文化与城市发展"研究生学术论坛二等奖,并获得上海师范大学优秀毕业生、优秀学生、优秀团干部、勤助工作先进个人等荣誉称号。我深知,我所取得的这一切的一切都与邵老师的指导和鼓励是分不开的,还记得在发表《新文化运动与传统文化的关系》这一篇文章时,邵老师在从兰州出差回来的当天连夜帮我修改论文。没有邵老师的辛勤栽培,我是无论如何也不可能获得这些成绩和荣誉的。在此,再次向邵老师表示最诚挚的谢意。

如今即将离开生活了三年的上海师大,但师恩永难忘。最后,祝愿邵老师身体健康,工作顺利,科研再结硕果。

写于毕业离校之际　2016年7月5日　11:06

岁月无痕,师德留迹

——与邵雍老师相处三年时光有感

陈晶晶

细细的夜雨笼罩着这个让新生代既爱又恨的魔都,一天的喧嚣在夜雨中渐渐随雨丝落于大地,整个世界归于沉寂,这样的雨夜最易让人泛起诸多思绪。三年的光阴弹指一挥,在求学生涯即将画上句号之时,这个静谧的雨夜惹人不禁回顾以往光阴里经历的事、遇到的人。我揭开成长这一篇章,一个瘦削而精神矍铄的老者赫然闪现在脑海,这个令人难以忘怀的老者正是三年来对我人生与学习进行导引,促我进步的导师——邵雍教授。

“斯是陋室，惟吾德馨”，甘之如饴的学术追求。不衣华服，不食美味肴馔，精神上的富足便是最大的追求。每次我们师门前往老师家里看望老师，都会在参观完老师的书房后，为之惊愕，满目望去，层层叠叠的书籍成为老师家里最为夺目的地方。我们在感叹平生读书远不及老师十分之一时，心里满是惭愧与对老师的崇敬。一次与师母闲谈，说及邵老师书房的壮观时，师母告诉我曾有人开玩笑说邵老师是最奢侈之人，在上海寸土寸金的地方，别人为一屋求而不得，他却在这昂贵的地盘上用自己所属的不小的空间摆满书籍。听后，我想纯粹的学者大抵如斯，书籍里的世界对于邵老师这般的学者来说才是最让人心驰神往的地方，再华美的装饰抑或外在的享受都不及这一方寸天地的所获。正是这样的学术修养才使得邵老师才思泉涌，杰作不断。

“谈笑有鸿儒，往来无白丁”。吾师生于江南这样一个才人辈出的地域，又是一个严于律己、刻苦奋进的学者，那种满腹经纶、谈吐不凡的江南文人风范在他身上自然流露，魅力横生。所交之人，皆为志同道合者。对于师者，尊之敬之，在闲隙时间，亲顾师者居所，与师者探讨学术问题，交流研究所得。这样的时光对于两者来讲，都是极其珍贵的。每逢参加学术会议，总有一见如故的学者与邵老师相谈甚欢，成为学术领域的知己。所闻、所见、所交、所谈中获得信息大都能引发老师的学问之思，深厚的学术积淀与邵老师敏锐的洞察力成为他在史学研究领域成果不断的助推力。

“可以调素琴，阅金经。”唐朝诗人刘禹锡在《陋室铭》里这样表达出文人的日常生活追求。这种雅致的人生境界在吾师身上亦有体现。在师门聚餐时，听师母讲及邵老师的趣事。一次师母与邵老师赴国外旅游，在一个广场上偶遇乐队演出，邵老师竟痴迷到追随乐队而行，置师母于不顾，害得师母找他好久。除却对雅乐的痴迷之外，邵老师尚喜欢与弟子及时分享学术交流成果。经年累月的阅读使他学术积淀深厚，佳作不断，频频受到史学界各种会议邀请。每每与参会学者的交流切磋有所收获，邵老师便会如获至宝般津津乐道，在课前与我们一起分享这种精神上的愉悦。在生活中，老师无抽烟饮酒之好，所饮者无非茶与白开水也；所食者简餐也。良好的生活习惯与积极乐观的心态造就了邵老师年轻于同辈的心态及外貌，我们师门间曾开玩笑说：“养生之道，当向邵老师学习。”

“无丝竹之乱耳，无案牍之劳形”，纯粹的学术追求。在学术研究的道路上，邵老师惜时如金，沉浸于书斋之中，勾勒人物与史实，将研究对象尽可能地进行历史的还原。聚会时师母曾对我们说道；“你们邵老师啊，在家里啊大部分时间都是被学术占据的，连带孙子的时间都是有限的，如果孙子缠他缠得厉害，你们邵老师干脆关起书房门，自己待在里面搞起学术来”。师母将家务之事承担起来，让邵老师能够有更多时间、更纯粹地专注于史学研究。在家里的时间惜时如斯，在学校的时间邵老师更是如此。除了给我们研究生与本科生上课之外，他没有行政事务加身，更多的时间与精力都付之于史学研究之中。学术之外，罔顾其他，正是这种纯粹使一个学者能够源源不断的进行学术积淀，在学术研究上笔耕不辍，保持旺盛的学术生产力。

时间如白驹过隙,转瞬即逝。匆匆忙忙间,到了与上海这座城、上海师范大学这所学校说再见的时刻。回想研究生三年的收获,记不清这三年时光里读了多少书,看了多少篇文章,获得了什么样的知识,这些也没有太多意义,要紧者,无非是做学问的方法与生活哲理也。而这些收获离不开导师邵雍老师对我的谆谆教诲与启迪。“所谓师者,传道授业解惑也”,邵老师身体力行地对这句话进行了诠释。感于老师三年的教诲,写此小文一篇,道不尽吾师的儒者风范,谨以此聊表我对导师邵雍老师的敬意与谢意。

2017年4月15日

桃李不言,下自成蹊

高 怡

初识邵老师是在大二上学期的近代社会史课堂上,其实早在选课的时候,我们就向上一届的学姐打探过各位老师的上课风格和脾气秉性,觉得选邵老师的近代社会史肯定没错。第一节课的时候,当我们三三两两踏入教室的时候,邵老师早已站在讲台前,一沓泛黄的教案整齐地放在桌面上,我还在想着:这老师怎么来得那么早,有种仿佛我们迟到的感觉。坐定之后,我习惯性地望向讲台,发现邵老师不同于印象中的老教授模样,个子高高瘦瘦,戴一副金丝边的眼镜,说起话来的样子斯斯文文,少了几分严厉,给我留下的第一印象就是亲切。邵老师的课堂教学也是极具魅力的,不像大多数老师都是照搬书本,听着乏味,他上课有自己的独特见解,很注重历史事件的细节,对于近代社会史上的边缘人群,他有许多细致入微的考察,听邵老师的课,不知不觉时间就过去了,总有种意犹未尽的感觉,就像在听故事一样。让我印象最深的还是那件事:课程即将结束的时候,不少同学可能是忙于复习或是觉得晚上出来上课太累,整个课堂瞬间少了很多人,显得有些空旷,我想这次肯定要发火了,要点名了,没想到事情出乎我的意料,邵老师站起来朝着来上课的学生鞠了一躬,说:“谢谢你们来上我的课!”不知道其他人什么感受,至少那一刻我是震撼的,一位年已花甲的老师,没有因为学生的逃课而暴怒,一份发黄的教案,仍在发光发热,这样的老师值得每一位学生尊敬!

再见邵老师,时隔半年之久,大三上半学期末,每个人都开始着手自己的学年论文,在选择导师的时候,我就想着找邵老师,首先我本身对近代史就比较感兴趣,其次就是我觉得邵老师是个对学生负责的老师。我还记得最初的选题是《从百乐门舞厅看二三十年代的上海社会》,其实我对百乐门了解得很少,只是对百乐门很有兴趣,所以在我第一次发邮件给邵老师的时候我是十分忐忑的。邵老师没有直接否定我的选题,而是提出了一个很现实问题,相关的史料在哪里呢?任何选题都要考虑史料问题,没有足够的史料是没有办法写的,在邵老师的建议下,我开始查找有关于百乐门舞厅的资料,但是发现该写的能写的都被其他学者研究过了。那时候的我是有点焦虑的,因为我丝毫没有思路,这个选题几乎是废掉了,而短时间我也想不到其他具备充分史料的选题。这时候邵老师给了我建议，可以把选题大方向定在《良友画报》，经过与邵老师的讨论，《抗战时期的〈良友画报〉》成为我的最终选题。但是对于从未写过专业学术论文的我来说，开篇落笔实在是太难，我一次次与邵老师通过邮件、面谈交流，我还记得有一次下雨我带着几本书去人文学院小白楼找邵老师，邵老师耐心地和我交流了很久。最后他对我说要好好保护书籍，下雨天一个袋子装着不够，要两个袋子才能保护好书籍，我听到以后觉得脸都红了，我一直觉得好好看书就好了，从来没觉得书要怎么保护，下雨天我都把伞撑得严严实实的，把自己保护得好好的，又怎么能让书淋湿呢？邵老师这简单的一句话，让我思考了很久，小时候我们把书包得严严实实，就怕湿了脏了，长大了以后，书读的多了，但是却失去了儿时对书本的珍惜。

学年论文才没有过去多久，毕业论文又被提上了行程，毫无意外地，我还是选择了邵老师，相对于学年论文，邵老师对待毕业论文更加认真细致。“你必须将良友画报全部翻过才能下笔，而且你还要在中国期刊网、中国硕博士论文网上至少查三年来的相关研究成果，一则写学术史回顾要用，一则人家写过的东西不写或少写，人家没有写过的，要多加发挥！”对于邵老师的要求，我没有埋怨不满，我觉得很幸运，有这样一位好老师，虽然说我的学年论文和毕业论文的研究方向都是《良友画报》，但是我的内容几乎是推翻重来的，邵老师的认真让我完全打消了得过且过、浑水摸鱼的念头。寒假的时候，我去上海图书馆看《良友画报》，但是一天都看不了多少期，时间都浪费在路上了，我就想着这样可不行，还是直接买了电子版的画报在家里慢慢看仔细看，这对于以前的我来说，根本就是不可能的事，是邵老师的耐心真诚让感染了我。在寒假结束前，我就比其他同学更早地完成了初稿，一直到4月中完全结稿。我每次发邮件和邵老师交流的时候，他总能给我提出意见并加以督促，“发回修改稿，盼照提示，认真修改，修改部分用蓝色表示！”有一次的修改，其他地方我都看明白了，但是有一大段全部标红，我觉得疑惑不解，换作平时我会自己瞎捉摸，懒得去问老师，怕麻烦老师，自从碰到邵老师以后，我就开始勤问。“欢迎提问！仔细体会老师为什么要这样改，这样你的写作水平就会有大的提高！”邵老师平时特别的忙碌，但是对于我的多次提问，他丝毫没有不耐烦，而是鼓励我多提问、不懂就问。碰到邵老师，对于我这种不善言辞的人来说是一种大幸，论文答辩当天，答辩老师对于我的论文提出了意见，我想着提就提吧，答辩都要结束了，也没法修改了。答辩结束后，邵老师说最好再修改一下，等他开完会以后再慢慢说。我看着其他同学都回家了，想着到底要修改什么呢，修改了有什么用呢，答辩都结束了……邵老师开完会就论文修改问题和我交流了一番，让我尽快修改好，告诉我累一点不要紧，认真总会有收获的。我回家的路上就想着邵老师让我反复修改，都是为我好，丝毫没有自己的好处，我又有什么好抱怨的呢，这样一心为学生着想的老师被我遇到，何其幸运！后来这篇论文经邵老师推荐发表在2017年出版的《现代上海研究论丛》第13辑上。

现在我站上讲台，作为中学教师，我一直以邵老师为榜样，认真备好、上好每一节课，邵老师平时言语表达不多，但是心里为学生着想，只要学生有困难，他都愿意帮忙想主意，说永远比做容易，但是真的付诸实践的很少。邵老师一直用自己的行动诠释着一个优秀教师的品格，离开校园，投入繁忙的工作，我和邵老师的交流减少了很多，但是我不会忘记这位像慈父一般的良师，这位影响我的大学直至一生的良师，邵老师用他自己的言行诠释了“一日为师，终身为父”的涵义。“桃李不言，下自成蹊”，邵老师从来没有自我标榜吹嘘过自己的学术成就，他一向都是身教重于言教，为人诚恳，真挚，用真诚、忠实去感动别人，深得人心，是师大的荣幸，是所有学子的楷模。

2017 年 1 月 15 日

邵雍教授学术轨迹初探[1]

历史何以历史？历经沧桑，史色不改也。

本世纪过去了的十几个年头，关于历史或历史学是什么的探讨不绝于耳，相关学术专著层出不穷。葛剑雄、周筱赟的《历史学是什么》（北京大学出版社2002年版），张耕华的《历史哲学引论》（复旦大学出版社2004年版），〔英〕E. H. 卡尔的《历史是什么？》（陈恒译，商务印书馆2007年版），〔英〕奥克肖特著，〔英〕奥沙利文编的《历史是什么》（王加丰、周旭东译，上海财经大学出版社2009年版），从不同视角论述了历史，定位了历史学。历史学，变得更加有意思起来。

笔者斗胆选择邵雍为本文研究的对象，试着通过考察他的学术轨迹，分析他的学术成果，以期推导出他的学术影响力，以及对上海师范大学的贡献。

其实，关于历史学是什么，在中国，近代以来学者或学派之间就从没有停止过争辩。历史学是否归于科学的诘问，几乎贯穿了近代以来的历史学家对历史学性质的思考。自然，对这些问题的探讨在带给历史学界深刻思量的同时，也曾经暗示了历史学身份的一定危机。

让我们回望过去。上世纪70年代末，“1979年早春二月一个阳光明媚的日子，有一个青年走进了上海师范学院的大门”[2]。他就是历史系的新生邵雍。本科期间，邵雍发愤苦读，不知疲倦，对每一堂选修课作业都抱着无比热诚，并每次都能用新学到的历史学知识，以比较规范的历史学叙事方法，尝试作文。

以全优成绩提前半年结束本科学业后，邵雍考入魏建猷教授门下攻读研究生，开始了中国近代会党史的系统学习。几乎每门研究生课程作业，邵雍都完成得踏实细致并归结为一篇可圈可点的论文。他的硕士学位论文《论闽南小刀会起义》[3]，布局独特，史料翔实，观点鲜明，论述有致，加上全文流畅的文笔，读来让人信而有思，思而赞之。这样的论文，可以说在1980年代中期的硕士学位论文中并不多见。

硕士毕业后，邵雍留校任教。

霍俊江先生曾这样表述历史学：“历史学既需要描述，也需要分析，既需要对精英人物的研究，也需要对整个历史社会的宏观研究，既需要定性研究，也需要定量研究。”[4]

---

① 本文是历史学系2017级本科生陆怡莹暑假期间的学习体会，原载《头条》2018年9月14日。

② 顾翔序，见邵雍《中国近现代史论集》，学林出版社2015年版。

③ 邵雍：《中国近现代史论集》，学林出版社2015年版，第140页。

④ 霍俊江：《计量史学研究入门》，北京大学出版社2013年版，第60–61页。

史学大家戴逸先生则深刻指出："会党问题是中国近代史上的一个重要问题，也是历史研究工作中的一个薄弱环节。"①

毕业后的最初十几年，邵雍没有过多分心于学术纷争和学派论辩，而是以一种强烈的责任心鞭策自己，全身心投入中国近代会党史的研究中。

笔者一直以为，历史学是一门独立又独特的学科，历史学的魅力和价值蕴藏于历史学的这种独立和独特性之中。英国学者约翰·托什认为："无论将历史学界定为一门人文学科，还是一门社会科学，都将是对它部分特性的否定。人们经常犯的错误就是坚持认为历史学应被归为一种类型而排斥另一种类型。"②笔者并不简单认同洋学者斩钉截铁式的结论。

也许我们可以这么理解，历史学是一门以人类过去为研究对象的综合性学科。

关于人在历史学中的命运变奏，笔者欣赏罗志田先生的见解。他说："人——特别是具体单个的人——的隐去，是第二次世界大战后西方史学中一股很强的潮流。除早年或有针对所谓英雄史观的意向外，更多与史学的社会科学化相关，也不排除受到整个社会生活中人的异化和物化之影响。在很长的时间里，多数史家都曾努力叙述国家、民族、阶级等集体或群体的历史。在将人群体化后，更抽象为类别、角色，以凸显其结构、功能等范畴，又进一步使具体的个人淡出。就连处理人的心理这一本来最个体化的方式，也呈现出日益集体化的趋势，逐渐从个人的心理分析转向集体心态的追索。"③

历史学的迷思和求索，是在一定的历史语境下展现在我们面前的。对历史是什么这个问题，不同的人可能有不同的理解和回答。但笔者始终认为，历史是具体的人的变化过程。历史的诉说，也就是人的诉说。

20世纪以来，在西方新史学的发展过程中出现了值得玩味的现象。以张广智先生的观察，"历史被无限切割而弄得支离破碎，在细微、割裂的各个题目之间缺少联系，成为'砸得粉碎的历史学'；一味寻求'结构'与'深层'，注重研究那种近乎静止不变的历史……历史学变成了'没有人的历史学'。"④

英国教授彼得·伯克则敏锐地意识到，"历史学家很可能陷入几乎是名副其实的山头主义，他们由于通常专注于某一特定的区域，因而他们会渐渐地把他们的山头看作是完全独特的，而不是看成一系列因素的独特组合，进而也不会看到这些因素在不同的地方也有类似物。"⑤

确实，彼时的邵雍正在"建立山头"，正忙于赶写他的底层社会系列之《中国帮会史》《中国会道门》《民国绿林史》《中国近代贩毒史》《中国近代妓女史》……处于

---

① 戴逸，见蔡少卿《中国近代会党史研究》增订本，序言，第1页。

② ［英］约翰·托什：《史学导论——现代历史学的目标、方法和新方向》，吴英译，北京大学出版社2007年版，第45页。

③ 罗志田：《经典淡出之后：20世纪中国史学的转变与延续》，生活读书新知三联书店2013年版，自序，第8页。

④ 张广智：《西方史学史》（第三版），复旦大学出版社，2010年版，第351页。

⑤ ［英］彼得·伯克著，姚朋等译：《历史学与社会理论》（第二版），上海人民出版社2010年版，第2页。

“文革”后那个百废待兴的特殊时期的学者,几乎只关心某某学科建设,某某高地占领,忙于某某论文,某某著作。邵雍也未能“免俗”。

以一己之力写出如此多的“中国……”和“近代……”,可能会被人认为是在做“碎片化”研究,可能相关著作的章节内容会有部分交叉和重叠,可能叙事方式也未免大同小异,但邵雍没有止步,而是义无反顾,只争朝夕。戴逸先生曾说“会党由于长期流传,处于秘密状态,外人不深知其内情,又缺乏自身的第一手资料,因此很多问题暧昧不明,众说纷纭,真相难辨。”①值得钦佩的是,邵雍获得了令人瞩目的学术成果,他举起旗帜,引领了当时的会党史研究,在魏建猷教授的基础之上更上一层,为上海师范大学开辟了一块宝贵的学术高地。由此,邵雍也在国内史学界,尤其在强手如林的上海史学界,确立了自己的“江湖”地位。

邵雍的中国会党史研究,传承并创新了社会史学的叙事方法。王先明先生认为,中国近代社会史研究经历了学科复兴、体系建构和稳步发展的三个阶段。“对于传统的中国近代史学科而已,社会史研究的学术贡献主要表现为三个方面:即突破教条,重构体系;汲取新知,更新方法;三大转向,完成转型。跨学科的交叉渗透、多学科理论方法的汲取,为社会史的进一步发展提供了深广的学理基础和诱人的前景。”②

中国哲学社会科学发展报告·当代中国学术史系列著作《当代中国近代史研究(1949-2009)》,在社会史专章中论及社会史“体系建构阶段”,认为邵雍和周育民的《中国帮会史》是中国近代社会史研究1991—2000年的重要学术成果。③

藏之名山,传之其人,邵雍社会史研究的真知灼见,值得记载和传承。

2010年8月,邵雍的《秘密社会与中国革命》出版。邵雍开始在他擅长的但相对枯燥的传统会党史研究中,加入了中国革命的元素。历史学的主流视野往往固定挂钩政治学、国家革命和领袖命运,邵雍勇敢地迈出了尝试性的一步。

2013年出版的《社会史视野下的近代上海》是邵雍以及他的学生用社会史的观念和方法论述上海的一部论文集。文集首篇《〈纽约时报〉视野下的上海城市化进程》,可以说是邵雍上海史研究的创新之作。

一个历史学者的学术成就,离不开日积月累的史料关注、收集和分析。相关著作的出版、补充及修订,都是动态追踪的日标。邵雍就是这样一位具备异乎寻常敏锐力的学者,他对史料或新史料,发现及时、提取合理、运用恰当。《帝国的回忆:〈纽约时报〉晚清观察记》(修订本),就是这样被捕捉到的。

在邵雍眼中,上海与纽约有着不少的相似——富有、宽容、拥有创造精神。邵雍发现,这些相同点也体现在了《纽约时报》对上海的报道之中。

研读内容、推敲异同,邵雍选取了2007年出版的修订本中新增的《纽约时报》报道上海的五组电稿,站在《纽约时报》的视野下,阐述上海城市化进程,呈现了一

① 戴逸,见蔡少卿《中国近代会党史研究》序言,第3页。
② 王先明:《新时期中国近代社会史研究评析》,《史学月刊》2008年第12期。
③ 曾业英主编,《当代中国近代史研究(1949-2009)》,中国社会科学出版社2014年版,第330页。

种对上海发展过程的新的历史体认。

辩证思考,理性分析,邵雍既归纳了1854—1908年间上海经济、社会、文化进步之迅疾表现,又透过表象看到本质,明确指出,这五十余年上海城市化进程实际上是以民族屈辱、国格丧失为代价的。

《纽约时报》新闻的所谓客观公正,并不能改变其在报道中不遗余力为列强在中国的特权辩护的事实。对此,邵雍的见解精辟而深刻:"这反映出在多重利益的驱动和制约下,即便是像《纽约时报》这样的主流媒体,要想完全讲真话、讲实话也是不大可能的。"①

用近乎单一的史料支撑,以客观独到的分析成文,不仅易读,并且可信,这大概也就是邵雍能做到了。

2015年12月出版的《中共党史若干问题再研究》是一本邵雍个人的论文集,分四个专题,共20篇文章。研究时段跨度很长,而内容,不仅包括理论体系的述论,事件的评议,还有人物的研究。

邵雍的中共党史研究的思考及其论文,显然要比他的会党史研究来得明快和生动。也许是非主流的下层社会群体史料解读之艰涩和生活故实的琐碎,没有作为显学的党史论文的挥写来得痛快。不过,触类旁通,曲径通幽,中国会党史研究的长期学术浸润,无疑对邵雍深入中共党史的研究有着切实帮助。

该论文集第一专题"党的建设"的首篇论文是《马列经典著作与马克思主义中国化》。邵雍以他一贯的高超的史料收集整理功夫为该文奠定了成功基础。他大量铺陈史料,并按时间顺序直叙而下,一气呵成。全文结构简明,以引证开路,以述论收尾。

对该文的标题,我们是熟悉的,马列经典,我们都能说出几本;对马克思主义中国化,我们也能多少说出一点道道。但完整详列史料,系统阐释史实,绝非一日之功。略有遗憾的是,该文作为字数有限的单篇论文,题目稍显得大而全了。

相比之下,笔者更欣赏邵雍应上海市委党史研究室之邀为纪念马克思诞辰200周年而写的、刊发于2018年第5期的《上海党史与党建》的《〈共产党宣言〉的理论价值》一文。该文结构精巧,布局恰当,述论有据,深入浅出,不仅适合大众阅知,也值得学者品读。承蒙邵雍赠文,笔者更是有幸较早读到此文的读者。

《瞿秋白与上海大学》是一篇十分精彩的论文。难得一见邵雍在此文开始的整整一页文字中未引用任何文献。文字流畅,大概是真正连贯用上了自己的文笔。笔者知道邵雍在学生阶段就养成了系统读书、喜欢写作的习惯。笔者拜读过他的学士学位论文《论资产阶级革命派的办学活动》②。辛亥革命期间资产阶级革命派在国内的办学活动是辛亥革命史上的重要篇章,但长期以来史学界对此关注不够。邵雍的论文,在当时,尤其对青年学子思辨历史而言,有着颇为积极的意义。

也许,那个时候,邵雍就萌生了日后研究共产党人办学的念头。

① 邵雍:《社会史视野下的近代上海》,学林出版社2013年版,第15页。

② 邵雍:《中国近现代史论集》,学林出版社2015年版,第47页。

《瞿秋白与上海大学》一文,基本依据公开出版物为文献线索,按时间顺序排列展开叙述。寻找文献或史料不难,找到一堆文献资料也不见得就显本事,关键是找着合适且有价值的文献,予以精心梳理和分析,最终"慧眼识物"。《胡适来往书信选》(上)所载1923年7月30日瞿秋白写给胡适的信,以及1923年8月2日、3日《民国日报》副刊《觉悟》刊发的瞿秋白的文章《现代中国所当有的"上海大学"》,来之不易,用之恰当,着实体现了邵雍挖掘文献的功力,由此完整地展现了瞿秋白对上海大学校务整顿的思考,以及对这所大学未来的希冀。

邵雍以近乎纪实报告文学的笔法流畅地讲述了一个近百年前的历史故事。

邵雍的叙述可信,观点鲜明:"瞿秋白在上海大学期间的经历是他短暂而光辉的人生中的重要一页,可以说是从文弱书生向中共领袖转变的一个重要阶段。"

研究瞿秋白与上海大学,不仅仅是简单研究一个人物个体与一所特殊年代曾经的大学,更是以一种朴素的视角为近代史和新时代党史研究提供一个具体的补充。

诚如邵雍所言,瞿秋白"在上海大学期间所做的一切,符合他的'兴趣和性情',他上课讲演,著书立说,勤奋忘我。他的性格、才能、学识以及俄语翻译水平得到了充分的发挥,得心应手,游刃有余。"他与诸多共产党人"志趣相投,道义相合,在传播马列主义,组织学生投入革命运动,为党培养青年干部等方面作出了重要贡献。"①

张耕华先生曾这样论述历史学:"通常,我们总是习惯于将历史学与其他社会科学,如政治学、经济学、法学等学科相提并论,似乎它们都是社会科学中相互并立的不同门类。其实,政治学、经济学、法学是门类学科,历史学则不是一个以门类来划分的学科,它是以对象所处的时段来划分的学科,能与它相提并论的,实际上应该是未来学(如果有这门学科的话),而非一般的社会科学。在我们的学科群中,它是唯一一门以'过去'为研究对象的学科,研究对象的既往性、非直观性以及对象的无边无际(凡属过去,无所不是历史研究的对象)等特征,都给历史学的客观性、真实性问题,带来与众不同的困难和复杂性。"②

张耕华先生一向豪气,但这段文字说的却多少有点玄乎。

挥洒自如又脚踏实地的邵雍这样表述,"党史研究有必要也有可能从新民主主义革命时期向社会主义革命建设时期、改革开放时期延伸,而且某一对象某一问题放在较长的时段里面观察比在短时段内观察往往更加清楚,更能体现出一些规律性的东西来。基于此,本人在2010年前后结合教学、结合参加一些学术讨论会,有意识地拓宽党史研究的领域,回顾、研究一些新的问题。""党史研究不能就党史而论党史,而应该把党史放在中国近现代史乃至世界史的大框架中进行研究,党史研究工作者必须眼观六路,耳听八方。信息的交流,学术的切磋十分重要。"③

---

① 邵雍:《中共党史若干问题再研究》上海书店出版社2015年版,第181-182页。
② 张耕华:《历史哲学引论》,复旦大学出版社2004年版,第37页。
③ 邵雍:《中共党史若干问题再研究》,上海书店出版社2015年版,第244页,后记。

邵雍是细致的，缜密的，执着的，踏实的。他数十年笔耕不辍，著述不停。他在中国近代社会史学、上海地方史学和中共党史学等诸多领域锐意进取，卓有成效。古人云“高筑墙，广积粮，缓称王”，即便硕果累累，邵雍仍孜孜不倦，大气谦和。

闻道有先后，术业有专攻。大胆设想，小心求证。胡绳先生在《中国共产党的七十年》里将“最难处理”的1956—1966年这十年，最终确定为“社会主义建设在探索中曲折前进”的十年。笔者理解，这大概是说越是复杂的历史年代，述论越要审慎。固然，历史学无法再现历史，历史认知具有相对性，尽管如此，我们对于历史的既有认知仍具有客观的真理性。

笔者曾在“历史的浪花”微信公众号里谈及历史学，说到美国历史学的“好为人师”。美国强势的政治和外交话语权，推动了美国史学观和史学研究模式的出口。近年来，一些中国历史学者的行事做派，基本跟随了美国。学术研究没有边界，但研究的中心地带还是有的。海外中国史（学）研究翘楚美国的费正清先生曾大力提倡“研究中国当去中国”，他曾在北京拜蒋廷黻先生为师学习中国历史文化，并且数十年间以中国为基点“常来常往”。大名鼎鼎的英国李约瑟博士也是这样一位走遍中国山山水水、深入研究中国的杰出人士，我拜读过他早年多篇关于中国的演讲和论文。出生在上海的哈佛燕京学社社长裴宜理女士，也承继了她的前辈们关于中国研究当扎根于中国的观点，二十年来她的中国学研究，成绩斐然。

中国研究，尤其中国史研究，当然根在中国。

中国会党史著名学者蔡少卿先生曾说，“科学研究贵在创新。所谓创新，就史学领域而言，小则发掘新资料，通过研究弄清历史真相，从而推翻前人的某种成说；大则通过系统性研究，建立新的体系。”①蔡先生是中国史学研究领域鲜见的以自己采集的大量第一手资料完成著作撰写的学者。

研读邵雍的学术轨迹，你会发现，他正是如蔡少卿先生言说般的创新者，一位善于发掘第一手资料、勇于通过系统研究自创体系的学者，至少，他已经令人尊敬地接近这样的境界。他的著作《历史记忆与书写》②和《中国近现代史论集》，为笔者的观点作出了相应的论证和注解。

苏智良教授曾说，“上海师范大学，尽管不是一所高山仰止、大家如云的名校，但历史学系云集了一批睿智豁达、学有所长、胸怀抱负和理想的学者教授。”③

选择了历史学系，拜识了邵雍教授，笔者是幸运的。

---

① 蔡少卿：《中国近代会党史研究》增订本，中国人民大学出版社2009年版，自序，第3页。

② 邵雍：《历史记忆与书写》，合肥工业大学出版社2013年版。

③ 苏智良，见姚霏《空间、角色与权力——女性与上海城市空间研究（1843-1911）》，上海人民出版社2010年版，序言，第4页。

学术书简

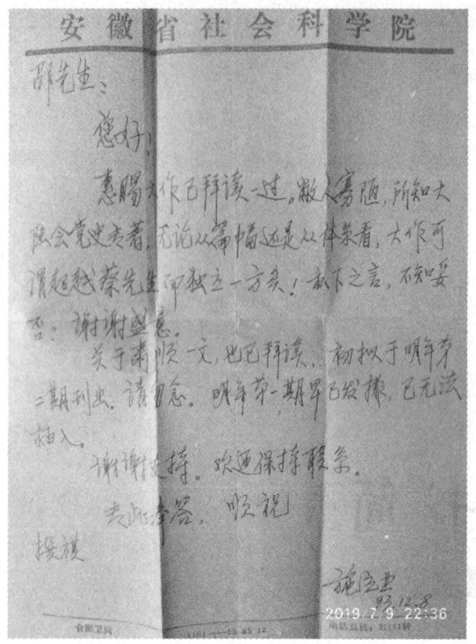

安徽省社会科学院

邵先生：

您好！

惠赐大作已拜读一过。敝人寡陋，所知大陆会党史专著，无论从篇幅还是从体系看，大作可谓超越蔡先生而独立一方矣！私下之言，不知妥否；谢谢盛意。

关于谢顺一文，也已拜读，初拟于明年第二期刊出，请留意。明年第一期早已发排，已无法插入。

谢谢支持。欢迎保持联系。

先此奉答，顺祝

撰祺

施立业
93.12.8

施立业手迹

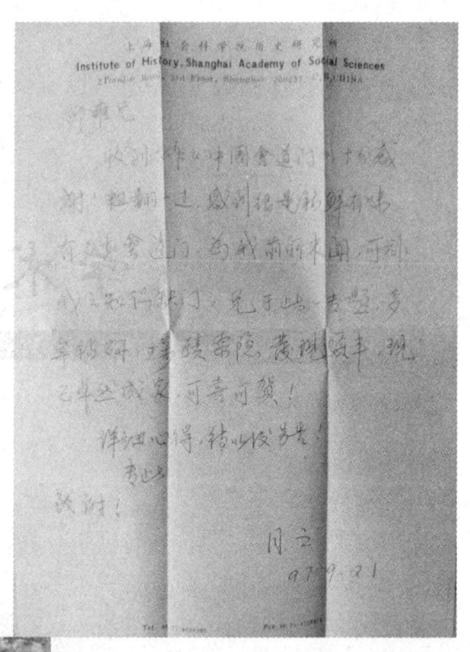

上海社会科学院历史研究所
Institute of History, Shanghai Academy of Social Sciences

邵雍兄：

收到大作《中国会道门》，十分感谢！粗翻一过，感到很是新鲜有味。有些会道门为我前所未闻，可补我之知识缺门。兄于此一专题多年钻研，搜辑索隐，发掘颇丰，现已卓然成家，可喜可贺！

详细心得，待以后奉告！

专此，

致谢！

月之
97.9.21

熊月之手迹

邵雍、林家有合影

邵雍、沈潜合影

学友来信

一

邵先生：

您好！

惠赐大作已拜读一过。敝人寡陋，所知大陆会党史专著，无论从篇幅还是从体系看，大作可谓超越蔡先生而独立一方矣！私下之言，不知妥否？谢谢圣意。

关于肃顺一文，也已拜读，初拟于明年第二期刊出。请勿念。明年第一期早已发排，已无法插入。

谢谢支持。欢迎保持联系。

专此奉答，顺祝

撰祺！

施立业　93.12.8

二

邵雍兄：

收到大作《中国会道门》，十分感谢！粗翻一过，感到很是新鲜有味，有不少会道门，为我前所未闻，可补我之知识缺门。兄于此一专题，多年钻研多年，探赜索隐，发现颇丰，现已卓然成家，可喜可贺！

详细心得，待以后另告！

专此

致谢！

月之　97.9.21

三

邵雍教授：您好！

谢谢您寄来的精美贺卡，特别是您详告的台湾《民间宗教》的杂志地址，对我很重要。我这些年在北图见到了不少关于先天道等华北类似宗教及修行社团在沦陷时期的日文史料打印报告，还有伪满的。至于北京档案馆的也不少。还有重要分子的传记。打算在将沪宁的日伪报刊清理后，作一部《沦陷时期中国的会道门》，先一章章写，如先天道、理门、救世新教、红卍字会、道德学社、一心天道龙华圣教会等。至于沦陷时期的青洪帮，我主要做北京的，上海的选些容易的做补充。

您的大作在北疆较有影响，开风气之先，北京的学者尚不及此，尽管他们的条件比您好。我在北京没有像您这样的同道可商讨，因为北京没有做沦陷时期的。……能够认识您和周教授很高兴，魏教授是中国研究会党史的权威，可谓名师出高徒。我对您的才智和研究非常敬佩，今后我在这方面望能得到您和周教授的提携。我也会尽力为您提供些资料补充。……您正在做民国的土匪，这个题目很有意思，也较难作，我对日本控制中国土匪比较了解，以后有机会而与您交流。……

顺颂教安。代问周教授好。

房建昌　99.12.17

四

邵雍先生：

您好！大作收到，衷心感谢。

上周，福建师大林国平教授为我寄送一套《中国秘密社会》七册，我粗略看了一遍，认为您写的《民国帮会》是最好的一部，其他几部大多是政治性大于学术性，……《宝卷初集》是我主编的，……如您需要，我可以帮您在图书馆复印。……顺祝教安。

濮文起　2003年3月4日

五

邵先生：

收信大安！

今秋聚会话别，倏忽又到岁末回望时。契阔时久，感念弥深。想先生别来学行正繁忙，著述更宏富。近期拜读先生赐赠的大作，深为其中对中国近代社会史的开拓性研究而感佩。悠悠历史，意味绵长而生动，将视界拓展于社会的丰富层面上，更能逼近鲜活的各式群体，众相纷呈的历史景观，亟待我们从“生态学”的视角加以考察。先生意味如何？企盼先生不吝赐教。……专此敬颂

新年快乐！

晚学沈潜拜上 05.1.1

六

邵雍教授：

你好！寄来你的大作《抗日战争与中国社会》收到了，谢谢！

近年你的著作不断，说明你是一个很勤奋的学者。祝贺你，希望在新的一年有

新作出版,并希望注意保重身体。你的来日方长,不能过于劳累。并祝合家平安,万事如意!

新春快乐!

林家有　2010.2.19

七

邵雍兄:

您好!三部大作奉悉。其中,《历史回顾与评论》浏览之后,深受启迪。不仅从中看到了兄之心路历程,而且领略了兄之学者本怀。这在目前浊世滔滔的形势下,真是难能可贵。

看到您为令尊邵公元泰先生写的传略,很受感动。此文真实地反映了前辈所经历的那个时代的深刻印记。我们虽都已年过花甲,但仍应该向前辈学习,活到老学到老,工作到老。愿我们共勉。又,该书第460页您对我完成的国家课题《从离异到归属:如何应对当代中国民间宗教的合法性诉求》评审意见,您是否有电子文本?如有,请您传我备用。拜托!

濮文起 2015.6.17

八

邵教授:

大作《历史回顾与评论》收到了,趁中午等学生的时间,先睹为快,尤其是后半部分,生动呈现了一贯的工作作风和工作方法,确实可以起到借鉴以及指导的作用。很详细的光辉简历,确实让我重新认识了你哦。快哉快哉!

范荧 2015年6月23日

九

邵雍:

“1949年上海解放”讲得好。你的成就是你四十年如一日的沉淀。名副其实的专家,这样讲一点也不为过。从大学时代开始,我们在闲聊,你在看书;工作了我们在瞎忙,你继续努力,甚至放弃了与小孙子的天伦之乐,我想这是你成功的秘诀吧。《文汇报》APP《冒雨睡马路、3天没喝开水,解放军为何让上海人民流下眼泪》学习了,许多内容我也不知道。你为我们市民普及史实。

孙培芳　2019年5月19日

太好了,让我也了解一下上海的帮会。我听了你讲的“上海小刀会及流变”,确实好,有史实依据,不是平时空话。……你的功底在几十年的积累了,所以现在是驾轻就熟了。

孙培芳　2019年5月30日

十

邵雍：

“上海小刀会及流变”讲座讲得好，听众的褒奖是最真实的！真心为你的学术成就感到高兴！一点都看不出你已过花甲之年，你仍然保持着一颗平凡的心，还是那样的朴实，那恰恰是现实社会中最缺失的，也是最难能可贵的素质。祝贺你！

顾秀娟　2019年5月30日

给《文汇报》施宣圆先生的信

施先生：

您好！来信收到后，经与周育民商量，将《中国帮会史》的情况简介如下：这本书是我俩已故导师魏建猷先生的遗愿。魏给了我们极大的教益。

特点：是国内第一部完整的系统的帮会史专著。从时间段上讲从清初一直延伸至解放初年，填补了民国时期的空白。就史料方面而言，大量运用了各种档案材料以及长期以来为人们所忽视的十分分散的文献资料，同时吸收了蔡少卿等先生卓越的研究成果。

新突破和新观点是：

1. 在秘密结社的理论方面，作者把帮会作为游民社会的社会组织，由游民阶层特性所决定，帮会具有寄生性、破坏性、掠夺性以及投机性等特点（过去学者们多数倾向于农民说）。

2. 作者分析了近代游民产生的各种因素，如人口增长、人多地少加剧、社会经济的改组，帝国主义侵略造成自然经济的瓦解。所有这些，致使游民大量的产生。随着游民向各阶层的渗透，帮会势力扩展到社会的各个方面，并对中国近现代社会的历史发展进程产生了深刻的影响。

3. 作者突破了长期将会党起义纳入农民起义史来研究的思维定式或框架，纠正了将会党起义抬高到反帝反封建程度上的估计。既实事求是地肯定了帮会的正面作用，也揭露了帮会的负面作用（消极破坏反动的一面）。

4. 作者对于帮会与国民党、共产党和日伪各方面各时期的关系演变作了探索性的研究，认为民国初年至北洋军阀时期是近代帮会发生重大变化时期。袁世凯对帮会势力的分化和收买,开了民国史上流氓政治的先河;十年内战时期是近代帮会活动公开化时期,国民党当局的扶持纵容是主要原因;抗战时期由于国共日三方的影响,帮会进入了大分化时期;解放战争及解放初期是中国帮会走向没落衰亡的时期,国民党利用帮会反共达到了最高潮。然而随着解放战争的胜利,人民生计的基本解决,数百年来困扰中国社会的帮会问题终于得到了解决。

以上简介,如有不当,请指正。

此致

敬礼!

邵雍　93.10.17

给江苏学者戈春源先生的信

戈先生:你好!

根据福建人民出版社刘亚忠先生的提议,对于您拟定的《中国近代赌博史》的提纲提一些不成熟的看法,供您参考。

任何历史活动,它的主体总是人,因此写赌博史的重点应是在各类赌徒身上。因此除第一章不变外,第二章改为近代中国赌场的变迁。第三章改为赌场的样式(或形形色色的赌场)。

一、专业的合法的赌场:跑马场、跑狗场、回力球场;

二、专业的非合法的赌场:上海 181 号大赌场等。

第四章改为赌棍与赌徒,最好都有真实的案例。

一、专业的赌棍,其中有赌头、有专门作弊者,其中又有各式作弊方法;

二、一般的参赌者(普通市民、家庭妇女、农民、小商贩,要分析他们的心理)。

如此构思的意图是从宏观、中观到微观。

第五章赌场闹剧。与赌博直接相关的,抢台面、凶杀(又分赌场内与赌场外);与赌博间接相关的即有些人来赌场的目的:变相行贿、卖淫(肉体赌博)、密谋交易、放松行乐等等。

第六章赌博的危害。

一、败坏社会风气(不思进取);

二、毒害身心健康(当场因激动诱发病因,直接死在赌场中的人不少;迷上赌博后,不思反抗,听任压迫,特别是在日伪时期,当局放纵赌博,用意即在于此)。

三、引发、激化社会矛盾(家破人亡、妇女卖身抵债、借高利贷度日)。

原来第六章、第七章的标题可以不变,序列可改为第七、第八章。唯在清末的禁赌中是否可加各地外国租界当局对赌博的态度。在民国的禁赌中是否可加伪满洲国及其他日占区的赌博。

又,刘先生要我推荐《中国近代暗杀史》的作者,我想请您写,不知尊意如何。我个人以为这是一个很好的机会。原则也是重点写各色的暗杀者或暗杀小团体、他们的指导思想、行为方式以及客观影响等等。如果您因各种原因不便承担的话,亦请尽快写信或打电话通知我。

祝新春愉快!

邵雍　2002 年 2 月 25 日

给合肥工业大学朱稳山先生的信

朱主任:您好!

遵嘱已将校样看完,并对照片的位置做了双向的说明。从实际效果看,图片不宜太小,太小看不清楚。天津人民出版社出的李长莉的《晚清上海社会的变迁》中所选的《点石斋画报》图片均占整个版面的二分之一。当然某人的头像邮票等可占版面的四分之一。

此次校样出来纠正一些错别字外,

1. 对一些原先不太连贯的地方,加了少量的连接词。

2. 在引用别人的地方,在非主干部分删去了一些形容词、修饰词。

3. 对找到出处的地方,添加了少量的引注,以示尊重他人的劳动。

4. 原来第268-270页,为了进一步减少对他人的援引,做了删节和调整,怕您看不清楚,特意打印出来,供您参考。

5. 最后是关于项目编号,按领导之意见改写为上海市普通高校人文社科重点研究基地:上海师范大学中国近代社会研究中心(SJ0703),这点最为重要,否则本人今后难以交账。

感谢您的辛勤劳动,敬请保留一切修改及注释,个别字迹潦草看不清楚地方,可随时打电话或发手机短信来问,我这里有书稿复印件,可以随时回答,盼早日出书!

敬礼!

邵雍　2010年

校对说明

朱社长:你好!现将校对情况说明如下:

一、纸质书稿个别地方发现有整段内容重复地方,如第157页、第325页,当然是被删除了。

二、全书要保持注释体例领导一致性,因此第179-254页重新改回页下注每页重新编号样式。还有“毛泽东与农民运动讲习所”一文的注释原来是页码放在最后的,现改为全书统一的出版社信息放在最后。

三、大段引文用正楷体,如192页;在大段引文前后的文字,不用正楷体,仍用宋体,如第81页、第169页。

四、按照规定凡数字后有余字的,前面统一用汉字,如果不跟余字,无论人数、日期一律改为阿拉伯数字。

五、凡是左倾的左、文革、文化大革命等一律加上“双引号”。

六、在教学大纲一类中参考书目应保持一书一行的格式,在此前提下一书一行最后不用加上逗号。但原书稿第391、第394页作了不适当的合并处理,现已经改回。

七、有些图片、照片可以放大,特别是第353、第357页上的多人合影,本身人就很小,可以适当放大至与两边文字齐平。

八、图片应该与文字高度契合。因此第117页图片移到第124页第二、三段之间。第222页标题下插入“六二三上海人民反内战集会”照片。第237页的图改在第231页(一)正文之前。第254页下应插入“陈云纪念币”图片。第343页末插入苏联宣传画“战无不胜的马克思、恩格斯、列宁、斯大林旗帜万岁”。原来这一位置上的“周恩来纪念币图片”插入第340页第三、四段之间。第318页上“抗美援朝年画”移到第328页第二三段之间。第377页文末插入历史学会编印的书的书影。第553、554页《中国帮会史》旧、新两种版本的书影统一移到478页的下方。(这些在纸质文稿上均有说明)

九、大事要录1970年条上方插入上海市少年儿童图书馆照片。第554页1982年前《中国帮会史》新版书影去掉,换为上海师范学院东部全景。第556页1995年之前插入《中国帮会史》获奖证书图片。整本书的封底请采用毛主席纪念堂前的雕塑图片。

十、后记中一定要写上责任编辑的大名。

再次感谢你的大力支持与帮助,最好责任编辑辛苦一下,等我11月6日下午前来贵社拜访时可以看到并带回二校样。

邵雍　2014年10月30日14:40

给上海人民出版社周珍女士的信

小周：

你好！现将校对样退还给你。

第340-341页，毛泽东论斯大林的一大段话，经查出自吴冷西《十年论战》，因在原稿上改得太多，怕你看不清楚，所以特意打印了一张。

关于《中央苏区反腐败斗争》中提及的反面人物是否会出错（平反）的问题，我注意到王关兴、陈挥2001年在贵社出版的《中国共产党反腐倡廉史》，2011年5月东方出版中心出版的陈挥、王关兴的《中国共产党反腐倡廉建设史》，对相关的原文提及的所有反面人物只字未改，说明史料事实都是清楚的，不必多虑。

史学著作在引用原文时应该保持原貌，一些语词在历史上与当今有较大的不同，作为史料在双引号中使用时，没有必要改成现代汉语。如人材、计画、底、利害、年青、智识、成份不必改成人才、计划、底、厉害、年轻、知识、成分。

肖劲光有公开出版的《肖劲光回忆录》，肯定不是萧劲光。

第31页注2，根据档案原件影印件，肯定是“中华共产党”，不必改。我们的责任就是要保留历史原貌。

有三篇文章因为已经发表了，分别是“民主的联合战线”、阮啸仙、俞秀松，所以增添了题注。

在引注方面进行了统一规范。

第290页“日本天皇以广播《终战诏书》的形式，宣布无条件投降”的提法出处见《中国共产党历史》第一卷，第844页。

第345页，参加不参加苏共二十三大，有多种说法。为慎重起见，现采取吴冷西的说法，已经改了。

另外，对你们的精心修改，致以衷心的感谢！

邵雍　2012年8月7日

给中华书局欧阳红编审的信

关于史料学的书，最重要的一点是时间差。在严昌洪老师2011年出书后的6年中有大量新资料问世，更何况严书交稿肯定早于出版时间。特别抗战胜利70周年，建党90周年，严书中不可能有。还有该书未能起到手册、辞典类的作用，后者要求是尽可能的全。

其二，特别注重对各类档案的介绍，分省区市、外国、个人（比发来初稿又有大幅度增加）。

其三，对于每类史料均有一至二篇自己写的如何运用的范文，便于学生直观了解与仿效。

第四，近代历史有其连贯性，严著等基本上是到1949年一刀切。本人则作了必要的延伸，在1966年以前的文献，凡有回顾1949年前的尽量收入。

第五，严著等对党史革命史方面的史料没有充分注意，分量明显偏少。这也难怪。按以前学科分类，搞近代史的人是不搞党史的。但本人学术兴趣广泛，有人参观我家书房后感叹说，党史类的书籍他是没有的。

第六，以前对境外的中文本的史料基本无介绍，我有，但不专列，而是放在每类史料后面。如报纸先是大陆的，再港澳台，再美国《纽约时报》等。之所以强调中文本，也就是绝大多数学生都能用得上，大可不必讲，老师，我外文不好，看不懂啊。

第七，对重点史料要展开讲解，对一般史料要尽可能列举。严著等在列举方面有较多的欠缺和遗憾。这也是为什么要再出同类新书的理由。我想以上七条大概可以说服贵社领导了吧。

2017年9月1日

学术推介

王成、邵雍、黎瑛三人合影

邵雍、赵宇合影

熊小欣论文答辩会

与研究生合影

申请考博推荐信

一

王成同学于2008年考入上海师范大学人文学院中国近现代史专业，该同学政治立场坚定，思想进步，作为一名中共党员，时刻注意发挥模范先锋作用。

该同学本科阶段所学即历史学专业，打下了良好的通史基础。研究生阶段在上海师大专攻中国近现代史，尤其侧重上海史、中国近代社会史等领域。读硕期间，通过对专业书籍论文的阅读思考，以及对史料的整理研究，已初步具备了历史研究的基础素养，并且敢于尝试探索，该同学的毕业论文是以前很少有人深入研究的上海《永安月刊》，具有原创性。

该同学为人热情，做事积极，善于发现问题和解决问题，有较强的团队协作精神和创造力，学习上刻苦钻研，具有扎实的理论基础，已经在学术杂志上公开发表论文，具有独立的科研能力。该同学现想进一步深造，攻读博士，继续从事历史研究。

我感觉到该生有良好的专业素养和从事历史研究的潜力，因此大力推荐他报考博士研究生。

2011年2月

二

马培同学自入学以来，学习努力，不仅以较优异的成绩完成学位课程，还积极参与导师组织的科研项目，先后参与国家社科重大项目“日本侵华战争‘慰安妇’资料的整理与研究”的子课题、“口述史”教学创新实践模式科研项目等。其在参与项目时表现出的认真态度，独立的思考和科研能力显得格外突出。其多次参加历史学界学术活动，与导师合作撰写的论文《抗战宣传画中的女性形象研究》《街头的性别与国族——上海“三八”国际妇女节游行研究（1936—1951）》均立意新颖，史料扎实，分析清晰，书写规范，正式发表或在学术讨论会上宣读后，受到同行学者的一致好评。另外她独立完成并发表的论文《大革命时期中国共产党在上海的妇女节纪念活动初探》体现出较好的史料搜集和分析能力，其谋篇布局能力和文字表达能力也得以体现。马培同学的综合能力很好，不仅有浓厚的学术兴趣，在社会交往、待人处事、治学潜能方面均表现优秀，属于可造就人才，特此推荐她申请贵校博士研究生考核。

2016年12月23日

三

刘盼红同学坚持学习党的理论,坚决贯彻执行党的方针政策,政治立场坚定,思想品德高尚,作风优良,任班级党支部书记一职,尽职尽守,热心为同学服务,连续三年获得上海师范大学优秀团员和优秀大学生党员荣誉称号。对中国当代史有一定的悟性和创新能力,积极关注相关学术动态。该生本科及硕士专业均为历史,在课堂上认真听讲,按时完成作业,敢于独立思考,对历史研究具有浓厚的兴趣与激情。2015 年参与了苏智良教授主持的《上海名人大辞典》项目,担任部分篇目的校对和编撰工作;同年撰写论文《邹鲁与孙中山关系研究》,参加了上海中山学社举办的"孙中山之民族精神思想的当代价值"学术研讨会;撰写论文《〈纺织时报〉与五卅运动》,参加了东华大学和南通张謇研究中心合办的张謇学术研讨会;撰写论文《知识分子"文革"记忆分析》,参加了上海师范大学举办的"1960 年代前后的中国"学术研讨会。其中《邹鲁与孙中山关系研究》于 2016 年 4 月在核心期刊《近代中国》上刊出。2016 年参与了上海师范大学研究生学术沙龙项目,获 C 类荣誉证书,同年获得上海师范大学研究生科研论文奖励和国家奖学金。总的来说,刘盼红同学学习勤奋刻苦,善于独立思考,关注史学研究动态,具有较高的史学理论水平和语言文字表达能力,是一名具有潜力的优秀硕士研究生。

2016 年 12 月 23 日

申请博士后推荐信

一

王成同学于2008年9月至2011年6月在上海师范大学攻读中国近现代史专业硕士学位期间，我担任其导师。该生在校期间表现优异，积极参与科研究工作，先后撰写《从〈申报〉看上海地方政府反迷信措施（1927—1937）》《论刘坤一的治匪策略》、《从〈永安月刊〉看海上女性生活（1939—1949）》等多篇学术论文，在相关学术期刊和学术会议上得以发表，获得史学界同行的认可。

他的硕士论文《〈永安月刊〉与民国时期上海社会生活（1939—1949）》一文在广泛搜集上海市图书馆、上海市档案馆以及本校图书馆文献资料的基础上，重点对老上海永安公司创办的《永安月刊》及相关材料进行梳理，从社会史的角度展开叙事，考察了传统社会中商人、女性和知识分子的三大群体联系与互动，拓展了上海史的研究空间，展现了一定的科研能力。

2011年9月王成同学进入安徽大学历史系攻读博士学位，他的博士论文题目为《当代安徽淮河流域工业发展研究》。较之硕士论文，其博士论文在选题上有了更大的空间，写作难度也相应提高。在导师吴春梅教授的指导下，王成同学研读和掌握了大量历史文本资料，完成了25万余字的博士论文。安徽大学读博期间，他还发表学术论文8篇，其中2篇为CSSCI来源期刊，在学术水平上有了新的提高。

综上所述，王成同学具有较大的发展科研潜力与培养前途。因此特推荐其进入广西师范大学博士后流动站继续从事研究工作，相信他在合作导师的指导帮助下会有更大的进步与提高。

2015年5月1日

二

赵宇政治立场坚定，信仰共产主义，并注意提高自己的政治理论素质和水平。

在攻读博士学位期间，学习认真，勤于思考，曾阅读大量书籍，经过刻苦训练，分析问题和解决问题的能力不断提高，尤其擅长资料的搜集与整理工作。先后参加第六届中国报刊和社会历史学术研讨会、孙中山思想与当代价值学术研讨会、海洋文明与城市变迁学术研讨会等多次学术会议，先后在《近代中国》等刊物上发表学术论文4篇。

博士论文的选题为《危机与应对——南京国民政府时期的海盗活动与官民应

对》，为了写好这篇论文，他先后赴济南、南京、杭州、广州多地查阅档案资料，还查阅了《申报》《大公报》《水警旬刊》等民国刊物。论文以危机与应对为主线，详细阐述了1927—1937年海盗活动给当时中国带来的危害，以及国民政府与民间应对海盗活动的策略及行动，思路清晰，论证有据，结构严密，是一篇较优秀的博士学位论文。

该生热衷学术研究，具有强烈的事业进取心，迫切希望进一步深造，以求全面提高自我素质。本人认为该同学具有继续培养的潜力，希望给予其新的学习、研究机会。

2018年5月11日

博士论文出版推荐信

尊敬的编辑老师:

您好!我是上海师范大学中国近现代史专业教师邵雍,也是江西财经大学马克思主义学院教师熊小欣在博士学习阶段的导师。熊小欣的博士毕业论文《浮沉之间:解放初期江西旧司法人员改造研究(1949—1952)》丁2016年5月完成,该文从选题到最后定稿均由我全程指导。从这篇博士论文的选题来看,新中国成立后中国共产党对旧人员的改造是一个有些敏感的话题,然而该类论文并不是绝对的禁区,关键是研究者能否坚持正确的政治立场和学术方向。熊小欣的博士论文强调中国共产党对旧司法人员进行改造的目的是建立一支新的人民司法队伍进而巩固人民民主专政,政治立场正确,学术方向对头。该博士论文史料非常丰富,很多是前人未利用过的第一手资料,包括官方档案、私人收藏资料、田野调查资料、报刊资料等等。

在今年5月举行的上海师范大学人文学院博士论文答辩会议上,各位答辩专家高度评价了该博士论文,认为它具有较高的学术价值与史料价值,一致同意评为优秀。当然,该博士论文某些地方还需要修改,比如某些语言表述方面。您将“浮沉”一词改为“转捩”非常到位,淡化了论文标题的感情色彩,使之更加学术化,更加客观中立。

总之,我认为这篇博士毕业论文已经达到了可以出版的水平,特此推荐。

上海师范大学人文学院教授　邵雍

2016年12月12日

出站报告出版推荐信

薛理禹博士的博士后出站报告《明代保甲制研究》，在出站报告会上给我留下深刻的印象。当时与会的专家评委公认这是一篇既有学术深度，又有创新水平的论著，是近年来上海师范大学中国史学科的一项优秀成果。

《明代保甲制研究》选题意义较高。这项研究成果超越了以往的相关著述，将明代保甲制的研究提升到了新的学术台阶。从《明代保甲制研究》中，不仅可以了解作者扎实的史学功底，同时也能发现作者具有多元化的研究视角，实现了多学科方法交融。作者由中央到地方，由各级政府到乡村基层，分别考察朝廷君臣、地方官员、胥役、里甲头目、各阶层民众对于保甲法各自不同的价值取向，探究朝廷“立法”、地方“执法”及各阶层民众“守法”行为的互动，具体、全面、生动地展示明代保甲法制定实施对整个社会的影响。结论对于明代保甲法功效与弊端的描述和分析，着实耐人寻味，发人深省。由于这是一个涉及多学科领域的复杂问题，任何单一的研究方法都不足以胜任，因而作者在研究中除了传统的史学方法外，还运用了许多社会学、地理学和法学的研究方法。该文不仅完善了人口史研究的某些空白不足，也有益于经济史、社会史和法制史的学科发展。本文思路清晰，逻辑推理严密，文字表达准确，引用资料丰富、全面，具有很高的原创性与科学性，达到了一部优秀著作的标准，我认为非常值得出版。也希望作者今后进一步深入开展有关明清以来户口制度史的研究，再接再厉，不断取得新的成果。

2015 年 11 月 15 日

主要科研成果及评价

《中国近现代史论集》书影

《历史回顾与评论》书影

《中国近代秘密社会史研究》书影

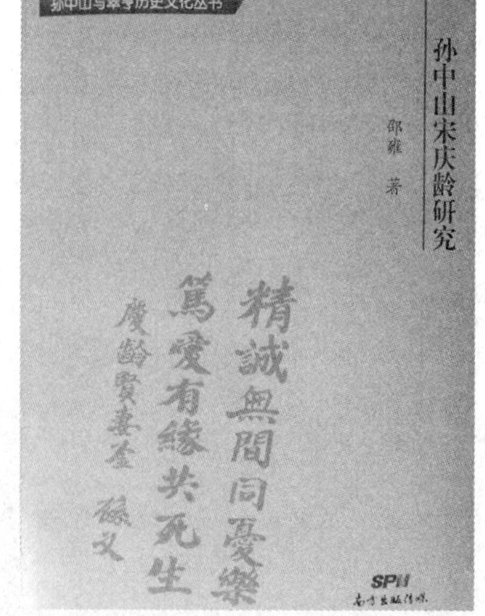

《孙中山宋庆龄研究》书影

著作目录

1.《中国帮会史》下编，上海人民出版社 1993 年 3 月版、武汉大学出版社 2012 年 2 月版

2.《中国会道门》，上海人民出版社 1997 年 5 月版

3.《民国绿林史》，福建人民出版社 2001 年 3 月版

4.《中国秘密社会》第六卷《民国帮会》，福建人民出版社 2002 年 10 月版

5.《中国近代贩毒史》，福建人民出版社 2004 年 5 月版、上海社会科学院出版社 2017 年 1 月版

6.《中国近代绿林史》，福建人民出版社 2004 年 11 月版

7.《中国近代妓女史》，上海人民出版社 2005 年 11 月版

8.《中国近代社会史》，合肥工业大学出版社 2008 年版

9.《中国近现代史专题》，合肥工业大学出版社 2009 年 4 月版

10.《中国近代会党史》，合肥工业大学出版社 2009 年 4 月版

11.《抗日战争与中国社会》，合肥工业大学出版社 2010 年 2 月版

12.《中国近代会道门史》，合肥工业大学出版社 2010 年 3 月版

13.《中国近现代社会问题研究》，合肥工业大学出版社 2010 年 3 月版

14.《秘密社会与中国革命》，商务印书馆 2010 年 8 月版

15.《中国近现代史专题续编》，合肥工业大学出版社 2010 年 11 月版

16.《中国近现代史文本与动态研究》，合肥工业大学出版社 2011 年 1 月版

17.《近代会党与民间信仰研究》，台湾秀威资讯科技股份有限公司 2011 年 7 月版

18.《中国近代帮会史研究》，上海人民出版社 2011 年 10 月版

19.《史学探索与评价》，合肥工业大学出版社 2011 年 12 月版

20.《中国近代土匪史》，合肥工业大学出版社 2012 年 4 月版

21.《辛亥革命与中国社会》，合肥工业大学出版社 2012 年 6 月版

22.《中国近现代史辨疑与释读》，学林出版社 2012 年 10 月版

23.《近代江南秘密社会》，上海人民出版社 2013 年 3 月版

24.《历史记忆与书写》，合肥工业大学出版社 2013 年 3 月版

25.《中国近代妇女史》，合肥工业大学出版社 2013 年 3 月版

26.《中国近代对外关系研究》,合肥工业大学出版社 2013 年 11 月版
27.《从开天辟地到天翻地覆——中共革命史》,上海人民出版社 2013 年 4 月版
28.《社会史视野下的近代上海》,学林出版社 2013 年 8 月版
29.《历史回顾与评论》,合肥工业大学出版社 2014 年 12 月版
30.《中国近现代史论集》,学林出版社 2015 年 4 月版
31.《中共党史若干问题再研究》,上海书店出版社 2015 年 12 月版
32.《中国近代秘密社会史研究》,上海书店出版社 2016 年 5 月版
33.《孙中山宋庆龄研究》,广东人民出版社 2018 年 10 月版

参编书籍:

1.《中国会党史论著汇要》,南开大学出版社 1985 年 12 月版
2.《福建、上海小刀会档案史料汇编》,福建人民出版社 1993 年 9 月版
3.《中国通史史论辞典》,黑龙江人民出版社 1992 年版
4.《义和团大词典》,"丰城教案"等 26 词条,中国社会科学出版社 1995 年 12 月版
5.《中华民国史大辞典》"秘密社会"部分,当代中国出版社 2001 年 8 月版
6.《上海大辞典》"帮会"部分,上海辞书出版社 2007 年 12 月版
7.《上海市志　中国共产党分志　党史研究卷 1978—2010》"上海师范大学"部分,上海人民出版社 2018 年 3 月版
8.《中国近代史教程》,华东师大学出版社 1993 年 8 月版
9.《中国近代史教程》增订本,华东师范大学出版社 1997 年 9 月版
10.《中国现代史新编》,上海人民出版社 1996 年 12 月版
11.《九年义务教育课本　中学历史七年级第二学期(试用本)》,华东师范大学出版社 2003 年 1 月版
12.《九年义务教育课本　中学历史(试用本)七年级第二学期》,华东师范大学出版社 2007 年 1 月版
13.《中国历史教学参考资料》七年级第二学期,华东师范大学出版社 2007 年 12 月版
14.《历史　高中一年级第二学期(试验本)》第 24、25、26 课,上海教育出版社 2004 年 1 月版
15.《长江文化与中华民族》,上海书店出版社 1996 年 9 月版
16.《重新认识百年中国》,改革出版社 1998 年 1 月版
17.《民国三教九流归宿》,上海书店出版社 1999 年 3 月版
18.《长江文明史》"长江流域的教育",上海教育出版社 2001 年 1 月版
19.《中国史学史》第八章"近代史学",山西教育出版社 2001 年 2 月版
20.《中国社团发展史》第十二章第二、三节,当代中国出版社 2001 年 4 月版
21.《中国工程师史》,同济大学出版社 2017 年 5 月版
22.《千古之迷——中国文化史 500 疑案》,中州古籍出版社 1989 年 9 月版

23.《千古之谜——中国文化史500疑案(续)》,中州古籍出版社1996年8月版

24.《历史之谜》,人民日报出版社1991年4月版

25.《历史之谜》,上海辞书出版社1996年11月版

26.《一千零一问》"心理、教育、历史、文化卷",上海人民出版社1999年4月版

27.《中国历史悬疑系列　明清卷》,上海辞书出版社2016年5月版

28.《天国寻踪——太平天国100问》,上海远东出版社2000年7月版

论文要目

鸦片战争与第二次鸦片战争

《林则徐广州禁烟与美国人的关系》,《广东社会科学》2010 年第 4 期

《鸦片战争后徐继畬在福建的对外交往活动》,《穿越时空的目光:徐继畬及其开放思想与实践》,中国社会科学出版社 2009 年 12 月版

《陈化成与鸦片战争》,《上海研究论丛》第十二辑,上海社会科学院出版社 1998 年 12 月版

《鸦片战争时期的帮会》,《历史档案》1995 年第 3 期

《鸦片战争时期的江苏水陆土匪》,《中国近代土匪史》,合肥工业大学出版社 2012 年 4 月版

《鸦片战争前后的粤闽浙海盗》,《鸦片战争研究》,广东人民出版社 2010 年 12 月版

《晚清海盗述论》,《安徽史学》2017 年第 3 期,人大复印资料 K3,2017 年第 3 期转载

《第二次鸦片战争中肃顺等人不是主战派》,《安徽史学》1994 年第 2 期

《文祥的对外应对》,《中国近现代史专题续编》,合肥工业大学出版社 2010 年 11 月版

太平天国

《论劝世良言对洪秀全思想的影响》,《中国近现代史专题》,合肥工业大学出版社 2009 年 1 月版

《洪仁玕与西方传教士》,《上海师范大学学报》2001 年第 3 期,人大复印资料 K3,2001 年第 9 期转载

《〈李秀成自述〉研究述评》,《中国近现代史文本与动态研究》,合肥工业大学出版社 2011 年 1 月版

《金陵悲歌》,《历史回顾与评论》,合肥工业大学出版社 2014 年 12 月版

《洪家王朝的覆灭》,《历史教学问题》2015 年第 2 期

《论太平天国不是邪教》,《中国近现代史专题续编》,合肥工业大学出版社 2010 年 11 月版

《太平军兴起前后的土匪》,《太平天国与中国近代社会》下册,广东人民出版社 2012 年 12 月版

《太平天国时期国家、地方与会党的关系》,《晚清国家与社会》,社会科学文献出版社2007年8月版

《论太平天国时期会党运动的特点》,《社会科学家》1991年第5期

《论闽南小刀会起义》,《中国近现代史论集》,学林出版社2015年4月版

《论闽南小刀会起义在会党史上的地位》,《上海师大学报》1987年第1期

《闽南小刀会在台湾的斗争》,《台湾研究集刊》1986年第4期、《闽南小刀会起义史料选编》,鹭江出版社1994年4月版

《1853年台湾天地会大起义述略》,《历史档案》1988年第3期

《台湾八卦会起义述略》,《历史档案》1990年第4期

《上海小刀会与闽浙会党》,《史林》1987年第1期

《刘丽川上天王奏考》,《历史教学》1988年第1期

《李绍熙游民集团和上海小刀会起义》,《上海研究论丛》第七辑,上海社科院出版社1991年10月版

《上海小刀会起义前的闽广移民》,《东南民众运动与上海小刀会》,香港天马图书有限公司2004年6月版

《上海小刀会起义前的闽广游民与本地豪强势力》,《上海研究论丛》第十五辑,上海社会科学院出版社2005年5月版

《上海绅商与小刀会起义》,《上海研究论丛》第二十二辑,上海书店出版社2014年12月版

《宁波双刀会起义与洪世贤起义》,《近代会党与民间信仰研究》,台北秀威资讯科技股份有限公司2011年7月版

《林俊起义述略》,《近代史研究》1988年第2期

《湖南道州天地会起义》,《近代会党与民间信仰研究》,台北秀威资讯科技股份有限公司2011年7月版

《湖南郴州桂阳州天地会起义》,《中国近现代史专题续编》,合肥工业大学出版社2010年11月版

《江西龙泉添弟会起事》,《近代会党与民间信仰研究》,台北秀威资讯科技股份有限公司2011年7月版

《江西泰和千刀会起义》,《中国近现代史专题续编》,合肥工业大学出版社2010年11月版

《诸暨莲蓬党起义》,《近代会党与民间信仰研究》,台北秀威资讯科技股份有限公司2011年7月版

《李永和蓝朝鼎起义》,《中国近现代史专题续编》,合肥工业大学出版社2010年11月版

《清代档案与晚清秘密社会研究》,《明清档案与历史研究论文集》,新华出版社2008年1月版

洋务运动与戊戌变法

《清代银圆述略》,《中华钱币论丛》,上海书店出版社1996年8月版

《郑观应与轮船招商局》,《岭南文史》2017 年第 3 期

《翁同龢与顺直赈灾》,《中国近现代史专题续编》,合肥工业大学出版社 2010 年 11 月版

《纽约时报视野下的上海城市化进程》,《甘肃社会科学》2008 年第 5 期、《双城记:上海、纽约都市文化》,格致出版社 2011 年 6 月版

《纽约时报视野下的唐人街》,《都市发展与文化保存》,加拿大文化更新中心 2010 年 3 月版、《中国的思想与社会》,上海大学出版社 2010 年 9 月版

《晚清人士对多边对外关系的认知》,《中国与世界之多元历史探论》,香港城市大学出版社 2018 年版

《戊戌政变史实辨证二则》,《历史教学》1994 年第 11 期

《康有为梁启超与会党的关系》,《近代会党与民间信仰研究》,台北秀威资讯科技股份有限公司 2011 年 7 月版

《严复的妇女观》,《严复与中国近代思想》,海风出版社 2007 年 5 月版

《晚清上海乞丐初探》,《全球化进程中的上海与东京》,上海三联书店 2007 年 10 月版

《晚清上海画报中的都市妓女》,《中国近现代史辨疑与释读》,学林出版社 2012 年 10 月版

《近代上海的茶馆》,《网络社会与城市环境》,上海三联书店 2010 年 7 月版

《近代碑刻与山西教化》,《晋阳学刊》2018 年第 2 期、《社会科学文摘》2018 年第 7 期

中法战争与中日甲午战争

《抗法名将刘永福》,《钦州学院学报》2018 年第 6 期

《中法战争爆发前海盗在越南活动的考证》,《钦州学院学报》2018 年第 7 期

《中法战争期间的会党动向》,《学术论坛》1991 年第 3 期

《冯子材的军事生涯》,《钦州学院学报》2018 年第 11 期

《中法战争结束后的广西游勇土匪》,《中国近代土匪史》,合肥工业大学出版社 2012 年 4 月版

《崔济愚〈东经大全〉的价值倾向》,《韩国传统文化的反思与新探》,韩国大旺社 2002 年版

《东学党反洋教原因初探》,《上海师范大学学报》1999 年第 6 期

《甲午战争前后的会党问题》,《历史档案》2001 年第 2 期

《卫汝贵与甲午平壤溃败》,《御侮与抗争　甲午陆战中的淮军学术研讨会论文集》,安徽教育出版社 2017 年 10 月版

《唐景崧与甲午战争》,《上海师大学报》1995 年第 1 期,人大复印资料 K3,1995 年第 6 期转载

《中日广岛谈判》,《中国近代对外关系研究》,合肥工业大学出版社 2013 年 3 月版

《威海卫的陷落和北洋海军的覆没》,《北洋海军新探——北洋海军成军120周年国际学术探讨会论文集》,中华书局2012年10月版

《甲午战争时期的上海反应》,《历史教学问题》2014年第3期、《甲午战争与东亚历史进程——甲午战争120周年国际学术研讨会文集》,社会科学文献出版社2018年12月版

《甲午战争时期的土匪动向》,《中国近代土匪史》,合肥工业大学出版社2012年4月版

《丘逢甲诗作中的国恨家仇》,《世纪》2006年第3期

《甲午战争以来日军对中国妇女的暴力问题》,《滔天罪孽》,学林出版社2000年11月版

反洋教运动与义和团运动

《近代基督教在华传播与中国秘密会社》,《历史教学》1995年第2期

《〈谨遵圣谕辟邪全图〉解读》,《史学月刊》2007年第9期

《近代会道门经典的政治倾向》,《学术月刊》1996年第6期

《义和团运动中的道教信仰》,《社会科学》2010年第3期

《〈申报〉对义和团运动的舆论导向》,《安徽大学学报》2011年第2期、《义和团运动110周年国际学术讨论会论文集》,山东大学出版社2012年版

《1900年温州神拳会初探》,《中国近现代史专题》,合肥工业大学出版社2009年1月版

《对〈义和团运动发展阶段中的民间秘密教门〉的几点意见》,《历史研究》2003年第1期

《义和团时期南方会党斗争的若干问题》,《学术界》1992年第4期

《义和团时期的会党斗争》,《义和团运动与近代中国社会国际学术讨论会论文集》,齐鲁书社1992年7月版

《义和团运动后会党的反洋教斗争》,《历史教学》1989年第6期

《袁世凯与19、20世纪之交的华北剿匪》,《中国近代土匪史》,合肥工业大学出版社2012年4月版

辛亥革命

《张謇论会党》,《盐城师范学院学报》2007年第2期

《1903年张謇长崎之行新探》,《近代中国》第十三辑,上海社会科学院出版社2003年8月版

《论苏元春与会党的关系》,《南宁师范高等专科学校学报》2007年第4期

《陆荣廷与广西绿林游勇》,《陆荣廷与旧桂系学术研讨会论文集》,广西人民出版社2008年9月版

《从私塾到学堂——废除科举前后朱德等人的早年求学之路》,《上海师范大学学报》2016年第4期

《端方与清末立宪》,《中国近现代史专题续编》,合肥工业大学出版社 2010 年 11 月版

《端方与晚清政局》,《辛亥革命与中国近代化学术讨论会论文集》,上海人民出版社 2012 年 6 月版、《四川辛亥革命暨尹昌衡国际学术研讨会论文集》,中国社会科学出版社 2014 年 3 月版

《从〈那桐日记〉看晚清满族权贵那桐的私人生活》,《近代人物研究:社会网络与日常生活》,上海人民出版社 2012 年 8 月版

《清末烟苗禁种与反禁种的历史思考》,《史林》2007 年第 6 期

《万国禁烟大会前的上海禁烟斗争》,《现代上海研究论丛》(9),上海书店出版社 2012 年 3 月版

《兴中会时期孙中山与美国致公堂的关系》,《近代中国》第十五辑,上海社会科学院出版社 2005 年 6 月版

《同盟会时期孙中山与美国致公堂的关系》,《广西师范大学学报》2006 年第 3 期,人大复印资料 K3,2007 年第 3 期转载

《孙中山与黄三德的交往》,《团结报》1989 年 10 月 10 日

《1911 年春孙中山加拿大之行述略》,《近代中国》第十四辑,上海社会科学院出版社 2004 年 8 月版

《法国政府文件中孙中山与秘密社会的关系》,《历史回顾与评论》合肥工业大学出版社 2014 年 12 月版

《辛亥革命时期孙中山与法国方面的交往》,《孙中山宋庆龄研究》,广东人民出版社 2018 年 10 月版

《辛亥革命时期孙中山在西南边疆的活动与法国人的关系》,《近代中国》第二十四辑,上海社会科学院出版社 2015 年 4 月版

《辛亥革命时期孙中山与英国及英国人的关系初探》,《辛亥革命百周年纪念国际学术研讨会论集　孙中山与辛亥革命》,社会科学文献出版社 2012 年 9 月版、《孙中山与世界》,北京大学出版社 2013 年版

《南京临时政府时期海内外友人致孙中山函件研究》,《中国近现代史文本与动态研究》,合肥工业大学出版社 2011 年 1 月版

《孙中山与民初洪门立案问题》,《团结报》1990 年 4 月 18 日

《宋嘉树与孙中山的关系初探》,《宋耀如及其时代国际学术研讨会论文集》,中国福利会出版社 2009 年 9 月版

《论黄兴与会党的关系》,《黄兴研究》,湖南师范大学出版社 1990 年 8 月版

《法国官方档案中的黄兴》,《纪念黄兴诞辰 140 周年学术研讨会论文集》,湖南人民出版社 2014 年 10 月版

《论宋教仁与会党的关系》,《求索》1992 年第 4 期

《赵必振笔下的自立会起义》,《武陵学刊》2019 年第 2 期

《陶成章会党工作述略》,《杭州师范学院学报》2004 年第 6 期,人大复印资料 K3,2005 年第 4 期转载

《1906年徐锡麟东北之行初探》,《杭州师范学院学报》2007年第4期

《论秋瑾与会党的关系》,《上海师范大学学报》2006年第6期,人大复印资料K3,2006年第12期转载

《关于尹锐志事迹的考订》,《中国越学》第4辑,世界图书出版公司2012年8月版

《光复会重要历史问题再研究》,《上海师范大学学报》2012年第6期

《民主民族革命的积极宣传者——林白水》,《报号先驱林白水研究论文集》,福建人民出版社2008年7月版

《陈独秀民主主义思想的起源》,《上海革命史资料与研究》第9辑,上海古籍出版社2009年12月版

《哥老会与辛亥革命》,《上海师大学报》1991年第3期、《高等学校文科学报文摘》1991年第6期作了文摘

《张云山与陕西光复》,《纪念陕西辛亥革命100周年学术研讨会暨海峡两岸第三届孙文论坛论文集》,陕西师范大学出版总社有限公司2013年9月版

《应桂馨其人》,《档案与历史》1989年第6期

《二十世纪初期青帮在上海郊县的活动》,《上海研究论丛》第5辑,上海社会科学院出版社1990年5月版

《20世纪初东京与上海在政治思想方面的互动》,《上海师范大学学报》2007年第5期

《旧民主革命时期资产阶级革命派的办学活动》,《学术界》1991年第2期

《四川保路运动中的妇女斗争》,《辛亥革命史丛刊》第15辑,湖北人民出版社2012年11月版

《辛亥革命时期的上海帮会》,《上海师范大学学报》2002年第3期

《辛亥革命期间的沪杭联动》,《杭州师范大学学报》2011年第5期(第二作者)

《杭州旗营与浙省光复》,《社会科学》2012年第4期、《辛亥革命与杭州》,红旗出版社2013年版

《辛亥革命后杭州的社会变迁》,《浙江师范大学学报》2011年第5期(第二作者)

《云南讲武堂与重九起义》,《百年军校将帅摇篮》,云南人民出版社2010年1月版

《1911年云南起义述略》,《辛亥革命与中国社会》,合肥工业大学出版社2012年6月版

《海军部长黄钟瑛布告研究》,《中国近现代史专题》,合肥工业大学出版社2009年版

北洋军阀统治时期

《袁世凯统治时期对秘密社会的政策》,《江苏行政学院学报》2004年第6期,人大复印资料K3,2005年第2期转载

《冯玉祥与秘密会社》,《近代中国》第13辑,上海社会科学院出版社2003年8月版

《唐继尧与孙中山的关系略论》,《近代中国》第20辑,上海社会科学院出版社2010年11月版

《孙中山与近代妇女问题》,《广西师范大学学报》2002年第3期,人大复印资料K3,2003年第1期转载

《孙中山与上海证券物品交易所》,《人民政协报》1991年12月20日

《孙中山与民国绿林》,《人文研究与探索》学林出版社2002年4月版

《对新发现的孙中山文电的解读》,《孙中山宋庆龄研究》,广东人民出版社2018年10月版

《美国记者爱宝莲笔下的孙中山与宋庆龄》,《团结报》2016年8月18日

《张謇论绿林土匪》,《张謇与近代中国社会》,南京大学出版社2007年10月版

《孙美瑶绿林集团与帮会的关系》,《历史记忆与书写》,合肥工业大学出版社2013年3月版

五四运动与中共创建初期

《上海租界当局与五四运动》,《上海师范大学学报》1989年第2期

《五四运动与青红帮会》,《史林》2005年第3期

《五四时期社会文化思潮考察》,《求索》2009年第3期(第二作者)

《毛泽东与平民教育》,《徐州师范大学学报》2008年第5期、加拿大《文化中国》2008年第4期

《青年包惠僧关于湖北匪患的新闻报道》,《上海革命史资料与研究》第14辑,上海古籍出版社2014年12月版

《都市文化与中国共产党的建立》,《上海党史与党建》2010年第9期

《中共建党时期的美国因素初探》,《城市　空间与中共建党》,上海教育出版社2018年7月版

《中共一大南湖会议日期再考》,《团结报》2018年7月26日

《中共一大南湖会议是哪天召开的》,《上海党史与党建》2018年第8期

《中华女界联合会与近代妇女解放运动》,《上海师范大学学报》2019年第2期

《上海外国语学社述略》,《中共创建史研究》第3辑,上海人民出版社2018年版

《"二大"在上海召开的原因》,《社会科学》2011年第6期

《中国共产党首部党章研究》,《理论经纬2016》,上海三联书店2018年版

《中共二大"民主的联合战线"的由来》,《上海师范大学学报》2011年第2期

《"民主的联合战线"的提出与转变》,《江西师范大学学报》2013年第1期

《近代秘密社会与民主革命的关系》,《上海师范大学学报》2008年第5期

国民革命时期

《孙中山与苏俄》,《北方论丛》1991年第4期

《孙中山与列宁的交往》,《近代中国》第29辑,上海社会科学院出版社2018年12月版

《孙中山与祖国统一》,《上海师大学报》1996年第4期;人大复印资料K4,1997年第2期转载

《孙中山经济建设思想中的外国因素》,《广东社会科学》2009年第1期

《孙中山与精神文明建设》,《岭南文史》2015年第1期

《孙中山1924年整顿军纪初探》,《近代中国》第26辑,上海社会科学院出版社2017年7月版(第二作者)

《〈孙中山全集补编〉的成就与不足》,《团结报》2018年5月10日

《宋庆龄与孙中山的婚姻生活》,《中国近代妇女史》,合肥工业大学出版社2013年3月版

《廖仲恺与广东土匪问题》,《悠悠乡国思——纪念廖仲恺先生逝世85周年全国学术研讨会论文集》,暨南大学出版社2010年12月版

《黄埔军校与扶助农工》,《岭南文史》2014年第3期

《瞿秋白与上海大学》,《江苏师范大学学报》2015年第2期

《五卅运动中的工人帮会问题》,《党史研究与教学》1993年第3期

《中西基督教徒与五卅运动》,《史林》1997年第3期

《中共四大提出"无产阶级在民主革命中的领导权"问题再探》,《观察与思考》2015年第1期

《俞秀松与上海工人运动》,《上海师范大学学报》2010年第2期

《阮啸仙与广东农民运动》,《新东方》2012年第3期

《毛泽东与农民运动讲习所》,《广东社会科学》2014年第1期

《钮永建与上海工人三次武装起义》,《民国研究》总59期,社会科学文献出版社2016年5月版

土地革命战争时期

《南昌起义前后的谭平山》,《江西社会科学》2012年第6期

《广州起义前后的杨殷》,《用生命捍卫信仰》,中共党史出版社2018年11月版

《广州起义中的手车工人》,《党史与文献研究》2018年第1期

《宋庆龄与苏联关系新探(1927—1929)》,《上海师范大学学报》2005年第3期

《宋庆龄在德国》,《孙中山宋庆龄文献与研究》上海书店出版社2009年12月版

《从绿林到红军的袁文才、王佐》,《聚集在党旗下》,华东师范大学出版社1991年5月版

《关于袁文才、王佐的几个问题》,《党史研究与教学》1991年第6期

《古田会议前后陈毅与毛泽东的关系浅论》,《从开天辟地到天翻地覆》,上海人民出版社2013年4月版

《中共六大对新民主主义革命理论的阐释》,《上海党史与党建》2011年第9期

《瞿秋白与中山大学政治风波》,《党史研究与教学》2006 年第 2 期,人大复印资料 K4　2006 年第 10 期转载

《左尔格在上海——以共产国际解密档案为中心》,《上海档案史料研究》第 15 辑,上海三联书店 2013 年 12 月版、《左尔格在中国的秘密使命》,上海社会科学院出版社 2014 年 7 月版

《左尔格在上海活动初探》,《上海党史与党建》2013 年第 12 期

《1932 年虹口公园爆炸案与中国各方的关系初探》,《上海师范大学学报》2003 年第 4 期

《1933 年上海反战大会述略》,《“共产国际、联共(布)与中国革命”第十一次学术研讨会论文集》,中共党史出版社 2010 年 5 月版

《1933 年远东反战大会在上海》,《上海研究论丛》第二十二辑,上海书店出版社 2014 年 12 月版

《马莱代表团在上海》,《都会遗踪》第十二辑,学林出版社 2013 年 12 月版

《伊罗生、中国论坛与中国民权保障同盟》,《现代人文、中国思想、中国学术》,上海人民出版社 2008 年 11 月版,上海市社联优秀论文奖

《宋庆龄与牛兰夫妇案》,《左尔格在中国的秘密使命》,上海社会科学院出版社 2014 年 7 月版

《中国民族武装自卫委员会述略》,《党史研究与教学》2008 年第 3 期

《苏区少年先锋队述略》,《江西师范大学学报》2007 年第 4 期

《苏区劳动妇女的解放斗争》,《从开天辟地到天翻地覆》,上海人民出版社 2013 年 4 月版

《中央苏区的反腐败斗争》,《生命、知识与文明》,上海人民出版社 2009 年 11 月版,上海市社联优秀论文奖

《福建事变前后陈铭枢与共产党的交往》,《晋阳学刊》2009 年第 3 期

《中共六届五中全会研究》,《党史研究与教学》2009 年第 4 期

《红军长征时期的物资筹措》,《苏区研究》2017 年第 6 期

《长征中的女红军》,《上海师范大学学报》2014 年第 4 期

《俄界会议研究》,《中共党史若干问题再研究》,上海书店出版社 2015 年 12 月版

《红军长征期间与秘密社会的关系》,《军事历史研究》2006 年第 3 期

《邹韬奋与“七君子事件”》,《邹韬奋研究》第 6 辑,上海锦绣文章出版社 2018 年 12 月版

《不朽的风骨　永恒的风范——鲁迅逝世后各界的悼念与追思》,《群言》2018 年第 11 期

《1937 年国共两党的秘密谈判》,《华东师范大学学报》2010 年第 6 期,上海市社联优秀论文奖

《1937 年宋庆龄给王明信函解读》,《孙中山宋庆龄研究》,广东人民出版社 2018 年 10 月版

《南京国民政府的禁毒与贩毒》,《国家、地方、民众的互动与社会变迁》,商务印书馆 2004 年 6 月版

《南京国民政府时期的娼妓问题》,《中国近现代社会问题研究》,合肥工业大学出版社 2010 年 3 月版

《20 世纪二三十年代女性自杀问题初探》,《社会文化与近代中国社会转型》,中国社会科学出版社 2016 年 7 月版

《二三十年代的中国女性匪首的婚姻家庭观》,《档案史料与研究》1999 年第 4 期

《钮永建与乡村民众教育》,《历史回顾与评论》,合肥工业大学出版社 2014 年 12 月版

《1935 年上海法租界人力车夫罢工初探》,《社会科学》2009 年第 1 期

《金日成与东北绿林的交往》,《中国近代秘密社会研究》,上海书店出版社 2016 年 5 月版

全民族抗日战争时期

《日本帝国主义对中国帮会的调查和利用》,《档案史料与研究》1996 年第 4 期、《中国近代秘密社会研究》,上海书店出版社 2016 年 5 月版

《日本侵略者利用中国帮会破坏抗战述略》,《上海师大学报》1997 年第 4 期,人大复印资料 K4,1998 年第 5 期转载

《日寇利用中国会道门侵华述略》,《江苏行政学院学报》2005 年第 4 期

《日本帝国主义利用伊斯兰教侵华述略》,《档案史料与研究》2001 年第 2 期

《日本侵略者利用日本妇女从事侵华述略》,《抗日战争与中国社会》,合肥工业大学出版社 2010 年 2 月版

《日本侵华期间对中国文科教科书的删改》,《江苏行政学院学报》2006 年第 4 期

《沪宁、沪杭甬铁路与淞沪抗战》,《观察与思考》2015 年第 8 期

《抗日战争时期上海的乞丐救助》,《联合时报》2015 年 1 月 13 日

《常玉清与黄道会》,《档案与历史》1989 年第 2 期

《常玉清其人》,《档案与历史》1995 年第 1 期

《汉奸帮会组织——中华洪门联合会》,《档案与历史》1988 年第 2 期

《大民会的来龙去脉》,《档案与史学》2003 年第 6 期

《林森与国民参政会》,《徐州师范大学学报》2011 年第 2 期

《毛泽东与陕甘宁边区参议会》,《中国延安干部学院学报》2017 年第 5 期

《美军观察组在延安述略》,《中国延安干部学院学报》2018 年第 2 期

《白求恩在华北》,《世纪风采》2018 年第 5 期

《云水襟怀　松柏气节——续范亭山西抗战记》,《世纪风采》2015 年第 7 期

《抗日名将张冲》,《20 世纪中国人物传记与数据库建设研究》第 3 辑,上海书店出版社 2016 年 1 月版。

《杜月笙与上海抗日救亡运动》,《抗日战争研究》2000 年第 2 期,《中华读书报》2000 年 7 月 19 日、《作家文摘》2000 年 8 月 8 日部分转载

《抗日战争中的杜月笙》,《百年浦东同乡会》,上海社会科学院出版社 2005 年 10 月版

《1940 年上海法租界电车、公共汽车工人罢工再探究》,《从荒野芦滩到东方巴黎:法租界与近代上海》上海社会科学院出版社 2018 年 12 月版

《杨文道与上海抗日救亡运动》《上海纪念抗日战争胜利 60 周年研讨会论文集》上海人民出版社 2005 年 8 月版

《刘湛恩与上海抗日救亡运动》,《现代上海研究论丛》(10),上海书店出版社 2012 年 12 月版

《抗日战争中的程应鏐》,《程应镠先生百年诞辰纪念文集》,上海古籍出版社 2016 年 10 月版

《抗日战争时期的上海舞女》,《上海研究论丛》第 19 辑,上海社会科学院出版社 2009 年 5 月版

《1939 年至 1942 年国民党利用帮会反共述略》,《国共两党关系历史与现状研究》东北师大出版社 1992 年 7 月版,获市党史学会 1989—1992 年度学术成果奖

《1932 年虹口公园爆炸案与中国各方的关系初探》,《上海师范大学学报》2003 年第 4 期

《韩国独立运动在中国东北》,《中国抗日战争与韩国独立运动》,韩国眼光一声出版社 2005 年 4 月版

《朝鲜志士与中国社会——以尹奉吉义举为中心》,《当代韩国》2008 年第 9 期

《重庆时期的韩国临时政府外长赵素昂》,《当代韩国》2009 年第 6 期

《金九与中国共产党》,《韩国研究论丛》第十五辑,世界知识出版社 2007 年 10 月版

《饶家驹与上海国际救济会及南市难民区》,《饶家驹与战时平民保护》广西师范大学出版社 2015 年 6 月版、《都会遗踪》第 16、17 辑,学林出版社 2015 年版

《抗日战争时期孙中山学说的历史命运》,《抗日战争与中国社会》,合肥工业大学出版社 2010 年 2 月版

《略论抗日战争时期的孙中山纪念活动》,《广东社会科学》2011 年第 3 期(第二作者)

《1942-1943 年宋美龄美国之行再探讨》,《宋氏家族与抗日战争论文集》,南方出版社 2017 年 7 月版

《宋庆龄对孙中山民生思想的理解、阐释与实践》,《岭南文史》2013 年第 4 期

《毛泽东新民主主义论与马列主义的理论关联》,《延安精神永放光芒》,东方出版中心 2011 年 6 月版,上海市社联优秀论文奖

《毛泽东与新四军》,《新四军研究》第七辑,上海人民出版社 2015 年 8 月版。

《陈毅与新四军江南指挥部》,《军事历史研究》2015 年第 6 期

《上海人民对新四军的支援》,《新四军与上海》,上海人民出版社 2013 年 10

月版

《上海人民对新四军的支援——以文化艺术为中心》,《新四军与上海》第三辑,上海人民出版社 2017 年 10 月版

《抗日战争时期中国共产党对会党的政策》,《党史研究与教学》1991 年第 1 期

《抗战时期新四军的华中帮会工作》,《继承优良传统　再创辉煌未来》,军事科学出版社 2008 年 2 月版

《八路军对会门的统战工作》,《军事历史研究》2005 年第 5 期

《华北朝鲜义勇队、义勇军述略》,《抗日战争与中国社会》,合肥工业大学出版社 2010 年 2 月版

《新四军与朝鲜义勇军》,《当代韩国》2009 年第 4 期

《朝鲜义勇军在中国抗战始末》,《世纪风采》2015 年第 9 期

《"抗联"教导旅初探》,《史林》2015 年第 6 期

《陈潭秋在新疆》,《晋阳学刊》2014 年第 4 期

《抗战精神是传统文化与民族精神的伟大结晶》,《敬老崇文文集》第二辑,中西书局 2016 年 9 月版

全国解放战争时期

《陈云与东北剿匪》,《安徽史学》2007 年第 1 期(第二作者)

《解放战争时期东北与朝鲜的关系》,《中国朝鲜史研究》第一辑,香港社会科学出版社 2004 年 6 月版、又收入《史学论衡》上海三联书店 2004 年 10 月版

《李公朴被刺后的各方反应》,《李公朴研究论文集》,群言出版社 2016 年 10 月版

《"五一口号"与多党合作和政治协商制度的初建》,《上海市社会主义学院学报》2008 年第 4 期、《文史学刊》第 8 辑,中国文史出版社 2018 年 5 月版

《共产党多党合作民主执政的设计与开端》,《上海市社会主义学院学报》2006 年第 5 期

《解放前后民主党派的政治定位问题》,《上海市社会主义学院学报》2009 年第 6 期

《中国民主促进会在上海的成立与斗争》,《上海市社会主义学院学报》2014 年第 3 期

《解放战争时期中共与中国民主促进会在上海的互动》,《上海党史与党建》2014 年第 4 期

《上海人民"六二三"反内战大示威揭秘》,《都会遗踪》第十四辑,学林出版社 2014 年 9 月版

《"五二〇"运动在上海》,《都会遗踪》第 25 辑,上海锦绣文章出版社 2018 年版

《1946 年至 1951 年国民党利用帮会反共述略》,《江苏社会科学》1993 年第 5 期,人大复印资料 K4,1993 年第 11 期转载

《阎锡山与青红帮会》,《中国近现代史专题续编》,合肥工业大学出版社 2010

年 11 月版

《益社始末》,《档案史料与研究》1992 年第 4 期

《洪门金龙山中正堂始末》,《上海档案史料研究》第 22 辑,上海三联书店 2017 年版

《中国新社会事业建设协会探略》,《社会科学家》1992 年第 5 期,人大复印资料 K4　1993 年第 1 期转载

《1945—1947 年间秘密社会的组党风潮》,《民国档案》2010 年第 4 期

《1946 年至 1951 年国民党利用帮会反共述略》,《江苏社会科学》1993 年第 5 期

《解放战争时期的"中国中和党"》,《中国近代帮会史研究》,上海人民出版社 2011 年 10 月版

《近代中国乡村社会权势关系演变》,《上海师范大学学报》2004 年第 5 期

《民国时期帮会史学的发展》,《上海师大学报》1993 年第 3 期,人大复印资料 K3,1994 年第 1 期转载

《会道门在上海的传播与衰亡》,《学术月刊》2000 年第 8 期

《一贯道在上海的流传与衰亡》,《上海档案史料研究》第 9 辑,上海三联书店 2010 年 11 月版(第一作者)

《20 世纪中国的秘密会社》,《中国近现代社会问题研究》,合肥工业大学出版社 2010 年 3 月版

《民主革命时期保持党的纯洁性的历史回顾与启示》,《甘肃理论学刊》2014 年第 1 期

社会主义革命和建设时期

《建国后保持党的纯洁性的历史回顾》,《历史回顾与评论》,合肥工业大学出版社 2014 年 12 月版

《中国共产党与兄弟党的关系回顾》,《历史回顾与评论》,合肥工业大学出版社 2014 年 12 月版

《马列经典著作与马克思主义中国化》,《中共党史若干问题再研究》,上海书店出版社 2015 年 12 月版

《毛泽东对中国社会主义道路的初步探索的历史价值》,《理论经纬》2014,黄山书社 2016 年 1 月版

《解放初期的禁娼斗争述略》,《1950 年代的中国》,复旦大学出版社 2006 年 8 月版

《解放后向外转移的会道门》,《中国近现代社会问题研究》,合肥工业大学出版社 2010 年 3 月版

《民主党派与抗美援朝》,《上海市社会主义学院学报》2010 年第 6 期

《建国初期党际关系良性互动的历史思考》,《历史记忆与书写》,合肥工业大学出版社 2013 年 3 月版

《孙中山的追随者黎照寰》,《孙中山研究》第6辑,广东人民出版社2018年2月版(第一作者)

《黎照寰与宋庆龄的珍贵友谊》,《交通大学学报》2011年第1期(第二作者)

《为大多数人民谋利益》,《宋庆龄的思想精神和品格学术研讨会论文集》,中国福利会出版社2004年9月版

《宋庆龄与社会主义和谐社会建设》,《宋庆龄的思想实践与和谐社会建设学术讨论会论文集》,中国福利会出版社2008年5月版

《〈宋庆龄致陈翰笙书信(1971-1981)〉的价值与不足》,《孙中山宋庆龄研究》,广东人民出版社2018年10月版

《〈宋庆龄年谱〉的美中不足》,《孙中山宋庆龄研究》,广东人民出版社2018年10月版

《"文化大革命"中的陈云》,《世纪风云》2016年第1期

改革开放新时期

《以历史的视角解读告台湾同胞书》,《上海市社会主义学院学报》2009年第2期

《当代中国的陈云民生思想》,《江西师范大学学报》2014年第4期

《三十年来统一战线新发展》,《中国近现代史专题续编》,合肥工业大学出版社2010年11月版,上海市社联"纪念改革开放30周年"理论研讨会优秀论文(第二作者)

《邓小平与新时期统一战线的新发展》,《探索与争鸣》2012年增刊,上海市社联优秀论文奖

《中央纪律检查委员会的由来与发展》,《历史回顾与评论》,合肥工业大学出版社2014年12月版

《十八大修改党章的历史依据与现实意义》,《中共党史若干问题再研究》上海书店出版社2015年12月版

《中央地方关系重新调整的重大意义》,《新四军研究》第八辑,上海人民出版社2016年12月版。

《〈关于新形势下党内政治生活的若干准则〉的重要意义》,《组织人事报》2016年11月8日

《"法轮功"现象的历史思考》,《学术论坛》2000年第1期

《"全能神"与历史上的邪教组织》,《社会观察》2014年第7期

《新世纪以来中国近代秘密社会史研究的新进展》,《史学集刊》2012年第5期,人大复印资料K3,2013年第2期转载,又收入《中国民间宗教、民间信仰研究之中欧视角》,(台湾)博扬文化事业有限公司2012年10月版

大事要录(会议简讯)[①]

1997年6月,参与制作的《走进鸦片战争——一部历史巨片的诞生》由东方电视台播出。

2000年5月16日至18日,出访韩国东国大学。5月17日下午在该校作了《当代中国的宗教》的学术演讲。

2001年6月7日到9日,到香港参加了《二十世纪中国之再诠释》国际研讨会。此次会议是由香港浸会大学历史学系、二十世纪中华史学会和香港中国近代史学会主办、香港教育学院社会科学学系协办的。在会上作了《20世纪中国的秘密会社》的报告。

2003年1月18日被聘为大韩民国临时政府旧址管理处研究室顾问。

2008年6月6日被聘为复旦大学国际问题研究院韩国研究中心兼职研究员。

2009年6月5日作为上海中山学社的学术交流团的成员之一,参加了由台湾新竹明新科技大学主办的"中山思想与两岸关系"学术研讨会,并在会上发表了《孙中山与精神文明建设》。

6月9日至10日参加了由宜兰佛光大学主办的"民间儒教与救世团体"国际学术研讨会。在第六场报告会上,讲了《1912—1949年上海地区的会道门与社会活动》。

8月18日至19日去温哥华参加了由加拿大文化更新中心举办的"都市发展文化保存"国际研讨会,作《纽约时报视野下的唐人街》学术报告。

8月22日至31日去台湾参加"近现代中国民间结社"学术研讨会,作了"一贯道在上海的流传与衰落"的学术报告。

2010年2月2日,参与制作的《弄堂里的挪亚方舟　上海犹太人》在东方电视台艺术人文频道"上海记忆"节目播出。

3月16日,参与制作的《百年天蟾》在东方电视台艺术人文频道"上海记忆"节目播出。

3月23日,参与制作的《廖承志与何香凝》在东方电视台艺术人文频道"上海记忆"节目播出。

10月1日,在德国莱比锡大学召开的"中国民间信仰、民间宗教研究的新趋势"

① "1984—2012年参加的学术会议及论文提要"见《历史记忆与书写》第362-412页,合肥工业大学出版社2013年版,2013—2014年9月18日参加的学术会议及论文提要,见《历史回顾与评论》第566-571页,合肥工业大学出版社2014年版。

国际学术研讨会上发表了题为《近年来中国民间信仰研究述评》的学术演讲。6日在捷克布拉格与布拉格大学著名汉学家 olga. Lomova 教授进行了学术交流。

10月16日,参加在华东师大中山北路校区召开的2010年全国中共党史党建学位点会议,听取了著名党史研究专家张静如就改进党史学科建设的讲话。

2011年2月12日、19日、26日,参与制作的《海上沉浮——黄金荣、杜月笙、张啸林》在中央电视台十频道"重访"节目播出。

11月17日,在香港树仁大学、浸会大学联合举办的"中国与世界国际学术讨论会"上作了"晚清人士对多边对外关系的认知"的学术报告。

11月19日,在上海韩国临时政府旧址管理处举办的尹奉吉学术讨论会上发表《尹奉吉在上海》。

2012年2月24日,参加由上海市中共党史学会、上海市新四军历史研究会以及华东政法大学政治学与社会管理学院共同举办的上海市中共党史学会第7届资深专家论坛,"从邓小平南方谈话出发点即'贫穷不是社会主义',走共同富裕这一问题展开,指出当时通过借鉴市场经济的手段,来摆脱贫穷落后的面貌,但后来先富起来的人并没有肩负起先富带动后富,这与邓小平最终实现共同富裕的初衷有所背离。他指出当今社会对国民财富分配的不均,是产生一系列不公平现象的主要原因。"①

5月24日到27日,赴澳大利亚的布里斯班参加香港中文大学、上海社科院及昆士兰大学合办的"近代中国日常生活"国际学术讨论会。27日在会上作了《晚清上海画报中的都市妓女》报告。

7月参与制作的《指路明灯》在东方电视台、上海电视台新闻频道播出。

11月10日至16日,作为中国宋庆龄基金会参访团成员之一,应台湾中山文化基金会邀请,赴台湾参加了孙中山与宋庆龄研讨会,11日在会上作了《宋庆龄与孙中山的婚姻生活》的报告。访问了政治大学、亚洲大学,与这两所大学的学者进行了互动交流。

11月10日,参加市中共党史学会、福寿园上海市中共党史人物研究中心联合举办的"中国共产党人物评析研讨会暨《陈丕显传》首发式",并在发言中认为"人物史的研究要有血有肉,这本书正好达到了这一点,作者查阅了大量的档案资料,有一些珍贵的档案是首次面世,这是作者对学术界的贡献"②。

2014年10月17日,在中国翻译协会、中国英汉语比较研究会在华东政法大学举办的第二届中国翻译史高层论坛做了《留日学生刊物对国外的翻译介绍》主题发言,提出辛亥革命时期留日学生的翻译介绍活动是中国翻译史新高潮的一个重要组成部分,改变了自鸦片战争以来由外国人操控、主导中国翻译的被动局面。留日

---

① 《上海市中共党史学会35年(1981年12月—2016年5月)》第345页,上海科学技术文献出版社2016年版。

② 《上海市中共党史学会35年(1981年12月—2016年5月)》第372页,上海科学技术文献出版社2016年版。

学生刊物对西方的翻译介绍打破了清政府对文人、文坛的禁锢，为辛亥革命大造舆论，改变了中国民众的价值观与世界观，功不可没。

10 月 24 日，在湖南省参事室、湖南省文史馆召开的“纪念黄兴诞辰 140 周年学术研讨会”做了《法国官方档案中的黄兴》的大会发言，披露了法国陆军部、外交部秘档中有关黄兴的资料，生动再现了这位革命伟人一些鲜为人知的事功与言论。

内容摘要：法国外交部、陆军部中有关黄兴的档案在很长一段时间里鲜为人知。这些宝贵的资料披露了黄兴的言论行动以及对他本人的即时评价，信息量大，具有重要的史料价值。法国官方档案提供了辛亥革命时期新的历史信息与线索，有些还是相当可靠的，如黄兴在两湖地区及广西等地均享有崇高威望与巨大的号召力与影响力；他一身两任，既被看作是哥老会的首领，又被称为孙中山的左右手；他力谋团结，全力辅佐孙中山，宣传孙中山，维护孙中山等等。不过法国官方档案中的黄兴也有扑朔迷离的一面，有些难题需要我们进一步深入探究，设法破解。

10 月 31 日，在上海市中共党史学会、地方志学会、新四军研究会联合主办的《淞沪抗战研究的热点与难点》学术研讨会上作了“上海帮会与淞沪抗战”的主题发言。邵雍教授提出要用新的视角、新的材料深化淞沪抗战。并具体介绍了上海青帮首领、恒社负责人杜月笙在战役中积极筹款、提供军需物资、收容难民、与日经济绝交，直接参与军事活动，支持共产党抗日活动等方面的表现，指出“浦东同乡会是上海抗日救亡运动的重要场所”①。

11 月 2 日，在江苏新四军研究会、新四军江南指挥部旧址陈列馆主办的《纪念新四军江南指挥部成立 75 周年学术研讨会》上作了《陈毅与新四军江南指挥部》的主题发言，客观评价了陈毅与延安中央军委、新四军军部、粟裕、张茜、第三战区副司令长官部、地方绅士以及日伪势力之间的关系。

内容提要：1939 年 8 月新四军军部决定设立江南指挥部，11 月 7 日在江苏溧阳县水西村正式对外公布。江南指挥部对外公开后，新四军第一、第二支队司令部依然存在，番号并未取消，但力量得到了有力的整合，开始了中国革命军事史上有名的陈（毅）粟（裕）合作。陈毅在领导江南指挥部期间，坚决执行党的统一战线政策，具体体现在歼灭敌伪、联合二李（李明扬、李长江）、孤立省韩（韩德勤）的方针上，对国民党第三战区第二游击区副总指挥冷欣也进行了成功的周旋。在短短一年不到的时间内江南指挥部抓住一切机遇，出色完成了新四军在大江南北的战略展开。1940 年 7 月郭村战斗后，新四军江南指挥部改名为苏北指挥部，决定进取黄桥。黄桥决战的胜利后苏北指挥部才对外公开。

11 月 7 日，在安徽历史文化中心主办的《甲午战争中的淮军——甲午战争 120 周年学术研讨会》上作了《卫汝贵与甲午平壤溃败》的主题发言，客观评价了淮军主力卫汝贵部在朝鲜战场上的得失。指出卫汝贵在朝鲜战地的所作所为在某种程度上是淮军进入对外战争新阶段时的一个缩影，他的被处死开启了李鸿章为首的淮

① 《上海市中共党史学会 35 年（1981 年 12 月—2016 年 5 月）》第 389 页，上海科学技术文献出版社 2016 年版。

系集团的总悲剧的序幕。

11 月 9 日,在由上海市历史学会和上海师范大学主办的“饶家驹与战时平民保护”国际学术研讨会上发表《饶家驹与国际救济委员会、南市安全区》。

11 月 13 日,在由上海中山学社主办的“纪念孙中山:全球视野与中华振兴”国际学术研讨会上发表《辛亥革命时期孙中山与法国方面的交往》,利用法国陆军部、殖民部、外交部的档案,揭示了辛亥革命时期孙中山与法国军政、外交人员的多层次的交往,以及法方对孙中山的真实想法和有限支持。

11 月 15 日,在中国太平天国史研究会、中国会党史研究会、上海市历史学会等单位联合主办的《太平天国失败 150 周年学术研讨会》上作了《洪家王朝的覆灭》的报告,以幼天王洪天贵福的教育培养入手,分析了太平天国体制上的重大失误。而洪天贵福被俘后的叛降,更是洪家王朝的覆灭的标志。

内容提要:根据太平天国的体制,幼天王洪天贵福是老天王洪秀全死后的唯一继承者,在这个意义上,太平天国最高领导人洪天贵福就是太平天国的象征。然而他在被俘前后的表现大失所望,令人寒心。洪天贵福的叛变投降有其自身的原因,也有早期培养不当等体制上的原因。他的被杀标志着洪家王朝的彻底覆灭。然而长期以来史学界对于幼天王洪天贵福的变节投降集体失语,还有曲意维护的,这是需要纠正的。

12 月 6 日,在湘潭大学举办的《湘学、蜀学与区域学术文化研讨会暨第三届湖湘文化与巴蜀文化高层论坛》上发表《四川勇将徐邦道》。

12 月 14 日,在苏州大学举办的《“铁路与近代中国社会变迁”第三届中国近代交通社会史国际学术研讨会》上发表《沪宁、沪杭甬铁路与八一三抗战》,揭露了日本侵略者不顾国际条约,肆意轰炸上海等地手无寸铁的候车难民的暴行。

内容提要:沪宁、沪杭甬铁路是连接上海的两条最重要最快捷的战略通道,1937 年 8 月至 11 月淞沪会战期间,日本军机在战区内外不加任何识别进行狂轰滥炸,造成了上海及周边地区人民生命财产的重大损失,大量无辜平民惨遭不幸死于非命。日本军机对中国铁路及铁路沿线设施的轰炸,在一定程度上对向上海开进的中国军队形成了严重的威胁,迫使其日伏夜行,行军速度大为迟缓。但是这些轰炸不可能完全切断后方对淞沪前线的支援,更不可能吓倒中国军民,反而激发了他们的抗战精神和抵抗到底的坚强决心。

12 月 17 日至 19 日,应澳门大学的邀请,前往参加了“中国与东南亚秘密社会史”国际学术研讨会。18 日在会上发表《法国政府文件中孙中山与秘密会社的关系》。

内容提要:在 1905—1908 年法国外交部、陆军部的档案中有一些关于孙中山与秘密会社互动的文件。这些文件介绍了各种秘密会社组织的起源、成分、分布状况、政治倾向与实际活动,其中关于广西会党大造反、西南边境武装起义、暹罗华侨社群与孙中山影响下的会党的关系描述尤为翔实可信。透过这些文件人们可以清晰地了解孙中山在辛亥革命时期的群众基础、依靠力量以及在国内外的广泛影响。中国民族、民主革命的领袖孙中山一方面敏锐地看到了秘密会社革命性的一面,果断地与之建立关系,甚至亲自加入;另一方面他清醒地认识到秘密会社尚有破坏性的一面,要求他们遵守革命纪律,以便塑造良好的国际形象,争取外国人的同情与支持。由于有了秘密会社力量的强有力支撑,孙中山在与法国官方人士打交道时充满自信,富有底气硬气,给对方留下了深刻的第一印象。

2015 年 1 月 9 日,在中央党史研究室、上海市委宣传部等单位联合举办的“纪念中共四大 90 周年学术研讨会”上发表《四大提出“无产阶级在民主革命中的领导权”问题再探》,从工人运动、农民运动、青年运动、国民党工作等方面论证了无产阶级领导权策略的制定与实施情况,对四大这一历史贡献进行了充分的肯定。

内容提要:1924 年国共合作全面展开后,革命统一战线中的矛盾冲突不断显现,1925 年 1 月召开的中共四大讨论并提出无产阶级在民主革命中的领导权问题势在必行。1922 年 7 月中共二大提出“民主的联合战线”的策略,解决了要不要统一战线的问题,1923 年 7 月三大决议共产党员以个人身份加入国民党,与国民党实行“党内合作”,解决了实行统一战线的具体方式或途径的问题。而四大首次向全党明确提出“无产阶级革命领导权”的问题,在大会的一些文件中做了明确的阐释,从各个方面给予了具体的落实,从而较好破解了怎样搞革命统一战线的现实难题。

1 月 10 日,在中国社会科学院近代史研究所与上海大学联合举办的“抗日战争时期的社会生活学术研讨会”上发表《抗日战争时期上海的乞丐问题》。

3 月 12 日,在复旦大学、上海孙中山故居纪念馆、日本神户孙文纪念馆联合举办的《孙中山传记资料与数据库建设研究学术研讨会》上作了《民国时期孙中山对美国记者的两次重要谈话》的讲演,对 1912 年、1917 年《纽约时报》两次相关报道进行了历史解读,指出孙中山在创建民国的时候十分注重法统、维护中华民族的利益。

4 月,所指导的本科学位论文《东亚同文书院学生的中国观》荣获 2014 届学校优秀毕业论文奖。①

5 月 16 日,参加常熟市社联主办的《科举制度的历史价值与借鉴意义》研讨会,作了《从私塾到学堂——废除科举前后朱德等人的早年求学之路》的发言。

内容提要:废除科举这一制度变动对 19 世纪末出生的无产阶级革命家群体的早期人生发展有较大的影响。在私塾就读的学生在学费开支、就学路程、人脉关系方面享有优势,但新式学堂在教学内容、师资配备、教学方法方面明显占上风。1905 年清政府宣布废除科举之后,一些私塾并没有因此停办,毛泽东、周恩来等人也没有因此马上转投新式小学堂。刘少奇、聂荣臻都是 1906 年以后才进私塾的。不过,朱德、毛泽东等人离开私塾进入新式学堂后进步很快,外语、历史、地理等标准课程的学习连同革命书报在校内的流传,在客观上开阔了他们的眼界;通过革命派教员的教化,孙中山民族民主革命思想在年轻学子的脑海中取代了康梁维新改良的主张,这是大势所趋,也是清政府始料未及的。

5 月 25 日,在中国党史学会、北京新四军研究会等单位联合举办的“新四军抗

① 论文评语收入《历史回顾与评论》,合肥工业大学出版社 2014 年 12 月版,第 407 页。

战与铁军精神传承”学术研讨会上做了题为《陈毅与新四军江南指挥部》的大会报告，获得中共党史学会、中共北京市委党史研究室、北京市新四军研究会的优秀论文证书。

内容提要：1939年11月7日，新四军江南指挥部在溧阳县水西村正式宣布成立，陈毅、粟裕分任正副指挥。江南指挥部成立后在延陵县贺甲村、句容县窦家边等地重创日军，战果显赫。陈毅坚决执行中共中央的指示，成功抵制了项英来自军部的错误主张，与国民党顽固派进行了坚决的斗争，派兵驰援半塔集保卫战，打开了皖东抗日根据地的局面；西塔山反击战，为江南指挥部及所属部队渡江北上赢得了准备时间；郭村自卫战，将郭村与吴家桥两个地区连成一片，是新四军立足苏北、进取苏北的奠基礼。从江南指挥部到苏北指挥部，陈毅坚决执行党的统一战线政策，其“灭敌、联李、孤韩”的统战工作经验得到了中共中央与中央军委的充分肯定。

5月29日，在中共四大纪念馆召开的“纪念五卅运动90周年座谈会”上发表了《俞秀松与五卅运动》的主旨发言，高度评价了中共早期工运领导人俞秀松在1925年二月罢工与五卅运动中与警方谈判，内部指挥，发动三罢，组织后援等系列活动。

5月，本人指导的包树芳的博士学位论文被上海市教育委员会、上海市学位委员会评为上海市研究生优秀成果(学位论文)。

6月9日，在青浦区委党校举行的“青浦区纪念陈云同志诞辰110周年暨陈云与青浦研讨会”上发表《陈云与中共八大》。

内容提要：八大是中国共产党历史上一次具有重要意义的全国代表大会。陈云为这次大会的成功做出了自己的贡献。首先是受命为八大选举做好准备；其次对党的中央委员会的工作报告以及关于发展国民经济的第二个五年计划的指示提供了一些重要的修改意见；第三在会上做了精彩、生动，富有建设性的发言，所提出的三主体三补充的思想为大会所采纳，第四还参加了接待兄弟党代表团的工作，扩大了中国共产党在国际上的影响。八大也是陈云政治生涯的一个新的起点。

6月19日，在复旦大学与美国斯坦福大学胡佛研究所联合举行的“宋氏家族与第二次世界大战”学术研讨会上发表《1942—1943宋美龄成功访美再探讨》。

内容提要：1942—1943宋美龄对美国成功的访问具有重要的历史意义。首先是大力宣传了中国军民艰苦卓绝的抗日战争对世界反法西斯战争的重要贡献；其次是将美国方面重欧轻亚的观念初步扭转为欧亚并重；第三是切实争取到了美国在资金武器装备等方面的对华援助。这次访问增强了中国军民抗击日本侵略的信心与力量，对中华民族、中国人民是有利的。

6月21日，“邵雍教授从教30周年研讨会”在历史系中国近代史教研室举行。人文学院党委委员、历史系专业负责人高红霞教授出席会议并作了讲话，会上还宣读了校学术委员会主席、人文学院院长苏智良教授的贺信以及我校原副校长顾翔教授为邵教授新著写的序言。20余名历届与在读的本科生、研究生代表与会，他们在发言中对邵教授的教学工作的各个方面进行了回顾。邵雍教授表示，感谢30年来各级领导的关心与指导，感谢同学们的支持与帮助，并将再接再厉，将教学工作搞得更好。《邵雍史学文丛》的最新品种《历史回顾与评论》也一并发给与会者征求意见。

6月28日，在河北大学举办的“二十世纪三四十年代的华北国际学术研讨会”上作了《朝鲜义勇军与中国共产党》的大会发言。

内容提要：朝鲜义勇军的前身是1938年10月成立的朝鲜义勇队。朝鲜义勇队成立后的两年内分赴湘北、赣北、鄂北、华北等地，直接参加对日作战，给日军以巨大之打击。1942年7月，朝鲜义勇队华北支队扩大改组为朝鲜义勇军，受辖于中共领导的八路军总司令部。朝鲜义勇军与人民军队配合在前线打击日军，瓦解敌军，深入敌占区，从事抗日宣传等活动。中国共产党从建立世界反法西斯战争统一战线的全局出发，全力支持包括朝鲜义勇军。1939年中国共产党在朝鲜义勇队第二支队建立了党支部，八路军领导人朱德、彭德怀、叶剑英等人曾撰文高度评价朝鲜战友的功绩。朱德、刘伯承等人还常去延安的朝鲜革命军政学校讲课。1945年8月中旬，为配合苏联红军进入中国及朝鲜境内作战，朝鲜义勇军奔赴东北，走上了解放东北、光复祖国的征程。1946年朝鲜义勇军余部被编入东北民主联军各师，就此走完了它的光荣历程。

7月11日，在甘肃省委党史研究室等单位举办的“俄界会议历史意义学术研讨会”上发表《俄界会议研究》，指出俄界会议是继遵义会议后又一次重要的会议，从政治上、组织上对张国焘的分裂主义行径进行了坚决的批判，并在军事上、编制上做出了相应的调整。这些决定同样关系到红军长征的前途与命运。

7月26日，在深圳越众历史影像作了题为“抗联教导旅始末”的讲座，强调抗战期间东北抗日联军在十分困难的情况下坚持战斗，沉重打击了日本侵略者。经过1940、1941年春两次伯力会议，共产国际、苏联对抗联的援助原则已定。1942年8月，正式组建抗联教导旅保存了中东北委员会这一独立的组织系统。1945年苏联对日宣战后，该旅配属苏联远东第二方面军，于9月上旬分4批进入东北11个地区57个大中城市，利用合法身份配合苏军实行军管，收缴日伪军武装，为中共迅速收复东北，解放东北发挥了无可替代的重要作用，建立了不朽的历史功勋。

7月，接到中华姓氏文化名人辞海编委会来函，通知本人业绩已经刊登在《中华姓氏文化名人辞海》（首卷）第458页。

8月1日、2日，参与制作的《梅州抗日名将》在广东梅州电视台二套播出。

8月15日，在黑河学院等单位举办的“中俄共同纪念世界反法西斯战争胜利七十周年”国际学术研讨会上发表《抗联教导旅始末》（人未实际到会）。

内容提要：抗战期间东北抗日联军在十分困难的情况下坚持战斗，给了日本侵略者以沉重打击。1939年日本挑起诺门坎事件后，苏联（包括远东军）对抗联的态度有所改变，释放了被关押多时的赵尚志等三军长，共产国际对中国抗联的存在更为关注。经过1940年、1941年春的两次伯力会议，共产国际、苏联对抗联的援助原则已定。1942年8月，在苏联伯力两个野战营的抗联部队被整编为教导旅，旅内保存了中共东北委员会这一独立的组织系统。该旅成立后进行了认真的政治学习和紧张的军政训练，并派小部队轮流进入东北进行侦查等军事活动。1945年8月苏联对日宣战后，配属远东第二方面军的教导旅300余人于9月上旬分4批进入东北

11 个地区 57 个大中城市,利用合法身份配合苏军实行军事管制,收缴日伪军武装,摧毁伪满各级政权,为中共收复东北、解放东北发挥了无可替代的重要作用。

8 月 16 日到 19 日,去台湾参加由复旦大学历史系主办、台北中研院近代史所承办的"两岸三地抗战时期人物传记与资料建设研究"学术讨论会。17 日在会上作了《抗日名将张冲》的发言。

内容提要:1938 年滇军将领张冲在台儿庄战役、武汉保卫战中立下了赫赫战功。这些战绩的取得与他正确的军事思想密不可分。张冲在抗击日军的实战中创造了"反斜面"战术,使日军大吃苦头。在防御与进攻问题上,他提出在持久战中有守有攻以攻为守的积极防御思想,经常预先设伏,诱敌深入,火力拦截,克敌制胜。抗日战争时期的张冲所代表的绝不只是他个人,某种程度上代表着包括彝族在内全体中华民族的意志与力量。从张冲身后,我们可以看到云南人民、中国人民同仇敌忾与日本侵略者血战到底的民族精神。

9 月 10 日,在上海市社联主办的"多学科视野:新文化运动与传统文化"学术研讨会发表《新文化运动再探讨》,认为新文化运动对中国传统文化进行了猛烈的批判,某些过激的言论只是针对传统文化中的儒家礼教,并非全面反传统。对西方文化要进行中国化的改造,如果全面照搬,将会出现历史虚无主义。

9 月 12 日,在中国人民大学清史研究所、中国会党史研究会联合主办的"民间文献与华人社会"暨秦宝琦教授八秩荣庆国际学术研讨会上做了《会党史研究专家秦宝琦》的大会报告。

内容提要:秦宝琦教授是中国会党史研究的著名专家。他对会党史的研究是从编辑《天地会》资料丛书开始的。《天地会》资料丛书是迄今为止会党史研究领域最有影响的专题档案史料集。秦先生擅长利用档案资料,对于民间文献以及田野调查也极为重视。就科研的路子而言,他先是认真撰写学术论文,在此基础上形成学术著作。其主要论文大多收录在《中国秘密社会新论——秦宝琦自选集》。《中国地下社会》一到三卷则是他秘密社会史研究的集大成者。他善于与国内外学者合作,兼任了一些重要的学术社团的职务,积极组织学术丛书的编写,在学校中培养了一批有才华的青年才俊,在社会上通过各地电视台广泛宣讲会党史,产生了良好的影响。所有这些均大大推进了会党史研究的知名度与美誉度,为会党史研究做出了卓越的贡献。

9 月 20 日,在南京民间抗日战争博物馆讲演《上海帮会与抗日战争》。

内容提要:黄金荣与杜月笙是民国时期上海地区最大的帮会首领。两人在抗日战争中均有积极的表现。在两次淞沪会战中,他们筹款支前,设立战地医院,救护伤兵,建立难民收容所,收容难民,以多种方式支持抗战。上海华界沦陷后,留沪的黄金荣一直拒绝出任伪职。杜月笙在香港、重庆继续从事抗日工作的同时,通过上海统一委员会,协调国民党的地下力量,与日伪进行了卓有成效的斗争,功不可没。

9 月 24 日,在合肥市人民政府主办的"海峡两岸纪念刘铭传首任台湾巡抚 130 周年学术研讨会"上做了《中法战争时期的刘铭传与台湾》的大会报告,指出淮军名将刘铭传临危受命，抵达台湾主持抗法战事，先后在基隆、沪尾大败法军。这是他能在1895年就任首任台湾巡抚的重要原因。

10月17日，在中山大学孙中山研究所、台湾中华文化推广协会等单位联合举办的"2015海峡两岸孙中山思想研讨会"上发表《孙中山的追随者——黎照寰》。

内容提要：黎照寰在美留学期间，在孙中山的诱导下加入了同盟会。1919年，黎照寰到香港工商银行任职，在金融方面有力支援了孙中山领导的广州政府。1919年春夏之交，黎照寰多次拜访孙中山，因此对孙中山为何同意与共产党合作有独到的见解。1922年6月陈炯明兵变时，黎照寰与政府财政部长廖仲恺同时历险，经受了生死考验。孙中山逝世后，黎照寰曾著书立说，宣传孙中山的革命政策与主张。在铁道部与上海交通大学工作期间，他以《实业计划》和《三民主义》为主导，致力于实业救国，以交通建设为己任。他联苏抗日，无论在中苏文化协会还是在中华基督教青年会全国协会任职做事都是符合孙中山遗愿的。新中国成立后，他与时俱进，参政议政。他与孙中山夫人宋庆龄保持了终身的友谊，对孙中山革命理想的信仰和对孙中山的共同回忆使得他们相互勉励，共同前行。

10月20日，在东华大学举办的"钮永建与近代中国"研讨会上作了"钮永建与上海工人三次武装起义"的报告。

内容提要：钮永建是国民党元老之一，是上海工人三次武装起义中的一个重要角色。他对上海工人第二次武装起义的爆发并不知情，站在国民党的立场上，向中共提出过抗议。不过在中共的"劝说"与"说服"下，还是顺应大势，按照中共的要求签署了相关的文件，至少还是合作的。即使这样，中共方面还是遭到了在上海就地指导、观察武装起义的共产国际代表们的严厉批评与指责。第三次武装起义胜利后，如果没有共产党方面的认可，钮永建不会成为上海市民政府19个委员之一、更不会是5常委之一。只是在蒋介石的北伐军进占上海后，他才最终投向蒋介石的。在1926年10月至1927年3月的上海工人三次武装起义中，钮永建一直是共产党、武汉国民政府与蒋介石激烈争取的关键人物，总体而论功过兼具，功大于过。

10月25日，在中共上海市为党史研究室与上海新四军历史研究会举办的"新四军与上海"第二届学术研讨会上作了"陈毅与新四军江南指挥部"的大会报告，认为1939年11月江南指挥部的建立是为了落实向东作战、向北发展，削弱日军、牵制日军的战略任务。成立次日，就获得延陵大捷，国民党第三战区司令长官顾祝同曾予嘉奖，并报蒋介石。指挥部指挥陈毅抵制了第三战区副司令长官冷欣的拉拢，后在西塔山附近发起反击战，为所属部队渡江进入苏北赢得了准备时间。1940年党中央同意陈毅电台直接与延安联系，说明江南指挥部已经升格为一个战略单位。陈毅还坚决执行党的统一战线政策，有理有利有节地与国民党顽固派作斗争，成功争取到以李明扬为代表的地方实力派的中立，确保了黄桥决战的胜利。江南指挥部为开创苏中抗战新局面打下了基础，得到了党中央的充分肯定。

10月27日，在复旦大学举行的第16届中国韩国学国际研讨会上发表《朝鲜义勇军与中国共产党》，从世界反法西斯统一战线、政治引导、组织领导、舆论宣传、社会荣誉诸方面系统阐述了中国共产党与朝鲜义勇军的关系，从一个侧面肯定了中国共产党在抗日战争中的中流砥柱作用以及朝鲜义勇军在第二次世界大战东方主战场中的历史功绩。

10月31日,在上海师范大学举行的“1960年代前后的中国”学术研讨会上发表《“文化大革命”时期的陈云》。

11月2—3日在东华大学举行的“第六届张謇国际学术研究会”上做了题为《张謇与晚清上海》的学术报告。

11月14日,在湘潭大学举行的《郭汉民文集》出版暨任教四十五周年座谈会上作了大会发言:

郭汉民教授是改革开放后培养出来的著名史学专家、全国优秀教师,是林增平先生最好的学生之一。我认为,历史系的师生们不仅要研究古代史、近现代史,还要研究当代史,包括当代学术史。为健在的著名教授出文集,开座谈会,就是开展当代学术史研究的一个很好的做法。湘潭大学、湘潭大学历史系出版《郭汉民文集》是尊师重教的创举,必将在全省、全国起到开先河的作用。

郭教授的贡献是多方面的,“不懈的努力,辛勤的耕耘,丰硕的成果,学习的榜样”,这是我昨天下午读到《郭汉民文集》后写下的感言。我这里只简单讲讲他在中国近代史料学方面的贡献。1989年出版的《中国近代史实正误》是一本非常有用的工具书,是高校历史系师生必读之书,它像航标一样,指引着我们绕开暗礁。我在编写教材、撰写论文与讲“中国近代史料学”课时充分注意到了该书的提示,避免重蹈覆辙,闹出笑话。《中国近代史实正误》的出版确实是一件惠及学林、功德无量的事。

郭教授对我本人、我所在的学校、学科一向关心帮助。世纪之交,我奉命去湖南师大争取我校历史学一级学科博士点的时候,就得到了郭教授等人的热情帮助与宝贵支持,这是我们铭记不忘的,在此表示衷心的感谢!

11月18日,在中共上海地下组织斗争史研究会召开的换届大会上当选为中共上海地下组织斗争史研究会副会长,并作了题为《中共地下党利用上海帮会抗日》的发言。

11月19日,在上海中山学社召开的2015年中山论坛“孙中山之民族思想精神的当代价值”学术讨论会上,委托研究生代为发言,题目是《孙中山的追随者——黎照寰》。①

11月24日,以上海市地方史志学会理事的身份参加该学会与闸北区地方志办公室联合召开的“上海市地方史志学会2015年学术年会暨纪念中国人民抗日战争胜利70周年报告会”。

12月8日,收到中国历史文化名人研究会、中国传统文化与近代史研究院发来的通知,本人传略业绩已被收录《伟大的胜利　共和国脊梁》(功勋人物卷)(世纪珍藏版)第三篇章“共和国建设功勋篇”第596页。

12月11日,在上海大学举行的“情报战与近代中国学术会议”上作了大会发

① 关于本文的点评意见见《近代中国》第二十五辑,第9页,上海社会科学院出版社2016年版。

言，题目是《日本特务在中国东北述略》，从源头、军方、宪兵、伪满警方诸方面揭露侵华战争期间日本帝国主义者在中国东北的情报工作。

12 月，所指导的本科学位论文《杨度的保守主义政治思想研究》荣获 2015 届学校优秀毕业论文奖。

2016 年 1 月 23 日至 2 月 3 日，去越南旅游，参观了胡志明市、头顿、美拖、大勒、芽庄、岘港、会安、顺化、河内、下龙湾等地。

3 月 5 日，参加上海蔡元培故居、绍兴蔡元培故居联合举办的“蔡元培先生与周峻女士图片展”开幕式，并在随后召开的座谈会上发言。

3 月 15 日，出席市委党史研究室召开全市党史工作会议，被聘请为“十三五”期间市委党史研究室特约研究员。①

3 月 18 日，在上海市委组织部演播厅作了《中共八大与党的第一代领导集体》的直播讲座。

内容提要：1956 年召开的中共八大是新中国成立后召开的第一次党的全国代表大会，是在生产资料私有制的社会主义改造基本完成之后的一次重要会议。党的第一代领导集体最初是源于七大选出的中央书记处的五大书记。毛泽东、刘少奇、周恩来、朱德、陈云、邓小平为开好八大，在起草报告、筹备选举、会见兄弟党同志诸方面紧密团结，分工合作，群策群力，在八届一中全会上当选为中央政治局常委。八大确定的以经济建设为中心的政治路线，对于中国社会主义事业的发展与党的建设具有长远的重要的意义。邓小平与陈云作为新成分加入了党中央的领导集体，为以后的新老交替做了重要准备。“文革”结束不久，以他俩为中心，形成了党的第二代领导集体，开启了改革开放新的历史时期。

3 月 28 日至 29 日，分别在井冈山大学马克思主义学院、赣南师范大学中央苏区研究中心作了题为《毛泽东论中共党史重要人物》的讲座。

3 月再次被聘为中共上海市委党史研究室特约研究员。

4 月 8 日，出席上海市社联周五学术茶座，作了《反袁称帝在上海》的发言，从革命党、上海民众、国会议员、上海报纸等方面讲述了袁世凯称帝期间上海人民的抵制与反抗。

5 月 17 日，出席上海中山学社、上海市历史学会、南京大学中华民国史研究中心联合召开的“纪念陈其美学术座谈会”，作了《各方对陈其美评价》的发言。

上海师范大学教授邵雍在会上回顾了陈其美的研究史。他认为指使蒋介石暗杀陶成章是使陈其美饱受争议的事件之一。周恩来在 1943 年 8 月的内部报告中说：“陈其美、蒋介石等人以流氓的行径，造成革命党的最初分裂，造成辛亥以后直到现在上海滩上在帝国主义庇护下大地主大资产阶级与帮会相结合的流氓政治的始基。”邵雍表示，这几乎是中共最早给陈其美“定调”的表述，后来被收录在公开出版的《周恩来选集》中，影响更加广泛。新中国成立后，学界在很长一段时间里没有

① 参见《上海市中共党史学会 35 年（1981 年 12 月—2016 年 5 月）》第 445 页，上海科学技术文献出版社 2016 年版。

关于陈其美的研究，偶尔提及也仅冠以负面评价。其中多少受到了些“盟弟”蒋介石、侄儿陈果夫、陈立夫的“牵连”。直到1980年代，随着辛亥革命史的研究热潮兴起，陈其美传记等研究成果才相继出现，开始对他给予较为正面的论述。……1987年李宗一等人主编的《中华民国史》（第二编）肯定了陈其美在长江下游的讨袁活动，并且认为陈其美是因此被袁世凯派人刺死。这是相对客观的评价。①

5月28日，出席上海师范大学举办的“蓝色海洋文明与多元沿海社会”学术研讨会，做了《晚清海盗述论——以〈申报〉为中心》的报告。

内容提要：本文利用《申报》资料，勾勒晚清海盗的基本情况，以期丰富与深化中国近代社会史的研究。晚清时段各地均有海盗出没，他们横行海上，杀人越货，绑票勒赎，有时还上岸抢劫，对抗官兵，导致商旅裹足，外国插手，对社会经济造成严重危害。官府与民间分别采取各种对策以应对，收到了一定的效果，但根治海盗依旧任重道远。

6月11日，出席上海师范大学举办的“法租界与上海城市变迁”国际学术研讨会，做了《1940年上海法租界电车、公共汽车工人罢工再探究》的报告。

内容提要：1940年上海法租界电车、公共汽车工人罢工实际反映了孤岛时期扑朔迷离，互相交织的民族矛盾与阶级矛盾。与民族资本企业不同，在外资企业中劳资双方不存在“以御侮救亡为目标的民族主义”的合作基础，阶级矛盾始终是占主导地位的。正是在“以御侮救亡为目标的民族主义”的主导下，“日益激进的工潮”不仅指向租界的外国资本家，同时也使汪伪方面企图遭到的挫败，总体而论汪伪方面对于孤岛工运的“扭曲”作用是有限的。

6月27日，在上海市委党史研究室、中共二大会址纪念馆等单位举办的“纪念中国共产党建党95周年暨上海党史人物传记资料与数据库建设研究”学术研讨会，做了《历史转折时期的彭冲》的报告。报告充分肯定了1976年10月至1980年3月彭冲受中央之命来到上海工作期间的成绩。在这历史转折的重要关头，他坚持真理，疾恶如仇，在多种场合严厉批驳“四人帮”及其余党的极左言论，拨乱反正，为有效摧毁“四人帮”在上海的帮派体系，为稳定上海、发展上海作出了突出的贡献。

6月30日被授予上海师范大学优秀共产党员、“优秀共产党员　师德标兵”称号。

6月30日《上海师大报》建党95周年专辑第4版“优秀共产党员　师德标兵”介绍邵雍：

1985年7月加入中国共产党，人文与传播学院教授、历史系中国近代史教研室主任、博士生导师。

邵雍同志自1985年研究生毕业后，一直进行中国近现代史的教学与研究。31年来共计为专科生开课3门、为本科生开课12门、为研究生开课8门，其中“中国近

① 彭珊珊：《陈其美去世100年：是流氓头子，还是革命家？》，原载澎湃新闻　私家历史2016年5月19日。

代社会史”2012年被评为上海高校精品课程。参编《中国近代史教程》《中国现代史新编》《中国史学史》等多种大学教材，自编教材十余种。他每年坚持去奉贤校区为本科生上课，热心指导学生各级科创活动，推介阅读书目，帮助所指导的本科生发表课程论文、学位论文近40篇。先后给本学院以及体育等6个学院学生上过党课，关心他们在政治上的成长。他共指导硕士生46人、博士生12人，他指导的博士生包树芳论文荣获2014年上海市研究生优秀毕业论文奖。

7月3日，在中共上海市委党史研究室、上海大学联合举办的“创建与创新：中国共产党与上海——纪念中国共产党成立95周年学术研讨会”上作了《陈丕显在上海(1966-1967)》的报告。

7月16日，出席安徽大学举办的第六届“中国报刊与社会历史研究”学术研讨会，做了《晚清海盗述论——以〈申报〉为中心》的报告。

7月22日，上海中山学社发来任职通知，确认被选为该学社第五届理事会理事。

8月11日至26日，在美国旅游，参观尼亚加拉大瀑布、华盛顿、纽约、费城、爱华达瀑布市、黄石公园、大提顿公园、盐湖城、旧金山、优胜美地、拉斯维加斯、科罗拉多大峡谷、洛杉矶、圣地亚哥等地。

9月20—21日，出席孙中山基金会、中山大学等单位联合举办的“第四届粤沪台三地纪念孙中山学术研讨会”，发表《孙中山的追随者——黎照寰》。

9月23日，出席常州市武进区李公朴研究会举办的“李公朴思想文化学术研讨会”，发表《李公朴被刺后的各方反应》。

10月30日，出席在上海师范大学举行的程应镠先生百年诞辰纪念会，会上首发的《程应镠先生百年诞辰纪念文集》收录了《抗日战争中的程应镠》。

11月9日，出席市宋庆龄研究会、中山学社等单位联合召开的“孙中山的理想与中国梦国际学术讨论会”，发表《民国时期孙中山两次重要讲话的历史解读》。

11月11日，出席市宋庆龄研究会、中山学社联合召开的“纪念孙中山先生诞辰150周年座谈会”，作了《学习孙中山》的发言。

11月16日至18日，参加国务院台湾事务办公室、广东省人民政府等单位在中山市、中山大学分别举行的第三届海峡两岸中山论坛及中山思想与中华文化、中山思想与教育现代化分论坛活动，发表《孙中山建国方略中的食住行设想》。

11月19日，参加中共合肥市委宣传部、合肥市文化广电新闻出版局举办的“国际视野下的李鸿章”学术研讨会，在会上作了《1896年李鸿章访美再探讨》的报告。

11月21日，参加民革浙江省委员会、浙江省孙中山研究会等单位在金华举行的“纪念孙中山诞辰150周年学术研讨会”，并作了《孙中山建国方略中的食住行设想》的大会报告。

12月3日，参加了市宗教学会等单位在复旦大学举办的“一元与多元”第十一届上海市宗教学会青年学者论坛，并在上午第一分组会议上对华师大学李君发表论文《灾害记忆的宗教建构——以宁夏海原纪难节为例》、上海宗教文化研究中心黑颖发表论文《山东省LQ市回族社区宗教认同的组织运作模式探究》、上大陈健赛发表论文《信仰的融合:元代松江任仁发家族宗教信仰》、社科院陈文飞发表论文《安徽农村的宗教和社会资本——以望江县某村为例》、华师大吴华发表论文《当代中国的宗教社会性探究视野中的“信仰社群”》、华师大学张晓艺发表论文《当代中国的儒教复兴:实践类型与内在逻辑》进行评论。

黑颖论文中提到的三种决策力量,这三者间之间的关系还要再进行论述。陈健赛的文章考虑到元代蒙古统治的情况,很有研究价值,但是既然有道观、寺院的情况,建议加上孔庙进行比较。陈文飞的文章既是学术问题,又是现实的乡村治理的问题,但是文中举的例子实际上社会资本并没有形成,还需要进行可能原因的分析,否则就成了反例。吴华的文章关于信仰社群的理论构建很好,突出了各类宗教组织针对群众诉求的做法,但是文章还是基于个人的观察,具体各省份的情况还需要数据的支持。李君的文章更多的是民俗学、宗教学的成分还不够,还需要有对带来灾害记忆的事件更详细的描述。张晓艺文章的主题十分重要,提出的儒教复兴的微观路径是很好的,但是关于儒教复兴的制度性安排这一点,要不要制度安排,怎样进行制度安排,如何兼顾国家、社会与个人的因素,这样的问题意识可以带入到文章主题之中。

2017 年 3 月 22 日,在中共四大纪念馆作了题为《向左走？向右走？——上海工人三次武装起义时期的钮永建》专题讲座,并受聘为虹口区“党的诞生地”发掘宣传工程指导专家、中共四大纪念馆学术顾问。

内容提要:钮永建是国民党元老之一,是上海工人三次武装起义中的一个重要角色。上海工人三次武装起义的历史大背景是国共合作,钮永建在此期间代表国民党与主张联合战线的共产党接洽,客观来说是偏向于左,功大于过的。正因为如此,他一直是共产党、武汉国民政府与蒋介石激烈争取的关键人物。只是在起义结束,蒋介石的北伐军进占上海后,他才最终转向极右,全面反共,后来还当上了国民政府江苏省主席。恩格斯所说的“历史的合力”在上海工人三次武装起义时的钮永建的身上表现得十分明显。

3 月 27 日,应华东师范大学马克思主义学院的邀请为该校本科生上课:《孙中山与辛亥革命》。

6 月 12 日出席《团结报》文史周刊暨“文史 e 家”上线一周年座谈会并发言。

6 月 14 日在杨浦区档案局做《上海——近代革命的摇篮》讲座,受到听众好评。

6 月 22 日,在中共上海市委宣传部、中共上海市委党史研究室、上海市中共党史学会联合举办的“中国共产党创建与上海”学术研讨会上发表《中共建党时期的美国因素初探》。

内容提要:中共建党时期,马克思主义在中国的传播有多种渠道,其中美国渠道以前没有深入论述。有过旅美经历的俄共(布)党员吴廷康受命来华工作时,最大程度利用了美国的文化资源。由他经手,《苏维埃俄罗斯》等报刊从美国传入中国,《新青年》《共产党》等刊物及时转译了其中的一些重要文章。此外俄华通讯社采用了美国的消息来源,人民出版社也出版了来自美国的英文书稿,甚至上海的美国报纸《大陆报》也一度发表了两篇正面宣传苏俄的文章。由于上海的开放性、前卫性、市场性,上述宣传苏俄社会主义、马克思列宁主义的报纸、杂志与书籍一经出版,购买踊跃,大受欢迎,为中共建党营造了良好的舆论氛围。中国共产党在上海的诞生迎合了世界革命的潮流,也适合了中国工人阶级、先进知识分子的需要,在这当中来自美国的先进文化的助推作用是不容否定的。

6 月 23 日,在上海党史学会、新四军研究会联合举办的“纪念博古诞辰 110 周年研讨会”上作《博古与中共六届五中全会》的报告。24 日,到无锡参加了无锡“孝友文化”基地揭牌纪念秦邦宪诞辰 110 周年活动。

6 月 25 日,在上海师范大学都市文化研究中心、上海是历史学会联合召开的首届“上海:党的诞生地”学术研讨会上作《中共建党时期的美国因素初探》的报告。

7 月 20 日,在上海市委党史研究室、中共上海市静安区委联合举办的“纪念中共二大召开 95 周年学术研讨会”上做了题为《中国共产党首部党章研究》的报告。

内容提要:1922 年 7 月在上海召开的中共二大通过了党成立后的第一部党章,对于推动中国共产党的建设、推动中国革命的发展都有重大的意义。本文从文本分析入手,解读其谋篇布局的内在逻辑关系以及各章的要义,指出其列宁主义的思想导向,充分肯定它对党的建设的制度性贡献。历史已经表明,首部党章具有不容置疑的权威性、全局性和稳定性,其本身就是党在 1922 年战斗力、凝聚力与创造力的具体体现。

7 月 24 日,在广东省中山市委宣传部、中山市社会科学联合会联合举办的“纪念郑观应诞辰 175 周年学术研讨会”上做了题为《郑观应与轮船招商局》的发言。

内容提要:郑观应在轮船招商局的企业管理中引入外资企业的先进管理方案,“师夷长技以制夷”。最初他在上海屈指一数的宝顺洋行中学习到了许多优秀的管理经验,对外国企业中的工作方式有了初步了解。而后在英商太古船运公司中,有了强烈的企业管理改革意识。在企业管理改革中,学习西方的经验益处良多,但是西方企业的管理也不是没有缺陷的,郑观应在轮船招商局的创办过程中吸收并改进了一些措施,在轮船招商局的发展中不断优化企业管理方法,做到不橛守成规。郑观应同时也注重竞争与合作的关系,轮船招商局与英国的太古、怡和公司三次达成协议,中外公司在各条航线上共同议定统一的价格,确定水脚(水路运输费用)收入和货源分配方案,在合作中竞争,以分洋利。在采购煤炭和新造轮船中,及时发现问题以维护招商局利益。他对企业投资进行风险评估和经济核算的方法也值得我们当今企业借鉴学习。①

8 月 14 日至 26 日,游览德国法兰克福、卢森堡大公国、法国巴黎、贝当东小镇、瑞士日内瓦、西庸城堡、洛桑、魏茨西门、因特拉肯、阿尔卑斯山少女峰、琉森、列支登士登瓦杜兹、德国小镇福森、巴伐利亚州新天鹅堡、意大利威尼斯、佛罗伦萨、梵蒂冈、罗马。

8 月 31 日在上海市委机关机要局做《毛泽东主席诗词的历史意境》讲座。

9 月 15 日,在中央党史研究室第一研究部、甘肃省委党史研究室、中共庆阳市

① 原载《中山日报》2017 年 7 月 26 日,题为《风险投资方法至今值得借鉴》。

委联合举办的“纪念全民族抗战爆发80周年暨陕甘宁边区政府成立80周年学术研讨会”上做了题为《毛泽东与陕甘宁边区参议会》的发言。

内容提要:陕甘宁边区是全国首席解放区,也是全国民主运动的发源地。共产党直接领导下的边区参议会则是边区实行民主政治的主要组织形式。中国共产党领袖毛泽东高度重视边区参议会,每次会前均作了极为详尽的指示,认真准备会议文件,并莅临每次参议会发表讲演,及时提出任务,指明今后奋斗的方向。边区参议会的巨大成就与模范作用给全国人民带来了希望,为共产党赢得了民心。

10月10日,在广西区社联、钦州学院等单位联合举办的“纪念刘永福诞辰180周年学术论坛”上做了题为《抗法名将刘永福》的发言。

内容提要:刘永福心怀搏虎驱狼之志,为保卫祖国边疆不遗余力,爱国信念坚定。他在与法国侵略者的交涉中正义凛然,充满了豪迈的抗敌气概。19世纪70年代初,刘永福率黑旗军固守越南保胜一带,有效迟滞了法国吞并越南北部进窥中国西南的图谋。自1873年12月刘永福率部克复河内省城以后,在纸桥、怀德、丹凤、左育等地多次与法军交战,创造了辉煌的战绩。1885年3月黑旗军在越北西线的抗法斗争,有力支援了老将冯子材在东线的胜利进军。

10月13日,在中共上海市委党史研究室、上海新四军历史研究会等单位联合举办的“新四军与上海”第三次学术研讨会上作了《上海人民对新四军的支援——以文化艺术为中心》的大会发言。

内容提要:上海人民对新四军的宣传、文化支援情况,归纳为三个方面:一是广泛的舆论宣传,彰显了新四军的抗日战功,有力强调了新四军的合法性与正义性;二是多种形式的声援与慰问,给战斗中的新四军送去了急需的物资与精神激励;三是一批有才华的文化人投笔从戎,利用上海丰富的文化资源,充实与加强了新四军的文化宣教队伍,并以此为种子,又培养出了一代新人,大大丰富了抗日军民的精神生活与文化生活。①

10月15日,在江西省中共党史学会、江西省井冈山精神研究会等单位联合举办的“纪念南昌起义、秋收起义、井冈山革命根据地创建90周年”理论研讨会上发表《广州起义中的手车工人》。

10月21日,在上海中山学社举办的“孙中山与国家统一”学术研讨会暨纪念上海中山学社成立三十周年座谈会上发表《〈孙中山全集续编〉的成就与不足》。

内容提要:新近出版的《孙中山全集续编》凝聚了编者的心血,为深入研究孙中山提供了难得的新史料。《孙中山全集续编》在收文、编辑、考辨、注释等方面有诸多的优点与特色。但由于各种原因,该书在收文、拟题、时间考订与编排方面尚存有一些缺失与误漏,有待今后再版时加以补正。

10月24日出席上海市方志学会换届大会,继续当选为该会理事。

10月26日,在招商局集团等单位联合举办的“招商局历史与创新发展”国际学

---

① 转引自刁含勇:《纪念中国人民解放军建军90周年暨新四军成立80周年“新四军与上海”第三届学术研讨会综述》,上海市四军历史研究会办公室编:《会讯》2017年第8期第15页。

术研讨会上发表《郑观应与轮船招商局》。

10月29日，在上海市社联、上海师范大学都市文化研究中心等单位联合举办的《海洋文明与城市变迁学科专场》发表《中法战争爆发前海盗在越南的活动》。

内容提要：黑旗军驻扎越南保胜期间，纪律严明，其将领多为两广人，均没有从事海上生涯的经历。法方指称刘永福黑旗军为海盗是没有根据的。但1874年以来红河两岸的一些贸易点一直掌握在黑旗军手中，阻碍了法国商人的自由经商。1884年中法宣战前十年间的海盗问题只是法国侵略者侵略越南的一个借口。在此期间确有一些中国的、越南的海盗在越南活动，给当地民众带来的祸患，但面对法国殖民侵略，基本上是奋起抵抗的。对法国侵略者来说，只要有助于他们殖民侵略的，即使是海盗也可以接洽、交往；反之就要扣上"海盗"的罪名，把剿灭海盗作为扩大殖民侵略的旗号之一。

11月1日，出席上海炎黄文化研究会第五届会员代表大会，当选为该会理事。

11月4日上午，出席在上海立信会计金融学院召开的"中共党史学科建设与高校思政课教学创新"学术研讨会，并在会上作了题为《怎样上好高校思政课》的主题发言。

11月4日，出席在上海师范大学举行的、有日本早稻田大学20世纪媒体研究所等学者参加的"抗日战争时期媒体报道与宣传活动"工作坊，对其中两篇论文进行了点评。

11月12日，在中国魏晋南北朝史学会、山西省晋学研究中心、山西师范大学历史与旅游文化学院联合举办的"第三届晋学研讨会"上做《近代碑刻与山西教化》的发言。

内容提要：现存三晋大地的近代碑刻是晚清山西教化的见证者与载体。本文对其中的教育理念、教化场所、教育条规、教育文本、家庭教育、社会教化等内容进行了分析解读。山西晚清碑刻除了继续保持传统文化的老观念外，也敏锐地及时记录了近代出现的新问题。它既含有传统文化的精华一面，也不可避免地存在着历史的局限性。我们既要继承其精华，保持文化自信，又必须以批判的眼光弃其糟粕。

11月14日，山西师范大学第二校区与第一校区分别为历史与旅游文化学院的本科生做了两场《如何研究社会史》的讲座。

11月17日，在上海炎黄文化研究会2017年学术年会上做《近代碑刻与山西教化》的报告。

11月18日，在南通张謇研究中心与上海中山学社联合举办的"张謇　立宪派与辛亥革命"学术论坛上做《论黄兴与张謇的交往》的报告。

内容提要：清末民初黄兴与张謇的交往分为三个阶段。第一阶段在上海，双方初次见面后，很快就推翻清朝，建立民国后的总统人选进行磋商并达成共识，这实际上也是当时的大势所趋。第二阶段主要在南京，这两位临时政府的正部级官员主要讨论的是如何筹措政府的财源。第三阶段，双方代表着不同的政党，但就党德问题取得共识。他俩交往的大方向是谋求国家的统一、人民的福祉与社会的进步，绝无个人利益的输送或交换。在此大前提下,他们都主张尽可能地减少革命带来的社会动荡,采取较为缓和的策略与迷路,从今天来看也无大错。

11 月,“中国近代史史料研究”获 2017 年校级教学成果三等奖。

11 月 29 日,在上海宋庆龄研究会、上海中山学社联合举办的“孙中山、宋庆龄与国际共产主义运动”学术研讨会上做《孙中山与列宁的交往》的报告。

内容摘要:中俄两国的两位革命领袖在反动势力围攻的困境下“双方都有互相取暖的交往要求”,所以列宁对中国民主革命的先行者孙中山十分关注,孙中山也通过各种径了解列宁。论文细析了两人的交往经过,指出,这些交往尽管“多通过间接的渠道”,但是给了孙中山“精神层面”较大的帮助。正是由于对列宁及其事业的深刻认识,“最终导致孙中山联俄联共,给自己的事业注入了新的动力,看到了真正希望。”孙中山对列宁的评价极高,并在列宁逝世以后的演讲、电函中对于全世界无产者与被压迫民族、被压迫人民联合起来、民族自决等列宁主义的要义大为推崇,还明确地称列宁为“我们伟大的同志”,从而渐渐明确中国革命“以俄为师”的方向。论文在强调孙中山在列宁逝世后密集的正面表态之外也客观地指出,孙中山也曾撇清三民主义与列宁主义的关系。这不仅如作者所说,是政治家“看人说话,到什么山唱什么歌”的权宜之计,而且也说明孙中山对于自己理论逻辑的执着坚守。①

12 月 8 日,在广东省中山市社联举办的《永安月刊》首发式暨学术座谈会上作了《〈永安月刊〉的特点》的发言。

12 月 9 日,在中国现代文化学会区域文化专业委员会、中山市社会科学界联合会等单位举办的“第三届全国区域文化研讨会”上作了《近代碑刻与山西教化》的报告。

12 月 9 日,在上海师范大学人文学院、上海市妇女学学会等单位联合举办的“妇女性别史研究的理论方法与实践学术讨论会”上发表《中华女界联合会初探》

内容提要:中华女界联合会是五四运动中在上海产生的一个妇女团体,与中共早期活动有较多的交集。中国共产党成立之初决定联合改组上海中华女界联合会,从速进行妇女运动,中共创办的第一个妇女学校平民女校、第一份妇女刊物《妇女声》、支持浦东纱厂女工罢工用的都是中华女界联合会的名义。1922 年夏,与中共分手后的中华女界联合会魅力大减,风光不再,很快被其他妇女团体所取代,逐渐淡出历史舞台。

12 月 9 日,在浙江省民国浙江史研究中心、《抗日战争研究》编辑部联合举办的“第一届抗战区域研究学术讨论会”上发表《抗日战争时期续范亭与阎锡山的斗争》(人未实际到会)。

12 月 11 日,在中央党史研究室第一研究部、中共广东省委党史研究室等单位联合举办的“纪念广州起义 90 周年学术研讨会”上作了《广州起义中的手车工人》

① 原载沈祖炜:《“孙中山宋庆龄与国际共产主义运动研讨会”综述》,《孙中山宋庆龄研究动态》2017 年第 6 期。

的大会发言。

内容提要：手车工人是广州工人阶级的一部分，他们在广州“四一五”反革命政变后并没有屈服和动摇。在广州起义中他们组成工人赤卫队第二联队，配合起义军人勇敢冲锋陷阵，顽强坚守阵地，付出了重大的牺牲，体现了无产阶级在民主革命中特别能战斗的特性，在中国工人运动史上写下了光荣的一页。然而由于地方党组织在广州工人运动工作中存在的不足与缺陷，包括手车工人在内的工人在当时还不是广州工人的多数，即便是接受共产党领导的起义工人在组织纪律性方面也存在一些问题，这些都是我们今天值得认真反思的。

12月12日，在中共中山市委组织部、中共中山市委宣传部举办的“继承和发扬杨殷烈士革命精神座谈会”上作了《广州起义前后的杨殷》的发言。

2017年，参与制作的《何挺颖》在陕西汉中电视台播出，并常年在何挺颖纪念馆播放。

2018年1月25日至2月1日，与家人一道游览了日本北海道登别、洞爷、小樽、富良野、札幌等地。

2月8日，出席上海市反邪教协会第四届会员大会，当选为理事。在第四届理事会第一次会议上当选为常务理事。

3月4日，在福建省林森研究会举办的“林森与民族复兴大业”论坛上发表了《林森对孙中山思想的宣传和实践》（人未实际到会）。

4月12日，参加上海师范大学、遵义师范学院“历史学一流学科建设交流会”，做了《红色文化与研究团队的整合》的发言。

4月28日，出席上海市新四军历史研究会、复旦大学新闻学院联合举办的“纪念〈共产党宣言〉发表170周年暨马克思诞辰200周年”学术研讨会，作了《〈共产党宣言〉的理论价值》的主题发言。

5月31日，出席上海宋庆龄研究会第六届会员大会，当选为理事。在第六届理事会第一次会议上当选为常务理事、副秘书长。

6月11日，在中国美国史研究会主办的“穿越全球变局：不确定性年代与变化中的美国史研究”学术研讨会暨中国美国史研究会第17届年会上发表《美军观察组在延安》（人未实际到会）。

内容提要：美军观察组派驻延安是抗日战争史乃至世界反法西斯战争史上的重要历史事件，该组进驻延安，既是美国解决中国危机的重要举措，也是为以后美国对华政策的定向所作的重要准备。美军观察组在延安等地展开了卓有成效的工作，经过实地考察后发回的报告对美国政府制定对华方针有重要参考价值。该组在沟通中国共产党与美国政府、军方的关系方面起到了“热线”的作用。毛泽东十分重视做美军观察组工作，多次与包瑞德、谢伟思长谈，宣传敌后抗战、伸张民主诉求、扩大共产党的影响，以期打破国民党的新闻封锁，争取战时以及战后与美国的合作。在共同打击日本侵略者这一大前提下，通过美军观察组这一桥梁，中国共产党与美国政府曾经有过一段密切的合作。但由于美国政府的原因，这一良好势头后来未能保持下去。

6月22日，出席上海市委宣传部、市委党史研究室联合举办的第二届"中国共产党的创建与上海"学术研讨会，作了《上海外国语学社述略》的大会发言。

内容提要：上海外国语学社是中国共产党早期组织创建的，同时也是社会主义青年团的大本营。该校采取推荐制，介绍学员免试入学，其中出力最多的是湖南船山学社贺民范、社会主义青年团负责人俞秀松以及安庆社会主义青年团负责人蔡晓舟。外国语学社办学时间不长，但收效十分明显，在近60名学员中有30人顺利到达苏俄首都莫斯科继续深造，从而为党培养了包括刘少奇、罗亦农、任弼时等一批重要的领导干部。该学社在中国共产党的创建史上具有重要的地位。

6月30日，出席上海师范大学都市文化研究中心、上海市历史学会举办的"近代人物与中共建党　第二届'上海：党的诞生地'学术讨论会"，作了《中共"一大"南湖会议日期再考证》的大会发言，对《中共一大嘉兴南湖会议研究》提出的"8月3日开会说"提出多方质疑，认为：1. 王会悟乘坐临时客车到嘉兴的可能性不能完全排除；2. 不能排除"一大"代表们下午三时许就结束南湖会议，坐火车回上海的可能性，1979年初包惠僧就说过，南湖会议开到下午四点；3. 8月1日傍晚南湖风灾反证8月2日至5日在当地开会是不可能的；4. 与其说8月3日"一大"在南湖继续开会，不如说8月1日在南湖开会。1929年12月董必武给何叔衡的信中说，在李汉俊住宅开会遭侦探袭扰后，"隔了一日"，到嘉兴南湖船上，将会开完。1981年王会悟也说过，"隔了一天"就在南湖续会。张国焘《我的回忆》说"一大"7月1日开幕，7月10日在南湖闭幕。时间固然有误，但会期没错，如果从现在公认的7月23日算起，会期10天，正好8月1日闭幕。

7月25日至30日，参加上海师范大学教工暑期疗养团，去甘肃张掖疗养。

7月26日，在钦州学院举行的钦州市纪念冯子材诞辰200周年学术讨论会上发表《冯子材事略》（人未实际到会）。

内容提要：冯子材是晚清杰出的军事将领，擅长阵地战，也长于运动战，攻守俱佳，其军事才干与战斗经验完全是在血与火的战争实践中逐渐积累起来的。他治军有方，部下用命，军纪严明，善于搞好军民关系，在情报、后勤等方面多有得益。尤其难能可贵的是他胸有全局，运筹帷幄，具有主动出击的积极防御思想，敢于提出与上司相左的战役方案。在中法战争、义和团运动中冯子材不顾年事已高、身体欠佳，身先士卒，挺身而出，与外来侵略者进行了坚决的抗争，誓死捍卫祖国的领土与权益。

8月24日至9月10日，进行巴尔干的斯诺文尼亚（卢布尔雅那、布莱德湖）、克罗地亚（萨格勒布、十六湖国家公园、杜布罗夫尼克）、波黑（特拉夫尼克、萨拉热窝、莫斯塔尔、杜布罗夫尼克）、黑山（科托尔）、阿尔巴尼亚（克鲁亚、地拉那）、马其顿（奥赫里德、斯科普里）、保加利亚（索菲亚、普罗夫蒂夫、卡赞勒克、维利克．塔尔诺波）、罗马尼亚（加勒斯特、锡纳亚、布朗城堡、布拉索夫、锡吉什瓦拉、锡比乌）、塞尔维亚（贝尔格莱德）九国旅游。

8月25日，在复旦大学历史系举办的"明清以来江南社会与物质文化"国际学术研讨会上作了《上海平民女校述略》的书面发言（人未实际到会）。

9月3日，中国宋庆龄基金会、中山学术文化基金会、孙中山研究院联合主办的第六届孙中山与宋庆龄研讨会，博士研究生焦敬超代表本人做大会发言《孙中山与列宁的交往》。

10月13日，在兰州大学主办的第四届韬奋学术研讨会上发表《邹韬奋与中国民权保障同盟》(人未实际到会)。

10月14日，出席上海市宗教学学会第九届会员(代表)大会，当选学会理事，在新一届理事会第一次会议上当选为学会副会长。

“在10月14日上海市宗教学学会第九届会员(代表)大会上，我院历史系邵雍教授当选为新一届理事会理事，并在新一届理事会第一次会议上当选为学会副会长。邵雍教授研究民间信仰、民间宗教三十余年，主要论著有《秘密社会与中国革命》《中国近代会道门史》《近代会党与民间信仰研究》，论文有《义和团运动中的道教信仰》《日本帝国主义利用伊斯兰教侵华述略》《毛泽东论宗教》等，在学术界有一定的影响力。”①

10月20日，在上海师范大学都市文化研究中心等单位联合举办的《巴黎到上海——第三届上海法租界史国际学术研讨会》上作了《李汉俊论1921年3月上海法电罢工》

内容提要：“李汉俊是1920年8月正式成立的‘中国共产党’早期组织的发起人之一，又是《劳动界》这一工人周刊的主要创办人与撰稿人之一，理所当然对上海工人运动特别关注。他在《民国日报》上连续发表的四篇评论旗帜鲜明声援法电工人罢工有着必然性，这组文章站在工人阶级的立场上，从现实与理论两个角度全面论证了罢工在经济上的合理性、政治上的正义性与社会上必然性，为工人阶级在社会争得一定的话语权，可以看作是‘中国共产党’早期组织对上海工人运动的最初公开表态之一，弥足珍贵。”②

10月，取得2017年上海师范大学教学成果奖获奖证书，“中国近代史史料学研究”获三等奖。

11月7日，以上海延安精神研究会理事身份出席中国延安精神研究会、广东延安精神研究会在广州举办的《庆祝改革开放40周年理论研讨会》，发表《开拓创新是延安精神的精髓》。

11月12日，出席在常德举办的《赵必振研讨会》，发表《赵必振论自立会起义》。

内容提要：赵必振对于自立会以及该会在湖南常德的活动十分熟悉，他对自立会起义远因、近因的分析连同他对自立会起义在政治思想上自相矛盾的揭示都是基本正确的。赵必振在自立会起义失败后的半个多世纪写下了较多的回忆文字，为后人研究会党与自立会起义的关系提供了第一手的宝贵史料。由于自立会纲领本身的不彻底性以及与下层会党联络的不确定性，导致了这一起义失败的结局。

① 原载《上海师范大学人文与传播学院周刊》第337期，2018年10月15日。

② 原载《澎湃新闻》，2018年10月21日。

起义失败后，赵必振另找出路，再显身手，成了社会主义在中国的最初传播者之一，其思想进步的脉络是有迹可寻的。

11 月 17 日，在上海市新四军历史研究会等单位举办的“刘少奇与新四军”学术研讨会上发表《刘少奇与华中抗日根据地的发展》(人未实际到会)。

“上海师范大学教授邵雍在《刘少奇与华中抗日根据的发展》一文中，从四个方面分析了刘少奇对于华中抗日根据地的发展作出了重要历史贡献的原因。一是服从党中央的领导；二是有华北实际工作经验的底气；三是尽心负责地为党工作；四是运用经典著作与中国典故，说服教育党员干部。”①

12 月 8 日，出席中国会党史研究会与南京大学学衡研究院共同主办的“近代中国的社与会”学术研讨会暨中国会党史 2018 年年会，发表《赵必振论自立会起义》。不再担任中国会党史研究会秘书长，被聘任为该会顾问。

12 月 8 日，在上海师范大学人文学院举办的“改革开放与妇女性别史研究”国际学术讨论会上发表《上海平民女校述略》(人未实际到会)。

内容提要：上海平民女校是中国共产党建党之初创建的一所培养妇女革命干部的非学历教育初级学校。该校办学因时制宜、因地制宜，突出政治思想教育，传播红色文化；师生进校均采取介绍制，其教学具有临时性、战斗性、非专业性等特点。该校办学时间不到一年，其专业化程度较低、办学效果一般，但它是上海红色文化的一抹亮色，中国共产党最初的妇女干部从这里走出，因此在中共党史上有着重要的地位。

12 月 21 日，在上海中山学社、孙中山基金会、台北孙中山纪念馆、台北中山学术文化基金会联合举办的《纪念孙中山：民族振兴与人类命运共同体国际学术研讨会》上发表《孙中山的世界大同观》。

12 月 24 日，在中共虹口区委党史办公室、中共四大纪念馆、中共虹口区委党校联合举办的《中共早期纪检监察制度的孕育与上海学术研讨会》上作了《杨匏安与中共早期纪检监察制度的关系初探》的大会发言。

① 原载《上海党史信息报》2018 年 12 月 12 日。

相关鉴定、审读意见

关于《中国近代绿林史》的专家组鉴定意见

绿林的存在是近代中国重要社会现象,影响甚大。《中国近代绿林史》研究了绿林在近代中国形成、发展、灭亡的历史,特别是他们与历次政治运动、各种政治势力的关系。作者运用历史学、政治学、社会学、民俗学等多学科方法,对近代绿林作了全方位的系统研究,其中对秘密社会着力甚多。本项目较好地解决了拟定突破的难题,史料丰富,可信度高。如果在学术史回顾方面加强一些,则学术浓度更高。总之,这是一份优秀研究成果。

2004 年 11 月 1 日

关于《中国近代绿林史》的鉴定意见

脉络清晰,研究了近代绿林之形成、发展与灭亡全过程。条分缕析,相当清楚;对于政治方面影响,梳理细密。资料丰富,汇集、分析了以往研究成果,挖掘了许多新资料。分析细致,观点允当。总之,这是系统研究中国近代绿林问题的佳作。如果在学术动态方面交代更细些(已有较好交代)则价值更高。

熊月之

绿林(土匪)问题是中国近代史上的一个重要的社会问题,它既反映了中国近代社会的某些状态,又对当时的政治、经济、文化产生了不小的作用。但长期以来没有一本研究性的专著。《中国近代绿林史》的出版,填补了学术界的这一空白。作者运用历史唯物主义的观点,对众多的第一手资料进行了认真的梳理,对绿林这一社会下层群体进行了全面的中时段的研究。不仅指出了他们的生存土壤、社会成因,描述了各个集团在各历史时段的活动轨迹,而且揭示了他们与国内外各种政治势力之间错综复杂的关系,如此研究和论证,难度相当大。作者的另一大贡献是依据新近发表的各种革命历史文献,较完整地揭示了绿林与中国共产党及其红军等人民军队的真实关系,从另一侧面阐明了中共统一战线策略的发展演变以及对中国特殊国情的认识和把握。作者收录研究了为数众多的绿林文告,试图通过这一窗口进一步深入研究绿林的社会心态、政治取向、价值观念,这些重要的史料依据,比凭空推论要有说服力。

不足之处是从篇幅上看,晚清部分所占比例明显少于民国部分。可能是由于晚清时期的绿林确实不如民国时期“兴盛”,原始资料确有困难。但整体来看,瑕不掩瑜。

郭绪印

关于“中国近代社会史”课程建设的鉴定结论

社会史是一个新的史学领域,邵雍教授的“中国近代社会史”是一个十分有意义的选题。此课程在上海师范大学经过数年的教学实践,受到学生欢迎,开阔了学生的知识面。从讲稿看,内容全面,涉及中国近代社会生活的方方面面。作者注意到中国进入近代社会以后出现的新风格和新现象,例如近代餐饮、住宅、交通等方面的变化和婚丧嫁娶的演变,以小见大,反映了近代中国社会的变迁。作者对于近代社会的若干问题曾经作过专门研究。因此,该书稿在会道门、帮会、土匪、娼妓、毒品等方面论述充分,论据充足,反映了作者深厚的功底。尤为赞道的是,作者不仅对近代中国社会的丑恶进行展示,更侧重分析这些社会问题形成的原因,给学生予以启发。书稿引用的史料生动活泼,图片切合内容,来源十分广泛。

绪论部分过于简略,书稿动态表述尚须加强。在提纲方面,要注意内在的逻辑关系。近代经济生活是中国社会生活的一个方面,书稿可以增加此方面的内容。此外,书稿中的一些具体问题建议修改补充。

鉴定组成员对该项成果表示一致通过,并建议修订后正式出版。

2005 年 12 月 21 日

关于《秘密社会与中国革命》的匿名鉴定意见

一

《秘密社会与中国革命》一书所研究的对象比较特殊,它将历史上秘密社会与中国革命的各个主要进程有机地串接起来,面对这个在相关领域内成果有限,学科建设的基础理论相对薄弱的研究对象,作者基本上着力搜集网罗了大量的资料,并在此基础上完成了叙述缜密的著作。该成果的创新程度体现在对有关秘密社会的研究有明显的推动意义,其本身的学术价值也正有此得以显现。

作为在吸收批评意见后重新写就的成果,作者在“绪论”部分作了较大幅度的改动,增加了学术界中较有代表性和较有见地的看法,并提出了自己的创作意图和写作构思,从而在这方面有了明显的改善,学术性和理论性的特点也更见清晰。在资料文献方面,作者扩大了参考的视野,其数量总数即由原来近 130 种辟增为 160 多种。正文阐述中也相应改正了旧作中曾有的错处。有的地方更增添了补充引注或叙述,使上下文衔接更趋到位,内容更为丰满。注释规范上也有明显进步,如第 10 页上几处注解均表明了转引出处。

由于当下中国正处于社会转型的关键时期,有必要以史为鉴,若对近代中国社会历史上秘密社会组织的形成及运作有更多的了解,也有利于我们增强相关的防范意识和提高应对解决此类问题的能力,这对促进和谐社会的构建也有积极的参照意义。

另外建议作者在成果正式问世出版时,在具体章节篇目安排设计上再作文字技术处理,以增加其可读性。

2007 年

二

该成果较为全面、系统地阐述了秘密社会与中国民主革命的历史,内容丰富,史料翔实,论述充分,是迄今国内外同一课题出版物中,学术价值和现实意义均较为突出的一部。在国外,日本学者三谷孝所著《秘密结社与中国革命》的内容,仅涉及华北的会道门,内容不够全面;在国内,梁家贵所著《抗日战争时期山东秘密社会研究》仅涉及山东一省;周建超的《秘密社会与中国民主革命》内容虽较全面,但又失之简略。而《秘密社会与中国革命》一书则全面、系统地论述了从孙中山领导的辛亥革命到1949年中华人民共和国建立,整个中国民主革命时期秘密社会的历史。在学术价值方面已超过了上述几本专著。

在研究方法和理论上,作者即避免了以往有些学者将秘密社会的组织及其活动丑化、甚至妖魔化的做法,也克服了有些学者对秘密社会无限拔高的缺点,而是做了实事求是的论述。

该成果的现实意义也较为突出:在当今社会,与历史上会道门性质相同的当代邪教,仍然是我国社会的隐患;与历史上会党、帮会有历史渊源或性质相近的黑社会组织,在一些地区依然活动猖獗。该成果做到以史为鉴,总结了我党和政府在解决历史上遗留下来的会道门与帮会问题的丰富经验,对于治理当今社会的邪教与黑社会问题具有重要的参考价值。

该成果的一些缺点与不足,在修改后已经得到克服。

2007 年

关于《中国近代会道门史》的审读意见

近代会道门史是很有价值的课题,问题重要,资料分散,编写一部著作难度很大。邵雍教授长期从事近代社会史研究,对于帮会、绿林、娼妓等历史均下过很深的功夫,会道门史是他的强项之一。邵雍教授多年来一直在此领域辛勤耕耘,成果突出,卓然成家。披览所著《中国近代会道门史》深感此书取材广泛,巨细靡遗,对既往学术史梳理相当细致,清楚而有己见,章节排列合理,自成系统,对于会道门的社会影响分析深入,富有独到见解,也符合我党现行有关政策,并无什么不妥之处,观点正确。这是一部从资料到观点都很好的著作。

熊月之

2010 年元月 19 日

关于《中共党史若干问题再研究》的审读意见

邵雍教授是上海师范大学历史系的教授，上海党史学会的理事。2013 年 4 月上海人民出版社出版了他的第一本党史论文集《从开天辟地到天翻地覆——中共革命史新探》，在高校的科研和教学方面起到了良好的作用。一年半以后他又编订定了第二本党史论文集《中共党史若干问题再研究》，先请我审阅，我自然是十分高兴。

与《从开天辟地到天翻地覆——中共革命史新探》相比，邵雍教授的《中共党史若干问题再研究》将研究的时段延伸到了社会主义革命、建设与改革开放时期，与现实更加贴近。收入本书的大多数论文均是邵雍教授近 3 年来在国内学术刊物公开发表的新作，有的同时还是中共上海市委党史研究室的研究项目，如《解放战争时期中共与中国民主促进会的互动》《当代中国陈云的民生思想》，有的是上海市社联优秀论文，如《邓小平与新时期统一战线的新发展》。

本书名为《中共党史若干问题再研究》，作者坚持马列主义、毛泽东思想与邓小平理论，依据切实可信的史料对根据近年来公布的一系列新史料，对中国共产党从建党到改革开放新时期的若干重大历史问题进行了实事求是的再研究。内容涉及中国共产党的指导思想（马列著作与马克思主义中国化、毛泽东对中国社会主义道路的初步探索的历史价值）、党内斗争（俄界会议研究、中国共产党史上的重大自杀事件）与党的建设（新中国成立后保持党的纯洁性的历史回顾、十八大修改党章的历史依据与现实意义）、统一战线（从中共二大“民主的联合战线”到四大提出“无产阶级在民主革命中的领导权”问题、陈潭秋在新疆对盛世才的统战工作、解放战争时期中共与中国民主促进会的互动、建国初期与各民主党派的良性互动关系以及邓小平与新时期统一战线的新发展）与地下斗争（宋庆龄与牛兰夫妇案、1933 年远东反战大会的特点）、武装斗争（长征中的女红军、陈毅与新四军江南指挥部）、群众工作与群众运动（瞿秋白与上海大学、毛泽东与农民运动讲习所、当代中国陈云的民生思想）。全书歌颂了毛泽东、瞿秋白、陈潭秋、陈毅、宋庆龄、邓小平、陈云等人在中国革命、建设与改革开放中的伟大贡献，澄清了一些历史问题，并对其做了新的有根据的说明。

全书覆盖面广、内容丰富，史料确凿，文笔清新，论证细密，结论真实可信。作为本书最早的读者，我读后的直感是全书设计缜密，布局合理，文风朴实无华，资料丰富多彩，是一本很好的专题研究论著。衷心希望该书能够早日出版，并非常乐意向高校学生与社会上的广大读者进行推荐。

忻平（上海大学党委副书记、历史学教授、博导）

2014 年 11 月 16 日

相关书评

直面昔日广西性交易

——《中国近代妓女史》读后①

黄振南

我供职的学校有一个中国近代史硕士学位授权点，这个培养了20多届研究生的学位授权点，下设一个社会问题研究方向。作为该研究方向的指导教师，面对包罗万象的"社会问题"，我既想引导学生涉足一些有地方特色的课题，却又因未找到突破口而茫然。日前广西有关部门决定为自治区成立50周年而编一部大百科全书，其历史分编有两卷之多，我忝列其间，参与策划，并草拟部分条目。几经翻覆，框架行将确定，近代社会问题方面条目欠缺颇多，左思右想，总觉不尽如人意。何以故？科研工作跟不上是其重要原因。

恰于此时，上海师范大学历史系博士研究生导师邵雍教授寄来其新著《中国近代妓女史》，读来自有一番感受。

一

近代广西社会问题的研究，远远落后，毋庸置疑。专门著作阙如，专题论文寥若晨星，便是明证。在诸多社会问题中，妓女研究空白点更多。邵雍教授的大著，虽非仅触及广西一隅，却有许多成果值得借鉴。

《中国近代妓女史》一书，在对近代妓女问题进行概括之后，按晚清、清末民初、北洋军阀时期、南京国民政府前期、抗日战争时期、民国后期几个时期对妓女的种种遭遇以及社会舆论、政府行为等加以述评。最后，全书以妓女的解放与改造收笔，与时累进，顺流而下。捧诵之余，青楼深巷，灯红酒绿，烟花风尘，屈身卖笑，令人喟叹不已。从上海的北里风月到北京的八大胡同，从东北的土窑子到广州的娼寮，从昆明的龟窟到兰州南关街美人里……笙歌中多少血泪，花裙下几多怨恨！貌美绝代的赛金花，大智大勇的小凤仙，走向新生的柯爱娟……几分辛酸，几样情怀！

在近百年中国历史上，广西的妓女问题如何？按照该书的铺陈方法，除清末民初和抗日战争这两个时段未有涉及外，上述各时段均有着墨。大致说来，晚清时期所述，主要是梧州的水上妓寨和桂林文昌门外的备查馆、河背洲的特别区、秀水塘

① 原载《广西大学学报》2007年第3期。

的特察里。北洋军阀统治时期，涉及新省会南宁水闸门河下的公娼、桂林妓院的新派别——堂班。南京国民政府前期，着重叙述梧州妓院地址的变化和妓女装束的规定，全省公娼的盛行及相应的管理措施。民国后期广西的妓女，书中描述较少，以1946年大饥荒后妇女出卖肉体和桂林恢复娼妓健康检查所等内容为重点。至于广西妓女解放与改造，书中所述亦不算多，仅有桂林改造娼妓、公判龟婆之内容。

扫描整个近代中国的妓女问题，自非一部32万字的学术著作所能言其详。清末民初和抗日战争时期，广西并非没有妓女及其由此引发的问题；其他时段，广西皮肉交易的细节也并非如此简单。全书篇幅、结构、功能、定位等方面的确定，使读者无法看到更多与广西相关的内容，这并没有什么奇怪。平心而论，近代广西的娼妓问题，自然不能与上海、北京比肩；与邻近的广东、港澳相比，广西也不可出其右。所以，书中对广西妓女问题的探讨，不存在不合理的问题。

然而，单就近代广西的妓女问题言之，研究工作又是薄弱的。上述专著、论文之稀少、罕见，即是明证。这便向人们昭示：近代广西妓女问题研究尚有可为之处。如果说这是一个被遗忘的角落，那么，邵雍教授的大著则给我们提了个醒。

二

作为社会问题，广西性交易的存在是不争的事实。学术界对广西妓女问题研究之所以薄弱，原因是多方面的。新中国成立到改革开放前的数十年时间里，我国成功地革除了妓女生存的土壤和条件。诚如邵雍教授所分析，这一时期“政治上一元化的价值观”、全社会“严格的计划经济体制和严密的户籍管理办法，将人口流动与人际交流挤压到一个极为狭小的范围内”、经济上“长期处在普遍贫困的状态”使“各种自愿的非婚姻关系的性活动”断了根，商业性性活动无法成活，一夜秋风，把妓女问题荡涤得一干二净。在这个大背景下，人们长期耻于谈论现实中不存在的妓女，不敢正视历史上曾经存在的妓女，认为妓女肮脏，研究妓女问题是不正经的事，唯恐避之不及。认识上的误区，使人们漠视过往的事实与存在，进而自设禁区，不越雷池，以免惹来腥臊。问津者寡，当然鲜见研究成果。

那么，改革开放已有这么多个年头，被禁锢的思想也早已冲破牢笼，为什么科研仍一筹莫展？史料缺乏是一个重要原因。查邵著多处征引的史料之一《近代中国娼妓史料》，内有相关资料5篇，即沈樾的《旧社会广西的娼妓》、谢风年的《话说桂林“特察里”》、逸民等的《八步“特察里”》、欧三妹等的《旧社会梧州“盲妹”的苦难》和梁福波的《鸳鸯江畔烟花泪》。这5篇文章，是广西各级政协提供的，有的已在自治区或市级政协编的文史资料上刊登。这是迄今为止看到的最集中的有关资料汇编，此外再无其余。先不说这些资料的价值，单就其数量之少、覆盖面之窄，便可知开展研究工作之不易。（下略）

三

面对现实，深入开展近代广西妓女史研究，发掘史料是必不可少的基础工作。邵雍教授在书中叙述近代广西妓女情况，主要依据上述《近代中国娼妓史料》中那5

篇回忆文章。此外是否还有其他记载？回答是肯定的。以此类回忆文章为例，梁小涛整理的《解放初期梧州的禁赌、禁毒、禁娼工作》便是其一。这篇刊于《梧州文史资料选辑》第 18 辑（未具印刷时间）的文章，以回顾梧州娼害的历史发凡，有一定的参考价值。新中国成立以来，广西各级政协编的文史资料不在少数，有逐一查阅的必要。（下略）

近代传媒的发展，为时事新闻的记录与传播提供了新的工具。因此，研究近代历史有必要查阅这些工具。报纸是这些工具中容量最大者。近水楼台先得月，邵雍教授的研究曾引用上海出版的著名报纸《申报》的若干报道。据我所见，《申报》中尚有其他一些可资参考的资料。

历史研究以史料为基础，没有史料便寸步难行。面对起步低、成果少的近代广西妓女问题研究，首先要做的工作是摸清家底，盘点史料；接着想方设法，搜集史料；继之分门别类，整理史料。这些不可或缺的工作，既是科研的组成部分，更是科研的起步，确定选题，寻找突破口，开展研究，都是后事。

四

性交易是一个古老的话题，也是一个难以启齿的话题，更是一个闻之赧然的话题。然而，从科学研究的角度讨论这个话题，并非见不得人的事，亦非低级趣味，更非下流行径。性交易本身不干净，性交易研究并不肮脏。于历史科学而言，性交易史研究有填补空白之功；于史学功用而言，性交易史研究有警世之效。

从表面上看，妓女是性交易过程中的主角；而实际上，妓女却是供人取乐的玩物，是备受歧视、深受压迫的阶层，在社会上扮演着凄惨的角色。她们“除了精神上受折磨，肉体上被蹂躏，人格上被贬低之外，即便疾病缠身，辛酸满腹，还要故作笑颜，以娱客人”；“明里受嫖客蹂躏，暗中受老板和鸨母虐待，还要受军、警、宪、特的敲诈勒索，有泪只能往肚子里流。”昔日妓院里的妓女，大都逃不脱这种命运。今天，在我们的国土上没有公开的妓院，皮肉交易暗中进行，在这种情形下，暗娼的境况如何，今昔有何异同？也需要作深入细致的研究。

当然，交易是双方的事，性交易亦然。所以，研究性交易仅仅讨论妓女是不够的。交易的另一方——嫖客同样是交易主体，嫖客与妓女相对而立，可以说，没有嫖客就没有妓女存在的空间，就谈不上性交易。作为买主，嫖客在性交易过程中扮演的角色，与妓女不分伯仲。唯其如此，邵雍教授在书中用相当的篇幅分析嫖客的种种情形，如第一章第四节概括妓女与嫖客的关系，包括嫖客的嫖妓程序、妓女对嫖客的称谓和态度等；第二、第四、第五章分别以相同的“形形色色的嫖客”作为第一节的标题揭示不同时期嫖客的来源，指出晚清的嫖客由皇帝、皇亲国戚、朝廷要员、地方官员、官僚子弟、军人、士人、商人组成，北洋军阀统治时期的嫖客有政府要员、南北军阀、国会议员、学生、文人、商人，而南京国民政府时期的嫖客则主要是政府官员、军事将领、特务警察、帮会流氓。嫖客成分的变化是一面镜子，它折射出一定历史时期社会各阶层政治、经济状况以及由此确立的社会地位。全国情况如此，广西的景况如何，异同何在？这就需要在充分占有史料的基础上做出具体分析。

以嫖客的构成为例,不同时期广西的嫖客主体是不相同的,这种不同不仅是自身纵向的不同,而且与同时期其他省份相比也不尽相同,其差异在哪里,需要深入细致的探索。又如嫖客的收入状况、生活方式、嫖妓途径乃至心理状态等,都会因时空之别而有所不同,同样应该进行纵横对比研究,方能得出结论。

妇女地位长期低下,以及社会偏见的存在,人们在审视过往的性交易时,多言妓女而寡谈嫖客,甚而有将女性视为"祸水"者,都是不健康的心态。调整这种心态,需要学者的探析,需要舆论的引导,还需要全社会的共同努力。以肉体当商品和以淫欲满足为目的性交易,是商业社会中特殊的贸易方式。由于上因,对这一交易中嫖客角色的研究,要做的事情更多一些。

概而言之,剔除偏见,卸下包袱,花大气力,聚集史料,明确方向,抓好选题,精心钻研,近代广西性交易史研究将会结出丰硕之果。这是我拜读《中国近代妓女史》一书之后,经过一番思考作出的判断。

评《中国近现代史论集》

连域丞

邵雍老师所著的《中国近现代史论集》是一本荟萃性的论文著作,收录了邵雍老师在学生时代所写、所译的文章,以及主要学术论文的内容提要。具体内容包括中国近代史的专题研究和海外中国研究关于中国近代史专题论文的译述等。涉及洪秀全思想、李秀成自述、第二次鸦片战争、拒俄运动、北洋海军、会党史、辛亥革命、中日关系等研究。

读毕给人的第一感受是,全书每篇文章都体现了作者对于史学的热爱,蕴含着作者对于史学研究的认真态度。这些文章视野开阔,内容广泛,史料翔实,为从事历史学专业研究的学者们提供了丰富的资料;而文章中的专业性描述体现了作者扎实的史学功底,也为历史学学术论文的写作提供了宝贵经验和上佳范例。

论集的第一部分是作者在本科和研究生期间所写的学术论文,下面笔者就其中一些文章谈谈自己的读后感。

第一,要分清学术历史和通俗历史的区别。对于历史事件来说,史实本身只有一个,但如何表述,就是两者的区别所在。我们所讲的通俗历史一般比较有趣且通俗易懂,读来好不畅快,但往往夸大其词,甚至不分是非地横加演绎,这是历史学研究的大忌。而学术历史所有的结论需讲究来源、出处及证据,非常严谨,不可轻易下结论。在读《威海卫陷落和北洋海军的覆没》(这篇文章是1981年季平子老师开设的"中日甲午战争史"的选修课作业)这篇文章时我对此深有感触,威海卫之战和北洋海军在中国近代史的研究当中是非常重要的部分,也是最具争议和疑点的部分,因此不少文章抓住这一点对其大加演绎,甚至弃史实于不顾。读毕这篇文章,能感到作者在进行文章写作之前,大量阅读了《中国近代史资料丛刊》中的《中日战争》部分,考证事件的真实性,并对其进行了分析、求证和提炼,力求将最真实的历史展现在读者眼前。作者在尊重史实的同时,并不直接引用甚至照搬以往的学术论文,而是用自己的语言阐述观点及看法,既不枯燥又不失文采,使人读来眼前一亮,这就是学术历史的魅力所在。

第二,有一条清晰的线索。在进行论文写作时,对于一个问题的分析要有一条明显的线索,如果没有清晰的线索,不仅在写作上有困难,而且也无法将学术研究的全部精髓表达出来。在《论〈劝世良言〉对洪秀全思想的影响》(这篇文章是1981年郭豫明老师开设的“太平天国史”的选修课作业)中,作者通过“平等思想”和“上帝的借用问题”这两大线索描述了太平天国金田起义之后《劝世良言》对洪秀全的影响以及洪秀全对《劝世良言》的利用,思路清晰条理明确。又如在《中日广岛谈判》(这篇文章是1983年季平子老师开设的“中国近代对外关系研究”研究生课程作业)中,作者以日方破坏广岛谈判的原因和手段为线索,对其动机和不合理性进行了阐述,而在两条线索中更以小标题的形式将论据逐点列出,紧跟线索,支撑起整篇文章的框架。再如《第二次鸦片战争中肃顺等人不是主战派》(这篇文章是1983年夏笠老师开设的“第二次鸦片战争史”研究生课程作业)中,以战争过程为主要线索,从中发现各种可以解题的线索,并加以论证。这种形式是非常值得我们借鉴的。

第三,论点求精求细,不贪大贪全。该著作中的学术论文,基本都是定题范围较小,从较小的问题入手,以小见大,不贪图范围广泛,只求精。论点越细,文章论述的学术性就越强。如《陈独秀民主主义思想的起源——以〈安徽俗话报〉为中心》(这篇文章是1981年郭绪印老师开设的“陈独秀评传”的选修课作业)这篇文章对陈独秀民主主义思想的介绍,从《安徽俗话报》这样小的方面出发,再进一步阐述主题思想。

作者将小问题放于大背景中,如第36页第一段中,将《劝世良言》对洪秀全的影响置于太平天国运动整体发展的大背景下,并对其进行了评论:洪秀全接受《劝世良言》中的消极因素,是“最后导致太平天国失败的重要原因之一”,这样就避免了论点与大背景的游离,是非常合理的。

第四,慎重得出结论。作者的每一个结论都是经过对史实的仔细分析后得出的。对于有争议的问题,经过合理的分析,才最终得出结论,而一些比较复杂的分析过程会在注释中给出。如在《威海卫的陷落与北洋海军的覆没》中,对于日方战舰损失的争议,在经过对《中东战记本末》与《日清战争实纪》比较分析,得出了正文中的结论。如此细致的分析,足见作者为撰写文章所耗费的精力。又如在《〈李自成自述〉研究述评》中,对于曾国藩是否对《自述》进行了伪造所引发的争议,分析了丁云靖先生的观点后,作者给出了不尽相同的看法。前面所提到的两篇文章都将分析过程放于注释中,既避免了放于正文中的烦琐,又解答了读者对于分析过程的疑惑,增加了文章的连贯性、整体性和说服力。

第五,文章评价要中肯客观。在每篇文章的结尾,作者都做出中肯且有见地的评价。如《论资产阶级革命派的办学活动》(这篇文章是1982年作者历史学学士学位论文,指导老师赵宗颇)中最后一段对资产阶级革命派办学活动的评价,有积极方面也有消极方面,评价中肯客观,体现了正确的唯物史观。

第六,文章中引用要明了易懂。在学术性论文中,对于其他文章的引用是不可避免的,特别是在近代史的文章中,会大量引用到文言文,有些语言甚至十分晦涩难懂,对于这种情况,作者在注释之中会给出解释。如第 25 页中对于《劝世良言》中的“慎勿有以恶酬恶者”“勿自相仇,乃宽处于怒”“报仇乃属神”等等语句,在注释中给出了详细的解释和说明。

第七,勇于创新和探索。在进行论文的写作时,对于史学界已有的成型观点并不是一定要一味认认同,作者有自己的想法,敢于怀疑和质疑权威。如《第二次鸦片战争中肃顺等人不是主战派》中提到,对于肃顺等人的立场问题,一些外国学者和国内学者承认他们是“反对西方资本主义势力入侵的人”,而作者在经过对《剑桥中国晚清史》《筹办夷务始末》《中国近代史资料丛刊》的大量阅读、分析和考证得出了与史学界一些学者不尽相同的看法,认为肃顺等人不是主战派。这启示我们要敢于对学术界一些已有并成型的观点进行质疑,因为史实的内容是客观的,而表达形式却是主观的,正所谓“史无定论”,这就需要我们有自己的想法和观点,并为之进行研究。

以上七点是笔者对第一部分的总体感受。第一部分中分量最重的一篇就是《论闽南小刀会起义》了。这篇文章是作者 1985 年 5 月完成的历史学硕士学位论文,指导教师魏建猷教授。本文结构清晰、内容翔实,共由四部分组成,分别是小刀会起义的时代背景、组织源流、特点和性质,历史地位。在第一章中,描述了闽南小刀会起义的时代背景,内容广泛、思路清晰(大致内容包括:厦门作为通商口岸开放、鸦片贸易进入新阶段、外国商品倾销、破坏税收、自给自足的自然经济遭到破坏、白银外流、吏治败坏等),而且时刻注意联系和回归主题,如第 142 页的第二段中,除了对自然经济遭到破坏进行了描述,还对其所造成的后果,即越来越多的人“流而为匪”进行了描述。在第二章中,对小刀会的源流、组织和口号进行了描述。特别值得注意的是,在对小刀会源流的论述上,作者运用大量史料,总结三点论据,对台湾天地会系统的小刀会是闽南小刀会的源头进行了论证,同时又不忽略其他因素对闽南小刀会的影响(具体见第 150–151 页)。通过以上几点足以可见学术论文的写作不仅仅是史料的堆砌,而是将史料进行总结分析后得出自己的结论,拥有自己的思路和体系。论文的第三章是闽南小刀会起义的特点和性质。一般来说,一个历史事件并不容易定性,而在这篇论文中,对起义的性质没有直接下结论,如第 185 页中,是通过起义中的措施来说明小刀会起义的性质,这样使文章更有说服力。在学术论文的写作中,要将各个方面都考虑到,发现历史事件的共性与个性,如第 190 页中有关小刀会对于商业的态度的部分中指出,保护商人是农民起义军的惯常做法,并不能说明闽南小刀会在这一方面的特殊性;又如第四章“闽南小刀会的历史地位”第 207 页第 4 点“闽南小刀会的新鲜经验”中所描述的就是“在严禁赌博和禁止械斗两个方面所表现出的不同凡响的特色”,即闽南小刀会的个性。这篇论文是作者硕士研究生三年学位后交出的答卷,为史学研究和学术论文的写作提供了指引和范例。

论集的第二部分是作者的一些译作,主要是有关于小刀会的部分译文。看完译文的感受是，作为一个历史学者，只会做研究是不够的，要掌握至少一门外语，这样不论是对于文献资料的查阅还是分析都有益处，作者显然做到了这一点，不仅对原文理解透彻，还做到了“信、达、雅”，使译文读来毫不生涩且明白晓畅。

论集的第三部分是作者对一些中国会党史学术论文所作的内容提要，有利于读者了解有关于中国会党史的研究成果和学术动态。

本书的第四部分是作者为中国近代史专家赵宗颇所写的一篇传记。在论文集中读到这样一篇传记，一开始是比较疑惑的，但是将传记读完后，突然领会到将这篇传记收录的原因。赵宗颇是作者在本科期间的论文指导老师，更是作者人生的导师之一。在这篇传记的字里行间都流露出了作者对赵老师的尊重和敬仰，同时赵老师的经历、事迹、做学问的态度、对于人生的态度，都对作者有着很大的积极影响。而对于这篇文章本身，全文分为“艰辛坎坷求学路”“党员教师风雨路”“教书育人走正路”“史学研究闯新路”四个部分，以时间为线索叙述了赵老师的生平和经历。给人的感觉则是不生涩、不压抑，严谨切实而又明白晓畅，是一篇令人感动的人物传记。

本书的第五部分是附录，由“邵雍与近代中国黄毒史研究述论”和“主要学术论文的中英文内容提要”这两部分组成。

读毕此书，感慨良多，尤其被作者极高的史学素养和专注的研究态度所打动。作者在后记中写道，“获得入学资格，只是提供了进行深造的可能性，能否扬帆远航，还要靠自己的发奋学习、刻苦学习、不断学习。”俗话说，师父领进门修行在个人，想要做好学术研究，必须不断丰富自己的知识并提高研究能力。同时，学术操守的培养也十分重要，清代史学家章学诚提出，除了“史家三长”（“史才”“史学”“史识”）之外，“史德”是史家修养的最高要求，即有端正的史学态度和学术操守。具备了以上诸点，才能成为一名合格的历史学者。作者作为这样的一名学者，有太多值得我们学习的地方。而这本书是作者学识的结晶，对于丰富知识、提高知识水平和史学素养均有助益，在今后的学习中应多读一些这样的著作，从中汲取营养、丰富知识、完善知识体系，便于以后的学习和研究。

2015 年 10 月 10 日

江湖与政治

——评邵雍教授《中国近现代史论集》

张红梅

《中庸》里面讲：“博学之，审问之，慎思之，明辨之，笃行之”。这说的是为学的几个层次，也是对一个学者的治学的要求，很客观地说，邵雍教授多年来的研究和学习是符合这一要求的。其开拓创新的探索勇气、求真求实的科学态度和锲而不舍的学术追求都是值得充分肯定和称赞的。邵雍教授严谨的治学态度值得我们学习。同时，我们更应该关注他何以在秘密社会史研究领域收获颇丰，他治学的方法如何？他思考问题的方式与角度是怎么样的？这本《中国近现代史论集》也许不是最完美的回答，但至少从作者学生时代作品的缩影里，我们可以略窥一二。另，从1986年以后社会史研究已经突破很多框架，有了各个方向的延伸。社会史是一个大的方向，社会里的不同团体，不同的阶层、文化乃至城市街道都值得我们挖掘和考据。历史具有复杂性，历史上发生过的事件纵横交错，各有关联。它不仅仅是英雄的历史，更是人民的历史。作者对会道门及会党进行拓展研究，从纷乱的社会史中梳理出一个别样清晰的脉络是值得肯定的创新。

纵观全书，内容各不相同，篇幅长短不一。但细读每篇文章后，不难发现隐匿于全书中的一个主题。那便是在社会大动荡时期，不同的阶层和团体，是如何以自身活动影响国家命运和推动政治变革的。通过作者深度地、具体地分析和叙述，那些民间有影响力的江湖式的会党组织，以及他们的立场，他们的民族大义，他们带有自己偏见的爱国主义精神等都变得生动起来。历史的立体感突显，我们对历史的感触自然也真切了许多。读完此书感受颇多，笔者从以下三个方面谈谈读完此书后的感受。

首先，看书先看题，题目是一篇文章的灵魂。选择一个好的题目，需要经过作者多方思索、反复推敲、精心策划的一番努力。正如我国著名哲学家张世英所说："能提出像样的问题，不是一件容易的事，却是一件很重要的事。说它不容易，是因为提问题本身就需要研究；一个不研究某一行道的人，不可能提出某一行道的问题。也正因为要经过一个研究过程才能提出一个像样的问题，所以我们也可以说，问题提得像样了，这篇论文的内容和价值也就很有几分了。这就是选题的重要性之所在。"（转引自《怎样写学术论文》王力、朱光潜等著，第59页，北京大学出版社1981年版）书中《论〈劝世良言〉对洪秀全思想的影响》《哥老会与辛亥革命》《中日广岛谈判》这些论文探讨问题的切入点都比较好的。以《论资产阶级革命派的办学活动》为例，其表达了几点意思：一是说明了资产阶级革命派认识到争取团结知识分子重要性和必要性；二是在新旧文化冲击的当时，拥有新知识新思想的人才实在太少；三是明确了20世纪初年的青年学生的阶级属性，认为他们是资产阶级、小资产阶级的知识分子。"他们在政治上十分敏感，在严重的民族危机面前探索着救国的道路。革命派的办学活动促进了他们政治的觉悟和成熟。"作者的观点别出心裁，读来使人有耳目一新之感。再者，通过阶级分析和理论构建，对历史事件进行归纳，使之系统化、条理化也是一种研究的方法。

选题的独到也是本书的一大特点。以往历史的研究都是大历史，所谓大历史就是研究各个朝代的更迭，帝王将相的功过得失，英雄史观色彩浓厚。在这种大历史的背景下，往往很容易忽略小人物的大活动，或大人物的小活动，这些活动多少都与当时的政治有关联。比如洪秀全的思想，尽人皆知太平天国发展之初的宗教信仰是由基督教发展而来，也知道洪秀全是通过《劝世良言》知道和理解基督教的，并且洪秀全在研读《劝世良言》后还写出《原道救世歌》《原道觉世训》《原道醒世训》。历史上某一个事件从出现到消亡总有一个过程，在此过程中会有诸多因素相互碰撞，影响到事物发展的结果，但众多因素中总有一个是主要因素。历史毕竟是人类创造的,历史的活动说到底还是人的活动,活动必然也是由一定的思想去指导和牵引,那么洪秀全的思想就是影响太平天国运动的重要因素。从《论<劝世良言>对洪秀全思想的影响》一文可见,邵雍教授正是通过洪秀全自身背景与基督教教义宣传的众生平等这种互动关系,从《劝世良言》阐释的教义,洪秀全的最初作品,以及太平天国从起义到失败时的思想方针等诸多本质性要素,来系统剖析《劝世良言》对洪秀全思想的启迪和束缚。抓住思想研究无异于抓住了研究的核心与灵魂,在研究的切入点上具有毋庸置疑的创新性。而且这一创新对太平天国的研究也具有借鉴意义。

第二点,谈到文章的结构和内容。文章的结构与内容的深度有关。这本论集虽是由多篇论文组合而成,但不失其内容严谨、条理清晰。作者的每一篇文章都是新文化史和微观史取向在中国史研究中的实践。采用新文化史和微观史的取向对中国进行研究时,会道门和会党成为了解中国社会的一个小孔。理解会道门的渊源、发展、政治角色,不仅能够帮助我们从微观角度了解下层民众的生活,而且对认识20世纪中国各色教派慈善组织、邪教与中国政治之关系都有所裨益。通过微观历史所研究的"小历史",有助于我们理解大历史。

微观历史的组成包含了名目繁多的会道门及会党,古人称这些会道门及会党为江湖流派。说到江湖,通常意义上表现出的是漂泊不定,离群索居,带有秘密性,与正统社会有种种不同,又不能独立于正统社会之外而存在。范仲淹在《岳阳楼记》中讲,"居庙堂之高,则忧其民;处江湖之远,则忧其君"。这样说来江湖便成了社会的重要组成部分,往往一个王朝的政治得失首先会反映在社会上。社稷安则江湖静,社稷摇则江湖乱。因而太平天国运动的爆发,以及当时远离中央的社会团体掀起的起义浪潮则是对这一时期晚清政治状况的最好说明。在此文集中,有关近代会道门和会党的文章占有较大比重。而《论闽南小刀会起义》一文的内容与结构最为扎实和严谨。可能是作者的历史学硕士学位论文的缘故,所以在结构上合理顺畅,从起义的时代背景到闽南小刀会的源流、组织和口号,再到起义的特点和性质,最后是在会党史上的历史地位,一气呵成。这个架构基本上把要讲的问题都讲清了,可见作者在经过较长时间的积累对会党史有了较大把握上后才动手写的。而且在书写手法上偏向于故事化。显然,这样的书写与正统的历史著作相比,更容易引起读者的兴趣并给人一种身临其境的"情境感"。要在史料中找出一个个具有情节而又有典型意义的故事,并不是件容易的事,作者如此书写定是付出了很大的心力。叙述故事化显然并不只是为了增加趣味,而是希望借助这些故事来呈现当时的历史情景,并引出问题。比如提到了与双刀会的渊源和小刀会的入会仪式等,尽管这些内容也是经过作者考证出来的,但在这里更像娓娓道来的一个故事,增强了文章的吸引力。

江湖组织,往往讲究"忠""信""义",一旦其拧成一股势力,敢于冲击和挑战正统朝廷时,所作所为是令人敬畏的。尤其是苦守厦门城,简直就是拿命在坚持他们的政治信仰,不到最后不言弃的精神让人悲叹。文中有关清军赶走小刀会重占厦门进行屠城的场景描述,读起来字字灼心。小刀会成员多次与清军浴血奋战,竭力斯杀，悲壮无以复加。军事上的胜利者视百姓命如草芥，引人感慨深思！而后作者论及哥老会在辛亥革命中的作用时，虽没有小刀会那般轰轰烈烈，但在革命的胜利中功不可没。哥老会作为一个民间秘密团体，本不足奇。历史上的秘密组织和社会团体层出不穷，但是处于历史大变革时期的哥老会，历史又赋予他们新的使命。武昌起义后，哥老会不但积极响应，还充当了革命军的先锋，他们又与群众联系密切，在群众基础厚实、号召力较大的情况下能热心参加革命，必有起因。作者在剖析了原因之后，还进一步辩证解释了哥老会和革命党人的决裂、哥老会自身的优劣势以及革命党人对哥老会采取的铲除政策，尤其是哥老会最终的结局让人唏嘘。会党参与中央政治的变革，其幸乎？其不幸乎？

最后说一下文集对史料的选取和利用。无论哪种历史学派都不能抛开史料来研究历史。史料是研究和认识历史的依据，是历史学家"重现"历史的基础。一般说来，搜集史料要力求广泛、丰富；运用史料必须进行考订与鉴别，以确认它的真实性和可靠性。作者在浩若烟海的史料中精挑细选，慎为其用，建构起支撑该书的厚重史料根基。尤其难能可贵的是作者以大量原始资料为基础，如《中国近代史资料丛刊》《清实录》《军机处录副奏折》《上海小刀会史料选编》；同时兼收并蓄前人的研究成果，如在书中的《马克思恩格斯全集》、傅衣凌《明清社会经济史论集》等，这也是该书又一显著特色。丰富的史料有利于我们做出客观判断，有助于学习者深入理解，更可以传递科学而严谨的治学精神。

针对论文的研究方向，也引发了读者的一系列思考，如"扫清满氛，匡扶汉运"口号的号召力到底有多强？除了思想外还有没有其他支撑因素让小刀会的发展？小刀会成员如此奋起反抗，小刀会的下层有没有得到一些实质性的好处（类似于饷银这种东西）呢？后来又在书中看到这样一句话："在小刀会占领下的厦门钱银紧张，起义军自用不敷，无法解决平民的救济问题。""厦门岛上的钱币也日行紧缺，小刀会战士的待遇'原定为每人每天铜钱一百文'，五月下旬'已减为六十文'，至六月底又减为'每人每日发钱四十文'"。这说明小刀会成员是有经济收入的，那么其他秘密组织的经济待遇又是如何呢？这些待遇在每次起事后有没有变化？我想这一系列从社会经济角度出发的问题也是值得探讨的。

历史本身并不会自我筛选，它不会自动留下好的，去掉坏的，它把一切留给后人去揣测和研究；它又是那么包容，容得下朝堂也容得下江湖，把所有的一切留给后人去评说。我们此刻能做的不过是认真研读它留给我们的丰富的内容，触摸它的脉络，以警示后人。

转型的中国与转型的中共及其党员

——读邵雍教授《中共党史若干问题再研究》有感

吴学文

研究使近代中国天翻地覆并使当代中国出现翻天覆地变化的，由革命党转型为执政党的中国共产党，无疑是有意义的。邵雍教授的《中共党史若干问题再研究》(上海书店出版社,2015年版,下文简称《再研究》)让我们看到了中国社会和中共从不自觉到自觉转型的努力,从中也看到了不同时代承担不同使命的中共及其党员的精神风貌。

经历了几千年封建制度的古老中国进入19世纪已变得老态龙钟,曾经给中华帝国带来辉煌的封建制度此时已变成了包袱和枷锁,在近代化大门前步履蹒跚,总迈不进新的时代潮流。不能顺利地将政治上的专制转为民主,以德治国转为依法治国,经济上不能以农业为主转为工商业为主,对外关系上被迫由闭关锁国转为对外开放,文化上不能将传统文明顺利地用西方文明精髓加以改造且发扬光大,不能将农民、小市民等等顺利地转为公民或国民。

所谓"时势造英雄",中国社会转型无疑需要一个强大的"领头羊",地主阶级、农民阶级、资产阶级等在历史舞台上轮番上场,试图将中国向近代化成功转型,结果都失败了。只有无产阶级先锋队中国共产党把握了国内外有利的机遇,设法应付了国内外重重危机和挑战,可谓笑在最后。

为改变民族命运,为中国崛起,为完成不同时代不同使命和任务,中共也不断转型,促进自身素质提升,最终如愿地由一个革命党转型为执政党。同时,党员们在不同时期的鲜明的精神风貌,呈现了中国社会转型的复杂和艰难。

在新民主主义革命时期,中共如何由一个幼稚的小党转为成熟的革命大党呢,邵教授的《再研究》告诉我们,中共能从国情和时势出发,及时成功地将马克思主义理论中国化,适时地掌握了革命领导权,抓住了革命事业的牛鼻子、要害或主要矛盾或矛盾的主要方面,如对内进行党的建设,对外进行武装斗争、统一战线,且开展秘密工作,这些内外措施都是相辅相成,相互支撑,缺一不可的。

在这个过程中,共产党员的良好精神风貌充分展示,如毛泽东、陈潭秋、瞿秋白、陈毅、宋庆龄等人作为体现了与时俱进、敢于担当、敢于创新和乐于奉献的精神。

即便是普通的女兵,如女红军,也巾帼不让须眉,照样英勇杀敌、不怕牺牲。在革命极其艰难和危险时刻,如长征时光着脚翻雪山,被冻得血肉模糊以致糜烂也不掉队。但她们面临危险时总是关爱战友,想着他人,像女战士苟贵英为了掩护身边的伤员,在炸弹爆炸的第一时间扑倒在伤员的身上,把生给了他人,把死留给了自己。[①] 体现出高度的责任感、使命感,展示了集体主义精神和英雄主义精神。

她们往往承受了比男性与常人更多、更大的痛苦和灾难,不仅仅易患妇女病,"当时,绝大多数女同志都闭了经,有的人被造成了终身不育"[②]。就是幸运能添孩子的,"刚刚经历孩子出生之喜,便要经受放弃婴儿之痛"[③]。为避免被俘后遭敌侮辱,"从容不迫地吞下大烟土、金块;有的用剪子、小匕首割断自己的气管;有几个战士拥抱在一起,拉响了最后一颗手榴弹"。[④]

---

① 邵雍:《中共党史若干问题再研究》,上海书店出版社2015年版,第138页
② 邵雍:《中共党史若干问题再研究》,上海书店出版社2015年版,第136页。
③ 邵雍:《中共党史若干问题再研究》,上海书店出版社2015年版,第128页。
④ 邵雍:《中共党史若干问题再研究》,上海书店出版社2015年版,第131页。

但令人悲愤的是，一些女红军牺牲后仍被敌人凌辱，“有的被割掉乳房、鼻子和耳舌，有的被挖掉眼珠，然后一丝不挂地被扔在路边”。[①] 红军女排长吴贵兰等女战士遗体被土匪横放在路中间，“腹腔全被挖空了，头被割下丢在一边，子宫挂在树上”，极其悲惨。[②] 这些历史的细节、纹理，《再研究》有很多生动地介绍。

黑暗势力极其血腥和残暴，更加证明这些女英雄干革命和改造中国社会，促使中国社会转型的必要性和紧迫性，也彰显了中共党员群体先进性和中国转型的艰辛。

新中国成立后至今，中共也自觉地从革命党向执政党全方位转型。理论上，继续进行马克思主义中国化，毛泽东、邓小平、陈云、江泽民、胡锦涛和习近平等党和国家领导人，一代人接着一代人干，一棒接一棒，这个任务没有完成时，只有进行时。此方面情况，读者诸君可看《再研究》内《毛泽东对中国社会主义道路的初步探索的历史价值》《邓小平与新时期统一战线的新发展》《当代中国的陈云民生思想》《十八大修改党章的历史依据与现实意义》等文章。实践上，中共的努力主要体现在对内方面抓民生，搞改革，始终进行物质文明和精神文明建设，力保中共及其党员先进性和纯洁性，保持中共的战斗力和凝聚力；对外方面主要体现在对外开放，并对统一战线赋予新含义和新使命，如使执政党和参政党良性互动，如力促民族伟大复兴和国家统一等等。这些论点在《再研究》朴实无华的文字中不难看出。

在此阶段，毛泽东、陈云、朱德、邓小平等中共领导人解放思想、实事求是、艰苦奋斗、锐意进取等精神风貌在邵教授所披露的史料及其阐述中可见一斑。

当然，因为中共党员干部时刻接触权力和物质财富，再加上生活相对于战争年代较优越，所以一些党员不免蜕化，“据各地史料反映……更有一部分党员干部（其中有一些是县委、地委以上的干部），贪图安逸，享乐腐化，乱搞男女关系，甚至强奸幼女，虐杀妻子。”[③]

因此中共始终抓党建（参见《再研究》内的《新中国成立以来保持党的纯洁性的历史回顾》《十八大修改党章的历史依据与现实意义》）、抓民生（参见《当代中国的陈云民生思想》）有其现实意义。严治党有利于维护中共执政的合法性、合理性和权威性，而促民生，中共可凸显中共立党为公，执政为民，“才能保持共产党长期执政的合法地位”，才能得民心，才可使全国各族人民凝神聚力为实现两个百年战略目标以及中华民族伟大复兴而奋斗。

总之，邵教授的这部论著从史料和思想上看有其价值，能为党史研究补缺填漏。

另外，此书还有忻平教授在序中所说的特点：“全书覆盖面广、内容丰富，史料确凿，文笔清新，论证细密，结论真实可信……是一本很好的专题研究论著。”这些

① 邵雍：《中共党史若干问题再研究》，上海书店出版社2015年版，第131页。

② 邵雍：《中共党史若干问题再研究》，上海书店出版社2015年版，第131页。

③ 邵雍：《中共党史若干问题再研究》，上海书店出版社2015年版，第36页。

特点也说明了邵雍教授做学术的努力和严谨。愿搞党史研究的或对其有爱好的读者诸君能看到此书,并有收获。

2016 年 3 月 19 日

多维视角与整体视野

——评邵雍著《中共党史若干问题再研究》

王　成

上海师范大学历史系教授邵雍先生新著《中共党史若干问题再研究》(以下简称《再研究》)一书经由上海书店出版社付梓。该书是作者继 2013 年 4 月上海人民出版社出版的《从开天辟地到天翻地覆——中共革命史新探》一书之后的又一部党史研究力作,收录了作者多年来中共党史研究方面的许多重要成果。本书内容涉及党的建设、统一战线、武装斗争、群众工作与秘密工作等重大问题,时间横跨民主革命、社会主义革命、十一届三中全会以及新世纪等历史时期,纵横捭阖,对中共历史上一些难点性、热点性和焦点性问题作了深入的剖析与再探。在笔者看来,《再研究》一书特色明显,学术价值颇高。

一、内容丰富,视野开阔

党史研究具有极端重要性。毛泽东指出:"如果不把党的历史搞清楚,不把党在历史上所走的路搞清楚,便不能把事情办得更好。""这(党史研究)对研究今天的路线政策,加强党内教育,推进各方面的工作,都是必要的。"习近平也指出:"学习党史国史是坚持和发展中国特色社会主义、把党和国家各项事业继续推向前进的必修课。这门功课不仅必修,而且必须修好。要在对历史的深入思考中做好现实工作,更好走向未来,不断交出坚持和发展中国特色社会主义的合格答卷。"

《再研究》本书研究思路独特、新颖,分为"党的建设""统一战线""武装斗争"和"群众工作与秘密工作"等四个专题。其中,"党的建设"部分包括马列经典与马克思主义中国化、毛泽东对中国社会主义道路的初步探索的历史价值、新中国成立以来保持党的纯洁性的历史回顾、中国共产党史上的重大自杀事件、十八大修改党章的历史依据与现实意义,多角度多层次地论述了不同历史时期的党建任务和历史成果。"统一战线"部分涵盖了中共二大"民主的联合战线"的由来、四大提出"无产阶级在民主革命中的领导权"问题再探、解放战争时期中共与中国民主促进会的互动——以上海为中心、建国初期党际关系良性互动的历史思考——以抗美援朝为中心、邓小平与新时期统一战线的新发展等内容,全面地剖析党自"二大"以来统一战线政策的得失成败。"武装斗争"部分包括长征中的女红军、俄界会议研究、陈毅与新四军江南指挥部、毛泽东与新四军,重点探析了学术界比较忽视的"冷门"问题。通过研究这些问题还原了历史的本来面目,让读者如临其境。"群众工作与秘密工作"包括瞿秋白与上海大学、毛泽东与农民运动讲习所、宋庆龄与牛兰夫妇案、

1933年远东反战大会的特点、陈潭秋在新疆、当代中国的陈云民生思想，深入浅出地向读者展现了党自初创至当代艰辛的群众工作历程。值得一提的是，邵雍是蜚声海内外的秘密社会研究专家，此部分他将秘密社会的研究纳入群众工作，将政治史与社会史相结合，将长时段、中时段与短时段相统一，正视了历史研究的严肃性，避免了传统史学"为尊者讳，为亲者讳，为贤者讳"研究窠臼。

二、史料翔实，论从据出

史料是史学研究的基石，没有充足的史料，史学作品很难令人信服，本书通篇立足于切实可信的基础之上。作者坚持将占有丰富而翔实的历史材料作为自己治学的主要路径，《再研究》正是建构在此基础之上。本书主要依据《马克思恩格斯全集》《列宁选集》《毛泽东文集》等马克思主义经典著作，从而确保了研究方向上的准确无误。同时，本书还收集、整理、辨析了大量的史传、地方志、档案、年谱、口述材料、重要历史人物回忆录、笔记和文集、旧时报刊等文献资料，兼收并蓄，作者多年来一贯秉持的严谨治学风范尽显其中。

作者在搜寻史实的基础上对中共党史的若干问题再次进行客观审视。在撰写"陈毅与新四军江南指挥部"一节时，作者引用了解放军南京军区档案馆馆藏的《新四军军部关于九月初部队部署情况致左权、滕代远电》等。在撰写"陈潭秋在新疆"一节时，作者深入挖掘了二史馆馆藏蒙藏委员会档案《蒙藏委员会代理新疆组组长王泽戎的报告》等原始档案。基于此，作者敢于对一些权威观点提出质疑。例如，主流观点认为四大"对于怎样取得领导权，仍缺乏具体明确的主张"，但作者通过采撷、分析四大期间有关革命领导权的文献特别是《对于民族革命运动之议决案》确认"四大不仅首先提出了无产阶级的领导权问题，而且对怎样取得领导权做出明确的具体的部署"，厘清了之前学界在此问题上的认识失误。

该书亮点、难点和重点之一便是研究党的一些敏感问题，这亦是目前党史研究的薄弱环节。全书研究的触角较多地延伸至党内斗争，这是一般史学工作者难以把握的。特别难能可贵的是作者对李德等复杂历史人物能够秉笔直书，客观公正地评价了党史研究中一些形象固化的负面人物。研究俄界会议时，作者在指出李德应该"对五次反'围剿'失利负有主要责任，在遵义会议上表现也不好"的同时，客观地评估了李德参加红军整编工作的积极作用。在研究中共历史上自杀事件时，作者既爬梳了长征时期、抗战时期以及解放战争时期中共党内自杀事件，同时还着重探讨了新中国成立后高岗、吴晗、李立三和陈昌浩等的自杀事件。

三、古为今用，证史鉴今

中共党史研究是作者近年来深耕的研究主题之一，部分科研成果在目前学界已产生了强烈反响。《再研究》是作者多年来厚积薄发又一部精彩诠释的党史新作。作者撰写《再研究》并非只是为一般的学理研究而研究，其目的是古为今用，证史鉴今，将湮没于历史尘埃中的道理传播给当世后人：中共复杂的历史发展轨迹正是近代中国社会历史发展的浓缩。意大利学者克罗齐指出，"一切历史都是当代史"。《再研究》一书虽然研究都是已经过去的历史事实，但又总结出许多值得铭记的经验教训。目前，我们正处在社会转型的关键时期，也是全面建成小康社会和实现中国梦的关键时期。因而，了解历史真相，认真反思过去，不断总结经验教训更显弥足珍贵。《再研究》对中共若干历史问题提出了诸多创见。

关于中国道路问题。此书指出，中国道路探索源于毛泽东为核心的党的第一代领导集体。第一代领导集体的探索与此后邓小平开创的中国特色社会主义道路是相互衔接、相互联系，密不可分的。两大理论体系在历史起点、历史任务、方针政策、主题与重点等方面虽然存在一定差异，但总体来看后者承接和发展了前者的思想精华。

关于党的纯洁性问题。此书指出，有效保持党的纯洁性是党在执政条件下必须长期思考的一个重要问题。只有不断思考与总结党在历史上保持纯洁性的经验和做法，不断自我净化、自我革新，才能不断增强党在社会主义建设中的领导力，不断稳定党的领导核心地位，也才能更好地担负起领导全国人民实现中华民族伟大复兴的历史重托。

关于统一战线问题。此书指出，党的创立与初步建设是武装斗争和统一战争的先决条件，而三者之间又共同构成了党在民主革命时期克敌制胜的三大法宝。同时，党的建设和统一战线又是列宁主义中国化最重要的两大成果，对党的发展壮大历史意义重大。在党与民主党派的良性互动方面，作者以抗美援朝为中心进行了考察。在作者看来，抗美援朝对于中共与民主党派而言都是严重的政治考验，但却增强了执政党与参政党的团结和凝聚力，党际关系处于建国以来的最好时期。此书还研究了邓小平对新时期统一战线的历史贡献。在作者看来，邓小平有力推动了新的历史时期统一战线建设，在拨乱反正、改革开放、和平发展等各个历史时期都高度关注统一战线建设，团结和调动了一切积极因素。

尽管本书缺点在所难免，如有的观点缺乏进一步的论证和延伸，有的看法可能仅是一家之言。但总体观之，邵雍先生《中共党史若干问题再研究》一书作为一部以社会史视野研究中共党史的尝试性著作，具有整体多视角拓荒性的特点。本书的科学精神和实事求是的研究态度无疑有助于我们更加深入地透视中共党史，对于后辈学者的研究启示是不言自明的。

关于《中国近代帮会史研究》的评论[①]

邵雍的《中国近代帮会史研究》(上海人民出版社 2011 年版)收录了作者有关帮会研究的论文 31 篇，其中《辛亥革命与上海帮会》《杜月笙与上海抗日救亡运动》《五四运动与青红帮会》《五卅运动中的工人帮会问题》《常玉清和黄道会》《汉奸帮会组织——中华洪门联合会》《解放战争时期的"中国中和党"》《中国新社会事业建设协会探略》《益社始末》等文都是有关近代上海帮会史的研究文章。邵雍注重

① 摘自张国义：《学术寻踪　明清以来江南社会经济史研究概览(1978–2013 年)》，上海人民出版社 2015 年版。

帮会史研究与革命史研究相衔接,如作者在“自序”中所言,其帮会史研究“注意研究帮会在特殊历史发展节点上的政治表现”,注意“革命政党、领袖与帮会的关系”,这也是其帮会史研究的主要特点。

关于《中国近代社会史》教材使用情况的来信

邵老师好,在美院上公选课时拿你的书做教材,学生反应强烈。

中国美术学院教师　张盛满

2015 年 9 月 26 日

托你的大作所赐,公选课学生的反响不错的。因为名额所限,一些学生选不进来,我把你的大作推荐给他们了。

张盛满

2015 年 9 月 29 日

后 记

6月27日收到本书校样时,心里感慨万分!临近退休,总想着要留下一些什么东西,想来想去还是学术的传承与启示最为重要。在本书结集时,我首先想到的是校内外老师辈对我的谆谆教导与大力提携。为了纪念他们,我把当年现场记下的魏建猷先生的谈话、从校档案馆里抄来了郭豫明老师对我的工作评语统统发表出来,以示我对他们永久的纪念!校外的段云章、沈渭滨、刘学照等教授也已经过世了,但他们对于我的种种帮助我也永远铭记在心,在我的回忆文章中读者可以看到。

自然,自1985年本人研究生毕业留校后也当老师了,从最初的助教一直做到教授、博导,与学生的年龄差距也从大哥变成了大叔,但我的心一直是与学生们连在一起的,与学生在一起,总是觉得充满了朝气、活力与希望。自1987年至1991年我有幸担任了历史系87级3班辅导员整整4年,经历了从入学到毕业的全过程,当然也为他们开设了中国近代史必修课与一些选修课,指导进行中学教育实习和撰写毕业论文,从此开启了完整意义上的大学本科教育生涯。自1998年开始又以正教授的身份实际指导研究生,到现在为止已经有近70人次(有些人先后为本人的硕士生与博士生,还有直接硕博连读的)进入本人的硕士生、博士生的队伍。在这三十多年中,我与学生们结下了深厚的情谊,这些在收入本书的学生贺卡、感言、来信与系列纪念文章中均可看到。帮助学生修改并发表论文,这是我的工作本分与常态,偶尔与学生合作共同发表论文则是特例,因而弥足珍贵。本人特意将这些合作的论文集中入集,就是为了显示学术传承中并肩跑的一刻。收入文集的各种培养计划、论文批语、推荐介绍说到底就是为了一个目标:尽自己最大力量,努力培养学生成才,接过学术的接力棒,继续前行。

江山代有才人出,总把新桃换旧符。新陈代谢、新老交替是不可抗拒的自然规律。如果读者看了本书后认为本人在高校工作的34年没有白过,带过的学生在各自的工作岗位上还能胜任,这就是对我最大的褒奖了。

本书为上海市教委高峰高原学科建设项目(上海师范大学中国史)成果之一。本书的出版得到老友、合肥工业大学出版社副社长朱移山博士的大力支持,在此表示衷心的感谢。

邵 雍

2019年6月27日